Friedrich Resch

13 JAHRE

Friedrich Resch

13 Jahre

Widerstand und Haft im kommunistischen Rumänien

ARES VERLAG

Umschlaggestaltung: Mag. G. Schneeweiß-Arnoldstein, Wien
Umschlagabb. Vorder- und Rückseite: Archiv des Autors

Bibliografische Information der Deutschen Nationalbibliothek
Die Deutsche Nationalbibliothek verzeichnet diese Publikation in der Deutschen Nationalbibliografie; detaillierte bibliografische Daten sind im Internet unter https://www.dnb.de abrufbar.

Erklärung des Verlags
Dieses Werk wurde vom Herausgeber zuerst in zwei Auflagen im Selbstverlag veröffentlicht. Für die vorliegende Ausgabe wurde der Originaltext einem einfachen verlagsseitigen Korrektorat unterzogen sowie vom Herausgeber mit einem Vorwort versehen.

Hinweis:
Dieses Buch wurde auf chlorfrei gebleichtem Papier gedruckt. Die zum Schutz vor Verschmutzung verwendete Einschweißfolie ist aus Polyethylen chlor- und schwefelfrei hergestellt. Diese umweltfreundliche Folie verhält sich grundwasserneutral, ist voll recyclingfähig und verbrennt in Müllverbrennungsanlagen völlig ungiftig.

Auf Wunsch senden wir Ihnen gerne kostenlos unser Verlagsverzeichnis zu:

Ares Verlag GmbH

Hofgasse 5 / Postfach 438
A-8011 Graz
Tel.: +43 (0)316/82 16 36
Fax: +43 (0)316/83 56 12
E-Mail: ares-verlag@ares-verlag.com
www.ares-verlag.com

ISBN 978-3-99081-017-0

Layout: Ecotext-Verlag Mag. G. Schneeweiß-Arnoldstein, Wien

Inhalt

Kapitel V: Gherla – Zarca

Kapitel VI: Periprava

Vorwort

„Am 10. Mai 1944 beteiligte sich auch unsere Schule an den Veranstaltungen anlässlich des Unabhängigkeitstages, des damals wichtigsten Nationalfeiertages in Rumänien. Unter den Klängen einer Militärkapelle defilierten am Opernplatz zuerst verschiedene Einheiten der Armee, der Gendarmerie und der Feuerwehr vor einer Ehrentribüne, auf welcher Persönlichkeiten Temeschburgs und Vertreter der Deutschen Wehrmacht platzgenommen hatten. Es folgten Abordnungen der Technischen Hochschule und zuletzt der Gymnasien. Unsere Schule, die ‚Banatia', war mit etwa 300 Schülern vertreten, darunter als einer der Jüngsten auch ich. Wir hatten als einzige Lehranstalt unseren eigenen Musikzug. Im tadellosen Stechschritt zogen wir unter den Klängen von ‚Preußens Gloria', in Temeschburg ‚Banatia-Marsch' genannt, an der Ehrentribüne entlang. Unser Auftritt in den schmucken DJ-Uniformen und unser Musikzug wurden anschließen von den Veranstaltern in den höchsten Tönen gelobt. Ich bin in den Folgetagen mehrmals im Kino gewesen, um mich an unserem im Rahmen der Wochenschau gezeigten Marsch zu erfreuen. Bis heute bin ich stolz darauf, damals dabei gewesen zu sein."

Diese in einer ersten Fassung der Memoiren enthaltene Episode veranschaulicht sehr treffend die Weltanschauung des Autors. Sie prägte ihn seit seiner frühesten Jugend, sie veranlasste ihn, zu handeln wie er handelte, sie half ihm, die schweren Folgen dieses Handelns zu ertragen, ohne zu zerbrechen, und ließ ihn – in abgemilderter Form – bis ins hohe Alter nicht mehr los.

Der Autor Friedrich Eugen Resch, mein Vater, wurde am 11. 05. 1930 in Temeschburg (rumänisch: Timişoara, ungarisch: Temesvár) geboren.

Temeschburg war, obwohl als Folge des Ersten Weltkrieges zum rumänischen Königreich gehörend, eine stark von ihrer vormaligen Zugehörigkeit zur österreich-ungarischen Doppelmonarchie geprägte Stadt. Die Verwaltung war zwischenzeitlich zwar schrittweise romanisiert worden, in Handel und Gewerbe sowie im gesamten gesellschaftlichen Leben war die deutsche Minderheit jedoch noch stark vertreten.

Die politischen Entwicklungen der Dreißigerjahre in Deutschland gingen auch an den Rumäniendeutschen nicht spurlos vorüber. Das neue Selbstvertrauen nach dem enttäuschenden Ausgang des Ersten

Weltkrieges, das Gefühl, Teil eines großen, die Geschichte mitbestimmenden Volkes zu sein, es war auch bei den Banater Schwaben und den Siebenbürger Sachsen vorhanden. Und, wie häufig, bei den im „kulturellen Grenzgebiet“ lebenden Deutschen teilweise ausgeprägter als bei den „Reichsdeutschen“. Die nationale Begeisterung verstärkte sich zwangsläufig mit dem Beginn des Zweiten Weltkrieges, zumal Rumänien ab 1941 als Verbündeter an der Seite des Deutschen Reiches im Kampf gegen die Sowjetunion stand. Zehntausende junge Rumäniendeutsche meldeten sich zum Dienst im deutschen Heer und wurden überwiegend im Rahmen der Waffen-SS-Verbände eingesetzt. Die jüngere Generation, zu welcher mein Vater gehörte, wurde in deutschen Schulen wie der „Banatia“ in Temeschburg ideologisch und praktisch, etwa im Rahmen vormilitärischer Ausbildung, auf diesen Einsatz vorbereitet.

Mit der Niederlage der Wehrmacht, die – für viele völlig überraschend – in Rumänien bereits Ende 1944 erfolgte, brach für die jungen Deutschen in Rumänien eine Welt zusammen. Von einem Tag auf den anderen wurden sie, die Angehörigen einer vormals respektvoll behandelten nationalen Minderheit, zu den Parias des Landes. Als wohlhabende Bauern in den Banater Dörfern sowie in den Städten, also überwiegend dem Bürgertum angehörend, wurden sie zusätzlich zur Zielscheibe der neuen kommunistischen Machthaber, die eine Gesellschaftsordnung nach sowjetischem Vorbild – und mit den gleichen Methoden – durchzusetzen begannen.

Es folgten die Verschleppungen Zehntausender zur Zwangsarbeit in die Sowjetunion, die Enteignungen und die Zwangsumsiedlungen innerhalb des Landes (Bărăgan-Deportation).

Während die meisten deutschen Erwachsenen sich zähneknirschend in ihr Schicksal fügten, wagten einige Jugendliche den aktiven Widerstand. Unter ihnen auch mein Vater. Triebfeder für ihr Handeln war in den letzten Monaten des noch tobenden Krieges ihre gefestigte Weltsicht und später, nach der Kapitulation des Reiches, die irrige Annahme, dass sich auf der anderen Seite des Eisernen Vorhanges Verbündete im weitesten Sinne an der Macht befänden, die – als natürliche Feinde eines kommunistischen Terrorregimes – nicht tatenlos die Knechtung aller osteuropäischen Völker mit ansehen würden. Dieser Eindruck wurde durch die westliche Propaganda, die mit Beginn des „Kalten Krieges“ einsetzte, auch kräftig geschürt. Ein weiterer großer militärischer Konflikt in naher Zukunft schien unausweichlich.

Auch viele Rumänen, die im Zuge des ihnen nunmehr zugemuteten großen sozialpolitischen Experimentes schwersten Repressionen ausgesetzt waren, ließen sich von den Lippenbekenntnissen westlicher Staatführer täuschen und formierten sich zum Widerstand. Wie man heute weiß und wie die traurigen Beispiele der niedergeschlagenen Aufstände in Ostberlin, in Budapest und später in Prag belegten, war ein entschlossenes Eingreifen des Westens jedoch nie angedacht und militärisch auch gar nicht möglich.

Die zwangsläufige Folge für jene, die sich im kommunistischen Machtbereich zum aktiven Widerstand entschlossen hatten, war ihre schrittweise Zerschlagung und für die meisten der Beginn einer ungeheuerlichen Leidenszeit in dem für ausnahmslos alle kommunistischen Staaten typischen und von Alexander Solschenizyn so eindrucksvoll geschilderten Gulag-Archipel.

Der überwiegende Teil des Buches handelt von den Erfahrungen des Autors und seiner Kameraden in den annähernd dreizehn Jahren im kommunistischen Gefängnis- und Lagersystem.

Auch nach der Entlassung im Jahre 1964 ging die faktische Gefangenschaft weiter, denn ein legales Verlassen der „Sozialistischen Republik Rumänien" war nicht oder nur sehr schwer möglich. Es glückte unserer Familie erst zweiundzwanzig Jahre später nach entsprechender Einflussnahme aus der Bundesrepublik und den USA.

In der Zwischenzeit hieß es, den real existierenden Sozialismus mit all seiner Heuchelei und seinen leeren Versprechungen zu ertragen und – soweit möglich – gute Miene zum bösen Spiel zu machen. In dieser Welt der alltäglichen Lüge, in welcher man bereits als Grundschüler verinnerlichte, dass das, was daheim gesprochen wurde, nicht außerhalb des Hauses gesagt werden durfte, bin auch ich aufgewachsen.

Mein Vater hat sich nach seiner Gefängniszeit bemüht, die nunmehr geltenden Regeln einzuhalten und sich insbesondere mit kritischen Äußerungen zurückzuhalten. Dies gelang ihm nur teilweise und entsprechend misstrauisch blieben ihm gegenüber auch die Vertreter des Regimes eingestellt, waren sie sich doch bewusst, dass sie mit all den durchgeführten Terrormaßnahmen die Menschen zwar einschüchtern und oft genug auch zerbrechen, aber niemals wirklich umerziehen konnten.

Um sich auf sinnvolle Art und Weise vom tristen Alltag abzulenken, widmete sich mein Vater schon kurz nach seiner Entlassung dem Hobby der Archäologie, einer Leidenschaft, die ihn zeitlebens nicht mehr losließ und seinem Wissensdurst und seiner ungebrochenen Abenteuerlust bestens entsprach. Auch nach der Ausreise in die Bundesrepublik im Jahre 1986 blieb er der Vorgeschichte treu und nahm in der Gegend von Freiburg im Breisgau, dem neuen Wohnort der Familie, jahrelang an archäologischen Ausgrabungen teil. Hier konnte er sich aber auch endlich anderen Epochen wie etwa der neueren deutschen Geschichte widmen und tat dies intensiv. Mit der Aufzeichnung seiner Memoiren begann er erst nach dem für uns alle überraschenden Zusammenbruch des „Ostblocks".

Manfred Resch
Vaihingen/Enz, im November 2018

Kapitel I: Widerstand

Der Umsturz vom 23. August 1944

Wegen der steigenden Gefahr angloamerikanischer Luftangriffe auf meine Heimatstadt Temeschburg fuhr ich im Sommer 1944 viel früher als sonst zur „Sommerfrische“ nach Ferdinandsberg zu meiner Tante Nelly, der jüngeren Schwester meines Vaters, und ihrem Mann, Peter Barth, von Beruf Apotheker und ein schon damals bekannter Lyriker. Der Ort Ferdinandsberg liegt im Ostbanater Bergland und zählte nahezu 5000 Einwohner, davon mehr als 2000 Deutsche. Das dortige Hüttenwerk war zu jener Zeit als kriegswichtiges Rüstungsunternehmen eingestuft. Ihm stand ein reichsdeutscher Chefingenieur vor.

Dass die Vorsichtsmaßnahme meiner Eltern nicht unbegründet war, zeigte sich dann in der Nacht vom 16. auf den 17. Juni, als der erste Luftangriff, ein britischer Nachtangriff, auf Temeschburg erfolgte. Dies erfuhren wir in Ferdinandsberg telefonisch von meinem Vater. Zwei Wochen später folgte dann ein amerikanischer Tagangriff. Obwohl das Stadtzentrum kaum betroffen war, forderte dieser zweite Angriff zahlreiche Menschenopfer. Die Bomben fielen fast ausschließlich auf die Josefsstadt, in den Bereich zwischen Hauptbahnhof und Notre-Dame-Klosterschule. Unabhängig von diesen Luftangriffen fühlten wir uns zu dieser Zeit noch relativ sicher im Banat, befand sich die Front doch noch Hunderte von Kilometern weit weg. Dann aber sollten sich plötzlich die Ereignisse überstürzen.

Am 21. August nachmittags landete ein Fieseler Storch der deutschen Luftwaffe auf dem „Gai“, einer ebenen Geländeterrasse bei Ferdinandsberg. Der Pilot blieb die Nacht über beim Flugzeug, während sein Begleiter, ein deutscher Offizier, zum Werk eilte. Am nächsten Morgen kam der Offizier in Begleitung des Chefingenieurs vom Werk. Das Flugzeug startete umgehend und flog nach Westen, vermutlich nach Temeschburg. Über die mögliche Ursache dieser plötzlichen Abreise des Chefingenieurs machte sich kaum jemand Gedanken. Doch sollten wir den Grund bald erfahren.

Am 24. August, früh am Morgen, also 48 Stunden, nachdem der Chefingenieur vom Werk abgeholt worden war, „platzte die Bombe“: In

Bukarest hatte am 23. August ein Staatsstreich unter der Führung des Königs, Vertretern der bürgerlichen Parteien und der Kommunisten, die eilends quasi über Nacht aus der Illegalität geholt worden waren, stattgefunden. Marschall Antonescu, der Regierungschef, war verhaftet und die Regierung abgesetzt worden. Eine Schlüsselrolle bei diesem Staatsstreich spielten angeblich der spätere Minister Emil Bodnăraş wie auch andere aus der Sowjetunion eingeschleuste Kommunisten. General Sănătescu, der neu ernannte Regierungschef, erteilte als erstes allen Truppen den Befehl, die Kampfhandlungen gegen die Sowjets sofort einzustellen, obwohl es zwischen Rumänien und der Sowjetunion noch keinen offiziellen Waffenstillstand gab. Als Folge davon nahmen die Sowjets weiterhin rumänische Soldaten gefangen, insgesamt sollen es über 130.000 gewesen sein. Der Waffenstillstand wurde erst zwölf Tage später von den Sowjets unterschrieben.

Erstaunlich und für uns unverständlich war das Versagen des deutschen Botschafters in Bukarest, des Barons Manfred von Killinger, der anscheinend von keinem der in Rumänien tätigen deutschen Geheimdienste informiert worden war. Und dies, obwohl die geplanten Umsturzvorbereitungen, wie man später erfuhr, durchaus vielen bekannt gewesen waren. Das oben erwähnte, blitzartige Absetzen des Chefingenieurs aus Ferdinandsberg war nur eine von etlichen Aktionen, die darauf hinwiesen, dass viele Leute etwas wussten oder zumindest ahnten. Möglicherweise war selbst die damals noch unter der Führung des Admirals Canaris stehende „Abwehr" informiert, aber nicht gewillt, der obersten deutschen Führung Gegenmaßnahmen zu ermöglichen.

Was uns erst einmal beunruhigte, war die schon am 24. August durchgesickerte Nachricht, dass Funktionäre der deutschen Volksgruppe – auch in unteren Positionen wie zum Beispiel Ortsgruppenführer – festgenommen und interniert worden waren. Exponierten Personen aus Industrie und Handel wie auch vielen deutschen Intellektuellen erging es nicht anders. Personen mit reichsdeutschem Pass, aber auch mit anderen ausländischen Pässen, deren Staaten mit dem Reich verbündet waren, wurden in den nächsten Tagen ausnahmslos interniert. Der Staatsstreich und die einsetzenden Repressalien überraschten und verunsicherten natürlich die gesamte Volksgruppe. Unsere Familie war von den erwähnten Willkürakten vorerst noch nicht betroffen; was wir aber aus dem Bekanntenkreis mitbekamen, gab ausreichend Grund, um höchst besorgt zu sein. Interessanterweise dachten nur wenige an eine Flucht vor der anrückenden Sowjetarmee, vielleicht in der naiven Hoffnung, dass die deutschen Truppen doch noch zurückkehren würden.

Eine organisierte Evakuierung aller Volksdeutschen kam sowieso nicht infrage, dazu war die Front der Heeresgruppe Süd infolge des Abfalls Rumäniens viel zu schnell zusammengebrochen.

Dann kamen die Sowjets in unsere Stadt. Auf den Straßen herrschte Gesetzlosigkeit, und die brutalen Übergriffe marodierender Soldateska waren an der Tagesordnung. Parallel dazu wurde von der rumänischen Übergangsregierung auch ganz offiziell gegen die verbliebenen Volksdeutschen vorgegangen. Es gab Hausdurchsuchungen und willkürliche Beschlagnahmungen. Fahrräder, Motorräder, Kraftwagen, Radios, Telefongeräte und selbst Nähmaschinen mussten von allen Deutschen per Verordnung an die Behörden abgegeben werden.

Beispielhaft sei der Fall des Juweliers Rieger, eines Bekannten unserer Familie, erwähnt. Die Riegers bewohnten eine der schönsten und repräsentativsten Villen der Stadt in unmittelbarer Nachbarschaft des früheren deutschen Konsulatsgebäudes. Beim Einmarsch der Sowjets wurde die Villa beschlagnahmt und dort die örtliche Kommandantur eingerichtet. Die Eigentümer wurden vorerst in den Keller verbannt, von wo sie allerdings wegen der untragbaren Zustände im Haus schon bald freiwillig ganz auszogen.

Als sie nach circa 20 Monaten wieder zurück durften, hatte auch ich Gelegenheit, mir das Gebäude von innen anzusehen. Als wir das Haus erreichten und den ersten Blick ins Treppenhaus werfen konnten, war ich schon geschockt. Die Villa, bis vor zwei Jahren eine der schönsten der Stadt, mit viel Geschmack erbaut und eingerichtet, war nicht mehr wiederzuerkennen. Die Eingangstür hing in den Angeln, in der Eingangshalle mit Treppenaufgang zum Obergeschoss konnte man vor Trümmern und Unrat den Mosaikfußboden nicht mehr sehen. Alle Wände und die mit Stuck verzierten Decken waren von Einschusslöchern übersät. Bis in Kopfhöhe waren überall Blutspritzer zu sehen, und dazu prangten von den Wänden verschiedene Losungen der „Sowjet-Helden". Die Marmortreppen waren zwar an ihren Trittflächen als solche erkennbar, da von unzähligen Stiefeln blankgescheuert, dafür waren die Stufen an ihren senkrechten Flächen dunkel besudelt. Herr Rieger erklärte uns, dass es sich um das Blut russischer Soldaten handelte, und erzählte uns seine Erlebnisse aus der Zeit, als er mit seiner Familie noch im Keller der Villa wohnte. Je weiter die Front nach Westen rückte und Temeschburg zur Etappe wurde, umso häufiger gab es Sauforgien, die regelmäßig mit wüsten Schlägereien und teilweise Schießereien der Russen untereinander endeten. Übrigens wurden in der gleichen Zeit dort und ebenso in den beiden benachbarten Villen gefangene Zivilisten, die der Agententätigkeit verdächtigt wurden, festgehalten, verhört und gefoltert. Mit der Zeit wurden die nächtlichen Sauforgien immer schlimmer. Es kam zu Schießereien im Haus, die sich anhörten, als wären Straßenkämpfe ausgebrochen. Sie endeten oft mit Verletzten und sogar toten „Tscholowecki". Herr Rieger musste einmal mit ansehen, wie man zwei offensichtlich tote Russen an ihren Füßen die Treppe herunterschleifte. Bei jeder Stufe schlugen die Köpfe der Toten dumpf auf den Marmor. Ihr Blut, das dabei die Treppen besudelte, konnten auch wir noch sehen. Der geflügelte Satz aus der Zarenzeit „Nitschewo, jest mnogo Tscholowecki!" („Macht nichts, es gibt genug Menschen!") hatte in Russland offensichtlich systemübergreifend Gültigkeit.

Auch die Räume in der oberen Etage des Hauses waren in einem unbeschreiblichen Zustand. Das Parkett war überall herausgerissen und in den Öfen verheizt worden. Anfangs in den Kachelöfen, die im Haus in allen Räumen gestanden hatten, und später, als dann die Öfen mit der Zeit zertrümmert waren, in zum Teil aus leeren Benzinfässern gefertigten sogenannten Trommelöfen. Vom ehemaligen Mobiliar des Hauses standen noch einige Stücke, allerdings fast alle schwer beschädigt. Zum Beispiel erinnere ich mich noch an einen sehr großen mit Intarsien verzierten Schrank, welcher nur noch einen Türflügel hatte. Die Reste des zweiten Flügels lagen zum Teil verbrannt neben einer offenen Feuerstelle mitten im ehemaligen Speisezimmer. Tapetenreste hingen in Fetzen von den Wänden, Dekor-Elemente und Teile von Stuckverzierungen an den Zimmerdecken hatten als Zielscheiben gedient, wie an den gruppierten Einschusslöchern zu erkennen war. Obwohl keines der Fenster unbeschädigt war und viele Scheiben fehlten, stank es im ganzen Haus nach den menschlichen Exkrementen, die man an verschiedenen Stellen im Haus sehen konnte. Aber der absolute Tiefpunkt, das Badezimmer, stand uns noch bevor. Nachdem in diesem die Klosettschale zu Bruch gegangen war, hatte man offensichtlich die Badewanne als Ersatz benutzt, bis sie voll war. Und zwar hatte man zwei Bretter über die Wanne gelegt und als Sitz einen Stuhl, dessen Polster herausgeschnitten war, darübergestellt. Es war eine überzeugende Leistung. Übrigens ließ Herr Rieger das Haus in Ordnung bringen, was fast ein Jahr dauerte und eine Menge Geld kostete, um anschließend gleich wieder, diesmal von den rumänischen Behörden, enteignet zu werden. Das Haus diente ab dann für kurze Zeit als Heim der UTC (Kommunistischer Jugendverband) und wurde ab 1948 einem Gebäudekomplex eingegliedert, der das Hauptquartier der berüchtigten Securitate, der neuen Geheimpolizei, beherbergen sollte.

Wegen der völlig chaotischen Zustände in der Stadt waren alle in unserem Hause froh, als bekannt wurde, dass ein sowjetischer Oberst in der Wohnung meiner Großmutter einquartiert werde. Einen solchen Mann im Hause zu haben konnte in Zeiten, in denen man nicht einmal in den eigenen vier Wänden sicher war, eine „Lebensversicherung“ darstellen. Der Genosse Oberst Nikolaus Ribarsky sprach fließend Deutsch, war etwa 50 Jahre alt, von Beruf Ingenieur und damals mit dem Nachschub an Lebensmitteln für die Rote Armee beauftragt. Mit ihm waren wir im Haus im besten Sinne des Wortes gut versorgt. Bereits am Tor wies ein Zettel darauf hin, dass im Haus ein sowjetischer Offizier wohnt. Im Gespräch mit meinem Vater erzählte er, dass er schon zur Zeit des Ersten Weltkrieges Leutnant in der Garde des Zaren war. Er habe nach dem Ausbruch der Revolution in den Reihen der Gegenrevolutionäre gekämpft. Nach dem Zusammenbruch der Gegenrevolution sei er emigriert und seither in Rumänien gewesen, wo er studiert und gearbeitet habe. Nach der Ankunft der Roten Armee habe man ihm angeboten, in die sowjetischen Streitkräfte einzutreten, und zwar als Offizier. Er war einverstanden, bekam den Grad eines Obersten (!) und wurde mit Nachschubaufgaben betraut.

Meinem Vater schien die Geschichte allerdings nicht sehr glaubwürdig. Es war seines Erachtens höchst unwahrscheinlich, dass die Sowjets einem Emigranten Vertrauen schenkten, ihm die „Sünden“ seiner konterrevolutionären Vergangenheit verziehen und ihn innerhalb kürzester Frist auch noch die Karriereleiter hochsteigen ließen. Täglich konnte man hören, dass Leute mit vergleichbarer Biografie, oft ganze Familien, die zum Beispiel aus Bessarabien stammten, von den Sowjets ausgehoben und verschleppt wurden. Diese Leute wurden nur deswegen deportiert, weil sie im Verständnis der Sowjets als Deserteure und Verräter galten, auch wenn man ihnen nichts anderes vorwerfen konnte, als dass sie nicht unter sowjetischer Herrschaft hatten leben wollen.

Daher konnte und wollte mein Vater die Erklärungen des Obersten nicht glauben und meinte sogar, dass Ribarsky möglicherweise in Rumänien für die Sowjets spioniert habe. Das war aber vorerst alles zweitrangig. Entscheidend war, dass wir uns, solange er bei uns wohnte, in Sicherheit wussten. Tatsächlich wurden wir in den Monaten seiner Anwesenheit nicht ein einziges Mal von randalierenden Soldaten behelligt. Dafür mussten wir ihm dankbar sein. Er verließ uns etwa im Februar 1945. Beim Abschied meinte er, jetzt gehe er bald nach Österreich und nach dem Sieg über Deutschland nach Hause, also nach Russland.

Erst zehn Jahre später, als ich als Häftling in den Bleiminen von Cavnic war, sollte ich ganz überraschend wieder von Ribarsky hören. Und zwar bekam ich damals als Gehilfen einen jungen Sachsen, Michael Schobel, zugeteilt, der aus Mediasch in Siebenbürgen stammte. Als ich ihm über die Ankunft der Russen im Herbst 1944 erzählte und dabei auch Oberst Ribarsky erwähnte, sagte Misch sofort, dass auch er diesen kenne. Zu meiner Überraschung erzählte er mir, dass Ribarsky im Sommer 1944 einige Monate bei ihnen im Haus gewohnt habe. Er leitete als angestellter Ingenieur einer Baufirma den Bau einer Straße und mehrerer Brücken in der Umgebung von Mediasch. Auch Mischs Vater gegenüber erzählte er, dass er vor den Bolschewiken aus Russland geflohen sei. Bei seiner Firma galt er als Rumäne und war offensichtlich als Ingenieur sehr gut angesehen. Nach dem Umsturz vom 23. August verschwand er aber ganz plötzlich. Dabei ließ er einen Teil seines Gepäcks bei der Familie Schobel. Erst etwa einen Monat später tauchte er wieder auf, trug zur Verblüffung der Familie die Uniform eines russischen Obersten und war in Begleitung weiterer Offiziere. Die Gruppe fuhr in einem Jeep bei ihnen vor. Er begrüßte die Familie sehr herzlich und bedankte sich für das Aufbewahren seiner Habe, überreichte einige Lebensmittel als Geschenk und fuhr ab.

Mischs Vater meinte nachher, er sei überzeugt, dass Ribarsky wahrscheinlich über Jahre hinweg Agent des sowjetischen Spionagedienstes in Rumänien gewesen sei. Dabei dürfte sich seine leitende Stellung beim Straßen- und Brückenbau hervorragend zur Beschaffung von Informationen über die Verkehrswege geeignet haben. Der hohe Dienstgrad in der Roten Armee deutete ebenfalls darauf hin, dass er schon lange im Nachrichtendienst arbeitete. Möglicherweise wurde er schon Anfang der Zwanzigerjahre mit Aufträgen nach Rumänien geschickt, wo er sich getarnt als Emigrant ohne Schwierigkeiten hocharbeiten konnte. Sicher dürfte aber gewesen sein, dass in den Archiven des NKWD ein dickes Aktenbündel unter seinem Namen stand. Schließlich hatte er sich lange Jahre außerhalb der Sowjetunion aufgehalten und konnte so von der kapitalistischen Welt „kontaminiert" worden sein.

Trotz der unsicheren und aussichtslos scheinenden Lage fanden sich viele aus dem Umfeld der Volksgruppe, die nicht gewillt waren, widerstandslos aufzugeben. So erfuhren wir zum Beispiel eines Morgens, dass in der Nacht zuvor einer größeren Gruppe gefangener deutscher Soldaten, fast alles Leichtverwundete, die Flucht gelungen war. Die Männer waren in der Fabrikstadt in einer Schule festgehalten worden. Ermöglicht wurde dieser Ausbruch durch den beherzten Einsatz einer organisierten

Gruppe von Volksdeutschen. Zu ihnen gehörte etwa das Ehepaar Sticker oder die Ordensschwester Dr. Hildegardis Wulf. Sie besorgten schon seit dem Umsturz Lebensmittel und Zivilkleidung für geflohene und versprengte Soldaten, die nach Deutschland wollten, und unterstützten auch untergetauchte Volksdeutsche. Andere leisteten Hilfsdienste im Rahmen eines in Rumänien funktionierenden deutschen Nachrichtendienstes, wobei es im Wesentlichen um Beschaffung von Informationen, aber auch um die Organisierung eines neuen Umsturzes, diesmal gegen die Sowjets, ging. In diesem Netzwerk wirkte Frau Katharina Mildt, die Mutter meines besten Freundes Harry, ebenso mit wie Anton Brössner, der Vater meines Freundes Dietmar. Dietmars Onkel Wilhelm Brössner leitete die Gruppe. Im Jahre 1952 wurden alle im Zusammenhang mit diesen Tätigkeiten verurteilt, Frau Mildt etwa erhielt eine Haftstrafe von zwei Jahren. Die Anklage lautete in ihrem Fall auf unterlassene Anzeige (nedenunţare) einer laut Securitate staatsfeindlichen Organisation. Frau Mildt verbrachte ihre Haft in Temeschburg und in der berüchtigten Haftanstalt für Frauen Mislea, von wo sie 1954 schwer krank entlassen wurde.

Je weiter die Front nach Westen rückte, umso einschneidender wurden die gegen die Deutschen eingeleiteten Maßnahmen. Die neuen linken Medien überboten sich in ihrer Hetze gegen alles, was deutsch war. Aber auch die nationalistische rumänische Presse hatte für uns nur Schmähungen und Hetztiraden übrig. Ende Oktober verbreitete sich dann ein Gerücht, welches Anlass zu besonderer Sorge gab. Es hieß, die Behörden würden Listen mit allen Volksdeutschen für deren Deportation in die Sowjetunion erstellen. Der letzte diesbezügliche „Warnschuss" erfolgte für uns im Dezember, als im Nachbarland Ungarn die Deportation der dortigen Deutschen nach Russland begann. Die Aushebung der Volksdeutschen aus Rumänien begann dann im Sathmarer Gebiet, also in Nordsiebenbürgen, am 2. Januar 1945 und im Banat ab dem 14. Januar, einem Sonnabend. Überall tauchten Gruppen von rumänischen und sowjetischen Soldaten mit je einem Polizisten oder einem Zivilbegleiter auf. Das Ausheben erfolgte anhand von Listen mit Namen und Adressen. Es handelte sich laut Forderungen des sowjetischen Oberkommandos um Männer im Alter zwischen 16 und 45 Jahren und Frauen zwischen 18 und 30 Jahren. Ausgenommen waren Mütter mit Kindern unter einem Jahr. Gegen diese Grundsatzregel wurde freilich oft genug verstoßen.

So wurden oft noch jüngere oder auch ältere Personen in Haft genommen, zuweilen anstelle untergetauchter Angehöriger. Wenn freilich die untergetauchte Person sich nachträglich stellte, so wurde der „Stellvertreter" deswegen noch lange nicht freigelassen. Für die Russen, die mit der Festnahme oder der Bewachung von Gefangenen zu tun hatten, war in aller Regel nur die Anzahl der Leute maßgeblich, die auf ihrer Liste stand und somit abgeliefert werden musste. Daher kam es häufig vor, dass völlig unbeteiligte Nichtdeutsche verschleppt wurden. Ich habe zum Beispiel Jahre später in der Haftanstalt Gherla einen Rumänen, mit mir fast gleich alt, kennengelernt. Er hieß Petrică Mustăcilă und stammte aus Reschitza im Südbanat. Zu der Zeit, als die ausgehobenen Deutschen aus der Umgebung zum Transport in die Sowjetunion in bereitgestellte Waggons gepfercht wurden, war Petrică zufällig am Bahnhof. Er blieb nur kurz stehen, ein laut schreiender Soldat hatte seine Aufmerksamkeit erregt. Plötzlich näherte sich ihm ein Russe, packte ihn am Arm, und bevor er die Absicht des Russen erkannte, fand er sich zwischen lauter Deutschen in einem Waggon wieder. Sein Protestieren nutzte nichts, er wurde anstelle eines entflohenen Deutschen zur Zwangsarbeit nach Russland gebracht. Nach fünf Jahren wurden die letzten überlebenden Rumäniendeutschen nach Hause entlassen. Petrică jedoch wurde, aus welchen Gründen auch immer, nicht entlassen. Nach einem weiteren Jahr gelang ihm die Flucht aus dem Lager und mit viel Mühe sogar über die Grenze nach Rumänien. Er fuhr mit der Eisenbahn quer durchs Land, erreichte unbehelligt Orschowa, war also schon nahe seiner Heimatstadt, als er in eine von Grenzsoldaten durchgeführte Personenkontrolle geriet und, weil ohne Papiere angetroffen, verhaftet wurde. Daraufhin wurde er wegen illegalen Grenzübertritts (!) zu mehreren Jahren Haft verurteilt. Wegen aktiver Teilnahme an der Revolte im Juni 1958 in Gefängnis Gherla wurde er noch einmal zu mehreren Jahren Haft verurteilt. Schließlich wurde er erst 1964 mit der Generalamnestie für politische Häftlinge entlassen. Das geschah im 20. Jahr, nachdem er vom Bahnhof seiner Heimatstadt „schanghait" worden war.

Als meine Eltern am 14. Januar von der begonnenen Verschleppung hörten, bezogen sie vorerst bei der rumänischen Nachbarfamilie Curta „Wartestellung". Diese Vorsichtsmaßnahme sollte sich als äußerst vorteilhaft erweisen, denn etwa um Mitternacht wurde sehr heftig am Haustor geklopft, und ein Aushebungskommando bestehend aus mehreren russischen und rumänischen Soldaten und einem Polizisten kam ins Haus. Unsere Wohnung wurde durchsucht. Der Polizist überprüfte die Identität meiner Großmutter, meiner Tante Elsa und von mir. Dann erklärte er dem Russen, dass ich der Sohn der verschwundenen Eheleute Resch sei. Der Russe fasste mich am Arm, so als ob er meine Muskeln prüfen wollte, und sagte nur ein einziges mir unverständliches Wort, das sich anhörte, als hätte er mich für zu klein befunden. Offensichtlich hatte der rumänische Polizist mich als „Ersatz“ für meinen verschwundenen Vater angeboten. Anschließend wurden alle unsere Mieter überprüft und sogar ihre Wohnungen kontrolliert, auch die der Familie Curta. Aber da waren meine Eltern schon aus der Wohnung verschwunden. Sie saßen bei frostigen minus 10 Grad auf dem verschneiten Hausdach. Zum Glück dauerte ihr luftiger Aufenthalt jedoch nicht sehr lange, nach weniger als einer halben Stunde konnten sie herunterkommen. Wir waren Herrn Curta für seine Hilfsbereitschaft und seinem Mut sehr dankbar. Es gab damals nur sehr wenige Menschen, die ihre Freiheit und die ihrer Familie für die Rettung von Deutschen aufs Spiel setzten.

Während der folgenden Wochen der Verschleppungsaktion hatte mein Vater noch einmal Glück, denn ein mit ihm befreundeter Oberleutnant beorderte ihn und einen weiteren Bekannten mittels gefälschter „Ordine de serviciu“ (Marschbefehle) zu seiner Einheit nach Lippa, wo sie die nächsten Wochen bis zur Beendigung der Verschleppungsaktion unbeschadet überstehen konnten. Meine Mutter blieb derweilen daheim und musste sich weiter bei Familie Curta verborgen halten. In den folgenden Tagen sah man noch immer Militärstreifen auf den Straßen, die Jagd nach Flüchtigen machten. Wohin man die Inhaftierten gebracht hatte, wussten wir zu dieser Zeit noch nicht.

Im gleichen Zusammenhang erfuhren wir Ende Januar per Brief, dass Onkel und Tante Barth, als sie am Tage, bevor die Verschleppung begann, hörten, dass sie auch auf der Liste standen, beschlossen hatten, mittels Morphium aus dem Leben zu scheiden. Als die Häscher nach Mitternacht zu ihnen kamen und an Tor und Fenster polterten, öffnete niemand. Auf den Lärm hin kam aus dem Nachbarhaus der Notar, der die Tür öffnete und das Ehepaar in bewusstlosem Zustand vorfand. Ein aus dem Werkskrankenhaus herbeigerufener Arzt konnte sie beide retten, und sie entkamen sogar der Verschleppung. Später erfuhren sie auch, wer sie seinerzeit trotz der überschrittenen Altersgrenze auf die Verschleppungsliste gesetzt hatte.

Nach dem 23. August 1944 begannen die Kommunisten, schrittweise die politische Macht im Lande an sich zu reißen. Zwar wurden anfangs auch bürgerliche oder sozialdemokratische Politiker mit Regierungsämtern betraut, doch von einer Regierung zur nächsten wurde der Anteil der Kommunisten größer und jener der anderen Parteien geringer. In der Regierung des Jahres 1946, die schon zum Großteil aus Kommunisten bestand, war außer Teohari Georgescu und Gheorghe Gheorghiu-Dej zum Beispiel auch noch Lothar Radaceanu als Vertreter jener Sozialdemokraten dabei, die nunmehr mit sowjetischer Hilfe den Weg der „Roten" zur absoluten Machtübernahme ebneten. Dies führte zur Groza-Regierung, welche – nach anfänglichen Vorbehalten – am 04. 02. 1946 auch von den Regierungen Großbritanniens und der USA anerkannt wurde. Nach dieser Quasi-„Absegnung" durch den Westen begannen die Kommunisten – von Moskau angeleitet –, sich der „nützlichen Idioten" zu entledigen, die sie vorher zum Zwecke der Tarnung gebraucht hatten. So wurde Ana Pauker anstelle von Gheorghe Tătărescu Außenministerin und Emil Bodnăras an Stelle von General Răscanu Kriegsminister.

Seit dem Umsturz waren bloß sechs Monate vergangen, aber die Verwandlung Rumäniens von einer konstitutionellen Monarchie in eine kommunistische Vasallenrepublik schritt mit beschleunigtem Tempo voran. Der letzte Akt sollte dann Ende 1947 folgen, als man die demokratischen Politiker mit politischen Prozessen überzog und ihre Parteien verbot. Die erzwungene Abdankung des Königs im gleichen Jahr war nur noch eine symbolische Handlung, denn entmachtet war das Königshaus faktisch schon seit dem Umsturz. Die Regierungsbezeichnung „Frontul National Democratic" (Demokratische Nationale Front) vom 30. 12. 1947 konnte nicht darüber hinwegtäuschen, dass die Kommunisten sowjetischer Prägung an der Macht waren. Dieses schnelle Abgleiten des Landes in eine linke Diktatur und vor allem die Art und Weise, wie dies geschah, gab Anlass genug, sorgenvoll in die Zukunft zu blicken.

Am augenfälligsten war die geschilderte Entwicklung anhand der von Woche zu Woche penetranter werdenden linken Propaganda zu erkennen. Die Plakate und Schmierereien an den Hauswänden waren nicht zu übersehen. Wenn an den zahlreichen Kundgebungen auch bürgerliche Parteieăn teilzunehmen wagten, kam es häufig zu wüsten Schlägereien, die in aller Regel von der Linken provoziert wurden. Auch die Gewerkschaften waren zu jener Zeit bereits vollkommen unterwandert. Die kommunistischen Zellen in den Unternehmen waren sehr aktiv und verhinderten in ihrem Wirkungsbereich durch Gewalt und Terror jegliche Einflussnahme anderer Parteien. Wenn es zu Schlägereien kam, hielt sich die Ordnungspolizei für gewöhnlich raus, man wollte es sich ja nicht – erst recht nicht, solange die Sowjets im Lande waren – mit den voraussichtlichen neuen Machthabern verscherzen. So wurde zum Beispiel während der Wahlkämpfe von 1946 in Arad der bürgerliche Politiker Professor Constantin Teodorescu von kommunistischen Schlägern ermordet. Studenten, die sich für nicht-linke Parteien engagierten, wurden von roten Schlägertrupps regelrecht gejagt und häufig krankenhausreif geschlagen. Täter wurden so gut wie nie ermittelt.

Vor dem Hintergrund dieser ganzen Entwicklung und natürlich nicht unmaßgeblich beflügelt von jugendlicher Abenteuerlust beschloss ich, im Rahmen meiner Möglichkeiten Widerstand zu leisten. Ich wollte den Russen, die ich wie fast alle Leute meines Bekanntenkreises unabhängig von ihrer Volkszugehörigkeit als fremde Besatzer empfand, schaden. Als erstes wollte ich, dass schien am ehesten machbar, ihre Telefonleitungen kappen. Die Idee stammte ironischerweise aus einem sowjetischen Propagandafilm, den ich als ersten dieser Art in einem Kino der Stadt gesehen hatte. Dort wurde unter anderem gezeigt, wie Partisanen Fernsprechleitungen der Wehrmacht zerschnitten und so deutsche Angriffspläne vereitelten.

Die Gelegenheit, eine erste spontane Sabotageaktion durchzuführen, bot sich, als ich eines Abends von einem Besuch bei meinem Freund Stefan Winkler zurückkehrte. Die Winklers wohnten ganz in der Nähe der sowjetischen Kommandantur, die im ehemaligen deutschen Konsulatsgebäude und der schon erwähnten Rieger-Villa untergebracht war. Von dort führten zahlreiche Telefonleitungen durch den Eminescu-Park zu verschiedenen Dienststellen der Russen in der Stadt. Ich näherte mich von der Parkseite aus der Kommandantur und zerschnitt ein ganzes Bündel von Fernsprechleitungen an zwei verschiedenen Stellen. Die so herausgetrennten Drähte schleifte ich ein gutes Stück mit und warf sie anschließend in den Bega-Kanal. Solange ich mich noch in der Nähe der Kommandantur befand, gab es keinen Alarm. Daraus schloss ich, dass man meine Tat noch nicht entdeckt hatte. Am nächsten Tag stellte ich fest, dass ab sofort an der Kommandantur nicht nur an der Vorderseite wie bisher, sondern auch hinten, also an der Parkseite ein Posten stand und dass zusätzlich nunmehr auch eine Patrouille im Park ihre Runden drehte. Heute muss ich zugeben, dass meine damalige Aktion kaum einen Sinn gehabt hat, aber für mich und meine Familie eine große Gefahr darstellte. Wenn die Russen mich damals geschnappt hätten, wäre ich wahrscheinlich ohne viel Federlesens an die Wand gestellt worden, und meinen Eltern wäre es vermutlich auch nicht gut ergangen.

Dennoch habe ich nach einigen Monaten eine weitere, ebenfalls spontan geplante Aktion durchgeführt. Auch diesmal war ich im Park unterwegs, als ich eine tief hängende Telefonleitung erspähte. Ich schaute mich flüchtig um, bemerkte dabei jedoch nicht, dass zwei russische Soldaten nur etwa 50 Meter von mir entfernt von Büschen verdeckt auf einer Bank saßen. Ich war vollständig überrascht, als ich, nachdem ich die Leitung an einer Reparaturstelle geöffnet hatte und wieder fallen ließ, sofort Schreie hörte und die zwei Russen hinter dem Busch hervorsprangen. Ich rannte los, hörte das „Stoj, stoj!“ und fast gleichzeitig das Rattern einer MPi-Salve. Die Kugeln rauschten gut hörbar in den Baumblättern. Ich wetzte in einem Affentempo in das nächste Gebüsch und weiter fort, bis die Russen mich nicht mehr zu sehen vermochten. Nach diesem Abenteuer hatte ich für eine Weile genug – der Schrecken war zu groß gewesen.

Wie bei vielen Jungs meines Alters gehörte es damals zu meinen „Hobbys“, heimlich das überall noch reichlich vorhandene Kriegsgerät zu sammeln. So war ich bereits im Herbst 1944 nach meiner Rückkehr aus Ferdinandsberg wiederholt in den von den Bombenangriffen heimgesuchten Stadtvierteln unterwegs, um nach nicht verbrannten Teilen angloamerikanischer Stabbrandbomben, deren überwiegender Anteil aus Elektron, einer Legierung aus Aluminium, Zink und Phosphor, bestand, zu suchen. Wozu dies dienen sollte, darüber hatte ich vorerst allerdings noch keine genaue Vorstellung. Jedenfalls wurde ich fündig und versteckte etliche der Brandbomben daheim. Wenn mein Vater dann nicht zu Hause war, zerlegte ich die Dinger in seiner Werkstatt und entnahm die verschiedenen Brand- und Explosivfüllungen, die ich sorgfältig aufbewahrte. Die Außenwand der Bomben konnte ich auf der Drehbank meines Vaters zu Spänen zerkleinern. Diese Späne waren leicht entzündbar und brannten mit einer blendend weißen Flamme bei einer dabei entstehenden Temperatur von bis zu 3000 Grad.

Fast aufgeflogen wäre eine Aktion ähnlicher Art, die ich etwa um Weihnachten 1944 herum mit Stefan Winkler, einem guten Freund, unternahm. Stefan war genau wie ich ein eifriger „Sammler“ und unter anderem bereits stolzer Besitzer einer sowjetischen Panzergranate. Es handelte sich um eines der berüchtigten „Ratsch-Bumm“-Geschosse im Kaliber 76,2. Zu jener Zeit erhielt Stefan von einem anderen Bekannten den Tipp, dass in der Nähe des Jagdwaldes, einem Forst am nordöstlichen Stadtrand, große Munitionsmengen zu finden seien. Ausgerüstet mit Säcken und einem Schlitten fuhren wir hin und fanden hunderte nicht abgebrannte Stabbrandbomben mit und ohne Sprengkopf. Etwa 20 Stück nahmen wir mit, dazu eine deutsche 50-Kilogramm-Bombe ohne Zünder. Wir wickelten die ganze brisante Ladung in einen Teppich und banden das Paket fest auf den mitgebrachten Schlitten. Daheim bei Stefan angekommen schafften wir die Brandbomben vorläufig in den Holzkeller und die Sprengbombe in einen wenige Meter vom Haus entfernten öffentlichen Luftschutzbunker. Als ich am kommenden Tag Stefan besuchte, stellten wir entsetzt fest, dass ein Bautrupp „unsere“ Bombe entdeckt und das Militär verständigt hatte. Sie wurde weggeschafft. Glücklicherweise wurde aber keiner von uns mit dem Bombenfund in Verbindung gebracht.

Später fasste ich dann mit Stefan und Mischi, einem anderen Freund, den abenteuerlichen Plan, aus dem gehorteten Material einen Brandsatz zu bauen und mit diesem eine Sabotage-Aktion durchzuführen. Das Wichtigste daran war eine sicher funktionierende Lunte. Diese fertigte ich aus dem gelben Pulver des Bombeninneren, welches ich in Papier einrollte. Den Brandsatzkörper formte ich auf der Drehbank aus dem Rumpfstück einer nur zum Teil abgebrannten Bombe. Es wurde ein etwa zehn Zentimeter langer Zylinder mit einer Wandstärke von drei Millimeter. Beide Enden des Körpers waren mit flachen Holzscheiben verschlossen. Durch eine der Scheiben ragte die Lunte in das Innere des Brandsatzes. Gefüllt war der Zylinder mit den vom Bombenkörper abgefrästen Spänen. Das System funktionierte bei allen Tests, die ich später durchführte, absolut zuverlässig.

Auf den Gedanken, einen größeren Sabotageakt durchzuführen, waren wir ebenfalls durch einen sowjetischen Kriegsfilm gekommen, den wir im Kino gesehen hatten. Dort sprengten in einer Szene Partisanen einen deutschen Eisenbahnzug in die Luft. Also dachten wir, dass wir das Gleiche mit einem der vielen russischen Nachschubzüge tun könnten, die zu jener Zeit über Temeschburg in Richtung Westen zur Front fuhren. Es war an einem Werktag knapp vor Ostern bei wunderschönem, schon recht warmem Wetter, als wir zu dritt zum Josefstädter Bahnhof fuhren. Ich hatte den Brandsatz in eine Zeitung gewickelt einfach unter dem Arm. Am Bahnhof herrschte großes Gedränge, Zivil- und Militärzüge kamen an und fuhren ab. Sehr viele russische Soldaten waren damit beschäftigt, Waggons zu be- oder zu entladen. Wir streiften zwischen den stehenden Garnituren umher und suchten ein lohnendes und für uns erreichbares Ziel. Eine Garnitur mit Tankwagen wäre ein lohnendes Ziel gewesen, war auch kaum bewacht, jedoch bezweifelten wir, dass unser Brandsatz zum Entzünden eines Tankwagens ausreichen würde. Mir schien es fraglich und wir verzichteten deshalb. An einer anderen Stelle vermuteten wir Waggons mit Munition, aber nur einer der Wagen war offen und ermöglichte einen Einblick. Ich war wie elektrisiert: Drinnen lagerten mindestens 50 Stück Katjuscha-Raketen und weitere Kisten, vermutlich ebenfalls mit Munition. Das wäre ein „Bombenziel“ gewesen, nur leider saß ein russischer Unteroffizier im Wagen und schrieb irgendetwas, und es waren noch weitere zwei oder drei Soldaten zugegen. Es war klar, hier konnten wir auch nichts machen. Wir suchten weiter, fanden aber keinen passenden Zug mehr. Auch bei dem Munitionswagen kamen wir noch zweimal vorbei, als dieser schon verschlossen war und Posten neben der Garnitur patrouillierten. Schweren Herzens verließen wir den Bahnhof. Heute sage ich: Gott sei Dank, dass wir damals nicht zum Zuge gekommen sind. Wenn wir es geschafft und einen Anschlag durchgeführt hätten, wäre wohl der Teufel los gewesen. Wenn man uns aber geschnappt hätte, wären wir und unsere Angehörigen ebenfalls erledigt worden. Wir beabsichtigten zwar, in Kürze einen neuen Versuch zu starten, aber aus verschiedenen Gründen ergab sich keine Gelegenheit mehr. Und dann kam der Tag, als alle Radios verkündeten, dass Deutschland kapituliert hatte, dass der Krieg in Europa zu Ende war. Wir waren maßlos enttäuscht.

Schon wenige Tage darauf zogen größere russische Truppenteile durch unsere Stadt nach Osten. Endlose Kolonnen von Pferdefuhrwerken und LKW durchquerten Temeschburg. Vielleicht waren sie schon auf dem Weg nach Ostasien, um jetzt den Japanern den Todesstoß zu versetzen. Dazwischen sah man immer wieder Wagen, die voll beladen mit nichtmilitärischer Kriegsbeute waren.

Mit dem Ende des Krieges entspannte sich die Lage für uns nicht. Die Gefahr, noch im Nachhinein verschleppt zu werden, war zwar gebannt und es erschienen viele der Deutschen, die bis jetzt untergetaucht waren, wieder, so auch mein Vater. Es kursierten jedoch dauernd irgendwelche Gräuelnachrichten, unter anderem jene, man wolle deutsche Kinder in ein zentrales Lager bringen. Die offizielle Begründung war, dass nach der Deportation im Januar des Jahres 1945 viele Kinder ohne Eltern geblieben seien, und um diese Kinder wolle sich jetzt plötzlich der rumänische Staat kümmern. Nun, für uns sah das eher so aus, als hätte man sich die Entnationalisierung, genauer gesagt die Romanisierung der deutschen Kinder zum Ziel gesetzt.

Um hinsichtlich dieser neu sich abzeichnenden Gefahr Vorkehrung zu treffen, beschlossen meine Eltern, zu einem Trick zu greifen. Und zwar sollte ich von dem befreundeten rumänischen Ehepaar Boncea formell adoptiert werden. Die Bonceas, die kinderlos waren, hatten von sich aus meinen Eltern ihre Hilfe in dieser Sache angeboten. Die Formalitäten waren schnell erledigt, und fortan hieß ich Boncea-Resch. Ansonsten änderte sich für mich nichts, ich wohnte auch weiterhin in meinem Elternhaus. Ob diese Adoption allerdings im Ernstfall, also wenn der neue rumänische Staat wirklich massenhaft hätte deutsche Kinder romanisieren wollen, genutzt hätte, muss bezweifelt werden. Wie man heute weiß, waren entsprechende Maßnahmen tatsächlich erwogen worden, und es war auch eine entscheidende Verringerung der deutschen Schulen im Lande angedacht. Glücklicherweise wurden diese Pläne jedoch nicht umgesetzt.

Was das Ehepaar Boncea angeht, erinnere ich mich noch an eine Episode, die bezeichnend ist für die Zustände in Rumänien während des Krieges und in den Jahren danach. Rumänien lag durch seine geostrategische Lage und natürlich wegen seines Erdöls bereits vor dem Krieg im Schnittpunkt der Interessen der verschiedenen Machtblöcke. Sowohl die Länder der Achse als auch die Westmächte und natürlich auch die Sowjets verfolgten ihre eigenen Ziele, und daher galt das Land als ein Tummelplatz für Agenten und Spione. Frau Boncea leitete die Nachrichtenagentur RADOR, die alle Zeitungen der Stadt mit Neuigkeiten aus dem Land und der Welt versorgte. Die Nachrichten wurden hauptsächlich von Radiosendern übernommen, mitgeschrieben und zu einer Kontrollstelle der Polizei gebracht, um dort gegebenenfalls zensiert zu werden. Mitarbeiter von Frau Boncea war ein Herr Leipnik, der schon seit 1942 illegal von ihr beschäftigt wurde. Wäre er bei dieser Tätigkeit entdeckt worden, wäre er und sicher auch unsere Bekannte im Gefängnis gelandet. Leipnik hatte in den Dreißigerjahren in England studiert, sprach mehrere Sprachen und konnte so an dem hochwertigen Kurzwellenempfänger Marke „Lorenz“, den er hier im Büro zur Verfügung hatte, englische, amerikanische oder andere ausländische Sender empfangen. Er stenografierte alles mit und „bastelte“ aus diesen Informationen dann die Nachrichten für die Presse. Ob diese Berichte im Sinne der damaligen Regierung in Rumänien, geschweige denn im Sinne des mit Rumänien verbündeten Deutschen Reiches waren, darüber kann nur spekuliert werden. Mein Vater vermutete, dass Leipnik schon vor dem Umsturz vom August 1944 im Dienste eines ausländischen Geheimdienstes stand.

Zwei Jahrzehnte später sollte ich dann erfahren, dass Leipnik in den Fünfzigerjahren, also schon in der kommunistischen Zeit, wegen Spionage für Großbritannien zu einer hohen Haftstrafe verurteilt worden war. Er soll unter anderem in den Gefängnissen und Lagern von Piteşti, Salcia und Stoeneşti gewesen sein, bevor er im Rahmen der Generalamnestie für alle politischen Häftlinge 1964 freikam. Bald darauf wanderte er nach Israel aus.

Ende Mai erschien ein russischer Hauptmann mit seiner Frau und einem Wickelkind im Hause meiner Eltern. Man hatte ihm von der Kommandantur das Zimmer, in dem auch der Oberst Ribarski gewohnt hatte, zugeteilt. Er war Militärstaatsanwalt bei der SMERSch („Tod den Spionen!"), einer militärischen Variante des NKWD, deren Sitz seit Ankunft der Sowjettruppen im ehemaligen deutschen Konsulat auf der Loga-Straße war. Einmal sah ich in der Wohnung der russischen Familie einen ganzen Stapel Wehrmachtskarten, die von ihnen als Packpapier verwendet wurden. Ich bat die Frau um einige dieser Landkarten, und sie ließ mich auswählen. Die interessantesten waren eine Infanteriekarte Maßstab 1:100.000 mit Temeschburg in der Mitte und eine Generalstabskarte mit dem Maßstab 1:2.000.000. Diese zeigte mehr als die Hälfte Rumäniens, Teile der Slowakei, Ungarns und Jugoslawiens. Auf dieser Karte war der Verlauf der Front um Anfang Oktober 1944 von Hand eingezeichnet. Diese beiden Karten besaß ich bis 1951, als sie mir auf der Flucht abhandenkamen.

Im gleichen Jahr begann ich mit dem Besuch der Gewerbeschule, Abteilung Metallbearbeitung, die ich nach zwei Jahren mit der mittleren Reifeprüfung beenden sollte. In jener Zeit war der Zulauf von deutschen Schülern an der Gewerbeschule beachtlich, insbesondere was die Klassen der Oberstufe betraf. Auch jetzt, nach über einem Jahr seit dem Ende der Kampfhandlungen in unserer Gegend, waren nach wie vor Unmengen an Waffen im Umlauf, und fast jeder Junge in meinem Alter besaß welche. Größere Schüler zu sehen, die in den Pausen oder nach der Schule mit Pistolen, Revolvern und Munition hantierten, war nichts Besonderes. In unserer Schule blühte ein regelrechter Schwarzmarkt, auf welchem munter Handfeuerwaffen, Munition und selbst Sprengstoffe gehandelt wurden. So ergab es sich zum Beispiel, dass ich einem anderen deutschen Jungen mein Luftgewehr im Tausch für eine Pistole Frommer-Baby im Kaliber 6,35 samt zehn Schuss Munition gab. Bald darauf bekam ich ein weiteres günstiges Angebot, und zwar einen Revolver Marke Harrington, Kaliber 7,62, im Tausch gegen Schießpulver. Ich griff zu. Später sollte dann noch eine „Gulden-Zwanziger", eine einläufige Taschenpistole, dazukommen. Die Bezeichnung rührte daher, dass diese Waffen von Typ Derringer früher, in der K.-u.-k.-Zeit, auf den Jahrmärkten in Temeschburg tatsächlich noch für einen Gulden und zwanzig Kreuzer zu haben waren (ungarisch: „Forint-huszas"). Neben diesen Neuanschaffungen gab es in meinem „Arsenal" noch ein Flaubert-Kleinkalibergewehr, eine einschüssige Waffe, die mein Vater seit seiner Jugendzeit besaß. Es hatte einen glatten Lauf, und man konnte mit ihm auch Schrotpatronen („Vogeldunst") verschießen.

Obwohl die meisten russischen Soldaten die Stadt zwischenzeitlich verlassen hatten und damit eine gewisse Ruhe eingekehrt war, gab es doch immer wieder Übergriffe gegen die Zivilbevölkerung. So hatte meine Mutter eine dramatische Begegnung mit einem solchen „Helden". Es war an einem Nachmittag, ich war mit Stefan zum Schwimmen gegangen und mein Vater war ebenfalls abwesend. Meine Mutter, allein in der Wohnung, saß in meinem Zimmer und las ein Buch. Dabei hatte sie versäumt, nachdem ich fortgegangen war, die Wohnungstür abzuschließen. Auf einmal hörte sie, wie jemand die Wohnungstür öffnete und ohne etwas zu sagen die Wohnung betrat. Sie meinte erst noch, dass ich zurückgekehrt wäre, wurde im nächsten Augenblick jedoch eines Besseren belehrt, als nämlich in der Zimmertür ein Russe mit einem Paket unter seinem Arm erschien. Er grüßte mit einem breiten Grinsen, schaute sich um, und als er erkannte, dass anscheinend keine weitere Person zugegen war, warf er sein Paket auf den Tisch und deutete meiner Mutter an, sich auszuziehen. Meine Mutter schrie ihn an, „Njet" und „Paschli", also „Nein, geh weg", doch der Kerl stürzte sich auf sie und versuchte, ihr die Kleider herunterzureißen. Meine Mutter begann, laut um Hilfe zu rufen, und wehrte seinen Angriff mit Tritten und Kratzen ab, so gut sie konnte. Zum Glück war Herr Curta, der Schneidermeister, mit einem seiner Gesellen im Haus. Seit er einmal von Russen in seiner Werkstatt arg belästigt worden war, hielt er den Laden geschlossen und arbeitete daheim. Als er die Hilferufe meiner Mutter hörte, eilte er zusammen mit seinem Gesellen zu Hilfe. Der Russe erblickte sie durch unser Hoffenster, ließ von meiner Mutter ab und wandte sich zur Flucht. Es gelang ihm eben noch, den Treppenaufgang zu erreichen, als Herr Curta bewaffnet mit seiner großen Schneiderschere in der Hand ihn einholte. Ohne zu zögern knallte er dem flüchtenden Russen eins mit der Schere auf den Kopf, und obwohl dieser eine Mütze aufhatte, muss er von der scharfen Kante der Schere erheblich verletzt worden sein, denn nachher sah man Blutspritzer an der Wand. Die Mütze fiel ihm vom Kopf und blieb liegen, der Russe aber entkam. Meine Mutter war mit einem gewaltigen Schrecken, einigen Schrammen und Blutergüssen, somit also noch „billig" davongekommen. Fortan vergaß sie nie mehr, die Eingangstür abzuschließen.

In jener Zeit begann ich, mich auch verstärkt sportlich zu betätigen, und erklärte daher im Frühjahr 1948 meinen Eintritt in den Sportverein für Leichtathletik „Prima Banat". Dort traf ich einige mir schon bekannte Jungen und Mädchen, wie zum Beispiel Alfred (Fredi) Prack, Roland Partos, Alexander Ternovits oder Käthe Schütz. Unser Trainer war Professor Cornel Jovănescu, ein ehemaliger sehr guter Athlet, welcher noch im gleichen Jahr zum Direktor der neu gegründeten Sportschule „SMT-

CF", Şcoală medie tehnică de cultură fizică (Technische Mittelschule für Körperkultur), berufen wurde. In den folgenden vier Jahren hatte ich Gelegenheit, an vielen Wettkämpfen teilzunehmen, häufig als Drei-, Fünf- oder sogar Zehnkämpfer. Auch als Staffelläufer war ich einsetzbar und wurde so dank meiner Vielseitigkeit zum Punktebeschaffer des Vereins.

Der Sommer 1946 war auch im Banat sehr lang und heiß, doch der Osten des Landes, also die Provinz Moldau, übertraf in dieser Hinsicht alle anderen Gegenden. Die Dürre erreichte ungeahnte Ausmaße. So wurde die Ernte im genannten Landesteil zu einer Katastrophe und erreichte lediglich zehn Prozent des üblichen Ertrages. Dennoch hätte dies unter normalen Bedingungen für die Bevölkerung nicht zu einer Hungersnot geführt, aber jetzt hatte Rumänien überhaupt keine Reserven auf Lager. Das Land war seit der Invasion durch die Russen systematisch ausgeraubt worden, weshalb schon vor der Dürre in der Moldau erheblicher Mangel an Lebensmitteln herrschte. Die allgemeine Stimmung im Land war gedrückt.

In dieser Phase begannen die durch Moskau gestützten Kommunisten, die endgültige Gleichschaltung des Landes zu forcieren. Sie waren jetzt stark genug, sich jener bürgerlichen und sozialdemokratischen Steigbügelhalter entledigen zu können, die sie anfangs noch gebraucht hatten, um sich unter anderem die Anerkennung des westlichen Auslands zu sichern. Hinsichtlich der Brutalität, mit der nun gegen nutzlos oder lästig gewordene vormalige „Verbündete" vorgegangen wurde, standen die rumänischen Kommunisten ihren russischen „Lehrmeistern" in nichts nach. So wurde im Oktober der Prozess gegen die Führung der zwischenzeitlich verbotenen Nationalen Bauernpartei PNT eröffnet. Die Anklage lautete auf Hochverrat, Hauptangeklagter war Iuliu Maniu, einer der Hauptakteure des 23. August 1944. Er sollte am 5. Februar 1953 im Alter von 80 Jahren im Kerker von Sighet sterben. Am Abend des 30. Dezembers des gleichen Jahres dankte König Michael I. ab. Am nächsten Tag stimmten die Abgeordneten des Landes dem Gesetz Nr. 363 zu, durch welches Rumänien zu einer „Volksrepublik" wurde.

Schon im Januar 1948 wurde die einheitliche kommunistische Jugendorganisation gegründet. Im Februar wurde die endgültige Vereinigung der Sozialdemokratischen Partei mit der Kommunistischen Partei durchgeführt. Die Gleichschaltung schritt mit mächtigen Schritten voran. Noch im gleichen Monat zeichnete sich ab, dass die Kommunisten „aufzuräumen" begannen, und zwar durch die Absetzung des Justizministers Lucreţiu Patrăscanu, eines „Nationalkommunisten". Er wurde zum Tode verurteilt und in Jilava hingerichtet. Ştefan Foriş, ein anderer prominenter Kommunist, war schon vorher mit einem Brecheisen erschlagen worden. Seine Mutter, die zu intensiv nach den Todesumständen ihres Sohnes geforscht hatte, wurde ertränkt.

Im März 1948 fanden die ersten Parlamentswahlen statt. Wie zu erwarten, gewann der Block FDP (Volksdemokratische Front) mit 405 Mandaten vor den Liberalen und der Nationalen Bauernpartei mit sieben und zwei Mandaten. Der Londoner Rundfunk kommentierte diese Wahlen sinngemäß mit den Worten: „Wahlen im Balkanstaat Rumänien waren schon jeher undemokratisch, doch was sich jetzt in Bukarest abgespielt hat, haut dem Fass den Boden raus. Es war der größte Schwindel aller Zeiten." Diese Einschätzung stimmte, war aber zugleich ziemlich heuchlerisch, denn schließlich hatte auch Großbritannien seinerzeit Rumänien den Sowjets ausgeliefert.

Zu den ersten tief greifenden Änderungen nach der totalen Machtübernahme der Kommunisten gehörte das Gesetz vom 11. Juni 1948 zur „Nationalisierung", also Enteignung, der wichtigen Industrieunternehmen, der Bergwerke, Banken, Versicherungen und Transportunternehmen. Im August wurde dann die sogenannte Schulreform beschlossen. Beide Gesetze wurden vom „Volksdemokratischem Parlament", das jetzt „Große Nationalversammlung" hieß, verabschiedet. Was die Schulreform angeht, so waren die weitestreichenden Änderungen bei den Humanfächern zu verzeichnen. In der Literatur zum Beispiel waren plötzlich die russischen Schriftsteller die wichtigsten der Weltliteratur und im Geschichtsunterricht drehte sich plötzlich alles um sozialpolitische Bewegungen, Revolten, Bauernkriege und Revolutionen, die zu den größten Ereignissen der Menschheitsgeschichte hochstilisiert wurden. Weitere Änderungen, wie etwa die Tatsache, dass infolge der Reform zukünftig auch Mädchen in unserer Schule zugelassen waren, wirkten sich weniger einschneidend aus. Um die Umerziehung – besonders der Jugend – noch gründlicher zu gestalten, wurden frühere Publikationen aller Art geprüft und nach politisch-ideologischen Gesichtspunkten aussortiert. Aus öffentlichen Bibliotheken wurden mancherorts bis zu 90 Prozent der Bestände entnommen und vernichtet. Täglich rollten Eisenbahnwagen voller aussortierter Bücher zur Schuhfabrik „Banat", wo mit diesen Büchern die Dampfkessel der Fabrik befeuert wurden. Diese Bücherverbrennung geschah freilich, ohne weltweite Proteste und Empörungen auszulösen.

Diese Zustände wurden keineswegs immer widerstandslos hingenommen. Es gab fast überall örtliche Erhebungen und auch ganz aktive

Widerstandsgruppen, hauptsächlich unter dem Kommando ehemaliger Offiziere, die jahrelang die Securitate in Atem hielten. Was aber fehlte, war eine zentrale Organisationsstruktur, weshalb es natürlich nur eine Frage der Zeit war, bis eine Gruppe nach der anderen aufgespürt und vernichtet war. Tausende ehemalige Widerständler sollten, wenn sie nicht hingerichtet wurden, in den folgenden zwei Jahrzehnten die ungezählten Lager und Gefängnisse durchleiden müssen.

In der Zwischenzeit wechselte ich auf die neu entstandene Sportschule, deren Leiter, Professor Iovănescu, ich bereits aus dem Verein für Leichtathletik „Prima Banat" – später aus politischen Gründen in „Spartac" umbenannt – kannte. Hier lernte ich neue Freunde kennen, von denen viele Mitglieder unserer Widerstandsbewegung werden sollten. So etwa Jakob Stein, Ernst Warga, Dietmar Brössner und Andreas Jasberenyi. Ferner Emmerich Hochstrasser, Sohn einer angesehenen und wohlhabenden Familie aus Temeschburg, und Egon Zirkl, Sohn des Arztes Emil Zirkl aus Ulmbach, der an den Folgen von Misshandlungen, die er durch serbische Partisanen während seiner zusammen mit seiner Familie im Herbst 1944 versuchten, aber missglückten Flucht nach Deutschland erlitten hatte, schon 1946 verstorben war.

Unser Widerstand 1948–1951

Vor dem Hintergrund der geschilderten Gesamtumstände jener Zeit reifte bei meinen Freunden und mir der Entschluss, gegen die neuen Machthaber Widerstand leisten zu müssen, und zwar organisierten Widerstand. Gleichzeitig wollten wir uns für den großen Krieg zwischen Ost und West, von dessen Ausbruch in naher Zukunft wir – und nicht nur wir – felsenfest überzeugt waren, vorbereiten. Wir dachten an einen freiwilligen Einsatz als Untergrundkämpfer im Falle des Ausbruchs eines Dritten Weltkrieges und wollten zu diesem Zweck weitere Mitstreiter, aus Sicherheitsgründen vorerst nur Deutsche, in einer großen Organisation zusammenfassen.

Die konkrete Gründung unserer Geheimorganisation erfolgte im Herbst 1950, als wir unser Hauptziel definierten: Wir wollten die kommunistische Gewaltherrschaft in enger Zusammenarbeit mit dem rumänischen Widerstand mit allen verfügbaren Mitteln beseitigen. Sozusagen als Solidaritätsbeitrag der deutschen Minderheit.

Zu diesem Zweck wollten wir:

- neue Mitglieder werben und in die Organisation eingliedern,
- Material und Ausrüstung für den bewaffneten Kampf beschaffen,

- Ausrüstungsgegenstände – soweit möglich – fertigen,
- uns eine theoretische Kampfausbildung aneignen bzw. eine solche vermitteln,
- praktische Gelände- und Schießübungen durchführen,
- Propagandamaterial fertigen und verteilen,
- Maßnahmen der Gegenpropaganda durchführen,
- Sabotageaktionen durchführen und
- eine Zusammenarbeit mit gleichgesinnten Geheimorganisationen versuchen.

Wegen meiner schon im Vorfeld gezeigten Initiative sollte ich die Führungsrolle übernehmen. Zu den ersten Mitgliedern unserer Gruppe gehörten Fredi Prack, Franz Bayer und später Harry (Engelhard) Mildt, mein verlässlichster und aktivster Mitstreiter.

Das Sammeln von pyrotechnischen Materialien hatte – wie bereits geschildert – bei uns „Tradition". Von den seinerzeit gesammelten Materialien hatten wir einen ganz ansehnlichen Haufen gelagert, vor allem Elektron aus Stabbrandbomben, Thermitpulver (ebenfalls aus Brandbomben), militärisches Schießpulver aus Artilleriegranaten und einige Kilogramm TNT in Form von Stangen, Würfeln und Bruchstücken. Dazu ein 0,5-Kilogramm-Würfel Nitrozellulose aus Wehrmachtsbeständen. Wir sammelten auch fleißig deutsche Granatwerfer- und Artilleriegeschosse, manche ohne Zünder, was besonders günstig war, weil man dann gefahrlos an die Sprengstoffladung gelangen konnte. Von meinem Bekannten Hans Portscheller erfuhren wir zum Beispiel von einem aufgegebenen Munitionslager außerhalb der Stadt. Wir begaben uns hin, sammelten etwa 20 Sprengkörper und vergruben sie in einem Granattrichter, von welchen es viele in der Umgebung gab. Geplant war, später den gesamten Munitionsbestand nach und nach in die Stadt zu schaffen. Vorläufig nahmen wir jedoch nur zwei oder drei Geschosse mit, aus welchen ich fast zwei Kilogramm TNT gewinnen konnte.

Eine heiklere Aufgabe war die Fertigung von brauchbaren Brandsätzen, Nebeltöpfen, Zündkapseln, Zündschnüren und der Kleinkalibermunition für Schießübungen. Als Material für Brandsätze besaß ich noch die erwähnten unverbrannten Wandungsstücke der Brandbomben, doch konnten wir deren Bearbeitung nur während der Abwesenheit meines Vaters in dessen Werkstatt vornehmen. Das war meistens sonntags möglich, und zwar im Sommer, wenn meine Eltern beim Angeln waren. Ich blieb an solchen günstigen Tagen daheim, für gewöhnlich mit der Ausrede, dass ich zu einer sportlichen Veranstaltung müsse.

Dann wurden meine Kameraden schnell zur Arbeit zusammengetrommelt und es wurden aus Stabbrandbombenresten zylindrische Körper gedreht, aus denen Brandsätze gefertigt werden sollten. Wir haben nach und nach etwa ein Dutzend hergestellt und gelagert. Die Erprobungen dieser von mir entwickelten Brandsätze wurden im Gelände an der Temesch durchgeführt. Im letzten Jahr unserer geheimen Tätigkeit wurde Herbert Winkler zu unserem Chemiker. Die von ihm geschaffenen Zündschnüre brannten verlässlich, sogar unter Wasser, und nachdem es ihm gelungen war, auch Füllungsmaterial für Nebelgranaten zu mischen, bauten wir auch solche.

Die Beschaffung von Waffen und Munition war ebenso ein permanentes Ziel unserer Tätigkeit. Neben meinen bereits erwähnten Schusswaffen besaß Franzi noch zwei Taschenpistolen, eine Sauer & Sohn und eine französische FN, beide im Kaliber 6,35, sowie eine halbautomatische sechsschüssige KK-Büchse. Außerdem hoffte ich, eine beschädigte, nicht komplette russische Schpagina-Maschinenpistole einsatzbereit machen zu können. An KK-Munition besaß ich damals noch einige Dutzend originale „Geco"-Patronen, die ich aber zu Übungszwecken nicht vergeuden wollte, denn im Handel gab es diese nicht mehr. Da wir für unsere Übungen jedoch so viel Munition als nur möglich brauchten, begannen wir, verschossene Patronenhülsen neu zu befüllen, was uns auch mit Erfolg gelang. Das notwendige militärische Schießpulver war in Mengen vorhanden und die passenden Bleigeschosse wurden in Serie gegossen. Einen guten Teil dieser Patronen verschossen wir aus meinem Flaubert, als Übungswaffe zum Pistolenschießen diente die Frommer-Baby.

Seit ich im Herbst 1950 auf die Sportschule gewechselt war, durfte ich an den dort vorgesehenen Schießübungen und Wettbewerben mit KK-Gewehr und Pistole teilnehmen. Eines Tages sprach mich unser Schießlehrer, Professor Silviu Bejan, an und fragte mich, ob ich eine kleinere Reparatur an einem der KK-Gewehre der Schule vornehmen könne. Ich bejahte und wurde ab da der „Waffenmeister" der Schule. Dass er sich mit dieser Frage an mich wandte, war kein Zufall, denn er kannte als Kunde unserer Firma meinen Vater als guten Feinmechaniker. Vielleicht dachte er auch, dass mein Vater schon einspringen würde, wenn es zu Schwierigkeiten käme, und damit würde die Instandsetzung auf jeden Fall kostenlos erfolgen. Es gab aber keine Probleme, denn ich konnte die Waffe gut allein reparieren. Weil wir für einen der folgenden Tage eine Geländeübung eingeplant hatten – wir nannten sie etwas großspurig Frühjahrsmanöver –, brachte ich die reparierte Waffe jedoch nicht umgehend zum Schießstand zurück. Wir nahmen das Gewehr eingewickelt in eine Decke und aufs Fahrrad gebunden wie ein unauffälliges Gepäckstück mit. Draußen im Gelände an der Temesch konnten wir ungestört unsere Übungen durchführen. Wir fühlten uns dort sicher, zumal abwechselnd je einer von uns auf einem Weidenbaum sitzend die Umgebung beobachtete. Hier hatten wir die Möglichkeit, Ziele weit über 100 Meter anzuvisieren und zu beschießen, was im Schießstand der Schule nicht möglich gewesen wäre. Es wurden an diesem Tag mehr als 200 Schuss unserer selbstgefertigten KK-Munition verschossen, ohne dass es dabei einen einzigen Versager gegeben hätte, was schon bemerkenswert war. Auch die damals von uns probeweise gezündeten Brandsätze und Rauchgranaten funktionierten einwandfrei.

Ein anderes Areal, in welchem wir uns auch einige Mal aufhielten, war eigentlich ein richtiges militärisches Übungsgelände und wurde von der Armee sporadisch genutzt. Harry und ich hatten hier schon in unserer Jugendzeit gespielt. Hier gab es immer wieder neu angelegte Schützengräben und auch Stellungen für leichte Artillerie und Granatwerfer. Wenn das Militär nicht übte, war das Gelände für jedermann frei zugänglich. Wir nutzten das Areal, um die militärischen Anlagen zu studieren und um – meist unter Harrys Anleitung – Geländeübungen wie etwa Anschleichen und Orientieren zu veranstalten.

Im Rahmen der theoretischen Kampfausbildung betrachteten wir es auch als nützlich, einschlägige Filme zu gucken und zu analysieren. Es waren ausnahmslos ausländische Filme, die zumeist den Widerstand gegen die deutschen Besatzer zum Thema hatten. Viele dieser Streifen kamen aus Frankreich und waren ziemlich gut gemacht. Die Methoden der Untergrundtätigkeit wurden darin zum Teil sehr ausführlich und plastisch dargestellt. Einer der besten damals gesehenen Filme war der holländische Streifen „Kämpfer im Schatten“. Ebenfalls als eine Art der theoretischen Vorbereitung betrachtete ich die Gespräche, die ich damals mit verschiedenen Kriegsteilnehmern führen konnte.

Zum Beispiel wohnte seit Kurzem bei uns im Haus der junge Ernst Höhr mit seiner Frau. In Ernst, mit welchem ich mich schnell anfreundete, fand ich einen guten Erzähler, der bereitwillig von seinen Fronterlebnissen bei der Division „Florian Geyer“ berichtete. Er war einer der vielen volksdeutschen Jungen, die ihren Dienst ab 1941 in der rumänischen Armee an der Ostfront taten. Unzufrieden mit der rüden Behandlung durch die Vorgesetzten und die miserable Verpflegung nutzte er eine Gelegenheit, die sich bei einer chaotischen Situation ergab, und türmte zu den verbündeten deutschen Truppen. Als er sich dort bei einem Offizier meldete, wollte dieser ihn, um Ärger zu vermeiden, zu den Rumänen zurückschicken. Es bestand in dieser Hinsicht ein Abkommen zwischen beiden Mächten, wonach jede Seite verpflichtet war, Deserteure des anderen auszuliefern. So gab es mit der Zeit mehr als hundert Fälle volksdeutscher Soldaten, die aus den geschilderten Gründen zu den Deutschen desertierten, aber entsprechend dem Abkommen an die Rumänen ausgeliefert wurden. Diese „Fahnenflüchtigen“ wurden in Rumänien zu sehr schweren Strafen verurteilt, es wurden zur Abschreckung sogar einige Todesstrafen verhängt. Trotzdem mehrten sich im Sommer 1942 die Fälle dieser Art Fahnenflucht, und nach Intervention der deutschen Volksgruppe unter Führung von Andreas Schmidt, der forderte, dass die Praxis der Auslieferung eingestellt werde, überstellte man die desertierten Volksdeutschen nicht mehr den rumänischen Behörden, was natürlich zu Ärger mit den Rumänen führte. Letzten Endes gelang es den deutschen Verhandlungsführern, ein Abkommen mit der rumänischen Seite zu schließen, aufgrund dessen ab dem 12. Mai 1943 fast alle rumäniendeutschen Männer in der Wehrmacht dienen konnten. Ausgenommen waren nur jene, die durch ihre Ausbildung oder ihren Beruf als Spezialisten galten, wie Lkw-Fahrer, Elektriker, Ärzte oder Ingenieure. Ernst Höhr entkam mit Glück der Auslieferung und diente später in der Kavallerie-Division „Florian Geyer“. Von ihm erfuhr ich viel über den modernen Kampf der Infanterie, besonders über das Verhalten der kleinen Kampfgruppen, aber auch über die Spezialausbildung als Scharfschütze und als Einzelkämpfer. Ich hatte später noch Gelegenheit, ähnliche Themen auch mit anderen gewesenen Kriegsteilnehmern zu besprechen.

Im Rahmen der von uns geplanten Gegenpropaganda sollten politische Vorhaben der Kommunisten gestört werden. Eine gute Gelegenheit zu solch einem Einsatz bot sich, als Sowjetsoldaten den Strandclub ihrer Offiziere am Begaufer, den gewesenen Deutschen Ruderklub, zur Feier des 9. Mai herausputzten. Da gab es eine Bühne, ebenfalls noch aus deutscher Zeit, welche nun mit Girlanden, Spruchbändern, sechs Fahnen und vier großen Bildern der Schöpferväter und großen Führer der Kommunisten Marx, Engels, Lenin und Stalin geschmückt waren. Wir beschlossen, ihnen die Freude zu versalzen. Dabei ging es nicht ums blinde Zerstören, sondern vielmehr darum, ein Zeichen zu setzen. Wir waren zu fünft, als wir am 8. Mai zuschlugen. Meine Erkundungen in den letzten Tagen hatten ergeben, dass das Grundstück abends von den Russen verlassen war. Auch in der benachbarten Anlage, jetzt Klub der Sportschule, die sich bis zur Bischofsbrücke erstreckte, hielt sich nach dem Dunkelwerden niemand auf. In der entgegengesetzten Richtung, also begaaufwärts, befand sich ein dicht bewachsenes umzäuntes Gelände. Nach 21 Uhr trafen wir, das heißt Emmerich Hochstrasser, Egon Zirkl, Jakob Stein, Ernst Warga und ich, uns beim Capitol-Kino. Nachdem wir uns vergewissert hatten, dass sowohl die Umgebung als auch die Anlage selbst unbewacht waren, sprangen wir über den Zaun und machten uns an unsere „Arbeit". Spruchbänder, Fahnen und die großen Bilder wurden von uns schwer beschädigt, sodass die Fetzen im Wind nur so flatterten. Es war unsere Absicht, die Zerstörung gut sichtbar zu machen, denn wir rechneten damit, dass am nächsten Morgen, wenn tausende Menschen zu Fuß die Bischofsbrücke überqueren würden, diese unser Werk erblicken und gebührend schätzen würden.

Am nächsten Tag nach 7 Uhr, als der Verkehr auf der Bischofsbrücke am größten war, fuhr ich mit meinem Fahrrad auch dorthin. Schon von Weitem konnte ich viele Zuschauer auf der Brücke sehen. Ich blieb stehen und fragte jemanden, was es denn hier gäbe, worauf dieser – nicht ohne ein leichtes Schmunzeln im Gesicht – fragte, ob ich denn nicht sähe, dass die „Reaktion" zugeschlagen und den Club der Roten Armee verwüstet habe. Ich spielte den Erstaunten und fragte, wie so etwas möglich sei, ob denn die Anlage nicht bewacht gewesen sei? Während ich mit dem Mann plauderte, beobachtete ich die vielen Leute, die um uns herum stehen geblieben waren. Es gab solche, die die „Reaktionäre" beschimpften, den meisten jedoch konnte man die Genugtuung über den gelungenen Streich an ihren Gesichtern ablesen. Im Inneren der Anlage erschienen einige Soldaten, die sich unter dem Kommando eines Offiziers daranmachten, die Trümmer und Fetzen, die vom Festputz übrig geblieben waren, zu beseitigen. Ich verspürte jedenfalls eine große Genugtuung und später in der Schule eine diabolische Freude, als ich merkte, dass das Ereignis bei vielen Kommilitonen der Gesprächsstoff des Tages war.

Eine ähnliche, allerdings spontane Aktion am Bahnhof in Schag, einer Gemeinde 15 Kilometer südwestlich von Temeschburg, wurde von Fredi, Edi und Andreas durchgeführt. Es war am 6. Mai 1951, einem Sonntag, und wir hatten einen gemeinsamen Badeausflug an die Temesch unternommen. Ich war mit dem Fahrrad unterwegs, während die anderen mit der Bahn fuhren. Die Rückfahrt erfolgte ebenfalls getrennt. Am nächsten Tag dann überraschte mich Fredi mit der Nachricht, dass sie im Wartesaal des Bahnhofs in Schag „aufgeräumt" hätten. Dieser war noch wegen der Feierlichkeiten zum 1. Mai mit Spruchbändern, Fahnen und den obligatorischen Fotos der „geliebten" Staats- und Parteiführer unseres Landes und der glorreichen Sowjetunion verziert. Sie meinten, es wäre eine Sünde, diese prächtige Gelegenheit nicht zu nutzen, und im Handumdrehen hatten sie den ganzen Zierat von den Wänden und aus den Rahmen gerissen und zu Müll gemacht. Bald darauf kam der Zug und sie fuhren frisch und froh nach Temeschburg zurück. Über Reaktionen nach dieser Heimsuchung des Bahnhofs haben wir allerdings nichts gehört.

Eine weitere Aktion dieser Art führte ich am 28. April 1951 im Alleingang durch. Die Anlage der Sportschule an der Bega war wegen des bevorstehenden Maifeiertages herausgeputzt. Dietmar Brössner und Andreas Jasberenyi, Schüler im dritten Jahr, hatten als Mitglieder der kommunistischen Jugendorganisation UTC an der Verschönerungsaktion des Clubs mitgewirkt, während wir, UTC-Leute des vierten Jahrgangs, erste Absolventen der Sportschule, von solchen „freiwilligen" Arbeiten enthoben waren, um uns auf die noch bevorstehenden letzten Prüfungen konzentrieren zu können. Dietmar meinte, dass sich hier eine gute Gelegenheit böte, der UTC-Führung „Pfeffer zu geben", also begab ich mich nach 21 Uhr, als unser Club bereits verlassen und abgeschlossen war, dorthin. Auf dem gegenüberliegenden Ufer der Bega befand sich der Eisenbahnerclub, wo noch immer Hochbetrieb mit Festbeleuchtung, Musik und Tanz herrschte, ein Umstand, der mir gut zupasskam, denn er lenkte von meinem Vorhaben ab. Also kletterte ich schnell über den Zaun und vernichtete in zehn Minuten den ganzen Schmuck, der in stundenlanger Arbeit mühsam von dutzenden Schulkollegen geschaffen worden war. Ich rechnete damit, dass die Verwüstung schon am kommenden Morgen entdeckt würde, dass aber dennoch keine Zeit mehr bliebe, den Schaden rechtzeitig bis zum Feiertag zu beheben. Am nächsten Tag war das Aufsehen erwartungsgemäß groß: Manche lachten insgeheim, andere, die „Linientreuen", schimpften. Ich bedauerte lediglich die ebenso mühevolle wie nunmehr vergebliche Arbeit meiner Schulkollegen, die alles so „schön" vorbereitet hatten.

Die Mitglieder unserer Geheimorganisation waren fast alle auch in der UTC, was wir als wichtige Tarnung betrachteten. Ausgenommen waren lediglich Emmerich Hochstrasser und Jakob Stein, die beide als Kinder ehemaliger Großgrundbesitzer im Jahr zuvor wegen „ungesunder sozialer Herkunft" (!) (Origine socială nesănatoasă) aus der UTC ausgeschlossen worden waren. Professor Iovănescu, unser Direktor, hatte sich zwar gegen den Ausschluss dieser guten Schüler ausgesprochen, sich jedoch nicht durchsetzen können. Die Oberen der UTC waren offensichtlich wild entschlossen, das „klassenkämpferische Prinzip" zu wahren. Dass ich in diesem letzten Schuljahr „organizatoricul", also Klassensprecher geworden war, verdankte ich ebenfalls Professor Iovănescu. Ich war erst von meiner Ernennung, durch welche ich zugleich auch zum UTC-Chef der Klasse wurde, nicht sehr begeistert, fand mich jedoch schnell damit ab, als ich erkannte, dass diese Funktion für mich nicht viele Verpflichtungen mit sich brachte, zugleich aber die bestmögliche Tarnung für meine geheime Tätigkeit darstellte.

Im Laufe des Jahres 1950 beschlossen wir, sogenannte scharfe Einsätze durchzuführen, also Sabotageaktionen, die zugleich auch als Übung für spätere noch gefährlichere Einsätze dienen sollten. Die erste Aktion dieser Art war die Zerstörung einer Telefonleitung der Sowjets, die als Verbindung des Clubs mit der Kommandantur diente. Einen Monat danach folgte unser nächster Streich, bei welchem Emmerich Hochstrasser, Egon Zirkl und ich beteiligt waren. Nach gründlichen Beobachtungen wussten wir, dass es im Parkgelände, durch welches die Leitung zum Club führte, keine Wache gab. Wir zerschnitten die Kabel an zwei Stellen, nahmen ein Teilstück von etwa 50 Meter mit und ließen dieses in der Bega verschwinden. Gerne hätten wir die Reaktion der Russen auf unsere Frechheit gesehen. Den letzten Schlag dieser Art führten wir am 5. Sept. 1951 in dem kleinen Park östlich des Kapitol-Kinos durch, wo ein ganzer Strang von Fernsprechleitungen der sowjetischen Kommandantur vorbeiführte. Mit dabei waren diesmal: Fredi, Harry, Emmerich, Dietmar, Stefan und ich.

Entsprechend unserer Zielsetzung berieten wir oft über die Notwendigkeit der Verbindungsaufnahme zum landesweiten, leider zersplitterten Widerstand. Die bereits angebahnte Beziehung zu einer dieser Gruppen lief aus Sicherheitsgründen nur über Franzi Bayer, was vorläufig auch so bleiben sollte. Wie es sich dann später nach unserer Verhaftung zeigte, war diese Entscheidung richtig. Auf der Suche nach weiteren Widerständlern stieß Fredi im Frühjahr 1951 auf eine kleine Gruppe, bestehend unter anderem aus Hans Engrich und Rudi Kohl. Wir fanden ihre Einstellung im Prinzip ganz in Ordnung, die Jungs ansonsten jedoch noch ziemlich unreif, weswegen ich keine engeren Beziehungen zu ihnen aufnehmen wollte. Jahre später sollten wir noch recht unerfreuliche Erfahrungen mit ihnen machen.

Um erfolgreich zu sein, musste die Organisation ausgebaut und eine Hierarchie beziehungsweise eine Kommandostruktur gebildet werden. Als Ziel schwebte uns vorerst die Bildung dreier Gruppen vor, von welcher jede aus einem Gruppenoberführer, einem Gruppenführer und mindestens sechs bis acht Schützen bestehen sollte. Von den Letzteren sollte möglichst ein Mann eine sanitäts- und ein weiterer eine technische Ausbildung vorweisen können. Unsere vordringlichste Aufgabe blieb aber die Rekrutierung weiterer Mitglieder für die Organisation. Kandidaten suchten wir in unseren Freundeskreisen. Jede vertrauenswürdig erscheinende Person wurde gezielt nach ihrer politischen Einstellung und eventuellen Bereitschaft, in einem geheimen Widerstand gegen den Kommunismus mitzumachen, befragt. Bei positiver Einschätzung unsererseits, das heißt der Führungsgruppe Prack, Mildt, Resch, wurde der Kandidat durch einen von uns näher befragt. Bei weiterer positiv eingeschätzter Entwicklung dieser Befragung – sie dauerte meistens einige Monate – wurde dem Kandidaten der konkrete Vorschlag zum Eintritt in die Organisation unterbreitet. Dabei war vorgesehen, dass der Neuling nur die Mitglieder seiner Gruppe kennen sollte. Die eigentliche Rekrutierung wurde – mit einer einzigen Ausnahme – durch mich durchgeführt. Hierbei verpflichtete ich in einem Vieraugengespräch den Kandidaten auf unbedingte Treue auf Leben und Tod zur Organisation, worauf dieser einen Treueeid zu leisten hatte. Damit wurde er Mitglied der Organisation und konnte mit seinen zukünftigen Gruppenkameraden bekannt gemacht werden. Es war ihm ab sofort gestattet, an unseren gemeinsamen Lehrgängen, Ausbildungsübungen, Arbeiten und Einsätzen teilzunehmen. Ferner war er verpflichtet, einen monatlichen Geldbeitrag in Höhe von 40 Lei zu erbringen.

Das Geld wurde hauptsächlich zur Vervollständigung unserer umfangreichen Ausrüstung verwandt. So wurden zum Beispiel haltbare Lebensmittel für Notverpflegung und insbesondere viel Sanitätsmaterial eingekauft und gelagert. Mit der Zeit hatten wir einen beachtlichen Vorrat an Injektionsspritzen, Ampullen mit blutstillendem Inhalt, Scheren, Pinzetten, Wundklammern und sogar medizinische Knochenbruchschienen, gespendet von Egon Zirkl aus Restbeständen seines verstorbenen Vaters Dr. Emil Zirkl. Ferner wurden Chemikalien zur Fertigung von pyrotechnischen Materialien, Papier, das wir zum Drucken der Flugblätter brauchten, zwei Marschkompasse, ein Feldstecher, Trockenspiritus und eine größere Menge Dextroenergen erstanden. Diese speziellen Waren stammten alle noch aus erbeuteten Beständen der ehemaligen deutschen Wehrmacht, die zum Großteil in einem staatlichen Gebrauchtwarenladen, der „Consignaţia", feilgeboten wurden.

Eines Vormittags erschien der Schulleiter Professor Iovănescu auf dem Schulhof und sagte, als er mich sah, ganz aufgeregt: „Gut, dass du da bist, wir kriegen hohen Besuch. Der Ministerpräsident Dr. Petru Groza wird gleich da sein. Er will die ersten Absolventen unserer Schule sehen. Versammle so schnell wie möglich alle Mädchen und Jungen des vierten Jahrganges und lasse sie antreten. Wenn der Ministerpräsident ankommt, erstatte ihm Meldung." Von meinen Kameraden waren nur Egon und Jakob zugegen. Inzwischen war der Ministerpräsident schon angekommen und erschien mit unserem Schulleiter, drei Securitate-Offizieren als Leibwächter und einem Fotografen im Hof. Als er sich uns näherte, erstattete ich ganz militärisch, wie damals üblich, Meldung für beide Klassen und nannte meinen Namen. Der Ministerpräsident trat näher, gab mir die Hand und beglückwünschte uns alle zu unseren bestandenen Prüfungen. Er fragte Herrn Iovănescu, ob ich ein guter Sportler und zukünftiger Lehrer sein werde. Dieser bejahte und meinte, ich wäre einer der besten Sportler der Schule, Zehnkämpfer und in Zukunft auch ganz bestimmt ein sehr guter Sportlehrer. Während er noch mit den Schülern und Schülerinnen sprach, wurden vom mitgekommenen Fotografen viele Bilder geschossen, von welchen ich später auch welche erhielt. Der Zufall wollte es, dass ich an diesem Tag Groza noch einmal begegnen sollte. Es war bereits spät am Nachmittag und ich war zu Fuß unterwegs zu Harry, als beim Durchqueren des Rosengartens plötzlich der Ministerpräsident mit seinen Begleitern vor mir stand. Ein Ausweichen war für mich nicht mehr möglich, umso mehr, da Groza mich sofort wiedererkannte und ansprach, und zwar in einem Ton, als ob wir uns schon immer gekannt hätten. Er sagte: „Da kommt ja der Klassenführer und Zehnkämpfer!" Er gab mir die Hand und wir plauderten kurz, bevor er sich verabschiedete.

Ende Juli erhielt ich dann die Mitteilung der Sporthochschule in Bukarest über meine Zulassung zur Aufnahmeprüfung im August des gleichen Jahres. Von meinen Kameraden war außer mir nur noch Fredi dabei, während Jakob, Emmerich und Egon als Turnlehrer ihren Dienst an verschiedenen Schulen im Lande antreten sollten. Die Aussicht, dass ein Teil unserer Organisation im Lande zerstreut werden würde, ergab ein Problem, das es noch zu lösen galt. Vorerst sollte während unserer Abwesenheit Harry, der seit April wieder daheim war, das Kommando in Temeschburg übernehmen. Er und Edi waren von der Militärfliegerschule aus politischen Gründen ausgeschlossen und aus dem Militärdienst entlassen worden. Harry entschloss sich daher kurzfristig, sich zur Aufnahmeprüfung an der Hochschule für Wasserkraftwerke zu melden, welche ebenfalls gegen Ende August stattfinden sollte. So fuhren also Fredi und ich nach Bukarest zum „Institut de Cultură Fizică" (Institut für Leibesübungen), um an der dortigen Prüfung teilzunehmen. Die Prüfung wurde bestanden und der Weg für ein Sportstudium in der

Hauptstadt schien vorgezeichnet. Zwischenzeitlich war jedoch ein anderes, größeres Ereignis eingetreten, welches unser aller Lebensweg maßgeblich beeinflussen sollte.

Die Deportation in die Bărăgan-Steppe

Am 18. Juni 1951 zeigte das kommunistische Regime in Rumänien wieder einmal sein unmenschliches Gesicht – es begann die Deportation in den Bărăgan. Wir Stadtbewohner, die nicht unmittelbar betroffen waren, wussten zuerst nichts Genaues. Das erste, das man erfuhr, war, dass Leute aus diversen Banater Ortschaften in entfernte Gebiete im Osten des Landes umgesiedelt wurden. Einzelheiten der Deportation – etwa die Namen der betroffenen Dörfer – wurden nur allmählich bekannt. Diese lagen ausnahmslos innerhalb eines etwa 30 Kilometer breiten Streifens entlang der jugoslawischen Grenze.

Von den Angehörigen unserer Organisation war Jakob Stein – wenn auch nur indirekt – betroffen, da seine Eltern und weitere Verwandte aus der Gemeinde Tolvădia, die unmittelbar an der Grenze lag, verschleppt wurden. Er selbst entkam dadurch, dass er als Schüler in der Stadt wohnte. Sein Vetter Portscheller, der Kandidat der Organisation war, hatte weniger Glück. Er wohnte zwar als Schüler ebenfalls in der Stadt, war aber gerade zu Besuch daheim und wurde daher auch mitverschleppt. Genaue Einzelheiten erfuhren wir erst Ende August durch Jakob, der einige Tage zu Besuch im Bărăgan bei seinen Eltern war. Nach seiner geglückten Rückkehr – für illegale Besuche dieser Art war eine Haftstrafe vorgesehen – berichtete er uns von der fürchterlichen Lage, in welche die Verschleppten unschuldig geraten waren. Er hatte bei seiner Rückkehr auch seinen acht Jahre alten Vetter, der wegen der katastrophalen hygienischen Bedingungen, unter welchen die Deportierten litten, schwer erkrankt war und in Lebensgefahr schwebte, illegal aus der Zwangsaufenthaltszone mitgebracht. Bei seiner abenteuerlichen Rückreise musste er mit dem Jungen unter anderem Wasserarme in den Donauauen schwimmend durchqueren. Wir waren über das Gehörte hell empört und kamen zu dem Schluss, dass es Zeit sei, nun „richtig“ etwas gegen das verbrecherische Regime zu unternehmen.

Gleichzeitig verbreitete sich noch das Gerücht über eine weitere geplante Deportation, voraussichtlich im Herbst desselben Jahres. So beschlossen wir, als Protest eine Flugblattaktion zu starten. Zur Verfügung hatten wir ein primitives Stempeldruckset, eher ein Spiel- denn ein Werkzeug. Es bestand aus Rahmen, in welche bewegliche Buchstaben aus Gummi gesteckt werden konnten. Die Texte – sie sollten kurz und markig sein – waren in rumänischer Sprache verfasst, denn wir wollten ja die ganze Bevölkerung ansprechen.

Um Fingerabdrücke zu vermeiden, kauften wir neues verpacktes Papier, welches wir bei allen Operationen nur mit Handschuhen berührten. Die ganze vorbereitende Arbeit vom Verfassen der Texte über das Setzen und bis zum Drucken führte Fredi zusammen mit Emmerich, Herbert und Dietmar durch. Dabei war auch Edda Konrad, ein Freund und langjähriger Bekannter Fredis. Fredi, der vollstes Vertrauen zu Edda hatte, bestand darauf, ihn sofort, also ohne das langwierige Prüfungsverfahren, in die Organisation aufzunehmen. Ich hatte wegen der unbegründeten Hast erhebliche Bedenken und ebenso Harry, als er später hiervon erfuhr. Grundsätzlich bedauere ich noch heute mein damaliges Nachgeben, wenngleich es nicht erwiesen ist, dass dieses für uns tatsächlich schlimme Folgen gehabt hat. Jedenfalls waren bis zum September die geplanten 1200 Blätter fertiggestellt. Die Verteilung der Flugblätter – der „scharfe Einsatz" – war für den 11. September 1951 vorgesehen. Dazu waren vier Einsatzgruppen bzw. -orte vereinbart worden, und zwar:

- Gruppe 1: MILDT u. SZILAGYI, II. Stadtbezirk,
- Gruppe 2: PRACK u. RESCH, III. Stadtbezirk,
- Gruppe 3: JASZBERENYI u. BRÖSSNER, III. Stadtbezirk und
- Gruppe 4: BAYER u. HOCHSTRASSER, IV. Stadtbezirk.

Der 11. September 1951

Gegen 20 Uhr traf ich wie besprochen Fredi und Andreas gleich nach der Bischofsbrücke an der Ecke der Begazeile. Andreas hätte zusammen mit Dietmar kommen sollen, teilte uns jedoch mit, dass Dietmar aus irgendeinem familiären Grund seine Teilnahme an der Aktion absagen müsse, was er sehr bedauere. Spontan schlug ich vor, Andreas solle mit uns gehen. Er wollte jedoch nicht und erklärte sich vielmehr bereit, alle für Dietmar vorgesehenen Flugblätter zu übernehmen und allein zu verteilen, so als ob er wie zur Entschuldigung Dietmars Absage hätte wiedergutmachen wollen. Fredi und ich übergaben ihm nur einen Teil der für Dietmar vorgesehenen Blätter, und ich überließ ihm noch zu seinem persönlichen Schutz meine Frommer-Baby. Er kannte die Waffe, denn er hatte mit ihr bei Übungen geschossen. Ich hatte gleichzeitig Franzis FN bei mir, während Franzi mit seiner Sauer & Sohn gut gerüstet war. Ich hatte ein höchst ungutes Gefühl, als wir Andreas allein ziehen ließen, er jedoch war die Heiterkeit in Person und lachte uns unserer Bedenken wegen nur aus. Ich erinnere mich noch gut daran, wie Fredi ihn mit den Worten „Andreas, zeige keinen Übermut, was wir tun, kann sehr gefährlich werden" verabschiedete.

Das Einsatzgebiet der Gruppe 1, Harry u. Edi, war ganz gezielt in den Osten der Stadt in das Arbeiterviertel östlich der Stefan-cel-Mare-Straße gelegt worden. Gruppe 2, Fredi und ich, hatte als Einsatzgebiet die Zone westlich der Mihai-Viteazul-Straße, Gruppe 3, die nur noch aus Andreas bestand, sollte im Süden der Elisabethstadt die Flugblätter verteilen. Gruppe 4, bestehend aus Emmerich und Franzi, operierte im Südwesten der Josefstadt. Wir hatten hauptsächlich Stadtteile im Visier, die von Bürgern der Mittelschicht bewohnt waren. Bereiche wie die innere Stadt und die unmittelbaren Stadtteilzentren waren vom Einsatz ausgespart, denn es wäre zu gewagt gewesen, die stark beleuchteten Straßen der Zentren mit Flugblättern zu versorgen. In den zumeist weniger gut beleuchteten Außenbezirken hingegen war es viel leichter, den Leuten die Flugblätter direkt in die Briefkästen zu werfen, und dort bot sich auch im Falle einer Gefahr eher die Gelegenheit, zu verschwinden. Andreas entfernte sich in Richtung Lahovari-Platz, Fredi und ich wandten uns auf Höhe des Polytechnikums in Richtung Kreuzplatz und später mehr nach Süden. Mit Fredi durchstreifte ich Straße um Straße nach dem gleichen Muster, und zwar ging er immer auf der rechten Seite, etwa 20 Meter vor mir, mehr auf die Umgebung vor sich achtend, während ich, nach links versetzt, die schon durchstreifte Straße im Auge behielt. Es gelang uns, fast überall unsere Blätter in die Briefkästen zu werfen, und wir hatten die Arbeit bereits kurz nach 22 Uhr erledigt. Es war beschlossen worden, dass nach dem Einsatz ein Mann aus jeder Gruppe zur Berichterstattung auf die Lloyd-Zeile gehen sollte. Dort, in der ganzen Zone zwischen Oper und Kathedrale, flanierten an den Sommerabenden viele Leute, darunter sehr viele Studenten, also schien es uns ein guter, unauffälliger Treffpunkt zu sein.

Weil Fredi und ich wegen des Alleingangs von Andreas immer noch beunruhigt waren, kam auch Fredi zum Treffen ins Zentrum mit. Wir hatten den kürzesten Weg, kamen als erste an und stellten uns bei der Uhr in der Mitte des Platzes auf. Bald kam auch Emmerich gut gelaunt, denn bei ihnen hatte ebenfalls alles geklappt, an. Er erfuhr erst jetzt von uns, dass Andreas allein im Einsatz war, machte sich aber vorerst noch keine Sorgen. Er meinte aber, er habe den Eindruck, dass in der letzten Stunde mehr Pkw als sonst in den Straßen der Stadt umherfuhren. Tatsächlich waren auch Fredi und mir zwei oder drei sehr schnell fahrende Pkw in der Nähe des Polytechnikums aufgefallen. Als Harry ankam, war es schon nach 23 Uhr, auch bei ihm und Edi hatte es keine Zwischenfälle gegeben. Als er von uns erfuhr, dass Andreas allein zum Einsatz gegangen war, wurde er ziemlich verstimmt und machte mir Vorwürfe. Ich beteuerte, dass ich vergeblich versucht hätte, Andreas zu überreden, mit uns zu gehen. Jetzt war jedenfalls nichts mehr zu machen, wir konnten nur noch warten und hoffen. Aber die Zeit verging und Andreas kam nicht. Gegen 1 Uhr schickte ich Fredi und Emmerich heim und versprach, sie sofort zu verständigen, sobald ich etwas über Andreas erfahren würde. Harry blieb weiter mit mir am Opernplatz, und wir behielten die Zone des Treffpunktes im Auge. Nach 2 Uhr gaben auch wir es auf und machten uns auf den Heimweg. Zuvor aber näherten wir uns vorsichtig der Voltaire-Straße und dem Haus, in dem Andreas wohnte. In der ganzen Umgebung konnten wir nichts Auffälliges feststellen. Ich versprach Harry, am nächsten Morgen zu Andreas nach Hause zu gehen, um nach ihm zu sehen; die Entfernung von mir daheim zu Andreas' Elternhaus betrug nur etwa 200 Meter.

Nach einer mehr als unruhigen Nacht, in welcher ich kaum geschlafen hatte, stand ich um 6 Uhr auf und begab mich in die Voltaire-Straße, ohne dort jedoch etwas Auffälliges zu sehen. Ich wartete noch ungeduldig bis 8 Uhr, klingelte dann und wurde von Andreas' Mutter empfangen, die ich flüchtig kannte. Ich trachtete, so unbesorgt wie nur möglich zu erscheinen, und fragte nach ihrem Sohn. Die Frau war völlig ruhig und sagte nur, Andreas sei am Abend weggegangen, habe aber nicht gesagt wohin und auch nicht, ob er über Nacht fortbleiben würde. Ich bat sie, mich nach seiner Rückkehr sofort zu benachrichtigen, und verabschiedete mich. Da stand ich nun, ich armer Tor, und war so klug als wie zuvor.

Ich ging heim, verbarg zuerst das Druckerset, raffte noch andere belastende Sachen zusammen und fuhr mit dem Fahrrad direkt zu Harry. Das spurlose Verschwinden von Andreas konnte auch er sich nicht erklären. Uns war unverständlich, wieso die Securitate, sollte sie ihn erwischt haben, bis vor einer halben Stunde nicht zumindest bei ihm zu Hause aufgetaucht war, zumal sie bis spätestens um Mitternacht von unserer Flugblattaktion erfahren haben musste. Wenn aber Andreas doch nicht erwischt worden war, wo war er dann geblieben, warum meldete er sich nicht? Unsere Hoffnung schwand sozusagen von Minute zu Minute. Von Harry fuhr ich noch schnell zu Fredi, schilderte auch ihm die Lage, und wir gingen zurück zu Harry. Dort besprachen wir, was zuerst zu tun sei. Vor allem war es wichtig, Vorkehrungen für jene zu treffen, die von Andreas genannt werden konnten, denn wir waren uns im Klaren darüber, dass im Falle einer Festnahme wohl keiner von uns den harten Vernehmungsmethoden widerstehen und schweigen können würde, also mussten wir danach trachten, die Gefahr weiterer Verhaftungen so weit als möglich zu minimieren. Als am meisten gefährdet betrachteten wir Fredi und mich, also beschlossen wir, vorerst mal abzutauchen und zu beobachten. Ebenfalls galt es, belastendes Material in Sicherheit zu bringen, so etwa eine Menge Notizen, Landkarten und Übungspläne, die ich noch daheim hatte. Diese Dinge wollte ich durch Herbert verbergen lassen. Bei Harry lagerten beträchtliche Mengen an Dauerlebensmitteln, die ebenfalls getarnt werden mussten. Fredi verlagerte das bei ihm befindliche Depot mit Sanitätsmaterialien zu Bekannten.

Ich fuhr nach Hause, beobachtete längere Zeit aus der Ferne, ob sich bei unserem Haus irgendetwas Verdächtiges tat, konnte aber nichts Besonderes erkennen; die Kunden meines Vaters kamen und gingen unbehelligt. Also eilte ich ins Haus und bereitete ein beträchtliches Paket brisanten Inhalts vor, welches ich Herbert übergeben wollte. Anschließend raffte ich eilig mein vorläufiges Fluchtgepäck zusammen. Dabei wurde meine Mutter wahrscheinlich wegen meiner Hektik aufmerksam und stellte mich zur Rede. Jetzt konnte ich meine Lage nicht mehr verheimlichen, also rief ich auch meinen Vater herbei und eröffnete ihnen Folgendes: „Ich bin in eine illegale politische Aktion verwickelt, es könnte sein, dass mich die Securitate suchen und festnehmen wird. Aus diesem Grunde muss ich jetzt vorsichtshalber verschwinden." Meine Eltern zeigten sich verständlicherweise bestürzt, wollten wissen, was und mit wem ich etwas „angestellt" hätte, erhielten aber natürlich keine nähere Auskunft. Ich erklärte ihnen nur, dass es besser sei, wenn sie nichts wüssten. Mein Vater machte dann folgenden Vorschlag: Er habe sowieso die Absicht, am kommenden Nachmittag mit dem Fahrrad nach Ghiroda (ein Ort östlich der Stadt an der Bega gelegen), genauer zwei Kilometer weiter Richtung Remetea am rechten Ufer der Bega zum Angeln zu fahren. Dort solle ich ihn um 17 Uhr suchen. Sollte dieses Treffen aus irgendeinem Grund nicht stattfinden können, so sollte ich, wenn notwendig, einen Tag später an den gleichen Platz kommen. Ich war einverstanden, und wir verabschiedeten uns in der Hoffnung, dass sich vielleicht doch noch alles zum Guten wenden würde.

Als erstes führ ich in die Fabrikstadt zu den Winklers. Stefan war vor einigen Tagen nach Bukarest gefahren, er studierte dort im dritten Semester Musik. Sein Bruder Herbert wusste bis zu diesem Zeitpunkt von unserem Einsatz noch nichts, und ich klärte ihn auch gar nicht auf. Dafür übergab ich ihm zwei Pakete, die er verbergen sollte. Das eine enthielt

Dokumente wie Pläne, Landkarten und verschlüsselte Weisungen sowie Notizen über Personen, die wir im Verdacht hatten, Spitzel der Polizei zu sein. Insbesondere diese „Schwarze Liste“ war höchst brisant. Das zweite Paket enthielt Munition und Sprengstoff. Ich wies ihn an, die beiden wasserdicht verschlossenen Pakete getrennt voneinander an einem bestimmten Platz jenseits des Stadtrandes zu vergraben. Auch schärfte ich Herbert ein, bis auf Weiteres weder zu mir noch zu Harry oder Fredi Verbindung aufzunehmen, bei Bedarf werde er von Harry Weisungen erhalten. Dann fuhr ich wieder zu Harry, wo auch Fredi bald eintraf. Wir besprachen mit Harry, dass er sich ganz vorsichtig nach Andreas erkundigen solle. Fredi und ich wollten vorerst hinaus an die Temesch fahren, um uns dort ein geeignetes Versteck zum Lagern zu suchen.

An der Temesch angekommen wählten wir als Versteck ein größeres Dickicht am linken Ufer des Flusses. Ich kannte den Platz und die Umgebung sehr gut und wusste auch, dass gelegentlich Schäfer mit ihrer Herde hier vorbeikamen. Wir richteten unser Lager ein, sprachen über Andreas und suchten zum wiederholten Male nach einer Erklärung für sein geheimnisvolles Verschwinden. Trotz unserer Müdigkeit wurde es eine lange unruhige Nacht. Wir analysierten wiederholt die Vorkommnisse, ohne eine logische Erklärung zu finden. Dann studierten wir die mitgebrachte Wehrmachtskarte und suchten einen geeigneten Weg zur jugoslawischen Grenze, erwogen aber auch, falls notwendig, die Flucht über Ungarn nach Österreich. Ich optierte für eine Flucht über Ungarn, weil ich der Meinung war, dass es für uns der Sprache wegen einfacher gewesen wäre als über Jugoslawien. Ich sprach fließend Ungarisch und auch Fredi beherrschte die Sprache sehr gut, Serbisch hingegen konnte keiner von uns. Was einen eventuellen längeren Aufenthalt in der „Wildnis“ betraf, machten wir uns erst jetzt Gedanken über die fehlende Kleidung und sonstige Ausrüstung. Zu Mittag aßen wir nur sparsam von dem mitgebrachten Essen, in der Hoffnung, dass mein Vater Nachschub zu unserem geplanten Treffen bringen würde. Schon gegen 15 Uhr fuhren wir los, wissend, dass wir auf dem Weg zum Treffpunkt Umwege würden in Kauf nehmen müssen. Die Bega überquerten wir bei Ghiroda erst, nachdem wir die Umgebung der Brücke längere Zeit beobachtet hatten und sahen, dass man sie unbehelligt passieren konnte. Als wir auf meine Eltern trafen und sie Fredi erblickten, waren sie sehr überrascht, denn sie wussten noch nicht, dass wir uns zusammen auf der Flucht befanden. Sie waren auf getrennten Wegen, meine Mutter auf einem Ufer und mein Vater auf dem anderen, bis Ghiroda gefahren. Erst von dort fuhren sie gemeinsam bis zum Treffpunkt. Wir erfuhren, dass Andreas’

Mutter mich schon am Vortag gesucht hatte. Sie war wegen Andreas, der sich bis dahin noch immer nicht gemeldet hatte, sehr besorgt. Meine Mutter sagte ihr, ich wäre nicht daheim, ohne ihr aber zu erklären, dass ich mich abgesetzt hatte. Andreas' Mutter wollte noch einen Tag zuwarten und anschließend Vermisstenanzeige bei der Miliz (Polizei) erstatten. Meine Eltern wussten jetzt natürlich, dass es zwischen dem Verschwinden von Andreas, Fredis Anwesenheit und meinem Absetzen einen Zusammenhang geben musste. Erneut versuchte meine Mutter, von mir zu erfahren, was wir denn angestellt hätten, ob es denn wirklich so schlimm sei? Das einzige, was ich ihr zur Beruhigung sagen konnte, war, dass wir niemanden totgeschlagen oder ermordet hatten. „Es geht um Politik, mehr kann ich euch jetzt nicht sagen."

Mein Vater konnte uns von keiner verdächtigen Beobachtung berichten, was zwar beruhigend war, bezüglich des spurlosen Verschwindens von Andreas aber auch nicht weiterhalf. Meine Mutter fragte ich, ob sie die Bücher, Zeitschriften und sonstigen Papiere, die ich ihr zu Vernichtung übergeben hatte, auch verbrannt habe. Sie bejahte, meinte aber, ein Buch – es war das Liederbuch des BDM – sei noch hier und sie sei eben dabei gewesen, es zu verbrennen. Ich riss einige Blätter vom Anfang des Buches heraus und steckte sie ein, den Rest gab ich ihr zum Vernichten. In der nachfolgenden Hektik vergaß ich die Blätter in meiner Tasche. Dann machten wir uns daran, dass von meiner Mutter mitgebrachte Essen zu „vertilgen". Obwohl Fredi gar nicht einberechnet worden war, war genug da. Für lange Zeit sollte es zum letzten Mal sein, dass wir so gut speisen konnten. Beim Abschied versprachen meine Eltern, auch am kommenden Tag mit Proviant und hoffentlich mit guten Nachrichten zu kommen. Meinem Vater, welcher sich an der Temesch gut auskannte, erklärte ich, wo wir ungefähr lagerten.

Nach 20 Uhr fuhren wir wieder nach Temeschburg, diesmal in Richtung Elisabethstadt. Aus Gründen der Sicherheit hatten wir den größten Teil unserer Ausrüstung, die Landkarten, den Kompass und die von Franzi geliehene FN-Pistole im Versteck zurückgelassen. Unsere Fahrt war wegen der Umwege, die wir bei den Druschplätzen machen mussten, beschwerlich und zeitraubend. Unser erstes Ziel war Harry. Es war 21 Uhr vorbei. Unter den großen Bäumen, die an diesem Platz standen, war es sehr dunkel. So näherten wir uns vorsichtig dem Haus, welches still und unbeleuchtet dalag. Wir warteten eine Weile, und erst als ich Harrys Onkel Willy im Hof hörte, er hustete und ging anscheinend wieder in seine Wohnung, wagte ich mich ans Tor und klingelte. Es geschah nichts. Also war weder Harry noch seine Mutter daheim. Jetzt war guter Rat teuer.

Wir fuhren über den Lahovary-Platz (Nicolae Bălcescu) Richtung Fredis Elternhaus. Unweit der Ecke der Vadul-Călugăreni-Straße, wo Fredi wohnte, sahen wir eine auffallende Gruppe junger Männer, die alle eine gleichfarbige Arbeitskleidung trugen. Sie waren gerade dabei, in einen bereitstehenden Lkw zu steigen. Das war schon seltsam, und wir wussten uns keinen Reim darauf zu machen. Jedenfalls wollten wir nicht direkt zum Haus Prack gehen, sondern fuhren bis zur ersten Parallelgasse zurück. Die Gruppe der vermeintlichen Arbeiter, die wir zuvor gesehen hatten, war anscheinend mit dem Lkw abgefahren. Trotzdem meinte Fredi, es sei etwas in seinem Viertel nicht wie gewohnt, man höre fremde, ungewohnte Geräusche. In der von uns anvisierten Straße, damals noch ohne Namen, später hieß sie Strada-Ulpia-Traiana, gab es damals auf der rechten Seite nur zwei Häuser, und es folgte eine mit Mais bebaute Fläche, die bis hinüber in die Vadul-Călugăreni-Straße reichte. In dieser Jahreszeit war der Mais hoch und sehr dicht gewachsen, also schlug Fredi vor, durch dieses Maisfeld zu gehen, um von dort die Straße und sein Haus zu beobachten. Wir ließen unsere Räder am Rand des Maisfeldes und durchquerten dieses ganz vorsichtig, um das Rascheln der Maisblätter möglichst zu vermeiden. Es war kurz nach 22 Uhr, als wir das Ende des Feldes genau dem Haus gegenüber erreichten. Von drüben hörte man keinen Laut, es brannte auch kein Licht.

Der Unsicherheit überdrüssig beschloss ich, zum Haus zu gehen. Fredi, der sich vor einem Zusammentreffen mit seinem Vater scheute, wollte zurückbleiben. Ich bat ihn, zu beobachten und – sollte mir etwas zustoßen – nach eigenem Ermessen zu handeln. Ich durchquerte erneut das Feld, nahm mein Rad und fuhr los. Kurz vor dem Haus stieg ich ab und ging zu Fuß bis zum Tor. Durch das dichte Gebüsch auf der Innenseite des Zaunes und wegen der Finsternis konnte ich im Vorgarten nichts erkennen. Vor dem Tor blieb ich stehen und griff nach dem Zugdraht der Glocke. Die Glocke erklang einmal.

Kapitel II: Bei der Securitate

Die Verhaftung

Die Pforte ging lautlos auf und ich erkannte zwei auf mich gerichtete Waffenläufe. Dann hörte ich die leise Aufforderung, einzutreten, und den berüchtigten Satz: „Esti arestat!“ (Du bist verhaftet) Ich wurde von rechts und links gepackt und fühlte zwei Waffenläufe in meinem Rücken. Flinke Hände tasteten mich ab und nahmen mir das Fahrrad weg. Danach führte man mich durch den Garten zur linken Ende des Hauses, wo eine Tür unmittelbar in ein Wohnzimmer mündete. Im Haus brannte gedämpftes Licht. Es kam von einer Tischlampe, die zur Straße hin mit einer Zeitung abgeblendet war, das schwache Licht im Zimmer war von der Straße her nicht zu sehen.

Beim Betreten des Raumes erkannte ich mit dem ersten Blick Harry in der linken Ecke der Stube auf einem Stuhl sitzend. Ich grüßte die Anwesenden und fragte, mit wem ich die Ehre hätte. Ein Mann, zivil gekleidet, der bei einem Tisch saß, antwortete: „Wir sind die Securitate.“ Worauf ich bemerkte: „Dann bin ich beruhigt.“ „Wieso?“, fragte er mich. „Ja, sie hätten auch Banditen sein können, so wie sie mich mit ihren Waffen bedroht haben.“ Mit einem verschmitzten Lächeln meinte er: „Iti arde de glume, dar o săţi treacă:“ (Du hast Lust, zu spaßen, aber es wird dir vergehen) Der andere, wahrscheinlich auch ein Offizier, sagte nichts und wies mich in die rechte Ecke des Zimmers, wo ebenfalls ein Stuhl stand. Die Häscher, die mich bis zur Haustür geleitet hatten, verschwanden wieder in der Dunkelheit. Sie hatten Arbeitskleider an, und ich erinnerte mich an die in Overalls gekleideten Arbeiter, die uns vor einer Stunde in der Porumbescu-Straße aufgefallen waren. Ich vermutete, dass es sich auch bei diesen um Leute der Securitate gehandelt hatte, nur deren große Zahl von 20 bis 30 Mann wunderte mich. Nun saßen wir da, Harry und ich, in einem Zimmer, konnten höchstens Blicke tauschen, und auch das ging wegen der stark abgeschirmten Lampe schlecht. Irgendwann fragte mich der eine Offizier nach Fredi. Ich antwortete, dass ich nichts von ihm wüsste und ich eigentlich hergekommen sei, um ihn zu treffen. Ob er mir diese Antwort abnahm oder nicht, war nicht zu erraten, jedenfalls fragte er mich nichts mehr. Natürlich dachte ich an Fredi und hoffte, dass er meine Gefangennahme gesehen und sich aus dem Staub gemacht hatte.

Es mag gegen Mitternacht gewesen sein, als einer der Offiziere den Aufbruch befahl. Uns wurden Handschellen angelegt, man führte uns einzeln aus dem Haus und wir mussten zusammen mit zwei Begleitern und dem Fahrer einen Jeep besteigen. Obwohl ich gefesselt war, hielt während der gesamten Fahrt einer der Offiziere seine Pistole auf mich gerichtet. Wir fuhren in Richtung Stadtmitte. Als wir beim Capitol-Kino in die Loga-Straße einbogen, war klar, dass das Ziel unserer Fahrt der Sitz der Securitate sein musste. Ich kannte den Gebäudekomplex, bestehend aus dem ehemaligen deutschen Konsulatsgebäude und zwei weiteren Villen, darunter die bereits erwähnte Rieger-Villa, welche nunmehr der Staatssicherheit als örtliches Hauptquartier diente. Das gesamte Areal war gleich nach der Inbesitznahme durch die neuen Herren mit einer etwa drei Meter hohen Mauer umgeben worden. Der Wagen hielt vor dem großen Eisentor, welches keinen Einblick in den Hof gewährte. Auf das Hupen unseres Fahrers begann sich das Tor elektrisch gesteuert zu öffnen, während einer meiner Begleiter mir den Kopf hinunterdrückte, damit ich vom Hof nichts erkennen konnte. Trotzdem merkte ich, dass wir in Richtung des ehemaligen Konsulatsgebäudes steuerten, wo der Wagen in einem Raum hielt. Der Kerl, der mich unten hielt, drückte mir eine „Blinde Brille" – sie hatte statt der Gläser Blechscheiben eingepasst – auf die Augen, bevor ich mich aufrichten durfte. Ich musste aussteigen, und jemand führte mich an der Hand. Wir erreichten eine Stelle, wo mir mein Begleiter sagte: „Pass auf, Treppen", und ich merkte, dass wir hinunter in einen Keller stiegen. Er führte mich bis zu einer Tür, die er öffnete und mich hineinschob. Dann nahm er mir die Brille ab und er sagte: „Geh aufs WC, dort kannst du auch trinken." Er zeigte dabei auf den Wasserhahn nebenan. Ich hatte tatsächlich als Folge des vielen Radfahrens einen gewaltigen Durst. Nachdem ich meine leiblichen Bedürfnisse befriedigt hatte, setzte er mir erneut die Blechbrille auf und führte mich auf einer Treppe bis ins erste Obergeschoss. Dort öffnete er eine Tür und schob mich hinein. Als er mir die Brille abnahm, sagte er: „Genosse Kommandant, hier ist der Chef."

Ich befand mich in einem größeren Raum, vermutlich dem ehemaligen Empfangsraum des Konsulates. In der Mitte stand ein massiver Schreibtisch, an dem ein etwa 40 Jahre alter massiger Mann saß. Hinter ihm befanden sich im Raum noch weitere acht bis zehn Männer, einige in Zivil, andere in Uniform. Wegen der speziellen Beleuchtung – ich wurde von zwei Tischlampen geblendet – konnte ich das „Empfangskomitee“ nur schlecht sehen, alle Personen saßen für mich im Halbdunkel. Vermutlich war es der „Boss“, der meinte: „Schaut ihn an, wie ein Panzer.“ Er meinte damit wohl mein Aussehen, denn ich war damals ein durchtrainierter Zehnkämpfer. Als ich auf seine Frage antwortete, dass ich ein Leichtathlet sei, meinte er: „Schade, ich dachte, du wärst Boxer und wir könnten ein Match gegeneinander austragen.“ Ich zog es vor, auf diese höhnische Bemerkung nicht zu antworten.

Es folgten Fragen über persönliche Daten, beginnend mit Namen, Alter, Schulbildung, dabei wurde vom „Boss“ besonders thematisiert, dass ich sieben Jahre lang Schüler der Banatia, einer deutschen Schule, war, und er klagte, welch schlimme Elemente aus dieser Schule kämen. Dann wurde ich über meine Eltern befragt und ich beteuerte, dass sie von meinen politischen Tätigkeiten keine Ahnung hatten. Ferner interessierten ihn unser Vermögensverhältnisse und mögliche Beziehungen zum Ausland. Ich erteilte ihm die nötige Auskunft, verschwieg jedoch meinen Onkel Fritz, Bruder meines Vaters, der schon Mitte der Zwanzigerjahre nach Argentinien ausgewandert war. Er stand in regelmäßigem Briefverkehr mit meiner Großmutter, und ich hoffte, dass zumindest diese Beziehung von der Securitate nicht erkannt werden würde, um meinem Vater überflüssige Befragungen zu ersparen. Es folgten weitere unzählige Fragen über die Sportschule, die dortigen Lehrer und die Schüler. Ob ich eine Freundin in der Schule oder sonst wo hätte, wollte man ebenfalls wissen. Die Fragen prasselten ununterbrochen auf mich ein, und ich bemühte mich, ruhig zu scheinen und nur überlegte Antworten zu geben. Wenn ich auf eine Frage allerdings nicht schnell antwortete, wurde ich auf ordinärste Weise aus dem reichen Wortschatz der rumänischen Sprache beschimpft. Es hagelte Drohungen und man stellte mir in Aussicht, erschlagen, erschossen oder gehängt zu werden. Mit zunehmender Dauer schalteten sich weitere der anwesenden Personen in die Befragung ein, die ebenso wenig an Kraftausdrücken sparten. Als ich bei einer Antwort vermeintlich zu lange zögerte, sprang ein junger Kerl, auch zivil gekleidet, hinter mich und begann, mich mit einer großen Pistole an Nacken und Kopf zu stoßen und zu schlagen. Unter ordinärsten Beschimpfungen drohte er, mir „das Hirn aus dem Kopf zu blasen“.

Seine Schläge und Stöße gegen den Kopf waren eigentlich nicht schlimm, denn er achtete offenbar darauf, mich nicht ernstlich zu verletzen, und schlug nur mit der Seite der Waffe zu, die Nackenstöße hingegen waren ziemlich heftig. Zur Abwechslung spannte er ab und zu die Waffe, als ob er sie laden wollte, drückte sie mir in den Nacken oder an die Schläfe und zog sie ab. Mir war klar, dass man mit dieser Behandlung bezweckte, mich zu verwirren und zu ungewollten Aussagen zu bringen, und genau das trachtete ich unbedingt zu vermeiden, wenngleich auch die Stöße und das metallische Geräusch mir zugegebenermaßen erheblich zusetzten. Die Folge war, dass ich meine Antworten noch weiter verzögerte, was dem „Boss" nicht gefiel und ihn endlich veranlasste, den „Pistolero" zurückzupfeifen. Aber die Fragen prasselten weiter auf mich ein: Wer meine Freunde in und außerhalb der Schule seien? Wer zur Organisation gehöre? Anfangs wollte ich von einer Organisation noch nichts wissen, wurde jedoch bald eines Besseren belehrt. Während immer neue Fragen gestellt oder bereits gestellte Fragen wiederholt wurden, kamen regelmäßig irgendwelche Kerle in den Raum und legten dem „Boss" Zettel vor.

Irgendwann sagte er: „Es ist klar, du bist der Chef. Wer gehört noch zur Organisation und von wem bekamst du die Befehle?" Was Freunde betraf, trachtete ich, solche zu nennen, die mir im Sport nahestanden, mit denen ich aber keine politischen Beziehungen hatte, und bemühte mich insbesondere, die Beziehungen zu Deutschen herunter zu spielen. Der Versuch, irgendwie als Einzelgänger zu erscheinen, gelang mir freilich nur bedingt, denn meine Vernehmer hatten Listen, auf denen anscheinend sehr viele Personen vermerkt waren. Mir fiel auf, dass viele dieser Personen nur mit dem Vornamen erfasst waren. Unter den vollständig bezeichneten Personen waren alle Lehrkräfte der Sportschule, wie etwa Professor Cornel Iovănescu, Dr. Catina, der Schularzt, oder die Professoren Eilhardt, Bejan und Lache. Von Letzterem wusste ich sehr wohl, dass er politisch „belastet" war, weswegen er den Sportklub des Innenministeriums „Dinamo" hatte verlassen müssen, unter anderem weil er mit einer deutschen Frau, noch dazu der Nichte des inhaftierten katholischen Bischofs Augustin Pacha, verheiratet war. Als man mich über all diese Lehrkräfte befragte, wunderte es mich sehr, dass die Professoren Parsch und Höckl, ebenfalls Deutsche, nicht erwähnt wurden. Speziell bei Höckl meinte ich zu wissen, dass er als politisch belastet galt. Jedenfalls war ich über das Ausmaß der Untersuchungen in unserem Fall überrascht. Meiner Schätzung nach waren mehrere Stunden vergangen, und noch immer führte der „Boss" das Verhör. Wie ich später von ihm persönlich erfuhr, war er der berüchtigte Securitate-Offizier Aurel Moiş.

Anhand der Namenslisten kamen dann meine Schulkollegen und -kolleginnen an die Reihe. Dann kam die Frage aller Fragen: „Gibst du zu, dass du der Chef einer geheimen staatsfeindlichen Organisation bist?" Ich versuchte zu verharmlosen, er aber schnitt mir das Wort ab und brüllte mich an: „Du bist der Führer („Führer" sprach er deutsch aus) von Verbrechern, Feinden des sozialistischen Rumänien. Du hast deinen Leuten befohlen, auf unsere Organe zu schießen. Einer unserer Offiziere ist von dem Banditen Jasberenyi beschossen und schwer verwundet worden. Das war auf deinen Befehl, und wenn unser Mann stirbt, so wirst auch du zum Tode verurteilt und hingerichtet werden." Ich muss gestehen, dass ich für den Moment perplex war und nichts zu erwidern wusste. Moiş setzte fort: „Gibst du zu, dass du Jasberenyi den Schießbefehl gegeben hast?" Ich verneinte, dass ich jemandem einen ausdrücklichen Schießbefehl erteilt hätte. Darauf sagte er nichts, fragte aber weiter: „Wer hat dir befohlen, eine Organisation aufzubauen und Aktionen durchzuführen?" Ich bestritt, jemals von irgendjemandem Befehle erhalten zu haben, was er mir vorläufig nicht recht zu glauben schien.

Fragen und Drohungen kamen am laufenden Band, darunter auch Fragen nach mir unbekannten Personen oder solchen, die ich nicht kennen wollte. „Bist du dir dessen bewusst, ein schweres Verbrechen begangen zu haben? Bist du dir bewusst, nur dann eine Überlebenschance zu haben, wenn du jetzt kooperierst und alle nennst, die in deiner Bande mitgemacht haben? Beginnen wir mit Jasberenyi. Gestehe, dass du ihn zum Flugblätterverteilen mit einer Pistole bewaffnet losgeschickt hast. Jetzt ist er jedenfalls schwer verwundet, und ob er am Leben bleibt, ist unklar. Wenn ja, dann wird er für immer ein Krüppel bleiben." Ich gab zu, Andreas Flugblätter und eine Pistole ausgehändigt zu haben, bestritt aber, ihm einen Befehl zum Schießen gegeben zu haben.

Nun wusste ich zumindest, dass es offenbar eine Schießerei gegeben hatte, bei welcher Andreas und ein Securitate-Offizier verwundet worden waren. Als ich Moiş meinerseits nach den näheren Umständen von Andreas' Verhaftung fragte, sagte er nur: „Das wirst du noch erfahren." Übrigens gab ich zu, dass die bei Andreas gefundene Pistole mir gehörte, obwohl ich fälschlicherweise dachte, der illegale Waffenbesitz würde als besonders schwerwiegendes Verbrechen gewertet werden. Wie sich jedoch später anhand unseres umfangreichen „Sündenregisters" herausstellte, wurden wegen des Waffenbesitzes die kleinsten Strafen verhängt. Um eine Zeit ging Moiş hinaus und an seiner Stelle führte ein anderer zivil gekleideter Offizier meine Vernehmung fort. Da ich sehr müde war, fiel es mir immer schwerer, prompt und glaubwürdig auf seine Fragen zu antworten. Wen wundert es: Die Nacht nach unserer Aktion hatte ich auch aus Sorge um Andreas kaum geschlafen, und die folgende Nacht draußen an der Temesch mit unzureichender Kleidung und einer sehr dünnen Decke war auch nicht besser. Dazu kamen die etwa 100 Kilometer, die wir in diesen zwei Tagen auf Fahrrädern zurückgelegt hatten.

Nunmehr in der dritten Nacht ohne richtigen Schlaf, aber stattdessen mit dem pausenlosen Verhör, war ich nahe daran, vom Stuhl zu fallen.

Man gab mir zu trinken und spritzte mich mit Wasser ab. Dann kam Moiş zurück und brüllte, ich solle gestehen, dass alle Deutschen aus unserer und der dritten Klasse Mitglieder meiner „Bande" seien. Ich zögerte noch, um Zeit zu gewinnen, während er weiterbrüllte: „Gib zu, dass außer Jasberenyi auch Brössner, Mildt, Prack, Hochstrasser und Bayer dabei waren." Die Namen Szilagyi, Stein, Zirkl und Winkler fielen noch nicht, aber auch das sollte sich bald ändern. Aufgrund eines der vielen Zettel, die man Moiş nach und nach vorlegte, schrie er mich aufs Neue an: „Warum gibst du nicht zu, dass auch Stein und Zirkl dabei waren?" Eben dieses hatte ich kurz vorher noch verneint, aber meine Vernehmer waren nicht so leicht hinters Licht zu führen und befragten mich besonders intensiv über weitere Klassenkollegen deutscher Nationalität, wie etwa Eugen Warga, Feri Krassl oder Ladislaus Willems. Bezüglich der Letzteren schien es mir kurzfristig gelungen zu sein, die Vernehmer von deren Unschuld überzeugt zu haben, doch ich sollte mich irren: Ein Leutnant betrat den Raum und flüsterte Moiş etwas ins Ohr, worauf dieser sofort mit ihm den Raum verließ. Ein anderer Vernehmer begann, mir belanglose Fragen zu stellen, möglicherweise mit der Absicht, mich zu beschäftigen und mir das Nachdenken zu erschweren.

Moiş kam bald wieder und überschüttete mich schon beim Betreten des Raumes mit den übelsten Schimpfwörtern. Seine Sätze strotzten von Genitalien, Müttern und was es sonst noch im reichen Fundus des gemeinsten rumänischen Wortschatzes gibt. „Verlogenes Schwein" war noch das Harmloseste, was ich zu hören bekam. „Jetzt wissen wir genau, dass auch Jakob Stein und Egon Zirkl zu deiner Bande gehören. Du verdienst nicht die Kugel, die du bekommen wirst. Ich werde verlangen, dass du gehängt wirst." Damals wusste ich noch nicht, wer von uns schon verhaftet war. Erst viel später erfuhr ich, dass der erste, der nach Andreas festgenommen wurde, Dietmar Brössner war, und dass bei dieser Verhaftung wie auch bei der Festnahme von Andreas Viktor Alexandrescu, genannt „Purschi", dabei war. Während die Fragen ununterbrochen auf mich hereinprasselten, griff Moiş zu den mir abgenommenen Sachen, die unweit von ihm auf dem Tisch lagen. Ich hatte nahezu 500 Lei in meiner Brieftasche, ebenso meinen Sportausweis und die Anglererlaubnis. Meinen Personalausweis hatte man mir bei der Verhaftung abgenommen. Außerdem waren da noch ein Taschenmesser und mein Taschenspiegel. Er nahm den Spiegel in die Hand, hob ihn hoch und verkündete: „Hier befindet sich das größte Geheimnis dieses Banditen. Hier drinnen stecken die Geheimdokumente des Verbrechers." Es wurde ganz still, alle – auch ich – schauten voller Spannung auf seine erhobene Hand. Sichtlich ungeduldig wandte er sich an seine nächsten Nachbarn. „Gebt mir ein Messer!" Dienstbeflissen sprang ein junger Offizier zu ihm und reichte ihm mein geöffnetes Taschenmesser. Moiş griff zu und machte sich daran, die Rückseite des Spiegels, eine weiche, mit Tuch überzogene Füllung, aufzuschneiden, da seine blühende Kriminalisten-Fantasie ihn verborgene Geheimdokumente hinter dem Spiegel vermuten ließ.

Mit Übereifer stach er in den Überzug, das Messer glitt ab und er schnitt sich tief hinein, quer über die ganze Handfläche. Während er das Messer fallen ließ und über Gott und die Welt zu fluchen begann, sprangen seine Mitarbeiter entsetzt herbei, jemand schrie nach einem Sanitäter, ein anderer nach einem Arzt. Gestützt von seinen Helfern verließ Moiş das Zimmer und kehrte erst nach einer Viertelstunde zurück, sichtlich bemüht, einen gefassten und heroischen Eindruck zu machen. In der Zwischenzeit hatten andere Neugierige den Spiegel untersucht, unter dem Tuchüberzug aber lediglich einige Lagen Krepppapier gefunden, sonst nichts. Zumindest gab Moiş es jetzt auf und sagte: „Jetzt ist Schluss, bringt ihn in eine Zelle, und morgen sprechen wir weiter." Dieses „morgen" war freilich etwas unklar, denn es war ja schon längst der nächste Tag, der 14. September, angebrochen. Zum Abschied verpasste er mir noch einen mächtigen Fußtritt in meinen linken Oberschenkel, den ich noch lange spüren sollte.

Es war bestimmt schon 3 oder 4 Uhr morgens, als ich mit der Blechbrille auf den Augen in den Keller des gleichen Hauses geführt wurde. Nach dem man mir die Brille abgenommen hatte, fand ich mich in einer Zelle von etwa vier Meter Länge und zwei Meter Breite wieder. Ein kleines stark vergittertes Fenster mit Milchglas spendete zwar Licht, aber keine Luft. In der Zelle standen zwei Betten, jedes mit Strohsack, Decke und Kissen ausgestattet – sonst nichts. Ich legte mich sofort nieder, denn ich fühlte mich wie gerädert und war unendlich müde, fand vorerst jedoch noch keinen Schlaf. Ich war zu aufgewühlt, tausend Gedanken gingen mir durch den Kopf. Die Frage war: Wie konnte es sein, dass die Securitate schon so viel über unsere Organisation wusste? Gab es Verrat? Es war nicht auszuschließen.

Egon und Jakob

In Bezug auf Egon und auch Jakob etwa habe ich mich gründlich geirrt, denn beide standen bereits auf der Liste der Geheimpolizei, als ich noch hoffte, sie aufgrund ihrer schon länger währenden Abwesenheit von Temeschburg heraushalten zu können. Sie waren nämlich zum Antritt ihrer Tätigkeit als Turnlehrer schon nach Cugir beziehungsweise nach Carei – beides Orte in Siebenbürgen – abgereist. Dort wurden sie jedoch nicht gleich verhaftet, sondern standen zehn bis zwölf Tage unter Beobachtung, vermutlich weil man sehen wollte, ob sie an ihren neuen Standorten ihre geheimen politischen Aktivitäten fortsetzen. Im Nachhinein erinnerte sich Jakob, wie man ihn etwa eine Woche vor seiner Verhaftung in die Kanzlei der Schule rief, wo er von zwei jungen Männern erwartet wurde, die seine Meinung über die Erziehung „im sozialistischen Sinne" an der Schule hören wollten. Er erklärte damals, dass er erst seit zu kurzer Zeit an dieser Schule wäre, um über eine so wichtige Angelegenheit eine kompetente Meinung äußern zu können. Das ganze Auftreten der beiden „Inspektoren" ebenso wie ihre jugendliche Erscheinung machte ihn stutzig, ohne dass er sich jedoch einen Reim auf ihre Absichten hätte machen können. Auch bei einem Schülerball, veranstaltet einige Tage nach dem seltsamen Besuch, fielen ihm mehrere Typen auf, über die er später erfuhr, dass sie sich nach den neuen Lehrkräften der Schule erkundigt hätten.

Weder Jakob noch Egon wussten zu diesem Zeitpunkt etwas von unserer Verhaftung, und erst nachdem am 24. September unsere ehemalige Schulkollegin Martha Bozoki ebenfalls in Carei ankam, erfuhr Jakob von unserer Festnahme und auch, dass Andreas schwer verwundet in einem Krankenhaus lag. In Temeschburg war das Gerücht in Umlauf, dass es bei unserer Verhaftung einen Kampf mit Toten und Verletzten gegeben habe. Martha berichtete auch von zahlreichen Verhaftungen und Vernehmungen von Schülern und Professoren, die es in diesem Zusammenhang gegeben hatte. Als Jakob dies hörte, war ihm sofort klar, dass auch ihm größte Gefahr drohte, und er packte noch am gleichen Abend seinen Rucksack mit dem Notwendigsten, um am kommenden Tag Carei in Richtung der ungarischen Grenze zu verlassen und die Flucht in den Westen zu versuchen. Er kam aber nicht mehr dazu, denn noch in der gleichen Nacht wurde er verhaftet. Es konnte nie geklärt werden, ob die Verhaftung kurz nach der Ankunft Marthas reiner Zufall war oder ob sie missbraucht wurde, um Jakobs Reaktion auf die überbrachten Nachrichten zu prüfen. Zur selben Zeit wurde auch Egon Zirkl in Cugir festgesetzt, was wir ebenfalls erst erfuhren, als wir alle zusammen in der Haftanstalt in Temeschburg waren.

In meiner Zelle bei der Securitate hatte mich irgendwann meine unsägliche Müdigkeit doch übermannt und in einen unruhigen Schlaf sinken lassen, aus dem ich erst erwachte, als der Riegel der Tür geräuschvoll zurückgeschlagen wurde und ein bulliger Feldwebel erschien. Er reichte mir ein Kännchen Muckefuck und befahl mir, mein Bett zu machen, also die Decke über das Bett zu breiten. Nach zehn Minuten kam er wieder, verpasste mir die Blechbrille und führte mich etwa zehn Schritt weit in einen Raum mit Wasserhahn und einem sogenannten türkischen WC. Nachdem ich fertig war, ging es – wieder mit Brille – zurück in die Zelle.

Etwa um 10 Uhr kam der Feldwebel wieder und führte mich durch den Vorraum in einen zweiten, von wo es dann vier bis fünf Treppen hinunterging. Es folgte ein ziemlich enger Tunnel, der weniger als einen Meter breit, aber mindestens 15 Meter lang war, und am Ende waren wieder vier bis fünf Treppen, die nach oben führten. Dieser war einer jener drei Tunnel, die schon 1948 gebaut wurden, das heißt im ersten Jahr der Inbesitznahme der drei Villen, die gemeinsam den Gebäudekomplex der Securitate bildeten sollten. Als Schüler der gegenüberliegenden Schule hatte Herbert Winkler schon im Sommer 1948 aus seinem Klassenzimmer im zweiten Obergeschoss die Bauarbeiten im Hof der Geheimpolizei, die ansonsten wegen des schon hochgezogenen gemauerten Zaunes von der Straße nicht sichtbar waren, genau verfolgen können, ohne zu ahnen, dass nur drei Jahre später auch er durch diese unterirdischen Gänge geführt werden sollte. Ich vermutete, dass sich meine Zelle im Keller des gewesenen deutschen Konsulats befand und dass ich jetzt im Keller der Villa Rieger angelangt war. In dem mir seit dem Herbst 1945 bekannten Treppenhaus erkannte ich die abgenutzten Stufen trotz der Blechbrille.

Im ersten Stock wurde eine Tür geöffnet, und mein Begleiter, der bullige Feldwebel, schob mich in einen Raum. Als man mir die Brille abnahm, stand ich in einem länglichen Zimmer, dessen verhangene Fenster in Richtung Konsulatsgebäude zeigten. Hier wartete ein Offizier in Uniform, ein Oberleutnant. Zu meiner Überraschung stellte er sich als Ernst Deitel vor und sagte: „Ich bin der Chef-Vernehmer und werde euren Fall untersuchen.“ Ich bekam einen Bogen Papier, Feder und Tinte. Dann begann er zu fragen, und ich musste antworten und die Antwort sogleich niederschreiben. Bei der Formulierung meiner Antworten ergaben sich oft Probleme, denn er beanstandete deren Form und ich merkte, dass er versuchte, meine Formulierungen zu unseren Ungunsten zu ändern. Das wollte ich nicht akzeptieren, was zu Streit und seinerseits zu Drohungen führte, ohne dass er sich jedoch solch ordinärer Schimpfworte bediente wie vor ihm Moiş. Um eine Zeit kam ein weiterer Offizier herein, den ich noch nicht kannte, setzte sich auf einen

Stuhl und hörte vorerst zu. Als ihn Deitel anredete, erfuhr ich, dass er Neda hieß. Erst sehr viel später, 1975, erfuhr ich seinen Vornamen, Octavian, und dass er aus der Gegend von Oravița im Banat stammte.

Zusätzlich zu den schon in der Nacht beim Verhör genannten Kameraden kamen noch Edi und Herbert dazu. Ich weiß nicht mehr, wie die Rede auf die beiden kam, jedenfalls wusste die Securitate bereits, dass sie zur Organisation gehörten, und ich gab zu, dass Edi mit Harry gemeinsam Flugblätter verteilt, und auch, dass ich Herbert kleinere Aufträge erteilt hatte. Ich war entschlossen, so weit als möglich keine weiteren Personen – Mitglieder wie auch Mitwisser – preiszugeben. Insbesondere dachte ich dabei an Leute wie Edda Konrad, Eugen Warga, Walter Heinrich, Albert Milles und weitere Freunde und Bekannte, die, wenn schon nicht Mitglieder, doch Förderer unserer Organisation waren. Ebenso Hans Portscheller, ein Freund und Landsmann Jakobs und, ohne es zu wissen, Aufnahmekandidat der Organisation. Durch seine Teilnahme an der Aktion gegen den russischen Militärklub am Begaufer hatte er seine „Eintrittsprüfung" bestanden, war jedoch schon vor unserer Verhaftung in den Bărăgan verschleppt worden.

Personen, mit denen ich im Interesse der Organisation allein Kontakt hatte, bereiteten mir weniger Sorgen. So zum Beispiel der Schwager von Franzi Bayer, der mein wichtigster theoretischer Ausbilder in Sachen Taktik war, dann Ernst Höhr oder Andreas Berta. Von Letzterem wusste nur Harry, daher machte ich mir seinetwegen keine großen Sorgen. Jahre später nach meiner Heimkehr aus der Haft bedankte er sich ausdrücklich dafür, dass ich seinerzeit „dichtgehalten" hatte, und half mir auch materiell. Schade, dass er den Sturz des Ceaușescu-Regimes nicht mehr erleben durfte.

Nach Edda Konrad wurde ich zu meiner Beruhigung nicht einmal gefragt, machte mir jedoch noch längere Zeit Sorgen, dass seine Mitgliedschaft nachträglich auffliegen könnte. Nach der Haftentlassung erfuhren wir jedoch, dass Edda inzwischen ein Studium beendet und eine erfolgreiche politische Karriere unter den Kommunisten eingeschlagen hatte, die ihm letztendlich das Amt eines Vizebürgermeisters von Temeschburg bescherte.

An diesem ersten Tag dauerte meine Vernehmung bis gegen Mittag, wonach ich in meine Zelle geführt wurde und zu essen bekam. Im Allgemeinen war das Essen bei der Securitate in Temeschburg nicht gerade schlecht, aber für meinen Hunger doch zu wenig. Nach der Mittagspause wurde ich erneut in das gleiche Zimmer zu Deitel geführt. Ich musste immer wieder Fragen beantworten. Dabei wurden mir die gleichen

Fragen in verschiedener Folge gestellt. Als noch unerfahrener Untersuchungshäftling reagierte ich auf wiederholte Fragen mit der Bemerkung: „Das habe ich doch schon gesagt." Worauf Deitel nur antwortete: „Dann sag es noch einmal." Allmählich gelang es mir, mich zu beherrschen, und ich trachtete, meine Antworten kurz und einfach zu formulieren, um sie mir zu merken, wissend, dass man mir die gleichen Fragen über kurz oder lang wieder stellen würde. Ich erkannte, dass, wenn es mir nicht gelang, auf die gleiche Frage die gleiche Antwort zu geben, der Vernehmer sofort hellhörig wurde, denn er hatte ja meine früheren Antworten schwarz auf weiß vor sich. So konnte eine ungenaue Antwort beim Vernehmer neue Vermutungen wecken, und es folgten unweigerlich neue bohrende Fragen. Dazu versuchten alle Vernehmer, die mich im Laufe der folgenden Wochen und Monaten immer wieder verhörten, durch Querfragen zu verwirren, um mich zu ungewollten Geständnissen zu verleiten. Nach längeren Verhören hieß es dann plötzlich: „So, jetzt ist Schluss mit dem Verhör, jetzt sprechen wir von Mensch zu Mensch." Und Deitel war reich an Vorschlägen. Da kam allerlei ins Gespräch, Sport natürlich, meine Erfolge bei Wettkämpfen, wobei er nicht an Vorwürfen sparte, etwa dass ich meine Zukunft durch die begangenen „Dummheiten" verdorben hätte, statt mich auf das Lernen und den Sport zu konzentrieren. Einmal ging es um Literatur und er fragte mich, was ich so gelesen hätte. Dazu bemerkte er, dass wir daheim viele Bücher hätten, und wollte wissen, wer die angeschafft habe und ob ich sie alle gelesen hätte. Ich sagte ihm, dass unsere Büchersammlung zum Teil noch von meinem Großvater stammte, dass aber mein Vater und auch ich schon vieles gekauft hätten. Ich vermutete hinter der ganzen Fragerei den Versuch, meine Kenntnisse und Fähigkeiten genauer einzuschätzen, um meine „Gefährlichkeit" ermitteln zu können. Ich wurde deshalb mit zunehmender Dauer der Gespräche vorsichtiger und hielt mich mit persönlichen Meinungen zurück.

Wissen wollte Deitel auch, warum ich mich früher so viel in der Umgebung der Securitate herumgetrieben hätte, was ich erst verneinte, bis er klarstellte, es gehe um meine regelmäßigen Besuche im gegenüberliegenden Haus in der Beethoven-Straße 5. Ich gab zu, dass ich dort oft bei Familie Winkler war, und stellte beruhigt fest, dass er sich mit dieser Auskunft zufriedengab. Ich fürchtete nämlich, dass es nun mit Fragen in Bezug auf die Familie des Obersten a. D. Galgotzi losgehen würde, die ebenfalls im selben Haus wohnte, die ich gut kannte und die ich einmal in einer dramatischen Lage unter großem eigenen Risiko unterstützt hatte. Aber Gott sei Dank fragte er mich nicht nach dieser Familie. Als ich am Spätnachmittag endlich in meine Zelle entlassen wurde, war ich ziemlich fertig. Die viele Stunden dauernden Verhöre, bei denen ich sehr angespannt war, immer darauf konzentriert, Fehler unbedingt zu vermeiden, die möglicherweise zu weiteren Verhaftungen führen und auch meine eigene Lage verschlimmern könnten, nahmen mich erheblich mit. Deitel verzichtete zwar auf Drohungen der Art, wie sie bei Moiş schon in den ersten Vernehmungen üblich waren („Dein Schießbefehl gegen unsere Leute und deine Schuld an der schweren Verletzung eines unserer Offiziere machen dich reif für eine Kugel, oder noch besser für den Strick."), aber sein Stellvertreter Leutnant Neda, der nach und nach meine Vernehmung übernahm, drohte dafür umso mehr. Er sagte, er würde meine Hinrichtung zwar nicht befürworten, könne sie aber auch nicht ausschließen.

Eines Tages, bald nach dem Morgenprogramm mit Wecken, Toilettengang und Muckefuck, wurde ich wieder hinauf zum Verhör geführt, wo diesmal Leutnant Neda auf mich wartete. Er breitete eine große Zahl Fotos auf dem Tisch aus. Es waren zum Teil Fotos, die mir gehört hatten und offensichtlich bei der Hausdurchsuchung beschlagnahmt worden waren, aber auch andere bei verschiedentlichen Anlässen gemachte Bilder, oft im Zusammenhang mit Sport. Neda erkundigte sich ausführlich nach jeder der abgebildeten Personen. Zum Beispiel befragte er mich intensiv nach meinen gewesenen Klassenkollegen Willems und Krassl, die als Deutsche natürlich automatisch im Verdacht standen, zur Organisation zu gehören und es gelang mir nur schwer, ihn vom Gegenteil zu überzeugen. Dann legte er einige neue Bilder auf den Tisch und bemerkte mit vor Empörung bebender Stimme, welch ein dreister Bandit ich doch sei, weil ich mich frech neben den Ministerpräsidenten Dr. Groza gestellt hatte, um mich mit ihm zusammen ablichten zu lassen. Ob ich dabei bewaffnet gewesen sei, wollte er wissen. Ich beteuerte, dass der Herr Ministerpräsident mich zu diesem Foto aufgefordert hatte, was ich nicht zurückweisen konnte, und dass ich nie mit einer Waffe in der Schule gewesen sei. Außerdem wusste bei uns in der Schule niemand von dem anstehenden hohen Besuch, sonst hätte die Schulleitung uns bestimmt alle schon vorher zusammengerufen. Damit schien die Sache für Neda erledigt zu sein.

In den folgenden Tagen wurde ich hauptsächlich von Neda und gelegentlich von Deitel befragt. Ab und zu gesellte sich ein weiterer geschniegelter Offizier hinzu, der schließlich meine Befragung für eine Zeit allein führte. Da ich seinen Namen nicht kannte, war er für mich der Dandy-Goldzahn. Seinen richtigen Namen habe ich erst viel später erfahren, und zwar von Jakob. Es handelte sich um einen berüchtigten deutschen Securitate-Offizier, der später bis in den Generalsrang aufstieg. Er hieß Martin Schnellbach, hatte mehrere Goldzähne, einen dicken Siegelring am Finger und roch immer nach Parfüm und feinen Zigaretten. Während der Verhöre hatte er die Gewohnheit, der Schublade seines Schreibtisches eine über und über verzierte großkalibrige Pistole zu entnehmen und mit ihr herumzuspielen oder sie vor sich auf den Tisch zu legen. Vermutlich war die Waffe nie geladen und die ganze Spielerei reines Imponiergehabe, von dem ich mich demonstrativ unbeeindruckt zeigte, was ihn augenscheinlich ärgerte. Was mich allerdings im Sinne des Wortes „kaltließ", war seine Gewohnheit, das Zimmerfenster weit zu öffnen und auch lange offen zu halten. Dies hatte zwar den Vorteil, dass der ätzende Rauch der vielen feinen Zigaretten abzog, dafür fror ich aber wie ein Dackel am Nordpol, denn ich hatte noch immer keine weiteren Kleidungsstücke als meine kurze Hose, ein dünnes Hemd und eine dünne Windjacke, in denen ich verhaftet worden war. Wärmere Kleider, die ich bei der Flucht mitgenommen hatte, waren in unserem Versteck an der Temesch geblieben. Aus „Goldzahns" Zimmer sah ich durch das Fenster direkt in den Park hinaus. Die Mauer, die man um einen großen Teil des Gebäudekomplexes errichtet hatte, war zum Park hin so hoch, dass man nur die Baumkronen der mächtigen Eichen, die dort standen, sehen konnte, obwohl wir uns im ersten Stock der Rieger-Villa befanden. Jedenfalls war dieser Ausblick für mich der wichtigste Fixpunkt, an dem ich mich orientierte und dank dem ich trotz Blechbrille und der verschiedenen Tunnel meistens wusste, wo ich mich gerade befand.

Mittlerweile war ich aus der großen Zelle, die sich im Keller des Konsulatsgebäudes befand und in der ich anfangs verwahrt worden war, in eine wesentlich kleinere im Keller der Rieger-Villa verlegt worden. Diese Verlegung aus der bequemen Zelle, in welcher man zwischen den Befragungen hin- und herspazieren und nachdenken konnte, was sich im Hinblick auf die intensiven Verhöre als sinnvoll erwies, war auch deshalb bedauerlich, weil ich nun nicht mehr Harrys Zellennachbar war und damit um die Möglichkeit gebracht wurde, mit ihm Absprachen zu treffen. Anfangs war es nämlich tatsächlich so, dass wir uns problemlos durch zwei geschlossene Türen hindurch verständigen konnten, weil der Raum, in den unsere beiden Zellentüren mündeten, durch eine weitere Tür vom restlichen Keller getrennt war. Diese Tür wurde, aus welchen Gründen auch immer, dauernd geschlossen gehalten, und so konnten wir es wagen, laut miteinander zu sprechen. Das Risiko dabei war natürlich, dass man uns belauschen und unsere größten Geheimnisse erfahren hätte können. Den Umzug hatte wahrscheinlich Neda befohlen, der eines Tages wissen wollte, ob ich schon mit Harry gesprochen hätte, schließlich seien wir doch Nachbarn. Ich verneinte und behauptete, von Harrys Nachbarschaft nichts gewusst zu haben, was er mir zu glauben schien. Später habe ich von Harry erfahren, dass ihm die gleichen Fragen gestellt worden waren und dass auch er verneint hatte.

Meine neue Zelle war ein elendes Loch. Ich musste direkt von der Tür ins Bett, welches quer zur Tür stand, steigen. Der Raum war so klein, dass ich außerhalb des Bettes höchstens noch einen Fuß auf den Boden stellen konnte. Durch ein sehr kleines Fenster, welches nach oben hin schachtartig verlängert war, kam zwar Luft in mein Verlies, aber kein Licht. So brannte Tag und Nacht eine kleine Lampe in einem winzigen Fenster, das sich über der Tür zum Korridor befand, welches noch zusätzlich mit einem Drahtnetz gesichert war, um zu vermeiden, dass vielleicht ein verzweifelter Untersuchungshäftling mithilfe des elektrischen Stromes sich durch Selbsttötung den Organen der Securitate entzog. So „saß" ich nun also buchstäblich in meiner winzigen, sehr feuchten Zelle und fror trotz der Decke auf dem Rücken.

Bedingt durch die geschilderte Kälte und wegen des wässrigen Essens, das man mir reichte, begannen sich die ersten körperlichen Beschwerden bemerkbar zu machen. Jedenfalls verspürte ich häufiger das Bedürfnis des Wasserlassens, als dies gemäß der Vorschriften für die Gefangenen vorgesehen war, nämlich zweimal täglich. Um nun häufiger austreten zu können, musste der Häftling an seine Zellentür klopfen und den Diensthabenden bitten, diese Extratour zu gestatten. Manche Unteroffiziere waren einsichtig genug und erlaubten den Austritt, wenn auch oft mit Verzögerung, andere aber machten sich einen Spaß daraus, die Bittenden auf später zu vertrösten oder mit Schimpftiraden zum Schweigen zu bringen. Oft konnte man daher Häftlinge bitten und betteln hören, und es war schlimm anzuhören, wie sie beschimpft und zum Teil geschlagen wurden. Auch ich kam immer häufiger in die Lage, um zusätzliche Austritte bitten zu müssen, und geriet dabei häufig an einen bulligen brutalen Schlägertyp im Range eines Feldwebels, welcher trachtete, mir das Leben so schwer wie nur möglich zu machen. Die ganze Quälerei hatte natürlich System, denn man zielte darauf ab, den Verhafteten mit allen Mitteln zu zermürben. Tagsüber durfte sich zum Beispiel niemand auf das Bett legen, geschweige denn schlafen. Für solche „Vergehen" wurde man von den Wärtern beschimpft oder sogar geschlagen. Viele wurden auch bei Nacht zu Vernehmungen gebracht, natürlich ohne am nächsten Tag den verlorenen Schlaf nachholen zu dürfen.

Eines Morgens, als ich zum heiß ersehnten WC geführt wurde, entdeckte ich im Mülleimer unter dem Waschbecken eine leere Bierflasche. Sie stank nach Öl, das man vermutlich zum Feuermachen verwendet hatte. Ich nahm die Flasche zu mir, und es gelang mir, sie vom Diensthabenden unbemerkt in meine Zelle zu schaffen. Dort verbarg ich sie in meinem Strohsack und bediente mich ihrer immer, wenn der Druck gar zu groß ward. Beim Toilettengang leerte ich die Flasche dann heimlich. Trotzdem wurde mein Problem von Tag zu Tag schlimmer und mein Harndrang gefördert durch die Kälte eines Tages so unerträglich, dass ich mich auch durch den Zuruf des „Bulligen", ich solle Geduld haben („Ai răbdare"), nicht vertrösten ließ und mit der Faust gegen die Zellentür zu trommeln begann. Die Folge war, dass er plötzlich die Tür aufriss und mit Fäusten und Fußtritten auf mich losging, während ich an ihm vorbei und zum WC drängte. Als er mich auch noch packte und mit dem Kopf an die Wand stieß, begann mein Urin unkontrolliert zu laufen, was ihn nur veranlasste, noch wilder zu toben und mich weiter zu schlagen. Dann musste ich mit einem Waschlappen den langen Korridor von meiner Zelle bis zum WC aufwischen, wozu es noch reichlich Fußtritte und ordinäre Beschimpfungen gab, die erst endeten, als ein zweiter Unteroffizier erschien, der sich nach dem Grund des Krachs erkundigte. Als ich mit dem Aufwaschen fertig war, fragte ich den neuen Unteroffizier, ob ich meine durchnässte Hose waschen dürfe, was er erlaubte und gleichzeitig fragte, ob ich denn eine Hose zum Wechseln hätte, was ich verneinte. Diese Auskunft schien ihn nachdenklich gemacht zu haben. Wieder in der Zelle wickelte ich mich in meine Decke und legte meine nasse Hose darüber, in der Hoffnung, dass sie bald trocknen würde. Aber in meiner feuchten Zelle ging das nicht so schnell, und so musste ich am kommenden Vormittag mit einer nassen Hose zum Verhör gehen. Außerdem hatte ich inzwischen festgestellt, dass aus meinem Ohr infolge der erhaltenen Schläge ziemlich viel Blut geflossen war.

Als ich im Büro von „Goldzahn" auftauchte, bemerkte dieser meinen Zustand sofort, und ich musste ihm den Vorfall schildern. Am Nachmittag – ich war längst wieder in meiner Zelle – kam der diensthabende Unteroffizier zusammen mit einem zivil gekleideten Herrn mit Brille an meine Tür. Dieser stellte mir einige Fragen im Zusammenhang mit meinen körperlichen Beschwerden, aus denen ich erkannte, dass es sich bei ihm um einen Arzt handelte. Wie ich später erfuhr, hieß der Mann Dr. Paul Singer und war Arzt bei der Securitate. Ich erzählte ihm von den schmerzenden Nieren, dem Brennen in der Blase und dem unwiderstehlichen Harndrang, worauf er nur meinte: „In dieser Kleidung kannst du nicht gesund werden. Ich werde veranlassen, dass du Kleider bekommst. Vorläufig nimm diese Tabletten jetzt sofort ein.“ Er schüttete aus seiner Arzttasche etwa ein Dutzend Tabletten in meine Hand und forderte mich auf, diese sofort runterzuschlucken. Ich zögerte noch, denn ich konnte nicht glauben, dass ich einen solchen Haufen Tabletten auf einmal und noch dazu ohne Wasser schlucken sollte. Er ließ mich aber durch den Wachmann zur Wasserleitung bringen, und dieser achtete darauf, dass ich auch wirklich die ganze Medizin zu mir nahm. Jedenfalls half die Rosskur und mein Zustand verbesserte sich wesentlich. Am gleichen Tag wurde ich noch ziemlich spät aus der Zelle geholt und in einen Büroraum geführt, wo ein dicker Feldwebel auf mich wartete. Aus einem Sack zog er der Reihe nach Kleidungsstücke hervor, die ich als meine erkannte. Dabei waren ein Anzug, warme Hemden, Unterhosen, mehrere Paar Strümpfe, Taschen- und Handtücher sowie ein Paar hoher Schuhe. Dazu ein Stück Seife, Zahnbürste und Zahnpaste. Der Feldwebel sagte: „Wie du siehst, war ich bei deinen Eltern und habe dir diese Sachen mitgebracht.“ Ich fragte ihn, wie es meinen Eltern gehe. Er beruhigte mich und sagte, es gehe ihnen gut und mein Vater arbeite in seiner Werkstatt. Weil er sich so gutmütig zeigte, wagte ich noch einige Fragen, etwa ob er auch meine Oma und Tante gesehen habe. Er bejahte und meinte, sie wären hinzugekommen, während er bei meinen Eltern war. Diese Einzelheiten ließen ihn glaubwürdig erscheinen. Er meinte noch: „Sie lassen dich grüßen.“ Dann machte er sich daran, eine Liste aller mitgebrachten Sachen zu erstellen, und ließ mich deren Empfang bestätigen. Anschließend ging er in den Nebenraum und brachte einen Rucksack, den ich sofort als jenen Rucksack erkannte, den ich auf der Flucht in unserem Versteck am Temeschufer zurückgelassen hatte. Ich hatte bis dahin meinen Vernehmern kein Wort über die von uns dort gelassenen Sachen gesagt, weil ich die von Franzi Bayer leihweise bekomme Pistole auch dort gelassen hatte. Im Rucksack fand ich noch ein Hemd, zwei oder drei Paar Socken und sonstige Kleinigkeiten. Dann kam er noch mit einigen persönlichen Gegenständen, die man mir bei der Verhaftung abgenommen hatte, darunter auch die aus dem Liederbuch gerissenen Blätter mit den belastenden Texten und Zeichnungen, die zwar von Moiş begutachtet worden waren, deren Brisanz er aber wohl übersehen hatte. Da ich merkte, dass der Feldwebel noch mit seiner Schreibarbeit beschäftigt war, steckte ich kurz entschlossen die Papiere vorerst unter mein Hemd und wenig später in den im Raum befindlichen Kachelofen, nachdem ich aufgefordert worden war, Holz nachzulegen. Der Feldwebel merkte zwar, dass ich außer dem Holz noch etwas in den Ofen befördert hatte, gab sich aber mit meiner Erklärung, es hätte sich um ein Stück Zeitungspapier gehandelt, zufrieden. Mit den erhaltenen Kleidern konnte ich mich endlich wärmer anziehen, was auch nötig war, denn es war früh Herbst geworden und ziemlich kalt. Was den Rucksack mit Kleidungsstücken betraf, wusste ich jetzt, dass man diese Sachen an der Temesch gefunden und hergebracht hatte. Fredi musste mit Begleitung draußen an der Temesch gewesen sein, denn die Securisten allein hätten das Versteck kaum finden können. Wie das Ganze wirklich gelaufen ist, habe ich erst später, nachdem wir verurteilt waren, von Fredi erfahren.

In diesen Tagen wurde ich wieder mal zu einer Vernehmung zu Leutnant Neda geführt. Gleich zur Einleitung teilte er mir mit, dass man unser Versteck an der Temesch aufgespürt habe. Er sagte auch, dass von unseren zurückgelassenen Sachen nur noch wenig, und zwar bei einem Schäfer, sichergestellt worden sei. Dieser habe erklärt, unsere gebündelten Sachen im Gebüsch nahe dem Flussufer gefunden zu haben. Die Lebensmittel habe er vertilgt, und von unseren Kleidungsstücken hatte er welche angezogen. Außerdem hätte er noch eine Landkarte, eine Uhr – in Wirklichkeit war es ein Marschkompass – und eine Pistole gefunden. Natürlich interessierte die Securitate am meisten die Pistole, aber er sagte, dass er die Karte verbrannt und die „Uhr" sowie die Pistole in die Temesch geworfen habe. Die genaue Stelle konnte er nicht mehr angeben. Über diese Nachricht war ich froh, weil so die Marke der Waffe nicht mehr zu klären war. Das war für Franzi und mich wichtig, denn ich hatte bei einem Verhör – in die Enge getrieben – zugegeben, dass ich bei unserer Flugblattaktion anstelle meiner Pistole, die ich Andreas gegeben hatte, eine andere von Franzi bei mir gehabt hatte, die aber auf der Flucht verloren gegangen sei. Auf die Frage nach der Art der Waffe hatte ich vorsichtig erklärt, dass es sich möglicherweise um eine französische Marke gehandelt habe. Franzi hingegen hatte sich „verredet" und von einer Sauer, also einer deutschen Waffe gesprochen. Über diesen Fehler Franzis ärgerte ich mich sehr, denn so ergab sich zwangsläufig die Vermutung bei unseren Vernehmern, dass es sich eigentlich um zwei verschiedene Waffen handeln müsse, von welchen noch eine versteckt sei. Wenn die von mir an der Temesch gelassene Pistole gefunden worden wäre, hätte es sich herausgestellt, dass ich richtig ausgesagt hatte und dass es sich tatsächlich um eine französische Waffe handelte. Dann wäre jedoch die Securitate sicher gewesen, dass es die von Franzi genannte Sauer auch noch gab und sie logischerweise noch in Franzis Versteck liegen müsse. Dieses Versteck war wirklich sehr gut, das bewies auch die

Tatsache, dass es trotz der gründlichen Hausdurchsuchung nicht gefunden worden war. Jetzt galt es die Vernehmer zu überzeugen, dass es sich doch nur um eine Waffe handelte. Da die Gefahr bestand, dass die Waffe, die ich von Franzi bekommen hatte, nicht mehr zu finden sein würde, änderte ich meine Erklärung dahin gehend, dass ich nun doch nicht sicher wüsste, ob es sich bei Franzis Pistole tatsächlich um ein französisches Modell gehandelt habe. Dafür musste aber auch Franzi dabeibleiben, dass die Waffe, die er mir geliehen hatte, eine Sauer war. Durch diesen Fehler hatte Franzi das Misstrauen der Vernehmer geweckt, was zur Folge hatte, dass er von uns allen die schwersten Misshandlungen ertragen musste. Einen Tag, nachdem mir Leutnant Neda vom Auffinden unserer Ausrüstung an der Temesch berichtet hatte, wurde ich noch spät am Abend aus meiner Zelle geholt und eilig zum Verhör geführt. Man brachte mich in ein kleineres Zimmer im Erdgeschoss, und obwohl man mir die Blechbrille nicht abnahm, wurden mir zusätzlich Handschellen angelegt. In dem relativ kleinen Raum war es sehr heiß, und es stank nach Schweiß und Urin. Aus einem Rundfunkgerät ertönte laute Schlagermusik. Dennoch konnte ich anhand der Stimmen und Geräusche erkennen, dass sich noch mindestens fünf Leute im Raum befanden. Ich wurde mit einer ordinären Schimpftirade überschüttet, die aus Gott, Müttern, Genitalien und was die auf diesem Gebiet so reiche rumänische Sprache sonst noch zu bieten hat, bestand. Dazu kamen Faustschläge in den Nacken sowie Tritte in die Schienbeine und Knie, und ich bekam zu hören, dass Bayer und ich verlogene Schweine seien. Jetzt erst erkannte ich, worum es eigentlich ging. Der Stimme nach war es Neda, der mich fragte: „Was für eine Pistole hat Bayer dir am Abend des 11. September gegeben?“ Ich wiederholte meine frühere Erklärung, wonach ich es nicht genau wüsste, dass es aber eine französische Waffe gewesen sein dürfte, was ich wegen der Beschädigung an der Waffe und der schlechten Lichtbedingungen, es war schon halb dunkel, jedoch nicht mit hundertprozentiger Sicherheit sagen könnte. Ich wurde auf den Boden gestoßen, meine gefesselten Hände wurden mir über meine Knie hinweg hinuntergeschoben. Durch meine Kniekehlen steckte man einen Holzknüppel, dessen Enden vermutlich über zwei Tische gelegt wurden. So hing ich nun zwischen den Tischen und wartete auf Schläge, die ich auf den Hosenboden oder auf die Fußsohlen kriegen würde. Da fragte Neda noch einmal: „Was für eine Pistole hat dir Bayer gegeben? Wo ist Bayers zweite Pistole?“ Ich gab die gleichen Antworten wie schon zuvor. Dann hörte ich die Frage an Franzi: „Hörst du, Bandit, wo ist die Sauer-Pistole?“ Und ich hörte Franzi, der bis dahin nur gestöhnt und geächzt hatte, antworten: „Ja, es ist so, dass man die Schrift auf der Waffe wegen Beschädigung sehr schlecht lesen konnte. So kann es sein, dass Resch recht hat und auf der Waffe etwas in französischer Sprache geschrieben stand. Ich kann kein Französisch. Und eine zweite Waffe habe ich auch nicht besessen." Anscheinend glaubte man uns jetzt, denn nach dem man Franzi noch mit zwei oder drei Fußtritten bedacht hatte, band man ihn los. Auch mich hob man von den Tischen herunter, nutzte aber diese Gelegenheit und ließ mich von ziemlich weit oben auf den Rücken fallen. Wenn ich Nierensteine gehabt hätte, wären diese bei solcherart „Behandlung" bestimmt zertrümmert worden. Dann wurden mir auch die Handschellen abgenommen, sie hatten mir, solange ich gefesselt an der Stange hing, große Schmerzen verursacht. Man befahl mir, aufzustehen, und es gab zur Aufmunterung noch schnell von einem der für mich unsichtbaren „Assistenten" einige Tritte in den Rücken und, wahrscheinlich weil ich mich nicht flott genug bewegte, zusätzlich einige in meine Schienbeine und Fußknöchel. Als die Tür geöffnet wurde, verpasste mir ein „Wohlwollender" noch einen mächtigen Fußtritt in meinen Allerwertesten, sodass ich mit seiner Hilfe auf den Korridor hinaus und mit dem Kopf gegen die Wand flog. Bevor ich noch die Folterkammer verließ, hörte ich Franzis Ächzen und Wimmern Er tat mir unendlich leid. Mit einem kleinen Fehler beim Verhör hatte er uns beiden, aber besonders sich selber, ein schlimmes Problem geschaffen. Am Korridor nahm mich mein diensthabender „Bulle" am Arm und führte mich in meine Zelle zurück. So ganz sicher war ich mir allerdings noch nicht, ob nun die Sache mit den Pistolen ausgestanden war. Wie ich später von Franzi erfuhr, war sein Rücken und insbesondere sein Gesäß noch monatelang von den Schlägen gezeichnet.

Über die Suchaktion draußen an der Temesch habe ich ebenfalls erst nach unserer Begegnung in der Haftanstalt von Temeschburg Näheres erfahren. Etwa Ende September wurde Fredi eines Morgens aus seiner Zelle geholt, bekam Handschellen angelegt und musste in den Beiwagen eines Motorrades steigen. Vorne saß ein Unteroffizier und hinten ein Leutnant. Sie erreichten ohne Zwischenfälle die Temesch, wobei Fredi in seiner kurzen Hose und seiner dünnen Jacke fast erfror, denn es war bitterkalt und entlang des Ufers hatte sich schon eine dünne Eisschicht gebildet. Die beiden Securisten waren jedenfalls gar nicht begeistert, als sie erfuhren, dass das gesuchte Versteck am jenseitigen Ufer lag, es blieb ihnen jedoch nichts übrig, als ihre Stiefel abzulegen und mit Fredi durch das knietiefe eiskalte Wasser zu waten. Fredi fand den Platz, wo unser Versteck gewesen war, auf Anhieb, dieses war jedoch von besagtem Schäfer leer geräumt worden. Nach einer kurzen Durchsuchung der Schäferhütte wurde noch an Ort und Stelle eine Erklärung vorbereitet, die der Mann unterschrieb, und die Sache schien erledigt. Fredi zog sofort ein dickeres Hemd an, und sie fuhren zurück zur Securitate.

Edis Verhaftung

In der Nacht zum 14. September war Edi Szilagyi daheim verhaftet worden. Er wusste zu diesem Zeitpunkt bereits vom spurlosen Verschwinden Andreas' und ebenso, dass Fredi und ich uns „vorläufig" abgesetzt hatten. Dass wir allerdings zu diesem Zeitpunkt schon zusammen mit Dietmar, Harry und Franzi verhaftet waren, wusste er noch nicht. Vor dem Haus hielt ein Kleinlaster, eine Gruppe junge Männer sprangen ab, stürmten durch das Tor in den Hof und in das Haus. Edi wurde auf der Stelle verhaftet. Es erfolgte eine recht oberflächliche Hausdurchsuchung, bei welcher anfangs nicht einmal Edis bescheidene Schusswaffe gefunden wurde, obwohl sie in dem neben der Eingangstür hängenden Trenchcoat steckte. Einer der Häscher hatte das Kleidungsstück zwar abgetastet, die Pistole jedoch übersehen. Erst nach Ende der Durchsuchung und nach der ausdrücklichen Aufforderung durch den anwesenden Offizier, etwaige Waffen herauszurücken, wies Edi auf den bereits gefilzten Trenchcoat und meinte, er habe dort noch eine „Spielzeugpistole" stecken. Das Erstaunen und der Ärger des Unteroffiziers, der den Mantel so oberflächlich abgetastet hatte, war groß, als im Nachfassen die Waffe noch auftauchte. Edi bekam Handschellen angelegt, musste sich im Lkw auf den Boden setzen und der Wagen fuhr los, während zwei mit Maschinenpistolen bewaffnete Soldaten ihn nicht aus den Augen ließen. Der Wagen rollte durch die Fabrikstadt und, wie Edi bald erkannte, in die Stefan-cel-Mare-Straße, wo er vor dem Haus Nr. 50 hielt. Sie suchten Herbert. Er war zu Hause und wartete eigentlich auf Anweisungen, ebenfalls ohne zu ahnen, dass mehrere von uns schon verhaftet waren. Zuletzt hatte er mich am Mittwoch gesehen, als ich ihm die beiden zu versteckenden Pakete übergeben hatte. Besonders eines der Pakete, welches unter anderem Anleitungen zum Fertigen pyrotechnischen Materials und Richtlinien für die Durchführung geheimer Einsätze enthielt, war brisant. Auch die Wohnung der Familie Winkler wurde durchsucht, jedoch ohne nennenswerten Erfolg. Später, als sich Herbert in einer der Zellen der Securitate wiederfand, stellte er fest, dass er in einem Teil der ehemaligen Waschküche seiner Tante Luise (Rieger) einquartiert war.

Während der folgenden Verhöre gab Herbert zu, meiner Anweisung entsprechend ein Paket versteckt zu haben. Er wurde – gut gesichert – an den von ihm genannten Ort, ein damals noch unbebautes Gelände in der Verlängerung der Cermena-Straße, gefahren, wo die Securisten das pyrotechnische Material ausgruben. Das zweite Paket mit den Dokumenten „vergaß" Herbert, und das war gut so. Auch mir wurden die aufgefundenen Gegenstände gezeigt, und ich musste den Aufbau und die verwendeten Stoffe der von uns gefertigten Rauchpatronen und Brandsätze einem mir bis dahin unbekannten Leutnant genau erklären. Nach seinen Fragen zu urteilen, muss es ein Fachmann, vermutlich ein Pionier gewesen sein. Nachdem er schon mit unseren Brandsätzen experimentiert hatte, kam er, um noch weitere Einzelheiten über den Aufbau der von uns gefertigten Kampfmittel zu erfahren. Er schien dabei von unserem Erfindergeist beeindruckt zu sein. Auf meine Frage, wie die Brandsätze funktioniert hätten, meinte er: „Zu gut für euch Banditen."

Ein Kapitel für sich war die Herkunft der verschiedenen Waffen, die als mein Eigentum erklärt waren. So hatte ich Harry bei unseren geheimen Besprechungen in den ersten Tagen nach unserer Festnahme versprochen, den Harington-Revolver auf mich zu nehmen. Als ich nach der Herkunft dieser Waffe und auch der Frommer-Baby befragt wurde, erklärte ich einfach, dass ich beide Waffen 1946 oder 1947 von einem unbekannten Mann gekauft hätte. Zuerst wollte man mir diese Erklärung nicht abnehmen, da ich aber trotz Drohungen und einiger Ohrfeigen dabei blieb, konnte ich Neda mehr oder weniger überzeugen, und er ließ mich fortan mit dieser Sache in Ruhe. Nach der Herkunft des Derringer gefragt gab ich ohne Umschweife zu, dass er ebenfalls mir gehörte und dass ich ihn schon seit der Kriegszeit besessen hatte. Der jüngere Bruder meiner Mutter hatte ihn mir einmal überlassen, weil er kaputt war, und es gelang mir später, als ich schon Schlossereikenntnisse hatte, ihn wieder instand zu setzen.

Einmal, als ich bereits im Zimmer Leutnant Nedas auf diesen wartete, erschien der junge Unterleutnant Tiberiu Simand, den ich noch als Kollegen aus der Gewerbeschule kannte und von dem ich nun erfuhr, dass er zwischenzeitlich Offizier der Securitate geworden war. Er sprach mich freundlich an und gab mir sogar die Hand, wobei er mir sagte: „Ich habe gehört, dass du hier bei uns bist. Was hast du dir vorgestellt, als du solche Dummheiten getan hast? Dachtest du, dass wir dich nicht erwischen? Es tut mir leid, dich hier zu sehen. Sicher wirst du deine verdiente Strafe bekommen. Wie viel, weiß ich nicht, aber es wird viel sein."

In der Folgezeit war ich auch noch einige Male bei „Goldzahn", welcher immer wieder die früheren Verhörprotokolle durchging, ohne jedoch Wesentliches zu finden. Über diesen Offizier habe ich, solange ich bei der Securitate war, nichts erfahren, weder seinen Namen noch dass er Deutscher war. Erst später erfuhr ich durch meine Kameraden, dass er, Martin Schnellbach, sich – obwohl illegales KP-Mitglied – zur Waffen-SS gemeldet hatte, dort jedoch schon bald fahnenflüchtig geworden und ins Banat zurückgekehrt war. Er tauchte unter und schloss sich einer Gruppe kommunistisch eingestellter Ungarn und Rumänen an, die den ersten Partisanenverband in den Banater Bergen bildeten und schon bald Sabotage- und Kampfeinsätze gegen das rumänische Militär und die Polizei durchführten. Nach der Machtergreifung der Kommunisten wurde er Securitate-Offizier und brachte es bis zum Generalmajor. Jahrzehnte später, als Rentner, wollte er sich in der Bundesrepublik niederlassen, wogegen der Schriftsteller Hans Bergel mit Erfolg protestierte und seine Ausweisung erwirkte.

Etwa Anfang November öffnete eines Abends der Unteroffizier vom Dienst meine Zellentür und teilte mir mit, dass ein weiterer Häftling in meine Zelle käme, der ein wenig „feucht" sei. Ich solle auf ihn achten und, falls er versuchen sollte, Selbstmord zu begehen, ihn daran hindern und an die Tür um Hilfe klopfen. Seine Mitteilung überraschte mich dermaßen, dass ich vorerst sprachlos blieb. Gleich darauf brachte er den Mann. Dieser war etwa von meiner Statur. Ich schätzte sein Alter auf ungefähr 40 Jahre, seine athletische Figur verriet die Kraft und Härte eines Bauern. Ich reichte ihm die Hand und nannte meinen Namen, worauf er jedoch nicht antwortete. Bekleidet war er mit einer Drillichhose, Hemd und einer alten Jacke. Seine Jacke stand offen und so konnte ich sehen, dass sein Hemd vorne an der Brust von frischem Blut durchtränkt war. Nachdem er anfangs noch stumm und teilnahmslos auf dem freien, unteren Bett der Zelle gesessen hatte, brach er sein Schweigen und stellte sich als Milan Disics vor, ein serbischer Kleinbauer, der wegen illegalen Waffenbesitzes verhaftet worden war. Man hatte ihn beim Verhör schlimm misshandelt. Ich fragte ihn, ob das Blut an seinem Hemd von diesen Misshandlungen stamme? Er verneinte und sagte mir, dass man ihn hauptsächlich auf die Fußsohlen und das Gesäß geschlagen hätte, wollte ansonsten aber nicht näher auf meine Frage eingehen. Erst später, ich war schon halb eingeschlafen, stand er plötzlich vor mir und erklärte, dass er diese dummen Schweine, er meinte damit die Securisten, doch reingelegt habe! Dabei zeigte er grinsend in Richtung seines Herzens. „Ich werde ihnen ein Schnippchen schlagen. Wenn sie mich noch einmal prügeln, werde ich mich selbst töten." Dabei öffnete er sein über und über mit geronnenem Blut getränktes Hemd und wies auf seine linke Brustseite. Bei dem schlechten Licht in der Zelle konnte ich vorerst außer Blut nichts erkennen und sah erst beim näheren Hinschauen etwas aus der Wunde herausragen. Er griff hin und zog mit triumphierendem Blick ein etwa sieben Zentimeter langes Stück Draht heraus. „Ich habe diesen Draht geklaut und zugespitzt. Mit ihm habe ich mich einige Mal in die Brust gestochen. Es hat sehr geblutet, aber ich habe mein Herz nicht getroffen, deshalb bin ich noch am Leben. Ich möchte den Draht weiter aufheben, nur fürchte ich, dass die Securisten ihn bei mir finden und ihn mir wegnehmen." Ob ich den Draht für ihn verbergen könnte, wollte er wissen. Seine Schilderung hatte mir buchstäblich den Atem verschlagen, denn ich hatte mir nie vorstellen können, dass jemand mit einem Draht tief in der eigenen Brust herumzustochern imstande wäre. Ich war erschüttert. Den Draht nahm ich und versteckte ihn in meinem Strohsack. In der folgenden Nacht, es muss schon spät gewesen sein, wachte ich plötzlich auf, als Disics neben meinem Bett stand, mich an der Gurgel gepackt hatte und zu würgen begann. Dabei schrie er: „Du Deutscher, gib mir meinen Draht wieder!" Ich wähnte mich in höchster Lebensgefahr. Glücklicherweise konnte ich in dem oberen Bett die Beine anziehen und ihn wegstoßen. Als ich wieder Luft bekam, schrie ich laut um Hilfe und sprang von meinem Bett. Auch er brüllte irgendetwas und versuchte hochzukommen, während bereits der Unteroffizier vom Dienst die Zellentür mit Getöse öffnete. Nachdem ich den Vorfall geschildert hatte, ergriffen zwei ebenfalls herbeigeeilte Unteroffiziere den Serben, der sich jetzt ganz ruhig verhielt, und führten ihn weg. Ich war gar nicht unglücklich, wieder allein in meiner Zelle zu sein. Disic sah ich erst fast zwei Jahr später in der Fabrik der Haftanstalt Gherla wieder.

Ein Verhör bei Leutnant Neda drehte sich um die Frage, wie oft ich an den in der Milleniumskirche von den Pfarrern Emmerich Vormittag und Dr. Josef Fodor organisierten Jugendgottesdiensten teilgenommen hatte. Ich verneinte jegliche Kenntnis oder Teilnahme an Versammlungen in der genannten Kirche, auch leugnete ich, die genannten Priester Fodor und Vormittag zu kennen. Dr. Fodor kannte ich tatsächlich nicht, weil weder meine Eltern noch ich in die Kirche in der Fabrikstadt zu gehen pflegten. Herrn Vormittag kannte ich noch von der Banatia-Schule her, dort unterrichteten er und die Herren Nischbach und Hauptmann Religion. Ich hatte keine Ahnung, dass zu diesem Zeitpunkt Pfarrer Hauptmann ebenso wie die anderen drei mit weiteren Priestern, Ordensfrauen und unserem Bischof verurteilt einsaßen. Neda wollte mir nicht abnehmen, dass ich von diesen Versammlungen nichts gewusst hätte. Er überraschte mich sogar mit der Mitteilung, dass mein Freund Emil K. behauptet habe, ich sei dabei gewesen. Ich leugnete nicht, K. zu kennen, er war sowohl in der Banatia als auch in der Gewerbeschule mein Kollege, Freunde waren wir jedoch nie gewesen, und nach der Gewerbeschule hatte ich ihn auch nicht mehr gesehen. Bei dieser Aussage blieb ich dann auch trotz der angedrohten Schläge. Später, nach meiner Haftentlassung, erfuhr ich erst, dass aus Emil K. ein strammer Parteigenosse geworden war, der als Chef aller Juwelierläden der Stadt beste Beziehungen zur Securitate unterhielt und dem – unter den damaligen Umständen eine Sensation – sogar gestattet war, Waffensammler zu sein.

Der Grund für die Fragen nach meinen Verbindungen zu den Priestern erschloss sich mir erst Tage später, als ich in eine größere Zelle mit drei Betten verlegt wurde, in welcher ich noch zwei Häftlinge vorfand, einen jungen Mann etwa in meinem Alter und einen älteren Herrn. Mit Herrn Dr. Josef Waltner, dem älteren Herrn, bahnte sich recht schnell ein intensives Gespräch an, zumal er den Laden meiner Familie in der Mercy-Gasse gut kannte. Unser Gespräch wurde am Anfang kurz unterbrochen, als der Unteroffizier in die Zelle stürmte und den jungen Mann schimpfend hinauszerrte. Ich bekam noch so viel mit, dass er dem jungen Mann vorwarf, verschwiegen zu haben, dass er mich nicht treffen dürfe. Dieser Blödsinn war mal wieder typisch. Schließlich konnte der Beschuldigte bestimmt nichts dafür, dass man mich in diese Zelle gebracht hatte. Abgesehen davon kannten wird uns überhaupt nicht. Über diesen Vorfall habe ich später mit Dr. Waltner noch herzlich gelacht. Von ihm erfuhr ich jedenfalls, dass der Bischof Augustin Pacha zu 20 Jahren Zwangsarbeit verurteilt worden war. Der Prozess hatte im November 1951 stattgefunden. Er, Dr. Waltner, war mit 18 Jahren Zwangsarbeit bedacht worden. Mich bestürzte die Höhe der Strafe, und als ich ihm meinen Fall geschildert hatte, antwortete er auf meine Frage nach der von mir zu erwartenden Haft, dass ich mit einer ähnlich hohen Strafe rechnen müsse, dass es aber auch noch mehr werden könnte. Jedoch keine Todesstrafe, denn ich sei jung und stark, also würde man mich zur Arbeit einsetzen. In den drei bis vier Tagen, die wir gemeinsam in der Zelle waren, sprachen wir viel miteinander. Er riet mir, niemandem Geheimnisse anzuvertrauen und nur das zu sagen, was ich schon beim Verhör zugegeben hatte. Dieser wertvolle Rat leuchtete mir ein und ich hielt mich daran.

Ein oder zwei Tage darauf wurde ich mit der üblichen Blechbrille auf den Augen in die ehemalige Waschküche des Hauses geführt, wo ein

Kerl in gestreifter Sträflingskleidung auf mich wartete. An dem Haarschneider in seiner Hand erkannte ich, worum es ging. Meine Haare und mein Bart waren seit meiner Festnahme noch nicht geschnitten worden und zwischenzeitlich total verfilzt. Der Häftling mit seiner pockennarbigen Visage sah genauso aus wie ein typischer Schwerverbrecher im Kriminalfilm oder besser noch, wie dessen Karikatur. Er sprach natürlich kein Wort mit mir. Es war alles andere als ein Vergnügen, als er meine verfilzte Haarpracht schnitt und dabei vom dabeistehenden Feldwebel zur Eile angetrieben wurde. Auch meinen Bart kürzte er zuerst mit der Maschine, was noch relativ erträglich war, aber das nachfolgende „Rasieren“ mit einem stumpfen Messer war eine einzige Schinderei. Das alles geschah für den „Fototermin“, welcher gleich im Anschluss stattfand. In einer größeren Zelle gab es einen Stuhl und einen Tisch, auf dem unsere Waffen, Sprengstoffe, Munition und Brandsätze lagen. Der Fotograf – einer der offiziellen Sportfotografen, der auch mich bei zahlreichen Wettkämpfen geknipst hatte – machte ein überraschtes Gesicht, als er mich erkannte. Es wurden dann neben den üblichen Karteiaufnahmen von vorne und aus dem Profil noch weitere Bilder von mir mit meinen Waffen in der Hand oder neben dem Tisch mit dem Sprengstoff und der Munition stehend gemacht.

In den letzten Wochen des Jahres wurde ich kaum mehr zu Vernehmungen geführt. Auch der bullige Feldwebel, der mich früher öfter schikaniert und geschlagen hatte, verhielt sich auffallend anständig, trieb mich nicht mehr so oft an und schrie und fluchte auch nicht grundlos wie früher. Ich hatte meine Zeitrechnung mit viel Mühe aufrechterhalten. Mein Vorbild war diesbezüglich Edmond Dantès, der Graf von Monte Christo, der trotz seines langjährigen Aufenthaltes in der Festung Château d'If mithilfe in die Wand geritzter Kalender nie die Zeitrechnung verloren hatte.

Dann kam der erste Weihnachtstag, der bis zum Abend sehr ruhig verlief. Spät am Abend holte mich der Feldwebel, er hatte Nachtschicht, aus der Zelle, führte mich ohne Blechbrille in den Waschraum und forderte mich auf, den Dielenfußboden des ganzen Korridors sauber zu machen. Die Arbeit dauerte etwa zwei Stunden, und als ich fertig war, sagte er, ich könne auch meine Wäsche gründlich waschen, ich bräuchte mich nicht zu beeilen. Als ich meine Utensilien in den Waschraum brachte, fand ich zu meiner großen Freude auf dem dort stehenden Stuhl ein großes Stück Hefeteigkuchen, dass mir offensichtlich der Feldwebel hier als Weihnachtsgeschenk zurückgelassen hatte. Ich griff sofort zu, verschlang auf der Stelle ein Stück des Kuchens und nahm den Rest, in meinen Rock eingewickelt, mit in die Zelle.

Gleich zu Neujahr, welches – der Musik und dem Krach nach zu urteilen – auch von den Securisten ausgiebig gefeiert wurde, kam ich für wenige Tage in eine Einzelzelle, die direkt an der Loga-Straße lag. Durch ein schachtartiges Fenster erreichten mich sogar die Geräusche der anliegenden Straße, und ich konnte morgens die Schritte der vorbeieilenden Menschen vernehmen. Vom gegenüberliegenden Loga-Lyzeum hörte ich das Pausenläuten und das Geschrei der Kinder wie einen Klang aus einer fernen Welt.

Miodrag

Etwa am 5. oder 6. Januar wurde ich innerhalb desselben Gebäudetraktes wieder verlegt. Die neue Zelle war etwa zwei Meter lang und hatte zwei übereinanderliegende Betten, neben welchen es einen etwa 80 Zentimeter breiten Freiraum gab, den man nutzen konnte, um sich die Füße zu vertreten. Ein festes Eisengitter und ein Drahtnetz bedeckten das Fenster. Diese Zelle – das war eine ganz neue Erfahrung – wurde sogar ein wenig beheizt. Mein Zellengenosse war 23 Jahre alt, brünett, schlank, etwas kleiner als ich und stellte sich als Miodrag Vucsetici, ein Serbe aus der jugoslawischen Stadt Niš, vor. Er war ehemaliger Berufssoldat, hatte davor seit seinem vierzehnten Lebensjahr bei den Partisanen gekämpft und war während seiner Dienstzeit beim Militär vom Nachrichtendienst als Agent rekrutiert worden. Als guter Schwimmer wurde er zu Kurierdiensten über die Donau zwischen Jugoslawien und Rumänien eingesetzt, wozu er auch die rumänische Sprache in einem Intensivkurs erlernt hatte. Im Jahre 1950 hatte er mehrmals die Donau überquert und dabei den in Rumänien operierenden jugoslawischen Agenten Befehle übermittelt oder deren Berichte nach Jugoslawien zurückbefördert. Bereits am Tag unserer Zusammenlegung ließ mich „Goldzahn“ rufen und teilte mir mit, dass mein neuer Zellengenosse selbstmordgefährdet sei und ich daher ein wachsames Auge auf ihn haben solle. Er sagte mir, dass Vucsetici schon einmal die Scherben eines Trinkglases verschluckt habe, um sich umzubringen, und nur durch eine Notoperation gerettet worden sei.

Ich verstand mich mit Miodrag ganz gut, zumal es in unserer Lage ohnehin töricht gewesen wäre, in Feindschaft zu leben. Auf den Selbstmordversuch habe ich ihn nie angesprochen, konnte jedoch beim Duschen seine Operationsnarbe deutlich erkennen. Uns war klar, dass uns noch Schweres bevorstand und auch unsere Hinrichtung nicht ausgeschlossen war, wovon er auch gelegentlich sprach. In der neuen Zelle bekam ich – obwohl Nichtraucher – täglich drei Zigaretten Marke Regale-RMS und, was mich mehr freute, das viel bessere Essen, nämlich die Schonkost, die Miodrag wegen seiner Magenoperation zugedacht war und in deren Genuss ich nun auch kam. Was mich aber am allermeisten freute, war die nunmehr von vormals täglich 250 auf 400 Gramm erhöhte Brotration. „Goldzahn“ meinte einmal, ich hätte diese Vergünstigung zwar nicht verdient, denn ich sei nach wie vor „unaufrichtig“, aber er hätte sich trotzdem beim Kommandanten zu meinen Gunsten ausgesprochen und ich müsse daher weiterhin wachsam bleiben und einen neuen Suizidversuch Miodrags verhindern. Dieser freilich machte keineswegs den Eindruck eines Lebensmüden, sondern sprach im Gegenteil oft von seiner Furcht, zum Tode verurteilt zu werden. Ich versuchte, ihm diese Angst mit dem Argument auszureden, dass die seit 1948 bestehende Spannung zwischen den beiden Ländern nicht mehr lange andauern dürfte und es nach einer Phase der Entspannung sicher zu einem Agentenaustausch kommen würde. Allerdings war ich bei dieser optimistischen Einschätzung nicht ganz ehrlich, denn eigentlich vermutete ich – wie viele andere Zeitgenossen auch –, dass ein großer Ost-West-Konflikt in naher Zukunft unvermeidlich wäre, eine Überzeugung die uns ja auch bei der Gründung unserer Organisation geleitet hatte. Miodrag meinte dazu – und hatte recht –, dass der Streit eigentlich nicht zwischen Rumänien und Jugoslawien, sondern zwischen Moskau und Belgrad bestand und dass die Hauptakteure Stalin und Tito seien.

Im Zusammenhang mit der damals regen Agententätigkeit zwischen den beiden Staaten stellte sich später heraus, dass zum Beispiel auch die in Temeschburg tätigen Securitate-Offiziere Sava Bugarski und Vidosa Nedici (Vida), beide Serben aus dem rumänischen Banat und zu unserer Zeit berüchtigte Verhöroffiziere, Agenten des jugoslawischen Geheimdienstes waren. Zumindest Bugarski landete 1954 nach seiner Entlarvung im Gefängnis von Piteşti, wo damals neben vielen Hochverrätern und Spionen verschiedener Nationalitäten auch etwa 50 bis 60 Serben einsaßen. Unser Kamerad Herbert Winkler durchlebte als deutscher Staatsbürger ebenfalls eine mehrmonatige schwere Zeit unter lauter Serben in Piteşti und war dabei den täglichen Schikanen und Morddrohungen seiner Mitgefangenen ausgesetzt. Seine Lage besserte sich erst nach dem Genfer Treffen im Sommer 1955 zwischen Eisenhower (USA), Bulganin (UdSSR), Eden (Großbritannien) und Faure (Frankreich), infolge dessen sich unter anderem die Lage zwischen Rumänien und Jugoslawien entspannte und alle Tito-Spione aus der Haft entlassen wurden. Übrigens erwähnt Ion Ioanid in seinem Buch „Închisoarea noastră cea de toate zilele“ („Unser tägliches Gefängnis“) viele der 1954 in Pitești inhaftierten Serben namentlich, jedoch nicht Miodrag Vucsetici. Da auch Herbert sich nicht erinnert, diesen Namen je gehört zu haben, könnte es tatsächlich sein, dass mein Zellengenosse von den rumänischen Behörden später liquidiert wurde.

Es war schon in der zweiten Februarhälfte, als ich eines Vormittags wieder zum Verhör hinaufgeführt wurde. Schon etwa sechs Wochen davor hatte man mir mitgeteilt, dass unser Untersuchungsverfahren abgeschlossen sei und man uns nunmehr dem Gericht überstellen werde. Gleich nach meiner Ankunft trat ein Oberleutnant in den Raum, der zu meiner Überraschung sogar seinen Namen nannte, den ich allerdings nicht klar verstehen konnte. Er meinte, er habe gerade etwas Zeit und wolle mich daher kennenlernen, bevor ich mit meinen Kameraden (er sagte wirklich „Camarazi“) vor Gericht gestellt und verurteilt würde. Dann erkundigte er sich nach meinen Eltern, nach unseren Vermögensverhältnissen, der Schule und dem Sport. Was den Sport anging, machte er mir heftige Vorwürfe mit der Begründung, es gäbe im sozialistischen Rumänien für einen so hervorragenden Sportler wie mich doch beste Bedingungen und Chancen, um die ich mich nun leichtfertig gebracht hätte. Ob ich es nicht bereue, meine zehn Kameraden verführt und ins Unglück gestürzt zu haben, wollte er wissen, worauf ich antwortete, dass es sich meiner Meinung nach nicht um eine Verführung, sondern um den freiwilligen Zusammenschluss Gleichgesinnter gehandelt habe. Er gab zu, dass dies möglich sei, dass aber dennoch ich und die „faschistische“ Erziehung in der Lehranstalt Banatia die Hauptschuld trügen. In den uns bevorstehenden langen Gefängnisjahren hätten wir noch genügend Gelegenheit, festzustellen, dass wir einer falschen Ideologie gedient hatten und dass das einzig Richtige der Kommunismus unter der Führung des großen Stalin sei. Der Kapitalismus mit den US-Amerikanern an seiner Spitze müsse zwar noch ausgeschaltet werden, dozierte er, doch bedürfe es hierzu keines Krieges, denn die Volksmassen in den USA und in Westeuropa würden den Wandel zum Sozialismus selbst erkämpfen. Am Schluss seiner Ausführungen, die ich mir schweigend anhören musste, erkundigte er sich noch nach Miodrag und ermahnte mich, ihm Mut zuzusprechen und auf jeden Fall zu verhindern, dass er einen Fehler – also Selbstmord – begehe. An seinem Verbrechen, bemerkte er, trüge nicht das jugoslawische Volk Schuld, sondern vielmehr die von den USA gestützte Clique Tito/Ranković.

Nach diesem langen Gespräch – ich schätze, es hatte zwei Stunden gedauert – wurde ich in meine Zelle zurückgeführt. Diese sonderbare Begegnung und das Verhör, das eigentlich keines war, beschäftigten mich noch eine ganze Weile, und ich erzählte auch Miodrag davon. Zwei Tage später wurde ich zu einem weiteren kurzen Verhör diesmal zu „Goldzahn" geführt, wobei sich mir Sinn und Ziel der Fragen erneut nicht recht erschlossen; als ich jedoch in meine Zelle zurückkam, war Miodrag verschwunden und ich sah ihn nie wieder.

Gerichtstermin

Am 6. März etwa um 8 Uhr wurde ich vom Diensthabenden aus meiner Zelle geholt und in das Bad geführt, wo schon der mir bekannte „Frisör" wartete. Ich wurde ganz schnell rasiert, was sich erwartungsgemäß erneut als wenig vergnüglich herausstellte, von mir jedoch als sicherer Hinweis auf ein bevorstehendes Ereignis gewertet wurde. Mit der Blechbrille auf der Nase ging es danach flugs durch einen Tunnel und die Treppen in den Hof. Dort angekommen legte man mir Handschellen an, und zu meiner Überraschung sagte der Feldwebel: „Komm, wir gehen zu Fuß." Das freute mich, und ich wagte die Frage: „Wohin?" Er antwortete mir sogar und sagte: „Zum Gericht." Dann führte er mich auf dem kürzesten Weg an der Loga-Schule vorbei zum Gerichtsgebäude in der Popa-Sapca-Straße. Als wir an der Timişana-Bank vorbeikamen, musste ich an meinen Adoptivvater Herrn Boncea denken, der vermutlich nichts ahnend im Kassenraum der Bank arbeitete. Dieser Morgen war sehr kalt, ich schätzte, etwa minus 10 Grad. Schnee lag zwar keiner, aber es war alles bereift und nebelig. Ich fror in dem Anzug, den ich von daheim bekommen hatte und der für diese Witterung unzureichend war. Weil meine Schuhe keine Schnürsenkel hatten und ich zudem in Ermangelung eines Gürtels mit den gefesselten Händen meine Hose festhalten musste, war das Gehen recht beschwerlich. Aus diesem Grund verwarf ich auch die Gedanken an einen Fluchtversuch, die mir natürlich gleich gekommen waren, schnell wieder.

Beim Gerichtsgebäude angekommen wurde ich in ein Zimmer geführt, bekam die Handschellen abgenommen und ein Wachtmeister wurde angewiesen, mich zu bewachen. Während ich noch überlegte, was nun passieren würde, ging die Tür auf, und herein kamen mit Fredi an der Spitze alle meine Kameraden, unter ihnen auch Andreas gestützt von Dietmar und Egon. Ich empfand eine unbeschreibliche Freude, als wir uns begrüßten, denn ich hatte keine Ahnung gehabt, dass wir uns hier begegnen würden. Ich musterte sie aufmerksam und stellte fest, dass alle mehr oder weniger mitgenommen aussahen. Sie waren abgemagert, hatten zerknitterte Kleidung, ungepflegte Haare und Bärte. Am übelsten sah Emmerich aus, dessen Gesicht schrecklich aufgedunsen war. Er sagte mir, dass er Probleme mit den Nieren und der Blase habe, dass er aber medikamentös behandelt würde. Die Freundlichkeit, mit der ich von allen begrüßt wurde, freute mich sehr, hatte ich doch oft genug von meinen verlogenen Vernehmern hören müssen, dass meine Kameraden mich als allein Schuldigen bezeichnet und sich von mir losgesagt hätten. Jetzt bestätigte sich, welch fabelhafte Kameraden sie waren. Ich bedauerte, dass sie sich mit mir zusammen auf einem Leidensweg befanden, dessen Dauer und Härte nicht abzusehen war, aber ihre Haltung gab mir Kraft und den Willen, die Zukunft zu meisten, selbst wenn ich mein Leben dabei verlieren sollte. Die größte Sorge bereitete mir Andreas, der ohne gestützt zu werden keinen Schritt gehen konnte. Durch die Verletzung seiner Wirbelsäule, genauer des Rückenmarks, litt er an einer Lähmung der Beine.

Als wir von mehreren Gerichtsbeamten in einen Saal geführt wurden, fiel uns auf, dass die Bilder von nur fünf der vormals sieben Mitglieder des Zentralkomitees der Kommunistischen Partei an der Wand hingen. Die Plätze, wo vorher vermutlich die Bilder von Vasile Luca und Teohari Georgescu gehangen hatten, stachen hell von der ansonsten verrauchten Wand hervor. Was mit ihnen geschehen war, wussten wir natürlich nicht, doch die Tatsache, dass sie weg waren, war überraschend und erfreulich zugleich. Wie wir später erfuhren, waren sie kurz vorher ihrer Ämter enthoben und zu schweren Strafen verurteilt worden. Zuerst wurden unsere persönlichen Daten überprüft, und man teilte uns mit, dass wir weiter zu Verfügung der Securitate stünden. Die Anklage, die dann verlesen wurde, bestand aus den folgenden Punkten:

- politische Hetze (Flugblätter) und Anstiftung zum Aufruhr (Artikel Nr. 327/3 Strafgesetzbuch),
- Gründung einer bewaffneten Geheimorganisation (Artikel Nr. 209/3 Strafgesetzbuch),
- Zerstörung von Nachrichtenmitteln (Telefonleitungen),
- Verstoß gegen das Gesetz Nr. 199/1b aus dem Jahre 1952 für versuchtes Terrorverbrechen gegen die Staatsordnung (Strafmaß: Todesstrafe, lebenslange Zwangsarbeit oder 25 Jahre Zwangsarbeit),
- illegaler Waffenbesitz.

Die ganze Prozedur, von der wir kaum etwas verstanden, denn dazu hätten wir den Beistand eines Rechtsanwaltes gebraucht, dauerte vielleicht eine Viertelstunde. Dann wurde ich wieder von meinen Kameraden getrennt; sie wurden offensichtlich wieder ins Gefängnis geführt, während ich noch eine Weile warten musste, bis ein Jeep den Feldwebel und mich wieder zurückbrachte. Mit der von mir so geliebten Blechbrille auf der Nase fand ich mich bald wieder in meiner „trauten" Zelle ein.

Andreas Verhaftung

Anlässlich unseres ersten Zusammentreffens bei Gericht hatte ich endlich auch die Möglichkeit gehabt, von Andreas zu erfahren, wie es seinerzeit zu seiner Verhaftung gekommen war. Nachdem er mit seinen 250 Flugblättern allein losgezogen war, begab er sich in sein Operationsgebiet, welches im südlichen Teil der Elisabethstadt lag. Es handelte sich um einen „besseren" Bezirk, den er recht gut kannte, in welchem hauptsächlich Kleinbürger in ihren Einfamilienhäusern wohnten. Bis gegen 21.30 Uhr ging alles gut, er war fast fertig und hatte nur noch wenige Flugblätter zu verteilen. Als er sich in der Putna-Straße befand, traf er plötzlich auf einen gewesenen Klassenkollegen, Viktor Alexandrescu, genannt „Purschi", welcher vor etwa einem Jahr wegen mangelnder Disziplin der Schule verwiesen worden war. Auf dessen Frage, was er, Andreas, hier mache, antwortete er, dass er Geta (Georgeta Georgescu), seine Ex-Freundin, nach Hause begleitet habe. Eigentlich keine gute Ausrede, denn „Purschi" wusste von der Trennung der beiden, aber Andreas wollte seinen unerwünschten Gesprächspartner schnell loswerden. Dieser hatte aber anscheinend noch Lust zum Plaudern und ließ sich nicht so schnell abwimmeln, weshalb das Gespräch noch andauerte, als plötzlich ein Militärfahrzeug um die Ecke bog und in ihrer Nähe anhielt.

Ein junger Mann in Zivil stieg aus und näherte sich ihnen, während ein zweiter beim Wagen stehen blieb, in dem auch noch der Fahrer saß. Der zuerst Ausgestiegene hatte sie fast erreicht, als er sich mit der Frage an Andreas wandte, was er da mache? Andreas antwortete, er sei auf dem Heimweg. „Purschi", der von Andreas zurücktrat, sagte unaufgefordert, auch er sei auf dem Weg nach Hause, und fügte hastig hinzu: „Ich habe nichts getan." So, als ob er gewusst hätte, dass Andreas etwas getan hatte. Die Frage, ob er tatsächlich etwas gewusst hatte, konnten wir nie klären. Der Mann hatte zwischenzeitlich Andreas erreicht, verlangte dessen Ausweis und packte ihn am Arm. Als dieser nicht sofort reagierte, sagte er, dass er von der Securitate sei, und versuchte gleichzeitig, Andreas zu umklammern. Andreas verpasste ihm einen Faustschlag ins Gesicht und stieß ihn zurück, konnte ihn jedoch nicht daran hindern, ihn noch im Fallen festzuhalten, als der zweite Mann, neben dem Geländewagen stehend, bereits einen Schuss abfeuerte.

Der Schuss traf den ersten Mann, der noch immer an Andreas hing, an der Schulter. Der Getroffene begann zu schreien, Andreas ließ ihn los, aber der Verwundete fasste ihn noch einmal, diesmal an den Beinen, um ihn festzuhalten. Andreas geriet aus dem Gleichgewicht, stürzte fast und befand sich in einer Drehbewegung mit dem Rücken zum Wagen, als dort der zweite Schuss brach und ihn in den Rücken traf. Die Kugel drang zwischen den Schulterblättern ein und streifte die Wirbelsäule, was zur Folge hatte, dass Andreas von der Wunde abwärts nichts mehr fühlte. Nach vorne gefallen war er sich seiner schweren Verletzung bewusst und zog seine Pistole mit der Absicht, sich zu erschießen. Der zweite Agent war aber schon neben ihm, trat ihm auf die Hand und entriss ihm die Waffe. Unter wüsten Beschimpfungen wurde er dann zum Wagen geschleift und hineingeworfen. Andreas bekam noch mit, dass sie losfuhren, verlor aber dann immer wieder phasenweise das Bewusstsein. Der zweite Agent kümmerte sich ausschließlich um den von ihm angeschossenen Kollegen, während der Fahrer den Wagen im halsbrecherischen Tempo durch die Stadt lenkte und erst vor dem „Begasanatorium" hielt. An diesen Moment erinnerte sich Andreas später noch, verlor aber dann wieder das Bewusstsein. Aus seiner Ohnmacht erwachte er erst am Nachmittag des 12. September und wurde dann auch zum ersten Mal vernommen. Der Verlauf dieser Vernehmung blieb ihm nur sehr unklar in Erinnerung. Übrigens wurde der angeschossene Securist vorerst im gleichen Krankenhaus versorgt.

Das Geschoss, welches Andreas von hinten getroffen hatte, hatte die Wirbelsäule zwischen dem 4. und 5. Rückenwirbel gestreift, weshalb Andreas von der Verletzung abwärts gelähmt war. Im „Begasanatorium" wurde er von Dr. I. Mihailescu, einem Bekannten seiner Familie, behandelt, welcher später auch seine Eltern verständigte – ein sehr mutiger Schritt. Die Blutungen in der Lunge dauerten drei Wochen, dabei musste Andreas jeden zweiten Tag das ausgelaufene Blut aus der Lunge gepumpt werden. Später wurde er dann in die „Clinicile Noi" (Neue Kliniken) verlegt und dort von Dr. Stefanovici, einem Neurologen, weiter behandelt. Infolge der Lähmungen waren viele Körperfunktionen wochenlang beeinträchtigt, und daher konnte er erst am 4. März 1952 in das Gefängnis an der Popa-Şapca-Straße verbracht werden. Vermutlich wurde auch unser erster Prozesstermin wegen seines Zustands nochmals um zehn Tage verschoben.

Meine letzten Tage bei der Securitate verliefen ohne besondere Vorkommnisse. Am Abend des 13. März wurde ich noch einmal von unserem Frisör „zivilisiert". Er rasierte mich und stutzte mir auch die Haare. Nachdem er fertig war und verschwand, durfte ich mich mit kaltem Wasser duschen. Sauberkeit war unter den gegebenen Bedingungen ohnehin mehr Illusion denn Wirklichkeit. Dann ging es wieder in die Zelle. In dieser letzten Nacht bei der Securitate habe ich wenig geschlafen. Die Aussicht, endlich fortzukommen und mit meinen Kameraden zusammen zu sein, erfreute mich ungemein. Wie sich unsere nächste Zukunft gestalten würde, konnte ich mir kaum vorstellen. Ich vermutete, dass wir nach der Verurteilung würden arbeiten müssen, ohne jedoch eine Vorstellung darüber zu haben, unter welchen Bedingungen und wie lange. Einzig sicher schien mir, dass es nicht leicht sein würde.

Am Morgen gab es das übliche Programm, ich wurde zur Toilette geführt, konnte mich noch kurz waschen und bekam zum Frühstück den mir schon wohlbekannten Muckefuck, der durch seine Wärme und die Spuren von Süße angenehm war, aber ansonsten nur hungriger machte. Schon bald nach acht Uhr kam der diensthabende Feldwebel, um mich aus meiner Zelle abzuholen. Ich wurde in einen Raum geführt, wo mir ein Sack mit meinen Kleidern und sonstigen persönlichen Gegenständen aushändigt wurde. Nachdem ich den Empfang quittiert hatte, wurde ich – mit der obligatorischen Brille auf der Nase – in den Hof geführt und stieg in einen mit laufendem Motor wartenden Jeep. Ohne Wehmut verließ ich die Securitate von Temeschburg nach 178 Tagen Untersuchungshaft. Im Wagen saßen bereits mehrere Personen. Ich hörte das Tor quietschen und scheppern, es wurde geöffnet, der Wagen rollte los. Kaum auf der Straße, nahm mir jemand die Brille ab. Wir waren zu fünft im Wagen. Vorne neben dem Fahrer saß Deitel. Ich saß hinten zwischen einen Leutnant und einem Feldwebel, die mir beide unbekannt waren. Als sich Deitel zu mir nach hinten wandte, grüßte ich, was er nur mit einem ironischen Lächeln beantwortete.

Deitel fragte mich, wie ich mich fühlte und ob ich wüsste, wohin wir jetzt fuhren? Als ich antwortete, dass wir vermutlich auf dem Weg zum Gericht seien, sagte er, das sei richtig, wir würden jedoch noch einen kleinen Umweg fahren, denn er wolle mir noch einmal den Ort zeigen, wo ich als großer Sportler und Vorbild galt und wo es jetzt viele gebe, die die von mir begangenen Verbrechen und Dummheiten nicht verstehen könnten. Dann zählte er – wieder einmal – auf, wie ich mutwillig meine glänzend angelaufene Karriere verdorben und zudem noch zehn Freunde verführt und ins Gefängnis gebracht hatte. Ich kannte diese Vorwürfe schon zur Genüge und zog es vor, ihm nicht zu antworten. Ausführlich hätte ich unter den gegebenen Umständen sowieso nicht antworten können. Wir waren an der Ecke der Sportschule angekommen und Deitel befahl dem Fahrer, zu halten. Ich suchte aufmerksam den Hof und das Gebäude ab, sah aber niemanden. Es war die Zeit der ersten Unterrichtstunde, und die Schüler befanden sich daher alle in ihren Klassenräumen. Zu mir gewandt fragte mich Deitel, ob es mir nicht leidtue, diesen Ort für lange Zeit nicht mehr sehen zu können. Ich antwortete ihm, dass es für mich natürlich bedauerlich, aber wohl mein Schicksal sei, und dass ich nicht anders gekonnt hätte. Dazu meinte er: „Du bist ein Dummkopf! Was hast du dir eigentlich vorgestellt, dass du die Volksrepublik stürzen könntest? Merkst du nicht, dass sich die ganze Welt verändert, dass die Menschen vom Kapitalismus genug haben? Der Sozialismus wird auf allen Gebieten siegen, du wirst noch genügend Zeit haben, es zu erleben." Gott sei Dank unterbrach der mitfahrende Offizier seinen Monolog und mahnte zur Weiterfahrt.

Der Prozess

Als wir das Tor zur Haftanstalt neben dem Militärgericht von Temeschburg passierten, war ich ob der vielen Eindrücke und auch wegen des Gesprächs mit Deitel ziemlich erregt und auch etwas verwirrt. Es blieb mir bis heute ein Rätsel, was mit dem Vortrag während der Fahrt zum Gericht eigentlich bezweckt werden sollte. Vielleicht wollte er mich nur demütigen und beeindrucken, vielleicht aber auch vor dem beginnenden Prozess noch einmal verunsichern, ich weiß es nicht.

Dann öffnete sich ein weiteres Tor und meine Kameraden erschienen. Vorneweg, wie schon das vorige Mal, Andreas gestützt von Emmerich und daneben, sozusagen in Bereitschaft, Egon, um im Notfall einzugreifen. Andreas zeigte trotz seiner schweren Behinderung eine vorbildliche Haltung. Obwohl allen bewusst war, einen schweren Weg zu gehen, schienen sie froh, mich unter ihnen zu sehen. Wir waren bereit, das auf uns zukommende schwere Schicksal gemeinsam zu tragen.

Erfreulicherweise konnten wir feststellen, dass während des Verhöres niemand außer den schon verhafteten Mitgliedern der Organisation belastet worden war und deshalb weitere Verhaftungen hatten vermieden werden können. Als wir von mit Maschinenpistolen bewaffneten Milizsergeanten umstellt und in das Gerichtsgebäude geführt wurden, durchquerten wir auch wieder den Raum mit den Bildern der Oberhalunken der Partei- und Staatsführung. Viel lieber hätte ich sie persönlich anstelle ihrer Bilder hängen sehen. Allerdings fehlten noch immer Luca und Teohari, was wir mit Genugtuung quittierten, ohne freilich die Hintergründe zu kennen. Erst Jahrzehnte später konnte man aus dann frei zugänglichen Quellen ersehen, wie sich die „Wölfe" seinerzeit untereinander zerfleischt hatten.

Wir kamen in ein Wartezimmer, in dem wir für kurze Zeit allein waren, selbst unsere bewaffneten Begleiter hatten uns verlassen. So blieben uns einige Minuten, um ungestört miteinander zu sprechen. Die Tür wurde erneut geöffnet, und zusammen mit einem Bewacher betraten zwei Zivilisten mit Aktentaschen und wichtigtuerischem Gehabe den Raum. Ihr Begleiter war ohne Waffe, denn diese hätte einer von uns „Desperados" ihm entreißen und damit die Volksrepublik wieder gefährden können. Wie hatte doch Genossin Ana Pauker immer wieder unterstrichen: „Vigilenta" (Wachsamkeit) sei das wichtigste Gebot vor dem Klassenfeind, der – so eine weitere Maxime der „genialen" Politikerin – „nie schläft". Die beiden Herren stellten sich als von Harrys Mutter und Emmerichs Eltern bestellte Rechtsanwälte vor, die die beiden verteidigen sollten. Sie verglichen die Daten aus ihren Akten mit denen ihrer Mandanten und versprachen, alles zu versuchen, um mildere Strafen zu erreichen. Emmerich zeigte sich von diesem Vorstoß seiner Eltern überrascht und meinte, dass er wenig Hoffnung auf Erfolg sehe. Harry sagte lediglich, dass seine Verteidigung keinesfalls die Belastung eines Kameraden als Grundlage haben dürfe, da er sonst auf eine anwaltliche Vertretung verzichten wolle. Als die beiden Rechtsanwälte uns kurz danach verließen, wandte sich einer von ihnen – während die Tür schon geöffnet war – mit einer Frage an seinen Begleiter, der so tat, als müsse er noch etwas in seiner Aktentasche suchen. Mit diesem Anhalten in der Tür wollten sie uns wohl die Möglichkeit geben, einen Blick in den benachbarten Raum zu werfen, wo unsere versammelten Eltern warteten. Fredi und Emmerich konnten auch tatsächlich einen kurzen Blickkontakt mit ihren Müttern erhaschen. Das war aber auch alles, denn der mitgekommene Bewacher schob die Genossen Rechtsanwälte zur Tür hinaus und verschloss diese von außen.

Die im Raum befindliche Wanduhr zeigte genau 9 Uhr an, als eine andere Tür geöffnet wurde und man uns befahl, in den Gerichtssaal einzutreten. Der Saal, den wir durch die Seitentür betraten, war etwa 20 mal 30 Meter groß und hatte um die 200 Sitzplätze. Andreas ging gestützt von Emmerich an der Spitze, dann folgten Harry und ich sowie alle anderen paarweise. Die erste Bankreihe auf der linken Seite war für uns, die Angeklagten, vorgesehen. Vorne im Saal befand sich eine zwei Stufen höhere Empore, auf welcher hinter einem massiven Tisch die Plätze der Richterschaft vorgesehen waren. Hinter den Stühlen der Richter prangte das große, erhabene Wappen der Volksrepublik und an der linken Wand ein Spruch, den ich bis dahin noch nie gehört oder gelesen hatte: „Nu legea este dreptate, ci dreptatea este lege" („Nicht das Gesetz ist das Recht, sondern das Recht ist Gesetz"). Die Aussage war zugegebenermaßen voller Idealismus, doch die kommunistische Realität verhöhnte Tag für Tag und in allen Bereichen des Lebens diese hehren Worte. Von der Praxis der Rechtsprechung im kommunistischen Rumänien wussten wir damals zwar noch wenig, aber die sonstigen Versprechungen und Lügen des Regimes waren uns nur allzu bekannt, als dass wir uns der Illusion hingegeben hätten, dass der Wandspruch von den Richtern ernsthaft zur Richtschnur ihrer Entscheidung gemacht werden könnte. Sonst machte der Saal wie auch das ganze Gebäude einen gediegenen Eindruck, stammte es doch unverkennbar noch aus der vorkommunistischen Zeit.

Als wir den Saal betraten, sahen wir zu unserer Überraschung ziemlich viele Leute, alle den Blick auf uns gerichtet, und es war ein Raunen zu vernehmen. Der erste, den ich erkannte, war mein Vater, der rechts des Eingangs nur zwei Schritt von mir entfernt stand. Er schien gebrochen, wie ein alter Mann. Er sah so unheimlich mitgenommen aus, dass ich richtiggehend geschockt war und mich instinktiv an ihn wenden wollte, woran mich die begleitenden Milizleute natürlich sofort hinderten. Da erblickte ich meine und Harrys Mutter links von uns. Sie winkten aufgeregt und riefen gestikulierend aufmunternde Worte. Auf der rechten Seite des Saales erkannte ich zu meiner Überraschung eine größere Anzahl gewesener Mitschüler. Wie wir Jahre später erfuhren, war der Verband der kommunistischen Jugend (UTC) aufgefordert worden, eine Abordnung von Schülern der Sportschule zum Prozess zu schicken. Unser Fall sollte wohl als abschreckendes Beispiel dienen. Der kurze Blick reichte zwar nicht, um alle anwesenden Schüler zu erfassen, doch konnte ich schon erkennen, dass keine dabei waren, die mir irgendwie nähergestanden hatten. Auch Inge, Fredis Freundin, war nicht dabei. Es waren anscheinend überhaupt keine deutschen Schüler zur Verhandlung abgeordnet worden, was sicher damit zusammenhing, dass man die Gefahr von spontanen Sympathiebekundungen vermeiden wollte. Unter den älteren, uns unbekannten Personen, die ebenfalls im Saal saßen, waren vermutlich von der Partei ausgewählte „Genossen", denen man einmal richtige „Klassenfeinde" vorzuführen gedachte. Von der Securitate waren uns Deitel und Neda bekannt, aber um sie herum saßen noch weitere Zivilpersonen, die nach Geheimpolizei „rochen".

Die Gerichtsverhandlung wurde durch eine einleitende kurze Rede des Vorsitzenden eröffnet. Sie bestand im Wesentlichen aus einer harten Kritik an unserem Verhalten gegen die „Volksdemokratie", ein Verhalten, welches, so der Vorsitzende, von Reminiszenzen an unsere Erziehung in der „faschistischen Epoche" Rumäniens zeugte. Dann wurden wir einzeln nach vorne gerufen, es wurden die persönlichen Daten eines jeden überprüft und seine soziale Herkunft umrissen. Als letzter kam ich an die Reihe. Ich wurde einerseits als verbohrter Nazi charakterisiert, andererseits als dummer Junge, der den Gang der Geschichte noch nicht erkannt hatte, nämlich dass der Faschismus endgültig erledigt sei und die Zukunft der „Volksdemokratie" gehöre. Diese Pflichtübung des Präsidenten beeindruckte uns noch nicht, doch dann folgte der Staatsanwalt. Seine Anklagerede strotzte vor „Gift und Galle". Wir waren, mit mir an der Spitze, eine Bande von Verbrechern, die nur darauf aus waren, den volksdemokratischen Staat zu zerstören und den Faschismus in Rumänien wieder einzuführen. Dafür wären wir bereit gewesen, auch Menschen zu ermorden. Aus diesem Grunde forderte er für die drei Hauptangeklagten Prack, Mildt und Boncea-Resch die Todesstrafe, denn solche Elemente wie wir müssten in der rumänischen Volksrepublik ausgemerzt werden. Für die anderen Mitglieder der Organisation wurden Haftstrafen zwischen zehn und 25 Jahren gefordert. Das gesamte Plädoyer dauerte ungefähr eine halbe Stunde und zeugte von einem geradezu bodenlosen Hass des Anklagevertreters gegen uns, verkommene „Bourgeois" und „Faschisten". Wie er diese beiden Eigenschaften unter einen Hut zu bringen verstand, musste verwundern. Jedenfalls war kein zustimmendes Aufbrausen in den Reihen der Zuhörer zu vernehmen, vielmehr schauten die meisten der Anwesenden mit betretenen Mienen drein und hörten schweigend die schweren Vorwürfe.

Wir, die Angeklagten, hörten nicht minder beeindruckt dem Staatanwalt zu. Meine Kameraden, die ja schon seit Längerem in der Haftanstalt von Temeschburg gewesen waren, hatten durch geheime Nachrichtenverbindungen erfahren, dass vor Kurzem das Strafmaß für politische Vergehen erheblich verschärft worden war. Offiziell begründet wurde dies mit der internationalen Lage, wie etwa dem Koreakrieg, der dauernden Aufrüstung der kapitalistischen Westmächte Großbritannien und USA und neuestens auch mit den Vorschlägen zur Wiederaufrüstung Westdeutschlands. Der Kalte Krieg hatte richtig begonnen. Die Anklage des Staatsanwalts war in ihrer Formulierung heftig, ohne jedoch in entscheidenden Punkten konkret zu werden. So vermied er es zum Beispiel tunlichst, den Inhalt unserer Flugblätter vorzutragen. Dieser war nämlich derart offenkundig, dass der Vertreter der Staatsmacht es nicht wagen konnte, ihn vor der anwesenden Öffentlichkeit auszubreiten. Sicher sah man die Gefahr einer zumindest heimlichen Zustimmung der Anwesenden.

Die Anwälte, die von den Familien Mildt und Hochstrasser mandatiert worden waren, plädierten sehr vorsichtig für ein milderes Urteil und führten als Hauptargumente das jugendliche Alter ihrer Mandanten an. Sie bezeichneten uns als irregeleitete Opfer eines dekadenten Bürgertums. Eine Bezugnahme auf Recht und Verfassung, in denen die Meinungsfreiheit festgeschrieben war, wagte natürlich keiner. Überraschend war die Stellungnahme des Gerichtsvorsitzenden, der uns als Opfer einer falschen Erziehung sah und die Ansicht vertrat, dass man uns nicht zu schweren Gefängnisstrafen verurteilen, sondern umerziehen sollte, um uns wieder in die Gesellschaft eingliedern zu können. Diese Äußerung sollte zweifellos beweisen, wie human die kommunistische Rechtsprechung war, für das ohnehin eingeschüchterte Publikum gewiss eine Farce mit nachhaltiger Wirkung.

Gegen Ende des Prozesses wurde angekündigt, dass Professor Cornel Iovanescu, unser Schuldirektor, sich als Zeuge der Verteidigung angemeldet habe. Für uns war dies eine Überraschung, zeugte es doch von seinem Mut und seiner freundschaftlichen Haltung seinen gewesenen Athleten gegenüber. Allerdings, als er dann als Zeuge aufgerufen wurde, war er nicht mehr aufzufinden. Sicher hatte ihm die Securitate zwischenzeitlich nahegelegt, sich herauszuhalten. Vermutlich war dies auch besser so, denn er hätte ohnehin nichts für uns erreichen können, sich selber aber vermutlich große Schwierigkeiten bereitet.

Interessant war, dass auf die zum Verhandlungsbeginn verlesene Anklageschrift später weder durch den Staatsanwalt noch durch die Verteidiger Bezug genommen wurde. Es schien unwichtig, was wir getan hatten und warum dies geschehen war. Entscheidend war lediglich, dass es sich bei uns um „Volksfeinde und Mitglieder einer faschistischen Organisation" handelte, wie der Staatsanwalt betonte. Als wir den ersten Wolkenbruch von Vorwürfen hinter uns hatten, wurde jedem von uns seine eigene Anklageschrift vorgelesen, was der Staatsanwalt mit sichtlicher Genugtuung tat. Etwa gegen 13 Uhr war der Prozess zu Ende und wir wurden – nach einem letzten, kurzen Blickkontakt mit unseren Angehörigen – durch den Hof in die Haftanstalt geführt. Diese schloss direkt an das Gerichtsgebäude und die anliegende Kaserne an.

Schon im Erdgeschoss des Gefängnisses sahen wir die ersten Strafgefangenen, die durch ihre Zellenfenster neugierige Blicke auf uns warfen, jedoch von unseren Begleitern verscheucht wurden. Über ein Treppenhaus mit stark abgenutzten Bohlentreppen ging es in die erste Etage mit einem langen, verwinkelten Korridor und vielen teils nummerierten, teils beschrifteten Türen. So konnten wir das Zimmer des Arztes und daneben ein Krankenzimmer erkennen, in welches sogleich Andreas und Emmerich geführt wurden. Wir anderen, Harry und ich an der Spitze, hielten vor einer aus dicken Holzbohlen gefertigten Zellentür, die außen zusätzlich noch über ein eisernes Gitter verfügte, welches – wie wir später merkten – bei Nacht fest verschlossen wurde. Als die Tür geöffnet wurde, blickte ich in einen Raum der sich parallel zum Korridor erstreckte und mindestens 15 Meter lang und etwa 8 Meter breit war, also erheblich größer als die Zellen, die ich bei der Securitate kennengelernt hatte. Der Fußboden war mit abgenutzten Bohlen bedeckt, auf der Gegenseite gab es mehrere große Fenster in etwa zwei Meter Höhe, sodass es nicht möglich war, einen direkten Blick nach draußen zu werfen.

Der Empfang in der Zelle war beeindruckend: Da standen circa 20 Leute, zumeist zivil gekleidet, aufgereiht rechts und links der Tür und formten ein Spalier. Ganz auffallend war ein kleiner Mann, der am Ende des Spaliers allein in der Mitte stand. Er trug Hand- und Fußfesseln, die durch eine Kette miteinander verbunden waren, sodass er seine Hände nur etwa bis zum Mund anheben konnte. Er unterbrach auch als erster die Stille, als er sagte: „Vine şeful!" („Der Chef kommt!"), womit er mich meinte. Meine Überraschung war total. Da er wegen der Ketten nur schlecht gehen konnte, hüpfte er mir entgegen und zog mich mit beiden Händen an seine Brust – umarmen konnte er mich ja nicht. Nachdem mich Ion Risti – so lautete sein Name – stürmisch begrüßt hatte, folgte sein Bruder Traian und dann die zahlreichen anderen Anwesenden, was zu einem turbulenten Durcheinander führte. Später stellte ich übrigens erstaunt fest, dass die Schellen an Ions Füssen so locker waren, dass er sie ohne Probleme über seine nackten Füße abstreifen konnte, was selbstverständlich verboten war, was er jedoch trotzdem jeden Abend vor dem Schlafengehen tat. Die zu weiten Schellen verdankte er der Freundlichkeit des Schmiedes, der – wie auch Risti – natürlich Zigeuner war. Die Begrüßung endete jäh, als die Durchreiche an der Tür geöffnet wurde und ein Planton (Kalfaktor) ins Zimmer rief, dass die Neulinge jetzt ihr beiseitegestelltes Essen bekämen. Tatsächlich wurden für meine acht

Kameraden acht Schüsseln mit dem Mittagessen hereingereicht und nach weiteren zwei bis drei Minuten noch eine Extraportion mit der Bemerkung, diese sei für mich bestimmt. Dies war die zweite große, der Initiative des Plantons zu verdankende Überraschung. Überhaupt erfuhr ich erst jetzt, dass der Planton in der Regel ein zu einer geringen Strafe verurteilter Häftling ist, der im Gefängnis verschiedene Außendienstarbeiten wie etwa Saubermachen, Essenverteilen oder das Rasieren der Häftlinge zu verrichten hat. Das Interessante in unserem Fall war, dass es sich bei den sechs Plantons, die im Temeschburger Gefängnis damals Dienst taten, ausschließlich um junge deutsche Männer handelte, die wegen illegalen Grenzübertritts zu je sechs Jahren verurteilt waren. Sie gehörten zu jenen ehemaligen Waffen-SS-Männern, die nach der Entlassung aus der Kriegsgefangenschaft nach Hause ins Banat wollten und dabei an der Grenze erwischt worden waren. Ihr damaliger Chef war ein gewisser Karl Seifert.

Unserem Essen, es handelte sich um eine elende Krautsuppe, konnten wir uns nicht lange widmen, denn schon bald wurde das Geschirr mit der Erklärung zurückverlangt, es gäbe demnächst schon wieder Abendessen. In der Tat war die Zeit durch die vielen neuen Eindrücke wie im Flug vergangen. Als bald danach die Durchreiche wieder geöffnet wurde und wir Karls Stimme hörten, erhielten wir Graupen, die ein wenig süß nach Marmelade schmeckten, eine seltene Besonderheit, wie uns die anderen Häftlinge versicherten. Dank unseres beträchtlichen Appetites bewältigten wir auch das Abendessen ohne Mühe, und kurz nachdem das Geschirr wieder abgegeben war, hörten wir auch schon die Schläge auf einer „Talanga", die den Abendappell ankündigten. Die Talanga war eine etwas modernere Form der Urwaldtrommel, bestehend aus einem aufgehängten Stück Schiene oder Baustahl, gegen das mit einem Hammer geschlagen wurde.

Wenn sie erklang, musste die Belegschaft aller Zellen antreten und warten. In jedem Zimmer gab es einen Zimmerchef, welcher vom Kommandanten persönlich ernannt worden war. Bei uns war es ein etwas zwielichtiger Lehrer, dem man nicht recht trauen konnte. Er schien seine Rolle zu genießen, wenn er beim Morgen- oder Abendappell dem diensthabenden Offizier eine zackige Meldung machen durfte. Nach dieser Meldung grüßte der Diensthabende morgens mit einem „Buna dimineata!" („Guten Morgen!"), worauf alle angetretenen Häftlinge laut rufen mussten: „Să trăiţi, domnule comandant!" („Sie sollen hochleben, Herr Kommandant!") Anschließend wurden wir abgezählt, was nicht immer auf Anhieb klappte und regelmäßig wiederholt werden musste, bis es stimmte.

Jetzt war es Abend, der Zimmerchef machte Meldung und sowohl der scheidende als auch der kommende Offizier machten es einfach und kurz. Wir wurden gezählt, alles stimmte und damit war die Sache gelaufen. Die Gruppe der Offiziere und Unteroffiziere verließ das Zimmer, die Tür wurde abgeschlossen und wir hörten, dass auch die Gittertür von außen gesperrt wurde. Wir konnten wegtreten. Um 22 Uhr war „Stingere“ (Zapfenstreich) und wir durften uns zum Schlafen hinlegen. Betten allerdings gab es nicht, nur Schilfmatten (Rogojini) und dazu für jeden eine alte Wolldecke. Zur Nachtwache in der Zelle wurden drei Leute eingeteilt, die der Reihe nach ihren Dienst verrichten mussten. Wozu dieser Nachtdienst überhaupt gut war, blieb ein Rätsel.

Am Morgen um 5.45 Uhr wurden wir dann wieder mittels der Talanga geweckt, mussten aufstehen und die Betten machen, das heißt unsere Decken zusammenfalten und am Kopfende unserer Schlafstelle ablegen. Bald darauf wurden die Türen aufgeschlossen und es erschien der Chef-Kalfaktor Karl, der „Ciubarul“ (Kübel) rief. Damit meinte er den großen Bottich, der in einer Ecke des Zimmers stand und als Abort diente. Wegen der vielen Leute im Zimmer – wir waren ja mehr als 30 Häftlinge – war der Bottich am Morgen ziemlich voll und dementsprechend schwer. Die Gefangenen, die gerade zum Zimmerdienst eingeteilt waren – die Reihenfolge wurde vom Zimmerchef bestimmt –, mussten den schweren Bottich aufnehmen und bis an das Ende des Korridors zum Abort tragen. Dort wurde der Bottich entleert, mit Wasser ausgespült und ins Zimmer zurückgebracht. Das ganze Prozedere erfolgte unter der Aufsicht von Karl Seifert, welcher nach den fast vier Jahren, die er mit seinen Kameraden hier schon zubrachte, über die nötige Routine im Gefängnisalltag verfügte. Zusammen mit den anderen Plantons hatte er sein Zimmer im Erdgeschoss des Gebäudes und musste dort, wenn er gerade nicht mit seinen Hausmeistertätigkeiten für die Gefangenen beschäftigt war, aus Weidenruten Körbe für die Anstaltsgärtnerei flechten. Er und seine Kameraden halfen den politischen Häftlingen, wo immer sie konnten, aber natürlich mit der gebotenen Vorsicht, denn sie wussten sehr wohl, dass es auch Schweinehunde gab, die für einen Schlag „Arpacaş“ (Grütze) ihre eigene Mutter verraten hätten und erst recht einen Mithäftling, der etwas Verbotenes getan hatte. Und verboten war sehr viel: zum Beispiel religiöse Handlungen, das heißt Beten oder gar eine Andacht halten, aber auch Schach spielen, Nachrichten verbreiten und vieles mehr. Es gab unter uns Spitzel, die Rumänen nannten sie „Ciripitor“ (Zwitscherer) oder „Turnator“ (Gießer). Diese Kerle wurden, wenn sie entlarvt werden konnten, von den anderen Häftlingen verachtet, so weit als möglich ausgegrenzt oder unter Umständen auch verprügelt.

Zusammen mit dem Abortkübel musste auch der etwas kleinere Wasserbottich hinausgebracht und mit Trinkwasser gefüllt werden, während das Zimmer mit einem vom Planton gebrachten Besen gefegt wurde. Ebenfalls wurden die Insassen des Zimmers in Gruppen zum Abort geführt. Es waren sogenannte türkische Klos, das heißt: Man musste sich fürs „Geschäft“ niederkauern. Die Stellung ist nicht sehr bequem, aber unter solchen Umständen hygienischer als bei regulären „englischen“ Klos. Klopapier gab es keines, man wusch sich mit Wasser aus einer Konservenbüchse. Später und anderenorts sollten wir noch schlimmere Bedingungen er- und überleben.

Wenn das umfangreiche Morgenprogramm überstanden war, gab es Frühstück, welches von Karl und seinen Kameraden verteilt wurde. Jeder Häftling bekam etwa einen halben Liter „Terci“ (ein dünner Maisbrei), angeblich mit Marmelade oder etwas Zucker gesüßt. Mit entsprechender Fantasie konnte man die Süße sogar schmecken. Vermutlich war es so, dass es tatsächlich eine Zuteilung von Zucker oder Marmelade für den Maisbrei gab, nur dass die Köche – es waren Gemeinrechtler – einen Großteil davon abzweigten und damit Geschäfte machten. Dennoch war dieser Maisbrei gehaltvoller als der Muckefuck, den man uns bei der Securitate zum Frühstück reichte und der den Hunger erst recht weckte. Den Vormittag durfte jeder nach Belieben gestalten. Manche legten sich wieder hin und verschliefen so wenigstens einen Teil der Zeit, andere zogen es vor, zu diskutieren oder in der Zelle auf und ab zu spazieren. Ein beliebtes Thema waren Gespräche über verschiedene Speisen. Es war erstaunlich, mit wie viel Fantasie manche über dieses Thema stundenlang reden und sogar streiten konnten. Es wurde aus der Vergangenheit erzählt, wobei irgendwelche früheren Fressgelage eine gewichtige Rolle spielten. Gerne wurden auch Rezepte vorgestellt, die später in Freiheit unbedingt probiert werden sollten. Das Essen, auf welches wir in der Haftanstalt zurückgreifen konnten, war freilich weniger nachahmenswert. Als „Klassiker“ galt die Grütze mit Fleischfitzelchen, die ich noch zur Genüge kennenlernen sollte. Statt Fleischfitzelchen konnte sie auch Kutteln als Beigabe enthalten, was grundsätzlich nicht das Schlimmste gewesen wäre, wenn man diese vorher gründlich gesäubert hätte. Da dies aber nicht der Fall war, roch das ganze Essen nach Rindermist und es kostete trotz des Hungers viel Überwindung, diesen Fraß zu verschlingen. Aber auch die sonstigen Fleischzutaten in Form von Fitzelchen konnten aus undefinierbaren Geflügelabfällen, aus Flügelspitzen und Füßen oder aus Resten von Innereien bestehen. Ein weiteres häufiges Menü war mehr oder weniger wässriges Kraut, sowohl ungesäuert, im Sommer und Herbst, als auch im Winter als Sauerkraut. Überhaupt wurde in allen Haftanstalten viel Gemüse eingelegt. So auch in Temeschburg, wo das Gefängnis über einen eigenen Garten verfügte, welcher hauptsächlich von inhaftierten Frauen bearbeitet wurde. Leider weit seltener gab es Teigwaren in Form von Makkaroni, meistens „symbolisch" mit einer Spur Marmelade gesüßt und sehr wässrig gekocht, oder Bohnen. Wenn diese Speise „dick", das heißt mit vielen Bohnen versehen war, so war sie die „Krönung" unserer Menüs, erst recht, wenn darin ein paar Fleischstückchen zu finden waren. Kartoffeln waren auch sehr beliebt, leider jedoch viel zu selten und in zu kleiner Menge. Den „kulinarischen Tiefpunkt" bildeten Suppen mit gesäuerten Tomaten, die ohne jeden Nährwert waren und fürchterlich sauer schmeckten. Manche Optimisten versuchten sich und anderen einzureden, dass diese Suppen sehr viele Vitamine enthielten, was jedoch bezweifelt werden kann.

Das Essen in Temeschburg unterlag unverkennbar periodischen Schwankungen, was sowohl die Qualität als auch die Menge anging. Das war kein Zufall, sondern eindeutig so gewollt. Vermutlich eine „von oben" genehmigte und vom Kommandanten „Pista" (ungarisch: Stefan) umgesetzte Schikane. Pista, damals Leutnant, gewesener Kellner in einem Gasthaus in Lugosch, war ein sehr böswilliger Mensch. Wir wurden über ihn durch den Mithäftling Maniu informiert, welcher im Krieg als Major der rumänischen Abwehr unter anderem in Lugosch tätig gewesen war. Im Laufe des Krieges gelang es seiner Abteilung, die auf das Enttarnen von Geheimsendern spezialisiert war, in Zusammenarbeit mit dem deutschen Nachrichtendienst etwa 40 Geheimsender aufzuspüren. Die meisten dieser Sender wurden durch Juden betrieben, die im Banat beheimatet waren, und standen in Verbindung mit britischen Empfangsstellen. Fredi erzählte mir, wie er einmal mit Maniu und weiteren Häftlingen in einer anderen Zelle war, als auch Pista, der Gefängniskommandant, zur Zählung der Gefangenen erschienen. Er musterte jeden Einzelnen genau, und als er vor dem Major stehen blieb, fragte er nach dessen Namen und meinte dazu: „Dich kenne ich doch." Der Major nannte seinen Namen und sagte dazu: „Auch ich kenne sie. Ich hatte meine Dienststelle in Lugosch. Jeden Mittag aß ich damals in einem Lokal, in welchem sie Kellner waren und mich oft bedienten, und ich gab ihnen immer ein schönes Trinkgeld." Pista, mit seiner Vergangenheit konfrontiert, wurde krebsrot im Gesicht, stieß nur ein ordinäres Schimpfwort aus und verließ eilig das Zimmer. Solange der Major noch im Gefängnis von Temeschburg war, betrat Pista nie mehr dessen Zelle.

Eine weitere Geschichte im Zusammenhang mit Pista erzählte mir Edi, der zugegen war, als dieser auf den recht bekannten Literaten Zoltan Franyo traf und diesem vorwarf, nicht bedacht zu haben, dass „das Rad der Geschichte sich drehe". Franyo sagte darauf: „Ja, das stimmt, aber es dreht sich auch jetzt weiter." Diese Antwort muss Pista nicht recht geheuer gewesen sein, denn er murmelte nur halblaut: „Nein, nein, jetzt ist es angekommen", und verließ dann schleunigst das Zimmer. Weswegen Franyo überhaupt in Haft war, wusste niemand. Er wurde auch nicht verurteilt, sondern nach etwa einem Jahr Haft entlassen. Jahre später, in der Ceauşescu-Ära, war er als deutschsprachiger Kulturschaffender sehr aktiv.

Während der Zeit in Temeschburg rasierte Edi als der Geschickteste unter uns seine Mitgefangenen in der Zelle, wenn einmal in der Woche das Rasierzeug der Anstalt ausgegeben wurde. Aus diesem Grunde wurde er auch mehrmals zu drei politischen Häftlingen geführt, die im Erdgeschoss des Gebäudes in einer Zelle schmachteten. Diese waren Tag und Nacht an Händen und Füßen mit schweren Ketten gefesselt, weil sie zum Tode verurteilt waren. An ihrer Zelle gab es anstelle der Vorderwand ein starkes Eisengitter, sodass sie ununterbrochen beobachtet werden konnten, und wenn andere Häftlinge vorbeigingen, mussten die Unglücklichen sich mit den Gesichtern zur Hinterwand drehen, damit man sie nicht erkennen konnte. Wenn Edi zu ihnen geführt wurde, um sie zu rasieren, war immer ein Wärter dabei, weshalb er leider nie mit ihnen sprechen konnte. Man wusste lediglich von ihnen, dass sie im Zusammenhang mit einer Widerstandsgruppe aus dem Banater Bergland verurteilt waren. Angeblich wurden zwei dieser Leute später hingerichtet, dem dritten wurde seine Strafe in lebenslange Haft abgemildert.

Eines Tages, es war schon gegen Mittag, wurden die Leute unserer Gruppe in ein gesondertes Zimmer geführt. Auch Andreas und Emmerich, die – wie schon erwähnt – gesondert untergebracht waren, stießen hinzu. Dann erschien ein Feldwebel, der uns das Ergebnis unseres Prozesses mitteilte. Man hatte uns zu Strafen zwischen sechs und 15 Jahren Zwangsarbeit und schwerem Kerker verurteilt. Sowohl der Staatsanwalt als auch unsere Verteidiger hatten Berufung eingelegt, weshalb es nach weiteren Monaten zu einem Berufungsverfahren vor dem Obersten Gerichtshof in Bukarest kam. Die endgültigen, dort verhängten Strafen sollten uns in den Gefängnissen mitgeteilt werden, in welchen wir zu jener Zeit einsaßen.

Die Entscheidung des Obersten Gerichtshofes aus Bukarest lautete auf Zwangsarbeit, und zwar für

- Friedrich BONCEA RESCH, 25 Jahre,
- Engelhard MILDT, 20 Jahre,
- Alfred PRACK, 18 Jahre,
- Dietmar BRÖSSNER, 18 Jahre,
- Emmerich HOCHSTRASSER, 15 Jahre,
- Egon ZIRKL, 14 Jahre,
- Herbert WINKLER, 13 Jahre,
- Franz BAYER, 12 Jahre,
- Edömer SZILAGYI, 12 Jahre,
- Andreas JASZBERENYI, 10 Jahre,
- Jakob STEIN, 10 Jahre.

Als Zeichen der Kenntnisnahme der „Urteilsverkündung" musste jeder von uns unterschreiben. Damit war die Sache vorläufig erledigt.

Aus der Zeit, als ich mit Miodrag bei der Securitate in einer Zelle war, hatte ich Zigaretten mitgebracht. Ich wusste, dass Harry und Edi Raucher waren, und wollte ihnen anlässlich unseres Wiedersehens eine Freude bereiten. Als ich zur Gerichtsverhandlung musste, brachte ich daher meine etwa hundert zusammengesparten Zigaretten mit, was für die Kameraden tatsächlich eine freudige Überraschung war. Wenn ich mich in ihrer Gesellschaft befand, rauchte ich gelegentlich einen Glimmstängel mit. Feuer bekamen wir von den anderen Rauchern aus unserem Zimmer.

Diese Raucher hatten ihren Tabak fast alle beim Spaziergang im Hof aus weggeworfenen Kippen zusammengesammelt. Diese Kippen stammten sowohl von Bediensteten der Anstalt als auch von den Strafgefangenen, die im Hof verkehrten, wenn sie zur Arbeit in den Garten gingen oder von dort kamen. Sie hatten genügend Zigaretten, denn sie durften – im Gegensatz zu den politischen Häftlingen – Pakete von Zuhause empfangen. Manche von ihnen warfen im Hof absichtlich nur leicht angerauchte Zigaretten weg, um den „Politischen" etwas Gutes zu tun, oder sie warfen auch aus den Zimmerfenstern im Erdgeschoss gezielt Kippen in den Spazierhof. Bei uns im Zimmer gab es wohl ein Dutzend Raucher, die allerdings über keine Zündhölzer verfügten. Trotzdem schafften sie es immer, Feuer zu bekommen, was für mich zu den sensationellen Erkenntnissen der ersten Haftzeit gehörte. Zum Beispiel hatte einer der Mithäftlinge als „Feuerzeug“ eine kleine Schuhcremeschachtel aus Blech, in welcher er stark verkohlte, aber nicht verbrannte Reste von Baumwollgewebe aufbewahrte. Außerdem besaß er einen Hosenknopf aus Glas, etwa 20 Millimeter im Durchmesser. Durch die Knopflöcher führte ein dünner, fester Bindfaden, dessen Enden verknüpft waren. Der Mann zog sich einen Schuh aus, legte das eine Ende der Schnur um eine Zehe und begann das andere Ende der Schnur zu drehen. Als er nun an der Schnur abwechselnd zu ziehen und nachzulassen begann, drehte sich der Knopf sehr schnell und schlug beim vorsichtigen Berühren der Blechschachtel eine Menge Funken, welche die verkohlten Tuchreste zum Glühen brachten. An dieser Glut entzündete der Mann nun seine Zigarette, bevor er seine Schuhcremeschachtel sorgfältig wieder verstaute. Der Mann, er hieß Josa, war übrigens auch kein politischer Häftling, sondern gehörte zur „Risti-Bande“, ebenso wie Ion und Trajan, die Brüder, die mich als erste in der Zelle begrüßt hatten. Josa erzählte, dass er früher Taschendieb gewesen sei, dass aber einmal – noch vor dem Krieg – ein Polizeikommissar in Arad, erbost darüber, dass er trotz der damals bereits über vierzig Festnahmen seine kriminelle Karriere nicht beenden wollte, ihm Zeige- und Mittelfinger absichtlich zerschlagen und so bandagiert hatte, dass sie krumm zusammenheilen mussten. An seinen Fingern konnte man noch deutlich die Spuren dieser „Behandlung“ erkennen. Es waren recht rüde Methoden, die sich auch nur als bedingt hilfreich erwiesen, denn statt als Taschendieb betätigte sich Josa fortan als Einbrecher.

Die zwei Übrigen der Bande – es waren alles Zigeuner – waren mit den Ristis zerstritten, weil man sich gegenseitig Betrug beim Verteilen der Beute, aber auch unnötige Geständnisse zum Schaden der anderen vorwarf. Ion, der Kopf der Bande, mischte sich in die häufigen Streitgespräche für gewöhnlich nicht ein. Einmal allerdings, als einer in der „Hitze des Gefechtes“ drohte, er würde im „Fall der fünf Schwaben“ noch gelegentlich etwas klarzustellen haben, sprang Ion ihm trotz seiner Ketten an die Gurgel und brüllte ihn an, zu schweigen, da er ihn sonst auf der Stelle töten werde. Bei den „fünf Schwaben“ aus dem Ort Paulisch handelte es sich um Deutsche, die im September 1944 von den Russen ermordet worden waren, wobei es – wie sich später herausstellte – wohl so war, dass die Russen erst von den Zigeunern herbeigeholt und angestiftet worden waren, um anschließend ungestört plündern zu können.

Die ungefähr vier Wochen in der Haftanstalt Temeschburg – im Häftlingsjargon nach der Straße, wo sie sich befand, Popa Sapca genannt – vergingen relativ schnell. Wir trachteten, von den erfahreneren

Häftlingen so viel wie möglich über die Bedingungen in den anderen Gefängnissen zu erfahren, und rätselten vor allem darüber, wohin man uns wohl verlegen würde. Damals sprach man viel über die Arbeit am Donau-Schwarzmeer-Kanal, aber von unseren Zimmergenossen war noch niemand dort gewesen. Während unseres Aufenthaltes hatte man uns lediglich vier- oder fünfmal zum Hofgang geführt und immer darauf geachtet, dass wir keine Verbindung zu den „normalen" Strafgefangenen, die im Erdgeschoss untergebracht waren, aufnehmen konnten. Wenn wir im Hof in dem dazu vorgesehenen Areal spazierten, durften wir nicht sprechen und mussten mit gesenktem Kopf einzeln im Kreis gehen. Dieser Hofgang dauerte jeweils nicht mehr als eine halbe Stunde und war die einzige Zeit, in der auch Andreas und Emmerich mit uns zusammen sein konnten. Andreas gab sich große Mühe, selbstständig zu gehen, was ihm anfangs noch sehr schwerfiel, doch allmählich besserte sich sein Zustand. Wir hofften natürlich alle, dass sich sein Gehvermögen eines Tages normalisieren würde. Wenn wir im Hof waren, durften die regulären Strafgefangenen nicht an ihren Fenstern stehen.

Schon beim ersten Hofgang fiel mir eine Landkarte von „Großrumänien" auf, also eine Karte, auf welcher auch Bessarabien, das ja jetzt sowjetisch war, und das „Quadrilater", also die Süddobrugea, welche die Rumänen 1940 an die Bulgaren abtreten mussten, abgebildet waren. Das Bild war zwar übertüncht, aber nur so leicht, dass man unter dem Kalkanstrich die Umrisse noch sehr gut erkennen konnte. Es hieß, das Bild zu malen sei der letzte Wunsch einer nach der Rebellion vom Januar 1941 zum Tode verurteilten Legionärin, einer Studentin, gewesen. Ihrem Wunsch wurde stattgeben. Später wurde sie und noch ein weiterer Legionär neben dieser Landkarte erschossen. Das Bild soll – kurz nachdem wir es noch gesehen hatten – endgültig vernichtet worden sein.

Zum Duschen führte man uns einmal in der Woche in das Erdgeschoss, wo sich ein Baderaum befand. Es gab leidlich warmes Wasser und auch genügend Zeit und Seife, um sich gründlich zu waschen. Die Wäsche wurde alle zwei Wochen abgeholt und gewaschen wiedergebracht. Zum Rasieren wurde uns einmal in der Woche das Rasierzeug ins Zimmer gereicht. Die Messer waren in Ordnung, es gab Rasierseife und auch einen Riemen, auf dem man die Messer abziehen konnte. Desinfiziert wurde mit flüssigem Chloramphenicol, ein ordinäres, aber gut wirkendes Mittel. Für uns alle war – wie schon erwähnt – Edi der Frisör. Ein zweiter „Figaro", mit dem wir in guten Beziehungen standen, war Herr Ilca, ein Chemieingenieur, dessen Bruder unser Turnlehrer an der Sportschule gewesen war. Er hatte Chemie an der Charlottenburger Universität in Berlin studiert und erzählte gerne und oft von seiner Studienzeit in Deutschland. Von ihm erhielten wir manch nützlichen Ratschlag für unsere Zukunft im Gefängnis, war er uns doch, was diese Erfahrungen anging, damals noch haushoch überlegen. Von den Priestern und Ordensleuten, die im Prozess gegen Bischof Pacha und die katholische Kirche verurteilt worden waren, befand sich in jener Zeit anscheinend keiner mehr im Temeschburger Gefängnis. Meine Kameraden, die man ja Monate vor mir hier hergebracht hatte, waren noch einigen begegnet, jetzt schienen sie jedoch alle schon in andere Haftanstalten verlegt worden zu sein.

Draußen war es inzwischen zwar Frühling geworden, jedoch waren die Tage und vor allem die Nächte noch ziemlich kalt. Deshalb gab es oft heftigen Streit, weil man sich über das Öffnen und Schließen der Fenster nicht einigen konnte. Manche sprachen sich für mehr frische Luft aus, andere zogen die Wärme vor, frei nach dem Motto: „Erstunken ist noch keiner, jedoch schon viele an der frischen Luft erfroren." Mit so vielen Leuten im Zimmer, es waren ja über 30, und dann noch mit dem Abortbottich war freilich klar, dass ein Fenster dauernd offen stehen musste; die Frage war nur, welches Fenster. Am Tage einigte man sich noch irgendwie, aber bei Nacht konnten die Leute, die direkt unter dem offenen Fenster lagen, nicht schlafen. Aus diesem Grunde wurde alle 24 Stunden ein anderes „Dienstfenster" offen gehalten. Der leidige Streit endete erst mit dem tatsächlichen Beginn der warmen Jahreszeit.

Anlass zu Streit bot auch der Zimmerdienst regelmäßig, zu welchem wir durch den Zimmerchef eingeteilt wurden, mit Ausnahme derjenigen, die schon zu alt und gebrechlich oder krank waren. Wenn es etwa darum ging, den Bretterfußboden zu waschen, gab es immer wieder den einen oder anderen Schlaumeier, der sich zu drücken wusste. Besonders die Zeugen Jehovas fielen in diesem Zusammenhang auf, hatten sie doch besonders raffinierte Tricks auf Lager, um die Arbeit zu umgehen. Es waren übrigens die ersten Erfahrungen überhaupt, die ich mit religiösen Sekten, wie etwa den Zeugen Jehovas oder den Pfingstlern, machte, deren Existenz – mit Ausnahme der Baptisten – mir vorher völlig unbekannt war. Eine der unangenehmsten Erfahrungen jener Anfangszeit waren die etwa alle zwei Wochen überraschend stattfindenden Durchsuchungen. Dazu stürmten mehrere Wärter in das Zimmer, wir mussten unsere armselige Habe ausbreiten, es wurde alles durchwühlt und die „Caralii" machten sich einen Spaß daraus, auf allem herumzutrampeln. („Caraliu", Mehrzahl „Caralii", ist Zigeunerisch und heißt „Wärter". Diese Benennung, obwohl von der Verwaltung natürlich verboten, war dennoch im gesamten rumänischen Gulag gebräuchlich.)

Verlegung nach Bukarest-Jilava

Etwa Mitte April wurden wir neun mit unserem Gepäck aus unserem Zimmer geholt und in einen benachbarten Raum geführt. Zwei Rumänen, Banater Bauern, die wir bis dahin nicht gekannt hatten, kamen auch dazu, ebenso etwas später Andreas und Emmerich. Es war klar, wir sollten verlegt werden. Dann folgte das obligatorische Filzen, das wegen unseres ärmlichen Gepäcks schnell erledigt war. Unser Privatgepäck, das gesondert gelagert war, wurde uns zusammen mit unseren ebenfalls deponierten Wertsachen vorgezeigt, was wir anschließend mit unseren Unterschriften bestätigen mussten. Dann wurde noch einmal unsere Identität überprüft und wir erhielten unsere Essensrationen, was darauf hindeutete, dass wir erst gegen Abend – mit unbekanntem Ziel – abreisen würden. Die beiden Fremden, die uns angeschlossen worden waren, hatten schon mehr Gefängniserfahrung und meinten, dass wir voraussichtlich nach Bukarest in das Gefängnis Jilava gebracht würden. Sie meinten, dass Jilava eine Art Verteilungszentrum sei und dass wir anschließend entweder zum Donau-Schwarzmeer-Kanal oder als Schüler und Studenten in die Haftanstalt Gherla in Siebenbürgen zur Arbeit kämen. Am Nachmittag wurde ich allein aus dem Zimmer geholt und in einen kleinen Raum geführt, in dem ein Strafgefangener mir Schellen mit einer Kette über den Knöcheln vernietete. Dies war keine Überraschung, denn wir wussten von anderen, dass Häftlinge mit Haftstrafen ab 15 Jahren beim Transport üblicherweise in Ketten geschlagen wurden.

Es war schon halb dunkel, als wir mit unserem Gepäck in den Hof geführt wurden, wo zwei Gefangenentransporter (rumänisch: „Duba") des Typs „Steagul Rosu" („Rote Fahne") auf uns warteten. Diese Kleinlaster besonderer Bauart hatten blinde Fenster und trugen zur Tarnung meistens die Aufschriften „Pâine" (Brot) oder „Alimente" (Lebensmittel). Wir 13 „Politischen" wurden in eines der Fahrzeuge verfrachtet und fuhren alsbald los. Die Fahrt dauerte nur etwa zehn Minuten, und als der Wagen nach einem Wendemanöver hielt und die hintere Tür geöffnet wurde, standen wir mit dem Heck in Richtung eines Eisenbahnwagens. Ein kurzer Seitenblick ließ uns erkennen, dass wir uns am westlichen Ende des Josefstädter Bahnhofs befanden, als wir schon mit einem Hagel von Schimpfwörtern zum schnellen Umsteigen angetrieben wurden.

In den Lärm und das Fluchen mischte sich das Gebell der Wachhunde, die bei den zahlreich anwesenden Securitate-Soldaten standen.

Der Wagen, den wir bestiegen, hatte nur eine Tür, denn eine zweite auf der Gegenseite war nur zum Schein angebracht und nur von außen zu sehen. Wir betraten einen Vorraum, von dem eine Tür nach rechts in das Abteil führte, in dem sich unsere Bewacher während der Fahrt aufhielten. Nach links gab es einen schmalen Gang, aus dem nach rechts und links je eine Tür in kleine Abteile führte, in denen es je fünf Sitzplätze für Häftlinge gab. Am Ende des Ganges gab es noch eine Tür, durch die man in ein größeres Abteil, etwa ein Drittel des Waggons, gelangte. In dem etwa sechs bis sieben Meter langen Abteil gab es vier Bänke in der Länge des Raumes. Die Bank entlang der Außenwand des Wagens war in der Mitte unterbrochen, weil sich dort ein Klosett ohne Spülwasser befand. Vor den beiden einzigen Fenstern des Raumes waren so viele Netze und Gitter angebracht, dass ein Blick nach draußen nicht möglich war und auch kaum Luft hereinkam. Die Freude über die geräumig erscheinende Unterkunft war freilich nur von kurzer Dauer, denn schon bald ging die Tür wieder auf und es wälzte sich eine Schar fremder Häftlinge ebenfalls mit „Sack und Pack“ in den Raum. Wir 13 wurden von diesen etwa 25 Mann, deren Schimpfen und ordinäres Fluchen uns sofort auffiel, buchstäblich in die Ecke gedrängt. Es wurde für uns eine unangenehme Überraschung, als wir erfuhren, dass die Neuen zum Großteil Schwerverbrecher waren, die man – teilweise wegen Mordes – zu hohen Strafen verurteilt hatte. Die meisten dieser Mörder, Räuber und Wegelagerer waren offensichtlich Zigeuner und es überraschte uns, dass die sonst so strikte Trennung zwischen politischen Häftlingen und Strafgefangenen diesmal nicht eingehalten worden war. Aus Angst, bestohlen zu werden, verstauten wir unser Gepäck in die linke hintere Ecke des Abteils. Weil das Gedränge so groß war, dass es für etwa ein halbes Dutzend Leute nur Stehplätze gab, vereinbarte Edi mit den neuen „Nachbarn“, dass uns etwa die Hälfte der linken Seite, wo sich auch das Klosett befand, zustehen sollte. Unsere Sorgen schienen jedoch unbegründet, denn unsere neuen Weggenossen zeigten sich uns gegenüber zumindest vorerst durchaus respektvoll. Die organisatorischen Fragen waren noch nicht restlos geklärt, als unser Wagen an einen Zug angekoppelt wurde, der sich alsbald in Bewegung setzte. Damit begann unsere Reise, die uns in fast 13 Jahren durch viele berüchtigte Gefängnisse und Lager des Landes führen sollte.

Die erste brennende Frage lautete: Wohin bringt man uns? Von Temeschburg aus kamen nur zwei Richtungen in Frage, und zwar entweder in Richtung Arad oder – was unser Gefühl vermuten ließ – nach Osten, möglicherweise nach Bukarest. Nach ungefähr zwei Fahrstunden hielt unser Zug in einem Bahnhof, es müsste Karansebesch gewesen sein, und es wurden zwei Gefangene abgeholt. Dies brachte uns freilich keine Erleichterung, denn die verbliebenen Strafgefangenen wollten nichts von ihrem gewonnenen Raum abtreten. So änderte sich bei uns vorerst räumlich nichts, vier von uns mussten abwechselnd stehen, die anderen saßen einigermaßen bequem und konnten auch schlafen. Ausgenommen von dieser Regel war natürlich Andreas.

Erst am nächsten Morgen wurde die Reise fortgesetzt, nachdem man vorher noch neue Häftlingen – darunter auch Frauen – in die kleinen Abteile unseres Waggons gesperrt hatte. Die Frauen schimpften und stritten mit den Wärtern, dass es eine Freude war, und den Geräuschen nach zu urteilen kam es auch zu Handgreiflichkeiten. Wir „Politischen", die wir noch viel zu lernen hatten, waren durch solche Vorkommnisse damals noch zu beeindrucken. Mitten am Tag wurde unser Wagen irgendwo abgekoppelt. Die Sonne knallte ziemlich unbarmherzig auf unser Dach, und da während des Stillstandes die Lüftung nicht funktionierte, wurde es allmählich unerträglich heiß. Zuerst wurden die Strafgefangenen unruhig, klopften an die Tür und verlangten nach Wasser. Erst nach langem, immer aggressiver und ordinärer werdendem Dialog mit den Wärtern öffnete sich diese und ein Unteroffizier erschien mit zwei Papiersäcken, die unser Essen enthielten. Hinter ihm stand ein zweiter Wärter mit schussbereiter MPi. „Hier habt ihr euer Essen für heute. Wasser haben wir jetzt keines, das bekommt ihr später", sagte er und schlug die Tür zu. Den größeren Sack bekamen die Strafgefangenen und den kleineren wir. Für jeden gab es etwa 600 Gramm Brot und etwa 50 Gramm stark gesalzenen und ranzigen Speck. Es war angeraten, nur wenig Brot zu essen und auf den Speck erst zuzugreifen, wenn es auch Wasser gab. Mehrere Stunden später, als unser Wagen endlich näher zu einem Bahnhof geschoben wurde, bekamen wir in zwei Blechkanistern Trinkwasser und einige Becher, mit denen das Wasser ausgeteilt wurde. Es gab bei dieser Gelegenheit eine lautstarke Auseinandersetzung unter den Strafgefangenen, durch welche wir erfuhren, dass zwei von ihnen an Syphilis erkrankt waren. Diese beiden bekamen gemeinsam einen Becher und es wurde streng darauf geachtet, dass den beiden das Wasser eingegossen wurde und sie den Becher nicht in die Kanister tauchten.

Auch bei den Frauen im Nebenabteil gab es im Zusammenhang mit der Wasserzuteilung wieder eine Auseinandersetzung. Dabei beschimpfte offenbar der Unteroffizier eine der Frauen, und diese konterte mit einer ordinären Schimpftirade von der Art, wie wir sie noch nie gehört hatten, obwohl wir diesbezüglich in Rumänien ziemlich abgehärtet waren. Wir vermuteten, dass unsere Nachbarinnen Prostituierte jener übelsten Sorte waren, wie sie nur im berüchtigten Stadtteil Bukarest-Colentina, welcher mehrheitlich von Zigeunern bewohnt wurde, anzutreffen waren. Gelegentlich des Aufenthaltes für die Aufnahmeprüfungen an der Sporthochschule hatte ich zusammen mit Fredi dieses Viertel einmal besucht. Nachdem alle Leute ihren Durst gestillt hatten, entspannte sich die Atmosphäre merklich, obwohl sich die Luft in unserem Wagen durch das Stehen in der prallen Sonne unerträglich aufheizt hatte. Die vergitterten Fenster ließen keinen Lufthauch nach drinnen, und die Lage wurde erst besser, als sich unser Zug gegen Mittag wieder in Bewegung setzte und so etwas frische Luft den Weg zu uns fand. Da wir, wie schon erwähnt, keine Möglichkeit hatten, nach draußen zu gucken, konnten wir immer nur vermuten, wo wir uns ungefähr befanden. So erkannten wir zum Beispiel an dem Echo der Pfiffe unserer Lokomotive, dass sich der Zug gerade zwischen Bergen befinden musste, also in südlicher Richtung unterwegs war. Und etwas später sagten uns die Sirenen der Schiffe, dass wir Turnu Severin passiert haben mussten und gerade die Donau entlangfuhren. Craiova, die Hauptstadt der Walachei, passierten wir nach kurzem Halt ohne Zwischenfall und hielten erst in der nächsten Nacht wieder, weil unser Waggon von der Garnitur gelöst wurde. Möglicherweise standen wir in der Nähe von Ocnele Mari oder Tîrgu Jiu, beides berüchtigte Internierungslager, vielen Rumäniendeutschen seit dem Herbst 1944 bekannt. Auch Herberts ältere Schwester Elisabeth war zusammen mit etwa 2000 anderen Menschen hier interniert. Zu den vielen, die dort elend zugrunde gegangen sind, gehört auch der Schriftsteller Otto Alscher.

Am nächsten Tag fuhren wir nur etwa eine Stunde, um dann schon wieder abgekoppelt und anscheinend weit außerhalb eines Bahnhofs liegen gelassen zu werden. Stundenlang hörten wir außer den Stimmen unserer Begleiter nur ab und an ein Geräusch aus der Ferne, während die Sonne unbarmherzig auf den stehenden Wagen niederbrannte. Wir hatten schon am Morgen unsere Verpflegungsration aus Brot, Speck und Wasser bekommen, doch leider vergaß man, uns zu sagen, dass wir für den Rest des Tages hier stehen würden und deshalb kein weiteres Wasser mehr verteilt würde. Das Wasser war bei den etwa 35 Grad, die im Abteil herrschten, schnell aufgebraucht, und als wir weiteres erbaten, bekamen wir zu hören, dass es in der Nähe keinen Brunnen gäbe und wir uns gedulden sollten. Ganz nebenbei ließ uns der Feldwebel wissen, dass das verteilte Wasser eigentlich die Ration für den ganzen Tag gewesen sei und wir sparsam damit umgehen hätten sollen. Dieser Tag wollte nicht enden. Wir standen alle mit nackten Oberkörpern herum, denn wenn man sich setzte, hatte man sofort das Gefühl, ersticken zu müssen. Der Schweiß rann in Strömen, und unsere ungewaschenen Kleider stanken zum Himmel. Dabei fühlten wir uns wie gerädert und waren todmüde. Wir hörten auch die Frauen klagen und um Wasser bitten. Ihnen gab man anscheinend etwas, denn sonst wäre es bestimmt wieder zum Konflikt mit der Wachmannschaft gekommen. Unser Klopfen und Rufen blieb freilich unbeantwortet. Zuletzt versanken wir alle in totale Apathie. Nur im halben Dämmerzustand bekamen wir mit, dass etwa gegen 23 Uhr unser Wagen wieder angekoppelt wurde und wir nach kurzer Zeit in einen Bahnhof einfuhren, wo endlich Wasser ausgegeben wurde. Auch bedingt durch die Abendkühle wurde es wieder etwas erträglicher im Wagen. Schon bald fuhren wir weiter, um gegen 3 Uhr morgens in einen großen Bahnhof einzulaufen. Das konnte nur Bukarest sein. Bald darauf gab es Bewegungen in den benachbarten Zellen, und als sich endlich auch unsere Türe öffnete, wurden als erste wir, die „Politischen", aufgefordert, mit unserem Gepäck herauszukommen. Wir waren am Bahnhof Grivița bei Bukarest.

Die Form der Aufforderung, auszusteigen, entsprach dem Naturell der Caralii und ist schwer wiederzugeben. Es handelte sich um ein einziges chaotisches Gebrüll, bestehend aus übelsten Schimpfwörtern sowie ordinärsten Flüchen und Drohungen aus dem diesbezüglich so reichen Wortschatz der rumänischen Sprache. Wir verließen den „Duba"-Wagen in Eile, bemüht, möglichst wenige der Fausthiebe und Fußtritte abzubekommen, die man uns zum Abschied zudachte. Behindert durch die Kette an meinen Füßen war ich natürlich ein besonders leichtes Ziel, was man weidlich zu nutzen wusste. Trotz meiner Kette musste ich aus dem Eisenbahnwagen direkt hinunter- und gleich darauf in den vorgefahrenen Gefangenentransporter hineinspringen. Unser Lkw trug die Aufschrift „Alimente" (Lebensmittel). Das passte irgendwie, denn wir fühlten uns ohnehin, als wären wir zum Kannibalenfutter bestimmt worden. Der Transporter beherbergte ein kleines Abteil vorne, direkt hinter der Fahrerkabine, und ein größeres dahinter. Jedes dieser Abteile war mit einer gesonderten Außentür versehen. Ferner gab es hinten auf der Plattform zwei kleine Kabinen, in welchen während der Fahrt die bewaffneten Posten standen. Uns befahl man, in das kleine Abteil ganz vorne zu gehen, und zwar samt unserem Gepäck. Das Abteil war so lang wie die Breite der Ladeplattform des Fahrzeugs, also etwa 2,2 Meter, und etwa 1 Meter breit. Hier sollten wir 13 politischen Häftlinge mit Gepäck unterkommen. Als fünf oder sechs von uns drinnen waren, war der Raum eigentlich voll, was die Caralii freilich anders sahen. Unsere vorsichtige Anmerkung, dass es nicht weiter ginge, wurde ignoriert, und wie um den Gegenbeweis anzutreten stürzten sich die Wärter auf uns und schafften es tatsächlich, uns mit Flüchen, Stößen und Tritten hineinzupressen. Um die Tür zu schließen, mussten sie sich gegen unsere lebendige Mauer stemmen, aber auch das gelang. In das benachbarte Abteil wurden die Gemeinrechtler auf die gleiche Art gepfercht. In unserem kleinen Abteil standen einige von uns nur auf einem Bein, denn für den zweiten Fuß fehlte schlicht und einfach der Platz. Die größeren unter uns, wie Fredi, Herbert und ich, konnten sich nicht aufrichten, weil die Decke zu niedrig war. Es gab kein Fenster und kein Licht, und es herrschte schon nach Minuten ein akuter Luftmangel. Das Atmen fiel uns immer schwerer, und die Zeit bis zu unserer Abfahrt, eine gefühlte Ewigkeit, war die Hölle. Einige wurden bewusstlos und wären umgefallen, wenn es hierzu Platz gegeben hätte. Emmerich, der mit dem Gesicht zu mir stand, schrie einmal in Todesangst auf, bevor er verstummte und zusammensackt, ohne zu fallen. Andere bekamen noch kurze Schreikrämpfe, bis wir alle verstummten. Wie lange dieser Zustand dauerte, konnte anschließend keiner von uns sagen. Ich kam erst durch den kühlen Windhauch und das Summen eines Ventilators wieder etwas zu Bewusstsein und merkte, dass wir fuhren. Ein beachtlicher Luftzug wehte uns allen von dem in die Decke eingebauten Ventilator ins Gesicht, eine Belüftung, die freilich nur während der Fahrt funktionierte. Jetzt merkten wir erst, dass wir von Kopf bis Fuß schweißgebadet waren – unsere Hemden waren anschließend weiß vom Salz – und dass uns Speichel und Schaum aus den Mündern geflossen war. Diese Höllenreise quer durch Bukarest vom Bahnhof Grivița im Nordwesten bis zur Haftanstalt Jilava südlich der Stadt betrug etwa 25 Kilometer und endete auf einem holprigen Weg. Obwohl es in den folgenden 13 Haftjahren viele bedrohliche und schreckliche Erlebnisse geben sollte, hat doch keines einen so nachhaltig schlimmen Eindruck bei mir hinterlassen wie diese Fahrt nach Jilava. Ähnlich ging es auch allen anderen Kameraden.

Als die Tür unseres Abteils aufgerissen wurde, erklangen auch schon die Kommandos: „Banditen, in Zweierreihe antreten!" In der kurzen Zeit, die man brauchte, um uns zu zählen, hörte man nur die Stimme des diensthabenden Offiziers, aber gleich danach konnten die Caralii nach Herzenslust schimpfen und fluchen. Es mochte schon 3 Uhr morgens geworden sein. Der Platz vor dem Tor der Festungsmauer war von

Scheinwerfern hell erleuchtet. Hoch über dem Tor, welches von zwei Postenhäuschen flankiert wurde, war ein Wachturm, an dem der Name der Einrichtung prangte: „Fort 13 Jilava".

Fort 13 Jilava

Der Name der Einrichtung leitet sich von dem rumänischen Wort „jilav" ab, welches „feucht" bedeutet und damit die hervorstechendste Eigenschaft des Ortes beschreibt, welcher sich in einer tief liegenden, versumpften Gegend befindet. Wie zutreffend der Name dieser wohl berüchtigtsten Haftanstalt im kommunistischen Rumänien ist, sollten wir bald erfahren. Die Festung (rumänisch: „fort") Nr. 13 ist eine der insgesamt 14 Festungen, die in der zweiten Hälfte des 19. Jahrhunderts zum Schutze der Hauptstadt Bukarest errichtet worden waren, ohne jedoch später in diesem Sinne Verwendung zu finden. Stattdessen diente Jilava aber schon während der Bauernaufstände im Jahre 1907 vorübergehend als Gefängnis und ebenso für kurze Zeit während der politischen Wirren der Jahre 1939/40. Endgültig zum Militär- und Zivilgefängnis wurde die Festung erst ab 1945, als viele der sogenannten Kriegsverbrecher von den neuen Machthabern dort inhaftiert und teilweise hingerichtet wurden. Ab dem 1. April 1948 erfolgte die Überstellung der Haftanstalt Jilava vom Ministerium der Verteidigung in den Zuständigkeitsbereich des Ministeriums des Inneren (Verordnung Nr. 699.592). Unter anderem veröffentlichte der ehemalige politische Häftling Ion Deboveanu nach der Wende im Ostblock einen sehr realistischen Bericht über die Bedingungen in der Haftanstalt Jilava.

Wir passierten nacheinander mehrere Tore, deren lautes Quietschen vom Geschrei der uns antreibenden Unteroffiziere noch übertönt wurde, sowie eine Brücke, die über einen tiefen Wassergraben führte. So erreichten wir die Sektion III, die „Redută". Der größte Teil des Weges, den wir durchschritten, war in Form eines Tunnels, und es fiel mir sofort auf, dass überall Wasser von der Decke tropfte und von den Wänden herunterrann. Wir wurden noch am Korridor gefilzt, durften unser Gepäck abgeben, und mir wurden in einem kleinen Nebenraum von einem Zigeuner die Ketten abgenommen. Dann wurden wir in das Zimmer reingelassen. Ein beeindruckender Raum von etwa fünf Meter Breite, 15 Meter lang und mit einer etwa viereinhalb Meter hohen gewölbten Decke ausgestattet. Wir kamen gerade zur Zeit des Morgenappells an, zu welchem um die 50 Häftlinge angetreten waren. Noch während der scheidende und der neue Diensthabende samt Begleitung im Raum waren, hatte ich diesen genau zu mustern begonnen. Links der Tür, in der Ecke des Zimmers, stand ein kleiner Tisch und ein großer Holzkübel für Trinkwasser. Auf dem Tisch wurden, wie wir später erlebten, gewöhnlich die Brote oder Maisfladen für die Belegschaft aufgeteilt. Ebenfalls in der Nähe stand auch noch ein großer, runder gusseiserner Ofen. Die riesige Pritsche mit den zwei Etagen erstreckte sich über die ganze Länge des Zimmers, während rechts vom Eingang ein mächtiger Abortkübel, ausgelegt für die Bedürfnisse von über 80 Menschen, stand. Dieser Kübel wurde täglich, meistens bald nach dem Schichtwechsel der Wärter, von uns auf den Korridor gestellt und von dort durch andere Gefangene fortgebracht, entleert und ausgespült. An der abschließenden Wand, am anderen Ende des Zimmers, gab es ein für diesen großen Raum mit so vielen Leuten viel zu kleines Fenster, welches wegen eines Brettervorbaus einen Ausblick nur nach oben zuließ. Allein durch die schmalen Spalten zwischen den Brettern, die diesen Vorbau bildeten, konnte man mit Mühe auf die gegenüberliegende, mit Gras und Blumen bewachsene Festungsmauer sehen. Entlang der Wand, die über zwei Meter hoch mit Bitumen schwarz gestrichen war, verlief auf der ganzen Länge des Zimmers eine in den Betonfußboden eingetiefte Rinne bis zur Tür, in welcher sich das Sickerwasser, das durch Wand und Decke eindrang, sammelte und unter der Tür auf den Korridor floss, um dort in ein tieferes Kanalsystem zu münden, das letztendlich die ganze Anlage entwässerte. Jetzt, im Frühjahr, war die Erdschicht auf den Festungsbauten durch die Schneeschmelze wie ein Schwamm vollgesogen, und entsprechend heftig tropfte das Wasser in allen Räumen von den Gewölben und Wänden.

Unsere Ankunft im Zimmer war im grauen Gefängnisalltag der Leute, die wir hier vorfanden, ein erfreuliches Ereignis. Alle umringten uns und der Zimmerchef begrüßte uns in orientalisch-überschwänglicher Art, was bei mir ein gewisses Misstrauen weckte. Die Leute wollten natürlich als erstes wissen, woher wir kamen, weswegen und zu wie viel Jahren wir verurteilt worden waren. Ich stand schnell im Mittelpunkt des Interesses, was mir eigentlich gar nicht recht war. Auch wir stellten unseren neuen „Bekannten" Fragen und erhielten so die ersten Einblicke in die Welt des rumänischen Gulags. Was uns auf den ersten Blick auffiel, war der schlechte Zustand der Kleidung dieser Menschen. Viele trugen Zivilkleidung, bei anderen konnte man mit viel Fantasie Mannschafts- oder Offiziersuniformen erahnen. Da gab es ehemalige Förster- und Eisenbahneruniformen, aber auch sehr fein gekleidete Herren, die anscheinend direkt aus einem Salon oder einem Theater hier hergebracht worden waren. Zwischen den Orten ihrer Herkunft und den Zeiten, die sie dort erlebt hatten, und der Gegenwart hier lagen jetzt Welten. Die Kleider waren fast ausnahmslos furchtbar schmutzig, zu Lumpen zerfetzt oder mit Flicken aller Art und Farben überdeckt. Die eingefallenen Gesichter der so entstellten Leute hatten die einheitliche graue Farbe angenommen, die charakteristisch ist für Menschen, die lange Zeit kaum mehr Licht und gute Luft genießen konnten. Die kurzgeschorenen Haare und der vernachlässigte Bartwuchs vervollständigten den jämmerlichen Anblick der Häftlinge. Das Aussehen dieser Leute war für uns ein Schock. So etwas hatten wir bis dahin noch nicht gesehen. In der Haftanstalt in Temeschburg hatte es nur Leute gegeben, die, wie auch wir, erst seit einigen Monaten in Haft waren und fast alle noch ihre leidlich saubere zivile Kleidung besaßen. Was wir hingegen hier sahen, war einfach unglaublich. Da war zum Beispiel einer, dessen Armeehose buchstäblich in Streifen herunterhing, und seine Jacke hatte anstelle von Knöpfen kleine Holzstückchen. Die einst aufgenähten Taschen der Uniform waren schon längst abgetrennt und als Flicken verwendet worden.

Der Zimmerchef ergriff irgendwann das Wort und ließ uns wissen, dass wir nun unsere Schlafplätze zugewiesen bekämen, wofür es gewisse Regeln gäbe, die bei einer Überbelegung des Zimmers angewandt würden. Da dies durch unsere Ankunft nun gegeben sei, müssten wir, die Neuankömmlinge, zuerst mit den Plätzen in der „Serpărie“ („Schlangennest“) vorliebnehmen, womit der Raum unter der Pritsche auf dem Betonfußboden gemeint war. Und zwar so lange, bis auf den oberen Rängen durch Abgänge neue Plätze frei würden. Im Zusammenhang mit dieser Regelung begann im Zimmer zu unserer Überraschung eine lebhafte Debatte, denn es gab Leute, die meinten, man solle angesichts der Tatsache, dass wir noch so jung waren, die Regel der Schlafplatzzuweisung übergehen und uns gleich auf der oberen Etage der Pritsche unterbringen. Es gab aber auch Gegenstimmen, woraus sich eine lebhaft geführte Konversation entwickelte. Die durchgeführte Abstimmung ergab letztendlich, dass wir nicht unter die Pritsche mussten, sondern oben nahe beim Fenster einquartiert wurden.

Obwohl wir alle durch die, gelinde gesagt, unbequeme und drei Tage dauernde Reise todmüde waren, kamen wir an diesem ersten Tag in Jilava erst lange nach der Abendzählung zum Schlafen. Durch unseren Zuzug war es eng geworden, und auf der Pritsche, sowohl unten als auch oben, waren die Leute gezwungen, nach entweder rechts oder links gewendet zu liegen. Nur die acht unter der Pritsche, im „Schlangennest“, verfügten über genügend Platz in ihrem feuchten, dunklen Verlies. Sie hatten zwar eine doppelte Lage Schilfmatten unter sich, die aber wegen der alles durchdringenden Nässe total feucht waren. Wir, die wir auf der Pritsche schliefen, lagen zwar auf trockenen Brettern, hatten aber nur noch klägliche Reste von zerfetzten Matten unter uns.

Die meisten unserer Zimmergenossen waren erpicht darauf, von uns Nachrichten über die politische Entwicklung zu hören. Wir, mit lediglich acht Monaten seit der Verhaftung, waren auf einem vergleichsweise aktuellen Wissensstand und konnten die Ereignisse bis zum Sommer 1951 ziemlich ausführlich schildern. Ein Hauptthema in diesem Zusammenhang war der zwischenzeitlich ausgebrochene Koreakrieg, von dem ausnahmslos alle hier glaubten, er sei der Anfang des unausweichlichen „Großen Weltkrieges“ zwischen Ost und West. Eine Einschätzung übrigens, die sie mit Stalin teilten (Siehe Courtois, „Schwarzbuch des Kommunismus“). Und dass in diesem bevorstehenden Krieg der Westen siegen würde, bezweifelte hier niemand. Freilich gab es auch allerlei „Latrinengerüchte“, die zumindest zum Teil ganz gezielt vom Innenministeriums gestreut wurden, um anschließend über das allgegenwärtige Spitzelsystem zu erfahren, wie die Häftlinge auf die Nachrichten reagierten, und vor allem, wer diese Nachrichten am gefährlichsten auslegte. Allmählich lernten wir unsere Zimmergenossen kennen. Da gab es Leute, die seit Jahren in diesen fürchterlichen Bedingungen schmachteten, darunter welche, ohne jemals verurteilt worden zu sein. So zum Beispiel Emilian Ionescu, gewesener Kommandant der königlichen Garde, der in den Jahren um 1944 Mitverschwörer in der Clique gegen Marschall Antonescu war und auch aktiv an dessen Verhaftung und Entführung teilgenommen hatte. Später, nachdem der König hatte abdanken müssen, wurde auch Ionescu überflüssig und den Kommunisten zum Ballast, weshalb er nach Jilava deportiert wurde, ohne dass dem eine rechtskräftige Verurteilung vorausgegangen wäre. Er sollte noch etliche Jahre im Gefängnis von Ocnele Mari verbringen, bevor er „gar gekocht“ aus der Haft entlassen wurde, um als Kollaborateur der kommunistischen Geschichtsschreibung zur Mystifizierung der Umstände im Zusammenhang mit dem Sturz des Marschalls Antonescu und der Machtübernahme durch die Kommunisten zu wirken. Zur Zeit unseres Eintreffens hoffte Ionescu immer noch, dass der König das ihm gegebene Versprechen, ihn herauszuholen, noch einlösen würde. Mag sein, dass der König dies tatsächlich beabsichtigt hatte, als er ins Ausland fliehen musste, und später keine Möglichkeit mehr hatte, seinem Gardeoffizier zu helfen. Ionescu erzählte auch oft die Geschichte von der Gefangennahme eines russischen Generals durch ihn und seinem Fahrer und davon, dass der Russe, nachdem er im August 1944 aus der Gefangenschaft entlassen worden war, sich bei ihm der fairen Behandlung wegen bedankte. Was den Umsturz vom 23. August 1944 anging, so rechtfertigte Ionescu diesen immer noch als notwendig und wegen der damals militärisch so dramatischen Lage im Interesse des rumänischen Volkes liegend. Übrigens waren etwa ein Drittel der Häftlinge in unserem Zimmer ehemalige Offiziere, die – nach Auslegung der neuen Machthaber – nun als Kriegsverbrecher hier einsaßen. Zu den „schrägen Vögeln" im Zimmer gehörte ein gewisser Margulis, ehemaliger Kommunist, der während des Krieges die damals illegale „Rote Hilfe" geleitet hatte und dem man vorwarf, Hilfsgelder veruntreut zu haben und darüber hinaus Spitzel der „Siguranta", des rumänischen Staatssicherheitsdienstes, gewesen zu sein. Dies klingt nicht unwahrscheinlich, denn wie ich später von dem ehemaligen Offizier im Abwehrdienst SSI (Serviciul Special de Informatii) Nicolae Constantinescu erfuhr, den ich im Bergwerk von Cavnic kennenlernen sollte, waren ein Großteil der kommunistischen Illegalen zugleich Spitzel der Sicherheitspolizei.

Auch in Jilava gab es eine Talanga aus einem Stück frei hängender Eisenschiene, angebracht in der Nähe des Torpostens, die zum Zählappell oder bei Alarm mit einem Hammer geschlagen wurde. Wenn das Zeichen zum Appell ertönte, mussten normalerweise alle Häftlinge in ihren Zimmern antreten. Wegen der großen Zahl der Häftlinge in unserem Zimmer fand nur ein Teil der Leute vor der Pritsche stehend Platz, der Rest der Häftlinge musste sich in einer Reihe auf den Rand der oberen Etage der Pritsche setzen. Wie schon in Temeschburg erlebt musste auch hier der Zimmerchef dem scheidenden und dem antretenden diensthabenden Unteroffizier die Zahl der Häftlinge melden. Meistens war bei der Zählung auch der diensthabende Offizier der Anstalt zugegen.

Nachdem der Lärm der Morgenzählung vorbei war, hörte man üblicherweise erfreulichere Geräusche vom Korridor, nämlich das Schleifen der großen Holzkübel, die über den Betonfußboden der Korridore gezogen wurden. Der Frühstücks-Terci (Maisbrei) näherte sich! Wenn ein Kübel vor unserer Tür anlangte, wurde die Tür vom diensthabenden Unteroffizier unserer Sektion aufgeschlossen und wir erblickten den mit dem Austeilen des Essens betrauten Strafgefangenen, welcher zumeist nicht wagte, auch nur einen Blick auf uns zu werfen. Neben dem Kübel waren die eckigen, emaillierten Militär-Essgeschirre und runden Essnäpfe gestapelt, die wir ebenfalls schon in Temeschburg kennengelernt hatten. Die uns zustehende Portion Terci betrug etwa 400 Milliliter pro Kopf, für die ersten Männer gab es sogar je einen Löffel dazu. Schlimm war, dass der anwesende Unteroffizier uns dauernd anherrschte, schnell zu essen, weil nicht genügend Essgeschirre vorhanden waren. Also war jedermann gezwungen, den noch ziemlich heißen Brei hurtig auszulöffeln oder aus der Ecke des Geschirres zu schlürfen und sein Geschirr weiterzugeben. Von einem Spülen der Gefäße war natürlich keine Rede. Die Leute behalfen sich mit ihren Händen und Fingern, und ihr Schlürfen verursachte Geräusche, die an das Tierreich erinnerten. Es war uns also nicht einmal vergönnt, diesen elenden Brei in Ruhe zu essen. Der Caraliu schimpfte dauernd und drohte, mit dem Essen weiter zu gehen. Trotz der ganzen Hast dauerte die Prozedur ziemlich lange. Was die Essgeschirre betraf, so waren diese in einem erbärmlichen Zustand, oftmals an den Ecken durchgerostet, und die zum Teil fingerdicken Löcher waren mit schon übel riechenden Textilfetzen zugestopft. Einzige Genugtuung bei diesem Frühstück war, dass der Terci etwas dicker und anscheinend sogar etwas süßer war als jener in Temeschburg, vielleicht waren wir aber auch bloß hungriger als damals.

Im Laufe des Vormittags wurden wir Neuankömmlinge noch einmal aus dem Zimmer geholt und durch verwinkelte dunkle Gewölbegänge geführt. Alle diese tunnelartigen Korridore hatten einen betonierten Fußboden, in dem seitlich die schon genannten Rinnen verliefen. Ein verästeltes Kanalsystem sammelte die Rinnsale und entwickelte sich zuletzt zu einem kleinen Bächlein. Uns führte man in einen der ringförmigen Innenhöfe zwischen den Festungsbauten, in dem es sehr sonnig war. Nach den düsteren Wochen und Monaten, die wir hinter uns hatten, genossen wir die Sonnenstrahlen sehr, während wir vor einer schäbigen Tür mit der Aufschrift „Birou“ (Büro) standen und auf den „Grefier“, dem Urkundsbeamten der Festung Jilava, warteten. Der Feldwebel, der nach einigen Minuten aus der Tür trat, schien ein Gemütsmensch zu sein, ließ uns seinen Tisch und einen Stuhl nach draußen bringen und sagte wie zur Entschuldigung: „Drinnen ist es feucht und kalt.“ Wem sagte er das? Es war uns jedenfalls recht, und wir hofften, noch recht lange die Sonne genießen zu können. Nachdem die beiden Rumänen, die man mit uns gemeinsam nach hier verlegt hatte, abgefertigt waren, kamen wir in alphabetischer Reihenfolge dran. Sehr zu unserer Freude ließ sich der Feldwebel beim Abgleichen unserer Daten mit den Angaben in den vor ihm liegenden Aktenordnern viel Zeit und gestattete uns sogar, unsere Jacken und Hemden auszuziehen. Während wir noch dort standen und darauf warteten, einzeln vortreten zu dürfen, erspähte ich auf einem nahen Sandhaufen eine größere, sehr schöne Muschelschale. Diese hatte es mir gleich angetan, und mit etwas List und Tücke und vor allem mithilfe der Kameraden, die dem Feldwebel kurz die Sicht versperrten, schaffte ich es, die Muschel unbemerkt einzustecken. Sie hat uns eine Zeit lang als Löffelersatz gute Dienste geleistet. Die langwierige Prozedur der Überprüfung unserer Akten dauerte erfreuliche zwei Stunden, bevor ein anderer Feldwebel mit unseren Wertsachen auftauchte. Uhren, Brieftaschen, Füllhalter und Ähnliches waren in nummerierten Tuchbeuteln verstaut. Jedem wurde nun der Inhalt seines Beutels vorgezeigt, mit der beigefügten Liste verglichen, und wir durften den Vorgang mit unserer Unterschrift bestätigen. Das Geld, das uns bei der Verhaftung abgenommen worden war, hatte man auf einem „CEC"-Bankkonto deponiert. Da aber inzwischen im Februar jenes Jahres die sogenannte Geldstabilisierung (sprich: Geldentwertung) stattgefunden hatte, konnten wir jetzt den neuen Wert schwarz auf weiß zur Kenntnis nehmen. Meine etwa 480 Lei waren jetzt nur noch 24 Lei wert. Bei dieser Gelegenheit bekam ich auf meine Bitte meine schöne silberne Armbanduhr, die ich im Jahre 1942 anlässlich meiner Firmung in Ferdinandsberg von meinem Onkel Barth, meinem Paten, erhalten hatte, zum letzten Mal zu sehen. Die Uhr war überall sehr schön verziert und hatte einen aus Rotgold gefertigten Engel mit einer Harfe in den Deckel eingelassen. Die Firmung hatte der Bischof Dr. Augustin Pacha vorgenommen, der zur dieser Zeit bereits selbst im Gefängnis von Sighet einsaß. Während unsere Wertsachen noch überprüft wurden, kam ein anderer Feldwebel vorbei, der einige Worte mit dem Urkundsbeamten wechselte und der mir auffiel, weil er besonders dunkelhäutig war. Sein Name, Iamandi, sagte uns damals noch nichts, doch sollte es uns nicht erspart bleiben, ihn noch näher kennenzulernen. Gegen Mittag war auch die Überprüfung unserer Wertsachen beendet und wir wurden in unser Zimmer zurückgeführt.

Im Zusammenhang mit der Überprüfung unserer Wertsachen hörten wir nachher im Zimmer eine Geschichte, die sich vor rund einem Jahr hier abgespielt hatte und die deutlich machte, welcher Art und Güte die Bediensteten in Jilava teilweise waren. Und zwar war ein Neuankömmling zur Überprüfung seines einbehaltenen Geldes zum damals hierfür zuständigen Unteroffizier bestellt worden, welcher zusammen mit dem Häftling dieses Geld zu zählen versuchte. Es schien eine einfache Aufgabe zu sein, denn der Mann hatte bei seiner Festnahme eine Banknote von 1000 Lei und noch 13 Lei Kleingeld bei sich. Diese Summe musste jetzt eingetragen werden. Frage des Unteroffiziers: „Also, wie viel Geld hast du?" Der Häftling antwortete: „Eintausend und dreizehn Lei." Darauf begann der Unteroffizier zu schreiben und brachte „100013" zu Papier. Der Häftling machte ihn auf seinen Fehler aufmerksam, worauf dieser irritiert die Eintragung strich und noch einmal fragte: „Nun, wie viel Geld hast du?“ Antwort: „Eintausend und dreizehn Lei.“ Der Unteroffizier versuchte sein Glück aufs Neue, wiederholte jedoch seinen Fehler, worauf ihn der Häftling wieder aufmerksam machte: „Verzeihung, Herr Unteroffizier, Sie haben das wieder nicht richtig geschrieben.“ Der entnervte Unteroffizier begann laut zu fluchen, strich den falschen Betrag erneut durch, trug „1000 Lei“ ein und drückte dem verdutzten Häftling die restlichen 13 Lei in die Hand. Mit der Frage „Bist du nun zufrieden?“ wurde der Gefangene in seine Zelle entlassen. Über diesen Vorfall wurde in ganz Jilava herzlich gelacht.

Bald folgte das Mittagessen, welches an diesem Tag, wie alteingesessene „Jilavianer“ meinten, ein Kraut-Menü mit Fleisch war. Es schmeckte nicht schlecht, war aber von der Menge her unserem Hunger nicht angemessen, zumal das „Fleisch“ nur aus wenigen, kaum erkennbaren Fitzelchen bestand. Das Schlimmste – da für uns noch ungewohnt – aber war, dass man wegen der zu geringen Zahl an Essgeschirren nicht einmal dieses ärmliche Essen in Ruhe einnehmen konnte. Die Leute um uns herum schlürften den Fraß aus dem Essgeschirr, während Fredi, Dietmar und ich uns mit der erbeuteten Muschel behalfen. Im Zimmer erfuhren wir später auch, dass der dunkelhäutige Feldwebel Iamandi, den wir im Hof gesehen hatten, ein Zigeuner aus dem Ort Jilava war, der wegen seiner Brutalität gefürchtet wurde. Er und der ebenfalls berüchtigte Feldwebel Rosu erledigten die Henkersarbeiten in der Festung. Die Hinrichtungen, die damals häufig stattfanden, erfolgten üblicherweise im „Valea piersicilor“ („Tal der Pfirsichbäume“), einem Ort südlich des Haupttores, etwas außerhalb der Festung. Dort wurden am 1. Juni 1946 auch Marschall Ion Antonescu und drei weitere Mitglieder der gewesenen Regierung erschossen. Es wird erzählt, dass das Erschießungskommando laut dem Urteil des Kriegsgerichtes aus Soldaten bestehen sollte, dass sich die ausgewählten Soldaten jedoch weigerten, die Hinrichtung durchzuführen. Daraufhin übernahm eine Gruppe freiwilliger junger Kommunisten die Aufgabe der Exekution. Beim Anblick dieses Erschießungskommandos soll der Marschall gerufen haben: „Das sind nicht meine Soldaten!“ Jedenfalls schossen die Leute – gewollt oder ungewollt – so schlecht, dass die Verurteilten nur schwer verletzt wurden und durch gezielte Kopfschüsse getötet werden mussten.

Über „Valea piersicilor“ wurde bislang kaum etwas geschrieben, meint Cantemir Barbulescu, ein kompetenter Kenner und Schilderer der Geschichte Jilavas, und zwar aus dem einfachen Grund, weil es außer den Henkern wenige gab, die diesen Ort lebend wieder verlassen haben. Einen solchen Ausnahmefall schildert der Verfasser mit dem Fall eines jungen Legionärs, den man in erster Instanz zum Tode durch Erschießen verurteilt hatte. Obwohl sein Berufungsersuchen noch nicht beschieden war, wurde er mit drei anderen Verurteilten in die den Todeskandidaten vorbehaltene Zelle „0“ gesperrt. Eines Nachts zur späten Stunde wurden alle vier mit ihren Ketten an den Füßen aus der Zelle geholt und von zwei bewaffneten Wärtern zum Tor hinaus geführt. Dort wurden ihre Akte von einem Urkundenbeamten überprüft, dann half man ihnen, in einen kleinen Gefangenentransporter zu steigen, womit sie eine kurze Strecke von nur etwa 200 Meter gefahren wurden. Als sie ausstiegen, sahen sie in der nicht sehr dunklen Nacht vier frisch ausgehobene Gräber. Dann erschien ein großer, stämmiger Unteroffizier, vermutlich der Feldwebel Rosu, der ihnen mitteilte, dass ihre Berufung zurückgewiesen worden sei und das Urteil jetzt vollstreckt werde. Man befahl ihnen, sich umzudrehen. Gleich darauf knallten drei Revolverschüsse. Der vierte Mann erwartete „seinen“ Schuss, verlor durch die Erregung jedoch das Bewusstsein und wachte erst wieder in der Zelle „0“ auf. Später erfuhr er, dass seine Berufung doch noch zum Erfolg geführt hatte und seine Strafe auf „lebenslänglich“ umgewandelt worden war.

Es war eine bekannte Gewohnheit des Gefängniskommandanten Maromete, den Neuankömmlingen in Jilava seine Aufwartung zu machen. Seine Besuche waren laut übereinstimmender Aussage der Alteingesessenen höchst gefährlich, denn er kam für gewöhnlich in Begleitung seiner Schlägertruppe, deren Anführer, Feldwebel Ilie Ivanica, ebenso wie Maromete selbst ein unberechenbarer Sadist sein sollte. Jedenfalls waren wir nicht überrascht, als am dritten Tag unseres Hierseins plötzlich die Zellentür mit großem Geräusch aufgerissen wurde und der leibhaftige Kommandant in der Tür erschien: Maromete in Begleitung von Ivanica und einigen weiteren Unteroffizieren verschiedenen Ranges. Unser Zimmerchef brüllte „Achtung!“, worauf alle Häftlinge, die sich unten befanden, sich erhoben und stillstanden. Der Zimmerchef grüßte und meldete die Anzahl der Häftlinge. Der folgende Wortlaut war dabei verpflichtend: „Să trăiţi, domnule (Dienstgrad)! Camera Nr … cu un efectiv de … detinuti! Raportează şeful de cameră NN!“ (Leben Sie hoch, Herr (Dienstgrad). Zimmer Nr … mit einer Anzahl von … Häftlingen angetreten! Es meldet der Zimmerchef, Häftling NN!) Wegen der Überfüllung unseres Zimmers mussten die Häftlinge – während der Kommandant in der Tür stand – im hinteren Bereich des Zimmers und wir, die 13 Neuankömmlinge, im vorderen Teil antreten. Maromete trat vor uns, beschimpfte uns ordinär, nannte uns Banditen und Kriminelle und meinte, dass man uns viel zu milde bestraft habe. Einige von uns, darunter auch mich, fragte er nach Namen und der Höhe der Strafe. Dazu meinte er, man hätte uns gleich erschießen sollen oder noch besser hängen, denn wir verdienten nicht einmal die Kugel. Aber, so führte er aus, die Partei werde schon dafür sorgen, dass unsere Knochen im Gefängnis vermoderten. Zum Abschied gab's noch ein paar besonders ordinäre Flüche, bevor er sich abwandte und zusammen mit seiner Horde das Zimmer verließ. Die „Alten", die Maromete schon seit Längerem kannten, waren erstaunt und zugleich erfreut, dass dieser Besuch für uns so glimpflich verlaufen war, ohne eine Erklärung für dieses „wohlwollende" Verhalten zu haben. Manche vermuteten einmal mehr, dass „die große Wende" begonnen habe, dass die „Freie Welt" sich für uns eingesetzt habe und der Druck auf den Ostblock nun erhöht würde. Dies waren die typischen Wunschträume der politischen Häftlinge in Rumänien und vermutlich im ganzen Ostblock. Allerdings gab es auch Skeptiker, die die Meinung vertraten, dass das ganze internationale öffentliche Drohen, Beschimpfen und Verhandeln im Grunde genommen nur ein Scheingefecht und Teil eines abgekarteten Spieles sei, den in Wirklichkeit liefe alles im Sinne der geheimen Ost-West-Vereinbarungen aus der Zeit des Krieges, die für 25 oder 50 Jahre abgeschlossen worden seien. Diese pessimistische Einstellung vieler Rumänen hatte ihre Ursachen hauptsächlich in den ernüchternden Erfahrungen im Zusammenhang mit dem Umsturz vom 23. August 1944. Damals hatten die Westmächte mit Engelszungen auf die bürgerlichen Kräfte in Rumänien eingeredet, um sie zu einem Verlassen der „Achse" zu bewegen. Gleichzeitig sicherten sie ihnen zu, dass man sie nicht „den Russen" überlassen würde, wovor natürlich alle – mit Ausnahme der Kommunisten – eine Riesenangst hatten. Erwartungsgemäß passierte anschließend aber genau dieses: Sie und mit ihnen halb Europa wurden verraten und verkauft. Dass das Verhalten von Maromete ganz andere Gründe haben könnte, ahnte damals keiner. Erst kurz danach, Ende April 1952, als er überraschend von seinem Posten als Kommandant der Festung abgelöst wurde, sickerte durch, dass er wohl aus irgendeinem Grund in Ungnade gefallen war. Feldwebel Ivanica blieb noch zwei Jahre in Jilava, hatte sich allerdings vollständig gewandelt. Seine vormals so gefürchteten sadistischen Anfälle kamen nicht mehr vor.

Wenn wir uns gelegentlich die Frage stellten, wie lange wir noch in diesem riesigen Verließ bleiben müssten, trösteten uns die Alten mit der Auskunft, dass wir noch früh genug irgendwohin zur Arbeit gebracht würden. Die meisten waren der Meinung, dass wir am „Kanal", gemeint war der Donau-Schwarzmeer-Kanal, landen würden, ein Großprojekt, das von der kommunistischen Regierung im Jahre 1949 begonnen worden war. Die Arbeit sollte von Heerscharen politischer Häftlinge durchgeführt werden und – wie der damalige Erste Sekretär der Partei öffentlich äußerte – zum Grabe der Bourgeoisie werden. Andere Mutmaßungen hatten die Bergwerke von Baia Sprie und Cavnic zum Inhalt, die uns damals noch nichts sagten, oder, weil wir noch Schüler und Studenten waren, das Gefängnis Gherla in Siebenbürgen. Es gab also Alternativen zur Genüge, und wir durften gespannt sein.

Nicht ganz eine Woche nach unserer Ankunft erlebten wir den ersten „Rasiertag" in Jilava. Zu diesem Zweck wurden zwei oder drei Rasiermesser und ein Stück gewöhnlicher Waschseife in unserem Zimmer abgegeben. Da es einen Frisör in der Festung nicht gab, mussten Häftlingen aus unserem Zimmer den Figaro spielen. Die Rasiermesser, die wir erhielten, waren schlicht und einfach eine Zumutung. Wir versuchten zwar, diese auf der gusseisernen Platte des Ofens etwas nachzuschleifen, und die Klingen wurden anschließend auch auf einem Lederriemen abgezogen, aber die hierdurch erreichte Schärfe der Messer war trotzdem minimal. Auch Edi, der bei jedem praktischen und technischen Problem der Findigste unter uns war, wusste keinen Rat. Zum Rasieren stellten sich die Leute, wissend, was auf sie zukam, zwischen den Ofen und die Pritsche und hielten sich an diesen fest. Das war nötig, um die Rasur oder vielmehr Tortur zu ertragen. Außer Herbert und Egon, die noch keinen oder kaum einen Bartwuchs hatten, betrachteten alle mit Sorge, was sich hier vor ihren Augen anbahnte. Von keinem der Leute konnte man sagen, dass er anschließend rasiert war, aber blutig waren alle. Um Infektionen zu vermeiden, kam die Flasche mit reichlich Chloramphenicol zum Einsatz, das übliche Desinfektionsmittel in allen Gefängnissen. Auf den zerschundenen Gesichtern aufgetragen brannte es wie Feuer, und es war ratsam, seine Blase vor dem Rasieren zu entleeren, um unter den anschließenden kaum erträglichen Schmerzen eine „Schande" zu vermeiden. Als wir an der Reihe waren, übernahm Edi das Rasiermesser und versuchte, es noch ein wenig nachzuschleifen, bevor es losging. Erst bearbeitete er diejenigen, die noch einen schwächeren Bartwuchs hatten, aber bereits die mussten beträchtlich leiden, für die anderen danach war es noch schlimmer. Wenn das Desinfektionsmittel aufgetragen wurde, hatte man zumindest die Freude zu wissen, dass man es nun überstanden hatte. Bei dieser Gelegenheit hörten wir auch die Geschichte des Häftlings, der sich vor Kurzem hier vor den Augen seiner Mitgefangenen mit dem Rasiermesser getötet hatte.

Am folgenden Tag hieß es schon beim Morgenappell, man solle sich zum Baden bereithalten. Das hieß, dass überflüssige Kleidungsstücke schon vorher ablegt werden sollten, denn anschließend musste alles recht flott gehen. Zum Ansporn gab es auf dem Weg zum Bad Fußtritte und/oder Knüppelschläge der Aufseher. Das eigentliche Duschen unter der Brause schien absichtlich so gestaltet zu sein, dass es für die Betroffenen zur Tortur werden musste. So ließ der Kerl, der den Bademeister machte, erst brühend heißes Wasser laufen, befahl danach, sich einzuseifen, und lieferte anschließend nur noch kaltes Wasser, und zwar so wenig, dass man sich nicht einmal die Seife abwaschen konnte. Dann ging es wieder im Laufschritt aus dem Bad und es kamen erneut die Knüppel zum Einsatz. In Erwartung eines solchen „Bades" verbrachten wir einmal den ganzen Tag, ohne dass etwas geschah.

Die alten „Jilavianer" stellten übrigens auch bei dieser Gelegenheit fest, dass seit einiger Zeit etwas nicht „normal" lief. Von den Gängen hörte man weniger Schreien und Fluchen und die Strafgefangenen, die dort ihren Dienst taten, wurden anscheinend nicht so streng herumkommandiert wie noch vor Kurzem. Auch die Alarmrufe der Wärter, bei welchen die Häftlinge, die sich gerade am Korridoren befanden, mit dem Blick zur Wand stellen und das Gesicht mit den Händen bedecken mussten, weil andere Sträflinge vorbeigeführt wurden, erklangen gedämpfter. Selbst die Kost sollte sich angeblich etwas verbessert haben, was freilich nicht bedeutete, dass sie ausreichte, den Hunger zu stillen. Erfahrene Häftlinge entwickeln einen sechsten Sinn, um auch die kleinsten Änderungen dieser Art zu registrieren. Alle diese Indizien zusammen mit dem unerwartet „manierlichen" Auftritt von Maromete sorgten für ausgiebigen Gesprächsstoff in unserem Zimmer. Übrigens wurden die politischen Gefangenen in Jilava zu keiner der vielen Tätigkeiten in der Küche, dem Garten oder der Wäscherei herangezogen. Man trachtete vielmehr, jeglichen Kontakt zwischen den regulären Strafgefangenen und den „Politischen" zu vermeiden.

Ungefähr zwei Wochen nach unserer Ankunft betrat plötzlich ein Offizier mit seinem Begleitkommando das Zimmer und begann, nachdem das vorschriftsmäßige „Achtung!" des Zimmerchefs verklungen war und alle Häftlinge im „Stillgestanden" erstarrt waren, Namen aus seiner Liste vorzulesen. Harry, Fredi, Dietmar, Franzi, Jakob, ich und noch etwa zehn weitere Insassen erhielten den Befehl, das Zimmer mit Gepäck zu verlassen. Uns blieb nur ganz kurze Zeit, uns von Andreas, Herbert, Edi, Emmerich und Egon zu verabschieden. Es sollte das letzte Mal sein, dass wir Egon lebend sahen. Wir wurden in ein Zimmer geführt, wo man unsere ärmliche Habe filzte und unsere Akten überprüfte. Dann wurden mir und einem Häftling der anderen Gruppe von dem Schmied, den ich schon bei der Ankunft kennengelernt hatte, Fußketten angelegt. Wir bekamen noch unsere Tagesration und mussten dann bis gegen zehn Uhr abends warten, bevor wir zum Haupttor hinausgeführt wurden. Als wir im Halbdunkel den Gefangenentransporter erblickten, packte uns alle das kalte Grausen, denn wir hatten die Horrorfahrt vom Bahnhof Grivița nach Jilava noch in frischer Erinnerung. Umso größer war unsere Freude, als wir merkten, dass nur unsere Gruppe verlegt werden sollte und wir – keine zwanzig Personen – diesmal reichlich Platz hatten.

Die Fahrt führte wieder zum Bahnhof Grivița, wo wir in den bereits wartenden Duba-Eisenbahnwaggon umstiegen, der sich auch alsbald in Bewegung setzte. Die Nachtfahrt verlief ohne besondere Vorkommnisse, wenn man davon absieht, dass Franzi und Jakob getrennt von uns in einem der kleinen Abteile des Wagens untergebracht wurden. Die brennende Frage für uns war natürlich die nach dem Ziel unserer Reise. Einem unserer Mitfahrer gelang es, anhand einiger Worte, die er während des Anhaltens in einem Bahnhof aufschnappte, festzustellen, dass wir in Kronstadt angelangt waren. Das hieß also: Siebenbürgen und nicht „Kanal". Schon gegen Morgen wurde unser Wagen in einem anderen Bahnhof erneut abgekoppelt und es erklang der Befehl: „Aussteigen!"

Kapitel III: Gherla

Der schwere Kerker von Gherla

Unsere Fahrt endete, wie von einigen unserer Mitfahrer vermutet, am frühen Morgen – es mochte 5 Uhr gewesen sein – am Bahnhof von Gherla. Die Gefängnisse von Gherla und Aiud waren die zwei größten und mit dem schlimmsten Ruf behafteten Strafanstalten in Siebenbürgen, von denen wir bereits in Temeschburg und mehr noch in Jilava gehört hatten. Unwillkürlich musste ich an den „frommen Wunsch" denken, den man in Siebenbürgen seinen Feinden zurief: „Gherla sa te manânce!" („Gherla soll dich fressen!")

Es war ein verregneter, trüber Morgen, der dem entsprach, was wir zu erwarten hatten. Nachdem ich als einziger unserer Gruppe wieder hatte Ketten tragen müssen, freute ich mich besonders, dass die Verlegung diesmal nur eine Nacht gedauert hatte. Von den weiteren mit uns transportierten Gefangenen hatte man noch vier Männern Ketten angelegt. Als sich die Tür öffnete und man uns auszusteigen befahl, sahen wir, dass unser Waggon wieder weiträumig von mit Maschinenpistolen bewaffneten Securitate-Soldaten umstellt war. Auch zwei Offiziere waren anwesend. Unter dem Gekläff der ebenfalls reichlich vorhandenen Hunde mussten wir in Zweierreihe antreten und niederknien, um gezählt zu werden. Das Ritual des Niederkniens überraschte uns nicht, hatten es uns doch die Häftlinge in Jilava schon angekündigt. Noch während der Zählung nahte ein Geländewagen, dem zwei weitere Offiziere entstiegen. Später sollten wir erfahren, dass es sich um den Kommandanten der Anstalt Hauptmann Gheorghiu und seinen Stellvertreter Leutnant Mihalcea handelte, zwei sadistische Psychopathen, die dem Chef der Anstalt Jilava in nichts nachstanden.

Die „Begrüßungsrede" des Kommandanten bestand größtenteils aus Drohungen und schloss mit einigen ordinären Flüchen, bevor der Befehl zum Abmarsch gegeben wurde. Auf dem etwa zwei Kilometer langen Weg vom Bahnhof zur Haftanstalt konnten dann die Wachmannschaften beweisen, dass sie in puncto Fluchen ihrem Vorgesetzten in nichts nachstanden. Trotz der dauernden Beschimpfungen und des immerwährenden Rufs „Schneller, schneller!" wurde freilich das langsame

Marschtempo durch uns, die fünf „Kettenträger", bestimmt. Selbst wenn wir gewollt hätten, wären wir nicht schneller vorangekommen, denn unsere Schrittlänge war durch die kurzen Ketten vorgegeben, ganz abgesehen davon, dass wir auch noch unser Gepäck schleppen mussten.

Das Geschrei unserer Bewacher, das Hundegebell und das Geklirr unserer Ketten hallten unüberhörbar durch die Gassen der Kleinstadt, deren Einwohner an solcherlei jedoch schon gewöhnt waren, beherbergte Gherla – das Szamosujvár der k.-u.-k.-Zeit – doch schon seit 250 Jahren einen Kerker. Etwa nach einer halben Stunde standen wir vor dem mit einem Eisengitter versehenen Haupttor der Anstalt, welche durch die starken Mauern und die Zinnen einen festungsartigen Charakter hatte. Es war ein beeindruckender Gebäudekomplex. Als wir auf dem mit Kopfsteinen gepflasterten Weg durch die gewölbte Toreinfahrt marschierten, fiel mir als erstes ein Häftling auf, der dort mit dem Gesicht zur Wand neben einem Stuhl, einem kleinen Hocker sowie einer Kiste mit Schuhputzzeug stand. Offensichtlich handelte es sich um den Schuhputzer der „Herren" Offiziere.

Wir durchquerten einen kleinen Hof, der zur Linken von einem kleinen, nur zwei Stockwerke hohen Gebäude, dem Trakt III, begrenzt war. Weiter ging es auf dem mit Kopfsteinen gepflasterten Weg vorbei an einem großen mit Blech beschlagenen Tor in einen gewaltigen Innenhof, welcher von einem mächtigen Gebäude hufeisenförmig umschlossen wurde. Dieses, das Hauptgebäude der Anstalt, war der Trakt I, dem gegenüber auf der anderen Seite des Hofes sich der Trakt II erstreckte. Die Chronologie der drei Trakte war einfach: Trakt III stammte aus dem 18., Trakt II aus dem 19. und Trakt I aus dem 20. Jahrhundert. Wir wurden durch die mittlere Tür in das Hauptgebäude geführt, dessen Erdgeschoss aus einem einzigen beeindruckend großen Raum von etwa hundert Metern Länge bestand. Von diesem Raum aus führten auf sämtlichen Etagen in beide Richtungen Türen in die Zellen und Zimmer, die, wie wir im Laufe der Zeit feststellen sollten, von sehr unterschiedlicher Größe waren. Die kleinsten an der Südseite des Erdgeschosses hatten eine Grundfläche von etwa zwölf Quadratmetern, während es in den oberen Stockwerken an den seitlichen Vorbauten des Gebäudes Zimmer von circa 200 Quadratmetern gab. Zur Zeit unserer Ankunft war der Blick durch die Zellenfenster nach Norden über den Friedhof und die hügelige Landschaft noch frei, später wurden dann Bretterblenden, sogenannte Obloane, montiert, die einen Ausblick verwehrten, aber dadurch, dass sie leicht nach vorne geneigt waren, zumindest eine leidliche Lüftung der Räume zuließen.

Die ersten Maßnahmen entsprachen in etwa dem, was wir bisher schon kennengelernt hatten. Mir wurden durch den Schmied, bei dem es sich wie bei allen Gefangenen seiner Zunft wieder um einen Zigeuner handelte, die Ketten abgenommen, bevor ich zurück zu den Kameraden kam, die unser neues Zimmer schon „bezogen" hatten. Danach folgte die obligatorische Durchsuchung unseres Gepäcks, bei welcher es den Caralii darum ging, unsere armseligen Habseligkeiten durcheinanderzuschmeißen und zu zertrampeln. Nach der erfolgten Durchsuchung mussten wir das Meiste unserer Privatsachen für das Gepäckmagazin abgeben. Auch unsere Wertsachen – darunter mein auf nunmehr 24 Lei zusammengeschrumpftes Sparbuch – bekamen wir wieder einmal vorgezeigt und durften dies per Unterschrift bestätigen.

Bei dieser Gelegenheit sollten wir auch Sträflingskleider bekommen, da diese aber nicht in ausreichender Zahl vorhanden waren, behielten vorerst viele ihre Zivilsachen. Harry, Edi, Dietmar und ich erhielten je eine Sträflingsjacke, Hose und Mütze, jedoch weder Unterwäsche noch Schuhe. Die neuen Kleidungsstücke waren in einem erbärmlichen Zustand: abgenutzt, unzählige Male geflickt und schmutzig. Bald erkannten wir, dass auch die Gefängniskleidung der anderen Häftlinge – sofern überhaupt vorhanden – meist in ganz schlechtem Zustand war. Als Ausnahme stachen nur die für gewöhnlich sauberen, rotbraunen Drillichanzüge der zumeist jugendlichen Plantons hervor, die jene Häftlinge überwachten, die außerhalb des Zimmers tätig waren. Hervorstechend wie ihre saubere Kleidung war bei diesen Handlangern der Caralii übrigens auch das arrogante und rechthaberische Auftreten gegenüber den anderen Häftlingen, weshalb die „Rotbraunen" im Laufe der Zeit von uns ebenso gehasst wie gefürchtet wurden. Wir sollten noch erleben, wie manche dieser Plantons sich sogar erdreisteten, tätlich zu werden.

Zwangsarbeit in der Fabrik

Nachdem unsere gesetzlich verordnete Quarantänezeit – die damals nur noch eine Formalität darstellte – abgelaufen war, wurden wir von Leutnant Mihalcea, der in Begleitung einiger „Rotgekleideter" erschienen war, in den Hof bestellt und gefragt, ob einer von uns nicht arbeiten wolle. Nachdem keiner die Arbeit verweigerte, hieß es, dass diese für uns am nächsten Tag beginnen solle, und wir wurden nach unseren Berufen gefragt. Kurz vorher hatte uns „Nea" (Onkel) Belintan, ein Eisenbahner, der einige Wochen vor uns aus Temeschburg hier angekommen war, zugeflüstert: „Sagt bloß nicht, dass ihr Schüler oder Studenten seid, sonst stecken die euch in die Reeducare!“ Was es mit dieser „Reeducare“ auf sich hatte, war uns zwar nicht klar, wir befolgten aber glücklicherweise den Rat. Als erster in der Reihe stehend gab ich an, Absolvent der Gewerbeschule für Metallfach zu sein, während Harry sich als Arbeiter und Dietmar und Edi sich als Gewerbeschüler ohne Abschluss meldeten. Der Hinweis des Herrn Belintan hat uns – das wurde uns erst später bewusst – viel Kummer erspart.

Alle diese Angaben wurden von den „Roten“ gewissenhaft in einer Liste notiert, und wir wurden der Schlosserei zugeteilt, was sich nachträglich als vorteilhaft erweisen sollte. Andere unserer Zimmergenossen meldeten sich als Schreiner, während diejenigen, die keinen Beruf angeben konnten, als Hilfsarbeiter vermerkt wurden. Anlässlich dieser Prüfung unserer Verwendbarkeit trafen wir auch zum ersten Mal auf den Ingenieur Josef Knall, einem kleinen, etwa vierzig Jahre alten Siebenbürger Sachsen aus Kronstadt, den wir noch als ausgezeichneten Fachmann und als grundanständigen Menschen kennen- und schätzenlernen sollten. Nachdem die Gruppe abgezogen war, begann unter uns Häftlingen eine ebenso intensive wie ergebnislose Diskussion darüber, was uns wohl erwarten würde. Bei dieser Gelegenheit schärfte uns einer der älteren Häftlinge, der uns vorher schon vor den „Roten“ gewarnt hatte, noch einmal ein, die vielen Spitzel und Informanten (rumänisch: „Turnător“) unter den Mitgefangenen nicht zu vergessen.

Das nach Norden gerichtete Fenster unseres Zimmers erlaubte einen Blick über den Fabrikhof, das Fabrikgebäude und die mehr als vier Meter hohe Außenmauer samt der Wachtposten. Zwischen der Anstalt und der dahinter verlaufenden Landstraße, die von Klausenburg nach Dej führt, lag der städtische Friedhof. Den Horizont bildeten sanfte Hügel, die wohl kaum 300 Meter Höhe überschritten haben dürften. Beim Blick auf den Friedhof fiel sofort ein besonders hohes Steinkreuz auf, von dem es hieß, es sei zu Ehren von Rosza Sándor, einem berüchtigten ungarischen Räuber, der in der ersten Hälfte des 19. Jahrhunderts gelebt hatte, errichtet worden. Rosza, der auch während der Revolution von 1848 eine Rolle gespielt haben soll, wurde nach seiner Gefangennahme im „schweren Zuchthaus“ von Szamosujvár, die ungarische Benennung von Gherla, inhaftiert und ist dort auch verstorben. An dem großen Kreuz wurden noch zu unserer Zeit täglich Blumen niedergelegt – eine „Heiligenverehrung“ ganz eigener Art. Ein von den Wärtern besonders gerne gebrauchter Satz lautete übrigens: „Du wirst auch noch zu Rosza Sándor kommen.“ Sprich: auf den angrenzenden Friedhof.

Wenn man unser Zimmer durch die innen mit Blech beschlagene Tür aus Eichenholz betrat, hatte man zur rechten Hand in der Ecke ein WC, das leidlich funktionierte und mit einer Schilfmatte als Sichtblende verdeckt war. Rechts und links entlang der Wand erstreckten sich zwei Pritschen bis zum anderen Ende des Zimmers, wo man durch das einzige Fenster nach Norden blicken konnte. Diese Pritschen bestanden aus langen mit einer Lage Schilfmatten bedeckten Brettern, die auf mehreren Holzböcken ruhten. Dazu hatte jeder Häftling eine alte, beim Militär ausgemusterte Decke, und als Kissen diente ein Überzug, in dem die eigenen „Siebensachen" wie etwa ein zweites Hemd, eine Unterhose oder Fußlappen steckten. Socken und Handtücher gab es nur als Privatbesitz bei einigen. Eine solche Pritsche war ein recht wackliges Gebilde, und jede Bewegung eines Häftlings wurde von den losen Brettern an die anderen Schlafenden weitergegeben, was dem „Erholungseffekt" nicht zuträglich war. Ganz abgesehen davon, dass bei einer Länge der beiden Schlafpritschen von je acht Metern für die etwa 30 Männer, die in diesem Zimmer wohnten oder vielmehr hausten, nur knapp ein halber Meter pro Mann zur Verfügung stand. In der Praxis bedeutete dies, dass man nur seitlich liegend Platz hatte und sich alle von Zeit zu Zeit zusammen wenden mussten, was eine erhebliche Ruhestörung nach sich zog.

In Gherla herrschten sehr strenge Ordnungsregeln, auf deren Einhaltung peinlich genau geachtet wurde. Nach dem Wecken um 4.45 Uhr mussten die Pritschen aufgeräumt werden, das heißt: Es musste das „Kissen", also der Beutel mit dem eigenen Hab und Gut, am Kopfende abgelegt, die Decke gefaltet werden, und beides hatte anschließend am Kopfende eine Stufe zu bilden. Diese „Stufe" gab Anlass zu ewigen Schikanen, denn wenn sie den Diensthabenden missfiel, stießen diese während der Abwesenheit der Häftlinge die Böcke unter der Pritsche einfach um, was das ganze Gebilde zum Einsturz brachte. Wenn dann die Häftlinge todmüde von der Arbeit kamen, waren sie eine Weile damit beschäftigt, alles wieder in Ordnung zu bringen. Vae victis. Das anschließende Frühstück bestand aus Terci, dem dünnen, leicht gesüßten Maisbrei, den wir bereits in Temeschburg und in Jilava kennengelernt hatten. Auch im Rahmen des Zimmerdienstes mussten jeden Morgen, nachdem die Häftlinge sich angekleidet hatten, die Bodenfliesen feucht gewischt und anschließend mit trockenen Lumpen auf Hochglanz gebracht werden. Diese schweißtreibende Arbeit gab natürlich ebenfalls oft Anlass zu Schikanen.

Gleichfalls gefliest waren übrigens die etwa einen Meter breiten Wege entlang der Zimmertüren und die Brücken, welche die beiden Seiten einer Etage verbanden. Zwischen den Gängen war pro Etage ein Drahtnetz gespannt, um zu verhindern, dass ein verzweifelter Gefangener sich in die Tiefe stürzte. Die Bauweise, die dem Gebäudeinneren den Charakter eines großen Saales verlieh, hatte für die Wärter den Vorteil, von jedem Standort aus fast alles überblicken zu können. Ich sage fast, denn dadurch, dass die tragenden Wände im Erdgeschoss bis zu 1,5 Meter dick waren, standen die Türen – besonders die der kleinen Zellen an der Südseite des Gebäudes – tief in die Mauer versenkt und blieben für einen Beobachter aus einem anderen Stockwerk verborgen. Dieser Umstand sollte für mich später noch eine wichtige Rolle spielen.

Alle Fenster der Zimmer und der Zellen waren natürlich vergittert. Die handgeschmiedeten, etwa ein Zoll starken Gitterstäbe wurden täglich, gewöhnlich anlässlich der Abendzählung, von einem Caraliu mit einem schweren Holzhammer abgeklopft, um zu prüfen, ob sie angesägt waren. Was die Türen betrifft, so konnten diese zusätzlich zu dem Schloss noch mit zwei Schieberiegeln, die bei Bedarf auch noch mit Vorhängeschlössern fixiert werden konnten, gesichert werden. Auf jeder Etage gab es auf der Südseite des Gebäudes ein Wärterzimmer und im Erdgeschoss einen Raum für die Plantons höherer Ränge. Ebenfalls dort befanden sich das Kleidermagazin, das Bad und die „Neagra" genannten Dunkelzellen (Strafräume). Auch das technische Büro, in welchem zusammen mit Ingenieur Knall noch mehrere Planer, Buchhalter („Pontatori") und Normierer („Normatori") beschäftigt waren, lag im Erdgeschoss.

In diese ersten Tage in Gherla fielen auch die Geburtstage von Edi, Dietmar und mir, was unter den gegebenen Umständen wenig Anlass zum Feiern gab. Daher blieb es bei kameradschaftlichen Wünschen.

Mitte Mai wurden wir dann zum ersten Mal in die Anstaltsfabrik geführt. Während wir noch im Hof gezählt wurden, es war gegen 5.45 Uhr, erhielten gerade die Männer der letzten Nachtschicht ihr Essen und wurden anschließend in ihre Zellen gebracht. Wir, die Neulinge, wurden von Ingenieur Knall und seinen Mitarbeitern empfangen und anhand der Namensliste den verschiedenen Werkstätten zugewiesen. Edi, Dietmar und ich kamen in die Schlosserei, eine geräumige Halle, während Harry den Werkzeugmachern zugewiesen wurde. Wir erhielten Feilen, Metallsägen, Meißel und noch einiges mehr ausgehändigt und begannen, an unserer Werkbank geschmiedete Werkzeugteile zu bearbeiten. Diese Teile waren recht grob und schlecht vorbearbeitet, weshalb unsere Leistung – auch mangels Routine – anfangs weit hinter dem vorgeschriebenen Soll zurückblieb. Bedingt durch meine Ausbildung hatte ich vergleichsweise noch die größte Erfahrung und konnte daher den

Kameraden, so gut es ging, mit Rat und Tat helfen. Die erste Zeit waren wir noch so sehr auf unsere Aufgabe konzentriert, dass wir keine Möglichkeit hatten, von unserer Umgebung allzu viel wahrzunehmen und Bekanntschaften zu schließen. Einer der ersten, der mich ansprach, war ein gewisser Emmerich Kerciov, den ich flüchtig aus der Gewerbeschule kannte, von welcher er seinerzeit plötzlich verschwunden war. In Gherla war er damals Mechaniker bei den Tischlermaschinen, und sein Hauptmerkmal war sein sehr unsympathisches Erscheinungsbild.

Wesentlich vertrauenerweckender waren die Herren Belintan und Bercuci, die Harry und Edi schon in der Haftanstalt Temeschburg als aufrechte Männer kennengelernt hatten und die nicht müde wurden, uns regelmäßig vor den „rotbraunen" Mithäftlingen zu warnen. Alexandru Bercuci, von Beruf Lehrer, war damals etwa 45 Jahre alt und hatte den Weltkrieg als Reserveoffizier mitgemacht. Nachdem er im Jahre 1948 aus der sowjetischen Gefangenschaft heimgekehrt war, war er schon im Folgejahr zu zwanzig Jahre Haft verurteilt worden und soll – das haben wir später aus der Literatur erfahren – im Jahre 1959 in Gherla gestorben sein.

Es war etwa Mitte Juni, als ein neuer Häftlingstransport in Gherla eintraf, und noch bevor die Neuen aus der Quarantäne entlassen wurden, sickerte sehr zu unserer Freude durch, dass sich unter ihnen auch Herbert, Fredi und Andreas befanden. Bei unserem ersten Zusammentreffen wussten sie zu berichten, dass Franzi, Egon, Emmerich und Jakob zusammen mit ihnen Jilava verlassen hatten und vermutlich nach Aiud gebracht worden waren.

Gherla war nicht nur ein riesiges Gefängnis, sondern auch und vor allem ein Wirtschaftsunternehmen mit damals über 2000 „Arbeitnehmern", wie überhaupt die meisten Haftanstalten im kommunistischen Machtbereich dadurch, dass sie über die billige Arbeitskraft der Häftlinge verfügen konnten, eine nicht unbedeutende Rolle in den jeweiligen Volkswirtschaften spielten. So gab es außer der Schlosserei, in welcher wir anfangs beschäftigt wurden, zum Beispiel eine große Abteilung mit Pressmaschinen, die Tag und Nacht in Betrieb waren und hauptsächlich zur Herstellung von Nägeln dienten. Hier wurden teilweise so exotische Aufträge wie etwa die Fertigung von Nägeln für das Beschlagen von Kamelhufen, eine Bestellung aus dem arabischen Raum, erledigt. Ferner gab es riesige Schreinerwerkstätten, in welchen um die 50 Maschinen, aber auch viele Handtischler eingesetzt waren. Zwei große Abteilungen des Unternehmens stellten Knöpfe aus Muschelschalen und Mantelknöpfe aus Rinderhufen her. Diesen angegliedert war eine auf die Fertigung von

Taschenmessern, deren Griffe ebenfalls aus Rinderhufen gefertigt waren, spezialisierte Unterabteilung. Weitere Abteilungen verrichteten unter infernalischen Bedingungen Schmiedearbeiten oder stellten Feilen her. Darüber hinaus gab es diverse Arbeitsgruppen, die den genannten Abteilungen zuarbeiteten oder dafür sorgten, dass deren Maschinen und sonstige Gerätschaften betriebsbereit blieben, wie etwa die Instandhaltungsgruppe, die Elektriker oder der Heizkesselbetrieb, durch welchen die gesamte Anstalt beheizt wurde. Für die Behinderten oder Kranken gab es im Trakt II eine besondere Abteilung, die Besen und Bürsten verschiedener Art herstellte. Andere nur „bedingt Arbeitsfähige" wurden in der anstaltseigenen Wäscherei beschäftigt, wo die Bedingungen freilich katastrophal waren, weil die Arbeit selbst im Winter im Freien stattfand. Wir mussten die „Wäscher" oft bedauern, wenn sie, fast ausschließlich mit kaltem Wasser arbeitend, sich mittels über Kopf und Schultern gestülpter leerer Kartoffelsäcke gegen Regen und Schnee zu schützen versuchten. Später, als die vorhandenen Werkstätten die vielen Häftlinge nicht mehr fassen konnten, wurden noch weitere Arbeiten im Freien oder in improvisierten Bretterbuden, die man im Hof aufbaute, erledigt, darunter das Verkitten oder Streichen der sperrigen Tischlereiprodukte. Eine kleine Sanitätsstelle war im Erdgeschoss der Fabrik eingerichtet, in welcher ein Arzt, ebenfalls Häftling, seinen Bereitschaftsdienst versah.

Zur Selbstversorgung der Anstalt diente eine große von Häftlingen betriebene Bäckerei. Was das Trinkwasser anging, so musste dieses mittels zweier Ochsenkarren täglich aus der Stadt herangeholt werden. Diese Arbeit ebenso wie der Betrieb der anstaltseigenen Gärtnerei oder der Transport der Fertigprodukte zum Bahnhof wurde von etwa dreihundert Strafgefangenen erledigt, die in einem gesonderten Bereich streng von den „Politischen" abgeschottet jenseits des großen Ost-Tores untergebracht waren. Besagtes Tor wurde wie eine Schleuse gehandhabt: Politische Gefangene, die etwa beladene Lastkraftwagen bis zum Tor fuhren, mussten diese dort an die Strafgefangenen übergeben, die den Weitertransport übernahmen. In umgekehrter Reihenfolge ging es dann, wenn Transporte von außen in die Anstalt abgewickelt wurden.

Im Zusammenhang mit den Zugochsen, die das Wasser in die Anstalt brachten, weil das Wasser vor Ort wegen des extremen Salzgehalts ungenießbar war, sollte es später noch zu einem der seltenen lustigen Zwischenfälle kommen. Das lag daran, dass die Ochsen, die die Wagen mit den riesigen Fässern von etwa 2000 Liter Fassungsvermögen zogen, den Weg durch die Anstalt schon auswendig kannten und daher, als einmal die Häftlinge, die sie nach Passieren der „Schleuse" in Empfang zu nehmen hatten, wegblieben, einfach den gewohnten Weg zur Küche und zur Wäscherei unbeaufsichtigt weitertrotteten. Dummerweise bogen sie aber bei der ersten Kreuzung einen halben Meter zu früh ab, wodurch sich die hintere Radachse in einer Barackenecke verfing. Die Ochsen ließen sich von dem plötzlichen Widerstand nicht beeindrucken, zogen wieder kräftig an – und das „Haus", ohne Fundament und lediglich auf einer Betonplattform gebaut, begann sich zu drehen. Die Techniker und der Arzt, die in dem Gebäude untergebracht waren, glaubten an ein Erdbeben und stürzten panikartig durch die Fenster und die Türen in den Hof. Der Schrecken war gewaltig, aber auch die Schadenfreude derer im Hof, die sie verdattert vor ihrem „Bürohaus" stehen sahen. Das Haus wurde später wieder mittels Ochsenkraft „zurechtgerückt".

Zur Identifizierung der Häftlinge während der Arbeitszeit diente ein Ausweis in Form eines rosafarbenen Kartons, auf welchem handschriftlich außer dem Namen, der Werkstatt und der Zellennummer auch das begangene Verbrechen sowie die Höhe der Strafe vermerkt waren. Als wir später diesen Ausweis abgeben mussten, gab ich an, diesen nicht mehr zu besitzen, weil er mir von einem mir unbekannten Unteroffizier abgenommen worden sei. Man begnügte sich mit dieser Auskunft, und es gelang mir, den Ausweis – erst jahrelang in meine Mütze eingenäht und später zwischen meine privaten Sachen geschmuggelt – über die Entlassung hinaus zu behalten. Ich besitze ihn noch heute.

Unsere Arbeitszeit während der Tagschicht begann kurz nach 6 Uhr morgens. Etwa gegen 11 Uhr bekam jeder, der am Vortag seine Norm erfüllt hatte, das sogenannte Produktionsbrot, also ein zusätzliches Brotstück von etwa 200 Gramm. Den unerfahrenen Neuankömmlingen wurde zur Erfüllung des Solls eine Gnadenfrist von einer Woche eingeräumt, innerhalb derer die Brot-Sonderration automatisch ausgehändigt wurde. Aber nach Fristablauf gerieten alle in die „Obhut" der Normatori, die das Soll an Arbeitsleistung festlegten und natürlich regelmäßig erhöhten, und der Pontatori, die die Erfüllung des Solls überwachten. Zweimal die Woche gab es anstelle von Brot „Turtoi", einen gebackenen Maisfladen, den viele Rumänen sogar lieber aßen als das Brot. Von uns konnte man das nicht behaupten – wir hielten es diesbezüglich eher mit dem Teufel, der bekanntlich „in der Not auch Fliegen frisst".

„Reeducare"

Eines Tages berichtete uns Dietmar, dass er Rudi Kohl getroffen habe. Mit Rudi und dessen Kumpel Hans Engrich hatten wir seinerzeit in Temeschburg Verbindung aufgenommen und eine Zusammenarbeit mit ihrer Gruppe erwogen, waren davon jedoch wieder abgerückt, weil uns die beiden noch etwas unreif schienen. Nunmehr erfuhren wir, dass sie beide auch hier einsaßen und der Tischlerei zugeteilt waren. Der dritte Mann ihrer früheren Gruppe war im Prozess freigesprochen worden. Als wir allerdings sahen, dass sowohl Rudi als auch Hans „rotbraun" trugen, schrillten bei uns sämtliche Alarmglocken, umso mehr, als wir später noch feststellten, dass beide gelegentlich auch als Planton fungierten. Wir verhielten uns den beiden gegenüber fortan sehr reserviert, was sich als vernünftig erweisen sollte, denn später erfuhren wir durch Dritte noch mehr Unrühmliches über unsere beiden Bekannten. So wurde uns hinter vorgehaltener Hand zugetragen, dass sie noch die letzten Wochen der „Reeducare" mitgemacht hätten und dabei recht schnell zusammengebrochen seien und sich bereit erklärt hätten, Spitzeldienste zu übernehmen.

Diese Andeutungen über die „Reeducare", was so viel bedeutet wie „Umerziehung", klangen sehr geheimnisvoll und sagten uns damals noch nicht viel. Erst mit der Zeit erfuhren wir, dass sich hinter dem Begriff ein Programm zur Umerziehung der politischen Häftlinge durch Gehirnwäsche und Terror verbarg, welches zu furchtbaren Gewaltexzessen geführt hatte. Eingebunden in dieses Umerziehungsprogramm waren sowohl Bedienstete der Vollzugsanstalten als auch Häftlinge, die sich hierdurch persönliche Vorteile versprachen. Das Programm geriet irgendwann außer Kontrolle und führte zu Exzessen, welche die Staatsführung zum Handeln zwangen. Daraufhin wurde die „Reeducare" offiziell eingestellt und es gab eine Reihe von Prozessen gegen die schlimmsten Folterer, die mit der Verhängung von hohen Strafen endeten. In die Geschichte des Kommunismus sollte die in dieser Form einmalige Maßnahme unter dem Begriff „Piteşti-Experiment" eingehen.

Unser großes Glück war, dass der allerschlimmste Abschnitt der Umerziehung kurz vor unserer Ankunft beendet worden war. Im kleineren Rahmen und mit etwas moderateren Methoden ging die Umerziehung unter der Regie einer zweiten Generation von Folterern zwar noch bis zum Tode Stalins weiter, ohne jedoch die vormaligen traurigen „Höhepunkte" je wieder zu erreichen. Während unserer Anfangszeit dienten, ohne dass wir dies auch nur geahnt hätten, die Zellen Nr. 97 bis Nr. 101 nach wie vor als Folterkammern, in welchen die Politoffiziere Avadanei und Ciumasu, der Wärter Corcodeanu und der Gefängnisarzt Dr. Barbosu ihr Unwesen trieben. Den genauen chronologischen Ablauf der Ereignisse konnten wir seinerzeit nicht wissen und haben ihn zum Teil erst Jahrzehnte später aus der Literatur erfahren, doch ließen einzelne im Umlauf befindliche Gerüchte doch einen gewissen Einblick ins Geschehen zu. So etwa die uns von Herrn Belintan zugetragene Nachricht, dass die zwei Ende April aus Gherla weggebrachten ehemaligen Hauptakteure der „Reeducare", Eugen Țurcanu und Mihai Livinschi, nicht etwa zum Zwecke der Belobigung nach Bukarest gebracht worden seien, sondern vielmehr, um sie wegen ihrer Folterpraktiken zu bestrafen. Diese Behauptung erschien den meisten Mithäftlingen – auch uns – damals unglaubwürdig, und wir vermuteten, dass hier vielleicht „der Wunsch der Vater des Gedankens" gewesen sein könnte, und doch war sie, wie wir heute wissen, absolut zutreffend.

Unser Arbeitsraum, die Schlosserei, war mit etlichen Werkbänken und diversen Drehbänken, Fräsen, Bohr- und Schleifmaschinen – alles veraltete Modelle – ausgestattet. Der Chef der Abteilung, ein ehemaliger Feldwebel der Gendarmen, gab sich uns gegenüber väterlich und ermahnte uns regelmäßig, fleißig zu sein, da dies unserem Wohle diene. Sein höfliches Verhalten unserer „Vierergemeinschaft" gegenüber könnte aber darin begründet gewesen sein, dass er uns als für ihn potenziell gefährlich einschätzte, denn anderen gegenüber, denen er sich überlegen wähnte, trat er zum Teil recht grob und unverschämt auf. Da uns dies nicht verborgen blieb, war auch unsere Beziehung zu ihm höflich reserviert.

Ein anderer aus der Werkstatt, der in unserer Nähe an einer der Drehbänke arbeitete, fiel durch seine Großmäuligkeit auf. Er hieß Țetler (lies: Zetler), wurde „Puiu" genannt und war ein ausgesprochen unsympathischer vorlauter Mensch, der sich betont „umerzogen" gab, immer bemüht, seine politischen Sünden gegen die Volksrepublik durch Arbeit wiedergutzumachen. Obwohl der jüngste unter den Drehern, kritisierte, mahnte und bedrohte er sogar gelegentlich andere, die sich seiner Meinung nach nicht genug bei der Arbeit bemühten. Er hatte in Bukarest sein Studium des Rechts fast beendet, als er, wenn ich mich recht entsinne, zu 15 Jahren Haft verurteilt wurde. Schon während der Untersuchungshaft, hieß es, habe er sich niederträchtig benommen, was zur Inhaftierung mehrerer seiner unschuldigen Kommilitonen geführt hatte. Im Gefängnis erfolgte anschließend seine „Reeducare" und seine Tätigkeit in diesem Sinne, da nach seinem Verständnis alle noch nicht umerzogenen Mithäftlingen Banditen und entsprechend zu behandeln waren. Als ich einmal wegen einer Kleinigkeit mit ihm aneinandergeriet und er mich einen „rassistischen Nazi" nannte, konnte ich mich nur schwer beherrschen, nicht handgreiflich zu werden. Dies war mein

Glück, denn wie ich später erkennen sollte, war zu jener Zeit der Einfluss des sogenannten „Büros der Häftlinge", zu welchem „Puiu" beste Beziehungen unterhielt, ganz erheblich und eine offene Auseinandersetzung mit diesem für keinen Häftling zu empfehlen.

Dieses Gremium, welches offiziell der Selbstverwaltung der Häftlinge dienen sollte, wurde in erster Linie zum Zwecke der bereits erwähnten politischen Umerziehung missbraucht und war ein Spitzelapparat der Securitate. Die Leitung des „Büros" – übrigens nicht zu verwechseln mit dem „biroul technic" des Ingenieurs Knall, welches sich ausschließlich um fachliche Dinge kümmerte – oblag damals einem teuflischen Trio ehemaliger Studenten, bestehend aus Constantin Jubereanu, Gheorghe Calciu und Dan Diaca. Ihnen zur Hand ging ein ganzes Netzwerk von hörigen Heloten, die als Spitzel und Zuträger von Nachrichten wirkten. Manche dieser Spitzel wurden gezielt auf bestimmte Häftlinge angesetzt, um deren Verfehlungen aufzudecken und sie, wenn man ihnen nachweisen konnte, dass sie sich von ihrer „faschistischen Vergangenheit" nicht losgesagt hatten, bei den Wärtern zur Bestrafung vorzuschlagen. Die Wärter konnten es sich – selbst wenn sie es vielleicht gewollt hätten – zumeist gar nicht erlauben, einen solchen Hinweis zu ignorieren, ohne Gefahr zu laufen, selbst beim Politruk angeschwärzt zu werden. Ein typisches Beispiel schwerer Schikane des „Büros" gegen einen Häftling war der von Mihai Timaru in dessen Buch geschilderte Fall des schon erwähnten Ingenieurs Knall, eines guten Fachmannes, der immer bemüht war, die Arbeit in der Fabrik so zu organisieren, dass das geforderte Soll erfüllt werden konnte. Da er jedoch bei Jubereanu in Ungnade gefallen war, sorgte dieser dafür, dass Knall lange Zeit hindurch ein- bis zweimal pro Woche statt in seiner Zelle auf dem kalten Betonfußboden der Dunkelzelle verbringen musste. Sein Glück war noch, dass er als illegaler Grenzgänger eine Strafe von „nur" drei Jahren abzusitzen hatte und daher bereits im Frühjahr 1953 entlassen wurde.

Besonders in der Anfangszeit in Gherla war auch unsere Gruppe einem massiven psychologischen Druck ausgesetzt, der von den Leuten des „Büros" aufgebaut wurde, um Einzelne unter uns zu beeinflussen und unseren Zusammenhalt letzten Endes zu sprengen. Dass wir alle ins Visier der „Umerzogenen" geraten waren, konnten wir immer und überall erkennen. Dahinter steckte zum einen natürlich das „Sendungsbewusstsein" der Betreffenden, die sich auf diese Art und Weise rehabilitieren wollten, zum anderen aber auch der bei vielen Rumänen anerzogene Chauvinismus gegen uns Deutsche.

Der erste unter uns, bei welchem „der Hebel angesetzt“ wurde, war Herbert, der – vermutlich, weil er der jüngste war – als leichtestes Opfer angesehen wurde. Schon die Tatsache, dass man ihn in der Werkstatt für Knopf- und Taschenmesserherstellung untergebracht hatte, dürfte Teil des Planes gewesen sein, ihn von der restlichen Gruppe abzusondern. Es war auch nicht zu übersehen, dass er schon bald von „netten“ und „freundlichen“ Kollegen umlagert wurde, die ihm mit guten Ratschlägen unter die Arme griffen und zugleich so ganz nebenbei Details über die von uns begangenen „Verbrechen“ zu erfahren suchten. Später wurden sie noch deutlicher und verlangten von Herbert, er solle sich öffentlich seiner Fehler gegen die Volksrepublik bekennen und von uns lossagen. Als sie freilich merkten, dass ihre Bemühungen nicht fruchteten und Herbert weiterhin in den Pausen und in jeder freien Minute bei uns hockte, wurde die Taktik geändert und er mit dauernder Kritik an seiner Arbeitsleistung und seinem angeblich mangelnden Fleiß „unter Feuer genommen“. Es kam zu Streit und zu Tätlichkeiten, die damit endeten, dass Herbert vom Vorarbeiter mit der Behauptung angeschwärzt wurde, er habe seine Kollegen angegriffen. Dies wiederum hatte die Verhängung einer zehntägigen Karzerstrafe zur Folge, mit welcher gleichzeitig eine Halbierung der Verpflegungsration und das Wegfallen des „Produktionsbrotes“ einhergingen. Was die weggefallene Verpflegung anging, konnten wir anderen eine leichte Entlastung schaffen, indem wir – natürlich heimlich, oftmals mithilfe Herrn Belintans, der sich uns als Kurier zur Verfügung stellte – abwechselnd unser Brot mit Herbert teilten, aber die Nächte im Karzer, die er stehend verbringen musste, konnte ihm natürlich keiner abnehmen. Gott sei Dank entspannte sich die Lage etwas, als kurz nach diesen Ereignissen noch weitere „Umerzogene“, darunter auch Herberts Vorarbeiter, ebenfalls zum Verhör in Sachen „Reeducare“ in das Gefängnis des Innenministeriums nach Bukarest verlegt wurden. Er wurde später sogar in Anerkennung seines Fleißes und seiner Geschicklichkeit mit der Überprüfung der fertigen Fallschirmjägermesser betraut. Diese Aufgabe nahm er bis zu seiner späteren, für uns alle überraschenden Verlegung nach Piteşti wahr, als man um eine Zeit alle Häftlinge mit fremder Staatsangehörigkeit (Herbert war deutscher Staatsbürger) dort zu konzentrieren begann.

Agenten des „Büros“, die ähnliche Versuche auch bei Dietmar und Andreas unternahmen, handelten sich ebenfalls eindeutige Absagen ein, wonach zumindest von dieser „Fraktion“ keine Bemühungen mehr in Bezug auf unsere Gruppe unternommen wurden, zumal im gleichen Maße, wie überall durchsickerte, wie es zwischenzeitlich den in Bukarest einsitzenden „Hauptumerziehern“ à la Ţurcanu erging, auch der Elan der noch in Gherla verbliebenen Gauner erheblich abflaute.

Als ich für ungefähr eine Woche zur Elektroschweißerei abgeordnet wurde, lernte ich dort Ilie Turcin kennen, einen damals etwa 40 Jahre alten Rumänen, der als Legionär seit 1948 einsaß. Der mittelgroße hagere Mann mit dem Oberlippenbart machte auf Anhieb einen vertrauenerweckenden Eindruck, und so unterhielten wir uns schon recht bald über unsere jeweilige Herkunft und den Grund unserer Verurteilung. Dass er aus Ferdinandsberg, welches zwischenzeitlich in Otelul rosu („Roter Stahl“) umbenannt worden war, stammte und – wie sich im Laufe des Gesprächs ergab – meinen Onkel Barth kannte und schätze, ließ mich ebenfalls Vertrauen zu ihm fassen. Als sein Gehilfe musste ich ihn zu den verschiedenen Instandsetzungsarbeiten begleiten, kam dadurch viel in der Fabrik herum und lernte allmählich die dort Arbeitenden kennen. Turcin warnte mich immerfort vor dem dichten Netz der Spitzel, die im Dienste der politischen Offiziere standen und die Mitgefangenen aushorchten. Namentlich nannte er in diesem Zusammenhang die mir bekannten Rudi Kohl und Hans Engrich und bestätigte damit unsere Vermutungen hinsichtlich der beiden. Als ich nach ungefähr einer Woche zur Schlosserei zurückbeordert wurde, bedauerten wir dies beide sehr. Wir blieben aber weiterhin freundschaftlich verbunden und konnten noch des Öfteren miteinander sprechen, bis er gegen Ende des Jahres plötzlich aus der Fabrik verschwand. Erst viel später erfuhr ich von seinem weiteren, tragischen Schicksal: Nach Ablauf seiner Haft wurde er im Jahre 1955 entlassen, jedoch bereits 1959 als Wiederholungstäter erneut zu einer diesmal zehnjährigen Gefängnisstrafe verurteilt, aus welcher er 1964 im Zuge der allgemeinen Begnadigung aller politischen Häftlinge entlassen wurde. Danach arbeitete er als Schweißer im Ferdinandsberger Hüttenwerk und kam dort bei einem Arbeitsunfall – man hatte beim Zersägen eines alten Kanonenrohres übersehen, dass in diesem noch eine Granate steckte – ums Leben.

Jetzt, in der Sommerzeit, brachten uns die Küchenhelfer das Mittagessen bis vor die Werkstatttür. Dieses wurde in den emaillierten Essgeschirren ausgegeben und konnte während der halbstündigen Pause eingenommen werden, wozu wir vier uns zumeist im Hof auf herumliegenden Baumstämmen oder Balken niederließen. Dadurch, dass die Mithäftlinge zum Essen wieder in die Werkstatt gingen, hatten wir mittags die beste Gelegenheit, uns ungestört zu unterhalten und unsere Eindrücke und Erfahrungen auszutauschen. Natürlich blieb unser häufiges Zusammensein den Spitzeln nicht verborgen und dürfte ihnen ein Dorn im Auge gewesen sein, zumal sie uns ohnehin dadurch, dass wir untereinander deutsch sprachen, schwerer belauschen konnten. Vermutlich ärgerte es die Halunken auch, dass unser Zusammenhalt Bestand hatte und sich die Kameraden nicht von mir abgewendet hatten.

Ähnliche Gründe dürften etwa zwei Wochen nach dem Arbeitsbeginn in der Fabrik dazu geführt haben, dass wir, als unser Zimmer aufgelöst wurde und wir im neuen Zimmer ankamen, vom dortigen Chef absichtlich zerstreute Liegeplätze zugewiesen bekamen. Nach und nach erkannten wir, dass es sich bei unseren neuen Nachbarn fast ausnahmslos um ehemalige Studenten handelte, die meisten von ihnen zu hohen Strafen verurteilt. Von Mithäftlingen aus der Werkstatt wurden wir angesichts der neuen Umgebung zur Vorsicht ermahnt: Es hieß, es befänden sich etliche „Umerzogene" unter den Studenten, so etwa ein gewisser Mihai Scutaru, aber vor allem Petrică Rebreanu, der Neffe des bedeutenden Schriftstellers Liviu Rebreanu. Von ihm munkelte man, er habe bis vor einigen Monaten in einer der berüchtigten „Studentenbrigaden" am Donaukanal gearbeitet. Obwohl ich damals hierüber noch nicht viel wusste, nahm ich mir vor, vorsichtig zu bleiben. Unabhängig davon jedoch stellte Rebreanu – er war ein athletischer Typ mit gewinnenden Zügen, der sich gewählt ausdrücken konnte – für viele einen Anziehungspunkt dar. Auch die Tatsache, dass er der Neffe des sehr bekannten Literaten war, ließ ihn für viele interessant erscheinen. Dies und seine Redegewandtheit führten dazu, dass er in jeder Gruppe schnell zum Mittelpunkt wurde. Er hatte sein Studium der Rechtswissenschaften fast schon abgeschlossen, als er am 15. Mai 1948 in Klausenburg verhaftet wurde, als gleichzeitig auch in den Universitätsstädten Bukarest, Iaşi und Temeschburg von der Securitate zum großen Schlag gegen die Studentenschaft ausgeholt wurde. Die Zahl der von ihm gelesenen Bücher und gesehenen Filme war außergewöhnlich, und wenn er sich abends nach dem Appell anschickte, hiervon zu erzählen, versammelte sich im Nu das halbe Zimmer um ihn. Es war unbestreitbar ein Genuss, zuzuhören, wenn er Romane und Novellen der rumänischen, französischen oder englischen Literatur nacherzählte. Diese kleinen Vorträge einzelner Häftlinge über gelesene Bücher oder gesehene Filme gehörten mangels Alternativen zu den beliebtesten Beschäftigungen während der freilich sehr knapp bemessenen freien Zeit. Auch ich hatte mehrere „Auftritte", bei denen ich, so gut ich es konnte, Teile aus „Winnetou" erzählte. Die meisten kannten die Geschichte nicht, da Karl May zu jener Zeit noch nicht ins Rumänische übersetzt worden war. Auch meine Erzählung über Defoes „Robinson Crusoe" ist mir in Erinnerung geblieben.

Zu den Personen, die wir in unserer Anfangszeit in Gherla kennenlernten, gehörte auch ein Ungar, der – als Krimineller von der ungarischen Polizei verfolgt – nach Rumänien geflohen und dort verhaftet worden war. Seine Strafe wegen illegalen Grenzübertrittes betrug lediglich ein Jahr, und nach deren Verbüßung sollte er abgeschoben werden. Feri Hamis, so sein Name, war übrigens der Mann, der uns schon am Tag unserer Ankunft am Eingangstor als Schuhputzer aufgefallen war. Dietmar hatte herausbekommen, dass er nur Ungarisch konnte, und so kamen wir mit ihm schnell ins Gespräch, zumal er sich freute, jemanden gefunden zu haben, mit dem er sich unterhalten konnte. Seine Bekanntschaft brachte uns abgesehen von den materiellen Vergünstigungen – durch seine gute Stelle beim Büro war er in der Lage, uns ab und an heimlich Sonderrationen an Karotten, Maisfladen oder anderen Lebensmitteln zukommen zu lassen – vor allem interessante Informationen über das Offizierskorps der Anstalt. So bestätigte er das bereits im Umlauf befindliche Gerücht, wonach die ehemaligen Hauptakteure der „Reeducare" Ţurcanu und Livinschi zur Untersuchungshaft nach Bukarest gebracht worden waren, und dass der Politoffizier Avadanei im gleichen Zusammenhang einen Selbstmordversuch unternommen hatte. Wie schon andere vor ihm warnte auch Feri uns nachdrücklich vor den Spitzeln unter den Häftlingen und vor den gefährlichen Leuten der Verwaltung wie den politischen Offizieren Ciumasu oder dem schon erwähnten Avadanei und den Unteroffizieren Cucu und Corcodeanu. Leutnant Mihalcea, den Leiter der Fabrik, bezeichnete er als Psychopathen, eine Einschätzung, deren Richtigkeit wir in der Folgezeit noch bestätigt bekommen sollten. Was seine kriminelle Karriere in Ungarn anging, bezeichnete Feri sich „Matckos", was in der dortigen Gaunersprache Panzerschrankknacker bedeutet („Matcko" ist in der ungarischen Sprache sowohl der Kosenamen für den Bären als auch im entsprechenden Milieu die Bezeichnung für einen Panzerschrank). Wir fragten uns natürlich, ob Feris Anhänglichkeit ehrlich war, denn natürlich konnte nie ausgeschlossen werden, dass auch er dazu missbraucht wurde, uns auszuhorchen. Seine abwertenden Äußerungen über die meisten Offiziere, die er als Speichelleckerbezeichnete, konnten Teil seiner Tarnung sein. Wir machten in der Folgezeit keine schlechten Erfahrungen mit ihm, blieben aber trotzdem mit politischen Äußerungen ihm gegenüber immer sehr zurückhaltend. Nach zwei Wochen verschwand Feri aus unserem Zimmer.

Anfang Juni wurde der Anstaltsleiter Hauptmann Gheroghiu, der das Kommando erst vor einem guten Jahr von Hauptmann Lazar übernommen hatte, von dem berüchtigten Hauptmann Goiciu abgelöst. Die kurze Amtszeit Gheorghius dürfte ebenfalls im Zusammenhang mit dessen Verstrickung in die „Reeducare“ gestanden haben. Der Neue, Goiciu, war freilich auch kein „Kind von Traurigkeit“ und wegen des Terrorregimes, welches unter seiner Leitung in der Haftanstalt Galați geherrscht hatte, bereits im gesamten rumänischen Gulag-System bekannt und gefürchtet. Auch bei uns war eine der ersten Maßnahmen, die wir dem neuen Kommandanten zu verdanken hatten, die Einführung der Karzer, die so mancher Häftling in schlimmer Erinnerung behalten sollte. Anlässlich des Rundganges, den der scheidende und der neue Kommandant mit einer Gruppe von Unteroffizieren durch die Fabrik unternahmen, sah ich auch zum ersten Mal Márton Benedek, den Direktor der Möbelfabrik in Gherla, die wirtschaftlich eng mit der Fabrik der Anstalt verbunden war. Benedek, ein gelernter Schreiner, war ein untersetzter kräftiger Mann mit hellblonden Haaren und einem Säufergesicht. Später sollte ich feststellen, dass er ziemlich stark stotterte, und ich sollte auch Gelegenheit erhalten, seine guten und weniger guten Seiten kennenzulernen.

Aufgrund der Regelung, wonach Häftlinge mit einer Haftzeit von unter zehn Jahren während der Nachtschicht eingesetzt werden konnten, wurde Andreas die Schmiede als neuer Arbeitsplatz zugewiesen. Diese Maßnahme grenzte freilich an Sadismus, denn Andreas konnte wegen seiner Verwundung nach wie vor kaum gehen und war daher völlig außerstande, den Anforderungen in einer Schmiede zu genügen. Glücklicherweise gelang es uns, Turcin zu überzeugen, an entsprechender Stelle ein gutes Wort für Andreas einzulegen. Turcin, den wir vertraulich mit „Nea Ilie“ ansprachen, schaffte es tatsächlich, Andreas' Versetzung schon nach zwei Tagen zu den Elektrikern und später zu der Knopfherstellung durchzusetzen. Erst später stellten wir fest, dass der Versuch, Andreas in der Schmiede einzusetzen, Teil eines teuflischen Plans von Jubereanu und Konsorten war, mittels dessen der Zusammenhalt unserer Gruppe, der den Bestien im „Produktionsbüro“ natürlich ein Dorn im Auge war, zerbrochen werden sollte. Bei der Fertigung von Hornknöpfen war Andreas vorerst jedenfalls besser aufgehoben. Auch wenn dort das Arbeitssoll hoch war, so konnte er doch zumindest im Sitzen tätig sein. Als dann am 31. Juli 1952 die Neubemessung unserer Strafen erfolgte und diese zwischen zehn und 25 Jahren betrugen statt wie ursprünglich verhängt zwischen sechs und 15 Jahren, durfte auch Andreas nicht mehr in der Nachtschicht arbeiten, sondern wurde einer Sondergruppe zugeteilt, die von vormittags um 10 bis abends um 22 Uhr tätig sein musste. Diese besondere Arbeitszeit hatte für Andreas den angenehmen Nebeneffekt, dass er von der „freiwilligen“ Arbeit, zu welcher wir anderen fast täglich nach Schichtende herangezogen wurden, befreit blieb. Was uns in Zusammenhang mit Andreas damals auch sehr freute, war der Umstand, dass sich sein Gesundheitszustand weiter gebessert hatte. Die Störungen der Motorik an seinen Beinen waren zwar noch vorhanden, jedoch längst nicht mehr in dem Umfang wie in den ersten Monaten nach seiner Verletzung. Ungebrochen war auf jeden Fall seine Moral, und durch die Art und Weise, wie er seine Behinderung gelassen und manchmal humorvoll ertrug, war er uns anderen ein Vorbild.

Von den später hinzugekommenen Kameraden landete Herbert in der Taschenmesserabteilung, Fredi kam zu uns in die Schlosserei und Edi wurde als Lehrling an eine Drehbank befohlen. Als in allen handwerklichen Dingen der Geschickteste unter uns fand sich Edi am schnellsten zurecht, zumal er vom damaligen Dreher der Instandhaltung Constantin Oprisan sehr freundlich empfangen und gut eingewiesen wurde. Er konnte daher schon nach wenigen Tagen in der Serienproduktion arbeiten.

Eines Nachts weckte mich ein brennendes Jucken im Nacken, welches ich sofort als Wanzenstich identifizierte. Ich setzte mich auf und suchte das Biest, leider ohne Erfolg, denn dazu war das Licht zu schwach und das Gedränge auf der Pritsche zu groß. Betrüblicherweise war, weil ich immer weitere Stiche abbekam, diese Nacht für mich gelaufen. In der Folgenacht wappnete ich mich schon frühzeitig gegen eventuelle neuerliche „Angriffe", indem ich meine Liegefläche durch massiven Einsatz von DDT-Pulver in eine geschlossene weiße Fläche verwandelte, an meiner langen Unterhose den Schlitz vernähte und die Hosenbeine mittels einer Schnur festband. Zudem hatte ich von Dietmar ein Trikothemd ausgeborgt, welches an der Halsöffnung fest verschließbar war und bei welchem ich die Ärmel ebenfalls mit Schnüren festband. Trotz dieser Vorkehrungen hatte ich auch noch in den folgenden Nächten Wanzenbesuche zu ertragen, allerdings in abnehmendem Maße. Daher wurden am folgenden Wochenende sicherheitshalber beide Pritschen auseinandergebaut und sämtliche Einzelteile mit flüssigem DDT besprüht. Tatsächlich war danach der ganze Spuk vorbei, zumal zeitgleich in der gesamten Anstalt eine größere Vertilgungsaktion durchgeführt wurde. Übrigens hatten wir das Glück, dass zu jener Zeit das Insektenvernichtungsmittel DDT (Dichlordiphenyltrichlorethan) schon in sämtlichen Gefängnissen vorhanden war und auch reichlich eingesetzt wurde. Was dessen Gesundheitsschädlichkeit anging, machten wir uns unter den gegebenen Umständen freilich wenig Gedanken, zumal es ohnehin keine brauchbare Alternative gab, also vertrauten wir der Aussage, wonach das

Insektizid für den Menschen ungefährlich sei. Die erwähnte Begegnung mit den Wanzen blieb Gott sei Dank die einzige dieser Art im Gefängnis.

Mit der Zeit wurde unser Gefängnisalltag in Gherla immer ausgefüllter. Abgesehen von den offiziell sechs Arbeitstagen pro Woche wurden wir nämlich auch zusätzlich am Sonntagvormittag zum „freiwilligen Arbeitseinsatz" herangezogen, im Rahmen dessen wir beispielsweise das im Hof zum Trocknen gelagerte Holz umzuräumen oder im Keller faule Kartoffeln auszulesen hatten. Unsere Abwesenheit wurde dann regelmäßig dazu benutzt, die Zimmer zu durchsuchen und den Caralii Gelegenheit zu ihrer Lieblingsbeschäftigung zu geben, unsere Sachen gründlich durcheinanderzuwirbeln und auf dem entstandenen Tohuwabohu mit den Stiefeln herumzutrampeln.

Werktags wurden wir um 5.45 Uhr aus dem Zimmer hinaus und durch das nördliche Tor der Anstalt in die Fabrik befohlen. Wenn der Zeitplan eingehalten wurde, war es gegen sechs Uhr, wenn wir das Tor passierten und gezählt wurden, während gleichzeitig die Männer der Nachtschicht durch das Westtor ebenfalls in den Innenhof, welcher sich zwischen Trakt I und II erstreckte, geführt wurden. Die Nachtschichtler wurden ebenfalls gezählt und erhielten sodann ihren Terci, bevor man sie zum Schlafen in die Zimmer führte. Für die Arbeiter der Tagschicht gab es pünktlich um 12 Uhr eine halbstündige Mittagspause, wonach bis 18 weitergearbeitet werden musste, bevor die oben erwähnte Nachtschicht begann. Was das Arbeitssoll, die „Norma", anging, so waren diese hoch und wurden von den sogenannten Normatori regelmäßig weiter erhöht. Diese Sollberechnungen des Produktionsbüros waren das ideale Betätigungsfeld für die im Rahmen der „Reeducare" umerzogenen Häftlinge, die dadurch – natürlich auf Kosten der Mithäftlinge – ihre Läuterung unter Beweis stellen konnten.

Außerhalb der regulären Arbeitszeit gab es auch nach dem Abendessen für die Leute der Tagschicht regelmäßig „freiwillige Arbeitseinsätze" („Corvoada"), die zwischen einer und mehreren Stunden dauern konnten und zum Beispiel dazu dienten, Halbfabrikate in den Werkstätten von einem Standort zum nächsten zu transportieren, damit die Häftlinge, die an ihren Plätzen zumeist nur für einen Arbeitsgang zuständig waren, möglichst ohne Zeitverlust durcharbeiten konnten.

Die Folge dieser pausenlosen Beschäftigung war natürlich, dass man tagsüber für persönliche Bedürfnisse – wie etwa das tägliche Waschen im Zimmer – kaum noch Zeit fand. Dabei war dieses „Waschen", wenn man es so nennen will, ohnehin schon abenteuerlich genug, musste es doch über der WC-Schüssel stattfinden, wobei man mangels eines Wasserhahns das Wasser mittels des Essgeschirrs aus dem Spülkasten schöpfen musste. Die durch dieses Prozedere erlangte Sauberkeit war, wie man sich unschwer ausmalen kann, lediglich symbolischer Natur, besonders da wir, die Schlosser, nicht nur verschwitzt, sondern durch das Öl und den Staub der Schleifmaschinen kohlrabenschwarz waren. Auch das wöchentliche Duschen – man musste dabei, um Zeit zu sparen, fast nackt ins Erdgeschoss laufen – ebenso wie Arztbesuche wurden immer häufiger in die Nacht verlegt. Einmal pro Woche kamen die Frisöre ins Zimmer, weckten der Reihe nach ihre „Kunden", die sich sodann mit noch geschlossenen Augen aufsetzten und die Zeit, die notwendig war, um sie einzuseifen und im Schnellverfahren zu rasieren, weitestgehend im Halbschlaf zubrachten. Anschließend konnten sie sich einfach zum Weiterschlafen nach hinten fallen lassen. Wir Schlosser waren nach der Rasur zwar nach wie vor nicht glatt im Gesicht, doch zumindest war der „Schlosserdreck" durch die Seife und das Rasiermesser beseitigt.

Inzwischen war auch der Juni verstrichen und wir bekamen unseren ersten „Lohn" in Form einer sogenannten Cartela, eines Abrechnungszettels, auf dem unsere geleisteten Arbeitsstunden und die Erfüllung des Solls vermerkt waren. Uns stand nur ein Teilbetrag unserer Entlohnung zu, was etwa 30 Lei der neuen Währung entsprach. Die Gruppenchefs und Meister erhielten etwas mehr. Mittels unseres Zettels konnten wir in der „Cantina", einem Laden, der im Erdgeschoss des ersten Traktes eingerichtet war, Zigaretten, Zucker, Halwa (eine türkische Süßspeise), Fleischkonserven oder Kekse einkaufen. Viel konnte man sich beim abendlichen „Einkauf", zu dem man zimmerweise geführt wurde, freilich nicht leisten, kostete doch schon ein Päckchen Zigaretten einen Leu oder eine Fleischkonserve von 500 Gramm zwei bis drei Lei. Es gehörte anschließend viel Selbstüberwindung dazu, die erstandenen Lebensmittel nicht sofort zu vertilgen. Nachdem wir aber reihum unsere schlechten Erfahrungen gemacht hatten – unsere ausgehungerten Mägen reagierten empfindlich, wenn man sie plötzlich zu üppig stopfte –, wurden wir vorsichtiger und gingen zum Beispiel dazu über, Fleischkonserven zu zweit zu essen. Am effektivsten erwies sich der Kauf von Zucker, mit dem man, wenn man damit sparsam umging, seinen Frühstücks-Terci lange Zeit versüßen konnte. Am sinnlosesten war natürlich der Kauf von Zigaretten, einer Sucht, der wir mit der Zeit leider alle – mit Ausnahme von Andreas und Herbert –verfallen waren.

Etliche Häftlinge in Gherla waren redlich bemüht, die Arbeit effektiver zu gestalten, und setzten dazu ihr ganzes Können und ihren Erfindergeist ein. Beispielhaft sei ein Ungar aus dem Banater Ort Bakowa genannt, Szabo mit Namen, der schon durch sein Äußeres – er war groß und kräftig, etwa vierzig Jahre alt, und sein fehlender Unterschenkel war durch eine Prothese ersetzt – auffiel. Der Form halber war er als Meister in der Schreinerei untergebracht, doch hielt er sich hauptsächlich im technischen Büro auf und beschäftigte sich zumeist mit Änderungen an den vorhandenen Maschinen, um deren Leistung zu verbessern. Seine wertvollste Schöpfung war eine Maschine zur Herstellung von Holzschrauben, die wirklich gut und zuverlässig funktionierte und mit welcher der gesamte Bedarf der Möbelfabrik in der Stadt gedeckt werden konnte. Speziell wegen dieser Maschine machte sich Szabo Hoffnungen auf eine frühzeitige Entlassung, doch zumindest bis 1954 geschah nichts dergleichen. Die kommunistische Volksrepublik kannte, was die „Politischen" anging, nur selten Anerkennung oder Gnade.

Fast noch erfolgreicher war Ingenieur Knall, der Leiter des technischen Büros, der aus einem alten Kesselkörper eine Holzvergasungsanlage baute. Er hatte diese Technologie in Deutschland zu beherrschen gelernt, als sie dort wegen der kriegsbedingten Rohstoffknappheit zumindest im zivilen Bereich eine beachtliche Rolle spielte. Der Kessel wurde mit Holzspänen gefüttert, welche vor sich hin kokelten, wodurch das Gas entstand, welches unter anderem zur Befeuerung der Dampfkessel verwendet wurde. Nebenbei entstand auch ein ölartiges Destillat, welches in der chemischen Industrie Verwendung fand. Typisch für den Gulag und für die gesamte kommunistische Wirtschaft war freilich, dass Projekte dieser Art vom Erfindungsgeist und der Initiative einiger weniger Fachleute abhängig waren. So verhielt es sich auch mit der Holzgasanlage, die schon kurz nach Knalls Entlassung stillstand, weil es keinen mehr gab, der sie in Betrieb hätte halten können.

Der Versuch, die Produktivität mittels bahnbrechender Neuerungen zu erhöhen, konnte freilich auch als „Rohrkrepierer" enden. So wurden die Dauben der Holzfässer, die gelegentlich als Großauftrag von unseren Tischlern zu fertigen waren, vorher in Dickhobelmaschinen vorbearbeitet und anschließend in Handarbeit fertig gehobelt. Nun hatte Meister Benedek den Vorschlag gemacht, die Hobelmaschine mit Profilmessern auszustatten, um auf diesem Wege direkt Dauben von der notwendigen Güte herzustellen und das anschließende Nachhobeln einsparen zu können. Weil der erste Test dieses neuen Verfahrens eine kleine Sensation darstellen sollte, war zu diesem Ereignis außer Benedek und seinen Mitarbeitern sogar Leutnant Mihalcea mit etlichen Caralii erschienen. Ich konnte, weil ich gerade in der Nähe tätig war, die ganze Hektik im Vorfeld des Testlaufes mit ansehen und wurde Zeuge, wie unmittelbar nach dem Anlassen des Motors ein gewaltiger Knall die Halle erschütterte und Maschinenteile durch die Gegend flogen. Nachdem ich hinter der Werkbank, hinter der ich Deckung gesucht hatte, hervorlugte und die gewaltige Staubwolke sich verzogen hatte, sah ich, wie die Leute, die eben noch die Maschine angegafft hatten, durcheinander auf dem Boden lagen. Mihalcea war der erste, der sich aufrappelte und fluchend die Halle verließ.

Die Hobelmaschine war nur noch ein Wrack und das vorher groß angekündigte Experiment zu einem Fiasko geworden. Dabei hatte man noch großes Glück gehabt, da es unter den vielen Anwesenden leicht zu Verletzten oder gar Toten hätte kommen können; wie durch ein Wunder waren jedoch keine Personenschäden zu beklagen. Nachträglich wurde dann festgestellt, dass man in der großen Eile und Aufregung die Fixierschrauben an den Walzen nicht fest angezogen hatte, und als dann die Maschine auf Touren kam, flogen die Messer aus den Walzen und zertrümmerten dabei alles, was ihnen in die Quere kam.

Freilich gingen die häufigen Arbeitsunfälle nicht immer so glimpflich aus wie bei Benedeks Experiment. Unter dem Druck, das vorgegebene Soll erfüllen zu müssen, da sonst das „Produktionsbrot“ in Gefahr geriet oder man sogar weitere Strafen riskierte, arbeiteten die Leute, bei denen es sich ohnehin nicht um Profis, sondern eben nur um „Angelernte“ handelte, zumeist in Eile und daher unter Außerachtlassung der notwendigen Vorsicht. Als ich einmal kurz vor Schichtende zu unserem Arzt musste, weil ich mir den Finger tief aufgerissen hatte, waren dort schon drei weitere Verletzte, die auf eine Behandlung warteten. Als der Arzt mit dem Verbinden des Mannes, dem die Fräse ein Glied des Zeigefingers weggeschnitten hatte, fertig war, sagte er diesem nur: „So, das war's, morgen bist du von der Arbeit befreit, übermorgen kommst du zum Verbinden und dann schauen wir mal, ob du schon etwas arbeiten kannst.“ Der Mann, noch ganz bleich im Gesicht, sagte „Danke“ und trottete davon. Dem Nächsten, es war einer von den Schmieden, war ein abgehacktes Stück glühenden Eisens an der Brust ins Fleisch eingedrungen. Der Arzt nahm eine Pinzette, tauchte sie in Alkohol und begann beherzt, in der Wunde zu suchen. Der junge Mann gab keinen Laut von sich, aber die dicken Tränen, die ihm aus den Augen kullerten, gaben Zeugnis von der Güte der Behandlung. Dann zeigte ihm der Doktor mit einem triumphierenden Blick ein Stück Eisen, etwa von der Größe eines Maiskorns, das er ihm aus der Wunde gezogen hatte. Ein Tupfer Jod, ein Pflaster – und der Patient wurde mit den Worten „So, du kannst gehen“ verabschiedet. Es folgte einer, dem die Maschine den Fingernagel halb abgerissen hatte und der noch schneller abgefertigt wurde als sein Vorgänger, und dann kam auch schon ich an die Reihe. Er schaute auf meinen lädierten Finger und meinte: „Du warst unaufmerksam." Dann kamen ein Tupfer Jodtinktur und ein halber Meter Gaze zum Einsatz und ich wurde auch schon verabschiedet, denn es waren in der Zwischenzeit drei weitere Häftlinge aufgetaucht, die versorgt werden mussten. Noch bevor ich den Raum verließ, hörte ich den Arzt einem Wartenden sagen: „So ist es täglich in den letzten zwei Stunden der Schicht, es passieren mehr Unfälle als in den restlichen zehn Arbeitsstunden davor." Besagter Arzt gehörte übrigens zur Sorte der erfolgreich „Umerzogenen" und sah seine Hauptaufgabe darin, die „Sklaven" möglichst schnell wieder als arbeitsfähig zu erklären.

Eine häufige Ursache für schwere Unfälle, die zumeist die Schreinerei betraf, waren die damals häufig im Holz eingewachsenen Granatsplitter, eine Folge der Kämpfe, die im Herbst 1944 in Siebenbürgen stattgefunden hatten. Wenn ein solcher Splitter bei der Bearbeitung in die Fräse oder Säge geriet, tat es einen gewaltigen Schlag, und wenn man Glück hatte, war nur das Werkzeug kaputt. Schlechter erging es zum Beispiel dem Häftling Cerchez, vor dem Krieg Kapitän des großen Passagierdampfers „Transsilvania", dem bei der Bearbeitung eins Stuhlbeines einer dieser Granatsplitter zwischen die Messer geriet, wodurch ihm das Werkstück mit voller Wucht in den Bauch gerammt wurde. Cerchez kam bewusstlos ins Krankenhaus Gherla, wo man ihm bei einer Notoperation Teile des zerfetzten Darms entfernte und ihn damit rettete, aber arbeitsfähig war er anschließend nicht mehr.

Etwa Anfang Juli trat der Chef der Instandhaltungsgruppe mit der Frage an mich heran, ob ich Lust hätte, vorübergehend bei ihm mitzuarbeiten. Ich sagte erfreut zu, und nachdem auch Ingenieur Knall einverstanden war, konnte ich umgehend mein Werkzeug in der alten Abteilung abliefern und mich zur neuen begeben. Man wies mir einen Arbeitsplatz mit Schraubstock und Werkzeugen zu, und Paui, einer der neuen Kollegen, führte mich in einen Raum mit etwa einem Dutzend Pressen, die zur Herstellung von Nägeln dienten. Die alten Maschinen, die es damals in Gherla noch ausschließlich gab, hatten – wie früher üblich – noch keinen eigenen Motor. Daher gab es in jeder Werkhalle einen größeren Elektromotor, mit dessen Hilfe über ein aufwendiges System von Achsen, Rädern und Treibriemen sämtliche Maschinen betrieben wurden. Dieses System beinhaltete eine große Anzahl von Rollen und Kugellagern, die regelmäßig mit Fett oder – bei ganz alten Modellen – mit Öl geschmiert werden mussten. Bei Störfällen musste man die betroffene Maschine abkoppeln und gegebenenfalls das Lager ersetzen. Dies war nun eines meiner neuen Aufgabengebiete, welches sich schon bald als recht aufwendig erweisen sollte, denn allein für das Abhören und Schmieren aller Lager brauchte ich fast einen ganzen Tag. Unangenehm dabei war insbesondere der unglaubliche Schmutz, dem man ausgesetzt war, wenn man auf einer langen Leiter stehend entlang der Achse zu arbeiten hatte. Ich sah hinterher immer aus wie ein geölter Schornsteinfeger. Die restlichen Wochentage war ich zumeist mit einem älteren Schlosser unterwegs, um die einzelnen Maschinen des Werks zu kontrollieren, oder, bei Bedarf, um kleinere Reparaturen vorzunehmen oder um Elektromotoren und Maschinenteile zu ersetzen. Obwohl es so manchen schweren Arbeitstag gab, empfand ich diese abwechslungsreiche Zeit als lehrreich und genoss es, in der gesamten Fabrik herumzukommen.

Gezwungenermaßen mussten wir bei unserer Arbeit dauernd improvisieren, denn es hieß immer nur: „Dies oder jenes ist kaputt, geht hin und bringt es in Ordnung!" Und dazu noch die Forderung: „Aber schnell!" Von den vielen, die befahlen, fragte uns nie einer, ob wir denn alles Notwendige hätten, um unsere Aufgabe zu erfüllen. In wichtigen Fällen gab Leutnant Mihalcea, der Chef der Fabrik, persönlich die Anweisungen, obwohl er von technischen Dingen überhaupt keine Ahnung hatte und einzig und allein wegen seines bodenlosen Hasses gegen den „Klassenfeind" diese Stellung innehatte. Seine regelmäßigen Rundgänge durch die Hallen waren insbesondere dann gefürchtet, wenn er von Kommandant Goicu begleitet wurde. Dies kam freilich nur vormittags vor, denn Goicu, das war bekannt, war am Nachmittag grundsätzlich zu besoffen, um noch gehen zu können. Schlimm war dabei, dass es bei diesen Rundgängen in Begleitung des Kommandanten regelmäßig zu Misshandlungen einzelner Häftlinge aus nichtigsten Anlässen kam. Dazu genügte gelegentlich schon der Eindruck, der eine oder andere Häftling habe die Herrschaften zu lange und zu intensiv angeguckt. Bei Mihalcea kam es vor, dass er dann einen Häftling anschrie: „Warum guckst du mich an, willst du mich ermorden?" Dann befahl er den „Schuldigen" zu sich, beschimpfte ihn unflätig und schlug, wenn ein passendes Stück Holz zur Hand war, auch schon mal auf diesen ein, oder wenn er besonders missgelaunt war, trampelte er auf einem zu Fall gekommenen Delinquenten herum, bevor er seinen Leibwächtern befahl, diesen in den Karzer zu sperren.

Einen der gefürchteten Gewaltexzesse von Mihalcea erlebte ich als Zeuge, als ich wieder einmal beim Instandhaltungstrupp beschäftigt war. Ich war inmitten des Höllenlärms einer Halle mit vielen Maschinen gerade dabei, einen kaputten Elektromotor auszutauschen, als ich zufällig aufblickte und sah, wie in einiger Entfernung Mihalcea samt Begleitkommando vor einer Hobelmaschine stand. Der Mann, der an dieser Maschine arbeitete, stand gebückt und war gerade dabei, die Abfälle neben seiner Maschine zu beseitigen. Als er merkte, dass jemand auf der anderen Seite seiner Maschine stand, hob er den Blick. Völlig ohne Anlass packte der andere – es war Mihalcea – ein Brett und stieß es dem Mann mitten ins Gesicht. Der so Traktierte kippte hintenüber und spuckte, als er sich wieder aufgerichtet hatte, eine Mischung aus Blut und Zähnen aus. Mihalcea wandte sich nur grinsend zu seinen ebenfalls lachenden Begleitern, bevor sie einfach weitergingen.

Was die verhängten Strafen anging, so wurde die Lage in jener Zeit von Tag zu Tag schlimmer. Selbst für geringste Disziplinarvergehen konnten die Wärter empfindliche Sanktionen beantragen, die von Hauptmann Goicu, seinem Stellvertreter Istrate oder dem politischen Offizier Sichermann dann auch so gut wie immer verhängt wurden. Ja selbst die „Umerzogenen", also Häftlinge, konnten bei der Verwaltung Strafen wie „Karzer" oder „Neagra" (Dunkelzelle) von bis zu dreißig Tagen gegen Mithäftlinge erfolgreich beantragen. Das Übelste an den Strafen war dabei, dass man automatisch nur noch eine halbe Verpflegungsration erhielt, jedoch weiterhin das normale Arbeitspensum zu erbringen hatte. Wegen der dauernden Überwachung durch Bedienstete und Spitzel musste man zudem darauf achten, dass es bei jedem Gespräch mit einem Mithäftling den Anschein hatte, es gehe dabei um die Arbeit. Selbst wenn wir als Wartungsschlosser auf dem Weg zu einer Werkstatt waren, mimten wir unterwegs eine Diskussion über technische Dinge. Musste man während der Arbeitszeit einmal zur Latrine, musste dies im Laufschritt erfolgen, wollte man keine Bestrafung riskieren.

Otto – Nae Marinescu

Costache Oprisan, den ich als Fredis Lehrmeister schon kennengelernt hatte, winkte mich eines Tages herbei, um mir einen gerade bei ihm stehenden Häftling vorzustellen, dessen Biografie mir ebenfalls erzählenswert scheint. Der Mann, der mir als Otto vorgestellt wurde – den die meisten seiner Freunde jedoch „Nae" nannten – und von dem Costache sagte, dass er ebenfalls Deutsch sprechen würde, hieß eigentlich Nicolae Marinescu. Beim ersten Zusammentreffen, von dem ich nur Naes Pferdegebiss in Erinnerung behielt, mit dem er mich freundlich angrinste, tauschten wir nur wenige Worte, doch später, als wir gute Freunde geworden waren, erfuhr ich nach und nach von seiner Vorgeschichte. Wir hatten dazu ausreichend Zeit, verbrachten wir doch insgesamt sieben Jahre zusammen in verschiedenen Lagern des rumänischen Gulags. Er war etwa mittelgroß, sehr kräftig gebaut und zu jener Zeit etwa 30 Jahre alt. Geboren wurde er in Bukarest als Sohn eines rumänischen Beamten und einer Buchenland-Deutschen, worauf auch seine Deutschkenntnisse zurückzuführen waren. Nach dem Abitur meldete er sich als Freiwilliger zum Militär und wurde zum Ingenieuroffizier ausgebildet. Es folgte ein Ostfronteinsatz, von dem er im Jahre 1943 zur Weiterbildung – es ging um die Spezialisierung auf Flugzeugbordwaffen – zur Technischen Universität in Berlin-Charlottenburg abkommandiert wurde. Während seines Aufenthaltes im Jahre 1944 erlebte er einige schwere Luftangriffe auf die Reichshauptstadt. So berichtete er von einer schweren 128-Millimeter-Flakbatterie, die ihren Standort neben der Universität hatte und fast ausschließlich von jungen Mädchen bedient wurde. Er war zugegen, als ein Geschütz einen Volltreffer erhielt, bei welchem an die 20 Flakhelferinnen starben, von denen er etliche persönlich gekannte hatte, weil er mit seinen Kommilitonen immer wieder mitgeholfen hatte, die schwere Munition aus den Bunkern zu den Kanonen zu schleppen. Nach dem Umsturz vom 23. August wurde Nae wie alle rumänischen Offiziere, die sich auf Reichsgebiet befanden, als Kriegsgefangener nach Dänemark verbracht. Dort waren sie natürlich unbewaffnet, trugen jedoch nach wie vor ihre Uniform und konnten freiwillig technische Unterstützung bei deutschen Nachrichtentruppen leisten. Es war schon gegen Ende September, als er zu einer Vernehmung durch einen SS-Offizier befohlen wurde, den – aus seinen Fragen zu schließen – insbesondere Ottos politische Einstellung und seine Sprachkenntnisse zu interessieren schienen. Am Ende des „Verhörs“ wurde er mit der Frage überrascht, ob er bereit wäre, im Rahmen einer Sondereinheit wieder in den Kriegseinsatz zu gehen. Für seine Antwort wurden ihm 24 Stunden Bedenkzeit gewährt, die er alleine in einem Zimmer zuzubringen hatte. Otto akzeptierte und verließ schon bald das Lager in Richtung Steiermark, wo in einem Schloss ein Ausbildungsstandort für Kommandotruppen eingerichtet war. Erst als er dort angekommen war, wurde ihm eröffnet, dass er bei den Jagdverbänden des durch seine Mussolini-Befreiung im ganzen Reich sehr populären Sturmbannführers Otto Skorzeny gelandet war.

Während seiner Schulung in der Steiermark, die kriegsbedingt im Schnellverfahren erfolgen musste, erlebte er, wie noch weitere rumänische Offiziere zu seiner Einheit stießen, so etwa der mit dem Mihael-Viteazul-Orden ausgezeichnete Gebirgsjäger-Major Toba, im Osten als „Hetmanul" (Kosakenführer) bekannt geworden, nachdem er in Südrussland erfolgreich ein Kosakenbataillon im Partisaneneinsatz geführt hatte. Schon Anfang des Jahres 1945 nahm Nae an seinen ersten Einsätzen, es handelte sich um Erkundungsunternehmen in Nordungarn, teil. Was freilich den Kriegsverlauf anging, wurde es zu jener Zeit auch ihm langsam klar, dass Deutschland wahrscheinlich verlieren würde, tobten die Kämpfe doch schon überall auf Reichsgebiet. Seine letzte Hoffnung – ebenso wie vieler anderer damals – waren die viel beschworenen „Wunderwaffen", die die große Wende noch herbeiführen sollten.

Am 23. April sollte Nae mit zwei weiteren Kameraden etwa 50 Kilometer hinter der russischen Front westlich von Wien nachts mit dem Fallschirm abspringen, um eine Eisenbahnbrücke im Gebirge zu sprengen. Beim Flug zu diesem Einsatz, es dürfte wegen des zu jener Zeit bereits extremen Spritmangels einer der letzten dieser Art gewesen sein, war auch Major Toba mit mehreren Leuten dabei. Der Fallschirmabsprung gelang reibungslos, doch der weitere Einsatz schlug fehl, weil Naes Kommando in einem Jagdhaus, in welchem sie Schutz gesucht hatten, von russischen Truppen überrascht wurde. Er konnte sich später nur noch erinnern, dass er die Sprengung des Hauses vorbereitet und anschließend Abstand zu gewinnen versucht hatte, als auf ihn geschossen wurde und es im nächsten Augenblick zu einer gewaltigen Explosion kam. Als Nae aus einer tiefen Bewusstlosigkeit wieder erwachte und leises Sprechen hörte, das wie Rumänisch klang, machte ihn dies endgültig wach. Gleich darauf wurde die Zeltplane, in welcher er lag, abgelegt, und Major Toba beugte sich über ihn. Nae meinte zu träumen. Jetzt erfuhr er in kurzen Sätzen, dass man ihn schon vor 24 Stunden gefunden hatte, weil Major Toba über Funk angewiesen worden war, nach Durchführung des eigenen Auftrags wenn möglich Nae mit seinen Leuten „herauszuhauen". Nae hatte von dem Einsatz eine Kopfverletzung, gebrochene Rippen und einen offenen Oberschenkelbruch davongetragen und verbrachte die folgenden zwei Tage, während seine Retter ihn zurück hinter die Frontlinie schleppten, im Dämmerzustand. Er kam in der Nähe von Salzburg in ein Lazarett, wurde operiert und erlebte dort auch die Kapitulation. Einige Tage später kam plötzlich eine Krankenschwester und meinte zu ihm: „Ich bringe dich weg, denn die Amerikaner sind da und suchen die SS-Leute, um sie auszusondern." Und tatsächlich, diese junge Frau schaffte es, ihn auf ein Fahrrad zu setzen und ihn etliche Kilometer zu einem Bauernhof zu bringen. Dort wurde er von ihr alle zwei Tage aufgesucht und gepflegt. Erst nach zwei Monaten, als er schon laufen und sogar arbeiten konnte, wurde er von einer amerikanischen Streife geschnappt und in ein Lager gebracht. Nach einigen Monaten der Gefangenschaft gelang es ihm, den „Amis" weiszumachen, dass er als Kriegsgefangener in Deutschland war, dass er bei einem Luftangriff verletzt worden war und dass er nun nach Hause wolle. Er wurde, wie viele andere damals, repatriiert. Weil Nae im Krieg in besagter Sondereinheit von Sturmbannführer Otto Skorzeny gedient hatte, verpasste ihm ein Freund später den Spitznamen „Otto".

„Sabotage"

Etwa Ende August passierte mir bei der Arbeit ein kleines Missgeschick, und zwar zersprang ein Schleifstein oder vielmehr dessen kümmerlicher Rest, denn er war bis auf einen Bruchteil seiner ursprünglichen Größe abgeschliffen, während ich an diesem ein größeres Eisenstück bearbeitete. An diesem einseitig abgenutzten Stein zu arbeiten war aus Gründen der Arbeitssicherheit leichtsinnig und eigentlich auch verboten, ich war jedoch in Eile und dachte, das Risiko eingehen zu können. Jedenfalls war ich mit meiner Arbeit fast fertig, als es einen lauten Knall gab und mir die Steinbrocken um die Ohren flogen, wobei ich immerhin das Glück hatte, nicht getroffen zu werden. Ich stand noch geschockt vor der Maschine, als schon ein Häftling aus der Fraktion der „Umerzogenen" herbeieilte und wild gestikulierend dem ebenfalls hinzugekommenen Vorarbeiter klarzumachen versuchte, dass der Stein wegen angeblich durch mich ausgeführter Schläge zerbrochen sei und dies somit einen eindeutigen Sabotageakt darstelle. Dies war eine glatte Lüge, weshalb ich protestierte, doch es half alles nichts: Obwohl selbst der Vorarbeiter meinte, dass auch die Lebensdauer eines Schleifsteins eben nun mal begrenzt sei, wurde der Vorfall dem „Büro" gemeldet. Es folgte eine erste „Anhörung", bei welcher ich freilich praktisch kaum zu Wort kam, sondern niedergeschrien und als „faschistischer Bandit" bezeichnet wurde. So begann man, aus diesem kleinen Unfall einen bedeutenden „Fall" zu konstruieren. Schon am Abend nach der Arbeit durfte ich nicht mehr ins Zimmer, sondern wurde von einem Wärter abgeholt, der mich in Kenntnis davon setzte, dass ich „vorläufig" für drei Nächte in die „Neagra", also in die Dunkelzelle sollte. Darüber hinaus sollte es für den genannten Zeitraum nur die halbe Verpflegung und kein „Produktionsbrot" geben. Die „Neagra" erwies sich als ein viel zu kleiner Raum, in welchen zusammen mit mir etwa 25 Personen gepfercht wurden. Von Hinlegen konnte keine Rede sein. Selbst wenn wir auf dem kalten Boden saßen – die meisten hatten ihre Jacke untergelegt –, waren wir dicht gedrängt. Die Luft im Raum war eine ekelerregende Mixtur verschiedener Dämpfe, die nach Schweiß, Urin und Fäkalien rochen – ein undefinierbarer Mief. Die tierische Wärme der vielen ungewaschenen Menschen auf solch engem Raum im Zusammenspiel mit der kaum vorhandenen Belüftung war widerlich. Die anfängliche Kühle im Raum wich einer noch wesentlich schlimmeren Hitze, und unsere Hemden und Hosen waren schon bald schweißdurchtränkt. Schlafen war praktisch unmöglich, allenfalls ein Dösen, aus dem man immer wieder geweckt wurde. Am Ende dieser Nacht, von der ich glaubte, sie würde kein Ende nehmen, fühlte ich mich wie gerädert, und wenn ich daran dachte, dass dies erst die erste von dreien gewesen sein sollte, machte mich dies erst recht fertig. Nachdem wir aus der Zelle herausgelassen wurden, bekam jeder seine halbe Portion Terci, und anschließend wurden wir in unsere Zimmer entlassen, wo wir bis zur Morgenzählung noch etwa ein Viertelstündchen schlafen konnten. Diesen kurzen Schlaf empfand ich als Gold wert. Während der zweiten und dritten Nacht in der „Neagra" konnte ich tatsächlich schon längere Zeitspannen schlafen, was meine Vermutung zu untermauern schien, dass der Mensch doch ein Gewohnheitstier ist. Trotzdem war ich hocherfreut, als ich meine verschärfte Strafe abgesessen hatte, behielt aber im Hinterkopf, dass der Wärter, der mich am ersten Abend hier hergebracht hatte, von einer „vorläufigen" Maßnahme gesprochen hatte. Demzufolge musste mit weiteren unangenehmen Überraschungen gerechnet werden.

Insgesamt gab es zu jener Zeit zwei Dunkelzellen in Gherla, beide im Erdgeschoss des Zellentraktes I, beide mit einer Größe von etwa zwölf Quadratmetern und jeweils ohne Fenster, aber – immerhin – mit einem WC. Die beiden Räume waren fast ununterbrochen mit bis zu 25 Bewohnern belegt, ausnahmslos Fabrikarbeiter, denen man diverse „Vergehen" zur Last legte. Für die härtere Bestrafung der Gefangenen gab es, seit Goiciu das Kommando in Gherla übernommen hatte, zusätzlich insgesamt 14 Karzer, die ebenfalls Tag und Nacht „ausgebucht" waren, weshalb manche Gefangenen wochenlang warten mussten, bis sie ihre Strafe antreten konnten.

Ein Karzer war eigentlich nichts anderes als eine hochkant stehende Holzkiste mit den Innenmaßen von etwa 40 mal 40 Zentimetern, einer Höhe von 175 Zentimetern und einer an der Vorderseite angebrachten Tür mit einem Luftloch in Höhe des Gesichts. War man grösser als die Kiste, musste man mit geneigtem Kopf stehen. Drei der Karzer in Gherla waren zusammengefasst und bildeten so eine Kiste von etwa 1,20 Meter Breite, die für drei Bestrafte gleichzeitig gedacht war, was nicht bedeutete, dass ab und an nicht auch mal vier Delinquenten „hineingestampft" wurden. Weil dies ein Wärter allein nicht hinbekam, musste für diesen Zweck zumeist Petre Ghilecioaie hinzugeholt werden, ein Zigeuner, der wegen Raubes einsaß und der immer gerne bereit war, im Auftrag des „Büros" die Drecksarbeit zu verrichten. Er genoss es sichtlich, seine Gorilla-Muskulatur einsetzen zu können, um den ehemaligen Offizieren, Professoren und Studenten, diesen „Fossilien der Bourgeoisie", zu zeigen, wer nun das Sagen in der Volksrepublik hatte. Für die Beschaffenheit der Karzer gab es übrigens kein „volksrepublikanisches Standardmaß". Diese waren vielmehr abhängig von der Fantasie und dem Erfindergeist der jeweils Verantwortlichen. So wurde berichtet, dass die Holzkisten in den Lagern am Donau-Schwarzmeer-Kanal zwar etwas geräumiger waren, dafür aber innen mit Stacheldraht „tapeziert", um ein Anlehnen der Gefangenen zu verhindern.

Der Vorarbeiter der Schmiede in Gherla wurde einmal zu insgesamt dreißig Nächten Karzerstrafe verdonnert, weil sich beim Nachwiegen der von ihm aus Kupfer geschmiedeten mehreren hundert Lötkolben ergeben hatte, dass diese um einige Kilogramm leichter waren als die für die Arbeit vorher bereitgestellten Kupferbarren. Der Unglückliche versuchte zwar, die Differenz damit zu erklären, dass bei jedem Schmiedevorgang ein Teil des Materials verbrenne, konnte damit Kommandant Goiciu jedoch nicht überzeugen und musste seine Strafe antreten. Erst als er nach etwa zwei Wochen neben seinem Amboss zusammenbrach – seine Füße waren so angeschwollen, dass sie aufbrachen und bluteten –, wurde die Strafe dahin gehend abgemildert, dass er die restlichen Nächte „nur noch" in der Dunkelzelle verbringen musste. Zwei weitere Fälle von Häftlingen sind mir bekannt, die damals innerhalb weniger Stunden im Karzer starben, darunter ein junger Bauer, den man auf Goicius Befehl verprügelt und dann entkleidet – es war Winter (!) – in die Kiste gesperrt hatte, wo er vermutlich der Unterkühlung zum Opfer fiel.

In der Schleifstein-Geschichte wurde etwa eine Woche nach den abgesessenen Strafnächten das nächste Kapitel aufgeschlagen, indem ich nach der Arbeit von einem Wärter abgeholt und zum Verwaltungsgebäude geführt wurde. Hier unter dem langen Gewölbe der Toreinfahrt stand bereits eine Gruppe von Häftlingen, zu welchen ich mich hinzugesellen musste. Ich erkannte unter ihnen Egon Hutzel, einen Deutschen, den ich einige Tage zuvor durch Dietmar kennengelernt hatte, welcher sich ebenfalls bei Goiciu zu melden hatte. Obwohl bekannt war, dass

Vorladungen dieser Art zum Kommandanten wegen seiner schon geschilderten Brutalität gefährlich enden konnten, trug Egon die Aussicht auf eine weitere Strafe mit Gelassenheit. Er hatte die Dunkelzelle kürzlich auch von innen kennengelernt und meinte nur, nach dem, was er schon erlebt habe, würde er dies schon auch noch überstehen. Wir mussten lange draußen warten, bevor wir in den ersten Stock in die Nähe des Dienstzimmers des Kommandanten vorgelassen wurden, wo es mit der Warterei weiterging. Wenn Häftlinge drinnen waren – sie mussten einzeln hinein –, hörte man manchmal Goiciu schimpfen und fluchen, aber geschlagen wurde diesmal anscheinend keiner. In fast ausnahmslos allen Fällen, die an diesem Tag Gegenstand der Vorladung waren, ging es um angebliche Schäden, die die Häftlinge bei der Arbeit angerichtet hatten. Solche Schäden wurden seitens der Verwaltung häufig als Sabotage am Volksvermögen ausgelegt, und daher war auch uns klar, dass wir mit einer weiteren Anklage zu rechnen hatten. Nach Stunden, die wir mit knurrenden Mägen vor der Tür Goicius verbracht hatten, waren nur noch vier Häftlinge übrig, darunter Egon und ich. Offensichtlich hatte Goiciu keine Lust mehr, die Anhörungen in die Länge zu ziehen, denn wir, die Verbliebenen, wurden aufgefordert, zusammen einzutreten.

Goiciu stand da, seinen massigen Körper gegen den Schreibtisch gelehnt, und sah uns mit trübem Blick entgegen. Er war mal wieder schwer betrunken. Es folgten einige einleitende Flüche, eine üppige Mischung aus Gott, Müttern und Genitalien, bevor sein asthmatisches Ringen nach Luft ihn zu einer kurzen Atempause zwang. Anschließend wurde er etwas „sachlicher“: „Ihr Banditen, ihr wollt mit euren Sabotageakten unsere Fabrik, die Fabrik des Volkes, vernichten. Ihr verschwendet wertvolle Lackfarben, zerschlagt absichtlich Schleifsteine und richtet überall nur Schaden an. Aber ich werde es euch schon zeigen, ihr kommt alle vor Gericht und ich werde dafür sorgen, dass ihr alle die Höchststrafe bekommt. Eure Knochen werden hier in Gherla vermodern.“ Diese inhaltsreiche und lange Rede hatte ihn anscheinend völlig erschöpft, denn als er einen Schritt in unsere Richtung machen wollte, wäre er fast gestürzt. Nur die Geistesgegenwart des Unteroffiziers, der dauernd in seiner Nähe stand, ihn jetzt auffing und in auf seinen Sessel setzte, rettete ihn davor. Der Unteroffizier winkte uns hinaus, daher konnte ich nicht mehr beobachten, ob mein Wunsch, Goiciu möge auf der Stelle der Schlag treffen, nicht doch noch in Erfüllung ging. Ein stämmiger Handlanger, der die Aufgabe hatte einzuschreiten, wenn Goicius Gleichgewichtsprobleme auftraten, war übrigens auch bei dessen Kontrollbesuchen in der Fabrik immer dabei, denn dieser war – insbesondere am

Nachmittag – regelmäßig sturzbetrunken. Nüchtern war Goiciu schon früher, vor dem Krieg, selten, behauptete jedenfalls einer, der ihn schon aus jener Zeit kannte. Damals bei der Eisenbahn angestellt hatte er die Aufgabe, die Räder der Bahnwagen nach Schäden abzuklopfen, wurde irgendwann jedoch, weil er wiederholt betrunken zum Dienst erschienen war, gefeuert. Der große Aufstieg des Petre Goiciu kam dann mit der Machtergreifung der Kommunisten, als er – Vorkriegskampfgenosse des nunmehrigen Securitate-Generals und späteren Innenministers Drăghici – schnell die Karriereleiter erklomm und erster kommunistischer Direktor des Gefängnisses von Galaţi wurde. Dort waren damals etliche der prominentesten politischen Häftlinge untergebracht, wie Iuliu Maniu, Ion Michalache, Nicolae Carandino oder Piky Radulescu. 1952 wurde er Kommandant in Gherla und blieb es bis Ende der Fünfzigerjahre. Soweit ich weiß, war sein letztes Kommando die Straflagergruppe Periprava im Donaudelta, bevor er im Jahre 1963 wegen Korruption verurteilt wurde und seine Stellung verlor.

In den folgenden Wochen geschah im Zusammenhang mit meiner „Schleifsteinaffäre“ nichts. Dann rief man mich eines Tages zur „Grefa“, der juristischen Kanzlei der Anstalt, und eröffnete mir, dass mein Sabotageverfahren demnächst bei Gericht verhandelt werde. Also war ich wirklich wegen dieses blöden Steines angeklagt worden. Egon war in der gleichen Lage wie ich, nahm es jedoch mal wieder gelassener, obwohl er größere Nachteile zu befürchten hatte, denn seine Strafe wegen illegalen Grenzübertritts lautete auf „nur“ sieben Jahre, und eine nunmehrige Verlängerung der Haft würde eine empfindliche Sanktion dargestellt haben. Ich hatte solche Sorgen weniger.

Edi war in der gleichen Lage wie wir, denn er hatte in einem Augenblick der Unaufmerksamkeit an seiner Drehbank ein Werkstück verdorben und dieses, statt es verschwinden zu lassen, leichtsinnigerweise beiseitegelegt. Ein Spitzel entdeckte das kaputte Metallteil beim Vorbeilaufen und meldete seine Entdeckung dem „Büro“, wo man auch sogleich aus einem „Nichts“ einen „Fall“ zu konstruieren wusste. Edi landete ebenfalls für drei Nächte in der Dunkelzelle und hatte nun auch ein Verfahren vor dem Gericht in Gherla zu erwarten.

Etwa Mitte März war es dann soweit: Wir, die der Sabotage Beschuldigten, durften in die Kleiderkammer und konnten unsere schmutzige und zerschlissene Kleidung umtauschen. Am nächsten Morgen wurden wir gleich nach der Zählung erneut ausgesondert und, zu meiner Freude und wahrscheinlich auch zur Freude der anderen Betroffenen, zu Fuß quer durch die Stadt zum Gerichtsgebäude geführt, an dessen

Front in verfärbten Goldbuchstaben die Aufschrift „Tribunalul orasului Gherla“ (Gericht der Stadt Gherla) prangte. Wir drei, Egon, Edi und meine Wenigkeit, verzogen uns in eine Ecke des Vorraumes und genossen die Gelegenheit, einmal ungestört miteinander sprechen zu können. Egon erzählte aus seiner Jugend und wie er sich freiwillig zum Dienst im deutschen Heer gemeldet hatte. Er kam zur Division „Florian Geyer“, mit welcher er den Krieg bis zu deren Kapitulation in Budapest mitmachte. Am 10. Januar 1945 wurde er schwer verwundet und später von den Russen gefangen genommen. Die Gefangenen wurden, obwohl fast alle verwundet, rücksichtslos durch Schnee und Matsch getrieben. Wer schlapp machte, wurde sofort erschossen. Tagelang bekamen sie keinerlei Verpflegung, und die Nächte verbrachten sie fast immer im Freien. Dieses Martyrium dauerte neun Tage. Egon schätzte, dass in dieser Zeit mehr als die Hälfte der Gefangenen an Erschöpfung gestorben oder erschossen worden waren. Die Überlebenden wurden in einen Zug verfrachtet und vorerst nach Temeschburg in das Gefangenenlager an der Arader Straße gebracht. Dort waren bis zum August des Jahres 1944 14.000 Sowjets gefangen gehalten worden. Jetzt war das Lager mit etwa 30.000 deutschen und ungarischen Gefangenen zum Bersten voll. Von dort wurde Egon dann nach Russland in den Ural gebracht und später, unterernährt und mit abgefrorenen Zehen, mit einem Transport ebenfalls kranker rumänischer Gefangener nach Rumänien entlassen.

Egon hielt es nur knapp ein Jahr zu Hause aus und überquerte dann die grüne Grenze, um über Ungarn nach Wien zu kommen, wo er an der Universität ein Medizinstudium begann. Nochmal ein Jahr später, es war kurz vor Weihnachten 1948, kam er, ebenfalls illegal, zu Besuch nach Hause und wurde dann beim Rückmarsch verhaftet. Zwischenzeitlich waren nämlich – was er nicht wusste – die Grenzkontrollen verschärft worden, was ihm, obwohl er erneut einen ortskundigen Schmuggler als Führer dabeihatte, zum Verhängnis wurde. Egon wurde in einem Prozess zu sieben Jahren Haft verurteilt und gelangte über Jilava nach Gherla. Und jetzt, in seinem vierten Gefängnisjahr, standen wir zusammen wieder vor einem Gericht. Am Frühnachmittag wurde eine Gruppe von fünf Leuten, darunter auch Edi, hineingerufen. Ihre Verhandlung dauerte knapp eine halbe Stunde, und als sie anschließend bei uns vorbeigeführt wurden, konnten sie uns nur kurz zurufen, dass man sie alle freigesprochen hatte, denn schon wurden auch Egon und ich aufgerufen. Der Gerichtsaal war ein eher nüchterner, schmuckloser Raum, in dem als einzige Dekoration die Bilder der obersten Staats- und Parteiführung hingen. Dem Gericht, bestehend aus sieben Personen, darunter zwei

Frauen, saß ein älterer Herr mit weißen Haaren als „Preşedinte“ (Präsident) vor, der einen sympathischen Eindruck machte. Ferner waren noch ein Gerichtsschreiber sowie ein junger Offizier und zwei Unteroffiziere aus der Haftanstalt dabei.

Es begann mit der Überprüfung der persönlichen Daten Egons. Gefragt wurde das Übliche: Name, Geburtsdatum, Eltern, Volkszugehörigkeit, Schule, Militärdienst. Egon beantwortete die an ihn gerichteten Fragen kurz und mit fester Stimme. Als man ihn nach dem Militärdienst fragte, sagte er einfach: „Ja!“ Auf die Frage, wo und wann dies gewesen sei, lautete seine Antwort: „In Deutschland und an der Front!“ Frage: „Wieso in Deutschland?“ Antwort: „Weil ich im deutschen Heer gedient habe!“ Frage: „Wieso haben Sie in Deutschland gedient?“ Antwort: „Aufgrund des Militärabkommens zwischen dem Deutschen Reich und dem Rumänischen Königreich war ich dazu berechtigt!“ Frage: „Welche Einheit und welche Waffengattung?“ Auf die Frage schlug Egon die Hacken zusammen und antwortete in zackigem Ton: „8. SS-Kavallerie-Division Florian Geyer!“ Den Namen der Division musste Egon dem Gerichtsschreiber mehrere Male sagen und auch noch buchstabieren. Frage: „Wie haben Sie das Kriegsende erlebt?“ Antwort: „Ich bin in Budapest in sowjetische Gefangenschaft geraten und war in der Sowjetunion.“ Was Egon da gesagt hatte, war in den Nachkriegsjahren keine Besonderheit, Aufmerksamkeit erregte allerdings die Art und Weise, wie er es gesagt hatte! Seine stolze Haltung, die feste Stimme und der Blick seiner blauen Augen beeindruckten offensichtlich. Der Vorsitzende nickte ihm zu und sagte lediglich: „Gut.“ Dann wendete er sich mir zu und stellte die gleichen Fragen zu den persönlichen Daten. Im Zusammenhang mit unserer Verurteilung gab es übrigens weder an Egon noch an mich Fragen.

Jetzt forderte der Richter den hinter uns sitzenden Leutnant auf, die Anklage zu verlesen. Der Leutnant begann: „Geehrtes Gericht, wie Sie von den Angeklagten selbst hören konnten, handelt es sich bei ihnen um nazistische Verbrecher. Der eine war ein faschistischer Offizier der SS, der andere gründete und führte eine geheime deutsche Organisation in Timişoara.“ Da unterbrach ihn der Vorsitzende mit den Worten: „Wegen dieser Dinge sind die Angeklagten bereits verurteilt worden. Diese haben auch mit der heutigen Anklage nichts zu tun. Bitte beschränken Sie sich auf die Fakten, die Gegenstand der heutigen Gerichtsverhandlung sind.“ Der arme Teufel von Leutnant, in unserer Gegenwart solcherart zurechtgewiesen, wurde krebsrot und suchte nach Worten. Vom Vorsitzenden aufgefordert, nun endlich zu beginnen, trug er mit vor Erregung bebender Stimme den Sachverhalt vor, und zwar dass ich absichtlich einen Schleifstein zerbrochen hätte, um Schaden anzurichten.

Hierzu sagte der Vorsitzende vorerst nichts, sondern forderte mich auf, den Vorfall zu schildern. Ich nutzte die Gelegenheit, den Unfallhergang ausführlich zu schildern, und vergaß dabei nicht zu unterstreichen, dass ich mich wegen des zersprungenen Steines selbst in größter Gefahr befunden hatte und dass die Schleifmaschine nicht mit der notwendigen Schutzvorrichtung ausgestattet sei. Man ließ mich ruhig zu Ende sprechen. Dann fragte der Vorsitzende den Leutnant, was der Angeklagte Hutzl verbrochen habe. Der Leutnant las vom gleichen Blatt Papier, auf dem auch meine Anklage stand, sinngemäß vor, man habe festgestellt, dass der Angeklagte absichtlich teure Ölfarbe beim Streichen verwendet habe, um damit hohe Kosten zu verursachen.

Aufgefordert, sich zum Vorwurf zu äußern, sagte Egon: „Die Waffenschränke, die ich zu verkitten und zu streichen hatte …" Hier wurde er vom Leutnant unterbrochen: „Du Bandit, das darfst du nicht sagen, das ist geheim!" „Was geheim ist," sagte lächelnd der Vorsitzende, „soll auch geheim bleiben", und wandte sich wieder Egon zu: „Also, wie war das mit den Waffenschränken?" Daraufhin erklärte dieser, dass die Schränke aus schlechtem Holz gefertigt waren und dass daher viel Kitt, Farbe und Arbeit vonnöten waren, um die geforderte glatte Außenfläche schaffen zu können. Er mache mit mehreren Kollegen schon seit fast einem Jahr diese Arbeit, und noch nie sei einem von ihnen ein Vorwurf wegen übermäßigen Kitt- und Farbverbrauchs gemacht worden. Damit war auch Egons Erklärung beendet und der Vorsitzende hieß den Schreiber, den Zeugen der Anklage hereinzurufen. Zu unserem nicht geringen Erstaunen kam Márton Benedek, der Zivilmeister der Fabrik, herein. Benedek wurde angewiesen, unweit von uns stehen zu bleiben, und der Vorsitzende sagte: „Genosse Benedek, Ihre persönlichen Daten haben wir schon. Sie werden jetzt wieder vereidigt und sollen sodann aussagen. Aber ich bitte Sie, diesmal bei der Wahrheit zu bleiben, nicht wie heute Vormittag." Ich stand nahe bei Benedek, der vorerst kein Wort erwidern konnte, und sah genau, wie sein ohnehin rotes Gesicht purpurrot anlief und er nach Luft zu schnappen begann. Er, der auch unter normalen Umständen stotterte, brachte nach der soeben erlebten Blamage überhaupt kein Wort mehr heraus. Seine sichtlichen Bemühungen, etwas zu sagen, mündeten lediglich in ein Gestammel ohne Sinn, und als ihm auch noch die Tränen über die dicken Wangen zu rinnen begannen, während er mit den Händen hilflose Bewegungen machte, hatte der „Preşedinte" ein Einsehen und beschloss, ihn aus seiner peinlichen Lage zu entlassen. Er sagte nur kurz: „Ist schon gut, Genosse Benedek, wir danken für Ihr Kommen. Sie können jetzt wieder gehen.“ Dieser erwiderte nichts, nickte nur mit dem Kopf und verließ den Saal. Daraufhin zogen sich die Richter zu einer etwa zehnminütigen Beratung zurück, und nachdem sie zurückgekehrt waren, verkündete der Vorsitzende im Namen des Volkes: „Der Angeklagte Hutzl Egon wird wegen Vergeudung von Farbstoff zu 80 Lei Schadensersatz verurteilt. Diese sind nach Ablauf der Gefängnisstrafe zu zahlen.“ Die 80 Lei waren damals der ungefähre Gegenwert für zwei Dosen Ölfarbe. Meine Strafe lautete auf Zahlung von Schadensersatz in Höhe von 125,50 Lei wegen eines aus Unachtsamkeit zerbrochenen Schleifsteins, fällig ebenfalls nach Absitzen der politischen Gefängnisstrafe. Die Verfahrenskosten in beiden Fällen sollte der Staat tragen. Damit war die Angelegenheit erledigt und wir waren entlassen. Später erfuhren wir, dass zu jener Zeit auch in den anderen Haftanstalten ähnliche „Sabotageverfahren“ angezettelt wurden, die ebenfalls mehr oder weniger im Sande verliefen. Später, im Lager von Baia Sprie, gelegentlich einer Überprüfung unserer Akten, zu der wir alle paar Jahre einzeln gerufen wurden, fragte ich, wie es um mein „Sabotageurteil“ stünde, und konnte erstaunt erfahren, dass dieses schon ein paar Monate nach seiner Verkündung aufgehoben worden war.

Dass man beim verbissenen Suchen nach „Saboteuren“ gelegentlich auch mal „den Richtigen“ erwischte, sollten wir anlässlich eines „sozialistischen Wettbewerbs“, welcher zu Ehren des 1. Mai ausgerufen worden war, erleben. Bei diesem Wettkampf, der eine Woche lang dauern sollte, wurden wir von den „Umerzogenen“ besonders heftig angetrieben, um irgendeinen sinnlosen Produktionsrekord aufzustellen. Grund zur Freude bot sich dann erst am Ende der Woche, als festgestellt wurde, dass einer der lautesten Schreihälse, der großmäulige Tetler, an seiner eigenen Drehbank nur Ausschuss produziert hatte. Es gab zehn Tage Karzerstrafe wegen Sabotage für den „Vorzeigehäftling“.

Eines Abends, nachdem wir unser Abendessen im großen Hof des Traktes I erhalten und auch an Ort und Stelle einverleibt hatten, wurden wir aufgefordert, nach Fachgruppen eingeteilt anzutreten. Unsere Gruppe gehörte mit Ausnahme von Andreas geschlossen zu den Metallbearbeitern, die zu einem im östlichen Querflügel des Traktes gelegenen Saal geführt wurden. An der Bemalung der Wände war noch gut zu erkennen, dass der Raum früher als Kirche gedient hatte, vom einstigen Inventar waren allerdings lediglich noch die Bänke vorhanden. Vorne, anstelle des Altares, stand nun eine richtige Schultafel, neben welcher Ingenieur Knall, einen Stapel Unterlagen in seiner Hand, auf uns wartete. Es wurde uns eröffnet, dass wir einen Qualifizierungslehrgang zu machen hätten, damit man unsere Gehälter gerechter zuteilen könne. Außerdem würde uns das Zeugnis, welches man am Ende der Fortbildung zu unseren Akten legen würde, nach der Haftentlassung sicher von Nutzen sein. Vorerst sollten alle mit abgeschlossener Schulbildung die Qualifizierung der Kategorie 3 und jene ohne Schulabschluss die der Kategorie 2 erhalten. Dann begann Ingenieur Knall mit seinem Vortrag, bei welchem es um Metalltechnologie, Mechanik, Wärmebehandlung und Arbeitssicherheit ging. Leider war es uns nicht gestattet, Notizen zu machen, was den Nutzen der Veranstaltung erheblich minderte. Unser Verdienst, wovon nur ein Teil ausbezahlt wurde – der Rest wurde bis zur Haftentlassung auf unser Konto bei der Staatsbank deponiert –, um uns die gelegentlichen Einkäufe in der Cantina zu ermöglichen, wurde später tatsächlich anhand der vergebenen Kategorien berechnet, wobei die Differenz zwischen der Stufe 2 und 3 nur den ungefähren Gegenwert von drei Päckchen Zigaretten ausmachte. Trotzdem nahmen wir sehr gerne an der Schulung teil, hatte dies doch den angenehmen Nebeneffekt, dass wir an den entsprechenden Tagen nicht zur fast allabendlichen Corvoada, dem sogenannten freiwilligen Arbeitsdienst, mussten.

Gegenstand der Corvoada war zwischenzeitlich immer häufiger das Transportieren und Stapeln von Munitionskisten und Holzgehäusen für Minen. Insbesondere Minengehäuse aller Kaliber – von den Panzerminen, die für bis zu zehn Kilogramm TNT vorgesehen waren, bis zu den wesentlich kleineren Personenminen war alles dabei – wurden in sehr großer Zahl durch die Häftlinge in Gherla gefertigt. Ein Auftrag für die Fertigung von 1,5 Millionen der kleinen Personenminen soll, wie ich später erfahren habe, innerhalb eines Jahres erledigt worden sein. Übrigens waren alle Teile dieser „Höllenkisten“ ausschließlich aus Holz gefertigt, um sie mit Metalldetektoren nicht orten zu können. Es waren sogar regelmäßig Spitzel der Verwaltung unterwegs, die kontrollierten, ob nicht „Banditen“ mit Sabotageabsicht heimlich Metallnägel in die Wandung der Minen geschlagen hatten. Die Minen hießen zu Tarnungszwecken ganz harmlos „Cutiuţe“, Schächtelchen. Offensichtlich sollten die imperialistischen Spione nicht merken, dass die Volksrepublik Rumänien es mit der unentwegten Beteuerung, für den Frieden zu kämpfen, doch nicht ganz so genau nahm. Man muss wissen, das zu jener Zeit pathetische Losungen wie „Luptăm pentru pace!“ („Wir kämpfen für den Frieden!“) oder „Pentru pace luptăm noi, jos cu cei ce vor război!» („Für den Frieden kämpfen wir, nieder mit denen, die den Krieg wollen!“) auf praktisch jedem amtlichen Schreiben vorzufinden waren. Und wenn man einen Antrag bei einer Behörde stellte, ohne eine der erwähnten Losungen hinzuzufügen, wanderte dieser direkt in den Papierkorb. Die Bauteile, aus denen die Minen zusammengesetzt wurden, erstellten in Tag- und Nachtschichten dutzende Leute der sogenannten mechanischen Tischlerei. Diese Teile wurden dann zusammengebaut, verleimt und nach einer Säuberung in große Kessel mit Leinöl getaucht, um sie wasserdicht zu bekommen. Die Munitionskisten wurden in einem ähnlichen Verfahren gefertigt, wobei hier auch Metallteile verwendet wurden. Außen erhielten unsere Produkte einen olivfarbenen Tarnanstrich, amtlich Sowjetkhaki genannt.

Die großen Bestellungen, die in jener Zeit abzuarbeiten waren, machte eine laufende Erweiterung der Werkstätten notwendig, und da der Platz in den Gebäuden begrenzt war, ging man dazu über, im Gefängnishof Holzbuden nach Art der Goldgräberstädtchen zu errichten. Bald schossen diese Buden wie Pilze aus dem Boden und beherbergten hunderte Häftlinge, die selbst im Winter dort arbeiten mussten. Allerdings wurde in den Buden nur tagsüber gearbeitet, denn der Verwaltung schien es trotz des Leistungsdrucks doch zu gewagt, die vielen „Banditen" des Nachts im Hof zu beschäftigen. „Bandit" genannt zu werden empfanden die meisten übrigens nicht als Beleidigung, denn die Alternative dazu war eigentlich nur noch der Kollaborateur und somit, nach ihrem Verständnis, ein Schweinehund.

Ebenfalls Teil unserer „Produktpalette" waren aufwendig gearbeitete Werkzeugkoffer für Militärhandwerker, also für Waffenwarte, Pyrotechniker oder Pioniere. Auch die dazugehörigen Werkzeuggarnituren wurden häufig von uns hergestellt, darunter viele Teile, die nicht aus Stahl gefertigt sein durften, um bei ihrer späteren Verwendung im Zusammenhang mit Sprengstoff keine Funken zu schlagen. So gab es Hämmer in verschiedenen Größen, die aus Kupfer, Aluminium oder Gummi gefertigt waren, oder Schraubenschlüssel und Zangen aus Bronze.

Wie schon erwähnt waren die Arbeitsbedingungen oftmals katastrophal. Dietmar und seine Kollegen etwa, die geschmiedete Rohlinge aus Stahl an einem Schleifstein zu bearbeiten hatten, konnten von einem Atemschutz nur träumen. Sie behalfen sich zwar damit, dass sie sich Taschentücher vors Gesicht banden, was aber natürlich nicht verhindert, dass sie Unmengen Silizium und Eisenstaub einatmeten. 1952 gab es für diese Arbeit noch nicht einmal Schutzbrillen, diese wurden erst im darauffolgenden Jahr besorgt, nachdem viele Häftlinge schon mehr oder minder schwere Augenverletzungen erlitten hatten.

Eine weitere ständige Gefahrenquelle war die Arbeit an den großen Schleifsteinen. Unter dem Druck, das vorgegebene Soll zu schaffen, wurde immer in Eile gearbeitet, und da es kein brauchbares Werkzeug gab, um die Werkstücke zu fixieren, verwendeten die Leute Brettstückchen, auf welchen die Rohlinge auf primitive Weise mittels Nägeln befestigt waren. So hantierten sie dann gefährlich nahe an den sich schnell drehenden Schleifsteinen. Da die Schmiede, welche die zu schleifenden Rohlinge gefertigt hatten, ebenfalls dem Normdruck unterlagen und auch ihre Matrizen schon alt und ausgeleiert waren, gerieten die Ergebnisse ihrer Arbeit recht plump, hatten Übermaße, und die Männer an den Schleifsteinen mussten entsprechend viel abschleifen.

Das Hantieren mit den durch das Schleifen glühend heiß gewordenen Werkstücken auf engstem Raum – meistens waren gleichzeitig zwei Leute am selben Stein tätig – war eine Höllenarbeit und die Jungs voller Abschürfungen und Brandverletzungen. Ich selbst war einmal zugegen, als sich während der Arbeit ein Rohling aus der Brettunterlage löste und der Arbeiter, nach diesem greifend, mit der Hand zwischen den Stein und die Maschine geriet. Es gab einen Ruck und der Daumen des Mannes riss ab und fiel zu Boden. Sein Jammern, während er seine verletzte rechte Hand festhielt, konnte ich wegen der weiter dröhnenden Schleifsteine nicht hören, sah aber, wie ein anderer Mann, offensichtlich unter Schock, den Daumen aufhob und dem Verletzten hinhielt. Der wandte sich ab und torkelte durch den Raum, bis sein Gruppenchef den Unfall bemerkte und ihn zum Arzt, auch ein Häftling, führte, der im Fabrikhof neben der Bäckerei seine bescheidene „Praxis" hatte. Der Verletzte war um einen Finger ärmer und um die Erkenntnis reicher, dass Oberleutnant Mihalcea es fertigbrachte, auch diesen Unfall als vorsätzliche Sabotage zu werten. Es war nicht leicht, ihn zu überzeugen, dass der Verletzte keineswegs sabotieren wollte, sondern im Gegenteil ein sehr fleißiger und ehrlicher Häftling war, dessen sehnlichster Wunsch die Rehabilitation war. So wurde dieser Mann, der nach einigen Wochen als Handlanger im Hof arbeiten musste, nicht bestraft. Demgegenüber gab es jedoch etliche Fälle verletzter Häftlinge, die man bestrafte, weil ihnen Sabotage unterstellt wurde.

Im Rahmen der abendlichen „freiwilligen" Arbeiten hatten wir zumeist die Aufgabe, die halbfertigen Objekte zum nächsten Arbeitsplatz zu transportieren, denn an jedem Platz wurde zumeist nur ein Arbeitsgang bis zur vollständigen Fertigstellung erledigt. Die schlimmste Plackerei war dabei der Transport der schweren massiven Waffenschränke, die an die hundert Kilogramm wogen und von denen Tausende gefertigt wurden. Bis zu ihrer Fertigstellung durchliefen sie etwa sechs Arbeitsstellen, vom Streichen mit der Grundfarbe bis zum Verkitten. Das Teuflische dabei war die Anordnung der einzelnen Arbeitsplätze, die – sicher kein Zufall – nicht etwa, so wie es sinnvoll gewesen wäre, in einer technologischen Reihenfolge nahe aneinander aufgereiht lagen, sondern weit zerstreut auf dem Gebiet des gesamten Hofes, der etwa ein halbes Hektar groß war. Es war ungeheuerlich, wie viel Kraft und Zeit es uns kostete, diese verfluchten Schränke herumzutragen, um in unserer „Freizeit" unsere letzte Kraft zu verausgaben. Nicht selten sah man beim Schleppen der Schränke, zu welchem bevorzugt die jungen Häftlingen herangezogen wurden, Leute zusammenbrechen, und oft hallte das Schreien und Fluchen der Wärter durch den Hof, weil wieder ein Schrank beschädigt wurde, nachdem einen der Träger die Kraft verlassen hatte. Dann war der Teufel los, und zumeist landeten alle vier Träger in der „Neagra". Wenn die „Sklaventreiber" merkten, dass irgendwo eine Arbeitsgruppe kurz verschnaufen wollte, begannen sie wie irre zu brüllen und zu fluchen, und oft genug gab es zur „Aufmunterung" Schläge und Tritte oder auch eine Vormerkung für den Karzer.

Fast noch aufmerksamer als die Wärter waren die Halunken vom schon erwähnten „Büro", die ihren Standort im Erdgeschoss des Traktes I hatten. Ihr Chef war bis Sommer 1952 noch Jubereanu, eine Bestie in Menschengestalt. Als er im Zusammenhang mit den Ermittlungen im „Reeducare"-Fall mit der zweiten Serie Beschuldigter nach Bukarest weggebracht wurde und ihm kurz darauf ein weiterer Oberhalunke, Gheorghe Calciu mit Namen, aus dem gleichen Grund zum Innenministerium folgte, atmeten wir ein wenig auf. Infolge der Verhöre in Bukarest und seiner anschließenden Verurteilung zu fünfzehn Jahren Haft, weil man ihm Terrorhandlungen gegen Häftlinge nachweisen konnte (und wollte!), muss Calciu nachträglich ein Licht aufgegangen sein, und er schien erfasst zu haben, dass sie, die „Reeducare"-Leute, von der Securitate missbraucht und anschließend fallen gelassen worden waren. 1964, als auch er amnestiert wurde, soll er sich endgültig gewandelt haben, schloss ein Medizinstudium ab, studierte anschließend noch Theologie und wurde Priester und Lehrer am orthodoxen Priesterseminar in Bukarest. Ebenfalls zu den Hauptverbrechern des „Büros" gehörte der ehemalige Medizinstudent Dan Diaca, der seine Anatomiekenntnisse mit Erfolg zum Foltern von Leidensgenossen einsetzte. Er, der als Spezialist für Faustschläge in die Lebergegend galt, blieb noch eine Weile länger in Gherla, bevor er seinen Freunden nach Bukarest folgen musste.

Für die Erledigung der „Drecksarbeit“ bedienten sich die oben Genannten übrigens gerne des Häftlings Petre Ghilecioaie, der selbst nie in der „Reeducare“ gewesen war, sich aber trotzdem, vielleicht von Natur aus, dazu bestimmt fühlte, bei jeder Schlechtigkeit mitzumachen. Etwa 25 Jahre alt, stammte er aus dem Ort Sălcuţa bei Bukarest und war wegen eines bewaffneten Raubüberfalls in Haft. Da er sich seiner Verhaftung durch Schüsse auf die Milizleute widersetzt hatte, galt auch er als „Politischer“. Bei jeder Gelegenheit erwähnte er selbstbewusst, dass er Zigeuner sei, vermutlich weil man ihm eingetrichtert hatte, damit etwas Besonderes darzustellen. Zumindest in diesem Punkt konnte er sich unserer uneingeschränkten Zustimmung gewiss sein. Von Gestalt mittelgroß, muskulös und mit mächtigen Fäusten ausgestattet, die er einzusetzen wusste, avancierte er mit der Zeit zum Oberkalfaktor im Trakt I und hatte seine Einzelzelle im Erdgeschoss, gleich neben dem „Büro“. Seine „Arbeit“ bestand hauptsächlich darin, alle, die sich in seinem Blickfeld bewegten, zu beobachten, darunter selbst die Wärter (!), um im Auftrag des Politoffiziers festzustellen, ob diese ihren Dienst auch „gewissenhaft“ verrichteten und nicht etwa mit den Häftlingen paktierten. Es hatte nämlich tatsächlich auch Fälle gegeben, in denen Wärter oder Zivilbedienstete zu schweren Kerkerstrafen verurteilt worden waren, weil sie politische Häftlinge begünstigt (rumänisch: favorizare) hatten. Aber das Hauptaugenmerk dieses Halunken galt natürlich den aus politischen Gründen verurteilten Mithäftlingen, die er mit Argusaugen beobachtete und bei jeder sich bietenden Gelegenheit mit sichtlicher Genugtuung schikanierte. Wenn zum Beispiel hochgewachsene Personen zur Karzerstrafe verdonnert waren, so hatte Petre seinen Spaß daran, diese in die kleinsten Kästen – es gab diese in verschiedenen Ausführungen – zu pferchen, um den Bestraften durch die unbequeme, gebückte Haltung zusätzliche Qualen zu bereiten. Auch scheute er sich nicht, gelegentlich den einen oder anderen seine Fäuste spüren zu lassen, insbesondere wenn das Opfer ihm körperlich unterlegen war. Und damit er für seine wichtige Aufgabe auch schön bei Kräften blieb, genoss er das Privileg, sein Essen in ausreichendem Maße direkt aus der Küche zu beziehen.

Eine weitere beliebte abendliche Beschäftigung der Häftlinge im Rahmen der Corvoada war der Einsatz in den Kellern des Traktes II, um die dort gelagerten Kartoffeln zu untersuchen und die faulig gewordenen auszusondern. Diese Arbeit war häufiger als sonst üblich zu erledigen, da die Kartoffeln ohnehin von minderer Qualität waren und deshalb besonders leicht verdarben. Es war eine angenehmere, da leichtere Arbeit als das übliche Holzkistenschleppen im Hof, und manche von uns freuten sich sogar, dabei sein zu können, und nutzten die Gelegenheit, um rohe Kartoffelknollen zu verspeisen. Ich selbst habe es auch versucht, aber aufgegeben, nicht etwa weil sie ungenießbar gewesen wären, sondern weil ich zu erkranken fürchtete. Denn tatsächlich mussten manche Leute, die rohe Kartoffeln gegessen hatten, sich übergeben oder bekamen Durchfall, vielleicht auch nur, weil sie zu viele gegessen hatten. Hingegen, wenn ich ab und an zwischen den Knollen eine Möhre fand, zögerte ich nicht lange, rieb die daran haftende Erde an meiner Hose ab und aß sie mit Genuss. Später, als ich die Gegebenheiten besser kannte und einschätzen konnte, welche Risiken man eingehen konnte, ging ich dazu über, mir die Taschen mit Kartoffeln vollzustopfen und diese sodann in die Fabrik zu schmuggeln, wo ich sie verstecken konnte. Von diesem Vorrat nahm ich dann regelmäßig, wenn sich die Gelegenheit bot und die „Luft rein" war, eine Handvoll und steckte sie in ein Metallrohr, dessen Ende zugeschweißt war und dessen anderes Ende ich mit einem Lehmklumpen verstopfte. Dann ging ich, ganz öffentlich, denn ein Mann von der Instandhaltung mit einem Stück Eisenrohr in der Hand war nichts Ungewöhnliches, zur Schmiede und legte das Rohr für eine Weile in einen der Öfen. Später brachte ich das Rohr zurück in die Werkstatt und konnte, nachdem es ausgekühlt war, meine Beute entnehmen und verspeisen. Weil meine Kartoffeln in diesem Zustand einen sehr angenehmen, aber zugleich auch verräterischen Geruch verbreiteten, wurde einmal ein Arbeitskollege aufmerksam und sagte: „Seltsam, ich hätte schwören können, dass es hier nach gebackenen Kartoffeln riecht." Da ich dazu aber nichts sagte, ließ er es dabei bewenden und war etwas später umso erstaunter, als ich ihn mit zwei Kartoffeln überraschte. Er meinte anschließend sogar, er habe in seinem ganzen Leben noch keine so schmackhaften Kartoffeln gegessen, womit einmal mehr der Spruch, wonach Hunger der beste Koch sei, seine Bestätigung fand. Diese Prozedur habe ich mehrmals wiederholt und auch manchmal den einen oder anderen meiner Kameraden mit ein, zwei Kartoffeln überrascht.

Einen wesentlich unangenehmeren, geradezu ekelhaften „freiwilligen" Einsatz musste ich leider Ende November des Jahres 1952 mit erledigen. Es war an einem Sonntagabend nach bereits erfolgter Abendzählung, als unsere Zimmertür noch einmal aufgeschlossen wurde und ein Feldwebel hereintrat. Er sagte nur, er brauche noch schnell ein paar Leute für eine Arbeit, und bestimmte kurzerhand zehn Mann, die sich gerade in der Nähe der Tür aufhielten, zu „Freiwilligen". Ich gehörte dummerweise auch dazu. Wir gingen mit ihm hinunter, durchquerten den großen Innenhof und wurden in den tunnelartigen Durchgang Richtung Haupttor der Anstalt über eine Treppe ins Obergeschoss geführt. Da lagerten in einem düsteren Raum – dem Aussehen nach schon lange – zwei große Haufen Gepäckstücke: Koffer, Säcke, Bündel aller Art. An einigen hingen Zettel mit Namen oder Nummern. Der Feldwebel erklärte, es handele sich um die persönliche Habe verstorbener jugendlicher Straftäter aus den Jahren 1946 bis 1948, einer Zeit, in der Gherla als Jugendvollzugsanstalt diente. Wir sollten nun die Gepäckstücke einzeln öffnen, gut untersuchen und dabei noch brauchbare Kleidungsstücke, insbesondere Unterwäsche, suchen und beiseitelegen. Außerdem sollte einer von uns, soweit noch möglich, eine Namensliste erstellen. Anschließend sollten persönliche Hinterlassenschaften wie Briefe, Fotos oder Wertgegenstände registriert und in Papierbeuteln, beschriftet mit Namen und Adressen der Verstorbenen, gesammelt werden. Unbrauchbare Kleidungsstücke und Schuhe oder Sonstiges sollten wir zum Verbrennen auf einen Haufen werfen. Schon als wir die ersten Gepäckstücke öffneten und die mit Blut und Kot beschmierten Wäschestücke erblickten, erkannten wir, welch eine eklige und gefährliche Arbeit uns bevorstand. Der ganze unappetitliche Haufen roch nach Moder und Schimmel. Unsere Bitte, ein Fenster öffnen zu dürfen, wurde mit der Erklärung, dies sei – warum auch immer – nicht möglich, abgelehnt. Als ich die ersten Wäschestücke mit spitzen Fingern aus einem Paket zog, spürte ich buchstäblich, wie sich mir meine Haare sträubten, und mir wurde speiübel. Etlichen anderen ging es wahrscheinlich auch nicht besser, und zwei mussten sich schon zu Beginn der Arbeit übergeben. Allerdings gab es auch solche, denen diese Arbeit anscheinend nichts ausmachte, einer sagte mir, er habe während seiner Kriegsgefangenschaft in Russland noch ganz anderes erlebt. Zwei Leute weigerten sich, auch nur ein Paket zu öffnen, und standen beiseite. Dazu meinte der Feldwebel ungewöhnlich nachsichtig nur, dann werde die Arbeit eben länger dauern, denn sie müsse gemacht werden und zwar von „Politischen", nicht von Strafgefangenen. Auf unsere Frage „Wieso nicht mit Strafgefangenen?" antwortete er nur lapidar: „Die würden klauen." Und zur Beruhigung ließ er uns noch wissen, der Anstaltsarzt hätte ihm versichert, es bestünde nach so vielen Jahren keine Ansteckungsgefahr mehr. Obwohl ich diesbezüglich meine Zweifel hatte, wurde im Nachhinein tatsächlich keiner von uns, die wir bei dieser scheußlichen Arbeit dabei waren, krank. Der Feldwebel fasste zwar nichts an, blieb jedoch die ganze Zeit bei uns und atmete folglich die gleiche miasmatische Luft wie wir. Ein Großteil der Kleidungsstücke und Schuhe der Verstorbenen, von denen der Feldwebel meinte, sie seien Opfer einer Ruhrepidemie geworden, stammte ganz augenscheinlich von Kindern, die nicht älter als 15 Jahre alt waren. Nur ganz wenige Stücke deuteten auf Erwachsene hin. Die Wäschestücke, die mit Blut und Kot beschmutzt waren, flogen sofort auf einen Haufen, der zum Verbrennen vorgesehen war. Ebenso wurde mit zu kleinen oder in schlechtem Zustand befindlichen Stücken verfahren. Nur wenige Pullover, Sweater und Westen, die für Erwachsene noch brauchbar waren, kamen auf einen anderen Haufen. Die aufgefundenen Briefe und Fotos wurden in den erwähnten Papierbeuteln gesammelt und diese mit den Namen der Verstorbenen beschriftet. Es waren überwiegend rumänische und einige ungarische Namen dabei, deutsche Namen fand ich nicht. Die Gesamtzahl der damals untersuchten Gepäckstücke belief sich, wenn ich mich recht erinnere, auf etwas über 200, eine schrecklich hohe Zahl von Toten, noch dazu hauptsächlich Kinder. Die vielen Kinder und Jugendlichen in den sogenannten „Besserungsanstalten" der unmittelbaren Nachkriegszeit waren hauptsächlich eine Folge der zerrütteten gesellschaftlichen Verhältnisse. Ich erinnerte mich damals wieder an einen ungarischen Kinofilm, den ich noch daheim in Temeschburg gesehen hatte, der die vielen elternlosen Kinder, die sich in Banden zusammenfanden und das Nachkriegseuropa durchstreiften, thematisierte. Der Film hieß, sehr treffend, wie ich fand, „Valahol europában" („Irgendwo in Europa"). Als wir endlich mit unserer schrecklichen Arbeit fertig und zurück auf dem Zimmer waren, war Mitternacht bereits vorbei, doch obgleich ich hundemüde war, konnte ich bis zum Wecken nicht eine Minute schlafen. Zu sehr hatte mich das Gesehene aufgewühlt. Auch zu unserer Zeit war Gherla nicht gerade ein Ferienparadies, aber ein paar Jahre vorher müssen da fürchterliche Zustände geherrscht haben. Was wir erlebt hatten, sprach sich schnell herum, und es gab Leute, die aus der Umgebung stammten und die sich an die damalige Epidemie in der Anstalt erinnerten. Der eine erzählte, es seien zu jener Zeit täglich zwei bis drei Tote zu dem neben der Anstalt gelegenen Friedhof gebracht worden. Es hätte damals aber auch in der Stadt viele Kranke und Tote gegeben.

Als einmal mehr die Zimmerbelegung umorganisiert wurde, eine Maßnahme, deren Sinnhaftigkeit sich nur den Göttern und dem Politoffizier, der sie angeordnet hatte, erschloss, blieben Dietmar und ich im bisherigen Zimmer zurück, während Fredi und Harry zwei Zimmer weiter in der „Nachbarschaft" landeten. Zu den Neuzugängen bei uns gehörte auch Joska Somogyi, ein junger Ungar aus der Umgebung von Klausenburg, den wir schon bei der Arbeit flüchtig kennengelernt hatten. Als wir an unserem ersten gemeinsamen Abend nach der Zählung noch beisammenhockten und Dietmar von der Haftzeit in Temeschburg und von der „Risti-Bande", die wir dort angetroffen hatten, erzählte, sagte Joska gleich, dass er diese auch kenne.

Und zwar diente er während seines Militärdienstes im Jahre 1949 gerade bei einer Unteroffiziersschule der Miliztruppen, die ihren Standort im Nordbanat bei Lippa hatte. Eines Tages im Herbst ertönte plötzlich das Alarmsignal und sie mussten bewaffnet im Hof der Kaserne antreten, wo Munition ausgegeben wurde. Auch die Offiziere erschienen bewaffnet, und alsbald bestieg die Einheit – es waren etwa 300 Mann – Lastkraftwagen und es ging im Eiltempo Richtung Südosten. Während der Fahrt erklärte man den Soldaten, dass es darum ging, eine andere Milizeinheit zu unterstützen, die auf einem verlassenen Bauernhof eine Räuberbande gestellt hatte und sich nunmehr mit dieser im Kampf befand. Am Ort des Geschehens erfuhren sie, dass bereits zwei Milizionäre verwundet weggebracht worden seien und dass die umzingelten Räuber jeden Versuch, das Anwesen zu stürmen, mit Maschinengewehrfeuer beantwortet hätten. Da es bereits kurz nach ihrem Eintreffen den ersten Schwerverletzten, einen Offizier, gab, beschränkten sich auch die Unteroffizierschüler darauf, die Räuber zu umzingeln, und der Kommandant der Schule fuhr nach Lippa, um die dortige Panzereinheit der Sowjets um Unterstützung zu bitten. Und tatsächlich, obgleich der russische Oberst es lächerlich fand, wegen ein paar Banditen so viel Militär einzusetzen, kamen zwei große, mit Kanonen und Maschinengewehren ausgestattete Schützenpanzer sowie ein Lkw mit Soldaten angebraust. Der sowjetische „Kriegsherr" übernahm das Kommando und befahl den Angriff der Schützenpanzer, während die Rumänen gleichzeitig stürmen sollten. Die Panzer rollten an und verwandelten das gesamte Anwesen in einen Schutthaufen, aus dessen Trümmern die mehr oder weniger schwer verletzten Räuber hervorkrochen und festgenommen wurden. Bei der anschließenden Durchsuchung des zerstörten Hauses fand sich ein ganzes Arsenal an Waffen und Munition sowie eine beeindruckende Anhäufung von Diebesgut. Bei den Gefangenen handelte sich um den harten Kern der „Risti-Bande".

Eines Tages teilte mir der Chef der Instandhaltung mit, dass ich die folgende Nacht durcharbeiten müsse, dass ich dafür aber für den nächsten Arbeitstag freigestellt sei und auf dem Zimmer bleiben könne. Allerdings fügte er auch gleich hinzu, dass es keine leichte Arbeit sei, die gemacht werden müsse, dass ein junger Mann wie ich – mit zweiundzwanzig Jahren war ich damals mit Abstand der Jüngste bei der Instandhaltungsgruppe – es aber schaffen müsste. Und zwar sollte ich einen Durchbruch durch die Außenmauer der Schmiede stemmen, damit eine Leitung vom Gasgenerator, den Ingenieur Knall gebaut hatte, zu den Öfen in der Schmiede geführt werden könne. Also marschierte ich nach erfolgter Abendzählung wieder zurück in die Fabrik. Die vielen Buden und improvisierten Arbeitsplätze im Hof, in denen tagsüber emsig geschafft wurde, waren bis auf zwei große Kreissägen, auf denen Baumstämme zerlegt wurden, verlassen. Auch bei der Instandhaltung arbeiteten während der Nachtschicht nur drei Mann, die ich bei dieser Gelegenheit kennenlernte. Von einer Leiter aus begann ich in drei Meter Höhe ein Loch durch die etwa 70 Zentimeter dicke Außenmauer der Schmiede zu schlagen, und zwar erst von außen, denn in der Schmiede herrschten durch die Öfen tropische Temperaturen. Nach ein paar Stunden war ich tatsächlich bis über die Mitte der Wanddicke vorgedrungen, doch mit der größeren Tiefe wuchsen auch die Schwierigkeiten, und so musste ich nach drinnen, um von der anderen Seite weiterzuarbeiten. Die Stelle des geplanten Durchbruchs befand sich knapp unter der Decke des Raumes, und die infernalische Hitze, die dort herrschte, im Zusammenwirken mit dem Rauch und den Gasen führte dazu, dass ich es jeweils nur etwa fünf Minuten auf meiner Leiter aushielt. Der ältere Mann, der mich unterstütze, schaffte noch weniger und beschränkte sich irgendwann darauf, eimerweise kaltes Wasser herbeizuschleppen, mit dem ich mich abkühlte. Dazu trank ich auch noch wie einer, der gerade die Kalahari-Wüste durchquert hat. Da auch von dieser Seite aus mit der zunehmenden Lochtiefe das Vordringen immer schwieriger wurde, schafften wir den Durchbruch erst gegen Mitternacht, und es war schon gegen drei Uhr morgens, bis das Loch und zugleich auch wir endgültig „fertig“ waren. Der Chef, der meinen Zustand sah, schickte mich sogleich in den Raum, in dem die Nagelpressen liefen, wo ich trotz des Lärms auf einem Brett liegend auf der Stelle einschlief.

Wenn ich Fredi besuchte, der Dreherlehrling in der Instandhaltung war, konnten wir dies zumeist gut als „dienstlich notwendige“ Maßnahme tarnen. Bei dieser Gelegenheit hatte ich auch Herrn Oprisan, den Lehrmeister meines Kameraden, kennengelernt. Costache, wie ihn seine Freunde nannten, sprach hervorragend Deutsch, weil er wegen seines Philosophiestudiums längere Zeit in Freiburg gelebt hatte. Er hatte, wie er betonte, sich für Freiburg entschieden, weil er speziell an den Vorlesungen des Professors Heidegger interessiert war. Wenn er von der schönen Universitätsstadt Freiburg im Breisgau schwärmte, von der ich bis dahin lediglich im Zusammenhang mit der in der Nähe befindlichen Rennstrecke, der Schauinsland-Strecke, gehört hatte, ahnte ich nicht, dass ich Jahrzehnte später das Glück haben sollte, dort zu wohnen. Die Ausbildung zum Dreher hatte Oprisan auch in Deutschland gemacht, als er sich zwischen 1941 und 1945 als politischer Flüchtling – er musste Rumänien wegen seiner Zugehörigkeit zu den Legionären verlassen – erneut dort aufhielt. Nach dem Krieg war er Mitglied in einer Nachfolgeorganisation der Legionäre, den „Kreuzbrüdern" (Fratiile de cruce), und kehrte 1948 in deren politischem Auftrag nach Rumänien zurück, wo er jedoch sofort verhaftet wurde. Nach schlimmen Folterungen, denen er schon während der Untersuchungshaft ausgesetzt war, wurde er zu lebenslanger Haft verurteilt, um dann im Gefängnis im Zuge der „Reeducare" erneut fürchterlich gefoltert zu werden. Weil Oprisan als einer der prominenteren Insassen in Gherla vielen Mithäftlingen bekannt war, sorgte seine eines Tages völlig unerwartet erfolgte Verlegung für ein gewisses Aufsehen. Diese Verlegung war so überraschend erfolgt, dass auch die ihm nahestehenden Häftlinge im Vorfeld überhaupt nichts mitgekriegt hatten und erst später erfuhren, dass er zusammen mit Calciu Dumitreasa Gheorghe, einem Hauptakteuer der „Reeducare", zum Verhör nach Bukarest verbracht worden war. Diese Geheimnistuerei, übrigens ein Charakteristikum der gesamten kommunistischen Praxis, im Zusammenhang mit der Verlegung von wichtigen Häftlingen diente hauptsächlich dem Zweck, eine Verabschiedung der Gefangenen untereinander zu verhindern und damit den Austausch von Informationen zwischen den einzelnen Haftanstalten zu erschweren.

Wie wir erst später, zum Teil erst Jahrzehnte später nach der Haftentlassung aus der Literatur erfuhren, war die Aufdeckung der „Umerziehung" durch den Selbstmord des in einem Arbeitslager am Donau-Schwarzmeer-Kanal inhaftierten Arztes Dr. Simionescu ins Rollen gekommen. Dort hatten die berüchtigten sogenannten Studentenbrigaden Nr. 13 und 14 die „Reeducare" unter Anwendung schlimmsten Terrors durchgeführt und dabei auch Dr. Simionescu mehrmals schwer misshandelt, worauf dieser Selbstmord beging. Der Frau des Arztes, die von den Umständen seines Todes erfuhr, gelang es, die Nachricht über die Vorfälle in das westliche Ausland zu schleusen, was wiederum die rumänische Staatsführung zum Handeln zwang. Sie inszenierte ein Gerichtsverfahren, durch welches bewiesen werden sollte, dass die im Zusammenhang mit der „Reeducare" stehenden Exzesse von den im westlichen Ausland tätigen ehemaligen Legionären gelenkt waren, um die junge Volksrepublik zu diskreditieren. Zu diesem Zwecke hätte es der entsprechenden Aussage eines ehemaligen Legionärs, wie Constantin Oprisan einer war, bedurft, wozu dieser jedoch nicht bereit war.

Von den Folterern, die in Gherla tätig waren, wurden die Häftlinge Ţurcanu, Livinschi und Hentes Opfer der ersten „Säuberungswelle". Dabei soll es so verlaufen sein, dass insbesondere Ţurcanu anfangs noch glaubte, für seine „Leistung" bei der Umerziehung belohnt zu werden, was ihm vorher von namhaften Securitate-Größen wie General Nikolski (eigentlich Boris Grünberg), bis 1962 Chef aller Haftanstalten im Lande, und seinen Adjutanten, Oberst Dulgheru (eigentlich Moise Dulberger) und Oberst Sepeanu, wohl in Aussicht gestellt worden war. Was Sepeanu anging, so war dieser übrigens besonders eifrig bemüht, sich mit allen Kräften für die Volksrepublik einzusetzen, weil er ursprünglich als Kriegsverbrecher verurteilt worden war und nun auf diesem Wege seine spätere Rehabilitierung rechtfertigen wollte. Davon, rehabilitiert zu werden und möglicherweise im Offiziersrang in die Securitate einzutreten, träumte auch Ţurcanu und schilderte bei den Verhören in Bukarest daher seine Folterarbeit in aller Ausführlichkeit, wobei er als Hauptschuldigen für die nicht zu leugnenden Exzesse den ehemaligen Legionär Bagdanovici bezeichnete. Dieser, den Ţurcanu beschuldigte, die „Umerziehung" in der Haftanstalt Suceava überhaupt erst begonnen zu haben, konnte sich freilich nicht mehr verteidigen, weil Ţurcanu und Konsorten ihn vorher erschlagen hatten. Der ganze Prozess war natürlich eine Farce und es kann als sicher angenommen werden, dass es bis in die höchsten Ebenen der Securitate schon vorher bekannt war, was sich hinter der „Reeducare" verbarg. Darauf deutet unter anderem hin, dass im Juli 1950, als diese im vollen Gange war, die Haftanstalt Gherla vom Innenminister Marin Jianu und von Oberst Sepeanu besucht worden war.

In der Folge war man auch bemüht, alle Folterer, denen man keine vermeintliche oder tatsächliche Verbindung zu den Legionären nachweisen konnte, nicht am Schauprozess zu beteiligen, so zum Beispiel Titus Leonida von der Nationalen Bauernpartei oder die Häftlinge Fuchs und Steiner, die wegen „Zionismus" verurteilt waren. Aus dem gleichen Grund blieben auch die Oberfolterer der berüchtigten Studentenbrigade, die am Donau-Schwarzmeer-Kanal ihr Unwesen getrieben hatte, Bogdanescu, Diaca und Enechescu, unbehelligt. Der inszenierte Prozess endete damit, dass 16 Hauptschuldige in diesem nicht öffentlichen Verfahren zum Tode verurteilt und am 17. Dezember 1954 in Jilava hingerichtet wurden. Weitere wurden zu schweren Haftstrafen verurteilt.

Constantin Oprisan, der für uns so überraschend aus Gherla weggebracht worden war und der die entscheidende Aussage zu Lasten der Legionäre verweigert hatte, wurde nach dem Prozess mit drei weiteren Zeugen und Mittätern, Petrisor, Iosif und Calciu, jahrelang unter katastrophalen Bedingungen in einer Sonderzelle in der Festung Jilava festgehalten und verstarb dort. Seine Mitgefangenen überlebten, und Gheorghe Calciu konnte Jahrzehnte später seine Erlebnisse ausführlich schildern und unter anderem von der Sonderzelle in Jilava berichten, deren Beton ein hoher Salzgehalt beigemischt war, was dazu führte, dass die Wände nie austrockneten und immer feucht blieben.

Parallel zu dem Prozess begann eine allmähliche Verbesserung der Lebensbedingungen der politischen Häftlinge, die durch die später hinzukommende Entstalinisierung zusätzlich positiv beeinflusst werden sollte. Was uns anging, so hatten wir riesiges Glück, dass wir – bedingt durch Andreas' Verletzung – etwa einen Monat später als ursprünglich vorgesehen in Gherla landeten, denn die Haupttäter Țurcanu, Livinschi und Hentes waren nur wenige Tage vor unserer Ankunft ins Innenministerium nach Bukarest verbracht worden.

Eine ähnliche Vorgeschichte wie Oprisan hatte auch Nelu Paunescu, Harrys Chef bei den Werkzeugschlossern, vorzuweisen. Nelu, der übrigens ebenfalls fließend Deutsch sprach, war ein sehr sympathischer, allerdings auch sehr ernster Mensch, was vor dem Hintergrund seiner Erlebnisse nicht verwunderte. Geboren Anfang der Zwanzigerjahre in Câmpina, nördlich von Bukarest, war er schon früh Mitglied in der Jugendorganisation der Legionäre und nahm mit dieser an dem Angriff gegen den Radiosender von Bod am 3. September 1940 teil. In diesem Zusammenhang erfolgte seine erste Inhaftierung in der Festung Fogarasch, wo er von den Gendarmen verhört und dabei fast totgeschlagen wurde. Nach einigen Tagen bangen Wartens, während er und seine Mitgefangenen mit ihrer Erschießung rechneten, gab es eine radikale politische Wendung im Lande. König Karl II. dankte ab, floh ins Ausland, und es wurde am 14. September 1940 der Nationale Legionärsstaat Rumänien ausgerufen. Die inhaftierten Legionäre wurden mit sofortiger Wirkung aus der Haft entlassen, und Nelu und seine Kameraden zogen in Begleitung von jungen Mädchen, die sie mit Kuchen und Blumen abgeholt hatten, zu den Klängen einer Militärkapelle als Helden in Fogarasch ein. Im folgenden Jahr, nach dem Ende der Rebellion der Legionäre, musste Nelu dann über Bulgarien nach Deutschland flüchten, wo er und seine Kameraden der Form halber interniert wurden. Er wohnte im Lager Dachau, konnte sich tagsüber jedoch relativ frei bewegen und fuhr auch täglich zu seinem neuen Arbeitsplatz, einem Hersteller von optischen Geräten in München. Nebenbei holte er sein Abitur nach und ließ sich später an der Universität zum Dolmetscher für die deutsche Sprache ausbilden. Nach dem Umsturz vom August 1944 kamen die in

Deutschland internierten Legionäre auch formell frei und durften sich unter anderem im Rahmen einer hastig aufgestellten „Rumänischen Nationalarmee“ und einer Gegenregierung organisieren. Nelu kämpfte dann mit der „Nationalarmee“ an der Oderfront, wurde schwer verwundet und geriet nach der Kapitulation in amerikanische Gefangenschaft. Vom amerikanischen CIA wurde er zum Agenten geschult und insgesamt dreimal mit diversen geheimdienstlichen Aufträgen per Fallschirm in Rumänien abgesetzt. Der dritte Einsatz, an dem er beteiligt war, hatte seine Verhaftung zur Folge, und nach Verhör und Folter beim Innenministerium in Bukarest folgte seine Verurteilung zu 25 Jahren Haft. In einem nachträglichen Gerichtsverfahren wurde er sogar noch zu insgesamt 105 (!) Haftjahren und einer Geldstrafe von 1,5 Millionen Lei verurteilt. In den Haftanstalten in Jilava, Piteşti und später in Gherla und Aiud wurde auch er im Zuge der „Reeducare“ schwer misshandelt, ohne jedoch daran zu zerbrechen. Seine Haltung zu der Zeit, als ich ihn kennenlernte, war jedenfalls vorbildlich.

Dass Nelu auch ein durchaus geschickter Werkzeugschlosser war, bewies er in Gherla unter anderem, als er die Pistole eines Offiziers, in welcher zwei Geschosse steckengeblieben waren, wieder funktionsfähig bekam. Der Depp von Offizier hatte, nachdem eine Kugel sich verkeilt hatte, eine zweite abgefeuert, um damit die erste Kugel hinauszustoßen, was natürlich nicht funktionierte. Der Lauf war durch diesen Zusammenstoß der Geschosse aufgebläht und die Waffe total blockiert. Nelu gelang es, die Kugeln herauszubohren und den geblähten Lauf erhitzt wieder zusammenzuziehen. Es war eine beachtliche handwerkliche Leistung, denn die Waffe funktionierte angeblich wieder einwandfrei.

Bis zum Ende des Jahres 1952 hatte sich für uns sieben in Gherla abgesehen von der allgemeinen Verschlechterung unserer Haft- und Arbeitsbedingungen nicht viel geändert. Harry arbeitete bei Nelu Paunescu in der Werkzeugschlosserei, wo die verschiedenen Stanzwerkzeuge für Serienfertigungen hergestellt wurden. Edi und Fredi waren Dreher bei der Serienfertigung und der Werkzeugschlosserei, aber gelegentlich auch für die Instandhaltung tätig. Herbert hatte sich bei den „Taschenmessern“ gut eingearbeitet und konnte ohne besondere Schwierigkeiten sein Soll erfüllen. Ab Dezember 1952 arbeitete er an einer Sonderbestellung von Fallschirmjägermessern. Es war dies, wie ohnehin etwa 80 Prozent unserer Produktion in Gherla, ein Auftrag des Militärs. Dietmar arbeitete ebenfalls nach wie vor in der Schlosserei und Andreas war bis Ende des Jahres bei seinen Hornknöpfen, wo er fast die gesamte Arbeit im Sitzen erledigen konnte und noch dazu den Vorteil seiner Sonderschicht genoss. Zu Beginn des neuen Jahres wurde er dann als Lehrling zu einer der beiden neuen Drehbänke, die erst kurz davor aus der DDR nach Gherla gebracht worden waren, abgeordnet und lernte dort von dem jungen Rumänen Ion Ivanov das Handwerk des Drehers. Die gute Ausbildung, die er an den für die damaligen Verhältnisse modernen Maschinen durchlief, sollte ihm in den kommenden Jahren der Haft noch manchmal zum Vorteil gereichen. Was mich betrifft, hatte sich auch nicht viel geändert, nur dass ich Monat für Monat mehr für die Instandhaltung arbeitete und so Gelegenheit bekam, handwerklich eine Menge dazu zu lernen. Lediglich gegen Ende Dezember wurde ich für einige Zeit wieder ausschließlich in der Schlosserei beschäftigt, weil es galt, den „Jahresplan 1952" noch zu erfüllen, wozu man jeden Mann benötigte. Danach ging's zurück zur Instandhaltung. Die Kollegen meiner Mannschaft dort, alle wesentlich älter als ich, waren übrigens durchweg bodenständige, charakterfeste Männer, in deren Mitte ich mich gut aufgehoben fühlte.

Wie schon geschildert, waren uns bereits bei unserer Ankunft die beträchtlichen „Klassenunterschiede" bezüglich der Kleidung der Häftlinge aufgefallen. Dies begann mit der farblichen Gestaltung – die vom „Büro" trugen rotbraun gefärbte Jacken und Hosen aus Drillich, während die Masse der Gefangenen in „Zeghe", der gestreiften Häftlingskleidung, unterwegs war – und setzte sich mit der sehr unterschiedlichen Qualität der Ausstattung fort. Die hell und dunkelgrau senkrecht gestreifte Kleidung, Jacke und Hose, bestand aus einem groben Wollstoff. Dazu gehörte die „boneta", eine ebenfalls gestreifte runde Mütze ohne Schild, aus dem gleichen Stoff. Als Unterwäsche gab es, sofern vorhanden, ein weißes Leinwandhemd ohne Kragen und eine ebenfalls weiße Unterhose, je nach Jahreszeit in kurzer oder langer Ausführung. Als Schuhwerk gab es alte, abgetragene Militärschuhe. Da aber der Vorrat an Häftlingskleidung nie ausreichte, durften viele Gefangene die Zivilkleidung, in der sie verhaftet worden waren, tragen. Der Zustand der Kleidung stand zumeist im direkten Zusammenhang mit der Tätigkeit, die der Häftling auszuführen hatte. Zu den am schlechtesten Gekleideten gehörten die Heizer, Schmiede und Schlosser, und unter letzteren waren die Männer an den Schleifmaschinen am schlechtesten dran, war ihre Arbeit doch mit Abstand die schmutzigste. Zudem gaben die Funken, die beim Schleifen reichlich sprühten, den Kleidern den Rest. Besser dran waren die Schreiner, deren Kleider zwar auch zerschlissen, aber zumindest nicht so verdreckt waren. Zu den sich durchsetzenden „Modeerscheinungen" jener Zeit gehörte, da es allenthalben an Tuch für Flicken fehlte von abgenutzter Schmirgelleinwand den Rest der Körnung mit Wasser zu lösen und die Leinwand als Flicken zu gebrauchen. Die Schreiner, die ja Leimtöpfe zu Verfügung hatten, machten es sich noch bequemer und nähten die Flicken nicht mehr, sondern leimten sie einfach auf. Farblich hervorgehoben waren auch die Anstreicher, die einiges von der am häufigsten verwendeten Farbe, dem „Sowjetisch-Khaki", auf ihrer Kleidung vorweisen konnten. Von unserer Gruppe war Dietmar durch seine Arbeiten am Schleifstein am erbärmlichsten gekleidet. Insbesondere seine Hose war derart verbrannt und zerfetzt, dass er es schließlich aufgab, sie als solche zu erhalten, nur noch vorne große Flicken aufnähte und sie ansonsten wie einen Frauenrock herunterhängen ließ. Beim Entkleiden musste er nicht mehr aus der Hose schlüpfen, sondern lediglich den Gürtel öffnen und aus seinen Lumpen heraustreten. Weil dieser Zustand der Kleidung auch angesichts des nahenden Winters unhaltbar geworden war und die Volksrepublik sich offensichtlich außerstande sah, uns neue Kleider zu beschaffen, erhielten die Häftlinge Postkarten ausgehändigt mit der Auflage, von zu Hause Kleidung zu verlangen. Tatsächlich bekamen wir alsbald die ersten Pakete, die hauptsächlich Kleidung enthielten. So bekam ich einen braunen Stoffanzug, einen kurzen Mantel als Lodenstoff und dazu Unterwäsche, Socken und ein Paar hohe Schuhe. Ohne es verlangt zu haben, waren auch ein gutes Stück Speck, eine Wurst, sicher von meinem Vater zubereitet, und ein Kilo Zucker dabei. Ähnlich wurden auch die anderen unserer Gruppe beschert. Die Lebensmittel, die mit im Paket waren, wurden mir ohne Weiteres ausgehändigt, und von den Kleidern durfte ich die Hose, ein Hemd sowie Unterhose, Socken und die Schuhe behalten, während der Mantel, der Rock und die restliche Wäsche zu meinem Gepäck im Lagerraum der Anstalt kamen. Damit waren wir für den langsam hereinbrechenden Winter leidlich gerüstet. An den Füßen trugen sehr viele übrigens, zumindest solange es die Witterung erlaubte, sogenannte „galenţi", eine Holzsohle mit aufgenageltem Riemen. Die Sohlen wurden von unseren Tischlern gefertigt, und die beiden gekreuzten Gurte oder Riemen musste jeder selbst „beschaffen". Da diese Art der Fußbekleidung natürlich nur die Sohle schütze, waren Verletzungen vorprogrammiert, und bei der Arbeit herunterfallende Gegenstände stellten eine ständige Gefahrenquelle dar.

Der erste Weihnachtstag fiel auf einen Donnerstag, war für uns allerdings ein normaler Arbeitstag wie jeder andere auch. Eine Art des Umgangs mit dem christlichen Feiertag, die überall im kommunistischen Machtbereich auch außerhalb des Gefängnisses üblich war. Dafür galt dann aber zumindest der Neujahrstag als Feiertag. Wenn ich mich recht erinnere, war der Januar noch nicht besonders kalt, es fing jedoch schon an, unangenehm zu werden, da viele der Fensterscheiben fehlten, ein Umstand, den man während der warmen Jahreszeit kaum beachtete oder sogar genoss, weil dadurch zumindest ein Teil des Staubes und des Rauches abziehen konnten. Richtig heftig wurde es dann aber im Februar, als tagelang ein eisiger Nordwind pfiff und den Schnee über die etwa vier Meter hohen Anstaltsmauern und durch die zerbrochenen Fensterscheiden bis in die Werkstätten wehte. Petrică Rebreanu, der an einer der Drehbänke arbeiten musste, die nur drei Schritt vom Fenster aufgestellt waren, stand buchstäblich im Schneetreiben. Manche versuchten, mittels Blechtafeln zumindest die unteren Fensterrahmen abzudichten, hatten aber nur geringen Erfolg. Erst Ende Februar ließ die Kälte allmählich nach und der Schnee begann zu schmelzen.

Paul, einer der „Alten" von der Instandhaltung, hatte, wenn er einen größeren Auftrag erhielt und ich gerade verfügbar war, die Angewohnheit, mich als seinen Gehilfen mitzunehmen. So waren wir wieder einmal unterwegs, um Material aus einem Lager abzuholen, als er mich unvermittelt fragte, ob ich in meinem Leben schon einmal „Mephisto" begegnet sei, und dabei geheimnisvoll schmunzelte. Ich wusste mit seiner Frage erst nichts anzufangen und verneinte auch sogleich, aber er hatte mich neugierig werden lassen und ich wollte wissen, was oder wen er meine.

Er schmunzelte weiter und sagte nur: „Hab Geduld, du wirst den Leibhaftigen gleich sehen." Wir gingen zum Tor, das zwischen dem Fabrikhof und dem großen Innenhof stand. Beim Haupteingang des Traktes empfing uns der diensthabende Unteroffizier, dem Paul unseren Auftrag erklärte, worauf dieser uns durch den gesamten Zellentrakt im Erdgeschoss vorbei an den Dunkelzellen bis zu einer Tür führte, die er aufschloss und uns einließ. Wenn wir wieder rauswollten, müssten wir klopfen, sagte der Unteroffizier noch, bevor er abschloss. In dem langen, düsteren Gang, in dem die Wände schwarz zu sein schienen, konnte ich nur allmählich, nachdem das Augenlicht sich den Bedingungen etwas angepasst hatte, erkennen, dass auf der gesamten Länge mit Werkzeugen und anderen Gerätschaften vollgestopfte Regale standen. Ich konnte mich mit diesen jedoch nicht lange beschäftigen, denn ich merkte im Hintergrund eine Bewegung, und Paul flüsterte in einem Ton, der mich frösteln ließ: „Mephisto." Tatsächlich näherte sich aus dem Hintergrund eine menschliche, unnatürlich große Gestalt. Als er vor uns stand, sprach er uns mit einer krächzenden Stimme an und hüstelte zwischendurch, wie es für an Tuberkulose Erkrankte typisch ist. Während Paul ihm erklärte, was wir genau suchten, sprach er kein Wort und zeigte anschließend auch nur stumm auf ein Regal, wo die von uns benötigten Gegenstände wohl zu finden sein sollten. Währenddessen schaute ich mir den Mann an und stellte fest, dass „Mephisto" tatsächlich die treffendste Bezeichnung für dieses Wesen war. Er war etwa zwei Meter groß und schien, soweit man das wegen der weiten Pelerine, die er um die Schultern trug und die bis unter seine Knie reichte, sagen konnte, sehr dürr zu sein. Auf dem Kopf trug er einen schwarzen Hut mit breiter Krempe. Beim Gehen zog er einen Fuß nach, und als er seine Pelerine etwas öffnete, um Paul die Hand zu reichen, worauf dieser jedoch nicht reagierte, merkte ich, dass die andere Hand scheinbar gelähmt war und schlaff herunterhing. Im Gesicht sah ich nur Haut, die über den Schädel gespannt zu sein schien, und zwei tief liegende Augen. Wir suchten das Material, das wir mitnehmen wollten, zusammen und trugen es zum Ausgang. Nachdem Paul noch den Empfang quittiert hatte, eilten wir ebenfalls zum Ausgang und ich klopfte ungeduldig an die Tür. Die Zeit, bis der Wärter uns aufschloss, kam mir wie eine Ewigkeit vor, und als wir endlich draußen waren, atmete ich tief und erleichtert durch. Die düstere Atmosphäre, die modrige Luft und insbesondere die Gegenwart „Mephistos" hatten mich ziemlich beeindruckt, und ich war heilfroh, wieder Sonnenlicht zu sehen. Beim Rückmarsch erzählte mir Paul, dass er über den seltsamen Mann nur wisse, dass er ein kriegsversehrter ehemaliger Unteroffizier sei, schwer Tb-krank und leider, das Wesentlichste, ein gefährlicher Spitzel der Verwaltung. Ich sollte den Mann, für welchen die Bezeichnung „Mephisto" so unheimlich gut passte, nie wiedersehen. Einige Monate später hörte ich von seiner Verlegung ins Krankenrevier und bald darauf von seinem Tod.

Diese Todesursache war damals freilich nicht außergewöhnlich, den Gherla war in jenen Jahren im gesamten rumänischen Gulag wegen der vielen Tuberkulosekranken berüchtigt. Es gab Leute, die meinten, dass es durch das Klima der Umgebung und die Beschaffenheit der Anstalt zu diesen alarmierenden Zuständen gekommen sei. Nun, die insgesamt sechs Jahre (1952–1954 und 1956–1960), die ich dort verbrachte, berechtigen mich zu der Behauptung, das Klima der Gegend zu kennen. Dieses ist zwar feucht, aber ansonsten in keinster Weise weniger gesund als sonst irgendwo in Siebenbürgen. Auch die Beschaffenheit der drei Trakte – ich habe sie im Laufe der Zeit alle kennengelernt – war nicht solcherart, dass daraus eine besondere Gesundheitsgefährdung hätte herrühren können. Meiner Einschätzung nach hatte die große Zahl der

Kranken ihren Ursprung ausschließlich in den schlechten, von der Verwaltung zu verantwortenden Lebensbedingungen der Häftlinge.

Nach Meinung von Medizinern, die in Gherla einsaßen und von denen etliche auch dort als Ärzte beschäftigt wurden, erreichten die Tuberkulose-Fälle in der Haftanstalt ihren Höhepunkt im Jahre 1953. Dazu kam es aus mehreren Gründen. Ab 1951 wurde Gherla verstärkt als Jugendstrafanstalt genutzt, in welche viele Schüler und Studenten aus der berüchtigten Haftanstalt Piteşti gebracht wurden. Piteşti wiederum, welches vorher schon als Jugendgefängnis galt, verdankte seinen schlechten Ruf dem Umstand, dass dort das Experiment der „Reeducare" (Piteşti-Experiment) über längere Zeit mit besonderer Intensität erprobt wurde, was sich für die Betroffenen verheerend auswirkte. Die Umerziehungsmaßnahmen wie Hunger, Kälte, Schlafentzug und die körperlichen Misshandlungen hatten die jungen Leute völlig entkräften und viele an Tuberkulose erkranken lassen. Zusammengepfercht in den völlig überbelegten Räumlichkeiten steckten sie sich dann gegenseitig an.

Um der Überbelegung entgegenzuwirken, wurden dann junge Gefangene – und mit ihnen eine Kerntruppe von „Umerziehern" – nach Gherla gebracht, womit für die Verbreitung beider „Seuchen" gesorgt war. Ţurcanu und Konsorten konnten in den fortan als Folterkammern dienenden Räumen Nr. 99 und 101 ihren diabolischen Fantasien freien Lauf lassen, und was die Tuberkulose anging, so ergab sich deren schnelle Verbreitung ganz von selbst. Die auch hier schlechten Lebensbedingungen der Häftlinge und besonders die Tatsache, dass Kranke und Gesunde weiterhin zusammengepfercht wurden, sozusagen Zelle und Pritsche miteinander teilen mussten, bildeten hierfür ein ideales Biotop. Das Ergebnis dieser Bedingungen konnte sich sehen lassen: Laut Schätzung der Ärzte waren, als die Hauptphase der „Reeducare" unter Ţurcanu zu Ende ging, etwas 30 Prozent der Betroffenen erkrankt. Und da die Erkrankten auch später nicht vom Rest der Insassen getrennt wurden, ging die epidemische Entwicklung der Krankheit weiter. Von unserer Gruppe hatten nach einem Jahr Fredi, Harry und Edi angegriffene Lungen.

Was ebenfalls der körperlichen Widerstandkraft der noch gesunden Häftlinge abträglich war, war das ab dem Frühjahr zunehmend schlechter werdende Essen. Wir merkten dies zwar, ahnten jedoch nicht, dass diese Entwicklung mit so banalen Dingen zusammenhing wie dem für den Sommer des Jahres 1953 vorgesehenen „Weltfestival der Jugend und der Studenten". Dieses sollte nämlich in der Volksrepublik stattfinden, und um aus diesem Anlass die ausländischen Gäste mit vollen Schaufenstern beeindrucken zu können, beschloss man, schon mal frühzeitig

Lebensmittel zu horten und diese an entsprechender Stelle – also bei uns – einzusparen.

Stalins Tod

Zu den Eigentümlichkeiten des Gefängnislebens gehört, dass man als Gefangener in der Regel unendlich viel Zeit hat, um sich über Vorgänge, denen man unter anderen Bedingungen kaum Beachtung schenken würde, Gedanken zu machen und hierüber mit den Mitgefangenen lange zu sprechen. Solchen Anlass bot eines Tages eine mitten im Fabrikhof ausgehobene Grube, an welcher tagelang gearbeitet wurde und über deren Bestimmung wir so manche Mittagspause hindurch rätselten. Nun, irgendwann konnten wir dann erkennen, dass das rätselhafte Projekt eine ganz banale „Freilichtlatrine" bestehend aus einer Grube von etwa zwei Metern Durchmesser ausgekleidet mit einem Betonring werden sollte. Ein kurzes Stück Zaun aus Schilfmatte schirmte die „Installation" ab, allerdings nur symbolisch, denn man konnte vom ganzen Hof aus über den niedrigen Zaun hinweg jeden dort hockenden Mann sehen. Das war sicher so gewollt und entsprach der immerfort betonten Losung von der „Vigilenta", der Wachsamkeit, die dem äußeren und inneren Klassenfeind, also uns, gegenüber geboten war. Ein Grundsatz, der nach der ihm innewohnenden Weisheit – so vermuteten wir – nur von Stalin persönlich stammen konnte. Dabei war der Bau der Latrine im Hof grundsätzlich richtig, denn hier waren abends während der Essensausgabe für etwa eine Stunde bis zu tausend Häftlinge versammelt. Allerdings war die Art und Weise, wie die Verwaltung das Problem löste, reiner Hohn und widersprach jeglicher Sitte und jeglichem normalen Schamgefühl. Tatsächlich wurde die Latrine anschließend nur in Notfällen oder von hartgesottenen Zynikern, die sich um etwaige Zuschauer überhaupt nicht scherten, genutzt. In Erinnerung blieb sie mir persönlich vor allem in Verbindung mit dem 6. März 1953, einem Datum, welches ich nie vergessen werde. Ich war an diesem sonnigen Vormittag eiligen Schrittes, wie es die Vorschrift verlangte, auf dem Weg zu besagtem „Örtchen", als ich an einem Lkw vorbeikam, von welchem gerade Lederabfälle abgeladen wurden. Zwischen diesen erspähte mein „Adlerauge" ein gefaltetes Stück Zeitungspapier, das ich kurzerhand aufhob und damit weitereilte. Da den politischen Häftlingen jegliche Presselektüre vorenthalten war, stellten solche Zeitungsschnipsel, die uns aufgrund irgendeines Versehens doch in die Hände fielen, immer eine kleine Sensation dar, wanderten reihum zu allen Freunden und wurden von jedem

„verschlungen". Als ich mich mit besagtem Schnipsel, es war eine sauber ausgeschnittene Kurzmitteilung aus einer ungarisch verfassten Klausenburger Zeitung, über einem der Löcher niederkauerte, merkte ich, dass dieser wohl diesmal nicht versehentlich in der Haftanstalt gelandet war. Die Nachricht, die uns irgendein mutiger Mensch von da draußen hatte zukommen lassen, lautete nämlich:

Klausenburg, 6. März 1953. Die ganze Bevölkerung der Sowjetunion und die Arbeiterschaft der ganzen Welt haben mit Erschütterung die Bekanntgabe vom Ableben J. W. Stalins, des über alles geliebten Führers der Sowjetunion, zur Kenntnis genommen!

Welch eine „Bombe" diese Nachricht zu jener Zeit im gesamten Ostblock – insbesondere für die hunderttausenden Häftlinge – darstellte, lässt sich heute kaum noch ermessen. Ich jedenfalls eilte mit meinem Fund zurück in die Werkstatt und raunte als erstes Harry im Vorbeilaufen zu, er solle möglichst bald bei mir vorbeikommen. Tatsächlich tauchte er, ein Eisenstück als Alibi in der Hand, schon kurze Zeit später bei mir auf, und ich konnte ihm die Sensation erzählen und auch stolz das Beweisstück präsentieren. Obwohl wir in den nächsten Stunden die Nachricht nur an wenige Vertrauenspersonen weitergaben, verbreitete sich diese wie ein Lauffeuer, und am nächsten Tag dürfte so ziemlich jeder Bescheid gewusst haben, zumal – wie wir später erfuhren – auch Mihai Timaru für die Verbreitung gesorgt hatte, nachdem ein Wärter ihm zugeflüstert hatte, dass „Tatucul (das Väterchen) verreckt" sei. Während für den überwiegenden Teil der Häftlinge die Neuigkeit Anlass zur Freude bot und so mancher von uns mit den nun zu erwartenden Änderungen auch große Hoffnungen verband, brach für den einen oder anderen „Umerzogenen" eine Welt zusammen. Was die Hoffnungen anging, wurden wir natürlich enttäuscht, denn der Tod Stalins zog keine radikale Änderung der Politik nach sich, und somit blieb auch für uns die beschworene „Schicksalswende" aus. Nur ganz aufmerksame Beobachter, wie es Häftlinge mit der Zeit werden, vermochten ganz allmählich eine Entspannung im Verhalten der Caralii zu erkennen. Das Fluchen und Schimpfen ging leicht zurück und kleine Unregelmäßigkeiten, die früher unbedingt geahndet worden wären, wurden jetzt gelegentlich „übersehen".

Eine leichte Verbesserung der Lebensumstände ging auch mit einer Besichtigung der Anstalt einher, die etwa zwei Wochen nach Stalins Tod stattfand. Wir waren bei der Arbeit, als plötzlich die Talanga geschlagen wurde und die Caralii wie von Sinnen brüllend uns aufforderten, alles stehen und liegen zu lassen und uns im Hof zu versammeln. Die dort schon anwesenden Offiziere waren ganz augenscheinlich ebenfalls ungewöhnlich nervös und erteilten uns den Befehl, in langen Reihen und mit etwa drei Meter Abstand voneinander anzutreten. Das war natürlich ein gigantischer Blödsinn, weil der Hof die vielen Menschen trotz seiner Größe so nicht fassen konnte. Als dies auch den Offizieren dämmerte, hieß man uns, näher zusammenzurücken und uns zugleich auszuziehen. Jeder hatte sein Kleiderbündel vor sich auf den Boden zu legen. Das ganze Chaos ließ auch bei uns, den erfahrenen Häftlingen, die Spannung steigen. Als sich dann das große Ost-Tor, welches uns von den ausgelagerten Strafgefangenen trennte, öffnete und eine Gruppe fremder Offiziere samt ihrer schwer bewaffneten Leibgarde den Hof betrat, befahl man uns, uns mit den Gesichtern zur Werkstatt und den Händen auf den Kopf gelegt abzuwenden. Trotzdem riskierten mancher einen Blick auf die Gruppe, und so sprach sich anschließend herum, dass es sich bei den „hohen Herren" um keine Geringeren als den Brigadegeneral Nikolski sowie die Obersten Petrescu-Gravita, damals Generaldirektor sämtlicher Haftanstalten, Dulgheru (Dulberger) und Koller, den Kommandanten der Haftanstalt Aiud, handelte. Die Kommission inspizierte an diesem Tag einige Zellen im Haupttrakt und sogar im Trakt III, der Zarca, wo die schwer Tb-Kranken dahinsiechten. Überraschenderweise wurden anschließend die Kranken in den Trakt I und aufs Krankenrevier verlegt, bekamen Milch und manche sogar Medikamente. Dies war auch der Zeitpunkt, ab dem die zweite Umerziehungswelle in Gherla endgültig eingestellt wurde.

Mit der Zeit hatten wir eine gewisse Anzahl vertrauenswürdiger Leute kennengelernt, wobei das Verfahren, mittels dessen man einen solchen Kreis zuverlässiger Freunde aufbaute, bedingt durch die besonderen Umstände eine höchst komplizierte Angelegenheit war. Man konnte einem „Neuen" nur vertrauen, wenn er von einem bereits bewährten Vertrauensmann empfohlen wurde. Eine mühsame Angelegenheit, zumal der „Neue" ja auch seine Bedenken hatte und entsprechend vorsichtig agierte. Auch er wollte Sicherheit, die er wiederum über seine Vertrauensleute zu erhalten hoffte. Der komplizierte Mechanismus des „Vertrauen Gewinnens" erschwerte natürlich die Entwicklung normaler Beziehungen, war aber unvermeidlich, und wenn ein Häftling in dieser Hinsicht doch einmal glaubte, unvorsichtig sein zu dürfen, so mahnten ihn die zwangsläufig eintretenden negativen Erfahrungen sehr bald wieder zur Vorsicht. Das alles hieß natürlich nicht, dass man zu Leuten, denen man politisch nicht vertraute, keinerlei Beziehungen unterhalten konnte. Durch das zwangsläufige Zusammensein bei der Arbeit oder im

Zimmer, zum Teil auf engstem Raum, wäre ein solcher Versuch ohnehin zum Scheitern verurteilt gewesen, also musste man sich auch mit Leuten, von den man sicher wusste, dass sie Schweinehunde waren, vertragen.

Über diese internen Informationskanäle hörten wir – allerdings nur gerüchteweise – auch immer wieder vom rätselhaften Verschwinden vieler „Politischer", die zumeist zum sogenannten „Babadag-Lot" (Babadag-Gruppe) gehört hatten und ausnahmslos zu hohen Haftstrafen verurteilt waren. Es wurde in Häftlingskreisen häufig über dieses Thema gesprochen, und obwohl schon damals gelegentlich gemutmaßt wurde, dass man die Leute einfach liquidiert hatte, konnten oder wollten wir dies nicht so recht glauben. Der Verbleib dieser Häftlinge blieb tatsächlich bis zum Zusammenbruch des Kommunismus ungeklärt, und erst Anfang der Neunzigerjahre erfuhr die Öffentlichkeit, dass man die Leute – es waren 85 Mann – damals in einen Sonderzug von Aiud nach Temeschburg verfrachtet und irgendwo unterwegs erschossen hatte.

Noch im April, als wir während der Mittagspause gerade auf Baumstämmen sitzend im Hof unsere Suppe löffelten, erschien ein Wärter, der mit schwerer Mühe einen Namen von einem Zettel buchstabierte. Endlich begriffen wir, dass er Herbert die Anweisung zu überbringen hatte, seine Sachen zu packen, da seine Verlegung bevorstand. Wir hatten gerade noch Zeit, uns die Hände zu schütteln, bevor unser Kamerad weggeführt wurde. Erst später sickerte durch, dass Herbert mit etlichen anderen – es handelte sich hauptsächlich um ausländische Staatsbürger oder um wegen Hochverrats Verurteilte – nach Piteşti gebracht worden war. Diese Nachricht ließ uns erschaudern, wussten wir doch um den schlechten Ruf dieser Anstalt, von welcher seinerzeit auch die „Reeducare" ihren Anfang genommen hatte.

Am 22. Juli 1953 kamen etwa 600 Häftlinge mit einem Sonderzug aus dem Lager Peninsula am Donau-Schwarzmeer-Kanal nach Gherla. Zusammen mit ihnen erreichte uns die geradezu sensationelle Nachricht, dass die gesamten Arbeiten am Kanal, dem großen Prestigeprojekt der Volksrepublik, eingestellt waren und man begonnen habe, die dortigen Häftlinge auf die verschiedenen Gefängnisse und Arbeitslager zu verteilen. Als die Neuen kurze Zeit später zur Arbeit in die Fabrik kamen, wurden sie von uns wie Marsbewohner bestaunt. Ihre Gesichtsfarbe entsprach der von Leuten, die ihren Urlaub an Meer verbracht hatten, sie schienen gut genährt zu sein und waren ausnahmslos in ordentliches Drillichzeug gekleidet, außerdem besaßen die meisten gutes Schuhwerk. Grund für das vergleichsweise blendende Aussehen der Leute war freilich, wie wir schnell erfuhren, dass es ihnen gestattet war, regelmäßig

Essenspakete von daheim zu erhalten und auch die Schuhe überwiegend aus dieser Quelle stammten. Nur die gesunde Gesichtsfarbe hatten sie ausschließlich der Partei zu verdanken, die sie zu den Erdarbeiten an die Donau geschickt hatte. Erst jetzt, beim Vergleich mit den Neulingen, wurde augenscheinlich, wie jämmerlich mitgenommen, mager und grau wir „alten Gherlaer" aussahen. Der Hauptunterschied war schon am Gesichtsausdruck zu erkennen, denn während die vom Kanal eine gewisse Zuversicht ausstrahlten, war bei uns die Verunsicherung und der damit verbundene immerfort gehetzte Blick das auffallende Merkmal. Für uns geradezu unglaublich war aber die Offenheit, mit der die Leute vom Kanal über politische Ereignisse sprachen und dabei kaum darauf achteten, ob Unberufene zuhörten. Auch waren sie verglichen mit uns wesentlich besser informiert, was damit zu erklären war, dass sie im Lager Peninsula (Halbinsel) im ständigen Kontakt zu den Zivilarbeitern standen und von diesen mit Zeitungen, aber auch mit Nachrichten, die diese über ausländische Rundfunksender gehört hatten, versorgt worden waren. Selbst die Todesumstände des Dr. Simionescu im Zusammenhang mit den Misshandlungen durch die Studentenbrigaden hatten sie auf diesem Umweg über das westliche Ausland erfahren.

Übrigens erfuhren wir auch erst jetzt nach über einem Jahr, wie es seinerzeit anlässlich unseres Prozesses in Temeschburg zu den fehlenden Bildern der vormaligen „hohen Tiere" Pauker, Georgescu und Luca gekommen war, nämlich dass sie einer Säuberungswelle zum Opfer gefallen waren und sämtliche Partei- und Staatsämter verloren hatten.

Was der eigentliche Grund für die unerwartete Einstellung der Arbeiten am Kanal war, konnten die Häftlinge damals noch nicht richtig beurteilen. Die Wahrheit jedenfalls, dass sich die Volksrepublik mit diesem irrwitzigen Projekt völlig übernommen hatte, versuchte man dadurch zu kaschieren, dass man etwa ein Dutzend leitender Techniker und Ingenieure, die plötzlich verschwunden waren, vor Gericht stellte und der Sabotage bezichtigte. Etwa die Hälfte von ihnen wurde zum Tode verurteilt und hingerichtet, der Rest verbrachte die nächsten Jahre in verschiedenen Lagern. Einem, der ursprünglich zum Tode verurteilt war, dann aber begnadigt wurde, begegnete ich Jahre später im Bergwerk. Das Lager Peninsula, woher unsere neuen Mithäftlinge kamen, war übrigens nur eines von vielen des gewaltigen Lagerkomplexes, welcher speziell für die Umsetzung des Großprojektes Donau-Schwarzmeer-Kanal errichtet worden war. Manche dieser Lager hatten es wegen der dort herrschenden Bedingungen zu trauriger Berühmtheit gebracht, wobei erwähnt werden muss, dass die Lebensbedingungen der Häftlinge, die von Lager zu Lager sehr unterschiedlich sein konnten, größtenteils von den jeweiligen Kommandanten und deren Politoffizieren abhingen. Da gab es solche „Berühmtheiten“ wie Liviu Borcea, von 1952 bis 1953 Kommandant des Lagers Capul Midia, der die Angewohnheit hatte, die neu eingetroffenen Häftlinge schon zur Begrüßung mit einem Knüppel zu prügeln. Auch seine immer wieder gehaltene „Begrüßungsrede“, die in etwa lautete: „Banditen, ihr seid hergebracht worden, um zu sterben. Wer nicht arbeiten will, stirbt sofort, wer arbeitet, wird später sterben“, war weit über die Lagergrenzen hinaus berüchtigt.

Berühmt-berüchtigt waren auch die sadistischen Neigungen des Kommandanten Tiberiu Lazar, eines ehemaligen Auschwitz-Deportierten, oder jene des Augustin Albon, der es vom Schneidergesellen zum Oberst der Securitate und zum Kommandanten sämtlicher Lager am Kanal gebracht hatte. Letzterer hatte die Einführung eines Prangers zu verantworten, an welchem Häftlinge zum Teil mehrere Tage und Nächte festgebunden wurden. Einen Gefangenen ließ er zur Strafe für dessen Fluchtversuch nach einem Tag am Pranger erschießen und sodann in den Stacheldrahtzaun werfen, um den Vorfall als neuerlichen Fluchtversuch zu tarnen. Im Jahre 1954 jedoch fiel Albon selbst in Ungnade, wurde zu 25 Jahren Haft verurteilt und durfte später nach seiner Begnadigung wieder als Schneider arbeiten. Diese Möglichkeit des rasanten Aufstiegs, der jedoch immer mit der Gefahr verbunden war, auch ganz tief fallen zu können, war übrigens auch ein Charakteristikum der „revolutionären“ Anfangszeit des kommunistischen Systems.

Im Sommer 1953 erreichte die Qualität der uns verabreichten Verpflegung ihren Tiefpunkt. Es gab etwa ein Vierteljahr lang täglich Krautsuppe, die hauptsächlich aus Wasser bestand und in welcher das Kraut allenfalls zu erahnen war. Es sollte unser „Beitrag“ zum bereits erwähnten „IV. Welttreffen der Jugend und der Studenten“ im August sein, wie uns nun auch die Neuankömmlinge vom Kanal bestätigten. Eine Verbesserung der Verpflegungssituation wurde erst gegen Ende des Sommers bemerkbar, kurz nachdem ein auswärtiger Offizier die Anstalt besucht hatte und bei dieser Gelegenheit auch eine Rede vor den Häftlingen im Hof hielt, in welcher er natürlich zu noch mehr Arbeitsfleiß aufrief, aber auch eine baldige Verbesserung unseres Essens versprach. Tatsächlich gab es schon am nächsten Tag eine Bohnensuppe mit etwas Fleischfitzelchen, wie wir sie schon seit Langem nicht mehr gesehen hatten. Ab da ging es langsam aufwärts, und wir konnten uns einmal pro Woche sogar über Makkaroni mit etwas Marmelade freuen, wenngleich die Verpflegung nach wie vor nicht ausreichte, um satt zu werden, erst recht nicht nach den drei Monaten des Hungerns.

In der Zeit des Hungers war es übrigens die schlimmste Folter, wenn man durch Zufall an der anstaltseigenen Bäckerei vorbeikam. Diese durfte nur von den Häftlingen, die dort arbeiteten, betreten werden. Das Brot der Gefangenen und der „Turtoi“ wurde hier gebacken, ebenso aber auch das Brot für die Bediensteten. Zu wichtigen Anlässen – etwa den Feiertagen des Regimes – wurden hier sogar verschiedene Kuchen für das Wachpersonal hergestellt. Für die ausgehungerten Häftlinge war es natürlich eine schlimme Tortur, wenn sie durch Zufall die erwähnten Köstlichkeiten beim Transport durch den Hof sehen mussten. Die Mägen reagierten dann sofort mit heftigem Knurren. Am allerschlimmsten war es aber, wenn man zufällig Zeuge sein musste, wie auf den großen Backblechen frisch gebratene Fleischstücke, jedes etwa ein Pfund schwer, an einem vorbei zum Tor an der Ostseite, dem Sitz der Offiziere, gebracht wurden.

Eine weitere Neuerung zur Verbesserung der Arbeitsmoral war die etwa Anfang September bekannt gegebene Einrichtung von besonderen Schlafräumen für Jugendliche und „Spitzenarbeiter“. Tatsächlich wurden schon wenige Tage später die Namen verschiedener Häftlinge verlesen, die mit ihren Habseligkeiten in die neu hergerichteten Zimmer umziehen durften. Die fünf Zimmer, von uns schon bald spöttisch „Stachanowisten-Zimmer“ tituliert, waren groß und mit aufgestockten Eisenbetten sowie Strohsäcken, Bettlaken, Kissen und Decken ausgestattet. Auch Tische und Sitzbänke waren vorhanden und selbst einige gerahmte Farbbilder, die man aus irgendeinem Kalender geschnitten hatte, waren nicht vergessen worden. Auf den ersten Blick sah es gut aus, erst recht vor dem Hintergrund der sonst üblichen Unterbringung, aber im Grunde genommen war es doch ärmlich, was man für die im Gegenzug erwartete Mehrarbeit bot. Zu seiner und zu unser aller Überraschung wurden auch Andreas und sogar Egon Hutzel in eines dieser Zimmer für Jugendliche eingewiesen. Wir lachten uns krumm, als wir hörten, dass man hierdurch die Jugendlichen vor dem schädlichen Einfluss der älteren, unbelehrbaren Häftlinge schützen wollte. Ich vermute heute, dass die ganze Aktion nur ein Ablenkungsmanöver darstellte, um das andere Extrem, die „Reeducare“, vergessen zu machen. Fast zehn Jahre später starteten die Machthaber noch einmal eine Umerziehungsaktion in der Haftanstalt Aiud, diesmal in Form milder Überzeugungsarbeit mittels Büchern und Vorträgen, eine Aktion, die schon auf die bevorstehende Generalamnestie aller politischen Gefangenen hindeutete. Eine wichtige Nachricht, die uns trotz aller Geheimhaltung damals erreichte und mit welcher wir so manche Hoffnung auf eine nun zwischen den Machtblöcken eintretende Entspannung verbanden – was, so schlossen die Optimisten, auch unserer Entlassung förderlich sein könnte –, war das Ende des Koreakrieges. Ein Glück, dass wir nicht wussten, dass noch elf schwere Jahre vor uns lagen und dass einer von uns diesen Tag nie erleben würde.

Die nächste bemerkenswerte Gruppe von Neulingen in Gherla waren ungarische Jugendliche einer Geheimorganisation aus Klausenburg, deren hohe Haftstrafen selbst uns beeindruckten. Der Hauptbeschuldigte Verres, der zu zwanzig Jahren verurteilt worden war, erzählte mir, dass sie Flugblätter gefertigt und verteilt hätten, in welchen die Diskriminierung der Jugendlichen mit bürgerlicher Herkunft angeprangert wurde. Und obwohl sie peinlich genau darauf geachtet hatten, jegliche Forderung zugunsten der ungarischen Minderheit zu vermeiden, um eine nationalistisch-chauvinistische Auslegung ihrer Zielrichtung unmöglich zu machen, wurde später, nachdem die Aktion infolge Verrats aufflog, genau dieses von der Securitate versucht. Hiergegen protestierten die Angeklagten, darunter der Sohn des bekannten Botanikers und Universitätsprofessors Palocsay, bei der späteren Gerichtsverhandlung jedoch mit solcher Entschlossenheit, dass man zumindest diesen Anklagepunkt wieder fallen ließ. Insgesamt wurden etwa siebzig Jugendliche, darunter zehn Mädchen, zu Haftstrafen verurteilt.

Das Jahr 1953 ging ohne weitere Besonderheiten zu Ende. Weihnachtsfeiertage gab es natürlich offiziell keine, aber immerhin wurden wir am ersten Tag des neuen Jahres mit einem arbeitsfreien Tag überrascht, wie es außerhalb der Haftanstalten schon seit der Machtergreifung der Kommunisten überall üblich war. Die Ernüchterung folgte etwas später, als begonnen wurde, Häftlinge samt ihrer Habe aus dem Zimmer zu führen. Zur zweiten Gruppe, die „cu bagage“, also „mit Gepäck“ zum Zwecke der Verlegung anzutreten hatte, gehörten auch Dietmar und ich. Edi, von dem wir uns wohlweislich schon gleich zu Beginn der Aktion vorsorglich verabschiedet hatten, blieb zurück. Wir sollten ihn erst zehn Jahre später wiedersehen.

Das Zimmer, in welchem Dietmar und ich die nächsten drei Monate verbringen sollten, war sehr groß, mit den etwa 150 Häftlingen, die bald darauf hier versammelt waren, jedoch trotzdem gnadenlos überbelegt. Es war daher notwendig, jeweils zwei Häftlinge in ein Bett unterzubringen. Wir ergatterten einen Platz in der dritten „Etage“ eines Stockbettes, welches vom nächsten Fenster ziemlich weit entfernt war, was mich anfangs bedenklich stimmte. Tatsächlich sollte sich meine Skepsis später, als die Temperaturen rapide sanken und man die Fenster mangels Scheiben nicht schließen konnte, als unbegründet erweisen. Es war sogar ein Glück, dass wir in einer etwas „wärmeren Region" untergebracht waren. Das seltsamste jener Zeit war freilich, dass wir in den drei Monaten nicht zur Arbeit durften beziehungsweise mussten.

Wegen der völligen Überbelegung des Zimmers lief der Zählapell hier besonders abenteuerlich ab. Anfangs, als befohlen wurden, unten anzutreten, standen wir in Fünferreihen dicht gedrängt wie die Heringe, was sich als unpraktisch erwies. Folglich wurde befohlen, dass sich alle in die Betten zu legen und die Köpfe gut sichtbar vorzustrecken hätten. Mit dieser Methode klappte es besser, obwohl nach wie vor mehrmals gezählt werden musste, bis alles stimmte. Aber dies hing in der Regel auch weniger mit der Belegung des Zimmers als vielmehr mit den Rechenkünsten des einen oder anderen Caraliu zusammen. Wie zwischenzeitlich überall, wo politische Häftlinge einsaßen, hatten auch in unserem Zimmer beide Fenster Blenden aus Brettern, die das Verständigen durch Zeichen mit Außenstehenden oder auch nur das Hinausschauen verhindern sollten. Es gab dennoch immer Einfallsreiche, die die Fugen an den Blenden erweiterten, um so dennoch einen Blick in den Hof werfen zu können. Daher wussten wir, dass nur noch etwa hundert Häftlinge in der Fabrik tätig waren, darunter auch Andreas, wie unsere weiteren Beobachtungen ergaben. Er sollte im März nach Baia Sprie verlegt werden, wo wir ihn zwei Jahren später wieder trafen.

Das Essen war, besonders verglichen mit dem Fraß, der uns noch vor einigen Monaten vorgesetzt worden war, wesentlich besser geworden und half uns, den sehr strengen Winter besser zu ertragen. Die Kälte in der Nähe der Fenster, die nach wie vor keine Scheiben hatten, obwohl unser Zimmerchef den Missstand mehrmals gemeldet hatte, wurde so unerträglich, dass die Betten auf dieser Seite geräumt werden mussten und wir in den restlichen Betten nunmehr zu dritt lagen. Durch das Kondensieren der Atemluft bildeten sich um das Fensterbrett herum Mengen von Eis, welches in großen Brocken täglich abgeschlagen und ins Klo geworfen werden musste. Unser unverwüstlicher Humor ließ uns damals mutmaßen, dass die Kommunisten uns nur deswegen in diesem Tiefkühlraum untergebracht hatten, um uns für die kommenden besseren Zeiten zu erhalten. Als Anfang März die Temperaturen ihren Tiefpunkt erreichten und unser Zimmerchef anlässlich der Morgen- und Abendappelle immer penetranter unsere Beschwerden vortrug, schaffte man es zwar immer noch nicht, die Fenster abzudichten, erlaubte uns aber immerhin, aus unserem extern gelagerten Gepäck zusätzliche warme Zivilkleidung zu entnehmen. Freilich nur jenen, die solche Sachen besaßen, die anderen hatten Pech. So kam ich an meinen Mantel, mit dem ich praktisch den ganzen Tag hindurch bekleidet im Bett saß, während draußen eine geschätzte Außentemperatur von ungefähr minus 30 Grad herrschte. Wie wir später erfuhren, wurden damals im Land stellenweise bis minus 36 Grad gemessen, und in der Südmoldau und der Dobrugea erfroren Leute in den eingeschneiten Zügen. Die Anstalt Jilava, die tagelang von der Außenwelt völlig abgeschnitten war, wurde von Schülern der Sporthochschule ICF auf Skiern mit Brot versorgt. Die Lage entspannte sich Ende März, als es plötzlich fast frühlingshaft wurde. Ganz unerwartet und wieder ohne nachvollziehbaren Grund landeten Dietmar und ich bald darauf wieder in einem neuen Zimmer, nachdem plötzlich ein Offizier in der Tür erschienen war, der die ihm am nächsten stehenden sechs Häftlinge – darunter uns – aufforderte, sofort zu packen und mitzukommen. Wir waren froh, das Riesenzimmer verlassen zu können, nachdem es in den letzten Wochen immer wieder zu Streitigkeiten unter den zusammengepferchten Häftlingen gekommen war.

Im neuen Zimmer waren wir nur zwölf Mann, zumeist einfache Bauern aus der Moldau, genauer aus dem Vrancea-Gebiet. Unser einziger Bekannter war Herr Arhideanu, ein ehemaliger Meister bei den Gassonden, der wegen Sabotage zu zwanzig Jahren Haft verurteilt war. Vermutlich infolge der Folter, die er hatte ertragen müssen, benahm Arhideanu sich etwas sonderlich, weshalb er auch von manchen spöttisch „Tutenchamun" genannt wurde, wir verstanden uns jedoch mit diesem höflichen, in sich gekehrten Menschen, der niemals lachte, gut und sprachen viel mit ihm. Schon früher in der Fabrik wurde er, da als hervorragender Handwerker bekannt, von Ingenieur Knall immer herangezogen, wenn schwierige Aufgaben zu bewältigen waren. In der Zelle erzählte er uns von seiner jahrelangen Tätigkeit bei den Gassonden als Angestellter einer französischen Firma, darunter von der großen Explosion einer Sonde bei Mediasch im Jahre 1932, als viele Arbeiter starben und das brennende Gas jahrelang von sämtlichen in- und ausländischen Spezialisten nicht gelöscht werden konnte. Erst im Jahre 1944 erlosch das Feuer nach einer durch einen plötzlichen Wolkenbruch hervorgerufenen Überschwemmung auf natürlichem Wege.

Mit den anderen Männern sprachen wir wenig. Dietmar erzählte gelegentlich von seiner Familie und äußerte seine Vermutung, dass wohl auch sein Vater und sein Onkel irgendwo in Haft seien. Wenn uns die

Gesprächsthemen ausgingen, borgten wir uns manchmal das Schachspiel aus, das ein Zellengenosse hereingeschmuggelt hatte, und spielten ein paar Partien. Die Verköstigung war noch immer erträglich; es kam vor, dass der Löffel in dem Graupen- oder Bohnengericht „stehen" konnte, was als ein Kriterium höchster Güte galt. Nur das tägliche Brot war mit seinen 250 Gramm pro Mann nach wie vor recht knapp bemessen und daher auch häufig Ursache für Streitigkeiten. Dummerweise ließ ich mich eines Tages überreden, die undankbare Aufgabe des Brotteilers zu übernehmen. Obwohl Dietmar mir assistierte, war es eine fast unlösbare Aufgabe, einen unförmigen Brotlaib mittels eines stumpfen Löffelstiels in zwölf einigermaßen gleich große Stücke zu „zerschneiden", und noch schwieriger war es, den Leuten dann zu erklären, dass ihr Stück nicht kleiner ausgefallen war als das der anderen Gefangenen. Ich war froh, als nach einem Monat zugleich mit der neuen Verlegung auch diese Aufgabe endete. Mitte April bekamen wir plötzlich sehr warme Tage und man gestattete uns, fast täglich im großen Hof zu spazieren und sogar die Hemden abzulegen.

Für die Spaziergänger war der große Innenhof zwischen den Trakten I und II mit Zäunen aus Schilfmatten in vier Rechtecke aufgeteilt, von welchen jedes noch groß genug war, um mehrere Zellenbelegschaften gleichzeitig aufzunehmen. Alles deutete auf eine leichte Liberalisierung des Strafvollzugs hin. Bei einem dieser Spaziergänge traf ich auf Harry, der zu berichten wusste, dass Lucretiu Patrascanu, einer der vormals prominentesten kommunistischen Führer des Landes, zum Tode verurteilt und hingerichtet worden sei. Er hatte diese für uns damals sensationelle Nachricht von einem jungen Mann erhalten, mit welchem er mittels Klopfzeichen auf den Heizungsrohren in Verbindung stand. Wir waren zwar vorsichtig geworden, was den Wahrheitsgehalt von politischen Nachrichten dieser Art anging, denn es hatte sich herumgesprochen, dass gelegentlich auch gezielt falsche Nachrichten von den Politoffizieren gestreut wurden, aber diese Nachricht entsprach, wie wir später erfuhren, der Wahrheit. Das Gespräch mit Harry war vorerst das letzte für mehrere Jahre, weil sich unsere Wege im Labyrinth des Gulags trennten und wir uns erst beim gemeinsamen Transport ins Donaudelta wiedersehen sollten.

Die schon lange erwartete Verlegung erfolgte dann Ende April, als Dietmar und ich zusammen mit etwa 70 weiteren Häftlingen eines späten Abends zum Zug gebracht wurden, der mit uns am nächsten Morgen gegen drei Uhr in Baia Mare einfuhr. Vermutlich auch als eine Folge der bereits angesprochenen Liberalisierung konnte der Umstand gewertet werden, dass dies meine erste Reise als Häftling ohne die lästigen Fußfesseln war. Es folgte eine Lkw-Fahrt über eine Gebirgsstraße, die sich als eine einzige Anhäufung von Schlaglöchern entpuppen sollte und daher für unser „Sitzfleisch" – wir mussten mit dem Blick nach vorne auf der Ladefläche sitzen – zu einer echten Herausforderung wurde. Als wir noch im Morgengrauen vom Lkw stiegen, standen wir vor einem großen Brettertor mit der Aufschrift „Colonia de munca pentru brate speciale" („Lager für besondere Arbeitskräfte"). Wir hatten unser Ziel erreicht.

Kapitel IV: Cavnic und Baia Sprie

Die Bleimine von Cavnic

Cavnic, ungarisch Kapnik Bánya, wurde 1952 nach Baia Sprie und Valea Nistrului als drittes Bergbauarbeitslager für politische Häftlinge eingerichtet. Alle drei Lager befanden sich mitten im Maramureş-Gebirge in der Umgebung von Baia Mare. Baia Sprie war das größte dieser Lager mit einer maximalen Belegschaft von knapp über 1000 Häftlingen, während in Valea Nistrului, dem kleinsten, nur etwa 300 bis 400 Häftlinge einsaßen. Cavnic war ursprünglich als großes Lager konzipiert, wovon unter anderem diverse begonnene, aber nie vollständig fertiggestellte Barackengrundmauern zeugten, kam dann in der Folgezeit aber nie über eine Häftlingszahl von etwa 500 Mann hinaus.

Nachdem man uns, wir waren ein Dutzend „Neue", die Ketten abgenommen hatte, wurde uns als erstes Quartier die für die zweiwöchige Quarantänezeit vorgesehene Baracke Nr. 7 zugewiesen. Vor dieser mussten wir kurze Zeit später antreten, um von einer Gruppe Offiziere und dem Lagerarzt, der auch ein Häftling war, begutachtet zu werden. Bei dem noch jungen Arzt, einem Ungarn aus Temeschburg, überraschte uns sofort dessen selbstbewusstes Auftreten in Anwesenheit der Offiziere. Er untersuchte uns der Reihe nach und beanstandete auch gleich unseren Gesundheitszustand, insbesondere die Tatsache, dass die meisten gefährlich unterernährt und damit nur bedingt arbeitsfähig waren. Zu den Offizieren gewandt sagte er, man müsse die Häftlinge in den Gefängnissen grundsätzlich besser ernähren, da ansonsten schon sehr bald nicht genügend Arbeitskräfte zur Verfügung stehen würden. Seine Feststellung und insbesondere die Selbstverständlichkeit, mit der er, der Häftling, sie vortrug, beeindruckten uns sehr, zumal der anwesende Lagerkommandant auch sofort den Chefkoch kommen ließ und diesem auftrug, gut für uns zu sorgen und aus den Reserven der Küche zusätzliche Kost bereitzustellen. Bei einigen allerdings glaubte man offensichtlich nicht mehr, die Arbeitsfähigkeit wiederherstellen zu können; sie wurden nach etwa zwei Wochen wieder in ein Gefängnis abgeschoben.

Sogleich nach der Untersuchung führte man uns in die Baracke, die Küche und Speiseraum beherbergte, und wir erhielten die beachtlichen

Essensportionen der Bergleute vorgesetzt und – für uns eine Sensation – durften anschließend sogar Nachschlag fordern. Völlig „aus dem Häuschen" waren wir aber, als man uns versicherte, dass wir vom ersten Tage an Anspruch auf die hier übliche Brotration von 1250 Gramm hätten. Verglichen mit der Hungerration in Gherla war dies einfach nicht zu fassen, wir waren überglücklich. Und es gab sogar noch eine Sensation: Der Chefkoch ließ uns wissen, dass die Küche noch ein besonderes Geschenk für uns hätte, das er „zestrea noastra pentru voi", „unsere Aussteuer für euch" nannte. Und dann brachten zwei Köche eine riesige Tragekiste voller gerösteter Brotscheiben, bestimmt über hundert Kilogramm schwer. Wir durften uns bedienen und mitnehmen, so viel wir tragen konnten. Man erklärte uns, dass die Köche regelmäßig das überflüssige Brot der Bergleute rösten und für die Neuankömmlinge bereithalten würden, weil diese wie wir auch grundsätzlich völlig ausgehungert daherkämen. Dass die Bergleute ihre Brotration nicht vertilgen könnten, klang für uns wie ein Märchen. Zu jener Zeit kamen jährlich zwei bis drei Transporte mit Neulingen nach Cavnic, und ebenso oft wurden die zwischenzeitlich nicht mehr arbeitsfähigen Häftlinge abgeschoben, was allein schon den großen Verschleiß an Arbeitskräften belegt. Die meisten Männer waren nach einigen Jahren unter Tage so krank, dass man sie zumindest im Bergbau nicht mehr einsetzen konnte. Damit war der erste Schritt im Plan der kommunistischen Machthaber, die „Klassenfeinde" durch Arbeit zu vernichten, getan. In den nächsten Wochen vertilgten sowohl Dietmar als auch ich bis zu zwei Kilogramm Brot pro Tag, und es gelang mir, mein Gewicht auf etwa 78 Kilogramm zu erhöhen, womit das „Kampfgewicht" von vor der Verhaftung fast wieder erreicht war. Später, als sich die schleichende Bleivergiftung bemerkbar machte, nahmen wir alle wieder etwas ab.

Schon am zweiten Tag nach unserer Ankunft durften wir uns in der Zeit vom Einfahren der Tagschicht und nachdem die Nachtschicht zum Schlafen gegangen war im Lager frei bewegen. Bei dieser Gelegenheit erfuhren wir erste Details über die Lagerverwaltung und diverse „wichtigere" Häftlinge, die im „Interior", dem Innendienst des Lagers, tätig waren. Die Wohnbaracken, die von der Bauart den ehemaligen Wehrmachtsbaracken entsprachen, hatten zwei Schlafräume mit je 25 Paar Betten. Die Strohsäcke waren gut gefüllt, was in anderen Gefängnissen nie der Fall war. Die Bettlaken und Kissenüberzüge wurden regelmäßig gewaschen. Zum Beheizen stand in jeder Stube ein großer Eisenofen bereit, der im Winter angeworfen wurde. An das Vorzimmer jeder Baracke schlossen sich ein Waschraum mit mehreren Wasserhähnen über einem Trog und abgesondert noch vier Aborte türkischer Art an.

Bereits in den ersten Tagen im Lager hielten uns erfahrene Bergleute, ebenfalls Sträflinge, den ersten Vortrag über die wichtigsten Verhaltensmaßregeln unter Tage. Dann wurde uns die Arbeitsausrüstung bestehend aus Helm, Arbeitskleidung und Militärschuhen oder Gummistiefeln ausgehändigt. Sonderausrüstung für unter Tage sollten wir erst später bekommen. Bereits vorher hatte man uns mit vollständig neuer Häftlingskleidung ausgestattet: Jacke, Hose und Mütze aus grobem Wollstoff sowie je zwei Hemden, Unterhosen und Fußlappen. Als bestes Schuhzeug für unter Tage sollten sich die kurzen russischen Gummistiefel bewähren, ebenso wie auch die russischen Bergmannshelme sehr gut waren. Dietmar und ich entschieden uns anfangs für den „DDR-Helm", eine schwarz lackierte Nachbildung des Wehrmachtshelmes, die allerdings aus Pressspan gefertigt war. Dieser bot rundherum recht guten Schutz, war ansonsten jedoch zu schwach gefertigt. Als ich später merkte, wie wichtig es war, dass der Kopf gerade am Scheitel geschützt wurde, trug ich den stabileren russischen Helm. Dietmar hingegen, der als Hauer hauptsächlich in Aufbrüchen arbeiten sollte, wo einem beim Anbohren die Funken und Steinsplitter nur so um die Ohren flogen, bleib dem deutschen Helm treu, weil dieser tiefer war und das Gesicht besser schützte.

Zur Vorbereitung auf unseren ersten Einsatz wurden wir nach etwa zehn Tagen am Appellplatz versammelt und in Gegenwart des Kommandanten, des Hauptmanns Tudoran, und einiger Unteroffiziere, von welchen als der wichtigste der Feldwebel Seremet zu nennen wäre, erklärten uns Häftlinge des technischen Büros, wo und mit wem wir zukünftig arbeiten würden. Interessanterweise war auch hier wie schon in Gherla ein Deutscher, und zwar der Ingenieur Josef Klein, Chef des technischen Büros. Klein, ein Siebenbürger Sachse, saß mit einer hohen Strafe seit 1949 ein und leitete zusammen mit zwei rumänischen Ingenieuren den Arbeitseinsatz der Häftlinge entsprechend den Vorgaben des Bergbaukombinats. Trotz seiner schwierigen Stellung sozusagen zwischen Hammer und Amboss und immer unter der scharfen Beobachtung durch den politischen Offizier und den Feldwebel Seremet machte er seine Sache sehr gut, und mir ist nie etwas Negatives über ihn zu Ohren gekommen. Grundsätzlich war er bestrebt, das Plansoll zu erfüllen, ohne dabei jedoch die Belange der Häftlinge aus den Augen zu verlieren, für die er das Beste herauszuholen bemüht war.

Wir wurden verschiedenen Gruppen zugeteilt, die aus Leuten bestanden, die zum Teil seit 1949 einsaßen und entsprechend viel Erfahrung im Bergbau sammeln konnten. Die meisten waren schon in Baia Sprie eingesetzt und kamen dann später nach Cavnic. Laut Ioan Ioanid erfolgte die erste Häftlingsverlegung von Baia Sprie nach Cavnic am 10. November 1952. Ich landete bei einer Transportgruppe, während Dietmar als Lehrling einem Hauer, es handelte sich um einen ehemaligen Flieger, zugeteilt wurde. Chef unserer Schicht war Brigadier Nazarie, ein wegen Kriegsverbrechen verurteilter ehemaliger Feldwebel aus der Moldau.

Beim Einfahren mussten wir bei der „lămparie“ (Lampenausgabe) unsere Karbidlampe abholen und an ihrer Stelle unsere Metallmarke aufhängen. Nach der Rückkehr kamen Lampen und Marken wieder an ihren Platz. Dadurch wusste die Verwaltung immer, wo sich ein Häftling gerade befand, ob unter Tage oder im Lager.

Erste Einfahrt

Am 17. Mai 1954, einem Montagmorgen, bekamen wir unser Frühstück im Speiseraum und zusätzlich in gebrauchtem Packpapier eingewickelt je ein Stück Speck, das wir als Vesper mitnehmen sollten. Während ich noch den Speck zusammen mit einem tüchtigen Stück Brot verstaute, trat ein Mann, der ein Paket dabeihatte, an mich heran. Es habe sich so ergeben, sagte er, dass ich gleich bei meiner ersten Einfahrt das Kraut für die Eule mitzunehmen hätte. Als ich große Augen machte und nicht so recht wusste, was er meinte, erklärte er mir, dass unten im Bergwerk eine Eule gehalten würde, die Mäuse und sonstiges Ungeziefer vertilgen sollte. „Weil sie aber“, sagte er, während er mir das Paket in die Hand drückte, „nie ans Tageslicht kommt, braucht sie, um gesund zu bleiben, ab und zu etwas Grünes, wegen der Vitamine.“ Ich dachte, nicht recht zu hören – die Geschichte mit einer Eule im Bergwerk, die Mäuse und Kraut frisst, kam mir doch recht spanisch vor, doch bevor ich weitere Fragen stellen konnte, ertönte der Ruf zum Morgenappell. Also trottete ich mit dem Paket unterm Arm hinaus in den Hof und anschließend zur Lampenausgabe.

Von der „lămparie“ ging es durch eine kleine Pforte direkt zum Stollenmund „Rainer“, vermutlich so nach dem deutschen Bergmann benannt, der den Erbstollen erbaut hatte. Während wir vor dem aus behauenen Steinen erbauten Stollenmund standen und von Brigadier Nazarie und den beiden Unteroffizieren gezählt wurden, betrachtete ich die in den Felsen gehauene Jahreszahl, bei welcher die vierte Ziffer nicht mehr zu erkennen war: „175_“! Das Bergwerk schien also schon im 18. Jahrhundert eröffnet worden zu sein.

Der Stollen selbst hatte eine Breite von etwas über einem Meter und war nur etwa 1,80 Meter hoch, weshalb die meisten Leute etwas gebückt schreiten mussten. In den Abschnitten mit schwachem und zerklüftetem Gestein war der Stollen ausgemauert. Der Boden bestand auf fast der ganzen Länge des Stollens, immerhin etwa 600 bis 700 Meter, aus dicht gelegten Rundhölzern, viele schon vermodert und durchgebrochen, weshalb beim Laufen Vorsicht geboten war. Unter dem Knüppeldamm plätscherte das hochgepumpte Sickerwasser in Form eines kleinen Bachs nach draußen. Ab und an tropfte das Wasser auch ausgiebig von der Decke, was die alten Bergleute zur Feststellung veranlasste: „Es regnet!“ Wegen der geringen Höhe des Stollens und der Beschaffenheit des Bodenbelages gestaltete sich das Marschieren für Neulinge wie mich anfangs recht schwierig. Man musste bei den schlechten Sichtverhältnissen die beschädigten Rundhölzer im Auge behalten und zugleich vermeiden, dass man mit dem Helm gegen die Felsdecke stieß, denn das hatte mit der Zeit üble Nackenschmerzen zur Folge. Auf den letzten Metern teilte sich der Stollen in zwei Arme, die in jeweils große Räume mündeten. In einem dieser Räume befand sich der senkrechte Förderschacht, welcher etwa hundert Meter nach unten und zugleich auch nach oben bis an die Oberfläche führte. Auf Höhe des großen „Saales“, in dem wir angelangt waren, hielt einer der beiden Förderkörbe, um die Bergleute nach unten zu befördern. Während der eine Korb nach unten fuhr, bewegte sich der andere gleichzeitig nach oben. Da die Körbe jeweils nur Platz für sechs Leute oder für eine Lore mit Material boten, dauerte es etwa anderthalb Stunden, bis die 200 Mann einer Schicht befördert waren. Auf diesem Wege erreichten wir den „Ferdinand“, den neuen Erbstollen des Bergwerks. Parallel zum Förderschacht verlief noch ein Steigschacht zwischen den beiden Stollen, der bei Notfällen das Verlassen des Bergwerks ermöglichen sollte. In der Nähe dieses zweiten Schachtes mussten wir warten, während Gruppe für Gruppe einfuhr.

Als unsere Gruppe aufgerufen wurde, konnte ich beobachten, wie ein ziviler Bergmann das Halten und Anfahren der Förderkörbe per Klingelzeichen steuerte. „Ferdinand“, der neuzeitliche Erbstollen, in dem wir unseren Fußmarsch fortsetzten, war wesentlich moderner und besser ausgebaut. Durch die geräumigeren Gänge beförderten kleine Dieselloks ganze Garnituren von Loren bis in die entlegensten Seitenstollen. Während wir entlang eines kleinen Kanals liefen, durch welchen auch hier das Sickerwasser abfloss, merkte ich, dass etliche Seitenstollen mittels Eisengitter und massiver Türen abgesichert waren. Später sollte ich erfahren, dass man uns dadurch von den Zivilarbeitern fernhalten wollte, die in den Seitenstollen tätig waren. Wir konnten manchmal den Schein der Karbidlampen durch die Eisengitter schimmern sehen, wenn sich einer der Zivilisten jedoch allzu sehr näherte, wurde er von unseren Bewachern verscheucht. Nach einem weiteren Fußmarsch von etwa 1,5 Kilometern Länge erreichten wir einen elektrisch ausgeleuchteten Raum, in welchem gewaltige Kompressoren die Pressluftversorgung der Belüftung und vor allem der Bohrhämmer gewährleisteten. Dann erreichten wir einen neuen Förderschacht, der ähnlich angelegt war wie der bereits geschilderte, und wurden bis in die damals tiefste Sohle des Bergwerks (rumänisch: orizont) hinuntergefahren.

Zusammen mit Emilian Kasparovici, dem zweiten Neuling unserer Gruppe, bemühte ich mich den ganzen Weg über, den „alten" Bergleuten hinterherzulaufen und dabei weder über die Bohlen zu stolpern noch mit dem Kopf irgendwo dagegen zu rennen. Da ich dabei noch die vielen gut gemeinten Ratschläge der Kollegen beachten musste, hatte ich das Paket mit dem Kraut, das ich immer noch mit mir führte, schon ganz vergessen und wurde erst beim zweiten Verlassen des Förderkorbes wieder daran erinnert, als ein Mann an mich herantrat und es verlangte. Froh, es los zu sein, reichte ich es ihm sofort und bekam gar nicht mit, wie die mich umstehenden Kollegen grinsten. Erst später wurde ich aufgeklärt, dass die Geschichte mit der Eule nur Quatsch war und zu den Späßen gehörte, die man sich üblicherweise mit den Neulingen erlaubte. „Das bringt dir Glück", sagte einer, „und das wirst du hier gut gebrauchten können." Andere Neulinge schickte man los, um eine „Stufe" zu holen, was schlecht zu bewerkstelligen war, denn besagte „Stufe" war nichts anderes als ein kurzes, in den Felsen gebohrtes Loch, welches als Messpunkt diente, oder – ein üblerer Spaß – man ließ sie unnötigerweise schwere Eisenstangen irgendwohin schleppen.

Später konnte ich feststellen, dass es doch einige Tierchen gab, die – nachdem sie durch irgendeinen Zufall ins Bergwerk gelangt waren – auch dort zu überleben verstanden. Es waren dies vor allem Mäuse, die sich bevorzugt in dem trockenen Gestein der Breschen aufhielten und in den Bohrlöchern „wohnten". Wenn wir pausierten, kamen sie oft zu uns und bettelten mit großen Augen um ein paar Brotkrümel. Es ging ihnen nicht besonders gut dort unten, wo die einzige regelmäßige Nahrung aus Larven und Insekten bestand, die zusammen mit dem Bauholz ins Bergwerk gebracht wurden, und wo der große Säuregehalt im Wasser und im überall vorhandenen Schlamm auch ihnen erheblich zusetzte, wie man an ihren verkrüppelten Pfoten und den vielen Verletzungen und Narben auf dem Fell sehen konnte. Im Rahmen ihrer Möglichkeiten hatten sie sich trotzdem recht gut an die besonderen Bedingungen angepasst und wussten zum Beispiel genau, wann sie Deckung suchen mussten, weil eine Sprengung bevorstand.

Unsere Gruppe, in welcher ich mit Abstand der jüngste war, bestand aus fünf Leuten. Chef war Dimitrie Jonescu, eine schlecht einzuschätzende, etwas undurchsichtige Person. Es hieß, er stamme aus der Walachei, sei Oberst in der rumänischen Armee gewesen und zu 25 Jahren verurteilt worden. Er schien recht ungebildet zu sein, sprach wenig und verrichtete den Sklavendienst mit der Gleichgültigkeit eines Roboters. Wesentlich mehr konnte ich mit dem freundlichen, sympathischen Herrn Kasparovici anfangen. Er war etwa 50 Jahre alt, gebildet, sprach fließend Deutsch und war auch sehr deutschfreundlich eingestellt. Seine ernste, etwas zurückhaltende Art war wie bei so vielen wohl das Ergebnis des schweren Verhörs, das er mitgemacht hatte, bevor man ihn zu 15 Jahren Gefängnis verurteilte. Im Gesicht an der rechten Wange hatte er zu jener Zeit eine schlecht verheilte Wunde, aus der dauernd der Speichel rann. Sie war die Folge eines im Gefängnis nicht behandelten Abszesses, der nach außen durchgebrochen war und an dem er monatelang leiden musste. Verurteilt war er wegen der Unterstützung von Widerständlern in den Buchenländer Bergen. Später gab es im Zusammenhang mit seinem Namen noch einen Vorfall, über den wir noch häufig lachen sollten. Und zwar wollte ein Caraliu seinen Namen wissen und fragte, nachdem er ihn genannt hatte, ob er „draußen", in Freiheit, Grieche gewesen (!) sei. Die beiden anderen der Gruppe waren Bauersleute aus der Moldau, mit denen wir nicht viel zu sprechen hatten, die aber bei der Arbeit immer sehr hilfsbereit waren.

Unsere Arbeit bestand hauptsächlich darin, die leeren Loren vom Füllort an die entlegensten Punkte der Strecke zu schieben, wo sie mit Erz beladen wurden. Obwohl es vom Füllort weg bergauf ging, war dies wegen des nur sehr leichten Anstiegs, welcher das Abfließen des Sickerwassers gewährleisten sollte, nicht schwer. Am Füllort wurde dieses Sickerwasser dann hinausgepumpt. Die Strecken, die wir anfahren mussten, hießen „George-Nord" und „George-Süd", „Sfinti" („Die Heiligen"), „Josif" oder „Ramura Josif" („Josefsabzweigung"). Wenn der entlegenste Punkt auf der Strecke „George-Nord" angefahren werden musste, waren dies immerhin etwa 600 Meter, was bei insgesamt 10 bis 15 Touren pro Tag eine beachtliche Gesamtstrecke von etwa 8 bis 9 Kilometern ergab. Die Loren modernerer Bauart, die mit Kugellagern an den Achsen ausgestattet waren, waren leicht zu schieben, leider gab es jedoch noch genügend alte Loren, die entsprechend schwer zu bewegen waren. Zudem machten uns die Gleise zu schaffen, die, an vielen Stellen schadhaft, besonders bei den Weichen zum Entgleisen der Loren führen konnten. Die Lore, beladen mit bis zu zwei Tonnen Erz, anschließend wieder auf die Schiene zu heben war eine Heidenarbeit, aber noch schlimmer war es, wenn diese beim Entgleisen umstürzte. Das Erz musste schnellstens von Hand wieder aufgeladen werden, was in der Enge des Stollens eine schlimme Plackerei war. Talwärts zum Füllort ging es durch das erwähnte Gefälle des Stollens einfacher. Besonders leicht laufende Loren mussten während der Fahrt sogar gebremst werden. Dazu zog man die Lore einfach kräftig seitwärts, wodurch das Fahrwerk an den Gleisen rieb und damit die Fahrt bremste.

Zu den ersten Herausforderungen eines Neulings im Bergwerk gehörte es, das Gehen im Schein der Karbidlampe zu lernen. Sofern gut instand gehalten, funktionierte eine solche Lampe zwar recht zuverlässig, doch war ihre Leuchtkraft nur gering und reichte allenfalls 2 bis 3 Meter weit. Ohne Lampe zu gehen war freilich unmöglich, denn die Dunkelheit war vollkommen. Als Anfänger bin ich wie andere auch immer wieder irgendwo angestoßen, weil ich wohl einfach etwas zu groß gewachsen für diese Tätigkeit war. Die besten Bergleute sind eben doch die Zwerge, das ist seit Schneewittchen schon bekannt. Durch das wiederholte Anrennen an Zimmerungen oder der Decke bekam ich nach den ersten Tagen einen derart schmerzenden Nacken, dass ich mich aus dem Liegen nur noch erheben konnte, indem ich gleichzeitig meinen Kopf mit den Händen stützte. Beim Führen einer Lore war es Vorschrift, die Lampe mittels ihres Hakens vorne links an die Lore zu hängen. Dadurch hatte man die Hände frei und wurde von der Lampe auch nicht geblendet. Obgleich das Aufsteigen und Mitfahren auf den Loren natürlich verboten war, wurde es von uns dennoch praktiziert. Dieser „Sport" konnte ganz schön gefährlich werden, denn bei leicht laufendem Fahrwerk konnte eine beachtliche Geschwindigkeit erreicht werden. Dann hieß es abspringen und bremsen, sonst gab es böse Zusammenstöße und Entgleisungen. Das Hauwerk, zumeist Erz, welches oben im Abbau in die Rollenschächte gefüllt wurde, musste anschließend durch den Rollenmund in die Lore fallen. Das funktionierte freilich nur dann, wenn das Erz gut zerkleinert war. Wenn sich darunter allerdings größere Blöcke befanden, verkeilten sich diese und wir mussten mit dem Brecheisen das Hauwerk wieder in Bewegung bringen. Dies war immer eine schweißtreibende und zudem gefährliche Arbeit. Eines Tages musste ich wieder auf eine Lore steigen, um besser in einer vom Gestein blockierten Rolle herumstochern zu können. Als nach langem Bemühen plötzlich Bewegung in die Erzfüllung kam, gelang es mir nicht, das Brecheisen rechtzeitig herauszureißen, weshalb es mir aus den Händen geschlagen wurde und mir gleichzeitig über die Nase „wischte". Als der erste Schock überwunden war, stellte man fest, dass ich zwar keine schweren Verletzungen davongetragen hatte, dass das Nasenbein jedoch vollständig zertrümmert war. Ein richtiges „Hochgefühl" kam aber erst später auf, als mir der behandelnde Lagerarzt in jedes Nasenloch einen Metallstab steckte, mich aufforderte, mich gut festzuhalten, und anschließend mit einem gewaltigen Ruck alles wieder „begradigte". Die Nasenlöcher wurden ausgestopft und der ganze Trümmerhaufen mittels eines Heftpflasters verankert. Dabei meinte der Arzt, ich hätte noch großes Glück gehabt, denn wenn das Brecheisen mit dem scharfen Ende getroffen hätte, wäre die Nase wohl ab gewesen.

Aus Gründen der Sicherheit waren zwei Leute pro Schicht ununterbrochen damit beschäftigt, das Grubengebäude, in dem aktuell gearbeitet wurde, zu durchstreifen und nach gefährlichen Reiflingen (rumänisch: copturi) – Gesteinsteile, die sich allmählich vom anstehenden Fels oder vom Erzgang abspalten – zu suchen und diese zu beseitigen. Waren diese größer, sie konnten Tonnen wiegen, stellten sie eine beträchtliche Gefahr dar. Daher war grundsätzlich jeder, der unter Tage arbeitete, verpflichtet, an seinem unmittelbaren Arbeitsplatz nach solchen Reiflingen Ausschau zu halten. Da unser Grubengebäude aus insgesamt einigen Kilometern Stollen, Abbauen, Steigschächten und Breschen bestand, waren die beiden Kontrollgänger – es handelte sich um erfahrene Leute, die schon seit Jahren in Cavnic waren – gut beschäftigt. Sie gingen von Ort zu Ort und suchten gewissenhaft durch Augenscheinnahme oder durch Abklopfen des Gesteins nach sich lösenden Feldbrocken. Wenn möglich wurden die gefundenen Reiflinge beseitigt oder, wenn sie noch nicht vollständig „reif" waren und noch nicht bewegt werden konnten, von den Zimmerleuten mittels Holzbalken abgestützt. Grundsätzlich war im Bergwerk immer größte Umsicht angebracht, denn die Gefahrenquellen lauerten überall. Einmal wurde ich Zeuge, wie Herr Kasparovici von einem hühnereigroßen Erzbrocken aus Bleiglanz getroffen wurde. Es gab einen harten, dumpfen Schlag und mein Freund fiel wie vom Blitz getroffen um und blieb liegen. Als wir den Bewusstlosen umdrehten, hatte er unterhalb des Auges eine tiefe, stark blutende Delle. Bis er zum Füllort und dem dort anwesenden Sanitäter, dem Tierarzt Dr. Apostol, geschafft war, war sein Gesicht bereits so verschwollen, dass er, obwohl zwischenzeitlich wieder bei Bewusstsein, kaum noch etwas sehen konnte. Er musste etwa eine Woche im Krankenzimmer des Lagers verbringen und behielt als bleibende Erinnerung eine hässliche Narbe im Gesicht.

Etwa einen Monat nach unserer ersten Einfahrt wurden Dietmar und sein Hauer in die andere Schicht versetzt. Es handelte sich hierbei höchstwahrscheinlich um eine vom Politruk angeordnete Maßnahme, um uns zu trennen. Glücklicherweise sollten wir jedoch auch weiterhin genügend Gelegenheit haben, uns regelmäßig zu treffen. Mit seinem Hauer, es handelte sich um den ehemaligen Fliegermajor Galea, kam Dietmar bestens zurecht. Sie arbeiteten hauptsächlich in neuen Steigschächten, und mein Kamerad sollte sich mit der Zeit zu einem Spezialisten für diese Arbeit entwickeln. Über Galea, den ich später auch näher kennenlernen sollte, sprach er mit Begeisterung. Dieser hatte im Krieg die Me 109 geflogen und war mit 17 Abschüssen, davon elf Amerikaner, einer der erfolgreichsten rumänischen Jagdflieger. Die Amerikaner, es handelte sich hauptsächlich um viermotorige Bomber, hatte er bei der Verteidigung der Ölfelder von Ploieşti und über Bukarest abgeschossen. Bei den restlichen Abschüssen handelte es sich um Russen, die er im Sommer 1944 über der Moldau vom Himmel holte. Nach dem Umsturz war er für kurze Zeit gegen deutsche Flieger eingesetzt, wurde aber schon bald zur Verteidigung nach Bukarest zurückbeordert, nachdem etliche Flieger sich nach Deutschland abgesetzt hatten. So war er einer der wenigen rumänischen Piloten, die auch nach dem Krieg bei der Luftwaffe bleiben konnten, und wurde recht bald Major und Geschwaderkommodore. In dieser Eigenschaft erhielt er im Jahre 1948 den Befehl, eine Transportmaschine, die von einer Gruppe junger Flieger entführt und auf den Weg nach Jugoslawien gebracht worden war, zur Landung zu zwingen. Er nahm auch die Verfolgung auf, doch da der Vorsprung der Flüchtlinge zu groß war, befahl er seinen Jägern, wieder zurück nach Craiova zu fliegen. Diese Maßnahme, die man anschließend als Befehlsverweigerung auslegte, wurde ihm zum Verhängnis. Er wurde vor ein Kriegsgericht gestellt und zu 20 Jahren Zwangsarbeit verurteilt.

Zu den ersten Ratschlägen, die man als Neuling von älteren Häftlingen erhielt, gehörte, dass übermäßige Arbeit für uns Gefangene ziemlich sinnlos sei. Ein Hinweis freilich, den zu erteilen es Mut bedurfte, denn es gab auch hier genügend Schweinehunde, die solche Bemerkungen zur Anzeige brachten, und dann war der Betreffende als „Aufwiegler" (rumänisch: instigator) dran und hatte eine drakonische Bestrafung zu erwarten. Um solch ein Zuträger der Verwaltung zu werden, bedurfte es übrigens einer entsprechenden Charakterlosigkeit, zugleich aber auch

teres häufiges Ungemach, welchem fast alle ausgesetzt waren, die unter Tage arbeiteten, waren dumpfe Schmerzen in der Magengegend, die laut unserem Arzt vom täglichen Einatmen der bei der Sprengung entstehenden Gase herrührten. Als probates Gegenmittel war das regelmäßige Trinken von Milch zwar bekannt und es wurde vom Bergwerkskombinat auch täglich ein halber Liter für jeden Beschäftigten geliefert, doch die Gefängnisverwaltung vertrat die Ansicht, dass die Häftlinge auf solche Luxus-Lebensmittel keinen Anspruch hätten, und reichte die Milch daher nicht an die Gefangenen weiter. Ebenso verhielt es sich zumeist mit den Obst- und Gemüselieferungen, die ebenfalls nicht bis zu uns gelangten. Als einziges Mittel gegen die Magenschmerzen blieb daher die Einnahme einer dünnen Lösung Kaliumpermanganat, von der wir täglich je einen Schluck bekamen.

Zur der Zeit, als ich noch beim Transport arbeitete, hatten wir unseren Rast- und Warteplatz etwa 100 Meter vom Füllort entfernt. Erst wenn man uns durch Klopfzeichen rief, machten wir uns zum Füllort auf den Weg, wozu wir als erstes eine schwere, in die Stollenwand einbetonierte Stahltür passieren mussten. Diese sollte vor einem plötzlichen Wassereinbruch schützen, wie er schon einmal im Jahre 1909 vorgekommen war. Cercel, ein älterer Zivilsteiger, der einen Ohrring trug, was seinerzeit ungewöhnlich und deshalb auffällig war, wusste noch von der großen Flut zu berichten, die so plötzlich kam, dass die Leute Hals über Kopf fliehen mussten und der leitende Ingenieur seine Messgeräte und die goldene Uhr zurücklassen musste, als er um sein Leben lief. Erst Ende der Dreißigerjahre gelang es mittels großer Pumpen, die überfluteten Teile des Bergwerks wieder begehbar zu machen. Damals fand man sogar das goldene Gehäuse der Uhr wieder, nur das Uhrwerk war vom säurehaltigen Wasser völlig aufgelöst worden. Das Gehäuse ist noch heute im Ausstellungsraum des Bergwerks zu sehen. Ohne gerufen zu werden oder aus einem sonstigen triftigen Grund durften wir uns nicht beim Füllort aufhalten. Dort arbeiteten ausschließlich Zivilbergleute, die die Förderkörbe be- und entluden und auch den Personentransport abwickelten. Der ganze Füllort, etwa 80 Meter lang und etwa 15 Meter breit, war elektrisch ausgeleuchtet und die Gleisanlagen mit vielen Weichen boten Platz für bis zu 100 Loren. Ein angegliederter Nebenraum beherbergte 14 große elektrisch betriebene Wasserpumpen, von welchen lediglich eine nötig war, um das Sickerwasser nach oben in den „Ferdinand“ zu befördern. Die restlichen dreizehn Pumpen wurden nur für einen möglichen Notfall in ständiger Betriebsbereitschaft gehalten. Für diesen Fall gab es zusätzlich noch ein Auffangbecken, welches etwa

400 Tonnen fasste. Den Rastplatz nutzten wir hauptsächlich, um dort in der Mittagszeit oder im Falle der Nachtschicht während der Mitternachtspause den mitgenommenen Speck oder die Marmelade zu vespern. Der Speck wurde, das hatten wir von den „richtigen" Bergleuten abgeguckt, auf der Flamme der Bergmannslampe angebraten, wodurch er gleich wesentlich besser mundete als in rohem Zustand. Zwischen Rastplatz und Füllort gab es noch eine Bresche, in welcher die wenig appetitlichen Latrinenloren abgestellt waren. Weil diese viel zu selten entleert wurden, stanken sie fürchterlich und wurden daher auch nur im äußersten Notfall benutzt.

Ganz in unserer Nähe, auch in einer kleinen Bresche, arbeitete längere Zeit der griechisch-katholische Priester Dr. Alexandru Ratiu als Gehilfe ziviler Mineralogen, für die er die von diesen gesammelten Erzbrocken in einem großen Mörser zertrümmerte. Dr. Ratiu hatte in Rom und in Wien Theologie und Philosophie studiert und sprach daher Deutsch mit einem sehr starken wienerischen Akzent. Wegen angeblicher Spionage war er zu 25 Jahren verurteilt worden. Von ihm erfuhr ich Näheres über das Ende des ehemaligen Ministerpräsidenten und Führers der Bauernpartei, Iuliu Maniu, den er in der Haftanstalt Sighet getroffen hatte.

Egons Tod

Es mag etwa Ende Juni gewesen sein, als ich – nachmittags aus der Grube kommend – erfuhr, dass ein neuer Häftlingstransport aus Aiud eingetroffen war. Sehr zu meiner Freude stellte ich fest, dass sich auch unser Kamerad Jakob unter den Neuankömmlingen befand. Nach dem Essen, als wir auf die Zählung warteten, hatte ich Gelegenheit, mit Jakob zu sprechen, und erfuhr von ihm, dass Franzi und Emmerich, die in Aiud geblieben waren, dort als Elektriker und technischer Zeichner arbeiteten und dass es ihnen den Umständen entsprechend gut ginge. Von Egon und Andreas wusste er zu berichten, dass diese zusammen mit Egon Hutzl in das Bergwerk nach Baia Sprie verlegt worden waren, wo sie schlimme Zeiten zu überstehen hatten, insbesondere nachdem sie zur Strafe für eine nicht erreichte Planerfüllung zur Arbeit in eine neu angelegte Sohle, die Nr. 13, „verdonnert" worden waren, zu der sie mangels Förderkorb etwa 60 Meter per Leiter hinuntersteigen mussten. Da es in der Nr. 13 noch keine Belüftung gab, waren die Arbeitsbedingungen – es herrschten dauernd Temperaturen um die 38 Grad – katastrophal. Erst nachdem Andreas, für den die Lage wegen seiner Behinderung doppelt schlimm war, völlig abgemagert war, wurde er endlich durch den Lagerarzt von der Arbeit als Fördermann befreit und kam etwas später zusammen mit Egon Hutzel wieder nach Gherla. Dort wurden sie ab Oktober 1954 als Kranke in der Bürstenfabrik beschäftigt. Zusammen mit Egon Zirkl, der etwas später zu ihnen stieß, kam Andreas dann – nach wie vor als Kranker eingestuft – nach Karansebesch. Dort wurden sie nicht mehr zur Arbeit eingesetzt, erhielten Lebensmittelpakete und durften sogar mehrmals Besuch durch ihre Angehörigen empfangen. Leider stellte sich in dieser Zeit aber auch heraus, dass Egon an Diabetes erkrankt war. Nachdem seine Mutter ihm Insulin und eine Spritze besorgt hatte, konnte er sich selbst behandeln, worauf es ihm wesentlich besser ging und er wieder die Kraft hatte, sich dem Lernen zu widmen und an Vorträgen anderer Häftlinge teilzunehmen. Damals sah Andreas ihn zum letzten Mal, denn Egon wurde leider wieder nach Gherla verlegt, und wir erfuhren erst später von seinem traurigen Schicksal. Nicolae Ene, der zusammen mit Egon von Karansebesch nach Gherla musste, berichtete Jahre später, wie sie dort ankamen und wie üblich erst mal gefilzt wurden. Dabei kamen die Ampullen, die Spritze und weitere Medikamente zum Vorschein, die Egon von seiner Mutter erhalten hatte, und wurden beschlagnahmt. Als Egon heftig protestierte, wurde Dr. Ioan Sin, der Lagerarzt, hinzugeholt, der jedoch nur großspurig erklärte, Egon bräuchte die Medizin in Gherla nicht mehr, denn er würde hier durch ihn behandelt werden. Die lebensrettenden Mittel blieben beschlagnahmt. Die Folge war, dass es Egon in den nächsten Tagen wieder wesentlich schlechter ging, dass man ihm aber einen Arztbesuch verweigerte und dieser auch nicht zu ihm in die Zelle kam. Nach etwa einer Woche konnte er trotz der Drohungen der Wärter nicht mehr aufstehen. Nicolae und auch andere Häftlinge, die im Zimmer waren, versuchten erfolglos, den Wärtern Egons schlimmen Zustand klarzumachen, was jedoch nur zur Folge hatte, dass sowohl Nicolae als auch Egon wegen ihrer dauernden Beschwerden zur Bestrafung vorgemerkt wurden. Kurz darauf kam der diensthabende Unteroffizier, um die beiden in die Strafzelle zu führen, und musste – nicht ohne eine gewisse Betroffenheit – feststellen, dass Egon in Nicolaes Armen gestorben war. Die Betroffenheit währte allerdings nur kurz oder war bei den höheren Vorgesetzten gar nicht erst vorhanden, denn Nicolae Ene musste die zehn Tage Dunkelzelle dennoch, nunmehr allein, antreten. Um den Vorfall zu vertuschen, wurde – wie in solchen Fällen üblich – die Todesursache in Egons Totenschein falsch vermerkt.

Jakob und die anderen Neuankömmlinge kamen erst mal in Quarantäne, wobei diese freilich nicht dem Sinn ihrer Benennung entsprach, was schon daran zu erkennen war, dass man die Leute nicht von den restlichen Gefangenen isolierte, um etwa Krankheitsübertragungen entgegenzuwirken. Tatsache war vielmehr, dass sich die Lagerverwaltung völlig im Klaren darüber war, dass die meisten Häftlinge, die aus anderen Gefängnissen hierher kamen, unterernährt und viel zu schwach waren, um sofort im Bergwerk eingesetzt zu werden. Also wurde eine „Quarantäne" von zwei bis drei Wochen angeordnet und dadurch, dass man den Leuten vom ersten Tag an die volle Bergmannskost zuteilte, versucht, diese in einen arbeitsfähigen Zustand hochzupäppeln. Wenn die Lage es erforderte, wurde diese Schonfrist von der Verwaltung auch mal verkürzt. Während dieser Zeit, in der sie sich sogar mehrere Stunden täglich frei im Hof bewegen durften, wurden sie einer im Rahmen der dortigen Möglichkeiten gründlichen ärztlichen Untersuchung unterzogen und es wurden diejenigen, bei denen man von einer dauernden Arbeitsunfähigkeit ausgehen musste, wieder abgeschoben. Auch die Leute um Jakob waren natürlich von den hier angetroffenen Verhältnissen sehr positiv überrascht und durften sich gleich am ersten Tag über die gerösteten Brotschnitten hermachen, die ihnen die Köche zurückgelegt hatten. Über Jakobs Ankunft freuten wir, Dietmar und ich, uns natürlich ganz besonders, und wir hofften, später zusammenarbeiten und -wohnen zu können. Doch leider kam alles ganz anders. Jakob kam nicht zu uns in die Schicht, sondern wurde der B-Schicht zugeteilt und musste mit der schweren Arbeit als Fördermann beginnen. Das Soll war nicht zu erfüllen, und es begann ein Dauerkonflikt mit der Verwaltung, der später noch eskalieren sollte. Dann wurde verfügt, dass Jakob als Hauerlehrling Verwendung finden solle. Man teilte ihn hierfür Simion Dragoi zu, einem der sogenannten Albanezi, weil sie aus der Stadt Alba Julia kamen. Aber irgendwie klappte es bei der Arbeit auch hier nicht, wobei Simion meinte, man habe sie beim Bemessen des Arbeitssolls betrogen. Vermutlich war es tatsächlich so, dass man an ihrem Arbeitsplatz eine frühere Falschmessung entdeckt hatte und der Einfachheit halber beschossen wurde, den früheren Schwindel zu vertuschen und auf sie abzuwälzen. Manipulationen dieser Art gab es immer wieder, und ich muss Joska Pelok, meinem späteren Lehrmeister, dankbar sein, der mir bereits anfangs eingeschärft hatte, bei der Übernahme und dem Vermessen eines Arbeitsplatzes genau zu prüfen, ob die alten Messpunkte, die Stufen, nicht manipuliert wurden. Ich sollte mir sogar vom Reviersteiger diese Messpunkte bestätigen lassen. Für Simion und Jakob hatten die Ungereimtheiten jedenfalls zur Folge, dass man ihnen den Lohn vorenthielt und – was noch schlimmer war – dass der berüchtigte

Feldwebel Seremet, genannt „Tămâie“, sie besonders im Auge hatte. Verschärft wurde die Lage noch dadurch, dass es in ihrem Revier häufiger als sonst Reibereien mit der Verwaltung gab und infolgedessen auch immer öfter Strafen verhängt wurden. Diese – die Karzerstrafen waren hier besonders gemein, weil die Karzerzellen zum Teil an der Oberseite nur mit einem Gitter versehen waren, weshalb der Delinquent bei schlechtem Wetter buchstäblich im Regen stand – steigerten die allgemeinen Spannungen weiter, bis etwa 100 Häftlinge, darunter Simion und Jakob, in den Ausstand traten. Als Gegenmaßnahme ließ die Gefängnisverwaltung sie in Ketten schlagen, und der Politoffizier begann, sie einzeln zu verhören, um die Organisatoren des Streiks herauszufiltern. Als Jakob befragt wurde, erklärte er, man könne ihn als politischen Häftling nicht zwingen, in einer Bleimine zu arbeiten. Da die Verhöre allein nicht zum gewünschten Ziel führten, wurde für die gesamte Gruppe „Regim sever“ (strenge Haft) angeordnet, was unter anderem bedeutete, dass es zwei Tage lang nur warmes Wasser als Verpflegung gab und lediglich am jeweils dritten Tag die normale Essensration ausgegeben wurde. Dies veranlasste nach einer gewissen Zeit immerhin etwa 30 Leute, aufzugeben. Der überwiegende Teil jedoch, etwa 70 Mann, hielten weiter durch. Die Unbeugsamen wurden am 1. Oktober spätnachts abgeholt, zu zweit aneinandergekettet und mit Lkw nach Satu Mare in ein den Gemeinverbrechern vorbehaltenes Gefängnis gebracht. Dort konnten sie sich einige Tage lang an der guten ungarischen Küche laben, in deren Genuss sonst nur die gewöhnlichen Kriminellen kamen, bevor sie per Eisenbahn nach Aiud verbracht wurden. Vor der Verlegung kam es allerdings noch zu einem weiteren Vorfall, als der Direktor der Anstalt Satu Mare, ein gewisser Stein, das Zimmer betrat und sich keiner der Häftlinge wie vorgeschrieben erheben wollte. Stein bekam daraufhin einen Tobsuchtsanfall, stellte ihnen die Verhängung der Todesstrafe in Aussicht und verließ, als er ganz offensichtlich niemanden zu beeindrucken vermochte, fluchend den Raum. Schon am folgenden Tag wurden sie zur Eisenbahn gebracht und kamen nach Aiud, wo Jakob schon einmal war. Nachdem man dort die Aufsässigen einige Zeit unbeschäftigt in die Zellen sperrte, vermutlich weil man sich über das weitere Vorgehen noch nicht schlüssig war, löste sich irgendwann alles in Wohlgefallen auf und sie wurden zusammen mit den anderen Häftlingen wieder zum Arbeitseinsatz geschickt. So landete Jakob Ende November wieder bei seinem ehemaligen Zivilmeister Mares und an „seiner“ alten Drehbank.

Was mich anging, so musste ich im Sommer jenes Jahres eine neue Stelle als Hauergehilfe antreten. Mein neuer Chef und Lehrmeister war

Joska (Josef) Pelok, ein Ungar, von dem ich neben dem bergmännischen Bohren auch viele andere für den Gefängnisalltag nützliche Dinge lernte. Dazu kam, dass ich durch ihn Zugang zu einer ganzen Gruppe von Ungarn bekam, wie etwa Géza Hegedüs, Feri Incze oder Joska Brunczak, alles großartige charakterfeste Männer, auf die man sich im Ernstfall verlassen konnte.

Géza etwa bewies seine Standfestigkeit, als er von der Verwaltung zum Vorarbeiter bestellt wurde, um in dieser Eigenschaft auf andere Gefangene Druck auszuüben und sie zu höherer Arbeitsleistung zu bewegen. Aus dem Plan wurde jedoch nichts, denn Géza war nicht korrumpierbar, ließ sich auch durch Druck und Drohungen nicht beeindrucken und musste daher wieder als einfacher Hauer eingesetzt werden. Gésa war es auch, der mir später in aller Ausführlichkeit schilderte, wie es zu ihrer Verurteilung gekommen war. Er entstammte einer Bauernfamilie aus der Gemeinde Félegyháza bei Oradea (Großwardein), einer Gegend, in welcher es im Zusammenhang mit der Zwangskollektivierung zu regelrechten Aufständen gekommen war. Als die bewaffnete Erhebung in seinem Dorf niedergeschlagen worden war, gehörte er zu jenen Männern zwischen 15 und 60 Jahren, die man alle im Gemeindehaus zusammentrieb. Um die Rädelsführer zu ermitteln, begannen an Ort und Stelle Verhöre, und zwar solcherart, dass manche buchstäblich zu Tode geprügelt wurden. Fünf Sterbende, die man zum Dorfrand brachte und erschoss, durften tagelang nicht bestattet werden. In dieser Zeit wurden Bewohner der Nachbargemeinden herbeigeholt, und es wurden ihnen zum Zwecke der Abschreckung die Erschossenen gezeigt. Nach und nach konnten durch die rüden Foltermethoden jene ermittelt werden, die im Zuge des Aufstandes auf die Fahrzeuge der Securitate gefeuert hatten. Diese, es waren zwölf Mann, kamen nach Oradea, wo noch monatelang weitergefoltert wurde, bis es zum Prozess gegen die Gruppe kam, in welchem drei Todesurteile verhängt wurden. Die anderen, darunter Géza und Joska Brunczak, erhielten Haftstrafen zwischen zehn Jahren und lebenslänglich.

Auch Michael Richter, ein Schwabe aus Bakova im Banat, gehörte zu diesem Freundeskreis um Joska. Er hatte in der Waffen-SS gedient und war wegen illegalen Grenzübertritts verurteilt, weil er nach der Gefangenschaft versucht hatte, ins Banat zurückzukehren. Dabei war seine Gruppe, zu der auch seine Frau, seine Tochter und mehrere Verwandte gehörten, an der Grenze bei Tschanad unter Feuer genommen worden. Seine Frau wurde dabei tödlich getroffen, die anderen wurden gefangen genommen und später verurteilt. Seiner Schwägerin, die zu zwei Jahren

Haft verurteilt wurde, die sie in Temeschburg absaß, gestattete man immerhin, Michaels Tochter während der Haft bei sich zu behalten.

Einmal entkam die ganze Gruppe der Ungarn nur mit knapper Not dem Bergmannstod. Und zwar hatte der Reviersteiger sie beauftragt, einen sehr großen und entsprechend gefährlichen Reifling, den man auch durch eine Sprengung nicht hatte entschärfen können, mittels Holzbalken abzustützen. Vier von fünf Balken waren schon aufgestellt und von Joska, der hierzu auf der Leiter stand, verkeilt worden, als das charakteristische Knirschen des sich lösenden Reiflings zu hören war. Wegen der bereits aufgestellten Stützen konnte die mehrere Tonnen schwere Platte glücklicherweise nicht direkt abstürzen, begann sich jedoch langsam zu drehen. Joska sprang, die Gefahr erkennend, von der Leiter und hechtete mit einem Satz zur Seite. Ähnlich reagierten auch die anderen, die zuvor versucht hatten, mit ihren Lampen von unten zu leuchten. Schreiend sprangen sie in alle Richtungen davon, nur Sekundenbruchteile, bevor die Platte die Balken zur Seite drückte und niedersauste. Als die Lichter, die durch den Luftdruck gelöscht worden waren, wieder brannten, stellte man fest, dass wie durch ein Wunder niemand verletzt oder gar erschlagen worden war, obwohl um sie herum reichlich Steinbrocken und umgestürzte Balken lagen.

Von Joska lernte ich „von der Pike auf" alles, was ein Bergmann zu wissen braucht, vom bergmännischen Bohren mit der Schlagbohrmaschine und dem Bedienen der Hebesäule über das richtige Anordnen der Sprenglöcher bis – und das war das Wichtigste – zur Sicherung des Arbeitsplatzes. Mit der Zeit wandelte sich unser Lehrer-Schüler-Verhältnis zu einer sehr guten Freundschaft. Joska war auch der erste, der mich auf die Unsicherheit der meisten Caralii hinwies, wenn diese sich unter Tage zwischen den Gefangenen aufhalten mussten. Erfahrene Häftlinge wie er wussten sich diese Ängstlichkeit, die vermutlich ein „Nebenprodukt" der gezielten Indoktrination der Wärter mit Schauergeschichten über unsere Gefährlichkeit war, zunutze zu machen.

Unsere Schutzausrüstung unter Tage war jedenfalls gemessen am „sozialistischen Standard" jener Zeit nicht schlechter als die der zivilen Bergleute. Die Hauer trugen alle die schon erwähnten Stiefel mit kurzem Schaft, was ausreichend war und sich wegen der teilweise großen Temperaturunterschiede auch als praktisch erwies. Es gab nämlich Abschnitte mit einer Sommertemperatur von etwa 20 Grad, die im Winter auf bis zu 10 Grad absinken konnte, und andere, wie etwa die „Josefsabzweigung", mit einer Temperatur von um die 40 Grad. Entsprechend den Bedingungen am eigenen Arbeitsplatz passte man auch die restliche Kleidung an, und so trugen die meisten bei der Arbeit lediglich ein Hemd und dazu kurze Hosen. Im Winter gestaltete sich die Wahl der Bekleidung etwas schwieriger, weil man vor dem Einfahren etwa beim Morgenappell die uns zur Verfügung stehenden wattierten Jacken und Hosen noch gut gebrauchen konnte, diese jedoch spätestens am Arbeitsplatz ablegen musste, da sie hinderlich und wegen der warmen Temperatur im Bergwerk auch nicht mehr nötig waren.

Meine Freundschaft zu den Ungarn wurde nur einmal auf die Probe gestellt, als wir nämlich von Erich Töckeld, einem neu angekommenen Siebenbürger Sachsen aus Hermannstadt, mit erheblicher Verspätung erfuhren, dass die deutsche Fußballauswahl das Finale gegen Ungarn gewonnen hatte und damit Weltmeister geworden war. Meine Freude darüber konnten Joska & Co. aus nachvollziehbaren Gründen nicht teilen. Mit Töckeld, einem wahren Hünen von Gestalt, der mit dem schweren Brecheisen hantierte, als wäre es ein kleiner Stock, und der es schaffte, eine entgleiste Lore allein wieder auf die Schienen zu heben, verstand ich mich auch prima, doch leider wurde er nach nur drei Monaten verlegt und wir sahen uns nie wieder.

Eine überraschende Zwangsunterbrechung meiner gewöhnlichen Bergmannstätigkeit nahm ihren harmlosen Anfang damit, dass ich eines schönen Sommertages, während wir rasteten, aus dem Lehm, den wir zum Abdichten der Sprenglöcher nutzten, kleine Figuren knetete und diese ohne jede böse Absicht auf eines der Druckluftrohre stellte. Dort standen die „Kunstwerke“ mit den lustigen Gesichtern tagelang, ohne dass jemand Anstoß nahm, bis ein Unteroffizier daherkam, den wir noch nicht kannten, und sich nach den Figuren und ihrem Schöpfer erkundigte. Ich meldete mich, der Unteroffizier notierte meinen Namen, und schon beim nächsten Morgenappell wurde ich ausgesondert und angewiesen, samt Gepäck in eine leer stehende Baracke umzuziehen. Auf dem Weg zu meinem neuen Domizil ließ mich der Wärter wissen, dass dies die Strafe für meine künstlerische Tätigkeit sei. Schon nach kurzer Zeit füllte sich die Baracke mit weiteren Neuankömmlingen, bis wir insgesamt etwa fünfzehn Mann waren.

Die anderen, die nach und nach eintrafen und alle irgendwie strafversetzt waren, vertraten die Meinung, dass auch meine „Abordnung“ nicht wirklich etwas mit den albernen Knetfiguren zu tun hätte, sondern einzig und allein der Tatsache zuzuschreiben sei, dass ich als „Şef de lot“ (Hauptangeklagter meiner Gruppe) ins Visier des Politoffiziers geraten sei. Es sei nämlich so üblich, wussten die Älteren zu berichten, dass die ganz besonders „bösen Buben“, also solche wie ich, vor und während der wichtigsten staatlichen Feiertage, dem 1. Mai und dem 23. August, vom Rest der Gefangenen abgesondert wurden, um diese nicht zur Sabotage oder gar zu einer Rebellion anstiften zu können. Ich erfuhr, dass diese Vorsichtsmaßnahme schon seit dem Bestehen der Lager praktiziert wurde, jedoch nur in den Bergwerken. Wir wurden gründlich durchsucht, ohne dass etwas Brisantes gefunden wurde, und konnten es uns sodann auf den Matratzen bequem machen, die man samt Bettzeug auf den Boden gelegt hatte. Die Betten hatte man entfernt, vermutlich um die potenziellen Revoluzzer besser observieren zu können. Da wir auch weiterhin die normale Bergmannskost bekamen und nun zusätzlich auch noch nach Lust und Laune schlafen und ausruhen durften, konnten wir diese Auszeit wahrlich nicht als Strafe empfinden. In den folgenden Tagen, die leider zu schnell vergingen, wurde viel erzählt und gelacht. Gebeten, auch etwas vorzutragen, erzählte ich wie schon bei anderer Gelegenheit eine Zusammenfassung des Nibelungenliedes. Leider konnte ich, was die Erzählkunst anging, nur bedingt mit den diesbezüglich Besten der Gruppe, dem Arzt Dr. Traian Tudose, genannt „Titanul", und dem Oberleutnant Constantinescu („Politaiu"), einem ehemaligen Offizier des Geheimdienstes SSI, mithalten. Beide hatten es beim Nacherzählen von Romanen oder Kinofilmen zu einer gewissen Meisterhaftigkeit gebracht. Auch den Pater Ioan Butnaru, einen hochgebildeten und sehr belesenen Menschen, hatte ich damals das Glück kennenzulernen. Obwohl er schon lange einsaß, war ich ihm, da er zur anderen Arbeitsschicht gehörte, noch nie begegnet. Wir blieben fortan in guten Beziehungen, konnten aber viel zu selten miteinander sprechen, weil er weiterhin in der B-Schicht arbeitete und am Sonntagnachmittag, wenn wir beide freihatten, grundsätzlich von „Jüngern" umlagert war, die seine Vorträge besonders zu theologischen Themen hören wollten. Ein weiterer Priester, den ich damals näher kennenlernen konnte, war der mir wegen seiner vorbildlichen Haltung in der Haft vorher schon von anderen genannte Ioan Şerban aus Reghin. Er gehörte zu einem „Lot" von zehn griechisch-katholischen Priestern um den Bischof Dr. Alexander Todea, die allesamt in Haft saßen. Wie schon erwähnt waren die schönen „Urlaubstage" viel zu schnell vorüber, und ich musste wieder einfahren. Tröstlich war dabei immerhin, dass ich wieder mit Joska zusammenarbeiten konnte.

Als eines Tages wegen einer Reparaturarbeit die Pressluft ausblieb, wurden auch die Hauer vorübergehend als Förderleute eingesetzt, und Joska und ich wurden hierzu in die Zwischensohle 66 geschickt, wo es Verbindungen zu alten Stollen aus dem 17. und 18. Jahrhundert gab, die man noch mit Schlägel und Eisen vorgetrieben hatte. Da wir unbeobachtet waren, unternahmen wir eine ausgiebige Untersuchung der alten, sehr engen Gänge, in der Hoffnung, vielleicht einen Weg in die Freiheit zu finden. Dies zu versuchen und darüber mit dem anderen offen zu sprechen konnten wir beide nur wagen, weil wir uns zu diesem Zeitpunkt bereits gut kannten und Freunde geworden waren. Freilich war dieser zaghafte Ausbruchsversuch nicht von Erfolg gekrönt, denn die Organe der MAI (Ministeriul aparari interne) hatten schon längst alle etwaigen Wege in die Freiheit ungangbar gemacht.

Ab dem ersten Januar 1955 wurde ich selbst zum Hauer befördert und durfte mir beim Brigadier Nazarie einen Gehilfen anfordern. Meine Wahl fiel auf Michael (Misch) Schobel, einen Siebenbürger Sachsen, etwa Mitte 20, groß und kräftig. Misch hatte die Flucht nach dem Westen versucht, war in Nordsiebenbürgen über die Grenze nach Ungarn gelangt und durchwanderte das Land zu Fuß und mit wenig Gepäck. Lebensmittel kaufte er in Läden oder von Privatleuten, und da er die Sprache nicht beherrschte, mimte er den Taubstummen. Das gelang ihm so gut, dass er tatsächlich unbehelligt bis zur österreichischen Grenze kam, dort aber so viel Polizei und Grenzschutztruppen antraf, dass er seinen Plan änderte und die Grenze zur Tschechoslowakei passierte. Dies war nicht weiter schwierig, und er marschierte nach der bewährten Methode weiter in Richtung Bayern. Auch diesmal gelangte er wohlbehalten bis zur Grenze, musste enttäuscht feststellen, dass diese nicht minder schwer bewacht wurde wie die ungarisch-österreichische, entschied sich aber doch mangels brauchbarer Alternativen, sein Glück zu versuchen. Eben dieses Glück verließ ihn dann aber, und er wurde buchstäblich auf den letzten Metern von einem eingegrabenen Beobachter der Grenztruppen geschnappt. Man brachte ihn zur Geheimpolizei nach Prag, wo er fast drei Monate in Haft blieb, weiterhin den Taubstummen gebend. Eines Tages jedoch sagte der Verhöroffizier in deutscher Sprache: „Jetzt ist Schluss mit dem Theater. Du bist ein Deutscher aus Rumänien und heißt Michael Schobel." Da war nichts mehr zu leugnen, Misch gestand und wurde abgeschoben. In Rumänien bekam er dann wegen illegalen Grenzübertritts „6 Jahre".

Mit Misch hatte ich intuitiv einen „guten Fang" gemacht, denn er erwies sich in der Folgezeit als zuverlässiger, hilfsbereiter Kamerad. Bei einem Gespräch über die Zeit nach dem Umsturze vom 23. August erwähnte ich einmal auch den bei uns einquartierten Obersten Ribarski, worauf Misch sofort hellhörig wurde und sagte, dass er diesen auch kenne. Im Sommer des Jahres 1944 war Ribarski für mehrere Monate auch in seinem Elternhaus in Mediasch einquartiert gewesen. Er leitete damals als Ingenieur für Tiefbau die Fertigstellung einer Straße und einer Brücke in der Umgebung von Mediasch. Mischs Vater gegenüber erzählte er, dass er schon vor Jahren wegen der Bolschewiken aus Russland emigriert sei. Bei seiner Firma galt er als Rumäne und war offensichtlich als Ingenieur gut angesehen. Er hatte in Rumänien und auch im westlichen Ausland studiert und war anschließend als Ingenieur beim Straßenbau tätig. Misch hatte ihn als immer freundlichen Menschen in Erinnerung, der mit ihm deutsch sprach, nach eigenen Angaben aber auch das Englische und Französische beherrschte. Kurz nach dem Umsturz verschwand er ganz plötzlich und ließ einen Teil seines Gepäcks bei den Schobels zurück. Erst nach etwa einem Monat tauchte er wieder auf und trug diesmal zur Verblüffung seiner Quartiersleute die Uniform eines sowjetischen Obersten. Er fuhr zusammen mit mehreren anderen russischen Offizieren in einem Jeep vor, begrüßte die Familie sehr herzlich, bedankte sich für das Aufbewahren seiner Habe und überreichte einige Lebensmittel als Geschenk. Er schien in Eile zu sein, denn er brauste sofort wieder ab, und obwohl er versprach, sich noch zu melden, hörten sie nie wieder etwas von ihm. Mischs Vater meinte, dass Ribarski wahrscheinlich über Jahre hinweg im Auftrag des sowjetischen Geheimdienstes in Rumänien spioniert hatte, wobei er durch seine leitende Stellung beim Straßen- und Brückenbau beste Gelegenheit hatte, um an Informationen über die Verkehrswege zu kommen. Der hohe Dienstgrad, den er in der Roten Armee hatte, deutete jedenfalls darauf hin, dass er schon lange für diese tätig war. Möglicherweise wurde er schon Anfang der Zwanzigerjahre losgeschickt und konnte sich mittels der Tarnung als Emigrant – von denen es seit der Oktoberrevolution viele gab – ohne Schwierigkeiten hocharbeiten.

Durch unsere Tätigkeit kamen Misch und ich in den Genuss diverser Vergünstigungen, die wohl mit der Tradition der zivilen Bergleute zusammenhingen, bei welchen die Hauer auch eine bevorzugte Stellung einnahmen. Zu den uns gewährten Freiräumen gehörten so harmlose Sonderrechte wie jenes, unsere Haare bis auf etwa vier Zentimeter Länge wachsen zu lassen, aber beispielsweise auch wirklich wichtige Privilegien wie etwa jenes, wonach wir nach Erfüllen der Tagesnorm ausruhen und sogar schlafen durften. Der Preis dieser Sonderbehandlung war freilich die oft gefährliche Arbeit, die man als Hauer zu erledigen hatte. Das wurde uns schon in den ersten Wochen vor Augen geführt, als wir an einem Aufbruch arbeiten mussten und sich beim Anbohren ein Stein von der Decke löste. Ich riss instinktiv meine Rechte hoch, um Misch zu schützen, und wurde von der messerscharfen Kante des herunterfallenden Steines dabei erheblich an Hand und Knie verletzt. Dr. Apostol, der die klaffende Wunde mit zwei Klammern versah, meinte mit dem ihm eigenen trockenen Humor, ich solle fürderhin das Boxen mit herabsegelnden Steinen unterlassen. Ähnlich glimpflich kamen damals auch Dietmar und sein Gehilfe Josef Grün davon, als es, während sie in einem Aufbruch arbeiteten und kurz vor dem Durchbruch standen, einen Blitz und einen fürchterlichen Knall gab und sie beide samt Gerät und Arbeitsbühne in die Tiefe stürzten. Wie durch ein Wunder blieben beide unverletzt. Später wurde festgestellt, dass Dietmar mit seinem Bohrer eine nicht gezündete Sprengladung erwischt hatte, die vor Jahren dort platziert worden war. Nach nur etwa einem Monat wurden Misch und ich wieder getrennt, ohne dass hierfür ein vernünftiger Grund ersichtlich gewesen wäre. Vermutlich handelte es sich also um eine vom Politruk angeordnete Maßnahme. Abschied nehmen musste ich im Frühjahr 1955 auch von meinem Freund und Lehrmeister Joska Pelok, der damals fristgerecht entlassen wurde.

Mischs Nachfolger als mein Assistent hieß Stefan Dimitriu und war ein etwa 50 Jahre alter ehemaliger Oberstleutnant der Artillerie. Auch mit ihm klappte die Zusammenarbeit hervorragend. Herr Dimitriu war unglaublich aufmerksam und daher immer zur Stelle, wenn ich seine Hilfe brauchte, zumeist noch bevor ich überhaupt etwas sagen konnte. Auch sonst kam ich prima mit ihm zurecht und hörte mir gerne Erzählungen über Episoden seines bewegten Lebens an. Als Jahrgangsbester an der Offiziersschule, die er zu Beginn der Zwanzigerjahre besucht hatte, wurde er zur Weiterbildung nach Frankreich geschickt. Im Krieg bewährte er sich als Artillerist an der Ostfront. Beim Übersetzen der rumänischen Truppen über den Bug konnte er sich dank seiner Geistesgegenwart auszeichnen, als er den bereits auf dem gegenüberliegenden Ufer ohne schwere Waffen befindlichen eigenen Truppen, die sich plötzlich auftauchenden Sowjetpanzern gegenübersahen, dadurch zu Hilfe eilte, dass er seinen Kanonieren den direkten Beschuss über den Fluss hinweg befahl. Dimitriu, damals noch Hauptmann, gelang es, den Panzerangriff zu stoppen, weshalb er den Orden „Mihai Viteazul“ und das deutsche EK I erhielt. Später wurde er während seines Ostfronteinsatzes bei der Partisanenbekämpfung in Transnistrien eingesetzt, wo zu jener Zeit häufig Sowjets per Fallschirm landeten, um den Kampf aus dem Hinterhalt aufzunehmen. Diese Tätigkeit war es dann aber auch, die ihm nach dem Krieg „20 Jahre“ einbrachte, wobei es ihm nichts nützte, dass er nach dem Umsturz als Generalstabsoffizier bei den Rumänen nun auch auf Seiten der Sowjets gegen die Deutschen gekämpft hatte.

Auch während der Zeit mit Stefan Dimitriu blieben gefährliche Zwischenfälle nicht aus. So war ich einmal kurz nach der Sprengung dabei, die gelockerten Steinbrocken mit dem Brecheisen endgültig zu lösen. Mein Gehilfe leuchtete von unten, ebenso Nelu Bucurestianu, der zufällig unterwegs war, um die Wasser- und Pressluftleitungen zu kontrollieren. Ich merkte, dass an der Decke eine gewaltige Steinplatte hing, die fast so breit war wie unser gesamter Vortrieb. Mir blieb nur ein Freiraum von etwa 80 Zentimeter Breite, um seitlich von der gelockerten Steinplatte stehend diese mit dem Brecheisen zum Absturz zu bringen. Die restlichen Wände schienen mir noch stabil zu sein, was sich aber als ein durch die schlechte Beleuchtung bedingter Irrtum erweisen sollte, denn just in dem Augenblick, als ich an meinem als Hebel benutzten Brecheisen riss, merkte ich, wie sich auch die Wand rechts von mir zu neigen begann. Mit einem Riesensatz sprang ich unter der herunterpolternden Platte nach draußen und landete nur Sekundenbruchteile, bevor diese aufschlug und durch den Luftdruck unseren Karbidlampen das Licht ausblies. Während ich noch im Dunkeln auf dem Boden lag, hörte ich, wie Nelu mit den Worten „Domnule, ca în filme!" („Mein Gott, wie im Film!") als erster das Schweigen brach. Nachdem wir wieder Licht hatten, stellte ich fest, dass ich bis auf einen kleinen Kratzer unverletzt geblieben war. Da aber, wo ich vorher noch gestanden hatte, lag jetzt die Steinplatte, die eine gute Tonne gewogen haben dürfte. Meine alten Sprinterreflexe hatten mich gerettet, aber nur weil mein Schutzengel den Startschuss noch rechtzeitig gegeben hatte. Vorfälle dieser Art waren im Lager in den darauffolgenden Tagen dann regelmäßig ein oft erzähltes und viel kommentiertes Ereignis.

In eine besonders kritische Lage kamen wir einmal durch Ionica, einen Verwandten von „Cercel", dem Reviersteiger. Mit „Cercel" waren wir immer gut klargekommen und besorgten ihm des Öfteren seltene Mineralien, was er uns mit Obst und manchmal sogar Kuchen dankte. Als er eines Tages versetzt wurde, nahm der erwähnte Ionica seine Stelle ein. Auch mit diesem jungen Mann, der später einmal Bergbau studieren wollte, kamen wir bestens klar und erhielten von ihm die eine oder andere Sonderverpflegung zugesteckt, wobei er uns meistens bat, alles sofort und nicht erst im Lager zu vertilgen, um diese natürlich verbotenen Zuwendungen nicht publik werden zu lassen. Eines Tages bat er mich wieder einmal um Hilfe bei der Zerkleinerung von Erzbrocken, die für den Transport zu groß waren. Diese Arbeit sollte eigentlich auf mühselige Art und Weise mittels großer Hämmer erfolgen, aber der schlaue Ionica hatte Dynamit, Kapseln und eine Zündschnur besorgt, letztere aber, wie wir feststellten, etwas knapp bemessen. Da es schon spät war, hatte er keine Lust mehr, noch einmal loszugehen, und so beschlossen wir, es trotzdem zu riskieren. Herr Dimitriu, der sich offensichtlich um mich sorgte, war infolge seiner Lebenserfahrung von dem Vorhaben gar nicht begeistert, wurde von uns Jungspunden jedoch überstimmt. Wir schnitten also 17 Zündschnüre, so viele Steinbrocken galt es zu zertrümmern, auf verschiedene Längen, wobei die, die als erste gezündet werden sollten, am längsten waren. Die letzten wurden die kürzesten. Dann bekam jeder der entlang der Stollenwand aufgereihten Brocken eine halbe Dynamitpatrone verpasst. Patrone und Zündschnur wurden in die Dynamitmasse gepresst und mit einem Klumpen Lehm bedeckt, der ebenfalls fest an den Stein gepresst wurde. Diese Arbeit war in einer guten Viertelstunde erledigt.

Dann begannen wir mit dem Anzünden. Bis zur siebten oder achten Lunte ging alles gut, doch dann machten wir einen Fehler, und zwar gleichzeitig, was die Sache verschlimmerte. Beim Entzünden der Schnüre muss nämlich darauf geachtet werden, dass das Luntenende möglichst parallel zur Flamme der Grubenlampe gehalten wird, weil die dabei entstehende Stichflamme die Lampe ausblasen kann. Genau das passierte uns zur gleichen Zeit und führte dazu, dass wir plötzlich völlig im Dunkeln standen. Während Ionica rief „Lauf so schnell du kannst!“, war ich schon unterwegs und vergaß dabei auch nicht, dass auf unserem Fluchtweg eine Lore stand und dass der Weg rechts vorbei an dieser breiter war. Ich tastete mich an der Wand entlang, streckte meine Linke vor und erreichte so ohne Probleme die Lore, schlüpfte an ihr vorbei und wollte weitereilen, als ich einen dumpfen Schlag und gleich darauf Ionicas Schmerzensschrei hörte. Er hatte das Hindernis vergessen und war mit dem Schienbein gegen den Puffer der Lore gerannt. Ich tastete mich zurück und fand ihn am Boden liegend. Sofort riss ich ihn hoch – bis zur ersten Explosion hatten wir noch höchstens 30 Sekunden Zeit – und wir quetschten uns beiden an der Lore vorbei. Dann ging es weiter, indem er auf einem Bein hüpfte und ich ihn stützte und mitzerrte. Zu unserem Glück gab es nach etwa 20 Metern eine kleine Einbuchtung in der Stollenwand, in die wir uns hineindrückten. Sekunden später ging der Zauber los: Unsere Ladungen gingen eine nach der anderen hoch, und die blauen Blitze der Dynamitexplosionen erleuchteten den Stollen. Steinsplitter sausten an uns vorbei und prallten von den Wänden. Endlich hörte das „Feuerwerk“ auf und ich ließ den Helm, den ich mir vors Gesicht gehalten hatte, wieder sinken. Herr Dimitriu kam als erster herbeigerannt, dicht gefolgt von den anderen Kumpeln, die hinten in einer Bresche gewartet hatten. Ich schilderte unser Missgeschick, während wir uns das Schienbein des am Boden liegenden Ionica besahen. Unterhalb des Knies klaffte eine lange Wunde, sodass man den nackten Knochen sehen konnte. Wir hoben ihn hoch und schleppten ihn über mehrere Leitern auf die 100-Meter-Sohle hinunter, wo er auf einer Lore zum Füllort gefahren werden konnte. Wir sahen ihn erst etwa zwei Wochen später wieder, als er noch immer humpelnd aus dem Krankenhaus Baia Mare zurückkam, wo man ihn zusammengeflickt hatte. Mit Kuchen und einer großen Ladung Äpfel bedankte er sich für seine Rettung.

Wie gefährlich es war, ohne Licht zu bleiben, zeigte ein tödlicher Unfall, der sich kurz vor unserer Ankunft ereignet hatte. Opfer war Mos Cavnic (Onkel Cavnic), ein ausgesprochen erfahrener und mit seinen 43 Jahren ältester Zivilbergmann, der noch unter Tage arbeitete. Durch die langjährige Bergwerksarbeit war seine Lunge schon so mitgenommen, dass er nur noch als Sprengmeister eingesetzt werden konnte. Der „Alte" sollte an einer entlegenen Stelle, an welcher Goldvorkommen festgestellt worden waren, einige Sprengungen vornehmen. Sowohl die Tatsache, dass er sich an dieser entlegenen Stelle allein aufhielt, als auch der Umstand, dass er ohne Feuerzeug war – er hatte es einige Tage davor verloren –, verstieß gegen die Sicherheitsbestimmungen, aber diese wurden ohnehin regelmäßig missachtet. Jedenfalls hatte er schon mehrere Schnüre angezündet, als ihm der gleiche Fehler passierte wie später uns. Die Stichflamme hatte seine Lampe gelöscht, und er musste in der völligen Dunkelheit zurück zum Steigschacht, um sich in Sicherheit zu bringen. Einer, der nie in einem Bergwerk oder einer tiefen Höhle war, kann sich gar nicht vorstellen, wie dunkel es dort in der sogenannten absoluten Dunkelheit sein kann. Diese ist mit der aus dem alltäglichen Leben bekannten Finsternis, die auch bei Nacht und in verschlossenen Räumen immer noch ein gewisses Restlicht zulässt, nicht zu vergleichen. Mos Cavnic tastete sich entlang der Stollenwand zurück, was bei seiner Erfahrung kein Problem darstellte, vergaß jedoch, dass einer der Rollenschächte, die grundsätzlich mit einem massiven Gitter gesichert sein mussten, wegen Reparaturarbeiten offenstand, und stürzte durch diesen etwa zehn Meter in die Tiefe. Erst später, als er nicht am Füllort auftauchte, machten sich die anderen Sprengmeister auf die Suche nach ihm und fanden ihn mit gebrochenem Rückgrat neben einer Lore, auf die er gestürzt war. Noch bei Bewusstsein, war er in der Lage, der Vorfall zu schildern, erlag aber dann nach einigen Stunden seinen schweren Sturzverletzungen.

Die schlimme Staublunge übrigens, an der Mos Cavnic ebenso wie die meisten Kumpel litt, war hauptsächlich die Folge des jahrelangen Bohrens ohne Wasser. Viele zivile Bergleute zogen es auch zu unserer Zeit vor, „trocken" zu bohren, weil sie damit bis zu 30 Prozent mehr leisten und entsprechend besser verdienen konnten. Gerade die Zivilbergleute, die Familien zu ernähren hatten, trachteten natürlich, möglichst viel Geld zu verdienen, abgesehen davon, dass sie, oft nur mäßig gebildet, sich der Gefahr für ihre Gesundheit gar nicht recht bewusst waren. Und die Bosse des Bergwerkskombinats, die auch an einer hohen Produktion und den damit verbundenen Prämien interessiert waren, beeilten sich natürlich auch nicht, das Einhalten der gesetzlich geregelten Arbeitsschutzmaßnahmen allzu streng zu überwachen.

Weihnachtsfeier

Die erste Weihnachtsfeier, an der ich in Cavnic teilnehmen durfte, gehörte zu den ergreifendsten Erlebnissen der gesamten Haftzeit. Bei dieser an sich sehr bescheidenen Feier waren ohne Ausnahme alle Nationalitäten vertreten. Nur wenige „Überzeugungstäter" oder Leute, die Repressionen fürchteten, waren ferngeblieben. An diesem 24. Dezember, er fiel auf einen Freitag, hatte ich Nachtschicht und fuhr wie immer gegen 21 Uhr ein. Bis etwa 23 Uhr wurde gearbeitet, dann sprach sich herum, dass sich Leute zu einer Feier im hinteren Abschnitt des „Georg-Nord" versammeln würden. Auch wir machten uns auf den Weg dorthin und trafen auf etwa 50 Leute, zu denen im Laufe der nächsten Stunde immer weitere hinzukamen. Leuchtender Mittelpunkt, um den herum die Leute auf dem Boden oder auf Steinen saßen, war eine an einem Leitungsrohr befestigte Grubenlampe, an welcher noch weitere Lampen auf zwei Ebenen hingen und damit einen leuchtenden Kegel bildeten, in welchem man mit etwas Fantasie einen Weihnachtsbaum erkennen konnte.

Vollständig anwesend waren natürlich die etwa dreißig Priester verschiedener Konfessionen, die damals in Cavnic einsaßen. Unter diesen bildeten die griechisch-katholischen Rumänen mit zwanzig Mann die größte Gruppe, gefolgte von den orthodoxen Rumänen und den römisch-katholischen Deutschen und Ungarn. Der Priester Augustin Mare und Dr. Alexandru Ratiu hielten eine kurze Andacht, nach welcher gemeinsam das Vaterunser erst rumänisch und danach von Dr. Ratiu auch deutsch und ungarisch gebetet wurde. Viele weinten bei Herrn Mares anschließender sehr ergreifender Predigt. Während der gemeinsam gesungenen rumänischen Weihnachtslieder wie „O ce veste minunată" („Welch wunderbare Kunde") tauchte plötzlich der Reviersteiger auf, sah eine Weile schweigend zu und ging dann wieder. Nachdem das letzte Lied verklungen war, gingen wir alle an unsere Plätze zurück und nahmen die unterbrochene Arbeit wieder auf. Übrigens hatte die „illegale" Feier keinerlei negative Folgen für uns, obwohl die Lagerverwaltung durch ihr Spitzelnetz bestens informiert gewesen sein dürfte. Es war diesbezüglich ohne jede vorherige Absprache zu einem stillen Einvernehmen zwischen Häftlingen und Verwaltung gekommen. Im folgenden Jahr wurde zu Ostern eine ähnliche Feier organisiert, an welcher ich jedoch leider nicht teilnehmen konnte, weil meine Schicht während des Tages im Einsatz war. Auch diese von Pater Butnaru und einigen anderen Geistlichen organisierte Auferstehungsfeier verlief ohne Zwischenfälle.

Neben den schon erwähnten Ungarn gab es auch etliche Rumänen, die ich im Laufe der Zeit als ernste, vertrauenswürdige Leute kennenlernte und zu denen ich freundschaftliche Beziehungen pflegte. Zu nennen wären in diesem Zusammenhang Mircea Buteanu von der Gruppe der Albanezi oder Coriolan Suciu und Mircea Munteanu von der „Liga anticomunista". Oder aber der Anwalt Florin Dumitrescu aus Bukarest, Sohn des ehemaligen Admirals und Kommandanten des Hafens Constanţa Dumitrescu, der seine vormalige Mitgliedschaft in einer antikommunistischen Organisation nunmehr als Hauer im Bergwerk sühnen durfte. Mit ihm unterhielt ich mich oft über Literatur. Er war sehr belesen, wusste aber – wie er selbst bedauernd feststellte – über deutsche Literatur wenig, weil es kaum Übersetzungen ins Rumänische gab und weil nach wie vor Französisch die primäre Fremdsprache der meisten Rumänen war.

Unter den vielen ehemaligen Offizieren, die damals in Cavnic einsaßen, sind mir besonders Nicolae Constantinescu, genannt „Toni", und der Hauptmann Ion Radu in guter Erinnerung geblieben. Constantinescu, Sohn wohlhabender Eltern, war unter dem Decknamen Anton Măgureanu bei der SSI (Abwehr) tätig und beschäftigte sich hauptsächlich mit der Verfolgung der zu jener Zeit illegalen Kommunisten, eine Aufgabe, die ihm nach dem Umsturz zum Verhängnis werden sollte. Mit ihm zu sprechen oder ihm zuzuhören war immer ein Genuss, weil er die Erzählkunst in einer so meisterhaften Weise beherrschte, wie ich es vorher nur in Gherla bei Petrică Rebreanu erlebt hatte. Während des Krieges war er unter anderem dabei, als das Verlagshaus der illegal erscheinenden Zeitung „Scânteia“ ausgehoben wurde. Einer der damals Verhafteten und von Constantinescu alias Măgureanu verhörten Kommunisten war ein gewisser Emil Angheliu, den ich später als Häftling kennenlernen sollte. „Toni“ wusste auch viel über die Agenten zu berichten, die im Auftrag des britischen Geheimdienstes arbeiteten, darunter viele Polen, die im Herbst 1939 ins Land gekommen waren. Diese waren kurz vor und nach der Kapitulation ihres Heeres vor den deutschen und sowjetischen Truppen nach Rumänien geflohen. Im Sommer des darauffolgenden Jahres dann, als sich die Beziehungen zwischen Rumänien und dem Deutschem Reich entspannten, erlaubten und empfahlen sogar die rumänischen Behörden den Flüchtlingen die Ausreise über Bulgarien und Griechenland. Nicht alle jedoch zogen weiter, und unter den Zurückgebliebenen waren viele, die sich zwischenzeitlich vom britischen Geheimdienst hatten anheuern lassen. Diese versorgten während der folgenden Kriegsjahre ihre neuen Auftraggeber mit Informationen und wurden entsprechend von der rumänischen SSI und dem deutschen SD verfolgt.

Radu, ein ehemaliger Hauptmann der Gebirgsjäger, der sowohl mit dem Eisernen Kreuz als auch mit dem Orden „Mihai Viteazul“ ausgezeichnet war, hatte nach dem Krieg sein Studium des Rechts wieder aufgenommen, war aber auch aktiv im antikommunistischen Widerstand und wurde in diesem Zusammenhang im Jahre 1949 verhaftet. Im „Lot“ mit dem Obersten Ion Arsenescu wurde er zu einer Freiheitsstrafe von 25 Jahren verurteilt.

Ein Wiedersehen, welches mich wenig erfreute, war jenes mit Mihai Stuparu, einem jener „Umerzogenen“, die wir seinerzeit in Gherla kennengelernt hatten. Zwar war mir von anderen Häftlingen zu Ohren gekommen, dass Stuparu, früher einer der eifrigsten „Mitarbeiter“ des Verbrechers Juberean, sich gewandelt habe, dass er sich öffentlich bei den Mithäftlingen entschuldigt habe und nun keine Gelegenheit ausließ, die Interessen der Häftlinge gegenüber der Verwaltung lautstark zu vertreten; ich traute ihm jedoch nicht über den Weg. Für mich war dies alles nur Taktik, zu welcher auch seine penetrant zur Schau gestellte Frömmigkeit gehörte, die er dadurch zu unterstreichen versuchte, dass er andauernd um engen Kontakt zu verschiedenen inhaftierten Priestern bemüht war. Als wir uns sahen – er stand an einem Fenster der Isolationsbarracke – wollte er mich freundschaftlich wie einen guten Bekannten begrüßen. Ich sagte ihm aber geradeheraus, dass er für mich ein Verbrecher sei, womit unser erstes Gespräch auch schon beendet war und seine Fortsetzung erst etwa zwei Wochen später fand, als ich von der Arbeit kommend feststellen musste, dass Stuparu gerade dabei war, sich ausgerechnet in unserem Zimmer einzurichten. Da ich mittlerweile nicht mehr zu den „Frischlingen" gehörte, sondern in der inoffiziellen Hackordnung der Häftlinge zu den „Erfahrenen" aufgerückt war, sah ich es nicht ein, dies widerstandslos hinzunehmen, packte ihn kurzerhand beim Kragen und stieß ihn nach draußen. Sein Gepäck flog ihm hinterher. Auf den Lärm aufmerksam geworden kam ein Wärter hinzu, dem ich gleich sagte, dass der Kerl anderweitig untergebracht werden müsse, wenn es nicht zu einem Unglück kommen sollte. Der redegewandte ehemalige Hauptmann der Gendarmen Narcis Triandaf schaltete sich ebenfalls in das Gespräch ein und stellte namens aller im Zimmer wohnenden Häftlinge klar, dass Stuparu hier nicht willkommen sei, weil „ein Schurke immer ein Schurke bleibt". Die von uns gezeigte Entschlossenheit schien überzeugt zu haben. Der Wärter meldete den Vorfall sofort „nach oben" und kam umgehend wieder, um Stuparu abzuholen. Dieser wurde in eine andere Schicht verlegt, musste Cavnic aber schon nach einigen Wochen verlassen. Es ging das Gerücht um, er habe das Einfahren ins Bergwerk verweigert, nachdem mehrere Häftlinge gedroht hatten, dass ihm da unten ein „Unglück" zustoßen werde. Die ganze Affäre gereichte mir nicht zum Nachteil, weder bei der Verwaltung, die bestrebt war, unnötige Komplikationen zu vermeiden, noch bei den Mithäftlingen, bei denen ich dadurch sogar einen noch „größeren Stein im Brett" hatte.

Flugblatt

Aus den großen „Weltnachrichten", die über Umwege zu uns gelangten, glaubten wir erkennen zu können, dass die Entspannung zwischen den großen Machtblöcken in Ost und West, die schon zu unserer Zeit in Gherla begonnen hatte, anhielt. Dies ließ sich zugleich auch aus dem Auftreten der meisten Caralii rückschließen, die ihre frühere „Bissigkeit" ablegten, und ebenso aus dem Verhalten einzelner Zivilbergleute, die mutiger wurden und uns immer häufiger mit Zeitungen versorgten oder uns Rundfunknachrichten weitererzählten. Die größte „Nachrichtenbombe" jener Zeit sollte uns allerdings nicht in Form einer Zeitung, sondern als Flugblatt erreichen. Gésa Hegedüs tauchte kurz nach Ostern damit auf und ließ einige „Auserwählte" – ich war dabei – wissen, dass er es seinerseits von einem Reviersteiger, auch einem Ungarn, bekommen hatte. Der Steiger hatte ihm erzählt, dass während der Osterfeiertage in der Umgebung von Cavnic diese Flugblätter geradezu haufenweise niedergegangen seien. Sie waren mittels Gasballons vom im Westen organisierten ungarischen nationalen Widerstand direkt aus Bayern auf diesem originellen Weg versandt worden und kamen tatsächlich in mehreren Wellen bis nach Siebenbürgen. Die alarmierten Behörden waren mit allen zur Verfügung stehenden Parteigenossen und auch mit Soldaten losgezogen, um möglichst viele Flugblätter einzusammeln, aber vollständig war ihnen dies nicht geglückt. Der Steiger, der durch seine Aktion sehr viel Mut oder auch sehr viel Leichtsinn bewies (wenn man ihn ertappt hätte, wären ihm „10 Jahre" sicher gewesen), versteckte sein Flugblatt zuerst im Wald, bevor sich die Aufregung wieder etwas gelegt hatte und er es wagen konnte, es an sich zu nehmen und später an Gésa weiterzureichen.

Das Flugblatt war über einen Meter lang, etwa 10 Zentimeter breit und beidseitig bedruckt. In etwa 60 kurzen Artikeln, alle in ungarischer Sprache verfasst, wurden alle möglichen Themenbereiche aus Politik, Wirtschaft, Militär, Wissenschaft und sogar Sport und Kultur kurz behandelt. Natürlich wurden die Vorteile der freien westlichen Welt gegenüber dem „sozialistischen Lager" mehr oder weniger deutlich hervorgehoben. Es war beeindruckend, wie inhaltsreich ein solch einzelnes Flugblatt gestaltet sein konnte. In den paar Wochen, in denen wir es herumreichten, konnten es viele, die der ungarischen Sprache mächtig waren, lesen, und auch manchem Rumänen wurde der Inhalt zumindest auszugsweise übersetzt. Wegen der vielen Spitzel war das Ganze ein recht gefährliches Unterfangen, was allen Beteiligten bewusst war. Es war abgesprochen, dass Gèsa im Falle des „Auffliegens" steif und fest behaupten sollte, dass er das „Corpus Delicti" zwischen Stollenmund und Lagerzaun im Gras gefunden hätte, eine, wie wir fanden, plausible Erklärung. Wie durch ein Wunder gab es jedoch keinen einzigen Verrat, obwohl zuletzt sicher etwa 80 Leute Bescheid wussten. Bei denen, die das brisante Papier zu Gesicht bekamen, hinterließ es einen bleibenden Eindruck, und während die Ungarn stolz auf ihren so aktiven Widerstand waren, war sicher so mancher Rumäne etwas neidisch. Letzteres dürfte auch der Grund sein, weshalb es später in der Literatur über den rumänischen Gulag trotz der vielen Zeitzeugen nie erwähnt wurde. Der ungarische Ursprung dürfte für viele Rumänen Grund genug gewesen sein, den Vorfall zu vergessen.

Etwa zur gleichen Zeit, ebenfalls um Ostern herum, musste ich meine Arbeit eines Vormittags einstellen, weil plötzlich die Pressluft meines Bohrhammers nachließ. Schon kurze Zeit später war an der Rohrleitung das für „Alarm" vorgesehene Klopfzeichen zu hören, was uns veranlasste, unser Gerät schnellstens abzubauen und uns auf den Weg zum Füllort zu machen. Die unheimliche Stille, die überall im Bergwerk herrschte, deutete auf einen totalen Stromausfall hin. Innerhalb einer halben Stunde – schneller war es nicht zu machen, weil manche Kumpel über einen Kilometer zu laufen und über bis zu 15 Leitern zu klettern hatten – waren etwa 200 Häftlinge beim Füllort versammelt. Auffallend war allerdings, dass eben nur Häftlinge anwesend waren. Dr. Apostol, der seine Sanitätsstelle in der Nähe des Förderkorbes hatte, berichtete, dass per Telefon Alarm ausgelöst worden war, woraufhin die Zivilbergleute zusammen mit dem diensthabenden Unteroffizier eiligst ausgefahren seien. Erst danach habe man die Häftlinge benachrichtigt, und kurz darauf war es dann auch schon zum Stromausfall gekommen. Das klang alles zwar etwas beunruhigend, da sich aber ansonsten nichts tat und wir ohnehin auch nichts unternehmen konnten, begannen wir, es uns bequem zum machen. Manche aßen ihre mitgebrachten Brote, andere, die Vorsichtigen, sparten sich diese mit der Begründung auf, man wisse nicht, was noch kommt. Als die mechanische Uhr am Füllort die Mittagszeit anzeigte, ohne dass etwas geschehen wäre, begann sich langsam aber sicher die Unruhe unter den Anwesenden auszubreiten, zumal nicht zu übersehen war, dass durch den Stromausfall auch die Pumpen nicht mehr arbeiteten und das Auffangbecken überzulaufen begann. Ein ehemaliger Oberst der Pioniere, der auf Bitten einiger Leute das „Kommando" übernommen hatte, gab die Losung aus, sofort mit dem Einsparen des Karbids zu beginnen. Dies war in Anbetracht der unklaren Lage sinnvoll, und es wurden auch sogleich alle Lampen bis auf eine gelöscht. Häftlinge, die ihren Arbeitsplatz in der Nähe hatten, schafften von dort zusätzliche die Karbidreserven heran, die sie für Notfälle in Petroleum gelagert hatten. Als weitere Maßnahme wurden gleichzeitig auch alle hierfür geeigneten Behältnisse mit Trinkwasser gefüllt. Das Thema Nahrungsmittel wurde zwar auch kurz angesprochen, da jedoch kaum jemand über eine entsprechende Notration verfügte, war da nicht viel zu machen. Gèsa, der das ungarische Flugblatt noch immer bei sich trug, vernichtete dieses nunmehr, weil ihm die Gefahr einer Entdeckung während einer möglicherweise chaotisch ablaufenden Rettungsaktion zu groß erschien.

Gegen 16 Uhr mussten wir auch die am höchsten gelegenen Plätze am Füllort räumen, denn das Wasser war dort auf einen Meter Höhe angestiegen. Es begannen wilde Gerüchte zu kursieren, wie etwa dass die Amerikaner bei Klausenburg gelandet seien. „Die Kommunisten sind auf der Flucht und lassen uns im Bergwerk absaufen", meinte einer.

Manche scharten sich um die zahlreich anwesenden Priester und beteten mit diesen, andere stimmten patriotische Lieder an. Es gab sogar einige, die in ihrer Verzweiflung weinten. Besonnenere Leute besprachen inzwischen, auf welchem Weg man mittels der Steigschächte den „Ferdinand“ erreichen könnte.

Ich hielt mich zusammen mit Gèsa, Feri und Incze bei einer Gruppe junger Ungarn auf, der sich um eine Zeit auch Mircea anschloss, und rätselte zusammen mit diesen über den Grund unserer Lage. Insbesondere das urplötzliche Verschwinden des Wachpersonals sowie der gesamten Zivilisten war uns unerklärlich. Mircea meinte, der Stromausfall könne sowohl mit einem technischen Defekt als auch mit gezielter Sabotage zusammenhängen. Auch die Möglichkeit politischer Ereignisse, etwa eines Aufstands oder eines Staatsstreichs, zogen wir in Erwägung und beschlossen, im Falle, dass ein Ausbruch möglich sein sollte, diese Chance zu nutzen und uns anfangs von Mircea führen zu lassen, weil er als einziger die Gegend gut kannte. Wir wussten zumindest ansatzweise von einem Ausbruch, der am 06. Juni 1953 hier versucht worden war, der damals jedoch scheiterte.

Als das Wasser im „Georg“ bereits die alte Sicherheitstür erreicht hatte, es war bereits gegen Abend, ging die Beleuchtung plötzlich wieder an und kurz darauf kam auch schon der Reviersteiger per Förderkorb heruntergeschwebt, um am Füllort beinahe in der unappetitlichen Brühe zu ersaufen. Er konnte sich gerade noch rechtzeitig so weit hochziehen, dass er mit dem Kopf aus dem Wasser ragte. Von ihm erfuhren wir, dass oben ein gewaltiger Sturm getobt hatte, der im Zusammenwirken mit einem Wolkenbruch erhebliche Schäden, darunter den Stromausfall, verursacht hatte. Der unschuldige Steiger wurde stellvertretend für die Bergwerksleitung daraufhin mit Vorwürfen und Beschimpfungen überhäuft, weil man uns stundenlang in Ungewissheit gelassen hatte, was – wie es einer formulierte – leicht zu „unbesonnenen Handlungen“ hätte führen können.

Der so Empfangene blieb jedoch gelassen und forderte uns auf, ebenfalls die Ruhe zu bewahren, worauf die ersten sechs Mann mehr schwimmend denn gehend begannen, sich zum Förderkorb zu begeben. Die Kleider gebündelt, die Bergmannslampe in der Hand, standen wir nur mit der Unterhose, dem Helm und den Gummistiefeln bekleidet an, um ausgefahren zu werden. Kleinere Leute wurden das letzte Stück getragen, um nicht in das Wasser eintauchen zu müssen, in welchem auch der Inhalt der überschwemmten Latrinen-Loren schwamm. Unsere junge Gruppe hielt zusammen, denn wir waren skeptisch und noch nicht recht überzeugt, dass sich alles tatsächlich so verhielt, wie der Steiger es uns erklärt hatte. Die Unsicherheit wurde noch grösser, als wir beim Ausfahren nicht wie sonst üblich im Ferdinand-Erbstollen aussteigen mussten, sondern noch weitere 40 bis 50 Meter bis zur Oberfläche verbracht wurden. Das Gelände um den Förderturm lag außerhalb des Lagers und war daher von Securitate-Soldaten umstellt, die uns mit schussbereiten Waffen empfingen und auch sogleich in Lastkraftwagen verfrachteten. Von der Ladefläche der Lkw – immer noch schwer bewacht – sahen wir dann auf der Fahrt ins Lager die Spuren des verheerenden Unwetters. Überall waren Arbeitsgruppen dabei, die Wege von umgestürzten Bäumen und Geröll frei zu räumen. Im Ort Cavnic waren viele Häuser beschädigt, darunter eines auf besonders beeindruckende Weise, weil es an zwei Wänden Löcher von der Größe eines Scheunentores aufwies. Ein riesiger Felsbrocken war, nachdem er sich vom Berghang gelöst hatte, über den Bach gerollt, hatte beide Wände des Gebäudes durchschlagen und war anschließend auf der anderen Seite an der Straße liegen geblieben. Später erfuhren wir, dass es im Ort auch etliche Tote gegeben hatte. Als wir im Lager ankamen, trafen wir die Leute der anderen Schicht bereits beim Aufräumen an. An einem Teil des Hofes war eine riesige Schlamm- und Geröllschicht eingedrungen.

Ebenso wie im Dorf war auch hier ein riesiger Felsbrocken, der wegen seiner imposanten Größe und seiner exponierten Lage schon vorher ein Blickfang war, zusammen mit den ins Tal stürzenden Wassermassen in Bewegung geraten und bis ins Lager gerollt, auf seinem Weg den Zaun samt einem Wachturm zermalmend. Der Soldat auf dem Turm, der das Unglück nahen sah, konnte sich nur durch einen beherzten Sprung retten. Dabei zog er sich einen Beinbruch zu, überlebte aber zumindest. Der Felsblock musste später gesprengt werden, um den Zaun wieder aufrichten zu können. In den nächsten Tagen mussten dann auch wir bei den Aufräumarbeiten im Lager mithelfen. Ins Bergwerk konnten wir vorerst ohnehin nicht, weil unter anderem der „Rainer“ durch die eingedrungenen Fluten unpassierbar geworden war und die Zivilbergleute erst den ganzen Stollen ausräumen und zum Teil neuen Boden verlegen mussten. Wir beschäftigten uns also mit dem Ausbessern der Barackendächer oder den durch den Sturm aus den Angeln gerissenen Türen. Erst am Ende des Monats April konnten wir wieder einfahren.

Der erste Arbeitsplatz im Bergwerk, der uns nach der Zwangspause zugewiesen wurde, war insofern etwas bequemer, als wir nicht über Leitern steigen mussten. Herr Dimitriu und ich sollten parallel zum „Josef“ einen weiteren Stollen vorantreiben. Wir waren mit dem Tagessoll fast fertig, als plötzlich mein Bohrer streikte, und da alles auf einen inneren Bruch hindeutete, den wir nicht selbst beheben konnten, bat ich meinen Kumpel, das Arbeitsgerät zur Werkstatt zu bringen und darauf zu drängen, dass es sofort repariert werde, damit wir am nächsten Tag gleich weitermachen könnten. Ich wollte den Arbeitsplatz noch aufräumen, und wir sollten uns anschließend am Füllort treffen. Kaum war Herr Dimitriu verschwunden, stieß ich beim Hantieren mit den Schläuchen so ungeschickt gegen „Angelika" – meine Grubenlampe war, wie bei den meisten Bergleuten üblich, auf einen Namen „getauft" worden –, dass diese in das schlammige Wasser fiel und sofort erlosch. Ich stand wie vom Donner gerührt da, denn ich wusste, dass sich mehrere hundert Meter im Umkreis niemand befand. Rufen hatte keinen Sinn, die unebenen Wände der Stollen und Gänge verschlucken jeden Laut schon auf kurzer Strecke. Nun galt es, nicht den Kopf zu verlieren. Da ich kein Feuerzeug besaß, gab es nur zwei Möglichkeiten: entweder einfach hinsetzen und warten, bis man mich suchen würde, oder mich im Dunkeln auf den Weg machen. Hätte ich auf dem Weg zurück über Leitern steigen müssen, wäre ich geblieben, denn das Schicksal des Mos Cavnic war mir noch gut in Erinnerung. Da dies glücklicherweise jedoch nicht der Fall war, beschloss ich, den Rückmarsch zu riskieren. Dabei hatte ich Gelegenheit, einen Trick auszuprobieren, den ich mir schon früher für solch eine Situation überlegt hatte. Und zwar nahm ich einen halblangen Meißel mit, mittels dessen ich auf meinem Weg immer wieder gegen die hier stark erzhaltige Wand schlug, wodurch viele Funken erzeugt wurden. Die hierbei gewonnene Helligkeit hielt zwar jeweils nur Sekundenbruchteile an, war jedoch ausreichend, um die unmittelbare Umgebung einigermaßen zu erahnen.

Anfangs ging es noch recht langsam voran, doch mit der Zeit klappte es immer besser, zumal ich mich zusätzlich mit dem linken Fuß an der Innenseite der Schiene orientierte. Da es mir gelang, sämtliche Rollen, die etwa alle 20 Meter auf den Schienenweg hineinragten, glücklich zu „umschiffen", schaffte ich es tatsächlich, in einer guten halben Stunde bis zum Füllort zu kommen. Das klappte so reibungslos, dass den anderen Kumpeln, die dort schon beisammenstanden, nicht einmal auffiel, dass ich ohne Licht gekommen war. Als später Herr Dimitriu dazukam und ich ihm mein Abenteuer erzählte, staunte er nicht schlecht und meinte, man müsse sich diese Methode jedenfalls merken, denn sie könnte unter Umständen lebensrettend sein.

Der Vorfall sorgte in der Folgezeit überall für Gesprächsstoff und ließ uns auch erneut darauf drängen, mit Feuerzeugen ausgestattet zu werden, aber die Zusagen, die man uns damals gab, sollten sich später doch wieder als leere Versprechungen erweisen. Geza schlug vor, selbst Feuerzeuge zu basteln, doch wusste auch er nicht, woher wir die kleinen, gezahnten Rädchen besorgen sollten, mittels derer die Funken erzeugt werden, also mussten wir das Projekt wieder zurückstellen. Was mich anging, wurde ich noch einige Tage lang durch den Muskelkater in jenem Arm, mit dem ich hunderte Male gegen die Felswand geschlagen hatte, an meine Wanderung durch die Unterwelt erinnert.

Ausgangspunkt des nächsten dramatischen Vorfalls unter Tage war eine verstopfte Rolle, nachdem die Förderleute wieder einmal zu große Erzbrocken in diese geworfen hatten. Die Leute vom Transport konnten mit ihren Brecheisen nichts ausrichten, denn der Pfropfen hatte sich in etwa vier Metern Höhe gebildet und war daher nicht zu erreichen. Der neue Reviersteiger, ein sehr kleiner Mann, beschloss daher, selbst in den Rollenmund hochzusteigen, um diesen freizusprengen. Der Mann schnürte fünf Dynamitstangen um eine Holzlatte zusammen, versah diese „geballte Ladung" mit Kapsel und Zündschnur und kraxelte in den Rollenmund hoch. Dies allein war schon eine höchst gefährliche Angelegenheit, denn wenn sich das blockierte Geröll in diesem Augenblick doch gelöst hätte, wäre er von den Stein- und Erzbrocken glatt zermalmt worden. Er schien jedoch Glück zu haben, erreichte problemlos das zu beseitigende Hindernis und platzierte seine Ladung, indem er das Bündel mit der Holzlatte seitlich abstützte. Als er schon dabei war, hinunterzusteigen, löste sich jedoch das Bündel mit der brennenden Zündschnur und fiel an ihm vorbei auf die Lore darunter, auf welcher ein Arbeiter stand, um den Rollenmund von unten auszuleuchten. Der Steiger rief seinem Helfer zu, er solle das Paket aus der Lore werfen und weglaufen und beeilte sich zugleich, selbst schnell aus dem Rollenmund zu schlüpfen. Unten angekommen stellte er entsetzt fest, dass der Arbeiter wohl völlig in Panik geraten war und mit der Sprengladung in der Hand, aus welcher die brennende Zündschnur herunterhing, weiterlief. Sein lautes „Wegwerfen! Wegwerfen!" nutzte nichts, denn der zu Tode erschrockene Mann eilte weiter. Dass er dennoch überlebte, hatte er dem mutigen kleinen Reviersteiger zu verdanken, der sofort hinterhereilte, ihm die Dynamitladung entriss und wegschleuderte. Keine Sekunde zu früh, denn diese explodierte, noch bevor sie aufschlug.

Was unsere medizinische Betreuung anging, war diese in Cavnic nicht so miserabel wie etwa in Gherla, trotzdem jedoch bei Weitem nicht auf dem Stand einer zivilen Versorgung. Glücklicherweise hatte ich während der Zeit im Bergwerk „nur" mit den Zähnen gesundheitliche Probleme, was unter den gegebenen Umständen schlimm genug war. Die Zähne waren schon seit meiner Kindheit meine „Achillesferse", was in Freiheit ein erträgliches Ärgernis darstellte, in der jetzigen Lage jedoch zuweilen zu einer ausgesprochenen Quälerei wurde. Die Zahnschmerzen, die bereits in Gherla begonnen hatten, waren in der Zugluft der Bergwerksstollen immer heftiger geworden. Es gab Zeiten, in denen ich täglich auf schmerzstillende Mittel angewiesen war, und wenn diese auch nicht mehr halfen, mussten die entsprechenden Zähne gezogen werden. Dr. Tudose kriegte dies sogar einigermaßen erträglich hin und ging später sogar dazu über, die kranken Zähne nicht sofort zu entfernen, sondern vorerst den Nerv mittels Phenol abzutöten und damit die Schmerzen zu lindern.

Eines Tages traf ich, nachdem ich das immer reichlich gefüllte Wartezimmer endlich hinter mich gebracht hatte, im Behandlungsraum auf einen mir bis dahin unbekannten Sanitätsunteroffizier, der wohl als Helfer des Arztes vorgesehen war. Der junge Mann war leider Gottes noch von großem Ehrgeiz beseelt, was ihn veranlasste, sich meiner sofort anzunehmen und nach einem Blick in meinen Mund den ein paar Schritte weiter beschäftigten Arzt zu fragen, was zu tun sei. Dieser sagte beiläufig, dass man wohl wieder Phenol werde nehmen müssen, und zeigte auf die entsprechende Flasche im Schrank, ohne zu wissen, dass der junge Mann gleich selbstständig loslegen würde. Der ehrgeizige Sanitäter jedoch schnappte sich sofort die Flasche, tränkte einen viel zu großen Wattebausch mit der Säure und stopfte mir diesen in den Mund. Das fühlte sich etwa so an, als wäre mir die gesamte Mundhöhle mit glühenden Kohlen ausgestopft worden. Ich stieß ihn zurück und spuckte Phenol und sich lösende weiße Hautfetzen aus. Erst jetzt merkte der Arzt, was sich hinter seinem Rücken zugetragen hatte, entriss dem Trottel unter wüsten Beschimpfungen die Pinzette, die den Wattebausch hielt, und schleuderte sie in die Ecke. Schnell mischte Dr. Tudose eine Permanganatlösung, mit welcher ich die Mundhöhle, die eine einzige Wunde war, spülte. Freilich war nicht mehr zu verhindern, dass sich überall die Haut löste und ich für die nächsten Tage auf ausschließlich flüssige Nahrung angewiesen war. Der Arzt, dem der ganze Vorfall peinlich war, schrieb mich krank und gestand mir später, dass er nur knapp davor gewesen sei, dem ehrgeizigen Sanitätsgehilfen eine Ohrfeige zu verpassen.

Glücklicherweise ist bei dem eifrigen Sanitäter nach meiner Behandlung die Bereitschaft, „mitzumischen", etwas abgeflaut, und er zeigte sich nur noch gelegentlich im Behandlungszimmer, vermutlich um den Doktor – der ja nur ein Häftling war – die Hackordnung nicht vergessen zu lassen. Trotzdem schaffte er es auch noch später, Stoff für Anekdoten zu liefern, etwa als er den Arzt fragte: „Sag mal, wie viele Jahre hast du eigentlich gelernt, um Doktor zu werden?“ Dr. Tudose antwortete: „Dazu benötigte ich vier Jahre auf der Grundschule, acht Jahre Mittelschule und noch sechs Jahre Hochschule.“ Erstaunt begann der „Sani“, die Schuljahre zu addieren, und als er auf insgesamt 18 Jahre gekommen war, meinte er: „Mensch, da musst du aber recht dumm gewesen sein, denn mir haben sechs Klassen in der Schule und noch fünf Wochen Sanitätsausbildung bei der Armee gereicht, um als ‚Mediziner‘ arbeiten zu können.“ „Ja, so ist es, manche kommen klüger zur Welt, andere dümmer“, meinte Dr. Tudose lakonisch.

Dass unsere durch die schlechte medizinische Versorgung mit verursachten Lebensumstände auch zu einem tragischen Ende führen konnten, bewies anschaulich der Fall jenes jungen Häftlings, der im Frühsommer 1955 an Gelbsucht erkrankte. Strenge Diät und die wenigen Medikamente, die zur Verfügung standen, hatten seinen Zustand eigentlich schon so weit gebessert, dass er als „über den Berg“ galt, das Quarantänezimmer verlassen durfte und kleine Hilfsdienste auf der Krankenstation verrichtete. Als er dann ein Lebensmittelpaket von daheim zugeschickt bekam, wurde er vom Arzt eindringlich ermahnt, nichts von den erhaltenen Fleisch- und Wurstwaren zu essen, und verschenkte diese daher schweren Herzens an andere Häftlinge. Nur von einer Fleischkonserve wollte er sich nicht trennen und dachte, es könne nicht so schlimm sein, wenn er davon jeden Tag ein paar Happen essen würde. Doch schon die erste kleine Mahlzeit war zu viel für seine angeschlagene Gesundheit. Als ihm schlecht wurde und man Dr. Tudose kommen ließ, verabreichte dieser ihm zwar noch ein Brechmittel, aber es war schon zu spät. Es ging dem Häftling von Stunde zu Stunde schlechter, und nach drei Tagen verstarb er im Krankenhaus von Baia Mare, wohin man ihn zuletzt gebracht hatte. Zurück blieb das ebenfalls im Paket gewesene Foto seiner Frau, das er noch stolz gezeigt hatte. Nach nur wenigen Monaten wäre seine Haft zu Ende gewesen.

Bald nach meiner ungewollten „Nachtwanderung“ unter Tage hörten wir von einer riesigen Geode, die bei einer Sprengung im „Gheorghe“ erschlossen worden war. Cercel, der extra ins Bergwerk gekommen war, um das Wunder zu sehen, brachte uns die Nachricht und dazu noch einige Äpfel und Grüße von Ionica. Herr Dimitriu und ich gingen daraufhin gleich mit ihm hinüber in den „Gheorghe“. Als Hauer trachteten wir, insbesondere während der Nachtschicht unser Soll schnellstmöglich zu erfüllen, um anschließend noch ein bis zwei Stunden zur freien

Verfügung zu haben, die zumeist für ein Nickerchen genutzt wurden. Die meisten Hauer hatten daher in der Nähe ihres Arbeitsplatzes an einer trockenen Stelle eine Holzbohle von entsprechender Länge und Breite liegen, die als Ruhebank genutzt wurde. Die Bedenken mancher, die meinten, dass Schlafen unter Tage sei schädlich, weil die giftigen Gase dann besonders intensiv eingeatmet würden, wurden geflissentlich ignoriert. Jedenfalls hatten wir beim Auftauchen von Cercel unser Soll auch schon erfüllt und konnten daher bedenkenlos mit ihm losziehen. Die Geode, also der entdeckte Hohlraum, war linsenförmig und so groß, dass man hineingehen konnte. In ihrem unteren Bereich lag zwar noch das gesprengte Erz, man konnte darauf aber ohne Weiteres stehen. Der Durchmesser der „Linse" dürfte etwa 12 bis 15 Meter betragen haben. Ihre raue Oberfläche bestand aus winzigen Quarzkristallen, die ihr einen matt schimmernden Glanz verliehen. Die Grundfläche des Hohlraums schimmerte in verschiedenen hellen Farben von Gelb über Braun bis Grün, mit weichen Übergängen zwischen den verschiedenen Farbzonen. Aus dieser Fläche ragten unzählige Kristalle verschiedener Art, Farbe und Größe einzeln, aber auch in Gruppen hervor. Als wir ankamen, waren zwei zivile Mineralogen gerade dabei, eine große Platte mit Kristallen herauszuhacken und mitzunehmen. Nach einigen Minuten des Staunens machten wir uns dann aber wieder auf den Weg zu unserem Arbeitsplatz, weil das Gerücht umging, der gefürchtete Feldwebel Seremet sei im Bergwerk unterwegs. Dem wollten wir nicht begegnen, und zudem wollten wir auch Cercel – er war ja Zivilist – nicht durch unsere Gegenwart kompromittieren.

Denn trotz aller Liberalisierung im Strafvollzug waren nach wie vor noch genug „harte Hunde" unterwegs, mit denen als Häftling nicht gut Kirschen essen war. Anschaulich bewies dies der Fall des jungen Nicolae Tabacaru, eines wegen versuchten Grenzübertritts verurteilten Schülers, dem der Feldwebel Seremet mit seinem Geologenhammer den Bergmannshelm durchschlagen hatte. Die Spitze des Hammers drang in den Schädel des Jungen ein und verursachte einen schweren geistigen Schaden, von dem sich dieser nie wieder erholen sollte. Er benahm sich fortan wie ein kleines Kind und war nicht mehr arbeitsfähig. Weil die Verwaltung den Fall jedoch vertuschen wollte, wurde er auch nicht verlegt, sonder blieb weiterhin in einem Gemeinschaftszimmer mit den Arbeitenden. Der orthodoxe Priester Milea kümmerte sich in seiner Freizeit jahrelang um den jungen Rumänen, dessen Schicksal untrennbar mit dem Lager Cavnic verbunden blieb.

Auf dem Rückweg zu unserem Arbeitsplatz kamen wir durch den Abschnitt, in dem es häufig zu Bergschlägen kam. Die Förderarbeiter, die hier tätig waren, hatten es ausschließlich mit sehr hartem Gestein zu tun, dem nur mit sogenannten Widia-Bohrmeißeln beizukommen war. Ich hatte es erlebt, wie einmal während eines Gesprächs einer der dort tätigen Arbeiter von der Wand wegsprang, an der er gerade noch gestanden hatte, und sich ans Ohr griff. Als er die Hand wegzog, stellten wir überrascht fest, dass in seiner Ohrmuschel eine rasiermesserscharfe Scheibe aus wunderschönem rosafarbenen Porphyr steckte. Der kleine Bergschlag, der für die Verletzung ursächlich war, hatte sich ansonsten nur durch ein leises „Zack" bemerkbar gemacht. Die Arbeiter bestätigten uns, dass es hier zu derlei Bergschlägen häufig kam, wobei sich die Verletzungen glücklicherweise in Grenzen hielten, weil die Gesteinsabsplitterungen klein waren. Unheimlich genug hingegen waren oft die Geräusche, die durch die Verschiebung der Gesteine entstanden. Typisch war ein Knirschen, Ächzen oder Knacken und auch die Tatsache, dass die Richtung, aus der das Geräusch kam, nie genau zu bestimmen war. Obwohl ein jeder wusste, dass diese Geräusche eigentlich keine Gefahr ankündigten, waren sie dennoch unheimlich.

Zusätzlich erschwert wurde die Arbeit in diesem Abschnitt durch die außerordentlich hohe Säurekonzentration des Sickerwassers. Man musste dauernd gummierte Regenmäntel tragen, da jeder Wassertropfen, der die nackte Haut traf, zu Rötungen und Blasen führte, und natürlich waren die Augen immer besonders gefährdet. Hier waren auch die sonst üblichen Metallschienen nicht zu gebrauchen, weil sie durch das Liegen im schlammigen Wasser binnen weniger Tage derart von der Säure zerfressen waren, dass sie unter der Last der Loren einknickten. Daher bestanden die Gleise auf einer langen Strecke aus Eichenholz. Diese hielten immerhin bis zu zwei Monate.

Die Erzgänge, die in Cavnic abgebaut wurden, waren eine Mischung von sogenannten Buntmetallen. Bleierz in Form von Bleiglanz war vorherrschend. Mengenmäßig folgten Kupferkies (Chalkopyrit), Zink in Form von Zinkblende und Antimon in Form von Stibin. In kleineren Mengen gab es zusätzlich Zinnerz, Quecksilber, Wolfram, Silber und Gold. Insgesamt wurden 14 Metalle industriell ausgebeutet. Das reinste Bleierz gab es zu unserer Zeit in einem schmalen Seitenarm des Erzgangs „Josef". Dieser war zwar nur an wenigen Stellen über einen Meter breit, bestand aber zu 70 bis 80 Prozent aus reinem Bleiglanz. Die hier gewonnene Menge überstieg den Bleiabbau sämtlicher anderen Erzgänge.

Diese Zeit im Sommer 1955 war für Gefängnisverhältnisse eine gute. Zum Beispiel erhielten alle, die ihr Soll erfüllt hatten und nicht bestraft waren, Postkarten ausgehändigt, um damit von zu Hause Pakete zu verlangen. Auch Dietmar und ich gehörten zu den Glücklichen, die kurze Zeit später ein „Fresspaket" in Händen hielten. Am meisten freuten mich das Milchpulver und die Schokolade. Bald darauf durften einige erneut nach Hause schreiben und Angehörige zu einer Sprechstunde einladen. Wir waren allerdings diesmal nicht dabei. Weshalb nicht, wurde mir kurze Zeit später eröffnet, wobei auch eindrucksvoll klargestellt wurde, dass die „Liberalisierung" des sozialistischen Strafvollzugs ihre Grenzen hatte. Und zwar wurden an einem der folgenden Sonntage etwa vierzig Leute zum Politoffizier befohlen, was regelmäßig gemacht wurde, um einen oder mehrere „Zinker" unter den Häftlingen zu befragen. Die anderen wurden nur zum Zwecke der Tarnung vorgeladen, um die anderen Häftlinge den oder die Verräter nicht erkennen zu lassen. Die Häftlinge blieben alle ungefähr gleich lange im Büro des Politruks, und als ich an der Reihe war, fragte der Offizier nach Belanglosigkeiten, etwa wie es bei der Arbeit so ginge und nach meiner Gesundheit. Dann folgte die scheinheilige Frage, ob ich auch ein Paket erhalten hätte (als ob er es nicht gewusst hätte), und, als ich bejahte, ob ich auch eine Karte für eine Sprechstunde bekommen hatte. Letzteres verneinte ich und fügte hinzu, dass er das doch wissen müsse. Darauf schrie er mich an: „Du warst und bist ein Bandit! Ich habe dir eine Karte für ein Paket gegeben, denn sonst arbeitest du nicht. Aber für eine Sprechstunde kriegst du, solange ich lebe, keine Karte, denn du bist ein Bandit und du bleibst ein Bandit. Deine Knochen werden hier vermodern." Jetzt konnte auch ich bestätigen, was andere Häftlinge schon zuvor gesagt hatten: Besagter Politoffizier war ein echter Mistkerl.

1. Mai

Zu Ehren des 1. Mai, des Internationalen Tages der Arbeit, wurden alle Jahre wieder landesweit sogenannte sozialistische Wettbewerbe organisiert und dabei auch nicht vergessen, die zahlreichen Häftlinge des Gulags „freiwillig" mitmachen zu lassen. Bei uns in Cavnic misslang der Versuch allerdings kläglich, weil wir uns schlicht und einfach verweigerten. Auch bei den Zivilbergleuten, die zu jener Zeit schon genügend Gelegenheit gehabt hatten, den Unterschied zwischen Theorie und Praxis des real existierenden Sozialismus festzustellen, klappte es mit der Motivation eher schlecht als recht. Trotzdem gelang es, aus den Reihen der Zivilen einen „Einzelkämpfer“ zu rekrutieren, der durch eine besondere Arbeitsleistung ein Zeichen setzen sollte. Und zwar sollte er innerhalb eines Monats fünf Aufbrüche für Rollenschächte aus dem „Ramura Josif“ in den darüber liegenden Abbau erstellen. Dies war ein großes Vorhaben, wenn man bedenkt, dass bereits die Erstellung eines einzigen solchen Rollenschachtes ungefähr der monatlichen Arbeitsleistung eines Hauers samt Gehilfen entsprach. Der für die Heldentat Auserkorene, der sicher auch Parteigenosse war, wurde also in unser Revier gebracht und nahm seine Arbeit auf, wobei freilich peinlich genau darauf geachtet wurde, ihn vor den Augen seiner neugierigen Kollegen abzuschirmen. Wie zu erwarten, gelang dem „Stachanovisten“ das große Werk: Die übliche Arbeitsnorm wurde um 500 Prozent überboten und der bestehende Rekord gebrochen. Der Mann wurde zu einem „Helden der sozialistischen Arbeit“, kassierte eine Geldprämie und wurde zudem in den Medien lobend erwähnt. Was natürlich verschwiegen wurde, war die Tatsache, dass die ganze Angelegenheit ein Riesenschwindel war.

Das konnten wir feststellen, kurz nachdem man uns wie immer zum Monatsanfang im Speisesaal den Arbeitsplan für die folgenden vier Wochen mitteilte und Herr Dimitriu und ich in den „Ramura Josif“ verlegt wurden. Genaueres, hieß es bei der Besprechung, sollten wir dann vor Ort erfahren. An unserer neuen Wirkungsstätte wurden wir dann vom Reviersteiger darüber informiert, dass wir die vom „Helden der Arbeit“ gefertigten Schächte zu „korrigieren“ hätten, wozu uns ein ganzer Monat eingeräumt wurde. Tatsächlich waren diese quadratischen Schächte, die einen Durchmesser von durchgehend einem Meter haben sollten, nach oben hin immer enger und maßen an der Durchbruchsstelle nur noch etwa 20 Zentimeter. Nun sollten wir die Schächte vorschriftsmäßig erweitern und herrichten.

Es wäre grundsätzlich eine lösbare Aufgabe für uns gewesen, wenn wir es nicht ausgerechnet in diesem Abschnitt mit geradezu höllischen Temperaturen zu tun gehabt hätten. Es war uns schon beim Empfang durch den Steiger aufgefallen, dass Bedingungen wie in einem Dampfbad herrschten und man durch den Dunst keine zwei Meter weit sehen konnte. Hitze und Dampf wurden durch eine gleich am Anfang der Abzweigung gelegene Wasserader hervorgerufen, bei welcher, wie man uns sagte, die Geologen eine Wärme von 42 Grad gemessen hatten. Hinzu kam, dass das ganze Hauwerk unseres heldenhaften Vorgängers noch auf dem Boden lag und das Abfließen des Wassers verhinderte, was wiederum die Luft zusätzlich erhitzte. Selbstverständlich wurde uns verboten, über unsere „Korrekturarbeiten“ mit irgendjemandem zu sprechen, was natürlich totaler Quatsch war, denn schließlich sahen uns täglich mindesten ein Dutzend unserer Leidensgenossen bei der dortigen Arbeit und alle wussten, dass es hier um die Verschleierung des „Stachanovisten-Schwindels“ ging.

Als wir im knietiefen warmen Wasser stehend und vom Dampf umhüllt mit unserer Arbeit loslegten, blieb uns schon nach kurzer Zeit die Luft weg, und wir konnten uns nicht vorstellen, das uns gesteckte Ziel jemals zu erreichen. Aber mit der Zeit gewöhnten sich unsere Körper an die ungewöhnlichen Bedingungen, und nachdem wir uns einen zweiten Wasseranschluss hatten montieren lassen, mittels dessen wir uns abwechselnd mit kaltem Wasser besprühen konnten, und auch ausreichend viele Pausen einlegten, die wir draußen im „Josif“ verbrachten, wo es mit etwa 25 Grad angenehm kühl war, ging es immer besser voran. Trotz der anfänglichen Bedenken schafften wir die Arbeit zur Zufriedenheit der Bergwerksverwaltung und wurden mit einer höheren Qualifikationskategorie belohnt, was einen zukünftig höheren Stundenlohn zur Folge hatte. Die Verwaltung hatte sich in diesem Fall recht anständig gezeigt.

Auch in anderen Fällen wurden von der Verwaltung Zusagen gemacht, die einen Mehraufwand rechtfertigten, etwa als man uns um den 20. Juni herum aufforderte, unseren Vortrieb zu forcieren, weil der Gegenvortrieb nur noch etwa vier Meter entfernt sein dürfte, und uns zugleich in Aussicht stellte, ab dem erfolgten Durchbruch bis zum ersten Juli Urlaub zu kriegen. Das waren Versprechungen, die regelmäßig gehalten wurden, weshalb wir uns sogleich ins Zeug legten. Die uns entgegenkommenden Hauer waren wie wir der Meinung, dass das Ziel bis etwa zum 27. Juni geschafft sein müsste. Leider verhärtete sich das Gestein jedoch zusehends, und als wir endlich durch waren, blieb uns nur noch ein freier Tag. Bei Zusagen der geschilderten Art wurde von der Verwaltung übrigens auch nicht „getrickst“, die versprochenen „Urlaubstage“ standen einem tatsächlich zur freien Verfügung und man wurde nicht wie sonst gelegentlich zu irgendeiner Corvoada herangezogen.

Von diesen Ausnahmen abgesehen blieb ich jedoch grundsätzlich der Meinung, dass es in unserer Situation unvernünftig wäre, mehr zu leisten als unbedingt notwendig. Ich hielt die vielen Versprechungen, die man uns immer wieder machte, darunter insbesondere jene, dass Disziplin und Aufrichtigkeit gegenüber der Verwaltung zusammen mit Arbeitsfleiß mit einer Strafminderung belohnt würden, für eine ausgemachte Lüge. Tatsächlich ist mir auch später nie auch nur ein Fall eines politischen Häftlings bekannt geworden, bei welchem diese Art der Belohnung angewandt worden wäre. Auch dem leichten Drängen des Herrn Dimitriu, mit dem ich ansonsten prima klarkam, der sich aber durch eine zur Schau getragene neue politische Einstellung gerne rehabilitiert hätte, wusste ich zu widerstehen und sagte ihm klipp und klar, dass ich nur so viel zu arbeiten bereit war, wie zur Vermeidung von Schikanen notwendig war. Denn, fügte ich hinzu, ich wolle das Regime überleben. Er respektierte meine Haltung, ohne mir je Vorwürfe zu machen. Leider sollte ihm sein guter Wille nicht zum Vorteil gereichen, denn wie viele andere wurde auch er ein Opfer des Gulags.

Dass der Versuch, aus propagandistischen Gründen irgendwelche „Heldentaten" zu vollbringen, bisweilen auch zu einem tragischen Ende führen konnte, wurde ebenfalls in Cavnic eindrucksvoll unter Beweis gestellt, als nämlich die zivilen Angestellten des Bergwerkskombinats, die üblicherweise nicht unter Tage arbeiteten, also die Ingenieure, Buchhalter und Handwerker, aufgerufen wurden, anlässlich des Internationalen Tages der Arbeit eine Sonderschicht im Bergwerk zu schieben. Natürlich wurde dieser Aufruf auch diesmal, wie die Presse zu berichten wusste, „freudig begrüßt", und mehrere Parteigenossen versprachen, die Vorgaben zu überbieten. Der Genosse Chefingenieur, der anscheinend ein ganz besonderes Zeichen setzen wollte, brachte daher am letzten Sonntag vor dem 1. Mai, als die „Helden der Arbeit" einfuhren, auch seinen 18 Jahre alten Sohn mit. Damit dieser sich aber nicht etwa überanstrenge oder ihm etwas zustoße, bat der Vater einen Lokomotivführer, der die Loren aus dem „Ferdinand" hinausfuhr, den Jungen als Mitfahrer in den Führerstand zu nehmen. Der Sonderarbeitstag ging bereits seinem Ende entgegen, als sie in einem Abschnitt des Stollens, der breiter war als üblich, darauf warteten, dass die letzten Loren angekoppelt wurden. Um eine Zeit guckten beide, jeder auf seiner Seite, aus dem Führerstand nach hinten und beugten sich hierzu, da die Breite des Stollens dies hier zuließ, nach draußen. Als der Lokführer sah, dass die letzte Lore angekoppelt war, fuhr er an und blickte erst dann in Fahrtrichtung, um mit Entsetzen festzustellen, dass sein junger Mitfahrer zwischen Lok und die sich verengende Stollenwand geraten war und soeben verschwand. Die sofortige Notbremsung konnte nicht verhindern, dass der Zug wegen seiner Trägheit noch einige Meter weiterrollte. Dies wurde dem Jungen zum Verhängnis, der auf einer Länge von etwa fünf Metern buchstäblich an die Wand geschmiert wurde. Als wir am Montag einfuhren, war der Fall kriminaltechnisch noch nicht untersucht, und wir konnten die grausigen Spuren des Unfalls sehen. An der rauen, aus Steinquadern gebauten Wand hingen Kleiderfetzen und Haare, am Boden darunter war eine große Blutlache. Ein verstört dreinblickender Milizmann hielt neben einem Blumenstrauß Wache. Ein weiteres Menschenleben war auf dem Altar des Kommunismus sinnlos geopfert worden, weil man aus albernen Prestigegründen Leute zu Arbeiten herangezogen hatte, für die sie gar nicht ausgebildet waren.

Unfall

Im hinteren Bereich der Abzweigung arbeitete zu jener Zeit ein Hauergespann, gebildet aus einem älteren Häftling, den ich flüchtig kannte, und seinem jungen Gehilfen, der als Zeuge Jehovas einsaß. Zu Beginn ihrer Nachtschicht fiel dem Älteren – wie er später sagte – auf, dass sich die Oberfläche des Hauwerks im Vergleich zum Vortag kaum verändert hatte, er machte sich darüber jedoch keine weiteren Gedanken und sie nahmen ihre Arbeit auf. Alles lief zunächst glatt, bis der Alte plötzlich merkte, wie der Boden, bestehend aus dem abgebauten Hauwerk, unter seinen Füssen nachgab und wegzusacken begann. Er war geistesgegenwärtig genug, noch schnell zur Seite zu springen, musste jedoch mit ansehen, wie sein junger Mitarbeiter innerhalb von Sekunden im Geröll versank. Noch bevor er dessen Hand fassen konnte, die als Letztes aus dem sich auftuenden Trichter herausragte, war dieser vollständig verschwunden. Dass er den Mann allein nicht würde retten können, wurde ihm auch schnell klar, und so gab er eiligst beim Füllort Alarm, was die größte Rettungsaktion dieser Art auslöste, die ich im Bergwerk erlebte. Der Reviersteiger befahl sofort dutzende Leute zum Unfallort. Die Lagerverwaltung wurde verständigt und auch Dr. Tudose wurde sofort eingefahren. Oben neben dem Förderturm bezog ein Rettungswagen des Kombinats Wartestellung. Am Unfallort selbst konnten die vielen Helfer wegen der Enge des Raumes leider nicht gleichzeitig eingesetzt werden. Es arbeiteten daher immer nur zwei Mann in dem entstandenen Trichter, und die wurden schon nach kurzer Zeit von den hinter ihnen anstehenden Kollegen abgelöst. In fieberhafter Eile wurden die größeren Erzbrocken nach hinten gereicht und die kleineren zur Seite weggeschaufelt. Zwischenzeitlich war auch zu erkennen, wie es zu dem Unglück gekommen war. Beim Ablassen des Hauwerks mussten sich größere Brocken ineinander verkeilt und damit verhindert haben, dass der Rest abfloss. Es hatte sich dadurch ein großer Hohlraum gebildet, der vermutlich durch die Erschütterungen des erneuten Bohrens plötzlich eingestürzt war und den jungen Mann verschüttet hatte.

Mit der Zeit wurde klar, dass trotz der verbissenen Entschlossenheit der Männer keine sofortige Hilfe möglich war. Um das immer wieder in den Trichter nachrutschende Hauwerk abzusichern, mussten Zimmerleute Verschalungen anbringen. Währenddessen schufteten die Leute, die vorne im Einsatz waren, ununterbrochen mit ihren Schaufeln oder, wenn es die Enge notwendig machte, mit ihren bloßen Händen weiter, während sie von hinten wegen der großen Hitze mit Wasser besprüht werden mussten. Nachdem sich kein Erfolg abzeichnen wollte, sondern vielmehr das Geröll immer weiter nachrutschte, meinte der zwischenzeitlich ebenfalls eingetroffene Bergbauingenieur, der zusammen mit mehreren Leuten von der Kombinatsleitung und unserem Lagerkommandanten vor Ort eingetroffen war, dass die ganze Aktion ohnehin sinnlos sei, weil der verschüttete Mann längst tot sein müsse. Als sein Kollege allerdings auch noch riet, man solle einfach das ganze Hauwerk ablassen, dann würde der Verschollene, der bereits jetzt erstickt oder zerquetscht sein müsse, ja zum Vorschein kommen, löste dies einen wahren Sturm der Entrüstung aus. Die Häftlinge beschimpften und bedrohten die beiden Zyniker solcherart, dass diese buchstäblich die Flucht ergriffen und das Bergwerk verließen.

Der dabeistehende Lagerkommandant sagte zu dem ganzen Vorfall nichts, sondern beobachtete interessiert die Arbeit der Retter und lobte die abgelösten müden Leute für den gezeigten Einsatz. Als man nach etwa drei Stunden von dem Verschütteten immer noch nichts sah, schwand die Hoffnung, ihn noch lebend zu finden, mehr und mehr. Selbst Dr. Tudose war der Meinung, dass es keine realistische Chance für den Mann mehr gebe, spornten die anwesenden Leute jedoch trotzdem an, weiterzumachen. Und tatsächlich, nach etwa einer weiteren Stunde harter Arbeit tauchte die Schulter des Mannes zwischen den Steinen auf. Er lag in enger Hockstellung auf der rechten Seite, mit den Händen vor dem Gesicht, völlig leblos. Der Arzt konnte aber noch ganz schwache Herztöne vernehmen. Ohne Zweifel, der Mann hatte sich auf der Schwelle des Todes befunden. Knochenbrüche schien er nicht erlitten zu haben. Er blutete zwar aus vielen Schürfwunden, die aber nicht lebensbedrohlich waren. Nach der ersten Untersuchung und einer Spritze, die ihm Dr. Tudose noch am Unfallort gab, wurde er nach draußen befördert und anschließend zur weiteren Behandlung ins Krankenhaus nach Baia Mare gefahren. Dort erwachte er nach zwei Tagen aus seiner tiefen Bewusstlosigkeit und erholte sich auch schnell von der schweren Gasvergiftung, die vom Einatmen der Dynamitreste im Hauwerk herrührte. Sein Überleben war ein Wunder, Dr. Tudose nannte ihn fortan „der Mann mit dem Herz eines Ochsen".

Liberalisierung

Als weiteres Indiz einer sich anbahnenden Entspannung konnte der Umstand gewertet werden, dass ab Sommer 1955 ein Oberleutnant der Feuerwehr zum neuen Lagerkommandanten ernannt wurde. Es war zwar bekannt, dass die Feuerwehr ebenso wie etwa die Securitate dem Innenministerium unterstand, trotzdem wäre eine solche Stellenbesetzung früher nicht denkbar gewesen. Auch sonst war eine weitere leichte Liberalisierung im Strafvollzug nicht zu übersehen. Immer mehr Leuten wurde gestattet, Pakete von zu Hause anzufordern, und auch die Zahl der genehmigten Besuche nahm zu. Was Letzteres angeht, waren Dietmar und ich leider nach wie vor nicht unter den Privilegierten. Der Halunke von Politoffizier war offensichtlich entschlossen, das mir gegebene „Versprechen" zu halten und auch Dietmar einzubeziehen. In unserer Freizeit ließ man die Barackentüren länger offen und gab uns so Gelegenheit, häufiger Freunde aus anderen Gebäuden zu sprechen. Übrigens kamen über die verstärkt eingehenden Pakete auch häufiger auswärtige Nachrichten in Form von Kassibern ins Lager. Auf die Initiative Dr. Tudoses ging es zurück, dass man uns zudem häufiger als früher gestattete, uns im Freien aufzuhalten. Der Arzt hatte die Lagerleitung darauf aufmerksam gemacht, dass das wirksamste Mittel gegen den Hautpilz, an dem alle litten, die unter Tage arbeiteten, der Aufenthalt an der frischen Luft und besonders in der Sonne war. Tatsächlich hatte der Hautpilzbefall nach dem letzten Winter stark zugenommen, die meisten Häftlinge waren an den Zehen und an der Innenseite der Schenkel betroffen. Ganz schlimme Fälle waren jene, wenn auch der Hodensack befallen war. Die Salben, die der Arzt uns zur Verfügung stellen konnte, taugten nicht viel. Das beste Mittel, das bestätigten uns auch die zivilen Bergleute immer wieder, war ein Sonnenbad, da trat tatsächlich schon nach einer Stunde eine merkliche Besserung ein. Daher lagen wir, sooft es nur möglich war, an den sonnigen Plätzen des Lagers und ließen uns von der Sonne verwöhnen. Auch die zivilen Bergleute, die sich früher von dem Verbot, mit uns über anderes als das für die Arbeit unbedingt Notwendige zu sprechen, hatten beeindrucken lassen, waren jetzt kontaktfreudiger und häufiger bereit, uns mit Zeitungen zu versorgen. Zeitungen, die wir zumeist mit besonderen Mineralien, die außerhalb des Bergwerks leicht zu Geld gemacht werden konnten, „bezahlten". Die früher üblich gewesene mehrtägige Isolierung der „gefährlichen" Häftlinge vor den Feiertagen am 1. Mai und 23. August wurde – dies allerdings zu unserem Leidwesen – ebenso nicht mehr praktiziert wie die Karzerstrafe, obwohl die entsprechenden Kästen nach wie vor in der nordöstlichen Ecke des Lagers aufgebaut waren. Dass die Neuzugänge nach Cavnic in jener Zeit auch seltener wurden, war zwar nicht zu übersehen, über die Gründe hierfür konnten wir jedoch nur spekulieren. Tatsache war, dass insgesamt die Häufigkeit der Verhaftungen im Lande zurückging, was sich natürlich auch auf die Zahl der Gefangenen auszuwirken begann, dass per neu erlassener Dekrete aber auch viele Leute, die nur wegen illegalen Grenzübertritts, wegen der Mitgliedschaft in religiösen Sekten oder wegen kleiner Wirtschaftsvergehen, die früher noch als Sabotage ausgelegt worden waren, einsaßen, wieder auf freien Fuß gesetzt wurden. Und dann wirkte sich natürlich auch der Umstand aus, dass sich unter den überall im Land noch eingesperrten „alten" Häftlingen immer weniger arbeitsfähige Leute finden ließen.

Da mich das bereits geschilderte Problem der uns fehlenden Feuerzeuge nach wie vor beschäftigte, hielt ich mich des Öfteren in der unter Tage betriebenen kleinen Werkstatt auf, weil ich hoffte, vielleicht dort etwas Hilfreiches zusammenbasteln zu können. In besagter Werkstatt arbeiteten bereits seit dem Jahre 1952 die beiden Ingenieure Cernatescu und Georgescu-Topusloau. Von ihnen erfuhr ich weitere Details über die Gründe des Scheiterns des gigantischen Donau-Schwarzmeer-Kanal-Projekts, über dessen Ende ich ja bereits in Gherla von jenen sonnengebräunten Häftlingen gehört hatte, die eines Tages dorthin gebracht worden waren. Gheorghe Georgescu-Topuslau war der ehemalige Besitzer einer Metallwarenfabrik in Kronstadt, welche während des Krieges Flugzeugbestandteile für das IAR-Werk herstellte. Nach der Machtübernahme durch die Kommunisten enteignet wurde er zu Beginn der Arbeiten am „Kanal" dann in das Technische Büro der Projektleitung berufen und war dort fortan zusammen mit einem früheren Freund, dem Ingenieur Cernatescu, beschäftigt. Cernatescu und mehrere andere hatte die Securitate wegen deren Vergangenheit als Sympathisanten der Legionäre vor die Wahl gestellt, beim Projekt mitzumachen oder im Gefängnis zu landen. Als sich das ganze Unternehmen jedoch als gigantische finanzielle Fehlplanung erwies, die der rumänische Staat nicht mehr zu tragen vermochte, waren die Sündenböcke schnell unter den leitenden Ingenieuren gefunden. Man klagte sie als „Klassenfeinde" und „Saboteure" an und verhängte die Todesstrafe, die teilweise auch vollstreckt wurde. Die Strafen der beiden bei uns in Gherla tätigen Männer, die ursprünglich auch zum Tode verurteilt waren, wurden später in lebenslange Gefängnisstrafen umgewandelt. Herr Georgescu-Topusloau blieb mir wegen seiner großen Hilfsbereitschaft in guter Erinnerung.

Ende Juli 1955 kam mal wieder eine Inspektion nach Cavnic, die von einem kleinen, dafür aber sehr wohlgenährten Oberstleutnant angeführt wurde. Wie in solchen Fällen üblich mussten wir am Appellplatz antreten und hatten das zweifelhafte Vergnügen, uns die Ermahnungen und Belehrungen des Dicken anzuhören. Dem Zeitgeist entsprechend ermutigte er uns, möglichst viel zu arbeiten und dabei an den „Conditional" zu denken, also an jenes Sondergesetz, welches den Gefangenen bei guter Führung und bei besonderer Arbeitsleistung ein vorzeitiges Haftende in Aussicht stellte. Dieses Gesetz nahm zu jener Zeit allerdings kaum noch jemand ernst, weil es seit drei Jahren in Kraft war, ohne dass auch nur ein Häftling aus diesem Grunde entlassen worden wäre. Nachdem der Offizier auch nicht zu betonen vergaß, wie gut wir es doch mittlerweilen hätten, weil wir häufig nach Hause schreiben dürften, Pakete erhielten und Sprechstunden genehmigt bekämen, frage er uns, ob wir noch etwas zu melden hätten.

Mehrere Leute nutzten die Gelegenheit, um auf die schlechte Ausstattung mit Gummistiefeln und den Mangel an Feuerzeugen hinzuweisen oder zu beklagen, dass die uns als Vesper ausgehändigten Speck- oder Marmeladeportionen von Tag zu Tag kleiner würden. Gerade den Umstand, dass wir schon lange keine neuen Gummistiefel erhalten hatten und manche in Opanken, die praktisch keinen Schutz boten, oder in Schuhwerk, das ihnen von daheim geschickt worden war, arbeiten mussten, empfanden wir schon lange als Ärgernis. Der Dicke versprach in allen Punkten Abhilfe, nachdem er aber das „Stichwort" Marmelade gehört hatte, hob er zu einem grandiosen, nicht mehr enden wollenden Loblied auf dieses köstliche Nahrungsmittel an. Er trug in epischer Breite vor, wie Marmelade aus Obst und Zucker gemacht wird und unterstrich auch ausführlich deren ungeheuren Nährwert und Vitaminreichtum. Dieser unter den gegebenen Umständen etwas surreal anmutende Vortrag, der auf das offensichtlich bevorzugte Lebensmittel des Herrn Inspekteurs hindeutete und zugleich auch seine beachtliche Körperfülle erklärt habe dürfte, war der Grund, weshalb er für uns fortan nur noch der „Colonel Marmelada" war. Ein Jahr später erfuhren wir, dass dieser Komiker auch in den Lagern von Valea Nistrului und Baia Sprie sein Loblied über die Marmelade „gesungen" hatte, worauf ihm auch dort ähnliche Spitznamen verpasst wurden.

Auf die Anordnung „Marmeladas“ ging übrigens auch die Einrichtung unseres neuen „Klubraumes“ zurück, in welchen wir etwa zwei Wochen vor dem 23. August befohlen wurden. Als wir eintrafen, war vorerst nur ein Unteroffizier im Raum, der in irgendwelchen Papieren blätterte und uns kurz hieß, auf den langen Bänken und Stühlen Platz zu nehmen. Kurz darauf erschien dann auch der Lagerkommandant höchstpersönlich und begrüßte uns mit einem „Noroc bun!“ („Glück auf!“), dem traditionellen Bergmannsgruß. Ich dachte erst, nicht recht gehört zu haben, denn es war bis dahin noch nie vorgekommen, dass wir von einem Gefängniskommandanten begrüßt worden wären.

Der Grund seiner Freundlichkeit erschloss sich uns recht schnell, als er begann, vom bevorstehenden großen Feiertag des arbeitenden Volkes zu schwafeln, auf den sich angeblich schon alle freuten und zu dessen Ehren auch in diesem Jahr ein „sozialistischer Wettbewerb“ geplant sei, an welchem teilzunehmen alle Werktätigen aufgefordert seien. Und nachdem viele unter uns schon seit Jahren wie richtige Bergleute arbeiteten und ihre Pflicht (!) erfüllten, meinte die Partei, dass auch uns nicht das Recht vorenthalten sein sollte, uns an diesem edlen Wettstreit zu beteiligen. Er wollte daher, schloss der Kommandant, gerne unsere Meinung zu dieser großzügigen Geste hören. Dann richtete er die entsprechende Frage noch einmal ausdrücklich an den ihm am nächsten sitzenden Hauer. Der verneinte und fügte hinzu, dass er nach vier Jahren im Bergwerk so krank sei, dass er gerade noch das geforderte Soll erfüllen könne, mehr aber auch nicht. Auch alle anderen Hauer, die einzeln gefragt wurden, lehnten ab, zumeist mit der Begründung, zu krank für eine solche Sonderbelastung zu sein. Jeder Befragte wurde vom anwesenden Unteroffizier aufgeschrieben, wobei anscheinend nur kurz vermerkt wurde, dass der Gefragte nicht teilnehmen wolle. Was mich anging, so ging mir das ganze Theater allmählich auf den Geist, insbesondere die ausweichenden Begründungen vieler Häftlinge und das Herumdrucksen fand ich peinlich, daher sagte ich, als ich an der Reihe war: „Ich bin zu 25 Jahren Zwangsarbeit verurteilt worden, weil ich gegen den Kommunismus war. An meiner Einstellung hat sich nichts geändert. Also werde ich aus eigenem Antrieb zusätzlich nichts arbeiten oder gar an einem Wettbewerb teilnehmen.“ Ich wollte meine Begründung noch länger ausführen, doch der Oberleutnant, der bis dahin schweigend zugehört hatte, unterbrach mich mit den Worten: „Genug, genug, ich habe verstanden. Du kannst nicht. Setz dich.“ Nach mir wurde nur noch der Arzt Dr. Traian Tudose gefragt, der sich erhob und sagte: „Ich will mich kurzfassen, ich denke genau wie der Herr“, dabei zeigte er auf mich, „also nehme ich an keinerlei Wettbewerben teil." Der Oberleutnant, dem die ganze Sache ganz offensichtlich peinlich geworden war, meinte: „Nun gut, es war nur ein Vorschlag, niemand soll gezwungen werden. Ihr könnt jetzt gehen." Nach diesem Fiasko wurden die Hauer der B-Schicht zum Thema „Wettbewerb" gar nicht mehr gefragt. Diese von uns klar zum Ausdruck gebrachte Verweigerung wurde anschließend unter den Häftlingen lebhaft kommentiert und so mancher äußerte die Befürchtung, dass Schlimmes zu erwarten sei. Es sollte aber ganz anders kommen.

Und zwar arbeiteten wir noch bis zum 22. August normal weiter und kamen dann – erstmals während der Haft – in den Genuss der beiden arbeitsfreien Tage am 23. und 24. Es wurde uns gestattet, uns innerhalb des Lagers frei zu bewegen, für die damaligen Verhältnisse eine beachtliche Vergünstigung. Das dicke Ende kam freilich am nächsten Tag, dem 25. August, als wir immer noch nicht zur Arbeit mussten und uns stattdessen eröffnet wurde, dass wir verlegt würden. Diese Mitteilung war eine echte Überraschung. Wir behielten unsere bergmännische Ausrüstung, packten hurtig auch unsere private Habe, und schon ab Mittag desselben Tages fuhren die mit Häftlingen und Securitate-Soldaten beladenen Lkw durch das Lagertor. Kurz bevor ich den mit einer Plane bespannten Kraftwagen bestieg und rittlings auf einer der beiden langen Bänke Platz nahm, verabschiedete ich mich vorsichtshalber von Dietmar, denn es war nicht klar, ob wir an den selben Ort gebracht werden sollten. Als wir eingerahmt von zwei Geländewagen, die vor und hinter uns fuhren und zusätzliche Wachmannschaften transportierten, das Lagertor passierten, musste ich an die Höhen und Tiefen denken, die wir mit vielen anderen in den letzten 16 Monaten hier durchlebt hatten. Wir schieden von diesem Ort ohne Tränen, aber auch ohne Lachen, und waren gespannt auf die nächste Station unseres Leidensweges. Nach einer Fahrt von nur etwa 15 Kilometern hielt unsere Kolonne vor dem Tor des Lagers Baia Sprie, dem Hauptlager für politische Häftlinge im Bergbaurevier von Baia Mare. „Colonia de munca pentru brate speciale Baia Sprie", stand über dem großen Tor.

Die Bleimine von Baia Sprie

Baia Sprie war flächenmäßig ungefähr dreimal größer als Cavnic und bot etwa 1500 Häftlingen Platz. Auch hier breitete sich das Lager am Fuße eines Berges aus und bestand aus mehreren Terrassen in verschiedenen Höhenlagen. Der Appellplatz, umgeben von der Küche mit dem Speisesaal, zwei Wohnbaracken und dem Club, hatte eine Grundfläche von etwa 30 mal 40 Meter. Das Krankenrevier und die Wohnbaracken waren entlang der von uns sogenannten Straßen aufgereiht, die alle das Lager in Ost-West-Richtung durchquerten. Das Reviergebäude hatte früher, in besseren Zeiten, offensichtlich als Wohnhaus gedient, war in gediegener Bauart aus Backstein und Holz errichtet und sowohl außen als auch innen reichlich schnitzverziert. Das Dach des großen Vorbaus wurde von mächtigen, ebenfalls geschnitzten Holzsäulen getragen. Der am tiefsten liegende Weg des Lagers verlief parallel zur noch tiefer liegenden Hauptstraße des Ortes. Auf der gegenüberliegenden Seite der Dorfstraße reihten sich einige bescheidene Wohnhäuser aneinander. Zusammen mit Dietmar und anderen Neuankömmlingen wurde ich in eine Baracke eingewiesen, die in dem am tiefsten liegenden Hof stand. Als erstes fiel mir beim Einzug auf, dass auch hier die Baracken zur Dorfseite hin keine Fenster hatten.

Die spannendste Frage im Zusammenhang mit einer Verlegung innerhalb des Gulags war jene nach den Bekannten, Freunden oder den „Lotmitgliedern", die man möglicherweise wiedersehen würde. Gerade wenn man schon seit einigen Jahren das Lager- und Gefängnissystem durchwandert hatte, war die Wahrscheinlichkeit groß, dass man wieder auf alte Bekannte stieß, und zwar sowohl auf welche, bei denen man sich über ein Wiedersehen freute, als auch auf welche, die man am liebsten nie wieder hätte sehen wollen. Zur letzteren Sorte gehörte Ion, einer der Risti-Brüder, den wir damals in der Haftanstalt Temeschburg kennengelernt hatten. Der kleine Zigeuner, der unter anderem wegen Raubmordes einsaß, empfing uns freudestrahlend und erzählte auch gleich, dass sein Prozess in Kürze neu aufgerollt würde und er nun hoffe, „nur" wegen Totschlags verurteilt zu werden, was eine Strafzeitverkürzung auf unter zehn Jahre zur Folge hätte. Höflichkeitshalber wünschten wir dem alten Halunken natürlich viel Glück und empfahlen uns sodann.

Von Leuten, die wir bereits aus Gherla kannten, erfuhren wir nun auch Einzelheiten über Andreas' und Egon Hutzels Aufenthalt in Baia Sprie, wovon wir ansatzweise schon durch Jakob gehört hatten. Andreas' Rettung war der deutsche Lagerarzt Dr. Steinhausen, der beim Lagerkommandanten durchsetzte, dass unser infolge der Schussverletzung dauerhaft versehrter Kamerad nicht mehr unter Tage arbeiten musste. Über Dr. Steinhausen, einen Sathmar-Schwaben, haben wir dann auch in der Folgezeit nur Gutes gehört. Er gab sich große Mühe, kranke Häftlinge von der Arbeit entheben zu können oder ausreichend Arzneimittel für die Gefangenen zu beschaffen, was unter den gegebenen Umständen keine Kleinigkeit war. Rätselhaft blieb freilich, wie ein solcher Mensch

Securitate-Offizier werden konnte. Wir bedauerten, dass wir Andreas und Egon Hutzel nicht mehr hier antrafen, trösteten uns jedoch damit, dass sie wegen ihrer angeschlagenen Gesundheit im Gefängnis besser aufgehoben waren als in einem Arbeitslager, zumal – wie wir wussten – sich zwischenzeitlich auch in Gherla die Haftbedingungen gebessert hatten.

Jetzt erfuhren wir auch, dass das kleinste der mit Häftlingen betriebenen Bergwerke, Valea Nistrului, ebenso wie Cavnic als Lager aufgegeben worden war und man die letzten 180 Häftlinge ebenfalls nach hier gebracht hatte. Es herrschte ganz offensichtlich Mangel an Häftlingen für die Bergwerksarbeit, ein Umstand, der grundsätzlich positiv für uns war. Dem gerade bei uns, den politischen Häftlingen, immer sehr ausgeprägten „Nachrichtenhunger" wurde beim Eintreffen in Baia Sprie nichts grundlegend Neues geboten, doch bekamen wir von Häftlingen, die erst seit einigen Monaten einsaßen, zumindest weitere Einzelheiten über uns bereits bekannte Weltereignisse wie etwa das Ende des Koreakrieges zu hören. Auch in Baia Sprie funktionierten die Nachrichtenverbindungen zwischen den Zivilbergleuten und den Häftlingen recht gut und erleichterten uns die Überprüfung des Wahrheitsgehaltes einzelner Nachrichten dadurch, dass wir sie aus verschiedenen Quellen erhielten.

Mit viel Interesse verfolgten insbesondere die zahlreichen ehemaligen Offiziere die bekannt gewordene Wiederaufrüstung Westdeutschlands. Das Thema war umstritten, denn während die jüngeren Offiziere überwiegend deutschfreundlich eingestellt waren und primär die Chance sahen, die Welt vom Kommunismus zu befreien, gab es unter den älteren, den anglo- und frankophilen, viele, denen ein „Auferstehen der Wehrmacht" suspekt war. Die Häftlinge ungarischer Nationalität sahen die westdeutsche Aufrüstung überwiegend positiv. Aufsehenerregend waren auch die Nachrichten aus Ungarn, wo sich eine Abkehr vom stalinistischen System abzuzeichnen begann, was bereits in dem Flugblatt angedeutet worden war, das man uns in Cavnic zugespielt hatte. In Baia Sprie wusste man übrigens von den in der Gegend niedergegangenen Flugblättern, doch war keines davon bis ins Lager gelangt. Die für uns wichtigste, weil mit den größten Hoffnungen verbundene Nachricht war jedoch jene über die Genfer Gipfelkonferenz vom Juli 1955, bei welcher Einigung über eine „friedliche Koexistenz" der beiden großen Machtblöcke erzielt worden war, worin wir – irrigerweise, wie sich leider herausstellen sollte – die Chance auf ein Ende unserer Leidenszeit erblickten.

Auch hier gab es im Lager einen Klubraum samt einer Bücherei für die Häftlinge, in welchem ich später so manche Stunde verbringen sollte. Neben interessanten Zeitschriften wie „Ştiinţa şi Technica“ („Wissenschaft und Technik“) gab es Fachbücher über Bergbau, Geologie und Mineralogie, aber auch Schöngeistiges, allerdings alles nur in rumänischer Sprache. Überwiegend waren natürlich rumänische und russische Autoren vertreten, wie Sadoveanu, Gorki oder Turgeniew.

Baia Sprie ist ohne Zweifel ein sehr altes Bergwerk. Ob hier tatsächlich schon die Römer aktiv waren, wie es manche behaupteten, ist zwar nicht bewiesen, sicher ist dagegen, dass bereits im Mittelalter Bergbau betrieben wurde. Und zwar wurden ausschließlich die oberhalb der Talsohle gelegenen Erzgänge abgebaut, womit man sich das lästige Entwässern des Grubengebäudes ersparte. Geradezu ein Denkmal vormodernen Bergbaus ist der nach seinem Erbauer benannte Lüftungsschacht Ritterstein, den ich zusammen mit anderen Häftlingen im Winter 1955/56 besuchen sollte.

In der Nähe des Förderturmes war das Bad für die Zivilarbeiter und, abgetrennt, auch für die Häftlinge aufgebaut. Für uns, die Hauer, die nach einer Arbeitsschicht vom Maschinenöl und dem Erzschlamm unvorstellbar schmutzig waren, war dies fast schon die wichtigste Einrichtung, zumal auch immer genügend warmes Wasser vorhanden war. Oft musste nach Arbeitsende der gröbste Dreck schon unter Tage mit kaltem Wasser und einem Klumpen Lehm als Seifenersatz, eine von den „Zivilen“ abgeguckte, recht brauchbare Methode, abgerubbelt werden, bevor an der Oberfläche noch einmal gründlich geduscht wurde. Da auch an der Seife nicht gegeizt wurde – wir erhielten etwa 200 Gramm pro Mann und Tag –, wuschen wir bei dieser Gelegenheit zugleich unsere Wäsche.

Als wir nach Baia Sprie kamen, war die Umgebung des Förderturmes eine einzige Baustelle, weil auch an der Oberfläche mit einem großen Ausbau des gesamten Bergwerks begonnen worden war. Unter anderem wurde eine neue Erzaufbereitungsanlage mit einem Steinbrecher, einer Kugelmühle und einer Waschanlage errichtet. Beim neuen Steinbrecher, der noch nicht vollständig fertiggestellt und gesichert war, der aber trotzdem schon betrieben wurde, sollte es in den ersten Wochen zu einem tragischen Unfall kommen, als ein Bauarbeiter – es soll sich um einen Banater Schwaben gehandelt haben – in den Trichter stürzte. Der Unfall wurde zwar sofort bemerkt und der Motor umgehend gestoppt, doch die mächtigen Schwungräder der Maschine drehten sich noch längere Zeit weiter, bevor sie zum Stehen kamen. Was der hinzugezogene

Lagerarzt Dr. Romanescu anschließend vom Verunglückten noch vorfand, ist nicht zu beschreiben.

Wenn wir durch den Lagerzaun hindurch die Zivilbergleute nach deren Schichtende betrachteten, stellten wir immer wieder fest, dass sie äußerlich von uns, den Häftlingen, nicht zu unterscheiden waren. Die hageren Gestalten in ihrer rostverfärbten Schutzkleidung ausgerüstet mit den Helmen und Lampen hatten die gleiche, von Müdigkeit gebeugte Körperhaltung wie die Häftlinge. Abgerackerte Männer mit grauen, eingefallenen Gesichtern. Noch schlimmer erging es freilich den Frauen, die just in jener Zeit ebenfalls die Arbeit unter Tage quasi als „Bergfrauen" aufnehmen „durften". Tatsächlich wurde in der Propaganda jener Zeit immer wieder – und das im vollen Ernst – hervorgehoben, dass die Frauen als Ausdruck der nunmehr im Sozialismus durchgesetzten Gleichberechtigung ebenfalls im Bergwerk arbeiten dürften. Wenn diese jungen Frauen nach einer Nachtschicht in ihren verdreckten Kleidern und mit zotteligen, verklebten Haaren am Zaun entlangschlurften, schienen sie innerhalb von Stunden um Jahrzehnte gealtert zu sein. Auf unsere Frage, warum viele von ihnen barfuß liefen oder nur Opanken trugen, erklärte uns ein Steiger, dass ihnen die zur Verfügung gestellten Stiefel, die sie ebenso wie die restliche Ausrüstung hatten bezahlen müssen, zu kostbar für die Arbeit schienen und sie diese daher nur in ihrer Freizeit trugen. Dieses albtraumhafte Experiment des Einsatzes von Frauen unter Tage, welches von den Medien als „großartig" und „revolutionär" gepriesen worden war, dauerte etwa drei Jahre, bevor es sang- und klanglos wieder eingestellt wurde. Fortan durften Frauen nur noch an der Oberfläche eingesetzt werden. Wir debattierten in Häftlingskreisen später gelegentlich darüber, ob Auslöser für den unmenschlichen Versuch nur ideologische Verblendung war oder ob man womöglich den in der dortigen Bergbauregion damals vorhandenen Frauenüberschuss auf diese Weise zu „korrigieren" suchte. Tatsächlich gab es infolge der hohen Sterblichkeitsrate unter den Bergleuten unheimlich viele Witwen, die ihre Männer zum Teil um Jahrzehnte überlebten und wegen ihres Rentenanspruches eine Belastung darstellten. Es war also nicht so abwegig, zu vermuten, dass gezielt versucht worden war, auch ein paar Frauen sich „totarbeiten" zu lassen.

Auch für uns, die Cavnicer, die wir uns als erfahrene Bergleute fühlten, war Baia Sprie wegen seiner Größe und moderneren Ausstattung eine ganz andere „Hausnummer". Der Weg zum Förderschacht durch den Erbstollen war hier nur sehr kurz. Die stockhohen Förderkörbe ermöglichten, zwei Gruppen von je sechs Mann gleichzeitig zu transportieren, und beschleunigten dermaßen, dass man beim Abwärtsfahren fast zu schweben begann. Beim Ausfahren hingegen musste man sich an der über den Köpfen angebrachten Stange festhalten, um beim Abheben nicht in die Knie zu gehen. Während man in Cavnic die 100 Höhenmeter zwischen „Rainer" und „Ferdinand" in knapp einer Minute durchfuhr, dauerte in Baia Sprie eine Fahrt von 600 Höhenmetern bis zur Strecke 12 nicht viel mehr als zwei Minuten. Zusätzlich zu den stählernen Führungsschienen gab es links und rechts vom Korb zwei massive Holzbalken entlang der ganzen Fahrstrecke. Entlang dieser Holzschienen liefen an beiden Seiten des Korbes befestigte Bremsvorrichtungen, deren Krallen im Notfall den Korb abfangen sollten. Dass dies nicht immer klappte, erfuhren wir zu unserem Entsetzen schon bald nach unserer Ankunft von Professor Ion Avram, einem Hermannstädter, der uns von einer Beinahekatastrophe zu berichten wusste. Einige Wochen vor unserer Ankunft waren wohl wie üblich zwölf Mann, sechs unten und sechs oben, in den Förderkorb gestiegen und nach unten losgefahren. Die Abfahrt verlief noch planmäßig, doch dann begann der Korb ungewöhnlich schnell zu beschleunigen. Der anfängliche Schrecken steigerte sich zu einem unbeschreiblichen Entsetzen, als sie immer schneller zu stürzen begannen, ohne dass die Bremsen griffen. Einer brüllte, man müsse sich oben an der Haltestange festklammern, was auch alle taten. Einer begann gerade, ein Vaterunser zu beten, als ein furchtbarer Schlag den gesamten Förderkorb erschütterte und dieser plötzlich zum Stehen kam. Alle schrien entsetzt auf. Durch den gewaltigen Ruck konnte sich keiner mehr an den Stangen halten, und sie stürzten alle zu Boden. In dem engen Raum von etwa 120 mal 80 Zentimetern Fläche, in dem sechs Leute zu stehen hatten, verkeilten sie sich derart, dass keiner allein hochkam, umso mehr, als jeder von ihnen mehr oder weniger schwer verletzt war. Der Korb war irgendwo zwischen Strecke 11 und Strecke 12 zum Stehen gekommen, nachdem die Bremsen doch – gerade noch rechtzeitig – gegriffen hatten. Die jammernden und stöhnenden Kumpel wurden hier aus den Kabinen geholt, etliche hatten Knochenbrüche und zum Teil schwere Stauchungen. Die Fachleute stellten später fest, dass Bremse oder Kupplung einer Trommel der Fördermaschine versagt hatte. Wenn die Bremskrallen überhaupt nicht gegriffen hätten, wäre der Korb mit seiner ganzen Wucht erst auf dem Haltebalken zum Stehen gekommen, was mit großer Sicherheit den Tod aller Passagiere bedeutet hätte. Der Fehler war, so die offizielle Version, zwischenzeitlich gefunden und beseitigt, doch ein völliges Gefühl der Sicherheit wollte sich nicht mehr einstellen. Wir jedenfalls waren von der Aussicht, mit diesem Gefährt fortan täglich zweimal unterwegs zu sein, gar nicht angetan.

Der erste Auftrag, den mir Ingenieur Bujoi, der Chef des technischen Büros, erteilte, war der Vortrieb der Strecke 12. Als Gehilfen wies man mir Ilie Doroftei, einen jungen Mann aus Gura Humorului im Buchenland, zu. Er gehörte zum selben „Lot" wie Engelbert Hoffmann, den ich später in der Zarca kennenlernen sollte. Über Ilie konnte ich mich nicht beschweren, er hatte schon einige Erfahrung als Gehilfe gesammelt und war auch sonst ein guter Junge. Die Arbeitsstelle bereitete ebenfalls keine besonderen Probleme. Der Erzgang war hier etwa vier bis fünf Meter mächtig. Unser Vortrieb hatte das Profil von 2,2 mal 2,1 Metern in der klassischen Hufeisenform. Unsere Ausrüstung wie Bohrhammer, Hebesäule und Schläuche konnten wir bei Schichtende, wenn Sprengungen anstanden, in Breschen unterbringen, wodurch uns das weite Schleppen des schweren Geräts erspart blieb. Auch zum Vespern zogen wir uns in die Breschen zurück und machten es uns auf den von unseren Vorgängern errichteten Sitz- und Liegebohlen bequem. Gegen Ende der Nachtschichten, wenn die Arbeit getan war, machten wir auf den Bohlen unsere Schläfchen. Draußen im Stollen war es weniger gemütlich, denn es „regnete" fast überall. Zwar nicht stark, aber säurehaltige Wassertropfen auf dem Vesperbrot waren doch nicht nach unserem Geschmack. Natürlich freuten sich auch die Mäuse, wenn wir in die Bresche kamen, denn sie bekamen auch ihre Portionen vom Speck und dem Brot. Wegen der Mäuse hatten bereits unsere Vorgänger unter der Decke, also für die kleinen Nager unzugänglich, Eisenhacken befestigt, an denen auch wir unsere Brotbeutel hängten.

Als eines Tages eine kleine Gruppe von neuen Häftlingen eintraf, wurde der alte, bereits kranke Lampenwart durch einen der Neuankömmlinge abgelöst, um Baia Sprie mit einem der nächsten Krankentransporte zu verlassen. Seltsam war in diesem Zusammenhang nur, dass einer der Neuen es so ohne Weiteres geschafft hatte, diese privilegierte, da bequeme Stellung eines Lampenwarts zu ergattern. Das Rätsel löste sich recht bald, als sich herumsprach, dass es sich bei dem Neuen um einen ehemaligen Securitate-Offizier handelte, der sich aus Furcht vor den anderen Häftlingen geweigert hatte, unter Tage zu arbeiten. Hellhörig wurden vor allem meine ungarischen Kameraden, als bekannt wurde, dass der Kerl, vormals Oberleutnant, in Oradea Dienst getan hatte, also da, wo die meisten von ihnen in den Jahren 1949 und 1950 in Untersuchungshaft gesessen hatten.

An einem Sonntagnachmittag statteten daraufhin Gésa, Joska und zwei weitere junge Ungarn dem Mann einen „Besuch" ab. Als dieser sie sah, war ihm offensichtlich gleich klar, dass es sich hier nicht um Freunde handelte, und als Gésa ihm auch noch geradeheraus sagte, dass er ihn erkannt habe und mit ihm im Lampenhaus ein „Gespräch zu führen" beabsichtige, wurde er kreidebleich und beeilte sich zu betonen, dass er niemals einem politischen Häftling irgendein Leid angetan habe. Er sei, beteuerte er, damals in Oradea lediglich Chef des Waffendepots gewesen und hätte nichts mit den Verhören zu tun gehabt. Gésa wollte daraufhin wissen, ob er sich des Falles erinnere, in dem es drei Todesurteile gegeben hatte, und nannte die Namen seines Lot-Chefs und der beiden anderen hingerichteten Bauernburschen aus seinem Dorf. Der total verängstigte Kerl zitterte in Todesangst und sagte, dass er an der Hinrichtung nicht beteiligt gewesen sei, sondern lediglich auf Befehl des Obersten Zeller, des Securitate-Kommandanten von Oradea, Waffen und Munition hatte bereitstellen müssen, und zwar zwölf Maschinenpistolen und 600 Schuss Munition.

Als daraufhin Gésa wissen wollte, wozu eine solche Menge an Munition benötigt worden sei, schilderte der Securist den Fall wie folgt: Die geheime Hinrichtung hätte zugleich als Schießübung für Parteigenossen gedient. Es seien damals, sagte der schlotternde Kerl, zehn wichtige Parteigenossen aus der Stadt zur Geheimpolizei bestellt worden, wo man ihnen eröffnete, dass sie an einer nächtlichen Schießübung teilzunehmen hätten. Es wurden ihnen Waffen und Munition ausgehändigt, und man fuhr sie mit dem Bus in den Wald zu einem militärischen Schießstand. Den zehn Genossen, die, für Parteikader jener Zeit nicht unüblich, schon früher an Schießübungen teilgenommen hatten, wurde erklärt, dass die Übung solcherart ablaufen würde, dass sie bei Dunkelheit Schussbereitschaft herzustellen hätten, um dann beim Aufleuchten der Scheinwerfer auf die sichtbar werdenden Silhouetten das Feuer zu eröffnen. Alles verlief planmäßig, und als das Licht aufleuchtete, krachten die Schüsse der automatischen Waffen. Nachdem die Magazine leergeschossen waren, trat Oberst Zeller zu den Parteigenossen, beglückwünschte sie zu der bestandenen Schießübung und erklärte ihnen feierlich, dass ihnen heute die Ehre zuteilgeworden sei, drei gefährliche Reaktionäre hinzurichten. Anschließend mussten die verdutzten Genossen noch schriftliche Erklärungen unterzeichnen, in denen sie sich verpflichteten, über den gesamten Vorgang absolutes Stillschweigen zu wahren.

Wie mir Gésa später erzählte, war er trotz der mit dem kommunistischen System und seinen Vertretern bereits gemachten schlimmen

Erfahrungen erschüttert über dieses weitere Beispiel von Menschenverachtung, insbesondere von der Kaltblütigkeit, mit welcher das System nicht einmal davor zurückschreckte, die eigenen Genossen zu Mördern zu machen, um sie auf diese Art und Weise umso stärker an sich zu binden. Was Gésa und seine Begleiter anging, so verließen sie die Lămparie wieder, ohne dem Securitate-Mann etwas anzutun, weshalb ihr „Besuch" auch ohne weitere Folge blieb.

Unfälle

Schon nach den ersten Monaten in Baia Sprie mussten wir feststellen, dass es hier häufiger zu Unfällen kam als in Cavnic, was nur zum Teil damit erklären werden konnte, dass das hiesige Bergwerk größer war und wesentlich mehr Leute unter Tage eingesetzt waren. Unter anderem kam es in jener Zeit gegen Ende einer Nachtschicht beim Füllort der Sohle 12 fast zu einer gigantischen Katastrophe. Und zwar waren schon etwa 100 Häftlinge dort versammelt und warteten auf das Ende des laufenden Materialtransportes zur Sohle 13, um anschließend ausgefahren zu werden. Der Mann am Telefon, der mit den Männern im Erbstollen Verbindung halten sollte, verstand nun, dass der Materialtransport zur 13 beendet sei und man mit dem Ausfahren der Leute beginnen könne. Dies war jedoch ein folgenschwerer, der schlechten Tonqualität des Fernsprechers geschuldeter Fehler, denn die eigentliche Mitteilung sollte lauten, dass nun noch ein Materialtransport folge und anschließend das Ausfahren der Männer beginnen könne. Jedenfalls gab der Telefonist den Anwesenden das Zeichen, dass kein Materialtransport mehr käme, woraufhin diese die Schachtöffnung mittels der hierzu vorhandenen Haltebalken blockierten, um gleich darauf entsetzt zu merken, dass der mit Material beladene Förderkorb in voller Fahrt von oben heranbrauste. Um die Balken wieder zurückzuziehen, fehlte die Zeit, also sprang alles in Deckung und der mit Dynamitstangen, Zündkapseln und Dämmwürsten schwer beladene Förderkorb krachte mit voller Wucht auf die Balken, seine Ladung im ganzen Umkreis verteilend. Den Leuten blieb fast das Herz stehen, als sie die überall zwischen den Gleisen und im Schlamm verstreuten Zündkapseln und Dynamitstangen sahen. Wenn auch nur eine davon explodiert wäre, hätte dies eine Kettenreaktion mit verheerenden Folgen ausgelöst. Vermutlich wäre das gesamte Grubengebäude beim Füllort eingestürzt und ein Großteil der auf die Ausfahrt wartenden Bergleute wäre ums Leben gekommen. Wir hatten noch einmal Glück gehabt. Der Förderkorb freilich war durch den Aufprall auf die Haltebalken dermaßen deformiert, dass er nicht mehr zu gebrauchen war. Die Leute mussten über Leitern durch den Notsteigschacht, der parallel zum Förderschacht verlief, bis zur Strecke 11 hochsteigen und wurden von dort mit dem zweiten Förderkorb ausgefahren. Die miserable Fernsprechanlage blieb aber weiter im Betrieb, was unserem Vertrauen in die Technik nicht förderlich war.

Die Kommentare der meisten Häftlinge zu einem anderen Unfall, diesmal mit Todesfolge, der sich am 26. April 1956 ereignete, ließen eine gewisse Genugtuung erkennen. Im Hinblick auf das Opfer, dem als Spitzel der Verwaltung verrufenen Constantin Vatca, hieß es „Gott hat ihn bestraft“ oder „Der Teufel hat ihn sich geholt, möge Gott ihm seine Sünden verzeihen“. Am Unfalltag befand sich Vatca ganz allein in einer vor Kurzem begonnenen Bresche. Die in der Nähe arbeitenden Kumpel sahen ihn noch neben seiner Bergmannslampe auf einem Brett sitzend und vespernd, als es plötzlich gewaltig krachte und sein Licht im Sinne des Wortes erlosch. Neben der Bresche, wo der Mann gesessen hatte, lag jetzt eine mächtige Felsplatte, von Vatca war nichts zu sehen. Dann bemerkten die Männer Blutspritzer an der gegenüberliegenden Streckenwand und wurden auch eines blutroten Rinnsals gewahr, welches unter der Steinplatte herauszulaufen begann. Zu helfen gab es hier nichts mehr. Offensichtlich hatte sich eine riesige Felsplatte ohne jede Vorwarnung aus der Wand gelöst und war auf den Mann gestürzt. Es wurden späterhin auch keinerlei Vorwürfe etwa gegen die „Reifling-Jäger“ erhoben, was darauf hindeutete, dass man auch seitens der Verwaltung von einem „schicksalhaften“ Unglück ausging, welches nicht hätte verhindert werden können. Schwierig gestaltete sich in diesem Fall auch die Bergung des Verunglückten oder dessen, was von ihm noch zu finden war. Die gewaltige Steinplatte musste wiederholt angebohrt und gesprengt werden, ehe ein orthodoxer Priester in einen kleinen Sack packen und an die Oberfläche befördern konnte, was von Constantin Vatca noch übrig war.

An einem weiteren Unfall waren zwei Häftlinge beteiligt, die jedenfalls unter den Männern im Bergwerk als „alte Leute“ galten. Hinzu kam, dass der Ältere der beiden fast vollständig taub war und allein deshalb gar nicht unter Tage hätte arbeiten dürfen. Und zwar kehrte der Jüngere zum gemeinsamen Arbeitsplatz, den er kurz verlassen hatte, zurück und stellte fest, dass sein Kumpel, der Schwerhörige, verschwunden war. Es überkam ihn auch sogleich die böse Ahnung, dass der andere in den offenen Schacht gefallen sein könnte; als er den Schacht jedoch mit seiner zu diesem Zweck zu schwachen Karbidlampe auszuleuchten suchte, konnte er nichts erkennen. Auch sein Rufen blieb unbeantwortet, was allerdings noch nicht viel zu bedeuten hatte, denn in einem Rollenschacht ist die menschliche Stimme nur etwa zehn bis zwanzig Meter weit zu hören. Selbst lautes Schreien wird von den rauen Felswänden schon bei etwas größerer Distanz vollständig „verschluckt". Zusammen mit anderen Häftlingen, die er herbeigerufen hatte, wurde daraufhin eine Lampe an einem langen Draht befestigt und in den Schacht herabgelassen. Erst da konnten sie den Verschwundenen sehen, der reglos auf dem Versatzmaterial des Schachtbodens lag. Trotz der von manchen geäußerten Befürchtung, es könnten giftige Dämpfe im Schacht vorhanden sein, erklärte sich ein junger Hauer bereit, sich zu dem Verunglückten abseilen zu lassen. Die Rettungsaktion verlief erfolgreich, der beherzte junge Mann kam tatsächlich gut unten an, befestigte den bewusstlosen Kumpel auf dem Brett, welches mit Drahtseilen herabgelassen worden war, und so konnte dieser herausgezogen werden. Anschließend kam auch der Retter auf dem gleichen Weg wieder nach oben. Der Verunglückte war in einem schlimmen Zustand, über und über mit Schrammen und Wunden übersät, atmete jedoch noch. Zum Glück war sein Helm gut befestigt gewesen und hatte sich beim Sturz durch den Schacht nicht gelöst, was freilich nicht verhindern konnte, dass der Unterkiefer mehrfach gebrochen war und auch etliche Schneidezähne fehlten. Durch eine Notoperation im Krankenhaus von Baia Mare konnte der Mann gerettet werden, kam später jedoch nicht mehr ins Bergwerk.

Zu den besonderen Geschichten im Zusammenhang mit Baia Sprie gehört auch jene von der „Teufelsmühle" („Moara Diavolului"). Es handelte sich um eine der unzähligen Breschen, aus denen Gestein als Versatzmaterial gewonnen wurden, anfangs etwa zehn Kubikmeter täglich. Eines Tages, während die Fördergruppe ihre Vesperpause hielt, bewegte sich die Halde lockeren Gesteins in der Bresche. Dies war an und für sich nichts Besonderes, als die Leute dann jedoch wieder an die Arbeit gingen, war ein Teil ihres liegen gebliebenen Werkzeugs verschüttet. Sie dachten sich noch immer nichts dabei und förderten bis zum Schichtende etwa die gleiche Zahl von Schubkarren an Versatz, wurden diesmal jedoch offensichtlich nicht mit der Arbeit fertig, denn der Vortrieb war nicht freigeräumt. Dafür gab es zunächst Vorwürfe, als die Männer der nächsten Schicht nicht mit neuen Bohrungen fortfahren konnten, sondern weiterhin das von den Vorgängern übrig gebliebene Versatzmaterial abtransportieren mussten. Als rätselhafterweise auch die zweite Schicht es nicht schaffte, die Bresche freizuräumen, beobachtete man den Arbeitsplatz genauer und stellte fest, dass das Geröll wie von Geisterhand bewegt in immer neuen Schüben aus der Tiefe der Bresche herausquoll. Es sah aus, als ob jemand das Gestein aus dem Berg herausschieben würde. Der Reviersteiger und der ihm vorgesetzte Ingenieur waren findige Leute und erkannten alsbald die Chance auf leichten Gewinn. Sie meldeten weiterhin Arbeiten wie Bohren und Sprengen, die hier gar nicht anfielen, an das Kombinat und ließen diese auch bezahlen. Hinzu kam, dass die Menge des hier geförderten Materials das Plansoll sogar überstieg und den Verantwortlichen zusätzliche Prämien bescherte.

Noch nach Monaten wurden pro Schicht bis zu 20 Raummeter Versatz gefördert. Mit der Zeit gab es immer mehr Mitwisser, die finanzielle Interessen mit der „Teufelsmühle", wie die geheimnisvolle Bresche von den Häftlingen genannt wurde, verbanden und unter denen sich angeblich selbst der Direktor des Bergwerkskombinats befand. Allerdings müssen sich auch einige besonnenere Verantwortungsträger über den seltsamen Vorgang ihre Gedanken gemacht haben. Man kam jedenfalls zu dem Ergebnis, dass es im Inneren des Berges ein Lager von sehr weichem Andesit geben musste. Nachdem dieses Lager durch eine Sprengung geöffnet worden war, brach das angrenzende Gestein durch seinen inneren Druck und floss in Richtung der Öffnung. Sobald durch Entnahme des Gerölls die Öffnung entlastet war, brach immer neues Gestein und drängte zum Ausgang. Dahinter bildete sich allmählich ein immer gewaltigerer Hohlraum – man schätzte seinen Durchmesser auf etwa 100 Meter –, der nur ganz locker mit Geröll gefüllt war und der die Gefahr in sich barg, eines Tages das Grubengebäude einstürzen zu lassen. Trotz der traumhaften Gewinne entschloss man sich daher, eine weitere Entnahme von Versatzmaterial aus der Teufelsmühle zu untersagen. Die Bresche wurde zugemauert.

Ab Oktober 1955 bis zum Jahresende waren Ilie und ich zusammen mit weiteren vier Hauergespannen und etwa einem Dutzend Förderleuten ausschließlich in der gefährlichen Strecke 11 eingesetzt. Wir hatten die Aufgabe, einen riesigen Erzbrocken zu zerkleinern, der sowohl durch seine Form als auch durch seine Maße – er war damals noch etwa 15 Meter lang und ungefähr sechs Meter breit – an einen gestrandeten Wal erinnerte. Die dauernde Einsturzgefahr in diesem Abschnitt hing mit den praktizierten rücksichtslosen Abbaumethoden zusammen. So hatte auch der „Wal", den wir zu bearbeiten hatten, vor einigen Monaten noch die Decke des Erzganges gebildet, als man beschloss, zu Ehren des 1. Mai mit einer besonderen Leistung aufzuwarten, und einen „Großangriff" in diesem Abschnitt begann. Die Decke wurde mit hunderten Bohrlöchern versehen und sollte am Feiertag gesprengt werden. Eines

Morgens bei Schichtbeginn jedoch glaubten die Hauer ihren Augen nicht trauen zu können, als sie feststellten, dass die gesamte Decke, immerhin etwa 40 Meter lang, ohne Sprengung einfach abgestürzt war. Die Folgen eines solchen Absturzes während der Bohrarbeiten wollte man sich lieber nicht ausmalen.

Jedenfalls lautete die Aufgabe in den folgenden Monaten auch für Ilie und mich, den Riesenbrocken zu zerkleinern, um das Erz fördern zu können. Wir mussten hauptsächlich kurze Sprenglöcher, sogenannte Pistolen, bohren, die dann mit Dynamitpatronen versehen wurden. Diese Art des Arbeitens war nicht besonders anstrengend, weil senkrecht gebohrt werden konnte und man den schweren Bohrhammer, der um die 40 Kilogramm wog, nicht wie sonst beim Abbau anheben musste. Davon abgesehen konnte ich mich häufig von Ilie ablösen lassen, weil dieser mittlerweile ebenfalls bestens mit dem Bohrhammer zu hantieren verstand. Wenn die Löcher nicht richtig platziert oder zu kurz waren, wirkte sich dies negativ auf die Sprengwirkung aus, es blieben große Erzbrocken zurück, die dann in schweißtreibender Arbeit mit den Vorschlaghämmern zerkleinert werden mussten. Diese Tätigkeit war bei der hier herrschenden Hitze besonders für uns als darin Ungeübte sehr anstrengend, zumal wir es anfangs so wie die meisten Neulinge mit purer Kraft und wenig Augenmaß vorgingen. Es kam vor, dass wir nach zehn bis 12 Schlägen mit dem mächtigen Vorschlaghammer völlig ausgepumpt neben dem Stein standen, ohne von diesem auch nur den kleinsten Splitter abgebrochen zu haben. Dann kam grinsend einer der erfahrenen Kumpel herbei, schnappte sich den Hammer und spaltete den Stein mit einem einzigen Hieb, weil er mit sicherem Auge den „schwachen Punkt“ des Brockens anvisiert hatte. Den entscheidenden Punkt zu erkennen und zu treffen, was diesen wie eine reife Melone zerplatzen ließ, war eine Fertigkeit, die man sich nur durch lange Erfahrung aneignen konnte. Wir haben es letzten Endes geschafft, dabei aber auch reichlich Lehrgeld in Form von vergossenem Schweiß bezahlt.

Stimmung und Zusammenhalt der für einige Monate recht homogenen Gruppe waren prächtig. Wir waren mehrheitlich junge Leute, bei denen trotz der harten körperlichen Arbeit viel gescherzt und gelacht wurde. Beim Einfahren und während des langen Marsches durch den Stollen wurden regelmäßig rumänische Militärmärsche oder die Bergmannshymne angestimmt. Am Ende einer Schicht war uns freilich oft nicht mehr zum Singen zumute.

Das Weihnachtsfest, für meine Kameraden und mich schon das fünfte in Haft, wurde diesmal nur in kleinen Gruppen und möglichst unauffällig gefeiert. Da ich abends im Lager war, nahm ich sowohl an einer rumänischen als auch an einer ungarischen Feier teil. Priester sprachen jeweils einige Gebete und es wurden anschließend Weihnachtslieder gesungen. Da uns gestattet worden war, Pakete zu erhalten, konnte ich erstmals zum Fest an einem Stück Schokolade knabbern. Ein unvergessliches Erlebnis. Schön war auch, dass der 25. Dezember auf einen Sonntag fiel und wir somit zumindest einen Weihnachtsfeiertag arbeitsfrei hatten.

Bei einem meiner Leseabende im Klub – ich war während der Wintermonate fast täglich dort – wurde ich in jener Zeit von einem Herrn Walter, einem Siebenbürger Sachsen, angesprochen. Von ihm erfuhr ich, dass Pfarrer Gräser, der Vater von Fredis Freundin Inge, ebenfalls in Haft saß, allerdings ohne verurteilt zu sein. Herr Gräser wurde – das hörte ich später aus anderer Quelle – bald darauf wegen schwerer Erkrankung entlassen und verstarb kurze Zeit später. Mit Herrn Walter unterhielt ich mich häufig über seine Studienzeit, die er in den Zwanziger- und Dreißigerjahren zum Teil in Tübingen verbracht hatte. Mehrmals schwärmte er von einem Vortrag des Siebenbürger Professors Oberth zum Thema Raumfahrt, den er seinerzeit in Tübingen gehört hatte. Beeindruckt hatte ihn vor allem, dass Oberth, während er vortrug, praktisch so nebenbei eine schwierige Rechenaufgabe löste, die von einer Gruppe Mathematiker erarbeitet worden war. Kurz vor Ende des Vortrags schrieb Professor Oberth das korrekte Ergebnis an die Tafel. Wenige Monate später wurde Herr Walter, der sich immer darüber gefreut hatte, dass zwischenzeitlich nur noch wenige Deutsche inhaftiert waren, leider verlegt.

Das Jahr 1956

Ab dem ersten Januar wurden Ilie und ich zur Arbeit in eine neue Bresche verlegt, um dort Versatz zu fördern. Chef der Gruppe war Herr Ardeleanu, ein im Grunde anständiger Kerl, der aber, wenn er unter Druck geriet, schnell zu einem tobenden und schreienden Nervenbündel werden konnte. Zu seinen Mitarbeitern gehörte Nicu, ein junger Mann aus Bukarest, Sohn eines Obersten, der wegen versuchten Grenzübertrittes einsaß. Zusammen mit einem Freund hatte er versucht, die Donauengen oberhalb von Turnu Severin zu durchschwimmen, und sein Freund war dabei von den Grenzern erschossen worden. Dieses Erlebnis und vermutlich auch die Folter während der anschließenden Untersuchungshaft hatten jedenfalls dazu geführt, dass der gute Nicu ab und an etwas wunderlich war oder auch, wie seine Mitbewohner berichteten, manchmal nachts laut schreiend aufwachte.

Während meiner Zeit bei der Gruppe begab es sich einmal, dass ein Bestandteil der Fördermaschine brach, weshalb ich diese zusammen mit Ardeleanu auseinanderbauen musste. Bis Ersatz geliefert wurde, was unter realsozialistischen Bedingungen naturgemäß dauern konnte, stand die Maschine geöffnet da. Als wir von einer Vesperpause zurückkehrten, merkte Ardeleanu sofort, dass etliche der etwa 80 Lagerkugeln, die in der geöffneten Maschine gelegen hatten, fehlten. Der Verdacht viel sofort auf Nicu, der sich während der Vesperpause als Einziger in der Nähe der Maschine herumgetrieben hatte und dieser, zur Rede gestellt, gab auch unumwunden zu, mit den Bestandteilen gespielt zu haben, wobei etliche der Kugeln durch eine Öffnung ins Innere der Maschine hineingefallen waren.

Als Ardeleanu hörte, dass die Lagerkugeln wahrscheinlich im Ölbad des Getriebes gelandet waren und dort – wenn sie zwischen die Zahnräder kamen – die Maschine völlige ruinieren konnten, bekam er einen Tobsuchtsanfall und war kurz davor, Nicu an den Kragen zu gehen. Nur die Tatsache, dass sofort gehandelt werden musste, rettete die Unglücksraben, denn Ardeleanu begann mit mir als Gehilfen umgehend, die Maschine völlig auseinanderzubauen. Die Arbeit musste schnell und vor allem unauffällig vonstattengehen, nachdem der diensthabende Offizier ohnehin schon auf unser stillstehendes Arbeitsgerät aufmerksam geworden war und sich nach den Ursachen erkundigt hatte. Wenn nun Nicus Leichtsinn ruchbar geworden wäre, hätte man höchstwahrscheinlich eine gezielte Sabotage vermutet, und dann hätte keiner von uns in der Haut des Jungen stecken wollen.

Während Ardeleanu und ich nun in fieberhafter Eile die Maschine zerlegten, bohrte Ilie mit Nicu als Gehilfen weiter. Ich hatte zwar angeregt, Nicu quasi als Strafe zur Reparatur heranzuziehen, aber Ardeleanu brüllte, er wolle ihn nicht mehr sehen und wiederholte, während ihm die Schweißperlen auf der Stirne standen, immer wieder die rhetorische Frage, warum ausgerechnet er vom lieben Gott mit solchen Mitarbeitern wie Nicu bestraft worden sei. Mit viel Glück und der Unterstützung etlicher anderer Kumpel, die mithelfen mussten, wenn besonders schwere Bestandteile anzuheben waren, schafften wir es tatsächlich bis zum Schichtende, die Fördermaschine auseinander- und anschließend wieder zusammenzubauen, und zwar so, dass sie wieder reibungslos funktionierte. Das Wichtigste für unseren jungen Kumpel aber war, dass die Nachricht über das Malheur nicht bis zur Lagerverwaltung durchsickerte.

Der Tod des Nea Ion

Der Jahresanfang 1956 wurde leider durch einen weiteren schweren Unfall überschattet, bei dem ein besonders sympathischer und bei allen beliebter Kumpel sein Leben lassen musste. Nea Ion (Onkel Ion), damals etwa 40 Jahre alt, war eine echte Frohnatur, die es regelmäßig schaffte, auch in trostlosester Lage die Mithäftlinge durch seine gute Laune zu erheitern. Aus dem Krieg war er als Schwerversehrter zurückgekehrt, nachdem ihm bei einem Bombenangriff auf den Flugplatz Odessa, wo er als Flugzeugwart eingesetzt war, ein Splitter die gesamte Schädeldecke gespalten hatte. Rumänische Sanitäter, die ihn bewusstlos fanden, räumten ihm keine Überlebenschance ein und ließen ihn liegen, aber eine später nachfolgende deutsche Sanitätseinheit nahm sich seiner an, und als er nach langer Bewusstlosigkeit erwachte, befand er sich in einem Krankenhaus in Wien. Ein dort tätiger Professor hatte ihm den Schädel, der von einem Ohr bis zum anderen etwa einen Fingerbreit auseinanderklaffte, wieder „zusammengeleimt". Die riesige Narbe konnte man auch zu unserer gemeinsamen Zeit noch gut erkennen. Nach seiner Entlassung aus dem Lazarett war er nicht mehr frontverwendungsfähig.

Im Jahre 1949 wurde er dann von den Kommunisten zu sieben Jahren Zuchthaus verurteilt, die er fast vollständig in Baia Sprie absaß. An einem frostigen Morgen im Februar fuhren wir mit ihm zusammen in die Tiefe, und als wir an der 11 ausstiegen, während er noch im Förderkorb blieb, um zur 12 weiterzufahren, sollte es das letzte Mal sein, dass er uns sein „Noroc bun!" („Glück auf!") hinterherrief. Schon im Laufe des Tages drang die Nachricht von einem schweren Unfall bis zu uns, und abends nach dem Ausfahren hörten wir von Dr. Apostol, dass es Nea Ion erwischt hatte und dass er schon gestorben war. Es war wohl so gewesen, dass er im Abbau der 12er-Sohle bei zwei jungen Hauern vorbeigekommen war, die sich erfolglos bemühten, einen schweren Reifling vom Hangende zu lösen. Er wollte ihnen helfen und schaffte es auch, die Steinplatte mit einem kräftigen Ruck zu lösen. In das Geräusch des stürzenden Steins mischte sich zugleich aber auch das dumpfe, drohende Poltern der in Bewegung geratenen Wand, und noch bevor Ion, der über einen der herumliegenden Felsbrocken stolperte, sich in Sicherheit bringen konnte, wurde er bis fast hinauf zur Hüfte von einer tonnenschweren Granitplatte bedeckt. Anfangs brüllte er noch wie ein Stier, doch glücklicherweise verlor er bald das Bewusstsein und bekam nicht mehr mit, wie die Kumpel und später die Sanitäter stundenlang versuchten, ihn zu befreien. Die Steinplatte anzuheben erwies sich als unmöglich, also begann man damit, den Verunglückten zu untergraben, also die Steine, auf denen er lag, nach und nach abzutragen. Da dies auch nicht reichte, um ihn vollständig bergen zu können, musste später der immer noch eingeklemmte Fuß vor Ort von Dr. Romanescu amputiert werden. Anschließend schaffte man ihn noch über Leitern aus dem Steigschacht bis zum Förderkorb, doch dort konnte der Lagerarzt nur noch seinen Tod feststellen.

Besonders bitter war, dass Nea Ion nur noch drei Monate bis zu seiner Entlassung gehabt hätte. Es war erst knapp einen Monat her, dass seine Frau ihn besucht hatte und dass sie erste Pläne für eine Zukunft nach der Haft geschmiedet hatten. Später sollten wir dann noch erfahren, dass die Witwe einige Wochen nach dem vorgesehenen Entlassungstermin in Baia Sprie nach ihm gesucht hatte. Niemand von der Lagerverwaltung hatte sie bis dahin vom schrecklichen Ende ihres Mannes in Kenntnis gesetzt.

Was das Lagerleben jener Zeit anging, war eine weitere Entspannung der Verhältnisse unverkennbar. So wurden praktisch keine überflüssigen, schikanösen Corvoada-Arbeiten mehr angeordnet, sondern allenfalls noch solche, die auch tatsächlich sinnvoll und notwendig waren, und auch auf die Kranken und Verletzten wurde wesentlich mehr Rücksicht genommen als früher. An den Sonntagen blieben die Barackentüren den ganzen Tag über geöffnet, wir konnten uns innerhalb des Lagers frei bewegen und Freunde besuchen. Viele – darunter auch Dietmar und ich – bekamen in diesen Tagen wieder Pakete von daheim zugeschickt. Nach den entbehrungsreichen Jahren war dies immer ein freudiges Ereignis, nicht nur wegen der leckeren „Fressalien", sondern auch, weil diese Pakete eine Verbindung zu den Lieben daheim darstellten und von diesen unter großen Opfern versandt worden waren. Schokolade, Milchpulver und Salami waren uns die liebsten Geschenke, und natürlich Zigaretten. Ich war in der Zwischenzeit – leider – auch ein leidenschaftlicher Raucher geworden, muss zu meiner Entschuldigung jedoch anführen, dass damals die Schädlichkeit des Rauchens noch nicht so allgemein bekannt war wie Jahrzehnte später.

Am Ostersonntag berichtete mir Dietmar, der in der Nachtschicht gearbeitet hatte, dass er an der Osterfeier, die erneut unter Tage abgehalten worden war, teilgenommen hatte und dass es sehr schön gewesen sei. Während der Feier, die ungefähr eine Stunde gedauert hatte, sei der Politruk in Begleitung mehrerer Unteroffiziere aufgetaucht, hätte sich ein paar Notizen gemacht und sei dann verschwunden. Bei der Ausfahrt am nächsten Morgen jedoch wurden die Leute der Nachtschicht vom Kommandanten samt Begleittrupp erwartet, und es wurden insgesamt ein Dutzend Leute, überwiegend Priester, die an der Organisation der Osterfeier beteiligt waren, ausgesondert. Den anderen, die unbehelligt zu ihren Baracken durften, wurde gesagt, dass man die zwölf Häftlinge, die eine „unerlaubte Handlung" organisiert hätten, mit einer zweiwöchigen Isolierung unter strengen Bedingungen bestrafen werde.

Nachdem sich dies herumgesprochen hatte, meldeten am gleichen Tag anlässlich der Abendzählung die Brigadiers (Zimmerchefs) auf Druck der Mithäftlinge dem diensthabenden Unteroffizier, dass für den nächsten Morgen, Ostermontag, ein Ausstand der Häftlinge erfolgen werde, wenn die wegen der Osterfeier festgesetzten Leute bis dahin nicht wieder frei wären. Hierauf reagierte die offensichtlich überraschte Verwaltung vorerst nicht.

Am nächsten Morgen trat die Belegschaft der Schicht, deren Leute wegen der Osterfeier bestraft waren, für die Einfahrt gekleidet an. Sie gingen auch wie immer einzeln zur Lămparie, wo ein Offizier mit mehreren Soldaten stand. Als jedoch der Lampenwart dem ersten, es war der Fliegermajor Galea, die Lampe reichen wollte, sagte dieser laut und deutlich, dass es alle im Hof hören konnten: „Wenn die Isolierten nicht arbeiten dürfen, dann gehe auch ich nicht ins Bergwerk." Die Antwort des Offiziers lautete: „Dann geh in die Baracke." Mit den nachfolgenden Leuten geschah es ähnlich, wobei die Fragen und Antworten mit der Zeit immer knapper gehalten wurden. So hieß es nur noch: „Gehst du hinein?", worauf in der Regel ein lakonisches „Nein!" des Gefragten folgte. Erst nachdem schon etwa 20 Leute das Einfahren verweigert hatten, kam ein halbes Dutzend Zeugen Jehovas, deren Anführer ähnlich laut wie vor ihm Major Galea erklärte, dass seine Leute sich nicht mit den „Banditen" solidarisieren, sondern zur Arbeit gehen würden. Sie nahmen ihre Lampen und verließen das Lager in Richtung Stollenmund. Verständlicherweise wurde das Verhalten der Streikbrecher von der Mehrheit der Häftlinge als Niederträchtigkeit empfunden und dies von dem einen oder anderen auch mittels deutlicher Worte zum Ausdruck gebracht. Die Gruppe der restlichen Streikbrecher setzte sich aus bekannten Spitzeln, den amtierenden Brigadiers und aus Leuten zusammen, die schlicht und einfach Angst vor Repressalien hatten, wie etwa Herrn Dimitriu, meinem ehemaligen Hauergehilfen. Noch im Laufe des Vormittags mussten die Streikenden die Bergmannskleidung gegen die gestreifte Sträflingskleidung eintauschen und bekamen Fußketten angelegt, wobei immer zwei Häftlinge aneinandergefesselt wurden. Anschließend wurden sie in leer stehende Baracken gesperrt, in welchen nur die üblichen Eisenbetten standen, jedoch ohne Matratzen oder Decken.

Zweifelsohne hatte die Lagerführung die entschlossene Reaktion der Häftlinge auf die vorangegangene Strafaktion nicht erwartet und war nun in der misslichen Situation, den Frieden möglichst ohne Gesichtsverlust wiederherstellen zu müssen. Zudem war natürlich zu erwarten, dass auch der überwiegende Teil der Leute aus der zweiten Schicht eine Einfahrt verweigern würde. Tatsächlich wurde auch in unserer Schicht heftig über eine angemessene Reaktion debattiert, und es gab etliche Stimmen, die sich sogar für einen Hungerstreik aussprachen oder anregten, einen Staatsanwalt zur Untersuchung der Vorfälle zu fordern. Da es im Lager keine besonderen Bewacher gab, konnte problemlos sozusagen bei offenem Fenster diskutiert und geplant werden.

Nach dem Abendessen – die anwesenden Unteroffiziere hatten sich auffallend ruhig verhalten – traten wir in Arbeitskleidung an und gingen zur Lampenausgabe, wo Kommandant, Politruk und eine stattliche Zahl Unteroffiziere auf uns warteten. Obwohl der Politoffizier uns bereits mit einem drohenden „Und ihr geht zur Arbeit!" empfing, wiederholte sich das Schauspiel von morgens einschließlich des Auftritts der „Jehovisten", die sich zur Arbeit vordrängten und nicht zu betonen vergaßen, dass sie sich besonders anzustrengen gedachten, um den durch die Streikenden verursachten Schaden wieder wettzumachen. „Geh nur, du Schwein mit deinen Ferkeln", war noch das Harmloseste, was dem Sektenführer hinterhergerufen wurde, als er mit seinen Leuten zum Stollenmund eilte. Als ich an der Reihe war, sagte ich: „Ja, ich gehe arbeiten, wenn die anderen freigelassen werden." Irgendwann war dann der Politoffizier das Frage-Antwort-Spiel leid und rief den Wartenden zu: „Nun, wer arbeiten will, soll näher zur Pforte rücken, alle anderen können in ihre Baracken gehen." Wie schon unsere Vorgänger durften auch wir nun die Sträflingskleidung anlegen und wurden anschließend in die leer stehenden Baracken im hinteren Teil des Lagers gebracht. Dort war es zwischenzeitlich ziemlich eng geworden, was nicht verwunderlich war, denn die durchgeführte Zählung ergab, dass sich etwa 80 Prozent der Häftlinge in Baia Sprie dem Streik angeschlossen hatten. Die folgenden Stunden verbrachten wir paarweise zusammengekettet auf den Eisenbetten sitzend und uns Gedanken über das zu erwartende Vorgehen der Lagerverwaltung machend. Sicher würde man mit unterschiedlichsten Methoden versuchen, möglichst viele Leute aus der Streikgemeinschaft herauszubrechen. Auch konnten wir uns lebhaft vorstellen, wie vonseiten des Bergwerkkombinats Druck auf die Lagerleitung ausgeübt würde, um die nun fast vollständig brach liegende Erzförderung wieder in Gang zu bringen und die Vorgaben des sozialistischen Fünfjahresplanes zu erfüllen. Und wir hofften natürlich auch, dass das Kombinat die Lagerverwaltung als Hauptschuldigen der eskalierten Situation ausmachen würde. Also versuchten wir aus dem Umstand, dass sich der Kommandant offensichtlich in der Zwickmühle befand, möglichst viel Gewinn herauszuschlagen.

Dabei war uns allerdings auch klar, dass wir nur deshalb eine Chance hatten, weil die Verwaltung dank der Liberalisierung nicht mehr auf jene drakonischen Mittel zurückgreifen konnte, die ihr vor einigen Jahren noch zur Verfügung gestanden hätten. Als erstes – das hatten wir erwartet – wurde versucht, die geistigen Führer des Streiks ausfindig zu machen. Zu diesem Zweck wurden täglich etliche Häftlinge einzeln zum Verhör fortgebracht. Die Rückkehrer berichteten anschließend, mit welchen Argumenten oder Drohungen der Politoffizier die Leute zur Aufgabe bewegen wollte, ohne Erfolg augenscheinlich, denn nach zehn Tagen hatte noch kein einziger Streikender die Arbeit wieder aufgenommen. Erst am elften Tag gaben etwa zehn Leute auf.

Am 15. April dann, es war der zweite Sonntag nach Ostern, wurden die wegen der Feier bestraften Häftlinge aus den Zellen entlassen. Sie durften sich im Bad duschen und wurden sodann in den Speisesaal geführt. Bevor sie sich jedoch zu Tisch setzten, fragte der griechisch-katholische Priester Augustin Mare den anwesenden Offizier, ob auch diejenigen Häftlinge, die sich im Ausstand befanden, freigelassen würden, denn sonst, fügte er hinzu, würden die soeben Freigelassenen das Essen verweigern. Der Angesprochene beeilte sich, zu erklären, dass alle freigelassen würden, die bereit wären, die Arbeit wieder aufzunehmen. Ähnlich lief es auch bei uns, den Streikenden, ab. Als der Offizier in der Barackentür erschien und versicherte, dass die Bestraften frei seien und zur Arbeit gehen würden, erklärten alle den Streik für beendet.

Auch wir durften ins Bad und anschließend zum Essen. Hierbei trug der diensthabende Unteroffizier eine geradezu unheimliche Freundlichkeit zur Schau, fragte die Köche, ob sie denn auch etwas Gutes für uns zubereitet hätten, und riet uns in besorgt-väterlichem Ton, ja nicht zu hastig zu essen, weil dies ungesund sein könnte. Später kamen noch einige Offiziere hinzu, die tatsächlich wissen wollten, wie es denn bei der Arbeit so liefe und ob es etwas zu beanstanden gäbe. Ob solcher Freundlichkeit waren wir geradezu sprachlos und guckten uns nur immer wieder ungläubig an, immer in Sorge, es könnte sich bei dem Gehörten um einen schnöden Traum handeln. Erst später, in den Baracken, wagten wir, nunmehr umso wortreicher, das eben Erlebte zu bereden. Wir waren uns einig, dass die Lagerverwaltung mordsmäßig „eins auf den Deckel" gekriegt haben musste, wenn sie diese Wandlung vollzogen hatte. Tatsächlich fehlte vom Kommandanten des Lagers jede Spur, und er sollte auch nicht mehr wieder auftauchen. Wochen später sickerte dann durch, dass er seines Postens enthoben worden war, weil man ihm die Hauptschuld daran gab, dass etwa 600 Bergleute zwei Wochen lang der Arbeit ferngeblieben waren. Am Nachmittag rief man uns dann auf den Appellplatz, um uns den Arbeitsplan (Ordinea den bataie) der nächsten Tage bekannt zu geben. Mir wurde kundgetan, dass ich einen neuen Gehilfen zugeteilt bekomme.

Mein neuer Arbeitsplatz lag ziemlich weit im Osten der Strecke 11, etwa 800 Meter vom Füllort entfernt. Dort gab es bis zu jener Zeit noch keinen Abbau, und wir hatten nun einen Steigschacht zu erstellen, der bis in die darüberliegende Sohle führen sollte. Als wir den Schacht übernahmen, war er schon vier Leitern hoch, was etwa 20 Metern entspricht. Bei der ersten Besichtigung, die wir gemeinsam mit dem Reviersteiger unternahmen, stellte ich fest, dass die Druckluft- und Wasserrohre in Ordnung und bis zur Höhe der zweiten Bühne hochgezogen waren. Das war gut, denn das bedeutete, dass die Schläuche bis vor Ort reichten und von uns nur jeden zweiten Tag, also vor und nach den Sprengungen, hinauf und wieder hinunter geschleppt werden mussten. Ebenso verhielt es sich mit dem Bohrhammer, der Hebesäule und dem ganzen restlichen Gezähe sowie den Bohrmeißeln, die wir täglich herumschleppen mussten. Allein das Gewicht der 15 bis 20 Bohrstangen, die wir täglich verbrauchten, betrug etwa 30 Kilogramm. Meistens wurde das gesamte Bündel an Bohrstangen mit einem Seil von Bühne zu Bühne hochgehievt.

Da Leiter und Bühne bei jeder Sprengung beschädigt wurden, mussten sie hinterher jedes Mal neu begehbar gemacht werden, und weil die zuständigen Zimmerleute grundsätzlich überlastet waren, fielen dafür oft lange Wartezeiten an – und außerdem waren die Bühnen und noch mehr die Leitern fast immer in einem miserablen Zustand. Dies sollte eines Tages auch mir zum Verhängnis werden. Und zwar war die Arbeitsbühne von der letzten Sprengung weggerissen worden, lediglich vier umfunktionierte Bohrmeißel steckten noch in ihren Löchern. Sie bildeten die Träger, auf denen die neue Arbeitsbühne gelegt werden sollte. In einer Ecke dieser Bühnen war immer die Durchstiegsluke angebracht, durch welche das Ende der nach unten bis zur nächsten Ebene führenden Leiter ragte. Die Luken waren von einer Bühne zur anderen diagonal versetzt angeordnet, womit das Weiterfallen bei einem Absturz verhindert werden sollte.

Wegen der anstehenden Sprengung mussten wir wieder unser ganzes Werkzeug hinunterschaffen. Als ich gerade mit dem Abstieg begann, brach die Sprosse, an der ich mich festgehalten hatte. Ich knallte mit dem glücklicherweise behelmten Kopf gegen die Schachtwand und stürzte sodann zwischen den Holmen der Leiter nach unten, die letzten kümmerlichen Sprossen mit meinem Körpergewicht zerschmetternd. Mein Sturz aus etwa vier bis fünf Metern Höhe endete auf der nächsten Bühne, wo ich meinen Gehilfen so unglücklich umstieß, dass dieser wiederum eine weitere Ebene in die Tiefe fiel, glücklicherweise ohne sich ernsthaft zu verletzen. Nach dem ersten Schreck spürte ich im Brustkorb einen stechenden Schmerz und geriet in Atemnot. Ich merkte erst jetzt, dass ich Ölkanne und Lampe immer noch krampfhaft mit meiner Linken festhielt. Mein Körper war von Rissen und Abschürfungen übersät, und nur der Kopf war dank des Helmes relativ glimpflich davongekommen. Ich muss mich in einem richtigen Schockzustand befunden haben, bekam Schweißausbrüche und musste mich übergeben. Glücklicherweise kam gerade Moş Chriac mit seinen Zimmerleuten vorbei, die sich meiner annahmen, mich auf eine Lore setzten und zum Füllort brachten, von wo ich alsbald ausgefahren wurde.

Als mich oben im Lager Dr. Romanescu erblickte, fragte er scherzhaft, ob das Bergwerk eingestürzt sei. Ich wurde von seinen beiden Sanitätern mit viel Benzin, Lumpen und Watte von Dreck, Öl und Blut gesäubert und die ungezählten Holzsplitter, die ich mir eingefangen hatte, wurden mittels Pinzetten und Haken entfernt. Danach wurde ich erneut untersucht und es bestätigte sich die Vermutung, dass zwei Rippen gebrochen waren. Das erklärte auch die anhaltende Atemnot. Ich kam aufs Krankenrevier, wo ich wegen der Schmerzen anfangs nicht liegen konnte, sondern die ersten Tage sitzend im Bett verbrachte. Die meisten anderen im Krankenrevier waren ebenfalls Unfallopfer, zumeist mit gebrochenen Knochen oder gequetschten Gliedern. Ich hatte bis dahin gar nicht wahrgenommen, wie viele Unfälle bei uns vorkamen. Nach den ersten schmerzhaften Tagen wurde mein Aufenthalt dann etwas erholsamer, und ich konnte mich auf die Krankenbesuche freuen, die mir Dietmar und andere Freunde jeden Abend nach Arbeitsende abstatteten.

Leider musste ich den Aufenthalt zugleich auch nutzen, um meine schlimmsten Zahnprobleme beseitigen zu lassen. Diese verursachte mir damals vor allem ein Weisheitszahn, eigentlich nur noch ein Zahnstumpf, der aber höllische Schmerzen bereitete. Dr. Steinhausen, der Securitate-Arzt, nahm sich meiner an und brach, nachdem er mir eine Spritze verpasst hatte – was unter den gegebenen Umständen keine Selbstverständlichkeit war –, die Wurzel des Zahnes Stück für Stück heraus. Der Eingriff dauerte über eine Stunde und war sowohl für den Arzt als auch für mich eine schweißtreibende Schinderei. Bei der abschließenden Untersuchung vor der Entlassung aus der Krankenstation wurde dann festgestellt, dass mein Blutdruck wohl als Folge des Unfalls nach wie vor viel zu hoch war. Dr. Steinhausen ordnete daher an, dass ich noch mindestens zwei weitere Monate nicht einfahren dürfe und nach Heilung meiner Rippen nur leichte Arbeiten im Lager verrichten solle.

Da traf es sich gut, dass ich just am Vortag von Jancsi (János) Koss und Mitica (Dumitru) Puskasu gefragt worden war, ob ich mir vorstellen könnte, eine Zeit lang mit ihnen in einer neu aufzubauenden Lagerwerkstatt zu arbeiten. Diese solle mit drei Fachleuten besetzt werden und vor allem Schlosserarbeiten durchführen. Die Aussicht, zumindest vorübergehend nicht mehr unter Tage arbeiten zu müssen, war natürlich sehr verlockend, weshalb ich prinzipiell zusagte. Daraufhin wurde ich schon bei der nächsten Abendzählung vom diensthabenden Feldwebel gefragt, ob ich Schlosser sei, und nachdem ich dies bejahte und hinzufügte, auch schon in Gherla als Maschinenschlosser gearbeitet zu haben, wurde ich aufgefordert, umgehend meine Siebensachen zu packen und mit Jancsi und Mitica, meinen zukünftigen Kollegen, ein neues Quartier zu beziehen.

Am nächsten Morgen, es war der 6. Mai, kam gleich nach der Zählung erneut der Feldwebel und führte uns zu unserer sogenannten Werkstatt. Der erste Eindruck, der sich uns bot, war im höchsten Maße ernüchternd, um nicht zu sagen: deprimierend. Der kleine Raum beherbergte lediglich eine altersschwache Werkbank mit einem riesigen Schmiedeschraubstock, zwei verschiedene Hämmer und eine völlig abgenutzte Stoßfeile. Erst beim zweiten Hinsehen erkannten wir im Dämmerlicht noch eine Tischbohrmaschine, die von Hand betrieben werden musste, sowie eine Schleifmaschine, allerdings ohne Stein. Das war alles. Der Feldwebel händigte uns die Schlüssel aus und ließ uns sprachlos zurück.

Als die erste Enttäuschung verflogen war und vor allem, als wir uns die Alternative zu diesem Arbeitsplatz wieder in Erinnerung gerufen hatten, kamen wir zu dem Ergebnis, die uns umgebende Armut als Chance zu begreifen. Wir beschlossen, die Werkzeuge, die uns fehlten, möglichst selbst herzustellen. Wie das genau funktionieren sollte, wussten wir zwar noch nicht, doch je länger wir über unser Projekt berieten, umso größer wurde unsere Begeisterung. Wir überlegten als erstes, was wir am dringendsten brauchten, und kamen auf Sägeblätter für Metall, die wir aus der Werkstatt des Bergwerks zu beschaffen hofften. Dann wollten wir mit dem Schmieden von Meißeln beginnen, wobei die im Überfluss vorhandenen kaputten Bohrmeißel – übrigens aus hochwertigem Schwedenstahl gefertigt – umgearbeitet werden sollten.

Unser Optimismus war so groß, dass Jancsi dem Feldwebel, der die Lebensmittel verwaltete und der uns am zweiten Tag unserer Arbeit fragte, ob wir nicht einen Ventilator zur Belüftung seines Depots fertigen könnten, spontan zusagte. Der Feldwebel sagte zwar, dass es für den Antrieb keinen Motor gäbe und auch keine Aussicht bestünde, einen zu beschaffen, aber Jancsi erklärte ganz voreilig, er könne eine Turbine bauen, die den Ventilator antreiben würde. Ich dachte, nicht recht zu hören, als ich die vollmundigen Versprechungen meines Kollegen vernahm, und begann mir schon auszumalen, was man mit uns anstellen würde, wenn wir uns als Angeber blamieren würden oder – schlimmer noch – wenn man uns eines Tages der Sabotage bezichtigen würde. Aber Jancsi, die Zuversicht in Person, beruhigte mich, nachdem der Feldwebel gegangen war, und setzte mir auseinander, wie er das Wasser, das in der Nähe des Lebensmitteldepots als kleines Rinnsal zu Tale floss, in einem Druckrohr zusammenfassen wolle und dass dieses seiner Meinung nach dann ausreichen müsste, um eine Turbine und einen Ventilator zu betätigen.

Nachdem wir uns mit der Annahme eines solch größenwahnsinnigen Projektes also endgültig unter Druck gesetzt hatten, gingen wir fieberhaft an den ersten Arbeitsschritt, nämlich die Werkzeugfertigung. An der kleinen Feldschmiede, die vor unserer Werkstatt aufgestellt war, bastelten wir eine Schmiedezange. Unser erstes „Produkt“ sah noch ziemlich primitiv aus, ermöglichte aber Mitica, der sich als der talentierteste Schmied unseres Dreiergespanns entpuppte, die Fertigung einer weiteren Zange, die schon wesentlich besser geriet. Mit Hilfe dieser beiden Zangen schmiedeten wir anschließend eine ganze Serie von Feilen verschiedener Größe. Die großen Flachfeilen wurden aus den Eisenreifen zerbrochener Wagenräder gefertigt, die im Lager als Gerümpel zu finden waren. Diese Räder waren zwar aus einfachem Walzeisen gefertigt, das man nicht ohne Weiteres härten konnte, doch behalfen wir uns damit, dass wir die Feilen „zementierten", das heißt Kohle in die Oberfläche des Werkstücks einfügten. Jetzt erwies es sich als sehr vorteilhaft, dass ich seinerzeit das Hacken und Härten bei den Feilenhauern in Gherla gelernt hatte. Die Spezialmeißel, die ich zum Feilenhauen benötigte, schmiedete ich aus alten Bohrmeißeln. Nach dieser Vorarbeit und vor allem, nachdem uns der Feldwebel auch noch einen Schleif- und einen Nassstein organisiert hatte, konnten wir ernsthaft mit der Werkzeugfertigung beginnen. Wir brachten es sogar fertig, aus den Spiralfedern einer alten Couch Nadelfeilen und Bohrer herzustellen. Schon bald mussten wir die ersten „Privatbestellungen" entgegennehmen, wie etwa die Fertigung von Wohnungsschlüssel für den Feldwebel vom „Interior", der uns täglich besuchte.

Mit der Zeit gestaltete sich die Arbeitsteilung unseres Trios solcherart, dass Jancsi hauptsächlich an seiner Turbine arbeitete, während ich primär für die Werkzeugfertigung zuständig war und dabei von Mitica unterstützt wurde, der zusätzlich noch diverse Reparaturen im Lager erledigte. Die Turbine und der Ventilator, so ließ man uns wissen, sollten möglichst schnell, wenn es ging noch vor Beginn der großen Sommerhitze, fertiggestellt sein, denn im Vorjahr waren wohl wegen der schlechten Belüftung des Lagerraums erhebliche Lebensmittelmengen verdorben. Das Hauptproblem beim Bau der Turbine war die Herstellung der beiden Gehäusehälften und der Rotorflügel, die Jancsi aus Aluminium gießen wollte. Ein anderes Metall oder gar eine Legierung kamen nicht infrage, weil wir die dazu notwendigen Temperaturen mit unseren rudimentären Mitteln nie und nimmer hätten erreichen können. Außerdem war Aluminium auf dem Schrottplatz des Lagers reichlich vorhanden. Jancsi plante den Bau einer Turbine des Typs Pelton, deren Fertigung er schon in einer Fabrik gesehen hatte, in welcher er während seiner letzten beiden Ferien in Freiheit aushilfsweise gearbeitet hatte.

Die Matrize für die Gussarbeit wurde mithilfe des Lagerschreiners gefertigt, anschließend wurde ein ausrangierter gusseiserner Herd zum Schmelzofen umfunktioniert. Selbst als der anfangs vorgefundene Vorrat an Holzkohle, der schon durch die Herstellung der Feilen und der anderen Werkzeuge größtenteils aufgebraucht worden war, sich seinem Ende zuneigte, fand sich eine Lösung, weil unser Mitica erklärte, er beherrsche die Kunst des Kohlebrennens. Er „organisierte" auch alsbald eine Blechkiste ohne Boden, füllte diese mit Holzstückchen aller Art und bemühte sich, diese in Schwelbrand zu setzen. Das Ganze sah recht gekonnt aus, weshalb ich mich wieder an die Werkbank begab, während Jancsi zum Schreiner ging, um mit diesem die für das Gießen notwendigen Blasebälge weiterzubauen.

Ich war schon wieder in meine Arbeit vertieft, als ich plötzlich einen lauten Knall hörte. Ich stürzte hinaus und sah Mitica auf dem Hosenboden sitzend und die Hände vors Gesicht haltend. Die Einzelteilte des zerfetzten Blechofens lagen verstreut umher und ebenso ungezählte glimmende und rauchende Holzteilchen. Ein Posten, der in der Nähe auf seinem Wachturm stand, muss weiß Gott was befürchtet haben, denn er rief laut und mit schriller Stimme sein „Alarma! Alarma!" und schlug verzweifelt mit einem Eisenstück gegen die Talanga, die aus einem zu solchem Zwecke dort hingehängten Schienenstück bestand. Als ich Mitica die Hände vom Gesicht zog, merkte ich, dass ein Großteil seiner Haare weggebrannt war. Etliche Asche- und Kohlestückchen waren ihm in die Augen geflogen und er jammerte laut, dass er nicht mehr sehen könne. Glücklicherweise sollte sich später herausstellen, dass alles viel schlimmer aussah, als es tatsächlich war, und er jedenfalls keine bleibenden Schäden davontrug.

Was die Wachmannschaften anging, so rückten diese aufgrund des ausgelösten Alarmes sofort aus und umstellten das Lager von außen, während der diensthabende Offizier in Begleitung des Arztes und mehrerer Soldaten direkt zu uns gerannt kam. Ich hatte inzwischen den leise jammernden Mitica wieder aufgerichtet. Der Arzt wollte ihn zur Untersuchung sofort ins Krankenrevier bringen, doch der Offizier entgegnete überraschend ruhig, er wolle erst wissen, was überhaupt geschehen sei. Als ich ihm die herumliegenden Glasscherben zeigte und meinte, dass sich das darin aufbewahrte Benzin vermutlich entzündet und zu einer Verpuffung geführt habe, gab er sich mit dieser Auskunft vorerst zufrieden und ordnete an, dass Mitica medizinisch versorgt werden solle, aber auch, dass er anschließend in den Isolator müsse.

Bei der folgenden ärztlichen Untersuchung stellte sich dann heraus, dass er tatsächlich großes Glück gehabt hatte, denn die Augen waren unverletzt geblieben und die Verbrennungen an den Händen und im Gesicht waren auch nicht schwer. Sein Kopf wurde vom Arzt dick mit Verbandszeug umwickelt, was medizinisch nicht unbedingt notwendig war, aber bei dem noch folgenden Verhör Eindruck machen sollte. Offensichtlich hatte jedoch ohnehin niemand die Absicht, ihn ernsthaft zu bestrafen. Er wurde zwar für mehrere Tage in den Isolator gesperrt, bekam dort jedoch die gleiche Verpflegung wie wir und hatte sogar ein richtiges Bett mit Strohsack, Bettzeug und Decke zur Verfügung. Das waren geradezu unglaubliche Vergünstigungen für einen bestraften Häftling, insbesondere vor dem Hintergrund dessen, was wir in diesem Zusammenhang etwa in Gherla schon erlebt hatten. In dieser Zeit musste er lediglich einmal zu einer kurzen Anhörung, im Rahmen derer er eine schriftliche Erklärung zum Hergang des Unfalls unterzeichnen musste. Nach Ende seiner symbolischen Bestrafung konnte er umgehend an unserem Turbinenprojekt weiterarbeiten.

Mitte Juni waren wir dann so weit, dass wir die Aluminiumteile gießen und anschließend zusammenbauen konnten. Nach dem ersten Probelauf der Maschine mussten wir nur noch geringe Änderungen vornehmen, bevor wir voller Stolz deren Einsatzbereitschaft vermelden konnten. Noch vor Ende des Monats war die Turbine fertig aufgebaut und funktionierte einwandfrei. Für unsere erfolgreiche Arbeit ernteten wir viel Lob, insbesondere von dem für das Lebensmitteldepot zuständigen Feldwebel, der uns auch versicherte, dass selbst die Lagerführung unseren Einsatz wohlwollend zur Kenntnis genommen habe.

Eine erheiternde Anekdote folgte einige Wochen später noch, als unser Feldwebel in Begleitung des diensthabenden Oberleutnants, des Politruks und eines uns noch fremden Offiziers bei unserer Werkstatt aufkreuzte. Der fremde Offizier, der mit „Genosse Kommandant“ angesprochen wurde, weshalb wir vermuteten, dass es sich um den Nachfolger des verschwundenen Lagerkommandanten handelte, stellte uns die üblichen Fragen: Name, Alter, Strafmaß, weswegen verurteilt usw. Als er sich nach unserer fachlichen Ausbildung erkundigte, sagte der Politoffizier wichtigtuerisch, wir seien so eine Art Tausendkünstler, die alles könnten. „Genosse Kommandant“, fügte er hinzu, „Sie müssen es nur befehlen, und die drei bauen Ihnen auch eine Atombombe.“ „Nein, nein, danke“, erwiderte der fremde Offizier, auf den Scherz eingehend, „die können wir hier wirklich nicht gebrauchen.“ Damit endete der Besuch der hohen Herren in unserer Werkstatt auch schon, das Gespräch aber, das von etlichen Häftlingen mitgehört worden war, führte dazu, dass wir fortan die „Atombombenbauer“ waren.

Sport

Die bereits erwähnte allmähliche Liberalisierung brachte es mit sich, dass wir zwischenzeitlich auch etwas fairer entlohnt wurden. So erhielten wir statt der früher üblichen 20 nunmehr 40 Prozent des vom

Bergwerkskombinat bezahlten Arbeitslohnes. Hiervon wiederum wurde die Hälfte auf ein Sparbuch einbezahlt, über welches wir nach der Entlassung verfügen sollten, und die andere Hälfte erhielten wir in Form von Gutscheinen zum Einkauf innerhalb des Lagers. Generell ging die Entwicklung dahin, dass man die von uns erwartete Arbeitsbereitschaft weniger durch Zwang als vielmehr durch bestimmte Belohnungen zu erreichen suchte.

Eine der in diesem Zusammenhang ergriffenen Maßnahmen, die mit den größten Anklang bei den Häftlingen fand, war die Genehmigung, während der arbeitsfreien Zeit Sport zu treiben. Und zwar wurden die Stubenältesten aufgefordert, Abstimmungen über die bevorzugten Sportarten durchzuführen. Erwartungsgemäß landete Fußball bei der „Jugend", die auf Anhieb von dem Projekt hellauf begeistert war, auf dem ersten Platz, dicht gefolgt von Korbball. Beides wurde von der Lagerleitung anstandslos genehmigt, und es wurde zusätzlich noch gestattet, ein Reck für Turnübungen aufzubauen. Mit einer kaum noch für möglich gehaltenen Begeisterung gingen daraufhin die Gefangenen, die im Innendienst beschäftigt waren, daran, alles vorzubereiten. Tragbare Fußballtore wurden geschweißt und auch die Körbe für das Basketballspiel. Den Ball, der für beide Sportarten verwendet werden sollte, spendete der Feldwebel höchstpersönlich. Am aufwendigsten gestaltete sich die Vorbereitung des Spielfeldes. Da mussten haufenweise Steine beseitigt oder in den Boden gestampft werden und etliche Mulden waren aufzufüllen, bevor der Platz einigermaßen eben war. Das Reck, von mir aufgestellt, stand in einer Ecke des Sportplatzes.

An einem Sonntagnachmittag wurde dann das erste Fußballspiel angepfiffen und gleich im Anschluss daran das Korbballspiel. Jede Arbeitsschicht hatte ihre eigene Mannschaft aufgestellt, insbesondere für den Fußballsport gab es jede Menge Bewerber. Wegen der geringen Größe des Spielfeldes wurde lediglich mit sechs Feldspielern und einem Torwart pro Mannschaft gespielt, aber es wurden auch genügend Ersatzspieler nominiert, sodass alle zum Zuge kamen. Später wurden sogar insgesamt vier Mannschaften aufgestellt und mit diesen eine kleine Meisterschaft ausgetragen. Die Korbballer, zu denen auch Dietmar und ich gehörten, schafften es immerhin, drei Mannschaften auf die Beine zu stellen. Ältere Häftlinge wie etwa Major Galea oder Nelu Bucurestianu standen als Schiedsrichter zur Verfügung. Die anfängliche Begeisterung für den Sport blieb in den folgenden Monaten erhalten, ja steigerte sich sogar noch, und es dürften so um die 90 Prozent der Gefangenen gewesen sein, die bei den sonntäglichen Veranstaltungen als Spieler, Schiedsrichter oder zumindest Zuschauer mitmachten. Lediglich die Angehörigen religiöser Sekten standen – wieder einmal – abseits.

Zu jener Zeit erhielten die meisten Häftlinge fast wöchentlich Pakte von daheim. Leider gehörten Dietmar und ich nur selten zu den Privilegierten, trösteten uns aber damit, dass wir zusammen mit Dr. Tudose, den Priestern Mare und Dr. Butnaru, dem Flieger Galea und noch etwa einem Dutzend anderer Männer zu jener „Elite" gehörten, welche die Kanaille von Politoffizier besonders „ins Herz geschlossen" hatte, was dann die uns zuteilwerdende Sonderbehandlung zur Folge hatte. Dank der guten Kameradschaft wurden glücklicherweise auch wir zumeist bedacht, wenn die anderen Häftlinge die Liebesgaben ihrer Angehörigen in Empfang nahmen. Unvergessen blieb mir das Erlebnis, als Géza Hegedüs nach einer Sprechstunde mit seinem Bruder mit einem großen Backblech auftauchte, auf welchem eine frisch gebratene Gans und eine riesige Menge Bratkartoffeln lagen. Auch eine Schüssel Salat, ein Obstkorb und ein Kuchen waren ihm ausgehändigt worden, und ich durfte ihm helfen, die Kostbarkeiten in die Baracke zu transportieren, wo schon die geladenen Freunde warteten. Auf die Vielzahl der Leute aufgeteilt war die Menge der Leckereien gar nicht mehr so riesig, es blieb nur eine starke Handvoll für jeden, aber was zählte, war die großherzige Geste Gézas.

Ende Juli wurde ich zu einer Nachuntersuchung beordert, die ergab, dass ich gesundheitlich wieder in der Lage war, unter Tage zu arbeiten. Dr. Steinhausen versprach mir allerdings, anzuregen, mich vorerst an einem leichteren Arbeitsplatz zu verwenden. Doch noch bevor ich wieder eingesetzt werden konnte, kam plötzlich der gesamte Abbau zum Erliegen, weil in der Sohle 10 ein Brand ausgebrochen war. Es handelte sich um einen Abschnitt, welcher wegen der Instabilität der dortigen Gesteinsmassen gemieden worden war. Wie nun durchsickerte, hatten in den letzten Wochen Zivilbergleute Untersuchungen und sogar Förderversuche unternommen, um den dort lagernden guten Kupferkies abzubauen. Dabei waren, wie man später vermutete, zwei parallel zueinander liegende Erzschichten ins Gleiten geraten. Der gewaltige Druck im Zusammenwirken mit der Reibung führte zu einer Hitze, welche den großen Schwefelanteil im Erz entzündete.

Ursprünglich dachten alle, dass man den Brand binnen Stunden würde unter Kontrolle bekommen können, doch das Unterfangen erwies sich als wesentlich schwieriger als erwartet. Es vergingen Tage, ohne dass es gelingen wollte, den Schwelbrand zu löschen oder gar einzudämmen. Auch die Spezialisten, die man aus anderen Bergwerken und sogar aus dem Ausland herbeiholte, konnten vorerst nicht helfen. Der Einsatz gestaltete sich zudem immer schwieriger, weil wegen der giftigen Schweldämpfe nur noch mit Atemgerät gearbeitet werden konnte. Die meisten Häftlinge, die nun nicht einfahren konnten, beobachteten interessiert das hektische Treiben in der Nähe des Stollenmundes, wo zwischenzeitlich dauernd mehrere Rettungsfahrzeuge Wartestellung bezogen hatten.

Nach dem dritten oder vierten Tag der Zwangspause wurden die Essensrationen der nun nicht arbeitenden Häftlinge gekürzt, und auch die Barackentüren, die vormals tagsüber offen standen, wurden abgeschlossen. Der sichere Instinkt erfahrener Häftlinge ließ uns diese restriktiven Maßnahmen der Verwaltung aber noch nicht einmal als Strafe empfinden, sondern lediglich als Ausdruck der völligen Verunsicherung angesichts des unvorhergesehenen Unglücks und der ungewissen Zukunft. Die Zeit verging, und zwei Sondergruppen fuhren noch immer regelmäßig bei Tag und Nacht ein, ohne einen entscheidenden Erfolg verzeichnen zu können. Man arbeitete lediglich an der Konsolidierung der Gesteinsmassen, um so den ursprünglichen Grund des Brandes zu beseitigen, und versuchte ansonsten, den Brandherd einzudämmen beziehungsweise zu ersticken. Erst nach etwa zehn Tagen gelang es endlich, das Feuer zu löschen. Wer nun aber gedacht hatte, es würde wieder Ruhe einkehren und die Arbeit könnte alsbald im gewohnten Umfang wieder aufgenommen werden, sah sich getäuscht, denn es schien sich in jenem Sommer alles gegen Baia Sprie verschworen zu haben.

Unglück

Und zwar wurden – vielleicht auch, um den durch den vorangegangenen Brand verursachten Produktionsausfall zu kompensieren – etliche Hauer konzentriert in den Abbau der Strecken 11 und 12 eingesetzt, um dort eine Unmenge von Sprenglöchern zu bohren. Es war geplant, zu Ehren des 23. August, des Staatsfeiertages, eine gigantische Sprengung durchzuführen und damit eine Rekordmenge an Erz herauszulösen. Es wurden bis zuletzt etwa 300 (!) Sprenglöcher vorbereitet, und man hoffte, damit auf einen Schlag über 1000 Tonnen Erz ausbeuten zu können.

Als alle Bohrungen erledigt waren, begaben sich sämtliche zivilen Sprengmeister der Tagschicht ins Bergwerk, um die konzertierte Aktion durchzuführen. Etwa gegen 20 Uhr waren die charakteristischen Klopfgeräusche der Untertagesprengungen zu hören, doch handelte es sich eindeutig nicht um hunderte, sondern allenfalls um etwa 30 Explosionen. Dies war merkwürdig. Gegen 21 Uhr dann war vom Tor her aufgeregtes Geschrei zu hören, und wir sahen, wie Dr. Romanescu in Begleitung zweier Sanitäter eiligst ins Bergwerk eingefahren wurde. Schon nach wenigen Minuten tauchten sie wieder auf, gefolgt von einer größeren Gruppe Arbeiter, die Tragbahren mit offensichtlich Verletzten schleppten. Aus einiger Entfernung konnten wir mit ansehen, wie die Verletzten, es handelte sich um die sieben eingesetzten Sprengmeister, abgelegt wurden und die Sanitäter damit begannen, ihnen die Kleider vom Leib zu schneiden. Es sah nicht gut aus, die Körper der Verunglückten waren von zahllosen Wunden übersät, und teilweise ragten die gebrochenen Knochen heraus. Später hörten wir von Dr. Romanescu, dass bei seinem Eintreffen nur noch zwei Männer gelebt hatten, und auch diese beiden starben ihm im Laufe der nächsten Stunde sozusagen unter den Händen weg. Da konnten auch die weiteren Ärzte, die zwischenzeitlich eingetroffen waren, nichts mehr tun. Alle sieben Männer, die zu Ehren des 23. August die Riesensprengung hätten durchführen sollen, waren tot. Es war dies das schwerste Unglück in Baia Sprie seit den Zwanzigerjahren.

Als man später den Unglückshergang rekonstruierte, kam man zu dem Ergebnis, dass die getöteten Sprengmeister mit der ihnen gestellten Aufgabe offensichtlich überfordert waren. Wegen der Vielzahl der zu präparierenden Dynamitladungen waren die notwendigen Vorsichtsmaßnahmen vermutlich außer Acht gelassen worden. Vielleicht war auch – was immer wieder mal vorkam – eine fehlerhafte Zündschnur verwendet worden. Wenn der den Brand verzögernde Faden einer Zündschnur nämlich unterbrochen ist, brennt diese viel zu schnell ab – etwa einen Meter pro Sekunde. Für letztere Theorie sprach der Umstand, dass die Männer wohl noch zu fliehen versucht hatten, aber schon nach wenigen Metern von einer Explosion niedergestreckt worden waren und kurze Zeit später von der Druckwelle der bis dahin gezündeten etwa dreißig Dynamitladungen erfasst wurden. Die Arbeiter am Füllort hatten wegen der geringen Zahl der Explosionen gleich gemerkt, dass etwas schiefgelaufen sein müsse, und waren zum Unglücksort geeilt, wo sie die Verunglückten teilweise verschüttet zwischen den losgesprengten Erzbrocken fanden.

Was letzten Endes zu dem Unfall geführt hatte, wurde nie eindeutig geklärt, aber es war nicht zu leugnen, dass man erneut aus propagandistischen Gründen Menschenleben leichtfertig geopfert hatte. Bei uns Häftlingen löste die Nachricht von diesem schrecklichen Ereignis Bestürzung aus, hatten wir die Verunglückten doch alle gekannt. Insbesondere die Hauer, die täglich mit ihnen zusammengearbeitet hatten, waren zum Teil gut mit ihnen befreundet. Am folgenden Sonntag wurde vom griechisch-katholischen Pfarrer Mare im Lager ein Gottesdienst für die Toten abgehalten. Es war eine sehr bewegende Feier, an welcher praktisch sämtliche Lagerinsassen teilnahmen. Von offizieller Seite wurden die Opfer als Helden des Sozialismus gepriesen und im Rahmen einer offiziellen Veranstaltung bestattet. Weitere Aktionen zu Ehren des 23. August wurden in diesem Jahr nicht mehr durchgeführt.

Ende in Baia Sprie

In den Tagen nach dem Unglück wurde das bei der Sprengung angefallene Erz gefördert und anschließend die Arbeit eingestellt. Langsam sickerte durch, dass die Häftlingsarbeit in Baia Sprie endgültig eingestellt werden sollte. Die Frage, die sich natürlich jeder stellte, war, wie es für uns nun weitergehen würde. Die Lagerverwaltung und insbesondere die Unteroffiziere waren augenscheinlich ebenfalls verunsichert. Wahrscheinlich fürchteten viele, ihre relativ gut bezahlten Stellen zu verlieren.

Die allgemeine Entspannung der letzten Jahre, die unbestreitbar zu erkennen war, ließ uns hoffen, dass es in dieser guten Richtung weitergehen könnte. Vielleicht würde man, so dachten wir, nicht nur Häftlinge mit kleinen Strafen oder sogenannte Assimilierte freilassen, sondern auch andere Urteile revidieren und hohe Strafen herabsetzen. Im Großen und Ganzen konnte man erkennen, dass ein großes Kapitel kommunistischer Zwangsarbeitspolitik zu Ende ging. Begonnen hatte dieser Prozess mit der Einstellung der Arbeiten am Donau-Schwarzmeer-Kanal, dann folgte 1953 Gherla, und ab 1955 wurden auch die Bergwerke Valea Nistrului und Cavnic nicht mehr mit Häftlingen betrieben. Am 21. August 1956 wurde dann die Häftlingsarbeit im Lager Baia Sprie eingestellt. Wir mussten unsere Arbeitskleidung und die Bergmannsausrüstung abgeben und behielten nur die Gefängnisklamotten.

Später erfuhren wir, dass man nach und nach dazu überging, die vormals von Häftlingen erledigten Arbeiten durch Wehrpflichtige ausführen zu lassen, und zwar in der Regel von solchen, die aus irgendwelchen sozialpolitischen Gründen nicht an der Waffe dienen durften, darunter viele Deutsche, aber auch Söhne ehemaliger reicher Bauern oder wohlhabender Bürger. Bezahlt wurden auch sie nur mit einem besseren Taschengeld, doch zumindest durften sie nach der Arbeit noch etwas ausgehen und wurden nach Ablauf der Dienstzeit nach Hause entlassen.

Am 23. August, einem Donnerstag, durften wir uns noch einmal bei wunderschönem Wetter frei im Lager bewegen. Zum letzten Mal wurde

Fußball gespielt. Viele Freunde verabschiedeten sich vorsorglich voneinander, schließlich konnte keiner wissen, wohin man ihn bringen würde. Ein untrügliches Zeichen dafür, dass eine Verlegung bevorstand, war die Tatsache, dass wir wieder einmal zur Einsichtnahme unserer persönlichen Wertsachen aufgefordert wurden. Uhren und sonstige Wertgegenstände wurden vorgezeigt und die Höhe des auf dem Sparkonto hinterlegten Geldes mitgeteilt. Mein Guthaben betrug damals etwa 1000 Lei. Am 27. August wurden wir auf Lkw verladen und ohne Ketten, was bemerkenswert war, nach Baia Mare gefahren, wo man uns zu je 50 Mann in Viehwaggons sperrte. Die ganze Verladeprozedur ging überraschend ruhig und gesittet vonstatten, was uns positiv überraschte. Wir hatten bei ähnlicher Gelegenheit schon ganz anderes erlebt. Leider wurden Dietmar und ich getrennt, und es sollten noch vier Jahre vergehen, bis wir uns im Donaudelta wiedersahen. So verließen die letzten Häftlinge Baia Sprie, den Ort des Leidens. Manche freilich blieben für immer.

Kapitel V: Gherla – Zarca

Wieder in Gherla

Die Fahrt, auf welcher keiner von uns Ketten zu tragen brauchte, führte von Baia Mare über Dej nach Gherla am Someş. Für die Strecke von etwa 200 Kilometern brauchte unser schwer bewachter Sonderzug nur einige Stunden. Wie bei Sträflingstransporten üblich hielt der Zug ganz am Ende des Bahnhofsgeländes, abseits des zivilen Bahnhofsbetriebes. Als unsere Wagentüren beiseitegeschoben wurden, fuhren die bereitstehenden Duba-Häftlingstransporter mit offener Hintertür im Rückwärtsgang bis an die Waggons heran. So konnten wir direkt umsteigen. Dabei wurde von jeder Duba etwa die Hälfte der Belegschaft eines Waggons übernommen. Beim Umsteigen konnte ich erkennen, dass es auf dem ganzen Gelände von Offizieren und Wachmannschaften nur so wimmelte. Erleichtert nahm ich zu Kenntnis, dass es die früher in Gherla übliche „Empfangszeremonie" offensichtlich nicht mehr gab.

Das unerwartete Wiedersehen mit der Haftanstalt Gherla rief bei all denen, die schon einmal hier gewesen waren, ein mulmiges Gefühl hervor. Auch auf mich hatten die hier verbrachten zwei Jahre einen bleibenden Eindruck hinterlassen. Unwillkürlich musste ich an Goiciu und Istrate, an den Psychopathen Mihalcea und all die anderen Monsterfiguren denken, die dort früher zugange waren. Der Gedanke, dass der eine oder andere von ihnen womöglich doch wieder da sein könnte, ließ mich frösteln. Zweifel zu haben an einer grundlegenden Besserung der Verhältnisse in dem despotischen System, unter dem halb Europa litt, war zu jener Zeit durchaus begründet, zumal in unserer Lage. Allein die brutale Niederschlagung des Arbeiteraufstandes in der deutschen Ostzone veranschaulichte einmal mehr die Rücksichtslosigkeit und die Dimension dieser gesellschaftlichen Krise des 20. Jahrhunderts, des Kommunismus. Und Vorgänge wie dieser oder das spätere Niederwalzen des Ungarnaufstandes waren nur die Spitze des Eisberges. Brutale Repressalien gegen jede Form von Opposition waren in allen Ländern des sogenannten Ostblocks gang und gäbe.

Zusammen mit etwa 30 anderen kam ich in das Zimmer Nr. 29 im zweiten Stock des Hauptgebäudes. Hier, von wo aus man auf die Fabrik hätte blicken können, wenn die Blenden an den Fenstern nicht gewesen wären, hatte ich bereit 1952 zusammen mit Harry, Fredi und Dietmar gleich nach der Ankunft aus Jilava „gewohnt“. Im Zimmer waren nur Neuankömmlinge untergebracht, weshalb wir vorerst niemanden nach den derzeitigen Bedingungen in Gherla fragen konnten. Glücklicherweise hatten wir aber einen jungen Mann unter uns, der das Gefängnismorse gut beherrschte und der schon nach kurzer Zeit mit anderen „Funkern“ in Verbindung trat. Durch ihn erfuhren wir unter anderem, dass zwischenzeitlich Postkarten für Pakete und sogar für Sprechstunden ausgegeben wurden.

Nach einigen Tagen konnten wir dann selbst feststellen, dass sich die Bedingungen auch hier zum Guten gewandelt hatten. Die Verpflegung war verglichen mit jener von 1952 und 1953, als wir auch noch arbeiten mussten, annehmbar. Wir durften fast täglich je eine Viertelstunde zum Spazieren in den durch Schilfmatten in vier Bereiche unterteilten Gefängnishof. Beaufsichtigt wurden wir hierbei von einem zentralen Hochsitz aus. Zum Duschen ging es wöchentlich, es gab genügend Seife und auch warmes Wasser, und man ließ uns etwa eine Viertelstunde Badezeit. Der Frisör kam wöchentlich aufs Zimmer. Die Stockbetten waren mit ordentlichen Strohsäcken, Bettlaken, Kissen und je einer Decke ausgestattet. Besonders groß war die Freude, als wir nach einigen Tagen tatsächlich Postkarten ausgehändigt bekamen, um damit von daheim Pakete anzufordern, und zugleich ausnahmslos allen gestattet wurde, je einen Angehörigen zu einem Besuch zu laden. Diesmal sogar mir. Die Sprechstunde, zu der ich meinen Vater bat, sollte am 6. November stattfinden. Meine Aufregung und Freude im Vorfeld dieses ersten Besuches nach immerhin fünf Gefängnisjahren kann man sich leicht ausmalen.

Die Tatsache, dass wir zwischenzeitlich nicht mehr zur Arbeit mussten, sondern den überwiegenden Teil des Tages auf dem Zimmer verbrachten, ließ die Zeit nur quälend langsam verstreichen. Trotzdem waren wir vorerst noch alle froh, dass uns die anstrengende und oftmals gefährliche Zwangsarbeit nunmehr erspart blieb. Später sollte ich allerdings die Erfahrung machen, dass das untätige Eingepferchtsein in einer Zelle noch zermürbender sein kann als Arbeit. Meinen unendlichen Zeitüberschuss, ein Luxus, über den für gewöhnlich nur Menschen in Gefangenschaft verfügen, suchte ich dadurch gewinnbringend zu nutzen, dass ich mich oft und intensiv mit meinen Mithäftlingen unterhielt. Unter diesen befanden sich viele interessante Menschen, denen zuzuhören und mit denen sich zu beschäftigen für mich eine Bereicherung darstellte.

Da wäre zum Beispiel Mos Chiriac zu erwähnen, einer der vielen Männer des Vrancea-Lots, die in unserem Zimmer untergebracht waren. Mit seinen etwa 50 Jahren war der ehemalige Jäger eigentlich noch gar kein „Mos“ (Alter), weshalb der Namenszusatz ihm von seinen Moldauer Landsleuten wohl mehr oder weniger ehrenhalber verliehen worden war. Kennengelernt hatte ich den kleinen, sehr kräftigen Mann bereits in Baia Sprie, doch hatte ich damals nur selten Gelegenheit, mich ausführlich und ungestört mit ihm zu unterhalten.

Seinen Lebensunterhalt hatte der rotblonde Mann mit den stechenden grauen Augen und dem gezwirbelten Schnurrbart früher als Pelztierjäger bestritten. Unter anderem hatte er nach eigenem Bekunden etwa ein halbes Hundert Bären erlegt, die meisten für das Forstamt, welches solche Aufträge regelmäßig vergab, wenn sich ein Bär auf das Reißen von Rindern oder Schafen verlegt hatte. Da er als guter Schütze auch als Jagdbegleiter gebucht wurde, lernte er auf diesem Wege diverse in- und ausländische Politiker und Geschäftsleute kennen, darunter ein Mitglied der Familie Krupp. Dem deutschen Gast, der in Begleitung eines rumänischen Ministers unterwegs war, glückte der Abschuss eines besonders großen Bären, was ihn veranlasste, Mos Chiriac eines seiner Gewehre zu schenken. Mit dieser hervorragenden Waffe – es handelte sich um einen Drilling der Marke Krupp – gelang ihm noch so mancher Abschuss, bis er dann nach dem Krieg und der Machtergreifung der Kommunisten seinen Beruf nicht mehr ausüben durfte und auch sein Gewehr in den Besitz des örtlichen Kreisparteichefs wechselte. Wenn Chriac auf diese Episode zu sprechen kam, verengten sich die Augen des ansonsten zumeist humorvollen Mannes zu engen Schlitzen, und man konnte sich gut vorstellen, dass sein rechter Zeigefinger zuckte. Es war, so sagte er, der Raub dieses Gewehres, der ihn endgültig veranlasste, sich der Widerstandsbewegung im Vrancea-Gebiet anzuschließen. Nach der Zerschlagung der recht großen Organisation wurde er verhaftet und zu 15 Jahren Zwangsarbeit verurteilt.

Ebenfalls noch aus Baia Sprie kannte ich zwei ehemalige Flieger, einen Oberleutnant und einen Major, mit denen ich nun gerne meine Zeit verbrachte. Der eine, Mircea Robovici, fand nach seinem Einsatz als Frontflieger im ersten Kriegsjahr ab 1942 Verwendung als Testpilot und Ausbilder. Er erzählte mit Begeisterung von seiner Zeit bei den Heinkel-Werken in der Nähe von Stuttgart. Sein Partner, der ehemalige Major, ein ebenfalls weit gereister Mann, der sehr kunstinteressiert war und gerne kleine Vorträge zu diversen kunsthistorischen Themen hielt, sprach unter anderem einmal über Numismatik. Dies erinnerte mich daran, dass wir früher daheim eine alte Zigarrenkiste meines Großvaters stehen hatten, in welcher etliche alte Münzen, darunter Silbermünzen aus dem 17. und 18. Jahrhundert, lagerten. Ob und gegebenenfalls welchen Wert diese Münzen besaßen, konnte ich nur mutmaßen, aber ich fasste damals allen Ernstes den Vorsatz, mich später einmal mit dem Sammeln von Münzen zu beschäftigen. So abwegig dies unter den gegebenen Umständen auch erschien, so hatte ich doch Glück und schaffte es sogar – wenn auch erst über ein Jahrzehnt später –, zum stellvertretenden Vorsitzenden des Numismatischen Vereins in Temeschburg gewählt zu werden.

Ein weiterer bemerkenswerter Mann, mit dem ich damals das Zimmer teilte, war der ehemalige Gymnasiallehrer für Geschichte und Philosophie Ioan Avram, dem ich in Baia Sprie durch Herrn Walter vorgestellt worden war. Herr Avram, ein Anhänger des Anthroposophen Rudolf Steiner, war längere Zeit in Deutschland gewesen und ein Kenner und Bewunderer der deutschen Kultur. Von den Russen, worunter er die Bolschewiken verstand, hatte er keine gute Meinung; was mich damals jedoch erstaunte, war die Tatsache, dass die Engländer und Amerikaner bei ihm auch nicht viel besser wegkamen.

Während all der Gefängnisjahre hörten die Versuche der Machthaber nie auf, die Kommunikation der politischen Häftlinge untereinander zu unterbinden oder zumindest zu stören. Im Gegenzug ersannen diese immer neue und ausgeklügeltere Methoden der Nachrichtenübermittlung. So gab es immer je nach Zeit und Ort unterschiedlich lange Verbotslisten, die zum Beispiel besagten, dass es dem Häftling verboten sei, zu schreiben, zu zeichnen, zu pfeifen oder zu singen. Auch das Zusammenstehen von mehr als drei Personen oder ein Gespräch zu führen, welches nicht unmittelbar mit der zu erledigenden Arbeit zusammenhing, konnte verboten sein, und 1953 war es in Gherla sogar untersagt, durch den Fabrikhof zur Latrine zu gehen. Es musste gelaufen werden. Verstöße gegen die ausgesprochenen Verbote konnten von den Wachmännern je nach Laune mit Ohrfeigen, Faustschlägen oder Fußtritten geahndet werden. Freilich war ein genaues Überwachen beziehungsweise Einhalten des umfangreichen Vorschriftenkataloges in der Praxis kaum möglich und auch nicht gewollt. Aber wenn man einen Gefangenen auf dem Kieker hatte, boten die Verbotslisten eine prima Handhabe, um diesen zu zermürben. Der Strafvollzug wurde dadurch zu einem wahren Eldorado für Sadisten wie die früheren „Reeducare"-Leute Goiciu oder Lazar. Über Lazar etwa berichtete mir einmal ein ehemaliger Student, wie dieser alle 50 Mann eines Zimmers, es waren überwiegend Jugendliche, darunter viele ehemalige Studenten, im Winter 1949 mit Decken auf dem Rücken in den Hof treiben ließ, wo sie von den Wärtern bis zur völligen Erschöpfung herumgehetzt wurden. Als sie dann durchgeschwitzt waren, mussten sie ihre Jacken und Decken auf einen Haufen werfen und sich „zur Abkühlung" in den Schnee legen. Erwartungsgemäß waren am nächsten Tag alle erkrankt und wurden dann – um die Perversion auf die Spitze zu treiben – auf verschiedene Zimmer verteilt, in welchen bereits Tb-Kranke untergebracht waren. Es folgte zwangsläufig ein sprunghafter Anstieg der Tuberkuloseerkrankungen in Gherla. Fast durchgehend und überall verboten war das Schreiben, und zur Ahndung entsprechender Verstöße wurde auf Karzerstrafe, Nahrungsentzug und gelegentlich sogar auf Kollektivstrafen zurückgegriffen.

Die ersten Wochen in Gherla gingen ohne nennenswerte Ereignisse vorüber. Fast täglich wurden wir für je eine halbe Stunde zum Spaziergang geführt. Mit den anderen Häftlingen, die zeitgleich in den benachbarten Hofvierteln spazierten, war hierbei jegliche Kontaktaufnahme verboten. Um jede auch noch so kurze gesprochene Mitteilung durch die Zäune unmöglich zu machen, hatten die Häftlinge dauernd im Kreis zu laufen, und zwar so, dass die Gruppen in zwei nebeneinanderliegenden Höfen ihren Kreis in entgegengesetzter Richtung zu gehen hatten. Durch die gegenläufige Bewegung war ein Gespräch mit jemandem aus dem Nachbarhof unmöglich, selbst wenn durch die dünnen Schilfmatten hindurch ein Flüstern grundsätzlich möglich gewesen wäre. Die Aufseher, die auf dem Hochsitz am Schnittpunkt der vier Behelfszäune ihren Dienst taten, überwachten mit Argusaugen die Einhaltung aller Regeln. Wir freuten uns schon, wenn wir einen Bekannten aus der Ferne erblickten und damit zumindest wussten, dass ein Kamerad in der Nähe war. Das mag unwichtig erscheinen, aber für uns damals, gefangen in einer feindlichen Umgebung, waren solche Kleinigkeiten durchaus bedeutsam. In dieser trostlosen Lage, eine völlig ungewisse Zukunft vor Augen, war es allein die Gemeinschaft der Kameraden, die dem Einzelnen etwas Halt geben konnte.

Ein immerwährendes Ärgernis war das nur für politische Häftlinge geltende Verbot, Papier zu besitzen. Selbst Toilettenpapier war untersagt. Man behalf sich – sofern vorhanden – mit kleinen Lumpenstücken, im Notfall sogar mit alten Schilfmatten. Wasser, um sich zu waschen, war auch nicht immer vorhanden. Wenn man sich länger im Freien aufhielt wie später im Donaudelta, konnte man sich im Gelände mit Gras und Pflanzenblättern behelfen. Als wir später in der Zarca eine neue Zelle bezogen, fanden wir in einem Lüftungsschacht eine Glasflasche versteckt, die offensichtlich von den vormaligen Häftlingen zum Waschen nach der Notdurft verwandt worden war. Auch wir nahmen sie in Gebrauch, zumindest so lange, bis sie bei einer gründlichen Zellendurchsuchung gefunden und uns leider weggenommen wurde. Wenigstens an Seife herrschte für gewöhnlich kein Mangel. Es handelte sich zwar um eine minderwertige, übel riechende Sorte von Waschseife, aber immerhin.

Das im Sinne des Wortes scheußlichste Erlebnis meiner gesamten Haftzeit hing auch damit zusammen, dass man sich mangels Klopapier nach der Notdurft waschen und anschließend mit einem Lumpen abtrocknen musste. Es nahm seinen Anfang, als eines Morgens festgestellt wurde, dass das WC verstopft war. Die Versuche, den Stau mittels Wasser, das wir aus den Essgeschirren in die Schale kippten, zu beseitigen, erwiesen sich recht bald als nutzlos. Die Meldung der Angelegenheit durch den Zimmerältesten beim anschließenden Morgenappell erbrachte auch keine schnelle Lösung, sondern vielmehr nur den Hinweis, das Problem möge dem für die Etage zuständigen Aufseher angezeigt werden, was anschließend auch geschah. Dieser hatte aber ebenfalls keine Eile, sondern vertröstete uns auf später und lehnte auch unsere Bitte ab, uns einen Stock oder Besenstiel zu besorgen, um damit selbst Hand anzulegen.

Die Zeit verging und es geschah noch immer nichts, außer dass bei denen, die noch nicht auf dem WC waren, die Not zunahm. Die Leute wurden immer ungeduldiger. Der Zimmerälteste trommelte an der Tür und meldete erneut, mit dem einzigen Erfolg, dass er vom Caraliu abermals auf später vertröstet wurde. Und natürlich geschah wieder nichts. Als die Lage wirklich unhaltbar wurde, machte ich den Vorschlag, mit der Hand hineinzugreifen und zu versuchen, so die Verstopfung zu beseitigen. Wir vermuteten nämlich bereits, dass ein hineingefallener Lumpen Auslöser des ganzen Ärgernisses war. Der „Täter" hielt sich natürlich bedeckt.

Der Vorschlag wurde mangels sonstiger Möglichkeiten angenommen, und da sich kein anderer Freiwilliger vordrängte, entblößte ich meinen Oberkörper und tauchte meinen Arm bis weit über den Ellenbogen in die Schüssel. Das Risiko, mir bei dieser unbeschreiblich ekelerregenden Arbeit auch noch eine lebensgefährliche Infektion zuzuziehen, war mir dabei bewusst. Aber was hätte ich machen sollen? Die Tatsache, dass die anderen Gefangenen mit den Essgeschirren voller Wasser um mich bereitstanden, war im Grunde genommen auch nicht mehr als eine moralische Unterstützung. Jedenfalls war ich insofern erfolgreich, als ich den Verdacht, ein stecken gebliebener Lumpen hätte das Unglück ausgelöst, bestätigen konnte und diesen mithilfe eines Drahtes auch entfernte. Anschließend musste ich noch mittels Pumpbewegungen meiner eingetauchten Hand den Stau auflösen.

Meinen Arm eine Stunde lang unter Einsatz von sehr viel Seife zu waschen reichte nicht aus, um mich wieder völlig gestankfrei zu kriegen. Dabei mussten mich sogar die anderen beschnuppern, weil mein eigener Geruchssinn abgestorben schien und nur noch Sch… roch. Wegen des üblen Geruchs, der sich offensichtlich in den Poren festgesetzt hatte, war ich in den folgenden Tagen gezwungen, mit meiner Linken zu essen. Aber immerhin wurde ich nicht krank, insofern endete der Einsatz doch noch glimpflich für mich.

Bis zum Aufstand in Ungarn im Oktober 1956, als die Gefängnisleitung damit begann, den internen Nachrichtenstrom der Gefangenen durch die Anwendung drakonischer Strafen noch strenger zu unterbinden, gehörte der Morsefunk zum Alltagsbild in den Zimmern der Gefangenen. Es war wirklich erstaunlich, was von manchen Spezialisten – es handelte sich in der Regel um ehemalige Militärfunker – diesbezüglich geleistet wurde. Wenn man tagsüber in der Nähe des Heizkörpers stand, hörte man praktisch ununterbrochen Klopfzeichen, ein für den Nichteingeweihten unentwirrbares Geräuschchaos. Dabei wurde das Strichzeichen durch zwei kurz aufeinanderfolgende Punkte ersetzt.

Jeder bessere Morsepraktiker hatte ein eigenes Zeichen, mittels dessen er sich bei einem Partner, den er vielleicht persönlich gar nicht kannte, anmeldete. Der Angerufene antwortete mit seinem Zeichen. Gut eingespielte Paare störten sich überhaupt nicht daran, dass im Leitungsnetz gleichzeitig kreuz und quer gemorst wurde. Sie konnten ihren Partner trotzdem ohne Weiteres heraushören und somit verstehen. Manche der erhaltenen Nachrichten bestätigten sich irgendwann, andere nicht. Es gab auch regelmäßig gezielt lancierte Falschnachrichten, die von den Politoffizieren mithilfe von Spitzeln im Umlauf gebracht wurden. Man versuchte auf diesem Wege, die Gefangenen weiter zu verunsichern und ihre Moral zu untergraben, und natürlich sollten die Skepsis und das Misstrauen der Häftlinge gegenüber jeder Art von Nachricht aufrechterhalten bleiben. Der Spitzel, der sich für diese Aufgabe hergab, war nicht zwingend der geborene Verräter, der auf seinen Judaslohn wartete, sondern gelegentlich nur ein ertappter Morsepraktiker, der von der Verwaltung mit massivem Druck dazu gebracht worden war, als umgedrehter Agent nunmehr „Enten" zu senden. Allerdings wurden diese „Maulwürfe" meistens schnell entlarvt und anschließend von den Mithäftlingen gemieden.

Eine weitere häufig zur Nachrichtenübermittlung von Zimmer zu Zimmer angewandte Methode war das sogenannte „Telefon". Hierbei benutzten die Gesprächspartner ein Blechgefäß, zumeist das Essgeschirr, welches sie mit der Öffnung gegen die Zimmerwand drückten. Wenn man dann gegen den Gefäßboden sprach, so konnte der Partner, der im Nachbarzimmer sein Geschirr an derselben Stelle gegen die Wand drückte und an seinem Gefäßboden lauschte, dies recht gut hören. Diese Methode bewährte sich nicht zuletzt wegen des nur geringen Aufwandes und weil keine Vorkenntnisse vonnöten waren in der Gefängnispraxis recht gut. Die Zeichensprache der Taubstummen, die von dem einen oder anderen auch angewandt wurde, war da schon schwieriger, ganz abgesehen davon, dass ein Sichtkontakt zum Gesprächspartner zwingend gegeben sein musste. Der behelfsmäßige „Güterverkehr" zwischen den übereinander gelegenen Zimmern wurde mittels der sogenannten „parașuta" (Fallschirm) bewerkstelligt. Es handelte sich um eine dünne, aber starke Schnur, mit deren Hilfe Kassiber, Lebensmittel oder die als Zahlungsmittel beliebten Zigaretten von oben in ein darunterliegendes Zimmer abgeseilt werden konnten. Durch geschicktes Pendeln war im Schutze der Dunkelheit sogar das Erreichen eines seitlich gelegenen Fensters möglich.

Wie schon geschildert waren die ersten beiden Monate seit unserer Wiederankunft in Gherla recht ereignisarm verlaufen. Einige unter uns hatten Pakete mit Lebensmitteln zugeschickt bekommen und die ersten aus dem Zimmer hatten auch schon Besuch empfangen. Alle waren glücklich, einen Angehörigen gesehen und gesprochen zu haben, wenn auch nur für zehn Minuten. Sie berichteten anschließend stolz, was sie über ihre Frauen, Kinder oder andere Verwandte erfahren hatten. Manche kamen freilich auch niedergeschlagen und enttäuscht zurück, weil sie schlechte Nachrichten erhalten hatten: von Frauen, die sich scheiden lassen wollten, verstorbenen Verwandten, Krankheiten und allzu oft von der finanziellen Not der gesamten Familie. Für die meisten Gefangenen war das die erste Sprechstunde seit ihrer Verhaftung und damit ein entsprechend großes Ereignis. Auch ich zählte die Tage bis zum 6. November.

Im Zimmer hatten sich wie in diesen Fällen üblich verschiedene Grüppchen gebildet. Die Bauern saßen zusammen, besprachen ihre landwirtschaftlichen Probleme und was sie alles zu tun gedachten, wenn die Kommunisten sich eines Tages zum Teufel geschert hätten. Nur gut, dass keiner von ihnen in die Zukunft sehen konnte. Was mich anging, so hielt ich mich viel in der Gesellschaft von Herrn Avram und den beiden Fliegern auf. Die Diakone der orthodoxen Kirche, darunter Stefan Milea, beteten oft und lange zusammen und unterhielten sich ansonsten hauptsächlich über Fragen der Seelsorge. Auch interessierte Laien beteiligten sich an ihren Gesprächen.

Was die Häufigkeit des Betens anging, wurden die orthodoxen Geistlichen nur noch von den beiden Moslems überboten, die ebenfalls in unserer Zelle einsaßen. Muedin Abdulhamid und Ali Bekmanbet waren Tataren aus der Dobrudscha. Während des Krieges dienten sie bei der rumänischen Abwehr und setzten sich speziell für die Rekrutierung zahlreicher Krimtataren ein, die aufseiten der Achsenmächte kämpfen wollten. Dafür wurden sie nach dem Krieg zu hohen Haftstrafen verurteilt. Besonders Abdulhamid, ein Hodscha, also Geistlicher und Doktor der Islamwissenschaften, war ein umfassend gebildeter Mensch und hatte vor dem Krieg unter anderem in Kairo studiert. Von ihm erfuhr ich damals zum ersten Mal von der massiven Unterstützung der in Russland ansässigen Moslems durch das Deutsche Reich. Er war, erzählte er mir, selbst mit der Verteilung von in Deutschland gedruckten Koran-Exemplaren befasst. Dies dürfte dazu beigetragen haben, dass Abdulhamid besonders deutschfreundlich war. Auch sonst kann beiden Männern während der Zeit unserer gemeinsamen Haft eine tadellose Haltung bescheinigt werden. Ihre religiös vorgeschriebenen rituellen Waschungen nahmen sie mehrmals täglich vor; da es aber des Öfteren an Wasser mangelte, beschränkten sie sich hierbei zumeist auf ein nur symbolisches Betupfen des Gesichtes sowie der Hände und Füße mit dem nassen Finger.

Ungarnaufstand

Es war am 23. Oktober 1956, einem Dienstag, als bei der üblichen Morgenzählung nicht wie sonst nur der diensthabende Feldwebel mit einigen Unteroffizieren erschien, sondern auch noch zwei Offiziere. Mit dem uns Häftlingen eigenen Gespür für derlei Dinge erkannten wir sofort einen Stimmungswandel bei den gereizt wirkenden Männern. Die Bretterblenden an den Fenstern wurden inspiziert, und auch die eisernen Gitter wurden nach langer Zeit wieder einmal abgeklopft. Später, nachdem sie gegangen waren, fiel uns auf, dass von den Korridoren keinerlei Geräusch auf den Hofgang der anderen Häftlinge hindeutete, und tatsächlich sollte in den kommenden Wochen auch unser sonst übliches Spazierprogramm ausfallen. Auch den Insassen der anderen Zimmer, mit denen wir uns mittels der bereits geschilderten Methoden austauschten, war natürlich aufgefallen, dass etwas Ungewöhnliches im Gange war.

Die Spannung sollte sich noch steigern, als wir durch die seitlichen Spalten an den Bretterblenden erkannten, dass auf den äußeren Wachtürmen nunmehr Doppelposten Dienst taten und dass das Gefängnisgebäude Tag und Nacht von Militärpatrouillen umkreist wurde. Der sonst übliche Friseurbesuch fiel ebenso aus wie der Badetag, und die Bediensteten, die unsere Zimmer einzeln überhaupt nicht mehr betraten, wurden immer nervöser und gröber, so wie in den alten, längst überwunden geglaubten Zeiten.

Eines Tages behauptete ein „Lauscher" aus unserem Zimmer, der oft an der Tür horchte, er habe Frauenstimmen gehört. Den meisten schien dies unwahrscheinlich, doch etwas später erfuhren wir per Morse sehr zu unserer Verblüffung, dass tatsächlich zwischenzeitlich im Erdgeschoss zwei Frauen einsaßen. Diese sollten, hieß es, die einzigen weiblichen Mitglieder einer Gruppe von fast 600 ehemaligen Kriegsgefangenen sein, die aus Russland gekommen waren und nun – warum auch immer – hier erneut eingesperrt waren. Später sollte ich noch mehr über das bittere Schicksal dieser Leute hören.

Vorerst beschäftigten uns vor allem jene neuen Nachrichten, die als wirklich sensationell zu bezeichnen waren. Im Nachbarland Ungarn musste „etwas Großes" im Gange sein, man sprach von einer Revolution, aber es sickerten auch Behauptungen durch, wonach die Ungarn versucht hätten, Siebenbürgen zurückzuerobern. Ein besonders wildes Gerücht besagte sogar, es seien UNO-Truppen in Siebenbürgen gelandet. Die Nachricht von der Ungarischen Revolution sollte sich später als wahr herausstellen, während das Gerücht von einer versuchten Eroberung Transsylvaniens durch die ungeliebten Nachbarn sich als Maßnahme zur Aktivierung der bei vielen Rumänen gegen die Magyaren latent vorhandenen Ressentiments erwies. Ein Schachzug, der vor dem Hintergrund der jahrhundertealten Rivalität der beiden Völker durchaus nicht unklug war und damals auch außerhalb der Gefängnismauern angewandt wurde, um ein mögliches Zusammengehen von rumänischen und ungarischen Antikommunisten zu erschweren.

Auf welchem Wege diese Nachrichten ins Gefängnis gelangt waren und Eingang in unser Nachrichtennetz gefunden hatten, weiß ich noch heute nicht. Es muss davon ausgegangen werden, dass etliche dieser sich später als falsch erweisenden Informationen vom Politbüro der Haftanstalten gezielt in Umlauf gebracht worden waren. Man wollte damit unter anderem das Misstrauen der politischen Häftlinge gegenüber jeder Art von Nachricht schüren.

Spannend wurde es, als wir durch die Ritzen der Fensterblenden sehen konnten, wie Soldaten begannen, MG-Stellungen in der Nähe des Gefängniszaunes mitten im anliegenden Friedhof auszuheben. Die Maschinengewehre, die auf die Landstraße Dej-Klausenburg gerichtet waren, sollten ganz offensichtlich einen Angriff von außen auf die Haftanstalt abwehren. Wir beobachteten ununterbrochen jede Bewegung draußen im Friedhof. Das war natürlich verboten, aber mehrere Leute standen immer „zufällig" auf dem Streifen zwischen den Bettenreihen herum und verdeckten so die Sicht der Wärter vom Guckloch in der Zimmertür aufs Fenster.

Um die Frage, was zu tun sei, falls ein Angriff auf das Gefängnis erfolgen sollte, wurde heftig debattiert. Sollte tatsächlich von außen eine Befreiung versucht werden, so bestand – das war allen klar – für uns höchste Lebensgefahr. Wir waren überzeugt, dass die Securitate uns eher liquidieren würde, als unsere Befreiung zuzulassen. Die Militärs unter den Gefangenen vertraten die Ansicht, dass es galt, unbedingte Ruhe zu bewahren, diszipliniert zu bleiben und nichts zu unternehmen, was Repressalien provozieren müsste. „Es geht für uns um Leben oder Tod", resümierte einer der Wortführer.

Die offensichtliche Zurückhaltung der Caralii in dieser Phase konnten wir uns nur damit erklären, dass die Verwaltung angewiesen worden war, die Häftlinge noch strenger als sonst zu isolieren, ansonsten aber nicht gewalttätig zu werden, eine Richtlinie, die einzuhalten manchem Wärter schwergefallen sein dürfte. Ich denke da an solche Schlägertypen wie die Brüder Somlea, die schon seit 1952 in Gherla ihr Unwesen trieben. Vermutlich war es so, dass man bis in die höchsten Parteikreise verunsichert war und erst einmal abwarten wollte, wie sich die Ungarnkrise entwickeln würde. Jedem war klar, dass der Fortbestand des kommunistischen Regimes mit der Anwesenheit der Sowjetarmee stand oder fiel, und ebendiese befand sich in Ungarn gerade auf dem Rückzug. Erst ab November, als die Sowjets zum Gegenangriff antraten und den Aufstand niederschlugen, begannen sich die Kommunisten auch in Rumänien wieder sicherer zu fühlen. In Gherla sollte sich dies dadurch bemerkbar machen, dass man vonseiten der Verwaltung begann, die ganze angestaute Angst an den verhassten Gefangenen abzureagieren. Diese radikale Wandlung der Gefängnisverwaltung vom Kommandanten bis zum letzten Unteroffizier erfolgte schlagartig. Man hörte, wie Türen im Zellentrakt aufgerissen wurden, und man hörte die Caralii wieder toben und schreien. Jetzt zeigten sich unsere Bewacher wieder von ihrer wahren Seite, in die Gefängnisse kehrte „Normalität" zurück und es sollte eine neue, sehr schwere Periode der Haft beginnen.

Mittlerweile war auch der von mir so sehnlichst erwartete 6. November verstrichen, ohne dass die Sprechstunde mit meinem Vater stattgefunden hätte. Das kam nicht überraschend, hatte ich doch schon durch unseren „Nachrichtendienst" mitbekommen, dass seit Beginn des Ausnahmezustandes sämtliche Besuche untersagt worden waren. Lediglich die Pakete wurden weiterhin ausgehändigt.

Daher wurde auch ich einige Tage nach dem geplatzten Termin in ein Zimmer im Erdgeschoss bestellt, wo ich ein Paket in Empfang zu nehmen hatte, welches – ebenso wie etliche andere, die dort aufgestapelt standen – ganz offensichtlich nicht per Post eingetroffen war. Also musste mein Vater hier gewesen sein, ohne dass wir uns hatten sehen können. Immerhin hatte man die mitgebrachten Sachen – es handelte sich hauptsächlich um Lebensmittel, aber auch um Zigaretten und um von meiner Mutter gestrickte Wollsocken – hierbehalten. Zu meiner Überraschung sagte mir der anwesende Unteroffizier vertraulich, er habe mit meinem Vater gesprochen, bei uns daheim sei alles in Ordnung, alle seien gesund und ließen mich grüßen. Da der Mann so unerwartet gesprächig war, wagte ich zu fragen, wieso die Sprechstunde eigentlich ausgefallen sei. Hierauf antwortete er, dass er mir nichts sagen dürfe, dass aber wegen „der Ereignisse" sämtliche Besuche untersagt worden seien.

Erst acht Jahre später, als ich wieder zu Hause war, erfuhr ich von meinem Vater, was sich damals zugetragen hatte. Er war am besagen 6. November früh am Morgen in Gherla eingetroffen und hatte sich zur Haftanstalt durchgefragt. Dort angekommen traf er auf etwa ein Dutzend Besucher, die alle für diesen Tag bestellt waren. Man führte sie in ein Büro im Vorhof der Haftanstalt, wo ihnen eröffnet wurde, dass die Sprechstunden vorerst nicht stattfinden könnten, sie sollten nachmittags wiederkommen. Am Nachmittag dann wiederholte sich das Schauspiel und man vertröstete sie auf den kommenden Morgen, wies allerdings bereits darauf hin, dass die Sprechstunden ganz untersagt werden könnten. Man warte, hieß es, auf neue Anweisungen „von oben". Also zog mein Vater mit Koffer und Rucksack los, um ein Nachtquartier zu suchen, das er alsbald auch bei einer wohlhabenden armenischen Familie fand. Die Armenier, obwohl sonst in Siebenbürgen kaum anzutreffen, bildeten neben den Ungarn in Gherla eine recht große Bevölkerungsgruppe, hatten eine imposante Kirche im Ort und sogar ein eigenes Museum. Von den sehr freundlichen Gastgebern erfuhr mein Vater einiges über den Ort und das Gefängnis. Am nächsten Tag dann ging er erneut zur Haftanstalt und wurde zusammen mit den anderen Besuchern wieder bis zum Nachmittag hingehalten, als man ihm endgültig sagte, dass ein Treffen mit mir nicht stattfinden könne. Es sei lediglich erlaubt, die mitgebrachten Sachen hierzulassen, man würde mir diese später aushändigen. Also beschaffte mein Vater noch schnell einen Papiersack, in welchem er die Lebensmittel zurückließ, bevor er wieder nach Temeschburg aufbrach.

Mit der Niederschlagung des Ungarnaufstandes endete auch die hektische Phase in Gherla. Im Nachhinein muss ich feststellen, dass es wahrscheinlich ein großes Glück war, dass uns damals die wahren Gründe für die Aufgeregtheit der Wachmannschaften verborgen geblieben waren, denn sonst hätten wir uns vielleicht dazu hinreißen lassen, eine Revolte zu unternehmen, deren tragisches Ende außer Frage gestanden hätte.

Wie wir später erfuhren, hatte ein gewisser Leutnant Teodor Margineanu versucht, die Haftanstalt anzugreifen, um die politischen Häftlinge zu befreien. Margineanu, ein in Dej stationierter Artillerieoffizier, hatte eine Gruppe von Soldaten mit dem utopischen Ziel um sich geschart, die Sowjets aus dem Land zu treiben. Als der Ungarnaufstand losbrach, wähnten sie die große Stunde gekommen und versuchten, eine Panzereinheit für ihre Sache zu gewinnen, um mit dieser als erstes die politischen Häftlinge in Aiud und Gherla zu befreien. Zusammen mit den Häftlingen sollte anschließend die Befreiung von Klausenburg (Cluj) als erster größerer Stadt in Siebenbürgen erfolgen. Das Unternehmen wurde verraten, und Leutnant Margineanu und seine Mitstreiter wurden gefangen genommen und später verurteilt. Nach dem Prozess, welcher mit einem Todesurteil für den Leutnant und hohen Haftstrafen für die anderen Beteiligten endete, kamen die Verschwörer zu uns nach Gherla. Der Häftling Aurel Baghiu hatte durch Zufall Gelegenheit, mit dem in Ketten gelegten und allein in einer Zelle sitzenden Margineanu zu sprechen und so erste Informationen über das gescheiterte Unternehmen zu erhalten. Auf diesem Wege fand ein damals noch recht bruchstückhafter Bericht über die Aktion den Weg zu den meisten Gefangenen in Gherla, wobei das ganze Ausmaß des ebenso kühnen wie hoffnungslosen Unternehmens erst Jahrzehnte später nach dem Ende der kommunistischen Diktatur ans Tageslicht kam. Hätte Margineanu, der am 26. Juni 1957 hingerichtet wurde, es tatsächlich geschafft, Gherla anzugreifen, wäre ein schreckliches Blutbad unter den Häftlingen kaum zu vermeiden gewesen.

Dass die Maschinengewehre abgebaut und die Militärstreifen, die fast zwei Wochen lang um die Anstalt gekreist waren, nicht mehr zu sehen waren, war der untrügliche Hinweis, dass die politische Krise überwunden war und die Machthaber alles wieder im Griff hatten. Leider normalisierte sich im gleichen Maße nicht auch das Auftreten der Caralii uns gegenüber. Man hörte weiterhin viel Geschrei, Flüche und zwischendrin oft genug die verzweifelten Stimmen offenbar misshandelter Häftlinge. Auch das Geklirr von Ketten hörte man neuerdings von den Gängen. Fast wöchentlich wurde gefilzt, und wie früher schon wurden unsere Habseligkeiten gezielt auf den Boden geworfen und zertrampelt. Bei der Bekleidung wäre das nicht schlimm gewesen. Aber wenn man miterleben musste, wie die Wärter vorsätzlich die Tüten mit Zucker oder Milchpulver und all die anderen Kostbarkeiten, die von den Lieben daheim geschickt worden waren, zertrampelten, musste einen die kalte Wut packen.

Auch der „Morsedienst" kam damals fast vollständig zum Erliegen. Wer erwischt wurde, musste mit Prügel- oder Isolatorstrafe rechnen. Auch Kollektivstrafen wurden für ganze Zimmerbelegschaften verhängt, wenn die Wärter vermuteten, dass gemorst wurde, den Täter aber nicht in flagranti erwischen konnten. Im Isolator erhielt der Bestrafte nur jeden dritten Tag die Gefängniskost und an den anderen beiden Tagen jeweils einen halben Liter warmes Wasser, welches sofort zu trinken war, was das Hungergefühl regelmäßig noch steigerte. Trotz der geringen Morsetätigkeit sendete jemand just in jener Zeit eine Mitteilung, die direkt an mich gerichtet war. Der Absender hieß Nicolae Ene. Er ließ mir die traurige Nachricht zukommen, dass unser Kamerad Egon Zirkl im März in Gherla gestorben war. Es war eine bittere und zudem unerwartete Kunde, da ich nicht gewusst hatte, dass Egons Krankheit so schlimm war. Unter den gegebenen Umständen konnte Ene mir keine genaueren Angaben zu den Todesumständen zukommen lassen, daher dauerte es noch bis 1960, bis ich aus anderer Quelle Einzelheiten erfuhr.

Nach dem Ende der spannungsgeladenen Zeit und auch unter dem Eindruck der neuen verschärften Repressalien herrschte bei uns Häftlingen am Jahresende eine recht gedrückte Stimmung. Entsprechend trostlos fielen dann auch die Weihnachtstage aus. Einige Leute – auch ich war dabei – versammelten sich um den orthodoxen Diakon Stefan Milea, hörten seine kurze Predigt und sprachen mit ihm einige Gebete. Sehr tröstlich war diese Weihnachtsfeier, wenn man es so nennen will, nicht, zumal wir die „Colinde", die rumänischen Weihnachtslieder, aus Sicherheitsgründen nur ganz leise zu singen wagten. Dass unsere Sorge nicht unbegründet war, merkten wir noch am Weihnachtsabend, als wir kurz nach dem Zapfenstreich von wildem Geschrei auf den Gängen und dem Lärm aufgerissener Zellentüren hochgeschreckt wurden. Irgendwo war offensichtlich eine Weihnachtsfeier entdeckt worden, und die Wärter hatten das Zimmer der auf „frischer Tat“ ertappten Häftlinge gestürmt. Wir erfuhren später, dass für diesen Ungehorsam schwere Strafen verhängt worden waren.

Ähnlich trostlos verliefen auch die ersten Monate des neuen Jahres, und die einzige greifbare Besserung waren die wieder regelmäßig stattfindenden Spaziergänge. Nachdem man diese mit Beginn der Krisenzeit vollständig untersagt hatte, durften wir zwischenzeitlich ein- bis zweimal pro Woche für je eine Viertelstunde an die frische Luft. Die Begleitumstände waren dabei allerdings sehr demütigend. Wir wurden auf Schritt und Tritt beschimpft, und beim kleinsten Protest hagelte es Schläge und Fußtritte. Beim „Spaziergang“ mussten wir mit den Händen auf dem Rücken und gesenktem Blick hintereinander im Kreis laufen. Sprechen war dabei natürlich nach wie vor verboten.

Trotz der strengen Kontrollen und Repressalien sickerten nun allmählich die ersten Nachrichten über die Ereignisse in Ungarn durch. Diese Informationen, die dem tatsächlichen Geschehen recht nahekamen, wurden vor allem von den vielen Neuverhafteten in Umlauf gebracht, die man zwischenzeitlich in Gherla eingeliefert hatte. Was über die Lage in Rumänien berichtet wurde, gab wenig Anlass zur Freude. Die Ereignisse im Nachbarland hatten auch hier eine erneute große Verhaftungswelle ausgelöst, und es wurde berichtet, dass die Securitate dabei äußerst brutal vorgegangen sein soll.

Wieder in der Fabrik

Etwa Mitte März erhielten wir plötzlich unerwarteten Besuch von Oberleutnant Mihalcea. Er kam in Begleitung mehrerer Unteroffiziere und winkte genervt ab, als der Zimmerälteste Meldung machen wollte, während wir uns in Zweierreihe aufstellten. Als ich ihn sah, vermutete ich gleich, dass sein Besuch etwas mit Arbeit zu tun habe, und tatsächlich richtete er sofort die Frage an uns, wer schon einmal hier in Gherla tätig gewesen sei.

Ich trat als einziger vor, beantwortete die üblichen Fragen zu meinem Urteil, meiner Strafe und zu den bisher während der Haft ausgeübten Tätigkeiten. Da nunmehr offensichtlich Bedarf an ausgebildeten Schlossern bestand, wurde ich vom Fleck weg „angeheuert“. Ich freute mich auf die Möglichkeit, arbeiten zu dürfen, aber als Mihalcea gegangen war und ich mich wieder an seine cholerischen Wutausbrüche zu erinnern begann, die ich damals in den Jahren 1952 und 1953 hier erlebt hatte, kamen erste Zweifel auf, ob mein vorauseilender Gehorsam vernünftig war. Ich tröstete mich mit der aus meiner bisherigen Gefängniserfahrung geschöpften Erkenntnis, wonach es für einen jungen Menschen unter den gegebenen Umständen grundsätzlich besser war, zu arbeiten, als in einer Zelle dahinzuvegetieren, selbst wenn die oft schwere Arbeit nicht angemessen entlohnt wurde oder gar gefährlich und gesundheitsschädigend war wie seinerzeit im Bergwerk. Aber allein schon die Möglichkeiten, durch die Arbeit häufiger an die frische Luft zu kommen und Kontakt zu anderen Menschen pflegen zu können, waren von unschätzbarem Wert sowohl für die Moral als auch für die körperliche und geistige Verfassung.

Meine Bedenken verflogen endgültig, als sich die Tür wieder öffnete und mein alter Freund Nae (Nicolae) Marinescu alias Otto zusammen mit einem weiteren jungen Häftling hereintrat. Auch sie hatten sich zur Arbeit gemeldet und wussten sogar schon zu berichten, dass es vorerst wohl nur darum ging, die Fabrik neu einzurichten und die noch zu liefernden Maschinen aufzubauen und zu warten. Otto freute sich riesig, als er hörte, dass wir wieder zusammenarbeiten würden, und redete mir sämtliche Bedenken schnell aus. Er war mit dem Auftrag gekommen, die Arbeitswilligen – das war in unserem Zimmer nur ich – in eine Liste einzutragen. Am nächsten Morgen hieß es dann, von den Zimmergenossen Abschied zu nehmen. Ich schüttelte jedem – immerhin etwa 60 Mann – die Hand und wir wünschten uns gegenseitig alles Gute. Außer Mircea Robovici und Stefan Milea sollte ich keinen von ihnen je wiedersehen.

Ein Wärter brachte mich in eines der Zimmer im Erdgeschoss, wo die freiwilligen Arbeiter zusammen untergebracht wurden. Der erste Bekannte unter den etwa 20 Mann war Ion Arhideanu, ein alter Freund aus früheren Gherla-Zeiten. Über seine Anwesenheit freute ich mich ganz besonders, denn ich war immer gut mit ihm klargekommen und wusste auch, dass man prima mit ihm zusammenarbeiten konnte. Er war ein Genius der Improvisation, gelernter Bohrmeister für Gassonden, der auch zu unkonventionellen Lösungen zu greifen wusste, wenn die Arbeit dies erforderte. Im neuen Zimmer hatte jeder sein Bett samt Kissen und Bettlaken. Es gab auch einen Tisch und Sitzbänke, für Gherla eine fast noble Ausstattung. Auch die Wärter benahmen sich uns gegenüber anständig – vorläufig jedenfalls. Wenn jemand ein begründetes Anliegen hatte, wurde er angehört und man versprach, der Sache nachzugehen und den Wunsch möglichst zu erfüllen. Noch am gleichen Tag wurden wir auch in der Kleiderkammer neu ausgestattet. Die abgetragene „Zeghe“, die gestreifte Gefängniskleidung, wurde gegen bessere umgetauscht, und wir bekamen auch neues Schuhzeug und Arbeitskleidung.

Am folgenden Morgen ging es dann in die Fabrik. Seit Dezember 1953 hatte sich hier einiges verändert. Die große Schmiede, in welcher die Leute früher bei höllischen Bedingungen geschuftet hatten, war jetzt zur Instandhaltungswerkstatt umfunktioniert worden. In den danebenliegenden Gebäuden waren nach wie vor die Anstaltsbäckerei und das Heizhaus untergebracht. Daneben standen zwei jetzt leere Räume, in welchen von uns neue Maschinen aufgestellt und einsatzbereit gemacht werden sollten. Nae, der zum Chef unserer Gruppe ernannt worden war, bekam seine Weisungen vom Zivilmeister Benedek, auch einem alten Bekannten. Benedek, der mich noch von früher kannte, sprach gelegentlich Ungarisch mit mir, allerdings nur wenn keine dritte Person zugegen war. Gleich am ersten Tag war abzusehen, dass reichlich Arbeit auf uns zukommen würde. Schreinermaschinen und die dazugehörigen Motoren wurden per Lkw angeliefert und mussten von uns mittels Rollen, Seilen und Hebeln unter massivem Kraftaufwand in die Werkhalle befördert werden. In den Hallen wurden die Maschinen zerlegt, alle wesentlichen Teile überprüft und anschließend wieder zusammengebaut. Zuletzt wurden die Maschinen an den hierfür vorgesehenen Plätzen verankert.

Als pünktlich um 12 Uhr das Essen angeliefert wurde, sollte auch dies eine positive Überraschung werden. Statt der ärmlichen Suppe, die hier früher üblich war, gab es einen kräftigen Eintopf mit Kartoffeln, Bohnen, Nudeln und sogar ziemlich viel Fleisch. Das Essen war schmackhaft und so fettreich, dass wir schon nach einigen Tagen begannen, das Fett abzuschöpfen und in Gläsern zu sammeln. Als gewitzte und erfahrene Gefangene wussten wir nämlich, dass solch „fette Zeiten“ auch sehr kurzlebig sein konnten, weshalb es ratsam war, für die „mageren Tage“ vorzusorgen. Auch unsere tägliche Brotration wurde mit Arbeitsbeginn auf 450 Gramm angehoben.

Kurz nach 18 Uhr – unsere tägliche Arbeitszeit einschließlich einer halbstündigen Mittagspause war auf zwölf Stunden festgesetzt worden – wurden wir wieder aufs Zimmer und zum Abendessen entlassen. Am ersten Abend wurde ich von Nicu (Nicolae) Hategan, einem jungen Mann aus Alba Iulia (Karlsburg), angesprochen. Er war erst vor Kurzem von Aiud nach hier verlegt worden und wusste von meinen Temeschburger Kameraden Harry, Franzi und Emmerich zu berichten, mit denen er dort zusammengearbeitet hatte. Franzi, ließ er mich wissen, arbeite als

Elektriker und Emmerich sei Projektant im technischen Büro. Dieses erste Lebenszeichen von den Kameraden nach langer Zeit und insbesondere die Tatsache, dass es ihnen den Umständen entsprechend gut ging, waren mir eine große Freude.

Nach der Zeit der Untätigkeit in der Zelle vergingen die neuen arbeitsreichen Wochen wie im Flug. Die Zahl der Häftlinge, die aus dem Haupttrakt zur Arbeit herangeholt wurden, stieg dabei täglich. Unter den vielen neuen Gefangenen, die ich kennenlernte, waren auch zwei Deutsche, Hans Schmalz aus Glogowatz und Mathias Biringer aus Neuarad. Hans war wegen versuchten Grenzübertritts zu fünf Jahren verurteilt und Mathias hatte wegen Rowdytums zwei Jahre gekriegt, nachdem er in einem Gartenlokal mehrere Sowjetsoldaten, die dort die Wirtin belästigten, krankenhausreif geprügelt hatte.

Auch einen jungen ungarischen Kunstmaler lernte ich in jener Zeit kennen. Àrpad Dohi, genannt Arpi, hatte in Klausenburg Kunst studiert und war ein sehr aufgeweckter und vielseitig gebildeter Mann. Er hielt in einem Kreis Interessierter, zu denen auch ich gehörte, eine richtige Vortragsreihe über die Geschichte der ungarischen Kunstmalerei. Er berichtete auch gerne über die politischen Ereignisse der Jahre 1953 bis 1956, insbesondere über die Vorgänge in Ungarn. Er selbst hatte während mehrerer Studienreisen in das Nachbarland Gelegenheit gehabt, ausführlich mit dortigen Studenten zu sprechen und sogar an politischen Veranstaltungen und Kundgebungen teilzunehmen. Ermutigt durch die allgemeine Entspannung, die von den Großmächten eingeleitet worden war, forderte damals insbesondere die Jugend eine weitere Liberalisierung. Einer der Höhepunkte dieser Entwicklung war die Rehabilitierung und feierliche Bestattung des Rechtsabweichlers László Rajk, der im Rahmen der politischen Säuberungen im Jahr 1949 liquidiert worden war. Bei einer dieser Kundgebungen für die Rehabilitierung war auch Arpi dabei. Er erzählte uns in Gherla, wie erstaunt und ungläubig er seinerzeit die dort gehaltenen Reden vernommen hatte. In Rumänien wären zu jener Zeit kritische Reden in dieser Schärfe und Deutlichkeit undenkbar gewesen. In Ungarn sollten diese Kundgebungen die ersten untrüglichen Vorzeichen des kommenden Aufstandes gegen das verhasste kommunistische Regime sein. Wenige Monate später kam es dann tatsächlich zum Ausbruch der Revolution. Imre Nagy wurde aus der Haft befreit und zum Ministerpräsidenten der Revolutionsregierung ernannt. Später, nach der Niederschlagung des Aufstandes, sollte er hierfür von den wieder an die Macht gelangten Kommunisten hingerichtet werden. Arpi war von dieser vorrevolutionären Stimmung sofort „angesteckt“ worden, und nachdem er wieder nach Rumänien zurückgekehrt war, hielt er mit seiner neuen regimekritischen Meinung auch in Studentenkreisen nicht hinterm Berg, weshalb er anschließend bei uns in Gherla landete. In Rumänien jedenfalls gab es im Jahre 1956 noch keine Spur einer ähnlichen Entwicklung.

Der Ostersonntag 1957 ist mir als ein für Gefängnisverhältnisse schöner Tag in Erinnerung geblieben. Die Sonntage waren ja für uns grundsätzlich arbeitsfrei, und seit einiger Zeit war es uns sogar gestattet, diesen freien Tag im Fabrikhof an der frischen Luft zu verbringen. Diese angenehme Vergünstigung hatte Nae anlässlich der letzten Inspektion für uns ausgehandelt. Am Samstag hatte man uns einen Gutschein ausgehändigt, der uns in die Lage versetzte, den Gefängnisladen aufzusuchen. Das bescheidene Warenangebot war unseren finanziellen Möglichkeiten angepasst und um einiges ärmlicher als vormals in den Bergwerken, aber Bescheidenheit gehört ja bekanntlich zur Zier des Häftlings. So war ich froh, ein Kilogramm Zucker, eine Dose Milchpulver, ein Kilogramm Kekse, Ölsardinen, Marmelade in Gläsern und etwa 200 Zigaretten erstehen zu können. Obwohl ich die in Cavnic noch vorhandenen verschiedenen Margarinesorten vermisste, genoss ich es, wieder etwas „wohlhabender" geworden zu sein, und lud auch sogleich mehrere Freunde „zur Tafel". Diese Tafel wurde durch eine umgedrehte Holzkiste symbolisiert, um die herum wir auf alten Autoreifen saßen. Das ganze unter blauem Himmel, bei wunderschönem Wetter. Den Muckefuck, den Hansi beigesteuert hatte, konnten wir in der nahe gelegenen Schmiede kochen. Verglichen mit den sonst üblichen tristen Verhältnissen war dieses Mahl mit Keksen, Milch und Marmelade ein kleines Gelage, das sich bis in die Nachmittagsstunden hinzog.

Es gab viel zu erzählen. Mich interessierte alles, was draußen in Freiheit in den letzten Jahren vorgefallen war. Hansi, der als Mitglied der Musikkapelle aus Glogowatz viel herumgekommen war, und auch Mathias konnten mir ausführlich über das Leben in den deutschen Dörfern im Banat berichten. Damals erfuhr ich erstmals genaueres über die Aufhebung des Zwangsaufenthaltes der Verschleppten im Bărăgan. Diese seinerzeitige Deportation der Deutschen war ja mit ein Grund für unseren politischen Widerstand gewesen. Mit Überraschung vernahm ich auch, dass es einzelne Deutsche gab, die sich nach der Kriegsgefangenschaft von Deutschland nach Rumänien repatriieren ließen, allerdings auch, dass die meisten diesen Schritt schon bald bitter bereuten. Mir war es unbegreiflich, dass sich ein normaler Mensch zu solch einer Rückkehr entschließen konnte. Dazu war mir das schwere Los, das meine Landsleute nach dem 23. August 1944 zu ertragen hatten, noch zu gut in Erinnerung.

Nicu Hategan, der sich seit einer Weile auch in unserer Runde aufhielt, brachte das Schicksal der letzten rumänischen Kriegsgefangenen zu Sprache, die nun in großer Zahl in Gherla eingesperrt waren. Die meisten befanden sich völlig abgeschottet in den Zellen im vierten Obergeschoss, und Nicu berichtete, dass sie in ziemlich schlechter körperlicher und moralischer Verfassung waren. Man hatte mithilfe der Taubstummenzeichensprache Verbindung zu ihnen aufgenommen und sie hatten um Lebensmittel gebeten. Trotz der ständigen Gefahr, von einem Spitzel verraten zu werden, hatten einige Leute zusammen mit Nicu einen Hilfskreis organisiert und sammelten nun Spenden, die sie den bedürftigen Gefangenen zukommen lassen wollten. Ich spendete auch einen Teil meiner Einkäufe und bekam dann später mit, wie es unter zum Teil abenteuerlichen Bedingungen gelang, die Hilfsgüter mittels der „parasuta" zu den Notleidenden zu schmuggeln. Diese Transporte mit dem „Fallschirm" geschahen im Blickfeld zweier Wachposten, die in ihren Türmen über dem vier Meter hohen Außenzaun Dienst taten. Die Posten mussten während des Unternehmens abgelenkt werden, was gewöhnlich durch einen inszenierten Streit mit viel Krach und Geschrei oder sogar durch eine vorgetäuschte Schlägerei geschah. Auch musste darauf geachtet werden, dass in dieser Zeit kein Wärter im Hof war. Die Regie bei diesen konzertierten Aktionen, bei welchen einmal sogar die vom Fabrikarzt beigesteuerten Medikamente übergeben wurden, führte hauptsächlich Nicu Hategan.

Später erfuhren wir auch Näheres über die beiden Frauen, die zusammen mit den Kriegsgefangenen aus Russland gekommen waren. Eine dieser Frauen war eine gewesene Nachrichtenhelferin der Armee, die irgendwo an der Ostfront in sowjetische Gefangenschaft geraten war. Die andere aber war lediglich eine harmlose Bahnangestellte, die sich zu ihrem Unglück just dann am Bahnhof aufgehalten hatte, als die russischen Begleiter eines Kriegsgefangenentransportes merkten, dass einige Gefangene entflohen waren. Also schnappten sich die Russen kurzerhand eine entsprechende Zahl von Zivilisten, darunter auch die Bahnbedienstete, und nahmen diese anstelle der Entflohenen mit. Auf diesem Wege verschwand die bedauernswerte Frau für mehrere Jahre im berüchtigten Archipel Gulag.

Wir beschlossen, auch diesen beiden Frauen, deren Zelle sich auf der Ebene unseres Zimmers befand, zu helfen. Und zwar sollte jemand die zehn, zwölf Meter bis zur Zellentür laufen und den Frauen die vorher gesammelten Lebensmittel zustecken. Schwierig schien dabei hauptsächlich das Bewältigen der genannten Strecke, denn wenn man erst an der Zellentür stand, die in der meterdicken Mauer eingebaut war, konnte man von einem etwas weiter entfernt stehenden Wärter nicht mehr gesehen werden. Da sich sonst keiner vordrängte, übernahm ich den Kurierdienst, und zwar morgens vor Arbeitsbeginn, nachdem unsere Zimmertür geöffnet worden war. Zusammen mit den Leuten aus dem Nebenzimmer durchquerten innerhalb kurzer Zeit über 100 Mann den Korridor, und dieser Zeitpunkt schien für unser Vorhaben der günstigste zu sein. Drei Gefangene, darunter Nicu Hategan, hatten einen geeigneten Augenblick ausgespäht und mir ein Zeichen gegeben, als gerade weder auf unserer Ebene noch auf einem der oberen Stockwerke ein Wärter zu sehen war. Der Unteroffizier, der die Türen geöffnet hatte, war vorher von einem weiteren Gefangenen unter einem Vorwand ins Zimmer gelockt und in ein Gespräch verwickelt worden.

Ich durchmaß die kurze Strecke mit einigen Schritten, riss die Durchreiche zur Zellentür auf und sah in die erstaunten Gesichter der beiden Frauen. Sie mochten etwa dreißig Jahre alt gewesen sein, wirkten jedoch in ihrer abgetragenen, grauen Arbeitskleidung und mit ihren verhärmten Gesichtern um einiges älter. Ich stellte mich als „Eugen" vor, reichte ihnen einen Leinwandbeutel mit Keksen, Zucker und Zigaretten und fragte, ob sie noch einen speziellen Wunsch hätten. Offensichtlich noch ganz überrascht fragte die eine nach Papier und Bleistift und ob ich Nachrichten hätte. Ich versprach, wiederzukommen und weitere Hilfe zu leisten. Erst als ich mich verabschiedete, schienen sie begriffen zu haben, dass ich ein Mitgefangener war, der ihnen helfen wollte, und sie strahlten mich glücklich und dankbar an. Ich verschloss die Durchreiche und sprang mit einigen Sätzen zum Ausgang, durch den gerade die letzten Arbeiter in den Hof eilten.

Draußen wurde ich sogleich von mehreren Männern umringt, denen ich das Wenige, das ich erfahren hatte, berichten musste. Die Anteilnahme am Schicksal dieser Frauen war groß, erst recht nachdem sich herumgesprochen hatte, dass sie über zehn Jahre in Sibirien verbracht hatten. Später erfuhren wir, dass man sie während der Gefangenschaft zusätzlich wegen Sabotage verurteilt hatte, weil sie gegen die unmenschlichen Bedingungen in ihrem Lager protestiert hatten. Uns war schon von anderen ehemaligen Kriegsgefangenen erzählt worden, dass man für derlei „Verbrechen" schnell mal zu zusätzlichen 25 Jahren Lagerhaft verurteilt werden konnte.

Meine größte Sorge bei der geschilderten Hilfsaktion war, dass ich von einem Spitzel verraten werden könnte, aber es geschah glücklicherweise nichts dergleichen. Daher übernahm ich nach etwa einer Woche erneut den Kurierdienst und brachte den Frauen wieder ein Lebensmittelpaket und zusätzlich das erbetene Schreibzeug. Letzteres brauchten sie, um mit anderen Kriegsgefangenen, die im dritten Stockwerk saßen, zu korrespondieren. Nachdem auch diese Aktion planmäßig abgelaufen war, unternahmen wir nach weiteren zwei Wochen den dritten Versuch.

Auf Nicus Zeichen hin stürmte ich los, hörte ihn jedoch schon nach den ersten Schritten „Zurück, zurück!" rufen. Ich hielt sofort an, aber es war schon zu spät, denn aus einem der oberen Stockwerke brüllte eine Stimme: „Stai, banditule!" Ich senkte den Blick und sprang schnell zurück, zwischen die hinausströmenden Häftlinge. Eilig durchschritt ich den Hof in Richtung meiner Werkstatt, doch noch bevor ich diese erreicht hatte, war vom Tor her das laute Klopfen der „Toaca" zu hören, mittels derer zur Zählung gerufen wurde. Es war klar: Man wollte die Gefangenen antreten lassen, um den Übeltäter ausfindig zu machen. In diesem Augenblick hörte ich die Stimme von Nicolae, unserem Dreher: „Hier, nimm schnell meine Jacke und gib mir deine!" Ich begriff sofort, riss ihm seine braune Drillichjacke aus der Hand und reichte ihm meine blaue. Während ich seine ölverschmierte Jacke überstreifte, stülpte er mir auch noch seine Mütze über den Kopf und zischte: „Los, stell dich in die erste Reihe!"

Wir mussten uns in Doppelreihe aufstellen, und der „Prim Gardian" (Oberwärter) begann in Begleitung mehrerer anderer Unteroffiziere, langsam unsere Front abzuschreiten. Dabei sparten sie nicht mit derben Ausdrücken und Drohungen. Offensichtlich war es der Chef, der mich im „Celular" von einem der oberen Stockwerke aus gesehen hatte. „Er war hoch und hatte eine blaue Jacke", hörte ich ihn murmeln, während er besonders intensiv die Leute der zweiten Reihe musterte. Als er an mir vorbeiging, ohne mich zu erkennen, wusste ich, dass ich Nicolae viel zu verdanken hatte. Als ich ihm seine Jacke zurückgab, riet er mir eindringlich, in nächster Zeit keine gefährlichen Unternehmungen mehr zu wagen. Dies sicherte ich ihm gerne zu, wobei sich eine weitere Hilfsaktion vorerst ohnehin erübrigte, weil – wie wir bald erfuhren – die beiden Frauen aus Gherla weggebracht wurden.

Einige Tage später wurden wir dann in zwei große Räume im Erdgeschoss des Gefängnistraktes II verlegt. Das Gebäude stammte wahrscheinlich noch aus dem frühen 18. Jahrhundert. Die Decken der Zimmer hier waren gewölbt und von mehreren gemauerten Säulen gestützt.

Leider war es mir beim Umzug nicht gelungen, wenigstens mit einem meiner jungen deutschen Freunde aufs gleiche Zimmer zu kommen.

Dafür war ich jetzt mit der ungarischen Gruppe um Arpad Dohi zusammen und auch mit Petrica Mustacila, jenem Mann, den ich schon während des ersten Aufenthalts in Gherla kennengelernt hatte und dessen hartes Schicksal mich damals sehr berührt hatte. Petrica war seinerzeit in Reschitza anstelle eines entflohenen deutschen Zivilisten buchstäblich schanghait worden. Jetzt, da wir ungestört plaudern konnten, erzählte er mir ausführlich von seiner abenteuerlichen Reise durch das „Sowjetparadies", das er zusammen mit Volksdeutschen als Zwangsarbeiter erlebt hatte. Als nach fünf Jahren die letzten deutschen Zivilverschleppten entlassen wurden, musste Petrica bleiben. Er war hauptsächlich auf Baustellen eingesetzt und wurde dort zu einem recht guten Schweißer. Dies hatte den Nachteil, so seine Vermutung, dass er für seinen Vorarbeiter „unabkömmlich" war und deshalb auch bei späteren Entlassungen einfach „übergangen" wurde. Daher entschloss er sich nach einem weiteren Jahr zur Flucht. Er verließ die Baustelle und machte sich mit einem Eimer in der Hand auf den Weg quer durch die Ukraine. Dabei war er, obwohl anhand seiner Kleidung als Gefangener zu erkennen, meistens auf den ganz normalen Wegen unterwegs. Wenn er gefragt wurde, wohin er gehe, sagte er einfach nur: „Um Wasser." Das reichte in der Regel, um unbehelligt weiterlaufen zu dürfen. Mit Lebensmitteln versorgte er sich ebenfalls in den zivilen Geschäften. Er bezahlte mit dem Geld, das er während der Gefangenschaft durch Schwarzarbeit für diverse Zivilisten verdient hatte. Manchmal, wenn sich die Gelegenheit bot, trampte er auch mit der Eisenbahn. Hierbei wurde er allerdings, als er sich einmal zum Schlafen in einen leeren Güterwagen zurückgezogen hatte, auf unsanfte Art mittels eines Fußtritts geweckt. Während man ihm mit einer Taschenlampe ins Gesicht leuchtete, fragte eine Stimme nach einem „Dokument". Und da er ein solches Dokument, also ein Ausweispapier, nicht vorweisen konnte, wurde er von der Gruppe Soldaten, die ihn aufgespürt hatte, kurzerhand in ein nahe gelegenes Arbeitslager gebracht.

Im Lager wurde er zu einem höheren Offizier geführt, der wissen wollte, ob er ein entlaufener Sträfling sei. Petrica verneinte und erzählte wahrheitsgemäß, wie er nach Russland gelangt war. Der Offizier hörte ihm sichtlich gut gelaunt zu und sagte anschließend: „Characho! (Gut, in Ordnung) Du bleibst jetzt bei uns." Petrica war darüber weniger erbaut und geradezu entsetzt, als man ihm mitteilte, dass er fortan nicht mehr Petrica Mustacila sei, sondern „NN", ein zu 15 Jahren Haft verurteilter

Straftäter, der offenbar geflohen war. Petrica blieb im Straflager, und es sollte weitere sechs Jahre dauern, bis ihm erneut die Flucht gelang. In etwas mehr als einem Monat bewältigte er die 500 Kilometer bis zur Grenze und durchschwamm dort in einer verregneten dunklen Nacht den Prut. Als Schwimmhilfe diente ihm ein Blechkanister, den er vorher als Trinkwasserbehälter benutzt hatte.

Zu Fuß kam er bis nach Iaşi und trampte anschließend mit verschiedenen Güterzügen durch die gesamte Moldau und die Walachei bis nach Turnu Severin. Kurz danach, als er schon fast daheim war, wurde er allerdings von einer Gruppe Soldaten aufgegriffen, die den Zug durchkämmten. Er hatte nicht gewusst, dass in jenen Jahren entlang der ganzen Grenze zu Jugoslawien dauernd verschärfte Personenkontrollen durchgeführt wurden. Nach monatelanger Untersuchungshaft kam er vor Gericht und wurde wegen illegalen Grenzübertritts (!) zu drei Jahren Haft verurteilt. Über Bukarest-Jilava kam er dann nach Gherla.

Mittlerweile war die Möbelherstellung in der Fabrik in großem Stil angelaufen, und es waren auch entsprechend viele Häftlinge aus dem Celular in die Werkhallen abgeordnet worden. Unter diesen befanden sich zwischenzeitlich sehr viele Juden, was besonders auffällig war, weil die Juden bis vor Kurzem eher als Securitate-Offiziere denn als Gefangene in Erscheinung getreten waren. Diejenigen, die nun bei uns einsaßen, waren ausnahmslos Akademiker, darunter viele ehemalige Ministerialbeamte. Offensichtlich waren sie einer gezielten Säuberungsaktion nach altem stalinistischen Muster zum Opfer gefallen.

Mit einem von ihnen, einem gewissen Dr. Géza Schönfeld aus Arad, arbeitete ich einige Zeit zusammen und hatte daher Gelegenheit, mich mit ihm zu unterhalten. Er war Oberrabbiner gewesen und zu zwanzig Jahren Haft verurteilt. Über den Grund seiner Verurteilung wollte er nicht sprechen. Interessant war, dass er und seine Freunde, die fast ausnahmslos ebenfalls hohe Strafen erhalten hatten, noch im Jahre 1955 verurteilt worden waren, also vor dem Ungarnaufstand, als die Phase politischer Entspannung noch andauerte. Wenn wir unbemerkt waren, bat er mich, zu Übungszwecken Deutsch mit ihm zu sprechen. Das tat ich natürlich gerne und versuchte auch vorsichtig, seinen jiddischen Akzent etwas zu korrigieren, Letzteres freilich erfolglos. Was meinen Fall anging, zeigte er eine gewisse Zurückhaltung und stellte kaum Fragen, was ich darauf zurückführte, dass er nicht Gefahr laufen wollte, selbst zu viele Fragen beantworten zu müssen.

Übrigens war es gar nicht unproblematisch, häufig in der Gesellschaft von Juden gesehen zu werden, denn diese waren bei vielen Rumänen, zumal bei den politischen Häftlingen, grundsätzlich unbeliebt. Es gab viele, die ihnen ihre führende Rolle bei der Machtergreifung der Kommunisten nach 1944 nicht vergessen und vergeben hatten. Ihre damalige Beteiligung – nicht allein in den höchsten Etagen der Nomenklatura, sondern auf praktisch allen Ebenen der Politik – wurde ihnen von den Gegnern als Verrat am rumänischen Volk angekreidet.

Von Nicu, mit dem ich gut zusammenarbeitete und mit dem ich auch sonst gerne zusammen war, musste ich mich in jener Zeit leider verabschieden. Er hatte seit Längerem erhebliche Beschwerden wegen eines Darmgeschwüres, die auch trotz der Schonkost, die er erhielt, nicht besser wurden. Eines Tages, als ich an seinem Arbeitsplatz vorbeikam, fand ich ihn zusammengekrümmt am Boden liegend. Er war grau im Gesicht und vor Schmerzen fast bewusstlos. Während ich erfolglos versuchte, ihn wieder aufzurichten, stöhnte er resigniert: „Jetzt muss ich sterben." Als ich ihn mit Hilfe weiterer Häftlinge zum Lagerarzt brachte, der von seinen chronischen Beschwerden schon wusste, veranlasste dieser seine Überstellung in das zivile Krankenhaus der Stadt und meinte zu uns, wir sollten beten, dass Nicu die wohl unvermeidliche Operation überstehen möge. Nach einer guten Woche, in der wir keine weitere Nachricht erhielten, tauchte dann Nicu plötzlich auf und machte einen recht gesunden Eindruck. Er erzählte uns freudestrahlend, dass er um eine Operation herumgekommen sei, weil man ihn mit einem neuen, in der Schweiz gefertigten Penizillin behandelt habe. Laut dem Krankenhausarzt sei er der erste Patient gewesen, bei dem man dieses Mittel angewendet habe, augenscheinlich mit einem höchst erfreulichen Ergebnis. Auf die Initiative Meister Benedeks kam Nicu auch sogleich wieder zur Arbeit in die Fabrik, wurde aber nach nur drei Wochen – angeblich auf Veranlassung der Verwaltung – überraschend in ein anderes Gefängnis verlegt. Ich bin ihm während meiner noch fast acht Jahre währenden Haft leider nicht mehr begegnet.

In jener Zeit gelang es mir mehrmals, mit Hans Ebner, einem jener Kriegsgefangenen, die damals im westlichen Ende des Traktes I untergebracht waren, zu sprechen. Einige Male ließ ich ihm auch kurze Briefe zukommen, die er mittels eines Zwirnfadens hoch in den dritten Stock befördern konnte. Hans war als Gefangener auf der Halbinsel Kamtschatka interniert gewesen. Die Bedingungen müssen dort grausam und unmenschlich gewesen sein, und als die Gefangenen sich mit Protestaktionen und Streiks zu wehren versuchten, wurden jene, die man als Rädelsführer der Aktionen ermittelte, zu zusätzlicher Zwangsarbeit verurteilt. Auch Hans erhielt bei dieser Gelegenheit 25 Jahre „aufgebrummt".

Später, im Jahre 1956, wurden die Verurteilten dann begnadigt und in ihre Heimatländer abgeschoben. Hans erzählte mir, dass er zu einer Gruppe von etwa 1600 Gefangenen, darunter auch mehrere Frauen, gehörte, die, als sie bei Ungheni die rumänische Grenze erreichten, sofort von Securitate-Soldaten festgenommen und erneut in ein Lager interniert wurden.

Diejenigen unter den erneuten Gefangenen, die in der Sowjetunion zu keiner zusätzlichen Zwangsarbeit verurteilt worden waren, etwa 900 Mann, wurden nach zwei Wochen entlassen. Die anderen aber – immerhin etwa 700 Leute – wurden zu uns nach Gherla gebracht. Da halfen keine Proteste und auch nicht das Vorzeigen der russischen Entlassungsscheine, in denen einwandfrei dokumentiert war, dass man die „Aufrührer" begnadigt hatte. In Gherla wurden die Leute getrennt von den politischen Häftlingen untergebracht und man trachtete, wie schon geschildert, einen Nachrichtenaustausch der beiden Gruppen möglichst zu unterbinden. Der verzweifelten Bitte der entlassenen Kriegsgefangenen, einen Staatsanwalt mit der Überprüfung ihres Falles zu beauftragen, wurde erwartungsgemäß nicht stattgegeben.

Erst im Frühjahr 1957 wurden die Leute endlich vor ein „Gericht" gestellt. Hans und seine Kameraden glaubten, ihren Ohren nicht zu trauen, als sie vor dem mit rotem Tuch bedeckten Tisch, hinter dem etwa zehn Offiziere als Richter Platz genommen hatten, antreten durften und ihnen eröffnet wurde, dass mit sofortiger Wirkung die Hälfte jener Strafe, die sie seinerzeit in der Sowjetunion erhalten hatten (und die ihnen erlassen worden war), wieder „aufleben" würde. Hans zum Beispiel, der 25 Jahre erhalten hatte, sollte also nunmehr im Lager bleiben, bis er die Hälfte, also zwölfeinhalb Jahre, vollständig abgesessen hatte. Ein Teil der erneut angeklagten Männer, die bereits zu diesem Zeitpunkt die Halbzeit ihrer früheren Strafe erreicht hatten, wurden wenige Tage später entlassen. Hans Ebner sollte noch über ein Jahr in Gherla bleiben, bis auch er endlich freikam. Wohlgemerkt: Das Ganze spielte sich zu einem Zeitpunkt ab, als nach offizieller Version bereits die letzten Kriegsgefangenen durch Kanzler Adenauer heimgeholt worden waren.

Noch übler als Hans war es in der Gefangenschaft übrigens seinem Kameraden Alexander Gellner ergangen, der nach dem Krieg als französischer Fremdenlegionär gedient hatte und in vietnamesische Gefangenschaft geraten war. Der Hunger und die tropischen Krankheiten rafften die Gefangenen reihenweise dahin. Etwas besser wurde die Verpflegung erst, als man die Männer nach China verlegte, allerdings bemühten sich dort Offiziere intensiv darum, die Gefangenen „umzuerziehen", was weitere Torturen zur Folge hatte. Im Sommer 1956 kam Alexander mit anderen Gefangenen nach einer wochenlangen Bahnfahrt durch ganz Sibirien und das europäische Russland nach Rumänien und wurde später von dem in Gherla tagenden „Gericht" wegen seiner „Verbrechen gegen einen sozialistischen Bruderstaat" verurteilt. Später erfuhr ich durch Zufall, dass sich in jener Zeit noch weitere Gruppen von Kriegsgefangenen in Gherla befanden.

Der bemerkenswerteste Neuzugang jener Zeit war Emil Angheliu, der eines Tages als Dreher bei uns in der Fabrik anfangen sollte. Er war bereits vor 1944 aktiver Kommunist gewesen und hatte daher schon früher mehrmals „gesessen". Mir war er seit Cavnic ein Begriff, weil ich dort von Nicolae Constantinescu, dem ehemaligen Geheimdienstoffizier der SSI, einiges über die Anghelius gehört hatte. Zu Constantinescus Aufgabengebiet während des Krieges hatte es gehört, ausländische Agenten, aber auch illegale Kommunisten zu verfolgen und zu bekämpfen. Nach dem 23. August 1944 begann für Angheliu und seine Frau eine Zeit des steilen Aufstiegs, eines recht kurzzeitigen allerdings, wie sich später erweisen sollte. Bis 1948 brachte es der gelernte Dreher zwar bis zum Staatssekretär für das Verkehrswesen, doch dann überwarf er sich mit dem Ministerpräsidenten Gheorghe Gheorghiu-Dej, nachdem er laut eigenen Angaben die bedingungslose Auslieferung des Landes an die Sowjetunion missbilligt hatte. Er wurde seines Amtes enthoben und später zusammen mit seiner Frau und weiteren Bekannten verhaftet. Die Ehefrau, die man mittels Folter dazu bringen wollte, gegen ihn auszusagen, blieb zwar standhaft, starb allerdings kurze Zeit später an einer infolge der Entbehrungen wieder ausgebrochenen Tuberkulose. Emil Angheliu wurde auch ohne die Aussage seiner Frau zu einer hohen Haftstrafe verurteilt und landete so bei uns in der Fabrik.

Imre Kerciov, ein alter Bekannter aus der Gewerbeschule in Temeschburg sowie aus der Zeit meines ersten Aufenthalts in Gherla 1952/53, gehörte ebenfalls zu den Neuzugängen jener Zeit, war allerdings keiner, der Anlass zur Freude bot. Schon beim ersten Anblick seiner Halunkenvisage musste ich mich an die schreckliche Zeit erinnern, als er hier in der Fabrik sein Unwesen trieb, und auch diesmal sollte ich noch feststellen können, dass er der Alte geblieben war.

Wenn gegen 20 Uhr die Abendzählung erfolgt war, saßen wir für gewöhnlich in Gruppen zusammen und sprachen miteinander. Zu jener Zeit schloss ich mich zumeist den Ungarn um Arpi an. Die meisten dieser ehemaligen Studenten waren an literarischen Themen interessiert, weshalb das Nacherzählen und Kommentieren früher gelesener Bücher auch hier zu den beliebtesten Beschäftigungen gehörte. Manchmal, wenn es allzu still war, weil alle andächtig lauschten, kam schon mal der diensthabende Feldwebel, um zu prüfen, ob wir nichts ausheckten. Wenn er uns dann einträchtig zusammensitzen sah, gab er sich zufrieden. Mein Beitrag war einmal mehr das Nibelungenlied, dessen Handlung ich an zwei Tagen in ungarischer Sprache nacherzählte. Ein rumänischer Lehrer, des Ungarischen mächtig, sagte mir anschließend im Hinblick auf den Untergang der Nibelungen: „Ja, ja, so sind sie, die Deutschen, sie geben nicht auf, selbst wenn es aussichtslos ist. Ich habe sie an der Front erlebt!"

Das Jahr 1957 ging dem Ende zu, und auch diesmal gab es wenig Grund, sich auf die bevorstehenden Weihnachtstage zu freuen. Vor dem Hintergrund der trostlosen Gesamtsituation wurde es sogar von Jahr zu Jahr schwerer, der eigentlich besinnlichen Zeit etwas Positives abzugewinnen. Von den Einkäufen, die ich mit meinem im Bergwerk zusammengesparten Geld in der Cantina tätigen konnte, spendete ich einen Teil den Kriegsgefangenen oder bereitete kleine Geschenke für Freunde vor, insbesondere für jüngere Mitgefangene, die über kein Einkaufsguthaben verfügten.

Verschärfte Haft

Eines Morgens wurde Nae dabei ertappt, wie er einen Beutel mit entwendeten Broten per „parasuta" in den Celular befördern wollte. Zwei Unteroffiziere hatten ihm aufgelauert, nachdem der Chef der Bäckerei das regelmäßige Verschwinden von Brotlaiben aus seinem Lagerraum gemeldet hatte. Für seine Unzucht wurde Nae übel geschlagen und anschließend zu 30 Tagen Isolator verdonnert. Leider durfte er auch nach Absitzen der Strafe nicht mehr zu uns in die Fabrik zurück, was wir sehr bedauerten, weil er uns sowohl als Freund als auch als hervorragender Fachmann fehlte. Aber es sollte noch schlimmer kommen, denn Kerciov, der bislang fern von uns in der mechanischen Schreinerei untergebracht war, sprach bei Mihalcea vor und erwirkte seine Versetzung zu unserer Instandsetzungsgruppe. Es schien ihn überhaupt nicht zu stören, dass er unwillkommen war und dass er, als er sich nassforsch vorstellte, nur eisiges Schweigen erntete, bis Arhideanu wie zu sich selbst erwiderte: „Der hat uns gerade noch gefehlt."

Jedenfalls lag ab sofort eine ununterbrochene Spannung in der Luft und machte das Leben noch schwerer und unerfreulicher, als es ohnehin schon war. Überhaupt neigte sich die entspannte Anfangsphase, die wir beim Neueinzug in die Fabrik so hoffnungsvoll genossen hatten, ganz augenscheinlich dem Ende zu. Das Essen wurde schlechter, die Verwaltung spürbar strenger und das Arbeitssoll regelmäßig angehoben, wobei zumindest Letzteres uns von der Instandsetzung nicht direkt betraf. Zugleich nahm die Zahl der wegen diverser Kleinigkeiten verhängten Strafen wieder deutlich zu.

Auch mich erwischte es mal wieder, nachdem ein übereifriger Unteroffizier beim abendlichen Filzen ein Stück Papier mit einer Zeichnung in meiner Tasche gefunden hatte. Ich musste für fünf Tage in eine der Strafzellen des zweiten Traktes umziehen und erhielt in dieser Zeit nur noch die Gefängniskost, also die dürftige Verpflegung der nicht arbeitenden Häftlinge. Der Isolator bestand damals aus einem in fünf Zellen unterteilten Zimmer und einem länglichen Vorraum mit Fenster nach draußen. Jede der Zellen maß etwa zwei mal vier Meter und war mit je zwei Eisenbetten, jedoch ohne Matratzen, ausgestattet. Frische Luft drang in die Zellen nur durch eine sehr kleine vergitterte Fensteröffnung. Ansonsten standen noch ein Abort- und ein Trinkwasserkübel in den Zellen. Die Strafe empfand ich diesmal nicht als besonders schlimm, zumal bereits am zweiten Tag Virgil Morosan, ein Freund und früherer Hauergehilfe aus Baia Sprie, den ich seither nicht mehr gesprochen hatte, in meine Zelle gebracht wurde. Wir waren froh, uns wieder getroffen zu haben, und nutzten nun die Gelegenheit, ausführlich über unsere Erlebnisse seit der Zeit im Bergwerk zu erzählen. Für die Nächte bekamen wir je eine Decke. So hatten wir die Möglichkeit, eine davon als Unterlage auf den Eisenrost des Bettes zu legen und uns mit der anderen gemeinsam zuzudecken. Die restlichen Straftage blieben kurzweilig und vergingen schnell.

Nach meiner Rückkehr in die Fabrik hörte ich, dass mich ein Oberleutnant der Wachmannschaft gesucht hatte. Nach einigen Tagen kam dieser wieder, grüßte überraschend freundlich und zog eine in Seidenpapier gewickelte Schublehre aus der Tasche. Ob ich sie wieder in Ordnung bringen könne, wollte er wissen und reichte sie mir. Als ich sie in Händen hielt und näher betrachtete, glaubte ich zuerst, meinen Augen nicht trauen zu können. Das Modell war an sich nicht besonders alt, jedoch in einem Zustand, in dem ich vorher noch keine Schublehre gesehen hatte. Alle Flächen, auch die skalierten, waren dermaßen abgeschliffen, dass man nichts mehr – vor allem keine Skalierung – mehr erkennen konnte. Ich versuchte ihn mit der Begründung abzuwimmeln, dass ich viel zu viel Arbeit hätte, was auch den Tatsachen entsprach, aber er ließ nicht locker und bettelte geradezu. Mehrmals betonte er, dass es nicht eilig sei mit der Reparatur, ich könne mir ruhig Zeit lassen, wichtig sei ihm nur, dass das Gerät eines Tages wieder zu gebrauchen sei. Also ließ ich mich „breitschlagen", ohne auch nur zu ahnen, welche Folgen meine Zusage noch haben sollte.

In der nächsten Zeit arbeitete ich ab und an, wenn ich Lust dazu hatte und wenn die sonstigen Aufgaben dies zuließen, an dem Messgerät. Als der Oberleutnant eines Tages vorbeischaute, um zu sehen, wie es um seinen Auftrag bestellt sei, zeigte ich die Schublehre vor und erklärte ihm, dass ich für die Fertigung der neuen Längenmarkierung unbedingt an die Drehbank müsse; diese sei aber wegen anderer Arbeiten dauernd belegt. Er solle sich also noch gedulden. Der Oberleutnant gab sich mit dieser Auskunft zufrieden und zog wieder von dannen. Als ich allerdings einige Tage später in die Werkstatt kam, fand ich die Schublade meiner Werkbank aufgebrochen vor. Die darin aufbewahrte Schublehre fehlte. Ein Kollege meinte, er habe gesehen, wie Kerciov sich an meinem Arbeitsplatz zu schaffen gemacht habe. Als ich „Kerciov" hörte, war mir sofort klar, dass es sich um irgendeine Gemeinheit handeln müsse. Vermutlich wollte sich das Schwein auf meine Kosten beim Offizier in ein gutes Licht rücken. Entsprechend geladen war ich wenig später, als der Übeltäter in der Werkstatt erschien und ich ihn zur Rede stellte. Er solle sofort die Schublehre wieder herausgeben, sagte ich, vor Wut kochend, aber er lachte nur höhnisch und erklärte, er werde sie dem Oberleutnant persönlich überreichen. Als ich daraufhin ungehalten wurde und, ihn am Kragen packend, meine Forderung auf sofortige Herausgabe laut wiederholte, begann er zu fluchen und mich sowie – der rumänischen Sitte entsprechend – auch gleich meine Mutter übel zu beschimpfen. Ich reagierte mit einer gewaltigen Ohrfeige und war auf dem besten Wege, ihn gründlich zu vermöbeln, doch wurden wir von den dazwischengehenden Kollegen, die sich schon zu Beginn des Streites um uns versammelt hatten, getrennt. Die Lage wäre zu diesem Zeitpunkt vielleicht noch zu entschärfen gewesen, aber leider waren bereits, angelockt durch den Lärm, die zwei in der Fabrik diensthabenden Unteroffiziere herbeigeeilt und wollten wissen, was hier vor sich gehe.

Ich versuchte, den Vorfall zu erklären, doch Kerciov schrie laut dazwischen, er sei von diesem Nazi und Faschisten – gemeint war ich – tätlich angegriffen worden, weil er Kommunist sei. Mehrere Leute meldeten sich zu Wort und versuchten, den Sachverhalt klarzustellen, hatten aber letzten Endes keinen Erfolg. Kerciov musste die Schublehre vorzeigen, und die beiden Wachleute warfen einen Blick darauf, wobei ich den Eindruck hatte, sie wüssten nicht so recht, wie sie überhaupt zu gebrauchen sei. Mir fiel freilich auf, dass der Trottel Kerciov vermutlich in der Eile die Markierung fehlerhaft, nämlich an der falschen Stelle eingestanzt hatte. Die Eins stand da, wo die Null zu stehen hatte, nicht beim zehnten Millimeter, und entsprechend unrichtig waren alle weiteren Zahlenangaben. Jedenfalls war die Schublehre nunmehr endgültig kaputt. Trotzdem glaubte ich zu diesem Zeitpunkt noch, hoffen zu können, die anwesenden Unteroffiziere von meiner Unschuld überzeugt zu haben, und war umso verblüffter, als der Wortführer der beiden ankündigte, Strafanzeige gegen mich erstatten zu wollen. Auf meine Bitte, man möge den Oberleutnant, der mir den Reparaturauftrag erteilt hatte, rufen und befragen, sagte man mir, dass dieser urlaubsbedingt nicht zu sprechen sei.

Vom Platz weg wurde ich in den Gefängnistrakt I gebracht, und nur etwa eine Stunde später tauchte ein Feldwebel in der Zelle, in welche ich vorläufig gesperrt worden war, auf und verkündete mir, dass ich zu 30 Tagen Isolator verurteilt worden war, und zwar mit Ketten an Händen und Füssen. Begründung: „Aufwiegelung zur Rebellion". Während ich befehlsgemäß die Arbeitskleidung ablegte und stattdessen die gestreifte „Zeghe"-Kluft anlegte, unter der ich nur ein dünnes Hemd und eine Unterhose trug, kam mir die Situation noch immer völlig unwirklich wie ein böser Traum vor. Ich sollte also tatsächlich wegen eines solchen Mistkerls einen Monat lang angekettet in der Zelle schmachten und dabei nur jeden dritten Tag zu essen bekommen. Man führte mich in einen anderen Raum, ebenfalls im Erdgeschoss, wo mich der Schmied erwartete. Ich musste mich auf den Boden setzen, und der Zigeuner begann, die mit einer circa 40 Zentimeter langen und ziemlich schweren Kette verbundenen Schellen oberhalb meiner Fußknöchel zusammenzunieten. Die Schellen selbst waren aus je zwei Stücken Bandeisen gefertigt, etwa 30 Millimeter breit und fünf Millimeter dick. An den Handgelenken wurden anschließend ebenfalls zwei Schellen befestigt, welche durch ein locker vernietetes Stück Eisen verbunden waren. Die Schellen an den Handgelenken waren so eng, dass ich diese gerade noch drehen konnte, keinesfalls jedoch herausziehen.

Nach der vollständigen „Vernietung" wurde ich in die Zelle gebracht, die für die nächsten Wochen mein neues Domizil sein sollte. Sie war etwa zweieinhalb Meter breit, etwa fünf Meter lang und mit einer Kloschüssel, einem Waschbecken und zwei eisernen Militärbetten ausgestattet. Strohsäcke oder Matratzen fehlten erwartungsgemäß. Das Fenster zum Hof war in sechs kleine Rahmen unterteilt, von denen lediglich in zweien milchige Glasscheiben steckten. An Frischluft würde somit trotz der Bretterblende kein Mangel herrschen, allerdings auch nicht an Kälte, denn wir hatten Februar und draußen lag hoher Schnee. Keine rosigen Aussichten also, nachdem der im Zimmer vorhandene Heizkörper ausgeschaltet war und es in den nächsten Wochen auch bleiben sollte.

Vorerst hatte ich nichts anderes zu tun als mir den Kopf darüber zu zerbrechen, wie ich in diese missliche Lage gekommen war. Dass ich es nicht mehr geschafft hatte, Kerciov richtig zu versohlen, bedauerte ich aufrichtig, zumal ich anschließend vermutlich auch nicht schlechter dagestanden hätte als nunmehr. Was meine auch für die damaligen Verhältnisse wirklich harte Strafe anging, kam ich nach langem Grübeln zu dem Schluss, dass es nicht wegen der Rangelei gewesen sein konnte. Wahrscheinlicher schien mir, dass Kerciov, der später noch einmal gesondert vernommen worden war, mich mit irgendwelchen Lügen schwer belastet hatte.

Dies dürfte ihm umso leichter gefallen sein, als ich ja auch für den hier maßgeblichen Politoffizier kein „unbeschriebenes Blatt“ war. Dieser konnte jederzeit in meiner Akte nachlesen, dass das Militärgericht mich seinerzeit als den Chef einer deutschen „faschistischen“ Organisation verurteilt hatte. Dazu kamen meine späteren Konflikte mit den Politruks in den Bergwerken Cavnic und Baia Sprie, die natürlich auch aktenkundig waren. Überhaupt wurden die Aktenordner, die für jeden Häftling angelegt waren, im Laufe der Haftzeit immer umfangreicher, was hauptsächlich das Verdienst der vielen Spitzel und Zuträger war, die in den Lagern ihr Unwesen trieben. Wie gerne hätte ich einmal mein Aktenbündel durchgeforstet, um nachzulesen, was da an Informationen über mich zusammengetragen worden war – und vor allem, welche Schweinehunde sich damit ihren Judaslohn verdient hatten. Jedenfalls kam ich zu dem Schluss, dass ich nicht wegen meiner Tat leiden sollte, sondern dass es vielmehr darum ging, mich gesundheitlich zu beeinträchtigen und meine Moral zu untergraben. Nun galt es, das mir Bevorstehende mit Anstand zu ertragen.

Mein größtes Problem war von Anfang an die Kälte. In meiner dünnen Kleidung fror ich dauernd, zumal wie schon geschildert Teile des Fensters fehlten. Ich traute dem Politruk zu, absichtlich die Scheiben zerschlagen zu haben, um im Winter die Strafgefangenen zusätzlich zu schikanieren. Die massiven Eisenschellen an meinen nackten Fußknöcheln wärmten auch nicht unbedingt, behinderten mich aber zumindest nicht im Übermaße. Ich konnte mit ihnen nur langsam und mit kleinen Schritten gehen, doch das allein wäre erträglich gewesen. Viel schlimmer wirkten sich die Schellen an den Handgelenken aus. Als erstes machte ich die Erfahrung, dass ich mit diesen, nachdem ich einmal meine Hose heruntergelassen hatte, diese zwar noch hochziehen und mit etwas Mühe auch noch den obersten Knopf schließen konnte, jedoch nicht in der Lage war, mein Hemd in die Hose zu stecken. Also musste ich in den folgenden Wochen mit dem Hemd über der Hose in der klirrenden Kälte stehen. Hinzu kam, dass die Schellen über den Handgelenken so eng waren, dass die scharfkantigen und rostigen Eisen bei jeder Bewegung meiner Arme an den Gelenken rieben und diese somit nach wenigen Tagen schon wund waren. Danach klebten die Eisen immer wieder an der Wunde fest und es schmerzte höllisch, wenn die verletzten Stellen immer aufs Neue aufgerissen wurden und bluteten. An den Armfesseln bildete sich eine Ablagerung aus Blut, Hautfetzen und Wundsekret.

Als Verpflegung gab es in den ersten beiden Tagen außer 250 Gramm Brot lediglich eine Schöpfkelle warmen, gesalzenen Wassers, das ich schon wegen der Kälte sofort trank. Das Salz, sagte man, war beigemischt, da es lebensnotwendig sei, ich hegte allerdings die Vermutung, dass es nur darum ging, das ohnehin vorhandene Hungergefühl noch zu steigern. Am dritten Tag wurde mir endlich zusammen mit dem Brot ein Geschirr mit gekochtem Essen hereingereicht. Dabei machte ich die Erfahrung, dass der mir ebenfalls gebrachte Löffel nutzlos war, weil ich ihn dank meiner Fesseln nicht zum Munde führen konnte. Ich musste das Geschirr auf dem Bett abstellen und das Essen direkt daraus schlürfen. Hierbei war es von Vorteil, dass dieses kaum mehr als eine dünne Brühe war, ebenso wie auch der wässrige Frühstücksmaisbrei.

Auch während der Morgen- und Abendzählung durfte ich meine Zelle nicht verlassen, musste dem Diensthabenden jedoch Meldung machen, also Namen nennen, vortragen, dass ich zu 30 Tagen strenger Haft verurteilt wurde, und gegebenenfalls noch weitere Fragen beantworten. Bei dieser Gelegenheit war es auch möglich, Bitten vorzubringen. Um 22 Uhr, nach dem Zapfenstreich, bekam ich eine Decke hereingereicht, was auch nicht viel mehr als blanker Zynismus war, denn das nackte Eisenbett stellte auch mit der dünnen Decke mehr eine Folterbank denn ein Ruhelager dar. Zudecken hätte nichts gebracht, solange ich auf dem Eisenrost zu liegen kam. Am brauchbarsten erwies sich noch die Methode, bei welcher ich die Decke auf dem Boden ausbreitete, mich darauflegte und anschließend einen Deckenzipfel mit den Zähnen packte, um mich sodann in die Decke einzurollen. Anschließend setzte ich mich vorsichtig, bemüht, die Decke nicht verrutschen zu lassen, auf das dem Fenster abgewandte Bettende und versuchte halb liegend, halb sitzend zu dösen. Obgleich ich schon nach einigen Tagen todmüde war, gelang es nicht, mehr als höchstens eine halbe Stunde zu schlafen. Dann erwachte ich vor Kälte schlotternd und mit dem Gefühl, ich läge zwischen Eiswürfeln. Dazu kam, dass ich gar nicht wagte, allzu tief einzuschlafen, weil ich fürchten musste, zu erfrieren. Die unzähligen gefrorenen Wassertropfen auf dem Fußboden zeugten von der Kälte und waren mir eine Mahnung.

In der zweiten Strafwoche – es war Ende Februar, und die Außentemperatur dürfte zwischen minus 15 und minus 20 Grad betragen haben – erlebte ich dann die schlimmsten Tage. Tagsüber bewegte ich mich, wenn auch langsam, fast ununterbrochen, zitterte jedoch weiter vor Kälte, so als hätte ich Schüttelfrost. Um die Schmerzen an den Handgelenken zu lindern, spülte ich diese gelegentlich mit Leitungswasser ab und trachtete dabei, Blut und Eiter möglichst gründlich abzuspülen, um einer Infektion vorzubeugen. Auch linderte das kalte Wasser die Schmerzen etwas. Anschließend versuchte ich durch entsprechende Haltung des Arms, die Wunden von den Schellen fernzuhalten, bis sie getrocknet waren. Aber spätestens wenn ich wieder aufs Klo musste, was freilich wegen der geringen Nahrungszufuhr immer seltener wurde, rissen die Wunden erneut auf. Wenn ich bei meiner dauernden Wanderung – acht Schritte hin, acht Schritte wieder zurück – rasten musste, setzte ich mich auf den Schalenrand des Klos. Dies war angenehmer als das scharfkantige Eisen des Bettes.

So verging Tag um Tag, ohne dass viel geschehen wäre. Von meinem dumpfen Brüten sind mir kaum Erinnerungen geblieben. Mein ganzer Organismus war „auf Sparflamme geschaltet", ließ mich die von draußen hereindringenden Geräusche, die Kommandos und die Flüche zwar hören, erlaubte mir jedoch nicht, mich innerlich all zu sehr damit auseinanderzusetzen. Wenn ich allerdings immer häufiger aus der üblichen Geräuschkulisse sich abhebende Angst- oder Schmerzensschrei hörte, registrierte selbst ich, dass in der Strafanstalt neuerdings wieder rüde Sitten Einzug hielten.

Die dritte Woche war fast vorbei, als ich durch das plötzliche Aufreißen der Zellentür aufgeschreckt wurde. Herein trat ein junger, mir unbekannter Unterleutnant, dem ich Meldung machen musste. Der Mann musterte mich interessiert und begann, eine ganze Reihe Fragen zu stellen, unter anderem zu meinen früheren sportlichen Erfolgen. Dies überraschte mich etwas, denn er wusste auffallend viel über meine Vergangenheit. Plötzlich jedoch sagte er sichtlich erschrocken: „Was ist los mit dir? Du blutest ja!", und zeigte auf den Boden. Ich merkte erst jetzt, dass meine Wunden an den Armen so heftig bluteten, dass sich zu meinen

Füßen schon eine Blutlache bildete. Sicher waren meine Eisen wieder mal an der Wunde angeklebt gewesen und hatten sich beim plötzlichen Aufspringen losgerissen. Er ließ mich die Hände anheben, betrachtete sich die Wunde genau und fragte, ob ein Arzt mich schon behandelt hätte. Als ich seine Frage verneinte, sagte er, dies müsse dringend nachgeholt werden, weil sich hier augenscheinlich eine Blutvergiftung anbahnen würde. Daraufhin verließ er eilig meine Zelle.

Das Verhalten des jungen Offiziers hatte mich beeindruckt, dennoch verknüpfte ich keine allzu großen Hoffnungen mit seinem Besuch. Umso überraschter war ich, als kaum eine Viertelstunde später der diensthabende Offizier erschien und meine Wunden ebenfalls sehen wollte. Ich hatte diese mittlerweile abgespült und wartete, dass die Arme trockneten, man konnte die Entzündungen jedoch gut sehen. Als der Mann einen Blick auf mich geworfen hatte, fragte er ebenso vorwurfsvoll wie heuchlerisch, warum ich mich denn nicht gemeldet hätte, worauf ich zur Antwort gab, dass ja jeder, der die Zelle betrat, meinen Zustand sehen konnte, ganz abgesehen von den Blutflecken, mit denen der Boden übersät war. Er ging aber nicht weiter auf den dezent vorgetragenen Vorwurf ein, sondern teilte mir nur noch mit, dass man mir die Eisen abnehmen und mich anschließend behandeln werde. Den Sergeanten, der in der Zellentür stand, hieß er, den Schmied zu rufen, und verschwand sodann.

Bald erschien der hier für die Schmiedearbeiten zuständige Zigeuner ausgerüstet mit Hammer, Meißel und einem Holzklotz, in dem ein massives Eisenstück als Amboss steckte. Er nahm auf dem Bett Platz, klemmte den Amboss zwischen seine Schenkel, und ich musste nur noch meine Eisen entsprechend hinhalten, damit er mit je einem Schlag die Nieten abhacken konnte. Die Arbeit war schnell erledigt, und der bereits anwesende mit einer Arzttasche ausgerüstete Sanitäter konnte sein Werk beginnen. Er reinigte die Wunden sehr sorgfältig, entfernte mit Schere und Pinzette abgestorbene Haut- und Fleischfetzen und spülte die offenen Stellen mit einem Desinfektionsmittel. Anschließend streute er noch ein Sulfonamidum auf die Wunde und trug einen Verband auf. Ich konnte mit dieser gründlichen Behandlung mehr als zufrieden sein, war sie unter den hier gegebenen Umständen doch alles andere als selbstverständlich. Überhaupt war alles, was ich in der letzten Stunde erlebt hatte, ein kleines Wunder, das ich offensichtlich allein dem jungen, mir unbekannten Unterleutnant zu verdanken hatte. Ich rätselte lange über seine Motive und habe mich später nach dem Ende der Sonderstrafe vorsichtig, um ihm nicht zu schaden, nach ihm erkundigt, allerdings ohne Erfolg.

Als erstes steckte ich mit den nun freien Händen mein Hemd in die Hose, was sich nach den frostigen Wochen anfühlte, als würde man mir ein Heizkissen auf den Rücken legen. Und als ich dann sogar wieder mein Gesicht waschen konnte, begannen die bislang dahindämmernden Lebensgeister sich wieder zu regen, mit dem Nebeneffekt freilich, dass ich mich fortan wieder mehr auf den nagenden Hunger konzentrieren musste. Vor mir lagen noch zehn Straftage, darunter drei „Festtage", nämlich jene, an denen das wässrige Essen ausgegeben wurde. Da mich von dem nächsten Mahl noch zwei Tage trennten, versuchte ich, möglichst nicht daran zu denken und mich mit anderen Gedanken abzulenken. So verbrachte ich viel Zeit damit, Pläne für mein Leben nach der Haft zu schmieden.

So gründlich, wie ich das zwischenzeitlich seit Jahren erduldete Gefängnisleben verinnerlicht hatte, fiel es gar nicht leicht, mir ein Leben als freier Mensch vorzustellen. Ich träumte davon, in Temeschburg, meinem Geburtsort, zu leben und zu arbeiten. Vielleicht sogar in meinem Vaterhaus, in einer modern eingerichteten Werkstatt, in der ich tagein, tagaus an Maschinen und Motoren herumschrauben konnte. Vorbild war in dieser Hinsicht mein leider viel zu früh an einer tückischen Krankheit verstorbener Großvater, an den ich mich kaum noch erinnern konnte, von dem mir meine Eltern jedoch viel erzählt hatten. Und natürlich wollte ich eine Familie haben mit Kindern und allem, was dazugehört. Wie ich jedoch wieder in Freiheit gelangen sollte, darüber verbat ich mir nachzudenken. Es wäre auch zu deprimierend gewesen. Der Kommunismus würde sich, davon war ich überzeugt, nicht wandeln, schon gar nicht zum Guten. Er könnte, dachte ich damals, nur gewaltsam beendet werden, aber wer sollte, wer konnte den tödlichen Streich führen? Und wie sollte er dies tun?

In der folgenden Nacht genoss ich es, mich endlich mal vernünftig in meine Decke einwickeln zu können, und schaffte es anschließend, zumindest in längeren Etappen zu schlafen. Ich hatte zusätzliches Glück, weil der harte Winterfrost der letzten Tage gebrochen schien und die Außentemperatur zwischenzeitlich etwa beim Gefrierpunkt gelegen haben dürfte. Am nächsten Morgen schien vorerst alles wie gewöhnlich abzulaufen, und erst nach dem Zählappell waren von draußen zunehmend Geräusche zu vernehmen, die auf ein lebhaftes Kommen und Gehen hindeuteten. Plötzlich wurde der Türriegel ruckartig geöffnet, und der hereintretende Sergeant rief: „Los, nimm dein Gepäck und komm mit!" Da ich ja kein Gepäck hatte, trat ich sofort hinaus in das Treppenhaus. Der Unteroffizier hieß mich, ihm zu folgen, und führte mich hinüber auf die Nordseite des Gebäudes in einen Gang, in dem sich auch das Brotlager der Anstalt befand. Dort musste ich ein völlig leeres Zimmer beziehen.

Ich war erst seit wenigen Minuten in dem neuen Raum, als ich plötzlich ein leises Kratzen und Klopfen von der Seitentür her hörte. Auf meine leise Frage, ob da jemand sei, antwortete eine unbekannte Stimme nur mit einem lakonischen „Ja" und wollte daraufhin wissen, wer ich sei. Als ich meinen Namen genannt hatte, sagte der Unbekannte, dass er mich und meinen Fall kenne. Er arbeite hier als Bäcker, sagte er und fragte weiter, ob ich etwas Turtoi wolle. Natürlich wollte ich. Kurze Zeit später wurden tatsächlich zwei dünne Scheiben Maisbrot unter der Tür durchgeschoben. Der Mann flüsterte, ich solle die Scheiben sofort essen und anschließend husten, dann würde er mir weitere geben. Nach den entbehrungsreichen Hungertagen dauerte es nur Sekunden, bis ich die beiden Scheiben, die extradünn geschnitten waren, um unter der Zellentür durchzupassen, vertilgt hatte und ein leichtes Hüsteln vernehmen ließ. Sofort wurden zwei neue Scheiben hinterhergeschoben, wobei mir der unsichtbare Gönner einschärfte, sofort alles zu essen und ja kein Stück für später aufzuheben, denn man würde mich später möglicherweise durchsuchen und dann wäre er „geliefert". Das leuchtete ein, und ich versprach ihm, alles zu verspeisen. Auf diese Weise erhielt ich in den nächsten Minuten ein Dutzend Scheiben Maisbrot, etwa ein Kilogramm Turtoi. Eigentlich war ich satt, nur meine Gier verlangte nach mehr. Der weitsichtige Wohltäter sagte aber: „So, jetzt ist Schluss, sonst wirst du noch krank." Ich musste ihm beipflichten und dankte für seine großherzige Tat.

Die nächsten Stunden konnte ich damit verbringen, den Geräuschen auf dem Korridor zu lauschen und sie zu entschlüsseln. In der Mittagszeit flaute die Hektik etwas ab, und man hörte nur das Klappern des Geschirrs während der Essensausgabe. Ich wurde heute mal wieder nur mit einem Krug Wasser bedacht, was aber angesichts des unerwarteten Vormittagsschmauses nicht schlimm war. Später machte sich allerdings ein anderes dringendes Bedürfnis bemerkbar, denn ich war seit dem frühen Morgen nicht mehr auf dem WC gewesen, und in meinem jetzigen Zimmer gab es kein Klo. Also klopfte ich an die Tür und meldete dem Sergeanten, der überraschend schnell aufgetaucht war, mein Problem. Der Wachmann forderte mich auf, noch etwas Geduld zu haben, kam dann tatsächlich bald wieder und führte mich zurück in meine alte Strafzelle, die mit dem schmerzlich vermissten WC ausgestattet war. Als ich mich nach Erledigung meines dringenden Bedürfnisses umguckte, stellte ich fest, dass während meiner Abwesenheit offensichtlich andere Häftlinge hier gewesen sein mussten. Wahrscheinlich hatte die Zelle wegen der umfangreichen Verlegungen, die heute stattgefunden hatten, als Transitraum dienen müssen, was meine zeitweilige Verlegung erklärte. Dieser kurze Umzug hatte sich für mich als großer Glücksfall herausgestellt, kam ich doch auf diesem Wege zu dem köstlichen Mahl. Der Abend dieses Tages war der erste seit meiner Bestrafung, an dem ich mich nicht mit knurrendem Magen auf mein Eisenbett legte. Selbst am kommenden Tag, es war wieder der dritte, der Essensausgabetag, zehrte ich noch von meiner Turtoi-Mahlzeit und konnte es mir leisten, das zusammen mit einer dünnen Grützesuppe mitgelieferte Brot nicht zu essen, sondern für den nächsten, den „Wassertag" aufzuheben.

Die letzten Tage meiner Strafe liefen vergleichsweise schnell ab und schienen mir auch erträglicher als die Wochen davor. Offensichtlich hatte ich mich schon ein wenig an das noch größere Elend angepasst. Trotzdem freute ich mich natürlich, als sich am dreißigsten Tag kurz vor der Abendzählung die Zellentür öffnete und der Feldwebel mich aufforderte, ihm zu folgen. Der Schmied nahm sich meiner an, beseitigte in nur wenigen Minuten die Fußketten, und dann ging es direkt weiter zu meinem Zimmer. Als die Türe aufgeschlossen wurde und ich eintrat, war es ganz still, und Dutzende Augenpaare waren auf mich gerichtet. Mit einem „Bună seara" („Guten Abend") durchbrach ich die Stille, woraufhin der mir am nächsten stehende Mann, es war Emil Angheliu, laut meinen Namen rief und – während der Unteroffizier noch in der Tür stand – auf mich zustürzte, mich umarmte und mir einen Kuss auf die Wange gab. Er hatte sogar Tränen in den Augen, als er mit leidenschaftlicher Stimme rief: „Was haben diese Banditen mit dir gemacht?", und zu den anderen gewandt fortfuhr: „Schaut ihn an! Schaut, wie er aussieht! Er ist ein Märtyrer! Er hat für uns alle gelitten!" Dieser südländisch anmutende Überschwang der Gefühle brachte mich zugegebenermaßen etwas in Verlegenheit, weshalb ich erst mal nur zu einem leise gestammelten „Danke, danke" fähig war, bevor ich all die vielen Hände zu schütteln begann, die sich mir entgegenstreckten. Dann kam schon wieder Emil herbeigeeilt und drückte mir ein Stück Brot und mehrere Würfel Zucker in die Hand. Ein anderer schenkte mir eine Dose Milchpulver. Es war schon rührend, wie selbstlos die Leute das Wenige, das sie hatten, mit mir teilen wollten.

Als sich die erste Aufregung gelegt hatte und alle Hände geschüttelt waren, musste ich die vielen Fragen beantworten und genau erzählen, was sich zugetragen hatte. Aber auch ich erfuhr Neuigkeiten, unter anderem dass Kerciov, der Übeltäter, offensichtlich in Ungnade gefallen und aus der Fabrik fortgebracht worden war. Wahrscheinlich, teilte man mir mit Genugtuung mit, würde er auch nicht mehr wiederkommen. Einer wusste zu berichten, dass eine Woche zuvor Kerciov von Mihalcea, dem cholerischen Produktionsleiter, im technischen Büro vor aller Augen geohrfeigt und mit Fußtritten traktiert worden war. Anschließend sei er aus der Fabrik fortgeführt worden und bislang nicht wieder aufgetaucht. Den wütenden Äußerungen Mihalceas war zu entnehmen, dass Kerciov ihn wegen irgendeiner Sache verpetzt hatte.

Erst Jahre später sollte ich im Donaudelta von Nae Marinescu erfahren, was sich genau zugetragen hatte. Und zwar ging es um einen Privatauftrag, den Mihalcea einem Häftling aus der Schreinerei erteilt hatte. Nichts Ungewöhnliches also in dem durch und durch korrupten System, erst recht nicht im Gulag. Kerciov aber, der von der Angelegenheit „Wind bekommen" hatte – und das bewies endgültig nicht nur seine Niederträchtigkeit, sondern auch und vor allem seine Dummheit –, fiel nichts Besseres ein, als den Oberleutnant beim Politruk anzuschwärzen. Es kam, wie es kommen musste: Der Politruk erzählte Mihalcea sozusagen brühwarm von dem Verrat des Häftlings, woraufhin Mihalcea sich diesen zur Brust nahm und buchstäblich bis zur Bewusstlosigkeit prügelte. Anschließend soll er auch noch mehrere Wochen in Ketten im Isolator gesessen haben. Nun, für mich war das vorerst Bekanntgewordene auch schon eine erfreuliche Nachricht und eine kleine Entschädigung für die zurückliegenden entbehrungsreichen Wochen.

Am nächsten Morgen musste ich selbstverständlich wieder zur Arbeit. Auch in der Werkstatt wurde ich von den Kollegen freudig begrüßt. Herr Arhideanu und der Dreher Nicolae warteten schon auf mich, und in der Mittagspause kamen auch die deutschen und ungarischen Freunde zu einem Besuch vorbei. Nicht wenige schenkten mir bei dieser Gelegenheit die Hälfte ihrer Brotration. Wie es während der Isolatorhaft mit der Verpflegung ausgesehen hatte, musste ich eigentlich gar nicht groß erläutern, das war jedem klar, der mich sah. Von den etwa 58 Kilogramm, die ich vorher gewogen hatte, waren, das sagte die große Werkstattwaage, nur noch 49 Kilogramm vorhanden. Der große Gewichtsverlust hing vermutlich nur zum Teil mit der kümmerlichen Ernährung zusammen und mindestens in gleichem Maße mit der Kälte, der ich dauernd ausgesetzt war.

Auch der Zivilmeister Benedek zeigte sich erfreut und gerührt bei meinem Anblick, was daran zu erkennen war, dass er noch etwas mehr stotterte als sonst. Trotzdem verstand ich, dass er mich zur Schonung erst einmal nur mit leichter Tätigkeit beschäftigt sehen wollte und Arhideanu entsprechende Anweisungen erteilte. Tatsächlich verbrachte ich die nächsten Tage damit, mit einem Notizblock und einer Schublehre durch die Werkstatt zu spazieren und zu überprüfen, ob die Kugellager der Maschinen auch richtig liefen und sich nicht übermäßig erhitzten. Diese gemütliche Arbeit hatte auch den angenehmen Nebeneffekt, dass ich ungezwungen mit den vielen Freunden an deren Arbeitsplätzen plaudern konnte. Langsam aber sicher erholte ich mich so von meiner unfreiwilligen Hungerkur.

Das Jahr 1958, das konnte man schon jetzt im Frühjahr sagen, sollte im Hinblick auf den vor einigen Jahren eingeleiteten Liberalisierungsprozess, mit dem wir ja doch die eine oder andere Hoffnung verknüpft hatten, wieder einen enttäuschenden Rückschlag bringen. Zu Ostern, das diesmal auf den 6. April fiel, dachten wir mit Wehmut an den gemütlichen Sonnentag mit ausreichender Verpflegung, den wir uns noch vor einem Jahr aus diesem Anlass gegönnt hatten. Stundenlang war ich damals völlig ungestört mit Mathias, Hansi, Nicu und anderen im Hof gesessen. Jetzt konnte davon keine Rede sein. Auch die aus dem Zellentrakt I, wo die nicht arbeitenden Häftlinge untergebracht waren, durchsickernden Nachrichten verhießen nichts Gutes. Die Zustände in den völlig überbelegten Räumen wurden als geradezu katastrophal geschildert.

Die Häftlinge, die aus diesem Trakt neu in die Fabrik kamen, erzählten von drei bis vier Eisenbetten, die dort übereinandergestellt waren und von denen jedes bei einer Bettbreite von 80 Zentimetern bis zu drei (!) Häftlingen als Schlafstätte dienen sollte. Da dies gar nicht möglich war, musste man abwechselnd schlafen. So zwang man etwa 100 Häftlinge, auf nur 50 Quadratmetern zu hausen. Während dies im Winter gerade noch erträglich war, summierten sich während der Sommermonate die Enge, der Luftmangel, die Hitze und der Gestank zu einem infernalischen Ganzen. Die unmenschlichen und entwürdigenden Bedingungen führten zu dauernden Spannungen der Menschen untereinander, die sich oft genug in gewalttätig ausgetragenen Konflikten entluden.

Von den vielen Latrinengerüchten, die im Umlauf waren und in der Regel alle nichts Gutes verhießen, hielt jenes sich am zähesten, welches behauptete, dass der gesamte Strafvollzug geändert werde und wir alle aus der Fabrik verschwinden müssten, weil andere, neue Häftlinge an unsere Stelle kämen. Lange Zeit konnten und wollten wir diesen Parolen keinen Glauben schenken, und doch sollten sie schon bald für uns bittere Realität werden. Mich erwischte es Mitte Mai, als ein Unteroffizier, auf dessen langer Liste auch mein Name stand, mich in der Werkstatt suchte und aufforderte, meine persönlichen Sachen aus dem Zimmer zu holen. Ich ahnte gleich, dass es nicht nur um eine kurze Abordnung ging, sondern dass sich ein weiterer großer Abschnitt meiner Haftzeit dem Ende zuneigte. Vorerst kam ich in eine Zelle des Traktes II und musste dort warten, bis nach und nach weitere Häftlinge, die alle vorher in der Fabrik gearbeitet hatten, dazustießen. Als wir insgesamt zu acht waren, wurden wir in den Hof des Traktes III in die berüchtigte Zarca geführt.

In der Zarca

Zarca, deutsch Sarka ausgesprochen, kommt vom ungarischen „zárka" und bedeutet Arrestzelle, wurde aber als Bezeichnung für besonders schwere Kerkerstrafen verwendet. Beim Betreten des Hofes fiel uns als erstes der gleich beim Eingang befindliche, mittels Schilfmatten abgegrenzte, lächerlich kleine Spazierhof auf. Hinten endete der mit Kopfsteinen gepflasterte Hof an einem massiven bunkerähnlichen Anbau. Dort wurden die verstorbenen Häftlinge abgelegt, bis sie zum Verscharren auf den Armenfriedhof kamen. Die Zarca war zweifellos der älteste Bau des gesamten Gefängniskomplexes von Gherla. Es hieß, sie sei noch zur Zeit Maria Theresias aus einer umgebauten Festungsanlage entstanden.

Auf dieser Hofseite hatte das alte, düstere Gebäude nur wenige Fenster, und diese befanden sich alle auf Höhe des zweiten Stockwerkes. Über zwei Steinstufen gelangte man in den Vorraum des Gebäudes, von wo aus Treppen sowohl in den Keller als auch in die beiden oberen Stockwerke führten. Die Zellen im Keller sollte ich auch in der Folgezeit glücklicherweise nie von innen sehen, hörte aber später von Harry und Fredi, welch grauenhafte Zustände in diesen herrschten. Auch die zum Tode verurteilten Häftlinge wurden bis zu ihrer Hinrichtung dort untergebracht. Eine Besonderheit, die beim Betreten des Hofes sofort auffiel, war der über dem Gebäudeeingang auf Höhe des zweiten Stockes befindliche schmale Gang, der in Richtung des Hofes ins Leere ging. Über dem Gang ragte ein etwa anderthalb Meter langer Balken aus der Wand, an dessen Ende ein starker Eisenhaken angebracht war. Es handelte sich um den Galgen von Gherla. Den Todeskandidaten wurde im Gang der Strick um den Hals gelegt, bevor man sie hinausstieß.

Vom Vorraum aus konnte ein dort stehender Wärter sämtliche 21 Zellentüren, sieben auf jeder Ebene, im Auge behalten. Dort stand auch ein mit Glasfenstern ausgestattetes Holzhäuschen für den Wachmann, weil es insbesondere im Winter recht kalt und zugig werden konnte. Im Vorraum des Traktes ermöglichten in den oberen Etagen durchgehende aus

Holz gebaute Gänge den Zugang zu den Zellen. Die massiven Zellentüren waren ebenfalls aus Holz gefertigt und mit Eisen beschlagen. Wie bei praktisch allen Gefängniszellen waren auch diese Türen mit dem typischen Guckloch sowie einer Durchreiche ausgestattet. Während die Außenmauern des Gebäudes etwa 60 bis 70 Zentimeter breit waren, maß die innere Mauer zwischen Zellen und Vorraum sogar über einen Meter, was damit zusammenhing, dass in ihr sieben Lüftungsschächte verliefen, und zwar jeweils einer für drei übereinanderliegende Zellen.

In den Zellen neben der Tür befand sich jeweils ein kleines Türchen, welches eine quadratische Nische von etwa 50 mal 50 mal 50 Zentimetern verdeckte, die Anschluss zum Lüftungsschacht hatte. Hier war der Platz des Abortkübels (Tineta). Um seine Not zu verrichten, musste man den Kübel aus der Nische ziehen. Das war eine altmodische, aber zugegebenermaßen effiziente Vorrichtung, denn der Kübel stank nur, solange er draußen war. Ein weiterer, etwas größerer Kübel in jeder Zelle diente zur Aufbewahrung des Trink- und Waschwassers. Beide Kübel mussten täglich zum Leeren oder zum Wiederauffüllen nach draußen geschleppt werden, ein Dienst, den der Reihe nach alle Insassen der Zelle verrichten mussten, ebenso wie das wöchentliche Aufwaschen des Holzfußbodens in der Zelle. Ich sollte keine Gelegenheit erhalten, eine andere als „meine" Zelle, die Nummer 21, kennenzulernen, hörte aber von anderen, dass alle weiteren Zellen in der Zarca gleich ausgestattet waren. Dies gilt auch für die Abmessungen der Räume, die etwa vier Meter lang und gut zwei Meter breit waren, somit eine Grundfläche von etwas über acht Quadratmetern aufwiesen. Nicht unbedingt üppig für acht Menschen, die langfristig hier untergebracht wurden.

In diesem engen Raum standen dann für die acht Gefangenen vier Betten, und zwar jeweils zwei übereinander. Obwohl die Betten nur jeweils 80 Zentimeter breit waren, was als Schlafstätte für zwei Mann höchst knapp bemessen war, blieb nur wenig unbelegte Fläche im Raum übrig. Etwa ein halber Meter zwischen den Betten, etwa genauso viel am Kopfende zwischen den Betten und dem Fenster und ungefähr anderthalb Meter zwischen den Betten und der Tür, wobei dort auch noch der große Wasserkübel stand. Die Anordnung, wonach es tagsüber verboten war, sich auf den oberen Betten aufzuhalten, vereinfachte die Sache auch nicht unbedingt.

Der geschilderte Raum im vorderen Teil der Zelle, etwa anderthalb mal zwei Meter, bot die einzige bescheidene Möglichkeit zum Gehen. Wenn man ihn diagonal nutzte, konnte man immer drei Schritte in eine Richtung machen und dann wiederum drei Schritte in die entgegengesetzte. Dieser Platz wurde tagsüber fast ununterbrochen genutzt, besonders ich war ein fleißiger „Spaziergänger“ und bewegte mich täglich mehrere Stunden auf der kleinen Fläche. Immer drei Schritte vor und drei zurück. Es ging dabei nicht allein um die Bewegung, es war dies vielmehr die einzige Möglichkeit, aus der Gruppe auszubrechen, quasi allein zu sein. Da es galt, nicht nur das körperliche „Einrosten“ zu verhindern, sondern auch geistig fit zu bleiben, stellte ich mir – wie dies übrigens viele Häftlinge taten – immer wieder selbst Aufgaben, versuchte alte Erinnerungen aufzufrischen, indem ich Gelerntes und Gelesenes in Gedanken wiederholte, zum Beispiel Liedtexte und Gedichte, oder indem ich mich zwang, mathematische Aufgaben im Kopf zu lösen.

Von Berti (Engelbert) Hoffmann, einem zur gleichen Zeit in Gherla einsitzenden Kameraden, sollte ich später Näheres über die im Kellergeschoss der Zarca befindlichen Strafzellen erfahren. Berti musste wegen irgendeines Vergehens dort sieben besonders schlimme Tage verbringen, darunter in einem Raum, der auch als Totenkammer genutzt wurde. Der sadistische Caraliu, der ihn hingebracht hatte, begoss die Schilfmatte, die als Schlafunterlage gedacht war, ausgiebig mit Wasser, bevor er Berti zurückließ. Auf dieser Matte hockend musste er dann mitten im Winter die nächsten Tage und vor allem die endlos scheinenden Nächte nur eingewickelt in eine dünne Decke verbringen. Auf dem Betonfußboden lagen derweil mehrere unbekleidete Tote, die mit den Resten total verdreckter Bettlaken notdürftig zugedeckt waren. An den Rändern der Laken waren Teile abgerissen worden, vermutlich um sie als Lappen zu verwenden. Von Berti erfuhr ich ferner, dass um diese Zeit auch der ehemalige Konteradmiral und Ritterkreuzträger Horia Macelaru in den Strafzellen der Zarca einsaß. Er hatte im Krieg zu den bewährtesten rumänischen Offizieren gehörte. Ihm war zum Verhängnis geworden, dass er sich nach dem Umsturz 1944 geweigert hatte, mitten im Hafen von Constanza ein Gefecht mit den dortigen deutschen Seestreitkräften zu beginnen. Nach langen Jahren der Haft sollte auch er erst im Zuge der Generalamnestie von 1964 freikommen.

Die sieben Leute, mit denen ich fortan praktisch 24 Stunden täglich die kleine Zelle teilen sollte, waren mir mit Ausnahme von Stefan Milea bis dahin kaum bekannt. Es handelte sich ausschließlich um Rumänen, in der Regel ehemalige Bauern, die bislang in der Fabrik als Handlanger oder für den Transport des Holzmaterials eingesetzt waren. Näheres, allerdings wenig Gutes, wusste ich gerüchteweise nur über einen gewissen Arcadie Ionescu, der aus der Banater Gemeinde Igris stammte und nun auch hier in Zelle 21 gelandet war. Der damals etwa 40 Jahre alte

Mann war Mitanführer einer der zahlreichen Widerstandsgruppen und als solcher zu neun Jahren Gefängnis verurteilt. Gleich nach dem Krieg soll er als Schmuggler tätig gewesen sein, und man sagte ihm auch nach, zu denen gehört zu haben, die während der letzten Kriegsmonate als Plünderer durch die zum Teil verlassenen deutschen Dörfer zogen. Ich war daher wenig erbaut, nunmehr mit ihm zusammen zu sein, zumal er auch ein recht boshafter Mensch sein sollte und zu allem Überfluss von vielen verdächtigt wurde, Spitzeldienste für die Verwaltung zu verrichten. Mit letzter Sicherheit wusste man dies allerdings nicht. Ein angenehmerer Zimmergenosse war da schon der ehemalige Kunststudent Vasile Bugan, der vorher im technischen Büro als Grafiker neue Möbel entworfen hatte. Die gelegentlich im Clubraum von ihm mit Kreide gezeichneten Karikaturen hatte ich schon früher bewundert, ohne den Künstler jedoch bewusst gesehen zu haben.

Die Enge des Raumes und das dauernde Zusammensein führten im Laufe der Zeit zwangsläufig zu Konflikten, denen man buchstäblich nicht aus dem Wege gehen konnte. Es war ja schon kaum möglich, jemandem etwas zu sagen, ohne dass gleichzeitig alle anderen mithörten.

In den ersten Tagen beschäftigte uns hauptsächlich die Frage, warum man uns von der Arbeit weg in diese Zelle gesperrt und damit zur Untätigkeit verdammt hatte. Ein Konflikt mit der Gefängnisleitung schied als Grund aus, da – von mir abgesehen – keiner der Anwesenden in letzter Zeit einen solchen hatte ausfechten müssen. Ein gemeinsamer Nenner war allenfalls in dem Umstand zu sehen, dass wir ausnahmslos zu hohen Strafen verurteilt waren und dass etliche von uns, das ergab sich aus den Gesprächen, Anführer in ehemaligen Widerstandsgruppen waren oder zumindest als solche galten. Drei gehörten zum Beispiel zu der weitverzweigten Bauernorganisation aus dem Vrancea-Gebiet, im Gulag als „Lotul Vrancea“ oder „Vranceni“ bekannt. Der ebenfalls berühmt-berüchtigte, in der Dobrugea beheimatete „Babadag-Lot“ wurde in unserer Zelle durch Diakon Milea vertreten, den ich schon seit Baia Sprie kannte.

Allmählich machte sich der Sommer bemerkbar. Tagsüber wurde es in unserer Zelle, die nach Süden ausgerichtet war, schon recht warm, wobei das dicke uns umgebende Gemäuer angenehm kühl blieb. Sonnenstrahlen drangen wegen der vor das Fenster montierten Blende immer nur für ganz kurze Zeit in den Raum. Schlimmer war, dass durch die Blende auch die Luftzirkulation beeinträchtigt war und wir daher durchgehend in einem stickigen Mief saßen. Dieser durch die Ausdünstungen der auf engstem Raume zusammengedrängten Menschen verursachte Gestank steigerte sich nahezu bis zur Unerträglichkeit, wenn der Abortkübel aus seiner Nische gezogen werden musste. Wir bemühten uns daher, dies möglichst selten zu tun, in der Regel gleich nach dem Wecken und nach dem Mittagessen für jeweils eine halbe Stunde.

Das vormittägliche Herunterschaffen des vollen Kübels, das reihum von jedem gemacht werden musste, war eine besonders ekelerregende Aufgabe, bei der peinlichst vermieden werden sollte, diesen auf dem Weg in den Hof überschwappen zu lassen. Je nach Charakter und Stimmung des anwesenden Wärters wurde dies nämlich mit Schlägen und Tritten, bestenfalls nur mit üblen Flüchen geahndet. Natürlich mussten die „Frevler" auch sauber machen. Im Hof wurde der Abortkübel dann in einen Gully geleert und mit Wasser ausgespült. Der etwas größere, ebenfalls hinausgeschaffte Wasserkübel wurde wieder aufgefüllt und beide zurück in die Zelle gebracht. Da unsere Zellenbelegschaft ausschließlich aus jüngeren oder zumindest arbeitsfähigen Leuten bestand, musste ich nur jeden zweiten Tag zum Kübeltragen antreten. Später, als ich mit gebrechlicheren Häftlingen in der Zelle war, hatte ich den Zimmerdienst fast täglich zu verrichten.

Wie schon aus den früheren Gefängnistagen in Gherla bekannt begann auch in der Zarca der Tagesablauf mit dem Wecken um 5.45 Uhr. Dann hieß es aufstehen, ankleiden und Betten machen. Ab 6 Uhr erfolgte im gesamten Gefängnis die Zählung und anschließend die Frühstücksausgabe. Zur Mittagszeit und gegen 17 Uhr gab es die nächsten Mahlzeiten. Ab 18 Uhr wurde die Abendzählung durchgeführt und um 22 Uhr der Zapfenstreich verkündet. In „geordneten" Zeiten wie jenen, die ich anfangs in der Zarca erlebte, führte man uns fast täglich entweder vormittags oder nachmittags für etwa eine Viertelstunde spazieren auf den Hof. Dort hieß es mit gesenktem Blick und schweigend in Gänsereihe zu laufen, immer im Kreis, im Schatten des Galgens. Manchmal wurde befohlen, zugleich mit dem Spazieren auch das Wasserschaff und den Abortkübel mit hinunter in den Hof zu schleppen. Dann konnte der, der den Zimmerdienst verrichtete, während die anderen spazierten, den Kübel ordentlich reinigen. Wenn er etwas gründlicher arbeitete und der Wärter auch gut gelaunt war, konnten alle ein paar Minuten länger im Freien verbringen. Jede zusätzliche Minute an der frischen Luft war ein Genuss, und so konnte auch das Reinigen eines Abortkübels Freude bereiten. Erfahrene Gefangene nutzten den Hofgang zugleich, um nach Brauchbarem Ausschau zu halten. Dies konnte bei den gegebenen kargen Lebensbedingungen jede Kleinigkeit sein. Die starken Raucher unter uns waren natürlich immer auch auf der Suche nach Zigarettenkippen. Nach einem dieser täglichen „Höhepunkte“ wie dem Hofgang verfielen wir in der Zelle wieder in unsere normale Wartestellung, saßen oder standen herum und warteten auf das Mittag- oder Abendessen als nächsten „Programmpunkt“.

Mit Beginn des Sommers befahl man uns, unsere Betten zu zerlegen und aus dem Zimmer zu schaffen. Wir sollten fortan mit unseren Strohsäcken auf dem Boden liegen, was sich als vorteilhaft erwies, denn das Gedränge in den schmalen Betten fiel weg. Bedingt durch die Sommerhitze wurde es jetzt aber unerträglich stickig, und zwar sowohl tags als auch nachts.

Zu den alltäglichen Kleinigkeiten, die wir im Gefängnis besonders schmerzlich vermissten, gehörte die Zahnpasta. Zahnbürsten waren bei den meisten Häftlingen zwar vorhanden, doch die Tuben mit der Zahnpasta, die wir von daheim geschickt bekamen, wurden in aller Regel bei der Durchsuchung aufgeschnitten. Sie hätten ja Kassiber oder verbotene Schmuggelware enthalten können. Jedenfalls war die Zahnpasta anschließend nicht mehr haltbar. Manche, auch ich, verkneteten die Zahnpasta zwar mit Seife, was dem Geschmack natürlich nicht zuträglich war, aber immerhin die Haltbarkeit etwas verbesserte. Unnötig zu erwähnen, dass gelegentlich ein besonders eifriger „Filzer“ auch die Zahnpasta-Seifenklumpen zerbrach, um darin weiß Gott was zu suchen. Trotz oder vielmehr dank dieser höchst behelfsmäßigen Zahnhygiene blieben die Zähne bei fast allen Gefangenen ein ständiges Problem. Nach mehreren Haftjahren gab es fast keinen, der nicht Kummer mit seinen kariösen und schmerzenden Zähnen hatte. Ausgebildete Zahnärzte gab es praktisch überhaupt nicht, und man musste schon froh sein, wenn es überhaupt einen Sanitäter gab, der einen schmerzenden Zahn ziehen konnte, selbst wenn dies dann ohne Betäubung erfolgte. Ich selbst habe in den Jahren im Gulag 16 Zähne, also mein halbes Gebiss eingebüßt.

Wenn wir zum Duschen durften, mussten wir uns im Sommer bis auf die Unterwäsche entkleiden. Im Winter konnten wir Hose und Rock anbehalten. Mit Seife und Handtuch in der Hand trieb man uns sodann die Treppen hinunter durch den Hof der Zarca zu dem mit Blechplatten verkleideten Gittertor, durch welches man in den Zentralhof gelangte. Hier mussten wir regelmäßig anhalten, und der uns begleitende Wärter fragte seinen auf der anderen Seite diensttuenden Kollegen, ob der Zentralhof frei von anderen politischen Gefangenen sei. Mit diesen sollte uns nämlich aus Gründen der Geheimhaltung kein Blickkontakt gestattet sein. Falls nicht, mussten wir warten, wenn sich hingegen nur Strafgefangene im Zentralhof befanden, wurde der Weg freigegeben, wobei diese Häftlinge sich, während wir eiligst den Hof durchquerten, auf den Befehl „Fața la perete!“ („Gesicht zur Wand!“) hin von uns abwenden mussten.

Das Bad samt einem Umkleideraum für alle Insassen der Haftanstalt befand sich auf der Fabrikseite des Zellentraktes I. Auch hier musste alles flott gehen. Wenn der Caraliu, der den „Bademeister“ machte, nicht gerade ein Ekel war, bekamen wir gut gemischtes Wasser in genügender Menge, um abschließend auch die Seife vom Körper zu waschen. Manche Wärter aber trieben Schindluder mit uns und machten sich einen Spaß daraus, entweder nur kaltes Wasser oder brühend heißes laufen zu lassen. Oder es gab, nachdem sich die Leute eingeseift hatten, nur noch wenig Wasser zum Abspülen, sodass sie mit der Seife auf dem Körper wieder zurücklaufen mussten. Etwaige Proteste unsererseits wurden bestenfalls nur mit Flüchen, häufig aber auch mit Schlägen quittiert.

Die Wäsche konnten wir, wie allgemein in der Lagerwelt üblich, zweimal pro Monat zum Waschen geben. Das größte Problem war hierbei, dass wir diese oftmals tropfnass zurückbekamen und dann irgendwie selbst trocknen mussten. In einem Raum von kaum neun Quadratmetern, in dem auch noch acht Mann hausten, stellte es regelmäßig ein größeres organisatorisches Problem dar, acht Hemden, acht Hosen und acht Handtücher trocken zu bekommen. Wir hatten kaum Möglichkeiten, die oft noch triefende Wäsche aufzuhängen. Die Betten, solange wir sie noch hatten, wären hierzu geeignet gewesen, doch war dies auch nicht gestattet, weil die aufgehängte Wäsche den Wärtern den Durchblick durch das Guckloch behindert hätte. Im Winter, wenn der Dunst nur langsam abziehen konnte, war die Trocknungsprozedur besonders langwierig und man sah noch zwei, drei Tage nach der Wäscherückgabe Leute mit einem nassen Kleidungsstück in der Hand herumstehen. Im Sommer war es einfacher, da breitete man ein nasses Wäschestück über die Jacke, die man anhatte, und wartete einfach, bis es trocknete.

Einmal wöchentlich wurde uns ein Rasiermesser samt Pinsel und Seife gereicht, womit wir uns gegenseitig den Bart abschaben durften. Das ging so leidlich und war vor allem nicht ansatzweise eine solche Tortur, wie ich sie seinerzeit in Jilava erlebt hatte. Ebenso wie das Rasieren hatten wir auch das Haareschneiden gegenseitig zu erledigen. Man händigte uns hierzu alle paar Wochen eine manuelle Haarschneidemaschine aus. Wenn keine der beschriebenen Tätigkeiten angesagt war, vergingen die Tage in jener Zeit nur sehr schleppend und inhaltslos. Mangels Gemeinsamkeiten hatte ich mit den meisten Männern der Zelle nicht viel zu reden, und auch die Möglichkeiten, voneinander zu lernen, waren begrenzt.

Es war eine sehr langweilige Zeit mit dem Hunger als ständigem Begleiter. Insbesondere die Vormittage, die sich eine gefühlte Ewigkeit hinzogen, sind mir diesbezüglich in bleibender Erinnerung geblieben. Was das karge und gewürzarme, aber doch einigermaßen regelmäßige Essen anging, so habe ich inhaftierte Ärzte erlebt, die diesem allen Ernstes sogar eine heilsame Wirkung zuschrieben, zumindest für manchen magenkranken Gefangenen. Es soll Fälle von Leuten gegeben haben, die mit Magengeschwüren ins Gefängnis kamen und die nach ein bis zwei Jahren keinerlei Beschwerden mehr hatten. Leider stand die Zahl derer, die in diesem Umfeld gesundeten, in keinem Verhältnis zur Masse derer, die hier schwer und dauerhaft erkrankten oder gar starben. Die chronische Unterernährung und der Vitaminmangel machten die Menschen anfällig, und die äußeren Umstände wie Kälte, schlechte Luft und der Mangel an Hygiene taten das Übrige. Ganz abgesehen von den gezielt gesteuerten Maßnahmen zur Verbreitung von Krankheiten, wie etwa die bereits geschilderten Tuberkuloseepidemien unter Jugendlichen Anfang der Fünfzigerjahre in Gherla. Die von der Partei ohnehin schon drastischen Vorgaben, die zur Dezimierung des „Klassenfeindes" führen sollten, wurden im Rahmen ihrer Umsetzung durch die Verwaltungsorgane der Lager dank deren Unfähigkeit, Ignoranz, vielleicht aber auch Bosheit noch weiter verschärft. Typisches Beispiel für solch einen Fall war der tragische Tod Egons.

Eine der wenigen Abwechslungen in jener tristen Zeit war ein Verhör, zu dem ich unerwartet gerufen wurde. Man brachte mich in eine Zelle im Haupttrakt des Gefängnisses, wo ein Oberleutnant der Securitate auf mich wartete. Ich grüßte ihn, worauf er nur stumm nickte und sodann – nicht unfreundlich – sagte, er käme vom Innenministerium in Bukarest und habe einige Dinge mit mir zu klären und zu besprechen. Nun, diese Ankündigung überraschte mich keineswegs, nachdem ich seit unserem Prozess im Jahre 1952 schon etliche nachträgliche Verhöre erlebt hatte. Alle waren bislang ähnlich verlaufen: Man befragte mich über Dinge oder Personen, die ich nicht kannte oder nicht kennen wollte, und meine Unwissenheit wurde mir offensichtlich auch abgenommen, den es ergaben sich anschließend keine erkennbaren negativen Folgen für mich.

Der Oberleutnant gab sich wie gesagt freundlich und bot mir eine Zigarette an, was ich ebenso freundlich mit der Begründung ablehnte, mit dem Rauchen aufgehört zu haben. Ich erwähnte nicht, dass sich dies zwangsläufig ergeben hatte, weil ich schlicht und einfach über keine Zigaretten mehr verfügte. Davon abgesehen aber verspürte ich ohnehin keine Lust, sein Geschenk anzunehmen. Dafür zündete er sich einen

Glimmstängel an. Dann fragte er mich, wie es mir so gehe und wie es um meine Gesundheit bestellt sei. Ich dankte höflich für seine Frage und sagte ihm, dass ich mich nicht beklagen könne, dass ich ansonsten aber lieber weiter in der Fabrik bei der Arbeit geblieben wäre. Hierfür äußerte er Verständnis und fügte noch hinzu, dass er gehört habe, dass ich ein guter und fleißiger Handwerker sei. Nunmehr wollte er wissen, ob ich in den zurückliegenden Jahren Pakete von daheim erhalten und Besuch empfangen hätte. Den Erhalt von Paketen bestätigte ich, was jedoch die Sprechstunden anging, so sagte ich wahrheitsgemäß, dass in der ganzen Zeit eine einzige genehmigt worden war und selbst diese anschließend nicht zustande kam. Ich setzte noch eines drauf, indem ich anfügte, dass die Streichung vermutlich wegen der Ereignisse in Ungarn erfolgt sei.

Seinem Schweigen nach zu urteilen war er etwas überrascht, als ich diese meine Vermutung äußerte, nachdem es sich um Vorgänge handelte, die ich gar nicht hätte kennen dürfen. Dann aber wurde das Gespräch oder vielmehr Verhör fortgesetzt, wobei ich trachtete, seine Fragen nur kurz und bündig zu beantworten. Ich war neugierig, endlich herauszufinden, weshalb diese Befragung stattfand, denn es war von vornherein klar, dass er nicht aus Bukarest angereist war, um mit mir über die bisher angesprochenen Alltäglichkeiten zu plaudern. Als er mich nach meinen Kameraden fragte, antwortete ich wahrheitsgemäß, dass ich von keinem etwas aus neuerer Zeit wüsste außer vom Tod Egons. Seltsamerweise war er nicht überrascht, als ich dies sagte, gab sich angeblich jedoch verwundert, dass ich von Dietmar nichts wusste, obwohl ich zusammen mit ihm im Bergwerk gearbeitet hatte. Diesbezüglich gab ich ihm recht, fügte aber hinzu, dass die gemeinsame Bergwerkszeit nun auch schon fast zwei Jahre zurückliege und ich seither nichts von Dietmar gehört hätte.

Wie zufällig fragte er mich dann plötzlich, ob ich schon einmal an der Donau bei Orschowa gewesen sei. Ich konnte guten Gewissens antworten, dass ich dort niemals war und überhaupt die Donau nur von der Eisenbahn aus kenne. Tatsächlich hatte ich den gewaltigen Strom lediglich ein paar Male aus der Ferne gesehen, als ich mit dem Zug nach Craiova und nach Bukarest unterwegs war. Dies schien er mir nicht recht glauben zu wollen und meinte verwundert: „Wie kann das sein, wo doch dein Vater einen guten Freund in Orschowa hat?“

Als ich dies hörte, schien klar zu sein, dass er Josef Paar meinte, einen Freund unserer Familie, der während seiner Militärzeit zusammen mit meinem Vater beim Arsenal in Bukarest gedient hatte. Er lebte mit seiner Familie bis kurz vor Kriegsende in Orschowa und arbeitete als Maschinist auf einem DDSG-Dampfer, mit dem er regelmäßig zwischen dem Schwarzen Meer und Passau hin und her pendelte. Ab und an war er in jener Zeit auch in Temeschburg unterwegs und besuchte uns dann immer. Beim Zusammenbruch in 1944 schafften die Paars es, sich den zurückgehenden deutschen Soldaten rechtzeitig anzuschließen, und seither hatten wir keine Nachricht von ihnen. Da ich um jeden Preis vermeiden wollte, meinen Vater irgendwie ins Spiel zu bringen, bestritt ich jedoch weiterhin, jemanden aus Orschowa zu kennen.

Der Securist ließ aber nicht locker und bohrte weiter. Dabei erwähnte er, dass es sich bei dem großen Unbekannten um einen Fachmann für U-Boote handele und dies mich doch sicher interessiert hätte. Ich blieb stur dabei, keinen Menschen in Orschowa zu kenne, schon gar keinen U-Boot-Bauer, obwohl mir nach der letzten Frage dämmerte, dass es sich bei der gesuchten Person offensichtlich um einen anderen Mann handeln musste, nämlich um einen Häftling, den ich in 1953 in Gherla kennengelernt hatte. Dieser erzählte mir damals, nachdem er mich schon besser kannte, dass er vormals auf einer Schiffswerft in Orschowa tätig gewesen sei, bis ihn eine deutsche Firma abgeworben habe. Es sei dann nach Wien gezogen und habe dort bei der Vorfertigung von U-Boot-Teilen gewirkt. Der Mann hatte mir seinerzeit einiges über seine Arbeit berichtet, nachdem er jedoch aus der Fabrik verlegt worden war, hatten wir uns aus den Augen verloren und nicht mehr wiedergesehen. Natürlich ließ ich gegenüber dem Verhöroffizier auch diesen Bekannten unerwähnt.

Am nächsten Tag wurde die Vernehmung sogar noch fortgesetzt, ich blieb jedoch bei meiner Aussage, wonach mir keine Person bekannt sei, auf welche die Beschreibung des Offiziers zutreffen könnte. Dabei gab ich mir Mühe, so gelassen wie nur möglich zu erscheinen. Der Oberleutnant beendete daraufhin die Befragung und sagte, er werde meine Aussagen überprüfen, obwohl er – wie er nicht zu erwähnen vergaß – den Eindruck habe, dass ich aufrichtig gewesen sei. Er habe auch den sonstigen Berichten in meiner Akte entnehmen können, dass ich laut Einschätzung seiner Kollegen ein hartgesottener, aber ehrlicher Häftling sei. Nun, für dieses Lob konnte ich mir nichts „kaufen“, selbst wenn die Eintragungen in meinem „Sündenregister“ wirklich so positiv gewesen wären, aber ich war ja schon dankbar, dass das Verhör in einer solch entspannten Atmosphäre stattgefunden hatte.

Frei von Sorgen war ich anschließend trotzdem nicht, denn ich musste befürchten, dass man auch noch meinen Vater befragen würde und dies dann doch zu Komplikationen führen könnte. Es war ja offensichtlich, dass die Securitate einige Informationen hatte, etwas von einem

Schiffsbauer wusste und auch etwas über einen Bekannten meines Vaters, fälschlicherweise jedoch die Angaben über diese beiden Personen vermischte. Gott sei Dank erwies sich später alle Sorge als unbegründet. Ich hörte in dieser Sache nie wieder etwas, und auch meine Eltern wurden nicht behelligt.

Neue Zellengenossen

Die erste große Veränderung seit meinem Einzug in Zelle 21 begann damit, dass ein Feldwebel mit einer Liste in seiner Hand den Raum betrat und mit leiser Stimme – um in der Nachbarzelle nicht gehört zu werden – die Namen der Leute verlas, die samt ihrem Gepäck umziehen sollten. In kürzester Zeit hatten alle Aufgeforderten mit ihrer Habe die Zelle verlassen und nur Stefan Milea, der Diakon, und ich waren zurückgeblieben. Während wir noch darauf warteten, ebenfalls abgeholt zu werden, öffnete sich schon wieder die Tür, und herein trat zu meiner großen Freude Hauptmann Ion Radu, den ich seit Baia Sprie nicht mehr gesehen hatte.

Einige Minuten später öffnete sich unsere Tür aufs Neue, und unsere Zelle betrat ein junger Mann, den ich im ersten Augenblick nicht erkannte. Er sagte nichts, legte seine in eine Decke geschlagene Habe auf den Boden und guckte sich verunsichert um. Erst als er Diakon Milea erblickte, begannen seine Augen zu strahlen, und er stieß einen freudigen unartikulierten Laut hervor. Stefan eilte ihm entgegen und sie umarmten sich. Jetzt erkannte auch ich den jungen Tabacaru, jenen Schüler, der seinerzeit im Bergwerk von einem Wärter mit dem Hammer schwer am Kopf verletzt worden war. Auch Herr Radu und ich traten an ihn heran und begrüßten ihn, mussten jedoch enttäuscht feststellen, dass er uns vermutlich nicht wiedererkannte. Er stammelte bloß einige unzusammenhängende Worte. Offensichtlich hatte sich sein Zustand seither nicht gebessert.

Als sich die Zellentür kurze Zeit darauf erneut öffnete, erkannte ich in der kleinen, gedrungenen Gestalt, die mit einem Bündel unter dem Arm eintrat, den Obersten Ion Gheorghiu, Träger des Mihai-Viteazul-Ordens, ehemaliger Professor an der Militärakademie und späterer Kommandant der Offiziersschule in Hermannstadt. Ihm folgten der Major Valeriu Teodorescu, mein alter Kumpel aus Baia Sprie, und nur Minuten später Oberleutnant Mircea Robovici, der Flieger. Als letzter Bekannter betrat der Ingenieur Liviu Popa die Zelle. Ich war begeistert, so viele illustre Häftlinge in „meiner" Zelle begrüßen zu dürfen, zumal es sich teilweise um gute Bekannte und Freunde handelte. Als wir jedoch insgesamt bereits zu acht waren, betete ich im Stillen, dass nun – trotz aller Freude über das Wiedersehen – keiner mehr kommen möge, weil es in dem engen Raum sonst endgültig unerträglich würde. Meine Bitte wurde erhört.

Der erste Abend mit der neuen Zellenbelegschaft wurde lang, gab es doch viel zu erzählen mit den Freunden, die man zum Teil seit Jahren nicht mehr gesehen hatte. Alle Männer, mit Ausnahme von Liviu Popa, waren Leute mit hohen Haftstrafen, die seit Jahren einsaßen und entsprechend viele Bekanntschaften in der Welt des Gulags hatten. Diese weitverzweigten Querverbindungen von gemeinsamen Leidensgenossen boten schier unerschöpflichen Gesprächsstoff. Freilich gaben nicht alle Neuigkeiten Anlass zur Freude, oft genug musste über das harte Los oder gar den Tod eines gemeinsamen Bekannten berichtet werden.

Was natürlich auch jeden interessierte, waren die im Umlauf befindlichen teils glaubwürdigen, teils weniger glaubwürdigen politischen Nachrichten. Der niedergeschlagene Ungarnaufstand war zwischenzeitlich jedermann ein Begriff, weniger bekannt war allerdings die anschließende riesige neue Verhaftungswelle in Rumänien. Die Zahl der neu in die Lager und Gefängnisse eingelieferten „Politischen" ging offensichtlich in die Tausende. Die in meine Zelle Gekommenen, die im ersten Augenblick noch bestürzt waren, weil sie hier auf dem Boden schlafen sollten, erzählten von der katastrophalen Überbelegung im großen Celular, wo in Zimmern, in denen früher etwa 25 Mann wohnten, zwischenzeitlich bis zu 100 Leute eingepfercht waren. Vor diesem Hintergrund sei, wie sie nach kurzem Überlegen feststellten, die hiesige Lösung mit den auf dem Zellenboden liegenden Matratzen noch längst nicht das schlimmste Übel.

Bedrückend war die von allen Anwesenden geteilte Erkenntnis, dass in den Haftanstalten wegen der sogenannten Disziplinarvergehen wieder sehr hart vorgegangen wurde. Von neuen Karzerstrafen hatte man Gott sei Dank noch nicht gehörte, dafür aber waren die Prügelstrafe, das In-Ketten-Legen und der Essensentzug wieder häufig angewandte Sanktionen. Ausnahmslos alle, die damals in unserer Zelle waren, hatten die Zarca vorher noch nie gesehen, und dies obwohl diese Einrichtung früher einen ähnlichen Ruf genossen hatte wie das berüchtigte Jilava oder die Haftanstalt Fogarasch, also Zwischenstation für viele politische Häftlinge war. Nach dem Skandal um die „Reeducare", also nach 1953, verschwand die Zarca jedoch etwas aus dem Bewusstsein der Häftlinge, weil sie zum Beispiel in der Zeit meines ersten Aufenthaltes in Gherla entweder gar nicht mehr oder nur als Krankenstation für Tb-Patienten genutzt wurde. Erst in neuerer Zeit, nach dem Ungarnaufstand, fand sie wieder als klassisches Gefängnis Verwendung.

Die etwas altmodisch wirkende Einrichtung mit dem Lüftungsschacht und dem darin befindlichen Abortkübel fanden die Neuankömmlinge genau wie ich vormals etwas seltsam, stellten aber schon recht bald fest, dass es sich um eine durchaus praktische Angelegenheit handelte. Ebenso verhielt es sich mit dem Dielenfußboden, der sich insbesondere im Winter als viel angenehmer, weil wärmer erweisen sollte als der sonst übliche Fliesenboden. Am nächsten Vormittag nach der Einnahme des Frühstücks und der erfolgten Zählung lernten die Neuen dann auch den Zimmerdienst mit dem hier üblichen Transport der Kübel kennen. Da wir nunmehr etliche ältere Herrschaften unter uns hatten, denen die schwere Tätigkeit nicht zugemutet werden konnte, musste ich als einer der Jüngeren fortan fast täglich zum Kübelschleppen ran. Es war dies aber ein Preis, den ich gerne dafür bezahlte, dass ich nunmehr mit ebenso angenehmen wie interessanten Persönlichkeiten zusammen war, mit denen Gespräche zu führen waren, die im Kreise der vorherigen bäuerlich geprägten Zellenbelegschaft nicht möglich gewesen wären.

Etwas überrascht waren wir am nächsten Tag alle, als wir dann doch noch einen Nachzügler in der Zelle begrüßen durften. Bei dem etwas älteren Mann, Jahrgang 1900, handelte es sich um den Rechtsanwalt Dr. Dumitru Paul Polizu, Sohn eines Generals des Ersten Weltkrieges, der schon als 16-Jähriger daheim durchgebrannt war, um als Flaksoldat bei den Kämpfen um Mărăşeşti teilzunehmen. Trotz dieser abenteuerlichen Jugend und entgegen der Familientradition wurde Polizu nach dem Krieg jedoch nicht Berufssoldat, sondern Jurist. Der Mann sollte sich in den kommenden Monaten als Bereicherung unserer Gruppe erweisen.

Viele Gespräche kreisten in den nächsten Wochen um den gescheiterten Ungarnaufstand vom letzten Oktober. Dass diese Erhebung letzten Endes scheiterte, das war einhellige Meinung, lag ausschließlich an der für uns unerklärlichen Zurückhaltung der Westmächte. Rückblickend betrachtet war es freilich ziemlich naiv zu glauben, dass „der Westen", also die US-Amerikaner, ein ernsthaftes Risiko eingehen würden, um die Ungarn oder sonst jemanden aus dem den Sowjets zugestandenen Machtbereich zu befreien. Trotzdem die Erhebung gescheitert war, äußerten aber auch alle ihren Respekt vor dem Schneid der Ungarn, die etwas gewagt hatten, was in dieser Form in Rumänien undenkbar war. Ähnliche Anerkennung für die Ungarn durch Rumänen hatte ich zuletzt in Cavnic erlebt, als das per „Luftpost" eingetroffene Flugblatt in unsere Hände gelangt war. Ehrenbezeugungen dieser Art zwischen Ungarn und Rumänen waren keine Selbstverständlichkeit, nachdem das Verhältnis der beiden Völker aufgrund häufiger Zwistigkeiten im Laufe der gemeinsamen Geschichte doch primär von gegenseitigen Vorbehalten, wenn nicht gar von Abneigung geprägt war.

Wenn die Rumänen eine eigene Tat aus der jüngeren Vergangenheit lobend hervorheben wollten, so blieb eigentlich nur der ebenfalls missglückte Aufstand des Leutnants Margineanu übrig, der sich hinsichtlich des Erreichten natürlich keineswegs mit dem vorübergehenden Erfolg der Ungarn vergleichen ließ. Seine Tat hätte einer besseren, einer gründlicheren Planung bedurft, sagten manche, aber das waren hypothetische Erwägungen, die sich hinterher leicht anstellen ließen. Vermutlich war es der Versuch des Verzweifelten, der die Gunst der Stunde zu nutzen hoffte und der für sein Handeln, das war unstreitig, großen Mutes bedurfte. Dafür galt ihm uneingeschränkt unsere Hochachtung.

Was die anderen zahlreichen Widerstandsgruppen im Land betraf, die es in den Jahren nach dem Kriege durchaus gegeben hatte, so wusste man zwischenzeitlich, dass diese weitestgehend liquidiert waren. Die Anführer waren hingerichtet oder zu langjährigen Haftstrafen verurteilt worden. Auch Oberst Gheorghe Arsenescu, die Leitfigur des aktiven Widerstandes, war bereits untergetaucht. Ebenfalls wussten wir schon um das traurige Schicksal jener unzähligen Freiwilligen, die von westlichen Geheimdiensten angeheuert und ausgebildet wieder ins Land gekommen waren, um hier guten Glaubens auf eine Befreiung vom kommunistischen Joch hinzuwirken, und die fast ausnahmslos von der Securitate aufgegriffen worden waren. Ihre Enttarnung, wie sich später herausstellen sollte, ging häufig auf das Konto von Ostagenten, die sich ihrerseits in westlichen Geheimdiensten eingenistet hatten und sie daher auffliegen lassen konnten. Teilweise wurden sie schon unmittelbar nach der per Fallschirm erfolgten Landung festgenommen und bald darauf erschossen.

Wie weit der Arm der Securitate reichte, kann man daran ermessen, dass sie über ihren Stützpunkt in Ost-Berlin – dessen Leiter in den Jahren 1956/57 Oberst Aurel Moiş war – mithilfe der Stasi missliebige im Westen lebende Personen entführt hat. So zum Beispiel ist auch jener Oliviu Beldeanu gekidnappt worden, der zusammen mit anderen Exilrumänen im Jahre 1955 in einer aufsehenerregenden Aktion die rumänische Botschaft in der Schweiz besetzt hatte. Beldeanu, der auf die Lage der politischen Häftlinge im kommunistischen Rumänien hatte aufmerksam machen wollen, wurde 1960 in Jilava ermordet.

Mit zwischenzeitlich neun Personen war es in der Zelle nunmehr ziemlich eng. Zum Schlafen legten wir uns in zwei Gruppen auf die am Boden liegenden Strohsäcke. Da der Platz nicht reichte, um auf dem Rücken zu liegen, legten wir uns für gewöhnlich auf die eine Seite und wendeten uns dann ab und zu gleichzeitig. Häufig kreisten unsere Gespräche in den ersten Wochen um die Fragen im Zusammenhang mit der neuerlichen „Umschichtung" der Häftlinge in der Zarca beziehungsweise überhaupt in Gherla. Es gab diverse Deutungsversuche und unterschiedliche Rückschlüsse, die man aus der Zusammensetzung etwa unserer Zellenbelegschaft zu ziehen versuchte. Unstreitig war, dass dies alles einherging mit einer allgemeinen Verschlechterung der Haftbedingungen im Gulag. Einwandfrei erkennbar war auch, dass man – warum auch immer – Häftlinge mit hohen Strafen von der Arbeit abgezogen hatte und zu konzentrieren versuchte. Zum Zwecke dieser Konzentration diente in Gherla die Zarca.

Nachdem das gegenseitige „Beschnuppern" in den ersten Wochen den guten Anfangseindruck bestätigt hatte, nämlich dass es sich in unserer Zelle ausnahmslos um zuverlässige Männer handelte, war auch wieder daran zu denken, mit den umliegenden Zellen Verbindung aufzunehmen. Dies erfolgte mittels Morse oder mit dem bereits geschilderten „Telefon", beides freilich nur, wenn die Luft rein war. Da wir die letzte Zelle im zweiten Stockwerk bewohnten, war es vergleichsweise schwierig, diese „Luftreinheit" einzuschätzen, man musste sich fast ausschließlich auf Laute und Geräusche verlassen, die aus den anderen Zellen herüberdrangen. Allgemeine Stille war in diesem Zusammenhang grundsätzlich immer verdächtig. Routiniertester Morse-„Künstler" bei uns war Liviu Popa. Er hatte umgehend eine Verbindung zu der unter uns liegenden Zelle hergestellt, und durch ihn sollte ich – zu meiner großen Verblüffung – bald darauf auch erfahren, dass meine Kameraden Harry Mildt und Fredi Prack ebenfalls hier waren, und zwar in den Zellen 7 und 14. Wir wohnten also genau übereinander.

Was Liviu mit dem Morsen gelang, das versuchte Herr Radu durch häufiges Spähen unter, neben und teils durch die Fensterblende zu erreichen. Deren Bretter hatten sich nämlich im Laufe der Zeit durch die Wettereinwirkung verformt und Spalten gebildet, durch die man ein wenig nach draußen sehen konnte. Unnötig zu erwähnen, dass dies verboten war und daher nur gewagt werden konnte, wenn ein ganzes Team von mindestens vier Leuten mitspielte. Diese Leute mussten dann so herumstehen oder sich bewegen, dass ein Wärter den eifrigen Beobachter vom Guckloch aus nicht erspähen konnte. Viel war natürlich nicht zu sehen, denn die vor uns liegende Gefängnismauer war so hoch, dass selbst wir im zweiten Stockwerk von der Außenwelt jenseits der Mauer nur Hausdächer und Baumwipfel zu sehen bekamen.

Die sensationellste Entdeckung Radus war dann auch lediglich die Feststellung, dass die Uniformen der draußen auf einem nahe gelegenen Wachturm diensttuenden Soldaten sich geändert hatten. Diese Änderung war in unseren Augen durchaus keine Kleinigkeit und bot anschließend reichlich Gesprächsstoff. Wir stellten nämlich fest, dass die Soldaten nicht mehr die russische Uniform anhatten, vor allem nicht die charakteristische Rubaschka, die über der Hose getragen wurde, sondern einen neuen, wieder etwas westlicher anmutenden Waffenrock. Nun war uns zu dieser Zeit bereits bekannt, dass die russischen Truppen das Land endlich verlassen hatten, niemand hätte jedoch erwartet, dass die Rumänen es wagen würden, die Uniform der „sowjetischen Brüder" demonstrativ sofort abzulegen. Manch ein Optimist in unseren Reihen legte diesen Uniformwechsel als wichtigen Schritt in eine neue Unabhängigkeit des Landes aus und wollte bereits Anzeichen einer Entspannung und Liberalisierung erkennen, die natürlich uns, den Tausenden von politischen Häftlingen, zugutekommen würde. Wie nicht anders zu erwarten war hier lediglich der Wunsch Vater des Gedankens, und die Zukunft sollte uns noch lehren, dass zwar die Uniform eine neue war, nicht jedoch die Einstellung, schon gar nicht jene uns gegenüber.

Rebellion

Am 14. Juni 1958, einem Freitag, herrschte in Gherla herrliches Sommerwetter. Wir hatten dies durch die Blende hindurch schon gesehen und hofften, bald in den Hof zu dürfen. Dann jedoch, es ging schon langsam auf Mittag, hörte man plötzlich aus einiger Entfernung, scheinbar aus der Richtung des Haupttores, großen Lärm und Geschrei. Laute Stimmen, fluchende Wärter und Schmerzensschreie von Häftlingen waren zwar durchaus nichts Außergewöhnliches, aber diesmal klang es etwas anders, sodass wir sofort erkannten, dass gerade etwas Besonderes passierte, zumal sich der Lärm noch steigerte und bald darauf von allen Wachtürmen auch der helle Klang der Talanga ertönte. Das bedeutete Alarm für die ganze Anstalt.

In dem uns gegenüberliegenden Stadtteil mit seinen kleinen Familienhäusern, den Gärten und dem dichten Baumbewuchs schien alles ruhig zu sein, zumindest war durch die Spalten der Blende nichts zu sehen und auch nichts zu hören. Dafür wurde der Lärm innerhalb der

Anstalt umso lauter, und zwar bereits in unserem Zellentrakt. Es schien zusätzliches Gefängnispersonal hereingekommen zu sein, man hörte ihre polternden Schritte auf den hölzernen Stegen, die zu den Zellen führten, und man hörte auch das obligatorische Schimpfen und Fluchen. Scheinbar wurden unter lautem Gebrüll sämtliche Zellentüren geöffnet. Als letzte in der Reihe wurde unsere Tür aufgerissen, und ein aufgeregt scheinender Unteroffizier erschien und brüllte ohne weitere Vorrede, man sollte uns sofort alle erschießen. Ohne auch nur anzudeuten, worum es eigentlich ging oder was vorgefallen war, drohte er noch, persönlich jedem die Knochen zu brechen, den er am Fenster erwischen würde, und schon verschwand er wieder, die schwere Tür mit lautem Donner hinter sich zuschlagend. Jeder erfahrene Häftling, und das waren ausnahmslos alle in diesem Raum, wusste nunmehr, dass jetzt kein Fehler begangen werden durfte. Die Wärter, einmal derart in Rage, waren zu allem fähig. Selbst vorsichtig aus dem Fenster zu lugen wäre jetzt sträflicher Leichtsinn gewesen, abgesehen davon, dass wir ja vorher schon festgestellt hatten, dass außerhalb der Anstalt offensichtlich nichts passiert war, vielmehr die Gründe für das ausgebrochene Chaos innerhalb des Gefängnisses zu suchen waren.

Etwas später war anhand der Kommandos, die man durch das Fenster vernehmen konnte, zu schließen, dass draußen irgendwelche Verstärkungen für die Wachmannschaft eingetroffen sein mussten. Wahrscheinlich hatte man die Posten auf den Türmen und die Patrouillen verdoppelt. Wir konnten auch erkennen, dass wir alle paar Minuten durch das Guckloch in der Zellentür observiert wurden. Was den Lärm innerhalb der Anstalt anging, so hatte dieser sich noch nicht gelegt, und Diakon Milea meinte, es höre sich an wie bei einer Demonstration. Tatsächlich waren aus dem allgemeinen Geschrei rhythmische Rufe vieler Personen herauszuhören, als wenn von einer größeren Gruppe protestiert würde. So ging es über eine Stunde lang weiter, und wenn man auch zweimal dachte, der Lärm würde langsam abflauen, schwoll er kurz darauf wieder umso heftiger an. Dann plötzlich, als es zum dritten Mal besonders laut wurde, krachten plötzlich Schüsse und es wurde – diesmal endgültig – leise. Wer auch immer sich aufgelehnt hatte, er war zum Schweigen gebracht worden. In unserer Zelle merkten wir nur noch anhand der polternden Schritte und der unverständlichen halblaut gerufenen Kommandos, dass immer noch Ausnahmezustand herrschte.

Es wurde Mittag, und normalerweise sollten wir unsere kärgliche Mahlzeit empfangen, heute aber „roch“ es nach gar nichts. Wir mussten uns gedulden, was keine leichte Übung war, obwohl wir das Hungern ja schon lange „trainiert" hatten. Trotzdem war es immer aufs Neue schlimm, wenn das Essen ausfiel oder auch nur verspätet gebracht wurde. So richtig kann man das Hungern wohl nie erlernen. Irgendwann bekamen wir das Essen dann doch, reichlich spät und natürlich kalt.

In den folgenden Tagen nach der Gefängnisrevolte – denn um eine solche hatte es sich, wie wir später erfahren sollten, bei dem mysteriösen Vorfall gehandelt – war nichts mehr wie vorher. Die Zahl der Aufseher blieb vorerst verdoppelt, und es wurde verschärft kontrolliert. Es gab auch eine besonders gründliche Durchsuchung, die zwar nichts Großartiges zutage förderte, den aufgehetzten Wärtern aber immerhin die Möglichkeit bot, ihre sadistischen Neigungen auszuleben und uns nach Herzenslust zu schikanieren. Wir mussten uns pudelnackt entkleiden, und man kontrollierte uns im Mund, im Hintern und sogar um die Hoden herum. Alle unsere Sachen wurden auf den Boden geworfen, Flicken wurden von den Kleidern gerissen, Seifen, Zahnbürsten und, wenn man Pech hatte, sogar die Brillen wurden absichtlich zertreten. Selbst das Schuhwerk wurde einer gründlichen Untersuchung unterzogen. Kein Tag verging fortan, ohne dass von irgendwoher Krach, Geschrei und das Schimpfen der Caralii zu hören gewesen wäre. Eine echte Terrorwelle war angerollt. Besonders rigoros ging man gegen jeden vor, der beim Morsen oder „Telefonieren" erwischt wurde oder auch nur im Verdacht stand, es getan zu haben. Diese Leute wurden buchstäblich bis in die Strafzellen geprügelt.

Später erfuhr ich von Fredi, wie er just in jener Zeit des Morsens verdächtigt worden war und für zehn Tage in den Keller der Zarca gesperrt wurde. Seiner Erzählung zufolge war die dortige Strafzelle eine ewig kalte und feuchte Folterkammer. Das zehn mal zehn Zentimeter große Loch über der Tür, welches eigentlich die Lüftung ermöglichen sollte, führte lediglich in einen Vorraum, in dem keine weitere Lüftungsmöglichkeit vorhanden war. Dies zusammen mit dem Umstand, dass der mitten in der Zelle stehende Abortkübel nur selten geleert wurde, führte zu dauerndem Luftmangel und einem nicht beschreibbaren Gestank. Essen wurde auch hier nur alle drei Tage gereicht, ansonsten hatte der Häftling sich mit der mir wohlbekannten täglichen Schöpfkelle warmen Wassers zu begnügen. Fredi, der nur einen dünnen Drillichanzug als Kleidung in der Strafzelle dabeihatte, zog sich eine schwere Erkältung zu. Da er bereits vorher an einer beginnenden Lungentuberkulose gelitten hatte, verschlechterte sich sein Gesamtzustand erheblich. Es kam noch schlimmer, als etwa ein halbes Jahr später in Gherla eine sogenannte „medizinische Großaktion" durchgeführt wurde, im Rahmen derer die zahlreichen chronisch erkrankten Häftlinge, darunter vor allem die Tb-Kranken und die Hepatitis-Patienten, „behandelt" wurden. Den Tb-Kranken wie Fredi wurde Streptomyzin gespritzt. Die hygienischen Bedingungen bei dieser Aktion waren geradezu verbrecherisch. So wurden zum Beispiel dieselben Nadeln verwendet, ohne dass man diese vorher desinfiziert hätte. Die logische Folge war, dass Fredi und mit ihm viele andere zusätzlich an Hepatitis erkrankten. Bei Fredi war es besonders schlimm, denn die später sich daraus entwickelnde chronische Lebererkrankung, an der er jahrzehntelang leiden sollte, mündete in eine unheilbare Zirrhose, an welcher er letzten Endes im Jahre 1994 starb.

Wenn man in jener Zeit mit den Kübeln nach draußen musste, war höchste Vorsicht geboten, um den Wärtern keinen Anlass für irgendwelche Strafen zu geben. Manchmal freilich, wenn die Caralii auf Streit aus waren, konnte alle Vorsicht vergeblich sein. Besonders wir Jüngeren wurden gerne als Opfer irgendeiner Bosheit auserkoren. Einen Tritt ins Knie, erhalten, weil ich mich angeblich zu langsam fortbewegt hatte, sollte ich noch Wochen später spüren. Noch schlimmer war, dass neuerdings scheinbar regelmäßig die Prügelstrafe zum Einsatz kam. Die Schläge und vor allem das Wehgeschrei der Opfer, an denen unten im Wärterhäuschen des Diensthabenden die Bastonade vollzogen wurde, waren bis hinauf in unsere Zelle zu hören. In dieser Atmosphäre des Terrors und der Unsicherheit fiel es kaum noch ins Gewicht, dass wir nicht mehr nach draußen zum Hofgang durften und dass es zwei Wochen dauerte, bis wir das erste Mal wieder Rasierzeug bekamen und zum Duschen geführt wurden.

Erst wesentlich später, nachdem sich die Wogen geglättet hatten und man wieder etwas riskieren konnte, erfuhr Mircia Robovici per Morsenachricht Näheres über die stattgefundene Gefängnisrevolte. Es war wohl eine größere Gruppe wegen illegalen Grenzübertritts Verurteilter, die sich aufgelehnt hatte. Verlässliches über die Zahl der Opfer dieser von der Verwaltung niedergeschlagenen Erhebung war vorerst nicht zu erfahren.

Eingepfercht in dem engen Raum entwickelte unsere Zellengemeinschaft mit der Zeit ein ausgeklügeltes Organisationssystem, um überhaupt einigermaßen zivilisiert überleben zu können. Verhaltensregeln dieser Art waren auch in jeder anderen Gefängniszelle üblich und wurden anschließend mehr oder weniger konsequent umgesetzt. Wir hatten zu jener Zeit in der Zelle 21 den unschätzbaren Vorteil, ausschließlich angenehme, gebildete Menschen in unserer Gruppe zu wissen, für welche die Einhaltung diverser Mindeststandards im gegenseitigen Miteinander eine Selbstverständlichkeit war.

Nachdem wir morgens um 5 Uhr geweckt worden waren, mussten wir Strohsäcke und Decken zusammenfalten und diese zusammen mit den Beuteln, die unsere kärgliche Habe enthielten, ordentlich in einer Zimmerecke aufbauen. Das Ganze musste anschließend mit einer Decke zugedeckt werden. Das war ganz in unserem Sinne, nachdem der Platz so knapp bemessen war, dass pro Häftling etwas weniger als ein Quadratmeter zur Verfügung stand. Die erste und einzige Sitzgelegenheit erhielten wir erst nach etwa drei Monaten in Form einer einfachen Bank ohne Lehne, auf der maximal drei Leute sitzen konnten. Beim Essen saßen daher fortan immer drei Leute abwechselnd „oben", während die anderen nach wie vor auf dem Boden hockten. Während der warmen Jahreszeit war das egal, da verzichtete ich sogar freiwillig auf einen Bankplatz und zog den kühlen Zellenboden vor.

In der kalten Jahreszeit war es am Boden höchst ungemütlich, und die dort Sitzenden rückten eng zusammen, um sich gegenseitig zu wärmen. Ich zog es zumeist vor, mich durch Bewegung vor dem Frieren zu schützen. Das kostete zwar Energie, und die hatten wir wahrlich nicht im Überfluss, aber ich wollte trotzdem nicht vollständig auf Leibesübungen verzichten, zumal ich mich dabei etwas abschotten und besser meinen Gedanken nachhängen konnte. Meine „Wandertrasse" reichte vom linken Türstock diagonal bis zur rechten Zellenwand, vorbei an der Zimmerecke und der kleinen Tür, hinter der sich der Kübel befand. Die Tour verlief dann wie folgt: drei Schritte Richtung Tür, wenden und anschließend drei Schritte zurück bis zur Wand. Etwas kleinere Leute schafften sogar vier Schritte in eine Richtung.

Während des heißen Sommers zogen wir es vor, uns gegen die kühle Zellenwand zu lehnen. Selbst wenn wir in völliger Reglosigkeit verharrten, schwitzten wir im Hochsommer ganz erbärmlich. Die Ausdünstungen so vieler Menschen, deren vom Schweiß triefende Hemden an den Körpern klebten, eingesperrt auf engstem Raum, verursachten einen unbeschreiblichen Gestank. Glücklicherweise nahmen wir selbst, die wir mittendrin steckten, diesen Mief gar nicht mehr richtig wahr. Das ganze Elend erfuhr mehrmals täglich noch eine Steigerung, wenn der Abortkübel aus seinem Verschlag genommen werden musste. Bei dieser Gelegenheit muss die Luft im Raum pestilenzialisch gerochen haben. Wir trachteten daher, den Kübel möglichst selten, und zwar zu fest vereinbarten Zeiten, zu nutzen. Wenn freilich jemand außer der Reihe mal „musste", was wegen der wässrigen Suppe, die Hauptbestandteil unseres

Essens war, häufig vorkam, gab es trotzdem keine Vorwürfe. Wenn der Kübel „in Betrieb“ war, stellten sich immer zwei Leute mit einer Decke auf dem Rücken vor den, der gerade auf dem „Thron“ saß, und schirmten ihn so vor den Blicken der anderen ab. Anschließend goss jemand dem Betreffenden Wasser über die Hände. Gott sei Dank gab es ja zumindest genügend Wasser und Seife. Das ganze Prozedere wurde grundsätzlich immer sehr sachlich und ohne peinliche Kommentare abgewickelt.

Wegen des Lüftungsschachts befand sich in einer Ecke der Zelle ein „toter Winkel“, der vom Guckloch aus nicht eingesehen werden konnte. Diesen Punkt steuerten wir reihum an, wenn wir etwas in den Augen der Wärter Verwerfliches zu tun gedachten. Diakon Milea zum Beispiel verrichtete hier regelmäßig sein recht umfangreiches Gebetsprogramm, andere standen dort, um mit ihrer „illegalen“ Nadel ihre zerschlissenen Kleider zu nähen. Ich war gelegentlich an diesem Ort zu finden, um englische Vokabeln, die ich auf den Boden eines kleinen Töpfchens geschrieben hatte, zu pauken. Falls die Zellentür plötzlich geöffnet wurde, hatte ich immer noch genügend Zeit, das Geschriebene vom Topfboden abzuwischen.

Eines der alltäglichen Ärgernisse jener Zeit war, dass man uns strengstens untersagte, tagsüber zu schlafen, obwohl wir nie richtig ausgeschlafen waren und obwohl wir eigentlich unendlich viel Zeit gehabt hätten, diesen fehlenden Schlaf tagsüber nachzuholen. Aber diese Schikane war wohl als zusätzliche Bestrafung so gewollt. Jedenfalls trachtete unter den gegebenen Umständen ein jeder, tagsüber noch etwas zu dösen, und entwickelte hierzu seine ganz eigene Technik. Ich war dazu übergegangen, mich von der Tür und deren Guckloch abgewandt auf die Bank zu setzen und ein Handtuch über meine Schenkel zu legen, welches ich dann mit den darauf abgestützten Ellenbogen fixierte. Wenn ich anschließend noch den Kopf in den Händen abstützte, ergab dies eine einigermaßen stabile Körperhaltung, die mir manch erholsames Schläfchen ermöglichte. Diese Methode erwies sich als überaus brauchbar und wurde daher nach und nach von fast allen Zellengenossen praktiziert.

Als wir eines Tages im Frühsommer 1959 auf dem Weg zur Badeanstalt vor dem Tor standen, welches uns vom großen Haupthof des Gefängnisses trennte, hörten wir auf der Gegenseite die Stimme des stellvertretenden Kommandanten, der wohl gerade angekommen war und von einem Unteroffizier die Gesamtzahl (efectivul total) der „CR-Häftlinge“ wissen wollte. „CR“ stand dabei für „contra revolutionar“ und war seit 1955 die offizielle Bezeichnung für uns, die politischen Häftlinge.

Erstaunt und erschüttert nahmen wir die zackig vorgetragene Antwort des Unteroffiziers zur Kenntnis: 9437.

Das große Gedränge, das seit Monaten überall in der Anstalt zu herrschen schien, war uns natürlich nicht entgangen, dass aber dermaßen viele Leute hier eingesperrt waren, hätten wir nicht für möglich gehalten. Jetzt war auch klar, warum in den Zimmern der Trakte I und II, die für etwa 25 Häftlinge konzipiert waren, zeitweise bis zu hundert Häftlinge hausen mussten. Das Gedränge in diesen Zimmern war so grässlich, dass bei den Zählungen nicht einmal alle Häftlinge am Boden antreten konnten. Sie mussten stattdessen auf den oberen Betten liegend ihre Köpfe vorstrecken. Diese Überfüllung in den Gefängnissen dürfte auch der Grund gewesen sein, weshalb die DGP (Directia generala a penitenciarelor, Generaldirektion der Haftanstalten) im Sommer 1959 damit begann, zahlreiche neue Arbeitslager im Osten des Landes, vornehmlich im Donaudelta und in den Donauauen der Ostwalachei, zu errichten. Auch meine Kameraden Dietmar und Franzi sollten in jener Zeit vorübergehend in die Donauauen verlegt werden, während Edi nach Poarta Alba am Donaukanal kam.

Trotz der geradezu menschenunwürdigen Bedingungen, in denen wir lebten, war ich andererseits glücklich, mit Männern zusammen zu sein, die hinsichtlich Bildung und Charakter alles in den Schatten stellten, was ich davor und danach im Gulag kennengelernt habe. Ich musste, stellte ich einmal ironisch fest, dem Politruk geradezu dankbar sein, dass er mir die Ehre erwies, Teil dieser Mannschaft zu sein. Freilich war ich mir aber auch im Klaren darüber, dass diese „Auszeichnung“ zugleich bedeutete, dass ich nach wie vor ein als gefährlich eingestufter Gefangener war, der in politischen Krisenzeiten damit zu rechnen hatte, umgelegt zu werden. Ein Gedanke, mit dem ich mich bereits abgefunden hatte und der in „normalen“ Zeiten keine besondere psychische Belastung darstellte, mir aber in besonderen Situationen wie während der Streiks im Bergwerk oder während der Revolte in Gherla durchaus wieder ins Bewusstsein rückte.

Unter den vielen interessanten Lebensgeschichten, die ich damals in der Zarca vernahm, ist mir jene des Anwalts Polizu besonders gut im Gedächtnis geblieben, was auch mit dem erzählerischen Talent des Mannes zusammenhängen könnte. Er hatte sich schon 1916 als 16-Jähriger zum Kriegsdienst gemeldet und wurde daraufhin bei einer ganz neuen Waffengattung, der Flak, ausgebildet und eingesetzt. Bei der Ausbildung durch französische Offiziere kam ihm zugute, dass er fließend Französisch sprach. Das größte Problem war damals, dass der gesamte

Nachschub an Ersatzteilen und Munition für die Geschütze auf höchst kompliziertem Wege aus Frankreich herbeigeschafft werden musste. Die lange, umständliche Transportroute führte über Persien, Russland und teilweise das Schwarze Meer bis nach Rumänien. Polizus Aufgabe war später daher auch die Luftverteidigung der für den Nachschub lebenswichtigen Hafenanlagen am Meer.

Polizu berichtete, dass er auch vor dem Zweiten Weltkrieg regelmäßig und zwar für jeweils längere Zeitabschnitte einberufen worden war. Anlass hierzu gaben die häufigen politischen Krisen im Europa der Zwischenkriegszeit. Der Polenfeldzug 1939 hatte, obwohl er nur drei Wochen dauerte, besonders in Rumänien viel Staub aufgewirbelt. Beträchtliche Teile des polnischen Militärs zogen es nämlich vor, statt sich in deutsche oder sowjetische Gefangenschaft zu begeben, über die Grenze nach Rumänien zu flüchten. Dort wurden sie entwaffnet, und die meisten verließen das Land auch alsbald wieder, um über Jugoslawien in den französischen oder britischen Machtbereich zu gelangen. Ein nicht unerheblicher Teil der Flüchtlinge blieb jedoch im Land, und darunter waren wiederum etliche, die später im Auftrag des britischen Geheimdienstes spionierten.

Wenn das in der damaligen Zeit für alle Rumänen so brisante Thema Bessarabien angesprochen wurde, war vor allem die Meinung von Vali (Valeriu) Teodorescu gefragt, der als Offizier der Infanterie lange in der unruhigen Provinz stationiert gewesen war. Bessarabien galt schon in den Zwanzigerjahren als höchst gefährdet, weil es ununterbrochen Probleme wegen der Untergrundaktivitäten der aus der Sowjetunion einsickernden Agenten gab. Diese verbreiteten besonders in den Städten kommunistische Propaganda, taten sich aber auch schon durch aggressive Wühlarbeit und Sabotage hervor. Die rumänische Regierung versuchte entgegenzuwirken, indem sie die dortigen Militärgarnisonen besonders stark belegte. So war auch Vali fast zehn Jahre lang dort stationiert und wurde zu einem Kenner der spezifischen sozialen und politischen Verhältnisse. In dem bunten Völkergemisch Bessarabiens stellten die Rumänen nur etwa die Hälfte der Bewohner. Zahlenmäßig stärkste Minderheit waren die Deutschen, gefolgt von den Juden. Ergänzt wurde das Ganze von einem bunten Sammelsurium etlicher in Osteuropa beheimateter Völkerschaften, wie etwa der Ukrainer, Polen, Türken, Tataren, Gagausen und Russen, und natürlich sehr vielen Zigeunern.

Ab 1939 war Vali im bessarabischen Bălţi stationiert. Die militärisch-politische Lage hatte sich durch den sowjetischen Druck insbesondere in Bessarabien und im nördlichen Teil des Buchenlandes weiter verschärft. Blutige Zwischenfälle an der Grenze, teilweise mit Dutzenden Toten, waren in jener Zeit an der Tagesordnung. Es konnte als sicher angenommen werden, dass die Sowjets die erste günstige Gelegenheit nutzen würden, um ihren Machtbereich auf Kosten Rumäniens auszudehnen. Sie standen damit in der Tradition des zaristischen Russland, welches ebenfalls eine Beherrschung der Meerengen am Bosporus und den Dardanellen angestrebt hatte, um der eigenen Flotte den ungehinderten Zugang zum Mittelmeer zu gewährleisten. Die reichen Erdölvorkommen Rumäniens waren in den sowjetischen Überlegungen natürlich ebenfalls ein wichtiger Faktor.

Die erwartete passende Gelegenheit sah Stalin im Sommer 1940 gekommen, als alle Welt gebannt den Blitzkrieg der Wehrmacht in Frankreich bestaunte. Am 20. Juni wurde daher eine rumänische Regierungsabordnung nach Moskau „eingeladen“. Diese durfte der Form halber Verhandlungen mit der Sowjetunion über die infrage stehenden Gebiete führen, bevor Molotow die Gespräche mit der Formulierung eines Ultimatums beendete, wonach die rumänische Seite Bessarabien und die nördliche Bukowina binnen einer Woche abzutreten und zu räumen hatte. Alle in dieser Situation von Regierungschef Antonescu eingeleiteten Versuche, Hilfe im Westen, insbesondere beim Deutschen Reich, zu erhalten, schlugen wegen der dort noch ungeklärten Kriegslage fehl, und man riet ihm sogar, dem sowjetischen Druck nachzugeben. Dies tat die rumänische Regierung dann auch, unterzeichnete den Vertrag und forderte anschließend sowohl das Militär als auch die Zivilverwaltung auf, die abgetretenen Provinzen vereinbarungsgemäß innerhalb einer Woche zu verlassen. Die Sowjets freilich wurden von der ersten Stunde an vertragsbrüchig, indem sie direkt im Anschluss an die Vertragsunterzeichnung ins Land eindrangen. So geschah es, dass bereits nach wenigen Stunden die ersten Rotarmisten in Czernowitz, der Hauptstadt des Buchenlandes, auftauchten.

Vali Teodorescu schilderte uns ausführlich und bewegend, wie er und seine Kameraden den Verlust der Provinz erlebten. Es herrschte Ausgehverbot und die Truppe befand sich bereits seit dem Beginn der Moskauer Verhandlungen in Alarmbereitschaft. In bedrückter Stimmung verfolgte man die spärlichen Mitteilungen, die über den Verlauf der Gespräche durchsickerten. Dann, knapp vor Mitternacht, die meisten Offiziere waren im Kasino versammelt, wurde im Rundfunk per Sondermeldung bekannt gegeben, dass Rumänien die von der Sowjetunion beanspruchten Gebiete abgetreten habe. Die Räumung und Übergabe werde – wurde verlautbart – in Etappen erfolgen. Für die versammelten Offiziere brach in diesem Augenblick eine Welt zusammen. Viele, insbesondere die jüngeren, konnten es nicht fassen, dass man die traditionsreichen Gebiete kampflos aufgegeben hatte.

Etliche der höheren Offiziere verließen schon am nächsten Morgen die Garnison und fuhren mit der Eisenbahn nach Bukarest. Ebenfalls am nächsten Tag allerdings begann sich auch eine Menschenmenge vor der Kaserne zu versammeln. Die von den Demonstranten geschwenkten roten Fahnen und gerufenen kommunistischen Losungen machten unmissverständlich klar, welcher Seite sie zuzuordnen waren. Als sich die aufgehetzte Menge dem Kaserneneingang näherte und die Situation immer bedrohlicher wurde, erhielt der zurückgebliebene stellvertretende Kommandeur aus Bukarest die Anweisung, auf die Provokationen nicht zu reagieren, sondern sich auf den vorgesehenen Routen mit der Truppe zu Fuß in Richtung der zukünftigen Grenze zu begeben.

Noch bevor die Vorbereitungen zum Verlassen der Kaserne abgeschlossen waren, erschien entgegen den Abmachungen vor dem Kasernentor bereits eine sowjetische Militärkolonne, die von den Demonstranten jubelnd begrüßt wurde. Der Offizier der Sowjets ließ den rumänischen Kasernenchef zu sich kommen und ließ ihn wissen, dass dessen Soldaten unter Zurücklassen aller Waffen die Kaserne sofort zu räumen hätten. Selbst die Offiziere mussten ihre Pistolen abgeben und zu Fuß losmarschieren. Lediglich für den Transport der Kranken wurde die Mitnahme zweier Pferdewagen genehmigt.

Dann begann für Vali Teodorescu und seine Kameraden ein wahres Martyrium. Schon beim Verlassen der Kaserne empfing sie der johlende Mob mit einem Hagel von Steinen und Flaschen. Die als Eskorte mitmarschierenden Rotarmisten scheuchen das Gesindel nur der Form halber weg, abgesehen davon, dass sie ohnehin zu wenige waren, um einen effektiven Schutz zu gewährleisten. Noch schlimmer wurde es, als sie durch die engen Gassen der Stadt marschierten und sich von den oberen Etagen der Häuser beschimpfen und bespucken lassen mussten. Auch so mancher Eimer mit Schmutzwasser und Fäkalien wurde von den Dächern heruntergeleert, ohne dass die Männer sich hätten wehren können. Mit zusammengebissenen Zähnen und Tränen in den Augen schritten die Offiziere und Soldaten durch das Inferno.

Vali, der nach seiner langen Dienstzeit als Kenner der ostrumänischen Provinz galt, erzählte mir, dass er vorher nie geahnt hätte, dass der Hass auf die Rumänen in diesem Landesteil so schlimm sei. Es war zwar bekannt gewesen, dass es unter den Minderheiten, insbesondere unter den Juden und Ukrainern, viele Kommunisten gab, trotzdem hatte niemand mit dieser Orgie des Hasses gerechnet. In den folgenden Tagen durchquerte die Truppe auf ihrem Trauermarsch viele Dörfer, in denen sie von den dort lebenden Rumänen mit Wasser und Lebensmitteln versorgt wurden. Hier, unter den mehrheitlich rumänischen Bauern, richtete man die bangen Blicke auf eine wenig verheißungsvolle Zukunft und weinte buchstäblich mit den gedemütigten Soldaten. Wenn sie dann aber wieder größere Ortschaften passierten, bot sich ihnen das gleiche Bild wie vor der verlassenen Kaserne. Sie mussten zwischen den Demonstranten durch, die rechts und links Spalier standen, ihre roten Fahnen schwenkten, die Stalinbilder hochhielten und sie bespuckten und beschimpften. Die Soldaten der sowjetischen „Eskorte" amüsierten sich köstlich.

Ein Jahr später, fast auf den Tag genau, marschierten die Rumänen als Verbündete der Wehrmacht wieder über den Prut in Bessarabien ein. General Antonescu, der Staatschef, hatte angeordnet, dass der gleiche Weg eingeschlagen werden solle wie bei der schmählichen Räumung, und es wurden auch bevorzugt jene damals gedemütigten Einheiten eingesetzt. Das Ergebnis dieser Maßnahme war abzusehen: Während die Soldaten von der rumänischen Landbevölkerung als Befreier begrüßt wurden, flohen insbesondere die Juden in Panik in Richtung Dnjestr, in der Hoffnung, zusammen mit den zurückflutenden Sowjets über den Fluss zu kommen. Die Russen aber ließen keine Zivilpersonen hinüber. Als die Rumänen nach einigen Tagen auf breiter Front den Dnjestr erreichten, ballten sich die Trecks tausender Flüchtlinge vor den Brücken zusammen. Es kam zu einem Massaker.

Näheres über die „Ikone" des rumänischen Nachkriegswiderstandes, Oberst Arsenescu, erfuhr ich durch meinen Zellengenossen Hauptmann Radu, der an seiner Seite gekämpft hatte und deshalb genau wie ich zu 25 Jahren Haft verurteilt war. Radu, der nach der Offiziersschule noch Rechtswissenschaften studiert hatte, war schon während des Russlandfeldzuges durch seinen Schneid aufgefallen, weil er unter anderem den Handstreich auf eine Prut-Brücke erfolgreich durchgeführt hatte. Diese Brücke bei Ungheni bildete die Grenze zur Sowjetunion und war in ihrer Mitte gesperrt, während an den Brückenenden die Soldaten wachten, im Osten die Russen, im Westen die Rumänen. Radu, der als Kompanieführer beauftragt war, die Brücke in einer Blitzaktion möglichst unversehrt zu nehmen, löste die Aufgabe so hervorragend, dass dabei keinerlei eigene Verluste zu beklagen waren. Die meisten Gegner, etwa in Zugstärke, wurden buchstäblich aus den Betten geholt. Auch bei den späteren Kämpfen um Odessa und auf der Krim bewährte sich Radus Einheit, weshalb er im Laufe des Feldzuges sowohl mit der rumänischen „Virtutea militară“ als auch mit dem deutschen EK I und EK II ausgezeichnet wurde. Diese Verdienste führten freilich dazu, dass er nach dem Umsturz 1944 zu den ersten gehörte, die von den neuen Machthabern aus dem Heer entlassen wurden. Nach der Zeit in der Zarca habe ich Herrn Radu nie wiedergesehen. Jahrzehnte später konnte ich der Literatur entnehmen, dass er noch jahrelang im Lager Luciu-Giurgien war, bevor er am 26. Juni 1964 im Rahmen der Generalamnestie als schwer kranker Mann entlassen wurde.

Stefan Milea, rumänischer Geistlicher, war 1930 geboren, also in meinem Alter. In Haft war er seit 1950, und zwar wegen „Mittäterschaft an kriminellen Handlungen gegen die sozialistische Gesellschaftsordnung“. Er hatte, wie er mir erzählte, Widerstandskämpfern Hilfe und Unterschlupf gewährt. Ich kannte ihn flüchtig schon seit Cavnic und insbesondere seit 1955, als er die überkonfessionelle Weihnachtsfeier im Bergwerk aktiv mit organisiert hatte. Unter anderem wegen seiner in sich gekehrten Art bin ich mit ihm weniger häufig ins Gespräch gekommen als mit den meisten anderen Zellengenossen jener Zeit. Stefan sprach überhaupt sehr wenig, verbrachte mehrere Stunden täglich mit Beten und Meditieren und kümmerte sich ansonsten aufopferungsvoll um den armen Tabacaru. Er versuchte mit nie erlahmender Geduld, dem seit seiner Misshandlung im Bergwerk schwerbehinderten jungen Mann etwas beizubringen, ohne dass ein nennenswerter Erfolg sichtbar gewesen wäre. Freiwillig übernahm Stefan auch alle Dienstpflichten Tabacarus.

Zu den „Jungen“ in unserer Zelle zählte auch der ebenfalls 1930 geborene Liviu Popa aus einem rumänischen Dorf unweit Hermannstadt. Er hatte Mechanik studiert und arbeitete in einem Betrieb zur Fertigung von Landwirtschaftsmaschinen als Ingenieur. Popa, zugleich auch Leutnant der Reserve, wurde durch Rundfunknachrichten auf die Ereignisse in Ungarn aufmerksam, verfolgte diese mit großem Interesse und kam zu dem für ihn verhängnisvollen Schluss, dass es unweigerlich auch in seinem Land zu einem Aufstand gegen die kommunistischen Machthaber kommen würde. Er war von einer solchen Entwicklung der Dinge dermaßen überzeugt, dass er eine Gruppe von 16 Arbeitern mit dem Ziel um sich scharte, im Falle von ausbrechenden Unruhen wichtige Wirtschaftsobjekte zu schützen und überflüssige Zerstörungen zu verhindern. Hierzu wollten die Männer auf die Waffen zurückgreifen, die in ihrem Betrieb – genau wie in allen sozialistischen Unternehmen übrigens – vorrätig waren. Gemäß der sowjetischen Doktrin waren diese Waffen- und Munitionslager in den Fabriken bereitzuhalten, um den

Werktätigen die Möglichkeit zu geben, „ihren" Betrieb gegen mögliche konterrevolutionäre Elemente zu verteidigen. Das kühne Vorhaben konnte der Securitate natürlich nicht lange verborgen bleiben, und im Zuge der Massenverhaftungen in den Wochen nach der Niederringung des Ungarnaufstandes gehörten auch Liviu und seine Männer zu den Tausenden, die von der großen Verhaftungswelle erfasst wurden. Liviu Popa wurde zu 20 Jahren Zwangsarbeit verurteilt. Nach seinem Aufenthalt in der Zarca sollte er 1960 in die Donauauen nach Stramb-Salcia verlegt werden.

In regelmäßigen Abständen bekamen wir für je einen Tag Nähzeug, also Nadeln, Zwirn und Schere in die Zelle gebracht, um damit unsere Kleider wieder notdürftig zu reparieren. Damit durften wir dann ganz offiziell an den zerschlissenen Hosen und Hemden Hand anlegen. Zusätzlich besaß natürlich auch der eine oder andere Häftling verbotenerweise eigenes Nähzeug. Nun fiel mir eines Tages unter den halben Dutzend Nadeln, die man uns ausgehändigt hatte, eine auf, die vergleichsweise kurz war. Ich vermutete, dass sie von ihrem früheren Besitzer absichtlich gekürzt worden war, vielleicht um sie besser verstecken zu können. Da ich ohnehin die Absicht hegte, mir bei erster sich bietender Gelegenheit auch eine eigene „illegale" Nadel zuzulegen, beschloss ich, eine Nadelattrappe aus Eisen zu fertigen und sie unbemerkt gegen die kurze Stahlnadel auszutauschen.

Ich zog also mithilfe der Schere einen Nagel aus dem Absatz meines Stiefels und schabte anschließend in stundenlanger Arbeit mittels eines kleinen Miniaturmeißels ein Loch in den Nagel. Den Meißel hatte ich lange vorher in ähnlich mühevoller Arbeit aus einer abgebrochenen Nadel ohne Öhr gefertigt, die ich in einer Fuge des Fußbodens gefunden hatte. Wahrscheinlich war sie dort irgendwann von einem hier früher eingekerkerten Leidensgenossen versteckt worden. Die Verarbeitung der gebrochenen Nadel zu einem kleinen Meißel erledigte ich seinerzeit mit meinem kleinen „Schleifstein", einem nur etwa streichholzschachtelgroßen, flachen Kiesel, den ich irgendwann vom Hofgang hereingeschmuggelt hatte und den ich im Wasserkübel versteckt hielt. Er erwies sich als ganz praktisch, ich hatte ihn bereits vor Längerem dazu benutzt, einen Löffelstiel in ein recht taugliches Messer umzuarbeiten.

Die Aufgabe, eine Nadelattrappe anzufertigen, sollte sich als besonders mühsam erweisen. Es waren etwa zehn Arbeitsstunden, die ich allein brauchte, um ein Öhr in das Eisen zu schaben. Anschließend schliff ich den Nagel mit dem Stein so lange, bis er der Nadel, auf die ich mein Augenmerk gerichtet hatte, täuschend ähnlichsah. Es war ein Aufwand, der unter normalen Umständen in keinem Verhältnis zum Ertrag gestanden hätte. Aber in einer Gefängniszelle gehen eben „die Uhren anders“. Zeit war so ziemlich das einzige, worüber wir im Übermaß verfügen konnten. Es war sogar als Gewinn zu betrachten, wenn sie dank einer Beschäftigung etwas schneller zu vergehen schien.

Jedenfalls gelang mir das Werk so gut, dass ich beim nächsten Mal, als man uns das Nähzeug aushändigte, wagen konnte, die Stahlnadel gegen meinen bearbeiteten Schuhnagel umzutauschen. So kam ich zu einer echten Stahlnadel, die ich in der massiven Schnalle meines Hosengürtels versteckt halten konnte. Sie wurde bei keiner Durchsuchung entdeckt und blieb mir bis zu meiner Entlassung aus der Haft erhalten. Ich habe sie nach Hause gebracht und besitze sie zusammen mit dem Gürtel noch heute.

Es war Anfang März 1959, als unsere Zellentür zu ungewohnter Zeit am Spätnachmittag aufgeschlossen wurde. Wir schauten alle neugierig zur Tür, denn es war noch nicht Abendessenszeit, also musste etwas Besonderes vorliegen. Als die Tür aufging, betrat ein alter, buckliger Mann die Zelle, der auf dem Rücken ein Bündel trug, das offensichtlich seine persönliche Habe enthielt. Sein Gesicht war erschreckend hager und hatte eine auffallend bläuliche Färbung. Es war anzunehmen, dass der sehr groß gewachsene Mann früher eine athletische Erscheinung gewesen war, sich nun aber selbst für Haftverhältnisse in einer geradezu erbärmlichen Verfassung befand.

Als die Zellentür wieder geschlossen war, ließ der Neue sein Gepäck zum Boden gleiten, reichte mir – ich stand zufällig am nächsten zur Tür – seine eiskalte Hand und nannte seinen Namen: Volcinschi-Iancu, Raul. Herr Radu, der den Namen auch gehört hatte, trat näher und fragte, ob er derjenige sei, der aus dem Securitate-Gefängnis in Klausenburg ausgebrochen war. Der Mann bejahte. Auch ich erinnerte mich sogleich an die Geschichte, die noch während meiner Zeit in der Fabrik unter den Häftlingen kursierte, von jenem Gefangenen, dem es fast gelungen wäre, den berüchtigten Schergen zu entkommen. Zähneklappernd erzählte uns der bucklige Mann, dass er total durchgefroren sei, weil man ihn seit den Morgenstunden in einer kalten, zugigen Zelle im Erdgeschoss des Traktes I gehalten hatte, obwohl er als einzige Kleidung nur seine dünne Zeghe anhatte. Tatsächlich war es für diese Jahreszeit noch sehr kalt.

Als erste Maßnahme erhielt der neue Häftling leihweise etliche unserer Reservekleidungsstücke; von Herrn Radu, der zusätzlich mit einem guten Pullover ausgestattet war, sogar dessen Jacke. Und als etwas später das Abendessen kam, trat auf Vorschlag Herrn Gheorghius jeder zwei

Löffel seiner Kartoffelsuppe an den halb erfrorenen Kameraden ab. Die sogenannte Kartoffelsuppe war zwar nur eine dünne, schwarze Brühe, diesmal zumindest aber noch warm. Jedenfalls gelang es uns, den Mann mit der zusätzlichen Kleidung und dem gestrichen vollen Geschirr Brühe wieder etwas aufzupäppeln. Beim Schlafen wurde er von seinen Nebenleuten gewärmt, denn er musste sich zwischen die Herren Radu und Georgescu in die ohnehin schon dichte Reihe der Schläfer hineinzwängen.

In den folgenden Tagen hatte Herr Volcinschi-Iancu dann Gelegenheit, uns seine Lebensgeschichte zu erzählen. Er war 1922 in Tschernovitz/Bessarabien geboren und musste im Sommer 1940, als die Provinz an die Sowjets abgetreten wurde, mit seiner Familie nach Bukarest fliehen, wo er das Studium der Wirtschaftswissenschaften begann. Als waschechtes Kind einer Vielvölkerregion sprach er sowohl Deutsch, wenngleich mit dem typisch galizischen Akzent, als auch Polnisch und Ukrainisch und zusätzlich fließend Englisch und Französisch. Seinen großen Fehler beging er, als er – wie viele andere auch – zur Zeit des Ungarnaufstandes im Bekanntenkreis allzu offen das kommunistische System kritisierte. Vielleicht, weil er dachte, ein großer Umsturz stünde jetzt auch im eigenen Land kurz bevor. Als sich herausstellte, dass dem nicht so war, vielmehr auch die ungarische Erhebung niedergewalzt wurde, begann die Geheimpolizei, alle einzusammeln, die sich leichtsinnig geäußert hatten. Ihm und seiner Frau wurde vorgeworfen, „klassenfeindliche" und falsche Nachrichten über politische Ereignisse verbreitet zu haben. Seine Frau ließ sich nach einigen Monaten von ihm scheiden, was, so war zu vermuten, der Preis ihrer eigenen Freilassung war. Jedenfalls wurde ihm die Scheidung irgendwann während seiner Haft zur Kenntnis gebracht.

Die Untersuchungen des Falles waren bereits abgeschlossen, und Volcinschi wartete zusammen mit einem jungen Siebenbürger Bauern, der ebenfalls Aussicht auf eine hohe Haftstrafe hatte, in einer Zelle des Securitate-Gefängnisses auf die Verfahrenseröffnung. Die beiden Häftlinge verstanden sich gut, hatten Vertrauen zueinander und beschlossen daher, einen Ausbruchsversuch zu wagen. Die Gelegenheit bot sich eines Abends, als ein Feldwebel die Zelle der beiden betrat und trotz heftiger Gegenwehr von diesen gefesselt und geknebelt wurde. Sie nahmen dem Wärter sogar noch die Schlüssel ab und öffneten etliche andere Zellentüren, doch kein weiterer Gefangener wagte ihnen zu folgen.

Also rannten die beiden alleine weiter, hinaus in den Hof und zur Außenmauer. Während der junge Siebenbürger noch Steighilfe gab und

Volcinschi die Mauerkrone erklomm, wurde schon Alarm ausgelöst, und als der Junge mit Hilfe des Koppelriemens, den man dem Feldwebel abgenommen hatte, ebenfalls hochgezogen war, eröffnete ein Wärter ohne weitere Vorwarnung das Feuer. Bereits die erste Garbe traf den Jungen, der kurz aufschrie und dann leblos nach außen fiel. Raul, der von einem anderen Wärter beschossen wurde, entkam unverletzt mit einem Sprung von der Mauer. Dann jedoch verließ auch ihn das Glück, und er stolperte über einen niedrigen Drahtzaun, der als Abgrenzung eines Blumenbeetes diente. Die dabei am Knöchel zugezogene Verletzung war solcherart, dass er nur noch humpelnd weiterkam und alsbald von seinen Häschern eingefangen wurde.

Wieder in der Zelle ließen die Securisten ihre ganze Wut an ihm aus und schlugen ihn halbtot. In dem Prozess, der einen Monat später begann, wurde er zu 20 Jahren Haft verurteilt und hatte dabei noch Glück, dass die von der Anklage geforderte Verurteilung wegen versuchten Mordes an dem Feldwebel vom Gericht abgelehnt wurde. Nach dem Prozess wurde er entgegen der sonstigen Gepflogenheiten noch weitere neun Monate im Securitate-Gefängnis von Klausenburg (Cluj) gefangen gehalten, und zwar an Händen und Füssen mit Ketten gefesselt. Erst dann erfolgte seine Verlegung in den regulären Strafvollzug nach Gherla. Volcinschi erzählte, dass er zwischenzeitlich als eine Art Faszinosum galt, denn auch in Gherla, wo er in den ersten Tagen in Einzelhaft saß, gaben sich die Offiziere und Unteroffiziere des Innenministeriums sozusagen die Klinke in die Hand, um den Ausbrecher zu bestaunen. Tatsächlich sollten auch wir in den nächsten Wochen seinetwegen die Zweifelhafte Ehre haben, Extrabesuche diverser Gefängnisoberer in unserer Zelle begrüßen zu dürfen. Dabei wurde Volcinschi häufig ordinär beschimpft, und es wurde auch etliche Male betont, dass wir alle, die wir in dieser Zelle saßen, eigentlich erschossen gehörten. Mit der Zeit machten wir uns nichts mehr daraus.

Die meines Erachtens beeindruckendste Persönlichkeit in unserer Zelle war der ehemalige Oberst Ion Gheorghiu, damals etwa 55 Jahre alt. Im Zweiten Weltkrieg war er mit dem „Mihai Viteazul“ und auch mit etlichen deutschen Orden ausgezeichnet worden. Zuletzt war er Kommandant der Offiziersschule in Hermannstadt und Professor für Strategie an der Militärakademie in Bukarest. Er hielt uns mehrmals hochinteressante Vorträge über bedeutsame historische Heerführer und deren Gefechte, von Cäsar über Napoleon bis zu Hindenburg und der Schlacht von Tannenberg 1914. Da er zugleich auch an Literatur, Philosophie und Kunst im Allgemeinen großes Interesse hatte, war jedes Gespräch mit ihm eine Bereicherung und ein Genuss. Gerne berichtete er uns von den Besuchen diverser namhafter Bildergalerien in München, Berlin, Dresden, Amsterdam, London oder Paris.

Besonders beeindruckend fand ich damals eine Erzählung im Zusammenhang mit einem Gastspiel des Budapester Theaters 1938 in Klausenburg, als das ungarische Drama „Die Tragödie des Menschen" von Imre Madach gegeben wurde. Die Vorführung wollte Gheorghiu unbedingt im Original hören, und da er des Ungarischen nicht mächtig war, engagierte er einen Dolmetscher, mit dem er die Vorführung wiederholt besuchte. Auch über dieses Theaterstück sollte er uns später in der Zarca eine hörenswerte Zusammenfassung vortragen. Vor dem Krieg war er viel im westlichen Ausland unterwegs gewesen und sprach voller Bewunderung vom damaligen Erscheinungsbild der deutschen Großstädte. Sie seien, sagte er, wesentlich sauberer und ordentlicher gewesen als vergleichbare Städte in Frankreich oder England. Ganz besonders erwähnenswert fand er, dass es im Vorfeld der deutschen Großstädte keine heruntergekommenen Slums gab („nu exista mahalale"). In anderen Ländern war dies die Regel, in Rumänien, das war bekannt, ohnehin. Auch und besonders angetan war Gheorghiu von der Organisation der Olympischen Spiele 1936. Nach Kriegsbeginn war er dann wiederholt als Kommandeur eines Gebirgsjägerbataillons im Fronteinsatz, hauptsächlich im Kampf gegen Partisanen, aber auch bei der Abwehr eines sowjetischen Landungsversuches auf der Krim.

Verlegung

Nachdem die schon seit Tagen von den Korridoren hörbaren typischen Geräusche auf eine im Gange befindliche größere Verlegungsaktion hingedeutet hatten, wurden am 7. Mai auch Liviu und ich aufgefordert, die Zelle samt Gepäck zu verlassen. Es blieb mir kaum Zeit, mich von den großartigen Kameraden zu verabschieden, mit denen ich so lange die Zelle in der Zarca geteilt hatte. Im Trakt I wurde ich auch von Liviu getrennt und kam in eines der großen Zimmer am Ende der dritten Etage, wo ich auf eine Unzahl anderer Häftlinge traf, alle mit ihren in Decken gewickelten Habseligkeiten in der Hand oder auf dem Rücken. Die Frage, ob eine Verlegung erfolgen würde, war damit beantwortet.

Über das Warum und Wohin konnte ich mir in den ersten Stunden kaum Gedanken machen, weil ich plötzlich von etlichen Freunden und Bekannten umringt und begrüßt wurde. Professor Tanoviceanu und Iancu Capata waren die ersten, die mich erspäht hatten und auf mich zukamen. Als ehemalige „Bergleute“ begrüßten wir uns mit „Noroc bun!“. Geradezu überwältigt war ich aber, als ich mitten im Gewusel meinen Kameraden Harry Mildt erkannte, den ich seit Dezember 1953 nicht mehr gesehen hatte. Die letzten Monate, das wussten wir, waren wir in den übereinanderliegenden Zellen eingesperrt, ohne uns sprechen zu können. Umso mehr gab es natürlich jetzt zu berichten, lagen doch seit unserer Trennung harte und ereignisreiche Jahre hinter uns. Noch während wir sprachen, gesellte sich der junge Engelbert Hoffmann zu uns, den ich 1958, kurz bevor ich die Fabrik verlassen musste, dort kennengelernt hatte. Er wiederum machte uns mit dem Rechtsanwalt Dr. Hans Bruckner bekannt, den er „im Schlepptau“ mitgebracht hatte. Wir vier, so schien es, waren vorerst die einzigen Deutschen unter den auf ihre Verlegung wartenden Gefangenen.

Natürlich ergingen sich die vielen anwesenden Männer, die in Grüppchen zusammenstanden, auch reichlich in Spekulationen über das mögliche Ziel der vor uns liegenden Reise. Die meisten tippten auf das Donaudelta oder die Donauauen ganz im Osten des Landes, denn es war ja allgemein bekannt, dass in den letzten Monaten besonders in diesen Gegenden etliche neue Arbeitslager eingerichtet worden waren. Jedenfalls vergingen auch die restlichen Stunden dieses spannenden Tages sehr schnell, und wir waren alle noch mehr oder weniger intensiv am Diskutieren, als sich kurz vor Mitternacht die Tür öffnete und wir aufgefordert wurden, in den Gefängnishof zu marschieren. Von da an ging es im Laufe der nächsten Stunden gruppenweise zum Bahnhof der Stadt. Gefahren wurden wir in den berüchtigten Duba-Wagen, die jeweils von mehreren Geländewagen voller Bewaffneter begleitet wurden. Der Transport lief reibungslos und vor dem Hintergrund dessen, was wir bei solcher Gelegenheit schon erlebt hatten, auch recht zivilisiert ab.

Etwas außerhalb des Bahnhofs waren die für uns vorgesehenen etwa zehn Viehwaggons bereitgestellt worden, vorne und hinten eingerahmt von den beiden Waggons der Wachmannschaften. Auch hier erfolgte das Verladen problemlos, und mit ungefähr 50 Mann pro Wagen waren wir leidlich komfortabel untergebracht. Die Tatsache, dass die meisten von uns nur wenig Gepäck hatten, war jetzt ein Vorteil. Nach rund zwei Stunden waren alle verladen, es wurde eine Lok angekoppelt, und kurz darauf rollte unser Sondertransport bereits in die dunkle Nacht hinein. Da an Schlafen ohnehin nicht zu denken war, verbrachten wir die Zeit weiterhin mit Gesprächen, und die Neugierigen, darunter besonders die Siebenbürgen-Kenner, spähten fleißig durch die Ritzen des Wagens, um vielleicht etwas über das Ziel unserer Reise in Erfahrung zu bringen. Bald war klar, dass wir – wie schon vermutet – nach Osten fuhren.

Gegen Morgen, als es hell wurde, begann auch ich durch die Spalten der Wagenwände die für mich fremde Landschaft zu betrachten. Als erstes fielen mir die vielen dunkelblau gestrichenen Häuser in den Dörfern auf. Solches hatte ich vorher noch nirgendwo gesehen. Als wir dann später in einen größeren Bahnhof einfuhren und unser Zug so günstig hielt, dass wir das große Schild mit dem Schriftzug „Tulcea" gut lesen konnten, war das Rätselraten beendet. Die Hafenstadt gehört bereits zum Donaudelta. Wir wurden aus den Waggons zu einem wartenden Schiff getrieben, während vielleicht hundert Soldaten und eine große Zahl ununterbrochen bellender Hunde die gesamte Anlegestelle absicherten. Die am Himmel hängenden blauschwarzen Wolken, die einen schweren Regen versprachen, die vielen Bewaffneten und nicht zuletzt die wie irre kläffenden Bestien bildeten eine schaurig-düstere Szenerie. Man hätte schon ein unverbesserlicher Optimist sein müssen, um jetzt noch hoffnungsfroh in die Zukunft zu blicken.

Für lange Überlegungen wurde aber kein Raum gewährt, denn wir hatten hurtig in die beiden Laderäume hinabzusteigen, deren Luken auch sogleich geschlossen wurden. In dem Inneren des Schiffes war es stockdunkel, und es machte sich alsbald auch ein ganz erheblicher Mangel an Frischluft bemerkbar. Etliche äußerten schon die Befürchtung, dass uns auf diesem „Seelenverkäufer" eine wahre Höllenfahrt bevorstehen könnte, erst recht, als sich plötzlich das erwartete Gewitter mit gewaltigen Donnerschlägen über unserem schaukelnden Kahn zu entladen begann. Da kurz darauf jedoch der Schiffsmotor gestartet wurde und damit das elektrische Licht im Laderaum aufleuchtete, sah die Welt schon wieder etwas freundlicher aus, zumal gleichzeitig auch zwei Ventilatoren surrend die Frischluftzufuhr aufnahmen. Unser Schiff nahm Fahrt auf.

Dem lauten Prasseln des Regens und dem Schlingern unseres Kahns nach zu urteilen musste draußen ein gewaltiges Unwetter toben. Die Zeit auf der Fahrt verging nur langsam, und es mochte schon der Mittag vorbei gewesen sein, als wir endlich vor Anker gingen. Als die Luke wieder geöffnet wurde, sahen wir, dass der große Regen aufgehört hatte. Es nieselte nur noch, als wir, das Gepäck unter dem Arm, über eine steile Leiter das Deck erklommen. Vor uns am Ufer erhob sich ein langes Gebäude, an dessen Stirnseite mit großen Buchstaben geschrieben stand: „Anlegestelle Periprava".

Kapitel VI: Periprava

Periprava-Grind

Periprava liegt im Donaudelta, und zwar am Kilijaarm des Deltas. Unweit der Anlegestelle befand sich damals das Hauptlager „Periprava Formaţiunea 0830“ und etwa sechs Kilometer donauaufwärts gegenüber der sowjetischen Stadt Vylkove das Lager Grind. Harry und ich, die schnell die Leiter hochgestiegen waren, standen nun am Ufer im Nieselregen und warteten auf das Gros der Häftlinge, auf die Alten und Kranken, die mit ihrem Gepäck nur mühsam herausgeklettert kamen. Erst jetzt fiel mir auf, wie viele gebrechliche Leute zu unserem Transport gehörten. Manche waren außerstande, ihre ärmliche Habe zu tragen. Bis die Letzten das Ufer erklommen hatten, waren wir schon nass bis auf die Haut. Zu allem Überfluss setzte auch noch ein unangenehmer kalter Ostwind ein.

Die Wärter, die ganz offensichtlich keine große Lust hatten, mehr Zeit als unbedingt nötig unter freiem Himmel zu verbringen, drängten sogleich zum Abmarsch. Also setzten sich all die heruntergekommenen Gestalten mühsam in Bewegung. Unser Elendszug, der sich damals regen- und sturmgepeitscht unter einem wolkenverhangenen, düsteren Himmel dahinschleppte, muss ein unglaublich trauriges Bild abgegeben haben. Gelegentlich erleuchteten Blitze die gespenstische Szenerie, während die Gefangenen sich durch den vom starken Regen völlig aufgeweichten Lehmboden kämpften. Einige ältere Häftlinge glitten immer wieder aus und fielen in den Straßenmatsch. Schon bald musste Harry einen, der am Ende seiner Kräfte war, stützen. Dafür übernahm ich seinen Kleidersack. Auch Berti, der hinter uns ging, hatte sich zwischenzeitlich eines versehrten Häftlings angenommen. Das rücksichtslose Schimpfen und ordinäre Fluchen der uns begleitenden Wärter war diesmal völlig nutzlos und nur geeignet, das beispiellose Chaos noch zu verschlimmern. Das Marschtempo konnte beim besten Willen nicht erhöht werden. Harry meinte, dass er, obwohl er in den zurückliegenden Jahren manchen Kummer hatte erdulden müssen, doch nichts mit diesem „Kreuzweg“ Vergleichbares erlebt habe. Dem konnte ich nur beipflichten. In dem glitschigen, schweren Schlamm rutschte der Fuß bei jedem Schritt in irgendeine Richtung weg, was unheimlich viel Kraft kostete. Nach etwa drei Kilometern wurde es endlich besser. Der Regen hörte auf, und auch der Boden wurde sandiger und fester.

Es mochte schon 16 Uhr geworden sein, als wir uns auf unserem Weg, der sich mittlerweile durch etwas gestreuten Kies und durch Fahrspuren zu einer bescheidenen Straße gemausert hatte, einer Ansammlung von Baracken näherten. Ein Teil dieser Siedlung war von einem Stacheldrahtzaun umgeben. Wir hatten das Lager Grind erreicht. Grind ist die Bezeichnung für eine kleine Sandbank, die durch abgelagerten Schwemmsand in einem Fluss oder am Meeresstrand entstanden ist. Am Tor angekommen mussten wir in Formation antreten, wurden gezählt und marschierten anschließend auf den Hof, der vom Eingang bis ans Ende des Lagers, erkennbar am dort querlaufenden Stacheldrahtzaun, reichte. Unsere Ankunft wurde von etlichen Häftlingen beobachtet, deren neugierig dreinblickende Gesichter hinter den Gittern der Barackenfenster gut zu erkennen waren.

Ohne weitere Umstände wurden wir sogleich in mehrere Baracken der zweiten Reihe eingewiesen. Nach dem kräftezehrenden Marsch war uns das auch sehr recht. Diese Gebäude, deren Wände aus einem mit Lehm beworfenen Holzgerüst bestanden und die mit Teerpappe gedeckt waren, wiesen eine Breite von acht Metern und eine Länge von etwa 30 Metern auf. Durch ein Vorzimmer in der Barackenmitte gelangte man in die beiden großen Zimmer, die für jeweils 60 Häftlinge ausgelegt waren. Entsprechend viele Eisenbetten versehen mit Strohsäcken gab es in den Zimmern, deren Fenster alle zur Lagermitte hin zeigten. Ebenfalls vorhanden waren auch hier der obligatorische Abortkübel und ein Bottich für Trinkwasser. Was das sogenannte Trinkwasser anging, so war dieses in Grind allerdings von einer höchst miserablen Qualität. Es stammte aus dem einzigen Brunnen des Lagers, dessen Wasserspiegel nicht ganz einen Meter unter der Erdoberfläche lag. Auf den ersten Blick schien das Wasser zwar sauber zu sein, doch der Geruch erinnerte stark an Brackwasser mit Fischen, und der Geschmack war natürlich entsprechend. Das war wenig verwunderlich, denn der Untergrund bestand aus Sand unterbrochen von mehreren Schichten Meeresmuschelschalen. Wenn man das „Trinkwasser“ einige Zeit in einem Glas stehen ließ, bildete sich an seiner Oberfläche ein öliger Film. Um es überhaupt genießbar zu machen, wurde es reichlich mit gelöschtem Kalk und Chlor behandelt, wodurch es zwar keimfrei geworden sein dürfte, aber auch heftig nach Chlor schmeckte. Zum Kochen wurde zusätzliches Wasser mittels eines Ochsenkarrens direkt aus der Donau oder aus einem der zahllosen

Seen entlang der Donaudeiche herangeschafft. Dieses Wasser schmeckte, obwohl es natürlich ebenfalls mit Chlor behandelt werden musste, etwas besser. Die sarkastische Feststellung eines Gefangenen, dass wir den ganzen Dreck mittranken, der auf den 2800 Kilometern zwischen Donaueschingen und Periprava in den Strom geworfen wurde, war nicht ganz abwegig.

Nach dem kurzen Besuch des Lagerarztes Dr. Ionescu, der wissen wollte, ob jemand unter uns akut erkrankt sei, und der gleich weiterzog, nachdem wir verneinten, wurden uns Löffel und Essnäpfe ausgehändigt. Dann wurde noch ein Bottich mit Kartoffelsuppe herbeigebracht, ohne Brot, wie man betonte, denn dieses hatte man uns ja schon auf der Reise gegeben. Auch ein Beamter aus dem Hauptlager kam noch am selben Tag mit unseren Akten, anhand derer die Identität eines jeden Gefangenen überprüft wurde. Wir wurden bei dieser Gelegenheit davon in Kenntnis gesetzt, dass jeweils eine Zimmerbelegschaft, also 60 Mann, eine „Brigade“ bilden würde. Zum „Brigadier“, dem Chef unserer Gruppe, wurde ein gewesener Feldwebel der rumänischen Armee bestimmt, der bereits am Donaukanal als solcher fungiert hatte. Wir sollten schon bald erkennen, dass er ein Halunke war. Der erste in unserer Brigade, mit dem wir ins Gespräch kamen, war ein etwa 50 Jahre alter Herr, der sich als Ingenieur Paul Fodor aus Klausenburg vorstellte. Er war ebenfalls zu einer hohen Haftstrafe verurteilt worden. Ansonsten schien sich unsere Einheit hauptsächlich aus Bauern zusammenzusetzen.

Als etwas später Bewegung in den bislang so ruhigen Lagerhof kam, weil offensichtlich die Gefangenen von der Feldarbeit zurückkehrten, waren wir es, die neugierig an die Fenster eilten, um die Mithäftlinge zu sehen. Was als erstes auffiel, war deren Gesichtsfarbe, anhand der man mutmaßen hätte könne, die Leute wären aus Afrika gekommen. Ich hatte den Eindruck, noch nie zuvor so dunkle Gesichter gesehen zu haben, was freilich auch damit zusammenhing, dass ich es nunmehr seit Jahren gewohnt war, nur Menschen mit der blassgrauen Gesichtsfarbe der weggesperrten Häftlinge um mich zu haben.

Etliche der Braungebrannten nutzten den Umstand, dass wir nicht beaufsichtigt waren, und kamen zu unseren Fenstern, um nach Bekannten Ausschau zu halten oder nach solchen zu fragen. Der erste Freund, den Harry und ich entdeckten, war Nae Marinescu alias Otto, den wir schon 1952 in Gherla kennengelernt und in guter Erinnerung behalten hatten. Er freute sich riesig, uns zu sehen, und beeilte sich, zu betonen, dass wir Glück hätten, hier gelandet zu sein. Die Arbeit auf dem Feld sei zwar hart und das Essen könne auch besser sein, aber alles in allem sei es doch um einiges besser, als in Gherla in der Zelle dahinzuvegetieren. Dies klang schlüssig und wurde noch zusätzlich untermauert durch den gesunden Eindruck, den Nae auf uns machte. Noch bevor ein herbeigekommener Wärter ihn verscheuchte, teilte er uns mit, dass noch mehr junge Deutsche im Lager seien. Siebenbürger Sachsen, gute Jungs, wie er sagte. Die Nachricht von den Landsleuten machte uns neugierig und freute uns, wenngleich wir ihnen natürlich gewünscht hätten, sie wären nie hier gelandet.

Die erste böse Überraschung sollten wir auch noch am ersten Tag erleben, und zwar in Form von wahren Wolken von Stechmücken, die zugleich mit der Abenddämmerung auftauchten und sich wie hungrige Vampire über uns hermachten. Dass das Licht in den Baracken auch nachts ununterbrochen brennen musste, verschlimmerte die Situation noch zusätzlich. Es fiel unter diesen Umständen schwer, einzuschlafen, und wenn es dann doch klappte, war man für die Mücken „sturmreif". Die verheerenden Folgen konnte man dann am nächsten Morgen betrachten, wenn wir am Hals, im Gesicht und an den Händen von Blutflecken verunstaltet und total zerstochen aufwachten. An den juckenden Stichen hatte man noch den ganzen folgenden Tag seine „Freude", bevor in der nächsten Nacht neue hinzukamen. Der nächste Tag sollte für uns Neuankömmlinge ebenfalls noch für organisatorische Aufgaben verplant sein. Das Privatgepäck musste abgegeben und Wertsachen und Geldguthaben mussten überprüft werden. Man teilte mir mit, dass von dem in den Bergwerken erwirtschafteten Geld immer noch über 400 Lei auf meinem Konto vorhanden seien.

Erste Arbeitswochen – Landwirtschaft

Am dritten Tag mussten dann auch wir zur Arbeit. Wir verließen zusammen mit den anderen Brigaden das Lager und marschierten etwa eine Stunde an endlos scheinenden Feldern vorbei, bevor wir einen Platz erreichten, an dem wir von einem Angestellten der Staatsfarm erwartet wurden. Dieser hatte in seinem Traktoranhänger 60 Hacken, unser Werkzeug, mitgebracht. Unsere Aufgabe war es, die mit Mais und Sonnenblumen bepflanzten Felder zu hacken und das Unkraut zu jäten. Die ungewohnte Feldarbeit sollte sich für uns ausgemergelte Gestalten als gewaltige körperliche Herausforderung erweisen, zumal wir schon durch den langen Anmarschweg ermüdet waren. Dass wir von den anwesenden Wachen dauernd beobachtet, angetrieben und natürlich beleidigt wurden, kam noch erschwerend hinzu. Die Unteroffiziere, die uns beaufsichtigten, trieben uns mit wüsten Schimpfwörtern an. Auch manche der Korporale und teilweise sogar Soldaten der Wachmannschaft beschimpften uns immer wieder und fluchten in ordinärer Weise. Die angestachelten Wachhunde sekundierten den Männern mit ihrem Gekläff.

Mittags wurde uns eine halbstündige Pause zugebilligt, um das herbeigeschaffte Essen zu verzehren. Bereits zu diesem Zeitpunkt hatten wir als Folge der extremen Sonneneinstrahlung alle krebsrote Gesichter und entsprechend böse Vorahnungen. Nach dem Essen musste dann bis zum Abend weitergearbeitet werden. Als endlich der laute Pfiff eines Wärters das Arbeitsende anzeigte, hatte ich den Eindruck, in meinem ganzen Leben noch nie so müde gewesen zu sein. Mit zitternden Händen legten wir unser Werkzeug auf einen Haufen, mussten antreten, wurden gezählt und begannen dann unseren endlos scheinenden Rückmarsch ins Lager. Kurz vor der Ankunft brachen zwei Leute zusammen und mussten anschließend von anderen Häftlingen gestützt werden. Auch ich hatte, als wir endlich vor dem Lagertor standen und auf eine erneute Zählung warteten, dauernd die Befürchtung, gleich vornüberfallen zu müssen. Nachdem man uns in die Baracke entließ, vermochte ich nur noch mit Mühe zu essen, und vor allem konnte ich mir nicht vorstellen, wie ich diese Tortur in den nächsten Tagen durchstehen sollte. Bei der Abendzählung auf dem Appellplatz befanden sich die meisten von uns bereits in einem bleiernen Dämmerzustand. Ohne uns noch zu waschen – dazu fehlte die Kraft – fielen wir in die Betten und boten den blutrünstigen Mückenschwärmen eine willkommene Beute. Von uns konnte sich keiner mehr wehren.

Als am folgenden Morgen die Talanga erklang, hatte ich den Eindruck, überhaupt nicht geschlafen zu haben. Ich fürchtete, in diesem Zustand keine einzige Minute auf den Füßen stehen zu können, geschweige denn zu arbeiten. Einen zusätzlichen Schrecken bekam ich, als ich die Gesichter der anderen Männer erblickte. Ausnahmslos jeder hatten einen furchtbaren Sonnenbrand, der sich hauptsächlich am ungeschützten Kopf, aber auch an Händen und Armen bemerkbar machte. Alle waren krebsrot, teilweise mit total verschwollenen und von Blasen übersäten Gesichtern. Herr Fodor, ein rotblonder Mann mit heller Haut, war fast nicht mehr zu erkennen. Seine Tränensäcke hatten die Größe von halben Hühnereiern und nahmen ihm buchstäblich die Sicht. Auch die Ohren waren von der Schwellung total entstellt, und da er in Holzpantinen bei der Arbeit gewesen war, schälte sich auch an den schutzlos der Sonne ausgesetzten Füßen überall die Haut. Von den Fußsohlen abgesehen sollten seine Füße in den nächsten Tagen eine einzige offene Wunde sein. Fodor und etliche andere wurden von Dr. Ionescu krankgeschrieben. Der Lagerarzt war gleich nach dem Morgenappell mit zwei Eimern von ihm selbst gemixter Salbe, die sich als hervorragend erwies, angerückt und hatte uns behandelt.

Was mich anging, so konnte ich mich entgegen allen Befürchtungen wieder aufs Feld schleppen. Meine arg in Mitleidenschaft gezogenen Handrücken schützte ich mit den Schäften zweier Socken gegen die Sonneneinstrahlung. Die Ohrmuscheln waren allerdings dermaßen angegriffen, dass die Wunden erst nach einigen Monaten vollständig heilten. Wir hatten noch Glück, dass die Sonne in den nächsten Wochen nicht mehr so mörderisch heiß war wie an jenem ersten Tag. Dadurch konnte sich unsere geschundene Haut erholen und allmählich auch an die neuen klimatischen Gegebenheiten anpassen.

Die nun folgende erste Arbeitswoche werde ich nie vergessen. Die körperliche Anstrengung überstieg alles, was ich je zuvor erlebt hatte. Obwohl wir alle wahrlich kein normales Körpergewicht hatten, verlor jeder von uns noch einige Kilogramm. Die Folgen der elenden Kost und des Luft- und Bewegungsmangels der letzten Jahre sollten wir noch lange spüren. Harry etwa wog um die 50 Kilogramm und bestand sozusagen nur aus Haut und Knochen, und auch ich brachte kaum mehr als 60 kg auf die Waage. So ähnlich ging es den meisten Leuten um uns herum. Das Essen hier war zwar weniger schlecht als jenes in der Zarca, aber doch in keinster Weise der gewaltigen körperlichen Anstrengung angepasst. Ganz abgesehen davon, dass die Arbeit, die wir täglich zwölf Stunden lang verrichteten, auch für vernünftig genährte Männer keine Kleinigkeit gewesen wäre. Hinzu kamen die qualvollen Nächte mit der nicht enden wollenden Mückenplage.

Die Felder, auf denen man uns einsetzte, waren maschinell bestellt worden. Unsere Aufgabe bestand darin, das Unkraut – es handelte sich hauptsächlich um Schilf – auszuhacken. Insbesondere die ungewohnte gebückte Körperhaltung, die bei dieser Tätigkeit notwendig war, erwies sich in den ersten Wochen als großes Problem. Aber selbst die Bauern unter uns, die aus dem Banat oder aus Siebenbürgen stammten, hatten ihre Anfangsschwierigkeiten, weil die uns ausgehändigten Hacken mit dem breiten Blatt eine ganz andere Form aufwiesen als jene in der Heimat.

Beim Unkrautjäten marschierten Harry und ich, jeder in seiner Reihe, nebeneinanderher. Weil er anfangs Schwierigkeiten hatte, beim Hacken das Tempo zu halten, half ich ihm gelegentlich dadurch, dass ich in meiner Maisreihe vorrückte und wir anschließend unsere Reihen tauschten. Unsere Beutel mit dem Essgeschirr und, sofern vorhanden, dem mitgebrachten Stück Brot trugen wir dabei immer ein Stück voraus und legten sie dort ab, damit sie uns bei der Arbeit nicht behinderten. Das Mittagessen sowohl für uns als auch für die Soldaten wurde regelmäßig etwa um 12 Uhr aufs Feld gekarrt. Ein weiterer Wagen, ausgestattet mit einem großen Fass, brachte das Trinkwasser, das für gewöhnlich aus einem der vielen Seen geschöpft worden war. Das einzig wirklich gute Wasser, das wir gelegentlich erhielten, stammte aus einem Brunnen in der Nähe des Weingartens.

Wegen der hochsommerlichen Hitze legten wir bei der Feldarbeit unsere Jacken ab und behielten als Schutz vor der Sonne lediglich die Hemden an. Den Nacken versuchten wir mit einem unter die Mütze geklemmten Taschentuch zu schützen. Nur allmählich gewöhnten wir uns an die schwere landwirtschaftliche Tätigkeit, die täglich von uns erwartet wurde. Trotzdem schienen uns diese Arbeitstage auf dem Feld auch später noch endlos. Höllisch aufpassen mussten wir bei der Arbeit, um nicht versehentlich eine Maispflanze umzuhauen. Die Aufseher nahmen einen solchen Fehler gerne zum Anlass, um handgreiflich zu werden. Besonders der Unteroffizier Gainaru hatte in diesem Zusammenhang traurige Berühmtheit erlangt. Er schimpfte und fluchte ohnehin dauernd, und ein Häftling, dem ein Missgeschick unterlief oder der zu protestieren wagte, musste sich vor seinen berüchtigten Fußtritten in Acht nehmen. Ein ähnlicher Schreihals war Unteroffizier Moga, ein echter Deltabewohner, der aus einem der umliegenden Dörfer stammte und früher Schäfer war. Besonders im Lager, wo er sich meistens aufhielt, war sein Brüllen täglich mehrmals zu hören. Zugutehalten musste man ihm, dass er gutmütiger und daher nicht gewalttätig war – meistens jedenfalls nicht.

Unser Tagesprogramm in Grind begann mit dem Wecken um 5.30 Uhr. Dann mussten wir unsere Betten machen, also das Bettlaken glattstreichen und die Decke so falten, dass sie ein etwa 30 Zentimeter breites Band bildete, welches der Länge nach in der Mitte des Bettes zu liegen hatte. Am Kopfende kam das Kissen darüber, und die wenigen privaten Sachen hatten ebenfalls dort unter der Decke zu verschwinden. Um 6 Uhr wurde das Frühstück ausgegeben. Dazu mussten die Leute vom Dienst – es waren täglich je fünf Mann pro Zimmer – mit dem Brigadier zur Küche gehen, um den Bottich mit dem Maisbrei zu holen. Der Maisbrei wurde anschließend vom Brigadier höchstpersönlich verteilt. Jeder von uns war mit einer Blechschüssel, einem Löffel und einer

Tasse ausgestattet. Nach dem Essen, das schnell eingenommen werden musste, wurde der Bottich in die Küche zurückgebracht, während die anderen Männer noch schnell ihr Geschirr spülten und in den Brotbeuteln verstauten, die sich ein jeder hatte anfertigen müssen. Ein eventueller Latrinengang musste schon im Laufschritt erfolgen, denn alsbald hieß es brigadeweise auf dem Appellplatz antreten. Es erfolgte die Zählung, bei welcher sowohl die Offiziere und Unteroffiziere, die Dienstschluss hatten, als auch jene, die eine neue Schicht antraten, anwesend waren. Die Kranken in den Sanitätsbaracken einschließlich der Ärzte, das Küchenpersonal sowie die beim Elektrizitätswerk beschäftigten Gefangenen wurden vor Ort gezählt. Der Ausmarsch der Brigaden erfolgte in Viererreihen durch das Lagertor. Hierbei wurden die Häftlinge noch einmal gezählt. Gleich hinter dem Tor standen die Barackenbauten, in denen die Bediensteten der Lagerverwaltung sowie die Wachmannschaften wohnten.

Vom Tor führte der Weg in ungefähr nördlicher Richtung ziemlich gerade zum fünf Kilometer entfernten Hauptlager, Zentrum genannt. Von diesem Hauptweg zweigten diverse kleinere Wege ab, über die man nach Periprava-Ort oder zur Anlegestelle gelangen konnte. Südlich von Grind, ebenfalls etwa fünf Kilometer weit entfernt, lagen die Gemeinden Letea und Rosetti und etwas südlicher der Ort Cardon, wo der Kilijaarm ins Schwarze Meer mündet. Westlich von Grind erstreckte sich auf einer Länge von etwa 15 Kilometern das Naturschutzgebiet mit dem Letea-Wald, an dessen südliches Ende sich Weingärten anschlossen, die hauptsächlich von Häftlingen bearbeitet wurden. Etwas nördlicher davon befanden sich die „Saivane" genannten Winterunterkünfte für Vieh, hauptsächlich für Schafe.

Siebenbürger Kameraden

Abends nach unserer Ankunft im Lager blieb nur wenig Zeit, um mit anderen Häftlingen Kontakt aufzunehmen. Daher dauerte es länger, bis wir Näheres über die von Nae erwähnten Deutschen in Erfahrung brachten. Eines Abends jedoch, als ich zum Zimmerdienst eingeteilt war und mit mehreren anderen den leeren Bottich zur Küche zurückbringen musste, traf ich dort auf zwei Männer, die den unverwechselbaren siebenbürgisch-sächsischen Dialekt sprachen. Der eine sagte gerade, er wolle noch etwas Essen für einen gewissen Werner mitnehmen. Ich sprach die beiden sofort auf Deutsch an und wir stellten uns gegenseitig vor. Erich Bergel und Klaus Knall kamen beide aus Kronstadt und waren ehemalige Musikstudenten. Klaus staunte nicht schlecht, als ich ihm sagte, dass ich bereits in Gherla von ihm gehört hatte. Georg Bauer, ein anderer Siebenbürger, erwähnte ihn damals dort.

Wir unterhielten uns kurz und Klaus erzählte mir, dass Werner, sein älterer Bruder, von einer Lungenkrankheit sehr geschwächt sei und auf der Krankenstation liege. Für ihn hätte er noch etwas Essen abgeholt. Er empfahl mir, auch noch zuzulangen, solange in dem Bottich, an dem er sich gerade bedient hatte, noch etwas sei. Das ließ ich mir natürlich nicht zweimal sagen und machte mich mit meinen drei Begleitern über die noch reichlich vorhandenen Essensreste her. Leider kam schon kurz darauf ein Wärter vorbei, der uns wieder in die Baracken scheuchte. Wir mussten daher das Essen unterbrechen und auch unser Gespräch auf ein andermal verschieben. Mit Erich Bergel, dem anderen Siebenbürger, sollte ich im Lager leider nur selten Gesprächsgelegenheit bekommen. Nach der Haft, als er bereits ein international bekannter Dirigent war, traf ich ihn jedoch anlässlich eines Konzerts in Temeschburg.

In den folgenden Tagen trachteten Harry und ich, die jungen Deutschen wieder zu sprechen. Als ersten trafen wir Werner Knall, den älteren der beiden Brüder, der sich gerade außerhalb der Krankenstation aufhielt. Er erzählte uns, dass sie alle zu einem „Lot" Siebenbürger Deutscher gehörten, die erst kürzlich mit einer „Bac", einem zum Wohnschiff umfunktionierten Donaulastkahn, hier nach Grind verlegt worden waren. Sie befanden sich in denkbar schlechter körperlicher Verfassung, nachdem sie seit dem letzten Herbst und vor allem den ganzen Winter über im Donaudelta zur Schilfernte eingesetzt waren und dabei unter völlig unzumutbaren Bedingungen hatten leben müssen. Weitere Männer ihrer Gruppe, die ich nach und nach kennenlernte, waren Horst Zimmermann, Christian Herzog und Dietmar Schmidt.

Später erzählte Werner Knall mir ausführlich, wie es ihm seit seiner Verhaftung ergangen war. Er, sein Bruder und etliche seiner Freunde gehörten zu jenen Deutschen, die Opfer der großen Verhaftungswelle nach der Niederschlagung des Ungarnaufstands geworden waren. Damals war die Securitate gezielt gegen die nationalen Minderheiten – primär gegen die Deutschen und Ungarn – vorgegangen, und es wurden etliche Schauprozesse gegen Mitglieder dieser Volksgruppen durchgeführt. Sinn und Zweck der Maßnahme war es, Forderungen nach mehr nationaler Eigenständigkeit der Minderheiten schon im Keime zu ersticken.

Zwei der berüchtigten gegen Siebenbürger Sachsen durchgeführten Verfahren waren der sogenannte Schwarze-Kirche-Prozess und der Prejba-Prozess. Während der erste hauptsächlich eine Gruppe Jugendlicher betraf, die zusammen mit dem Stadtpfarrer Dr. Konrad Möckel kirchliche Jugendtreffen abgehalten hatten, richtete sich der Prejba-Prozess gegen einen losen Zusammenschluss von Freunden, die sich in einer Prejba genannten Hütte zum Schifahren getroffen hatten. Werner Knall war in beiden Prozessen angeklagt gewesen und wurde am 20. November 1958 zu 20 und zehn Jahren Haft verurteilt. Noch während seiner Haft im Securitate-Gefängnis saß Werner zusammen mit dem siebenbürgisch-sächsischen Dichter Wolf von Aichelburg und mit Hans Bergel, dem Bruder des Musikers Erich Bergel, in einer Zelle. Die beiden waren im sogenannten Schriftsteller-Prozess verurteilt worden.

Etwa ein Jahr nach seiner Verurteilung befand Werner sich mit Rolf Wagner und Kurt Rottmann, zwei weiteren Siebenbürger Sachsen, im Gefängnis von Codlea (Zeiden). Die Bedingungen dort waren hart und die Wachmannschaften ausgesprochen rücksichtslos zu den Gefangenen. Als Kurt Rottmann einmal dabei erwischt wurde, als er sich verbotenerweise tagsüber auf den Fußboden gelegt hatte, wurde eine zweiwöchige Karzerstrafe gegen ihn verhängt. Die Kälte und der Nahrungsentzug – es gab, wie in diesen Fällen üblich, nur jeden dritten Tag etwas zu essen – führten dazu, dass er sich eine schwere Erkältung zuzog. Hinzu kam, dass sie alle drei in Jilava, wohin man sie vorübergehend verlegte, völlig ohne Grund mit Knüppeln übel zugerichtet worden waren und Kurt dabei vermutlich auch noch eine Verletzung der Lunge davontrug. Obwohl er ununterbrochen hohes Fieber hatte, erfolgte keine ärztliche Behandlung, ja noch nicht einmal eine Untersuchung.

Als sie nach weiteren zwei Wochen über Galaţi nach Periprava verlegt wurden, war sein Zustand bereits dermaßen kritisch, dass er häufig das Bewusstsein verlor. Bei eisigen Temperaturen musste Werner seinen völlig durchgefrorenen Kameraden von der Anlegestelle zum Hauptlager schleppen, bis er selbst zusammenbrach. Sein zweites Hemd hatte er ausgezogen und dem bewusstlosen Kurt übergestreift. Aber auch im Zentrum war die furchtbare Reise noch nicht zu Ende. Nachdem sie hier Sträflingskleidung bekommen hatten, mussten sie am nächsten Tag weiter ins Lager Grind. Kurt Rottmann und ein weiterer Schwerkranker lagen bewusstlos auf einem Pferdewagen. Auch die anderen Häftlinge kamen bei diesem Marsch zum Außenlager an ihre physischen Grenzen. Rolf Wagner, der herzleidend war, brach mehrmals zusammen und musste zuletzt von einem rumänischen Bauern gestützt werden.

In Grind wurde Kurt erstmals seit seiner Erkrankung, die sich zwischenzeitlich zu einer sogenannten galoppierenden Schwindsucht entwickelt hatte, von einem Arzt untersucht. Dr. Ionescu veranlasste seine sofortige Einlieferung in das für schwere Tuberkulosefälle vorgesehene Zimmer. Aber es sollte schon zu spät sein, denn einige Wochen später hörten Werner und Rolf von Dr. Szánto, dem zweiten Lagerarzt, dass ihr Freund im Sterben liege. Als sie heimlich in das Krankenzimmer schlichen, war Kurt immer nur für kurze Augenblicke bei Bewusstsein. Werner sprach ein paar tröstende Worte und reichte ihm ein improvisiertes letztes Abendmahl mit einem Stückchen Maisfladen und etwas Wasser. Kurt starb in dieser Nacht des 2. März 1960 im Alter von nur 19 Jahren. Seinen Leichnam legte man in eine Strafzelle, um auf die Obduktion durch den Securitate-Arzt Dr. Daghie zu warten. Als dieser nach einer Woche erschien, war der Leichnam schon von Ratten angenagt. Augen, Ohren und Lippen waren buchstäblich weggefressen. In diesem Zustand wurde er anschließend im Friedhof des anliegenden Dorfes verscharrt.

Auch die anderen Gefangenen sollten in diesen ersten Monaten im Delta Schlimmes mitmachen. Im Februar mussten sie bei schneidender Kälte aufs Feld, um die Maisernte, die im Herbst nicht abgeschlossen worden war, zu Ende zu bringen. Anschließend hatten sie noch tagelang Maiskolben in großen Körben zu den Lastkähnen zu schleppen. Werner musste, obwohl krank, bei all diesen Arbeiten mitmachen. Erst als er eines Abends während des Appells einen Lungenblutsturz erlitt, kam er aufs Revier zu den anderen Tb-Kranken.

Zeitgleich mit Werner war, wie ich später erfuhr, auch ein gewisser Caius Mutiu nach Grind gekommen, der zu einer Gruppe Temeschburger Studenten gehörte, die 1956 gegen die Niederschlagung des Budapester Aufstandes demonstriert hatten. Von ihm sollten wir erstmals Genaueres über diese Studentenunruhen in unserer Geburtsstadt hören. Die damalige Solidaritätsbekundung mit dem Ungarnaufstand musste in Temeschburg hohe Wellen geschlagen haben, und entsprechend rigoros und großflächig erfolgte die Reaktion des Systems. Professor Dr. Dr. Ilie Haiduc etwa, der an der Technischen Hochschule einen hervorragenden Ruf genoss, war an den Demonstrationen zwar nicht direkt beteiligt gewesen, man hatte ihm jedoch angekreidet, dass er sich mit seinen verhafteten Studenten solidarisiert hatte. Das reichte, um ihn zu verurteilen, und so kam auch er nach Grind. Was seine Verurteilung anging, wurde allerdings vermutet, dass die Intrige eines anderen Professors, der auch alsbald seine Stelle übernahm, mit eine Rolle gespielt haben dürfte. Zumindest Professor Haiduc sollte später noch Genugtuung erfahren, indem er umgehend nach seiner Entlassung in seine alte Stellung zurückkehren durfte. Seinen intriganten Konkurrenten hatte man wegen Unfähigkeit seines Postens enthoben.

Hauptangeklagter der Studentengruppe war ein gewisser Aurel Baghiu, der später auch noch ins Donaudelta kommen sollte. Bei uns im Lager tat er sich besonders als Uhrmacher hervor, jenem Beruf, den er vor seinem Studium erlernt hatte. Seine Geschicklichkeit sprach sich schnell herum, und fortan brachten ihm die Offiziere und Unteroffiziere regelmäßig ihre kaputten Uhren zur Reparatur. Sein „Meisterstück" aber lieferte er, als er in monatelanger Kleinarbeit eine Uhr aus Knochen zusammenbaute. Selbst das Räderwerk wurde aus dünnen Knochenplatten hergestellt. Die Uhr, die tadellos funktionierte, wurde als „privater" Auftrag des Lagerkommandanten gebaut und nach ihrer Fertigstellung von diesem auch fortgebracht. Der Lohn Aurel Baghius, der für die Dauer dieser Arbeit von allen anderen Aufgaben freigestellt war, bestand in ausgehändigten Postkarten zwecks der Benachrichtigung der Angehörigen und der Anforderung von Paketen.

Auch nachdem wir uns an die Arbeitsbedingungen langsam angepasst hatten, blieb das Leben in Periprava-Grind für uns hart, was vor allem an den rüden Sitten lag, die hier herrschten. Harry zum Beispiel geriet eines Tages mit unserem Brigadier aneinander. Der Halunke hatte nach der Abendzählung noch einige Männer zum Holzhacken abkommandiert. Geschlaucht von der Feldarbeit des Tages gingen die Betroffenen, darunter auch Harry, lustlos hinter dem Zimmerchef über den Hof und wurden von einem Wärter, den dies störte, angebrüllt. Daraufhin sah sich der Brigadier, der sich seinerzeit auf diesen Posten geradezu vorgedrängt hatte und seither immer bemüht war, seine Dienstbeflissenheit zu zeigen, veranlasst, ein Exempel zu statuieren. Er suchte sich als Opfer einen Alten aus, der todmüde der Gruppe hinterhergetrottet war, schrie ihn zusammen und holte sogar zum Schlag aus. Harry, vor dessen Augen sich die Szene abspielte, war dies dann doch zu viel, er fasste den Brigadier am erhobenen Arm und schrie ihn seinerseits an. Wenn er, brüllte Harry, noch einmal die Hand gegen einen Mithäftling erheben würde, bekäme er es mit ihm zu tun. Die unerwartete Reaktion schockte den Strolch sichtlich, und er trat kleinlaut und eingeschüchtert zurück. Als dem Brigadier später noch von weiteren Männern nahegelegt wurde, sich gegenüber den anderen Gefangenen zurückzunehmen, besserte sich sein Verhalten tatsächlich etwas. Was bei diesem Vorfall aber besonders überraschte, war die Tatsache, dass Harry aus seinem mutigen Vorgehen keine Nachteile erwuchsen.

Dafür sollte ich etwas später in ähnlicher Lage weniger Glück haben. Und zwar beim Maishacken, als wir unter der Aufsicht der Unteroffiziere Raileanu und Gainaru standen, zweier böswilliger Kerle, die dafür bekannt waren, dass sie gerne mal zulangten. Gainaru, mittelgroß, sehr kräftig und auffallend dunkelhäutig, war der Schlimmere der beiden, und gerade er hatte mich um eine Zeit im Visier. Ein besonderer Grund hierfür war nicht erkennbar, vielleicht störte er sich daran, dass ich mit Harry deutsch sprach, vielleicht missfiel ihm aber auch nur, dass ich diesem bei der Arbeit ein wenig half. Solidarität der Häftlinge untereinander wurde von den Caralii grundsätzlich missbilligt. Was es auch immer war, jedenfalls schlich er dauernd um mich herum und bedachte mich mit üblen Beschimpfungen. Es kam, wie es kommen musste: Als er gerade wieder da war, hackte ich vor seinen Augen versehentlich eine Maispflanze um. Gainaru merkte mein Missgeschick natürlich sofort und heulte auf wie ein Schakal. Er überschüttete mich geradezu mit Flüchen ordinärster Art und befahl mir, ihm zu einem etwa 20 Meter entfernten Entwässerungsgraben zu folgen. Er stieg mit mir in den Graben, sodass wir nicht mehr im Sichtfeld der anderen waren, löste seinen Koppelriemen und begann, wie ein Geistesgestörter auf mich einzuschlagen. So gut es ging versuchte ich, mich mit meinen Händen zu schützen, und trachtete insbesondere, vom Koppelschloss nicht am Kopf getroffen zu werden. Augenzeugen der Szene waren lediglich zwei Soldaten, von welchen der eine, näher zu uns stehende selbst total erschrocken zuguckte. Die Häftlinge konnten den Graben nicht einsehen, jedoch gut die lauten Schläge hören. Als Gainaru endlich aufhörte und mich zur Arbeit zurückjagte, waren mein Rücken und meine Arme von dicken Striemen übersät, und allen anwesenden Gefangenen war ein gehöriger Schrecken in die Glieder gefahren. Gainaru hatte seinen üblen Ruf als Schläger wieder einmal bestätigt.

Die verdiente Quittung für all seine Bosheiten sollte Gainaru erst einige Jahre später nach der großen Amnestie erhalten. Und zwar auf Initiative Géza Schönfelds, jenes Rabbiners, den ich in Gherla kennengelernt hatte. Schönfeld erstattete Anzeige gegen ihn wegen „Verunglimpfung des Glaubens“, weil er einmal den Häftling Mayer-Goldstein gezwungen hatte, sich zu entblößen und ihm sein beschnittenes Glied zu zeigen. Gainaru wurde tatsächlich verurteilt.

Etwa Mitte Juni, als wir eines Abends todmüde von der Feldarbeit zurückkehrten, nahmen wir überrascht einen Kleinbus mit Anhänger zur Kenntnis, der im Hof stand. Auf dem Bus stand mit großen Buchstaben geschrieben: „Caravana cinematografică“ („Kino-Karawane“). Das war eine echte Sensation, besonders für uns, die wir schon seit vielen Jahren in Haft waren und solches noch nicht erlebt hatten. Die anfängliche Neugier wich bei mir jedoch schon bald einer begründeten Skepsis, als es nämlich hieß, der Film würde erst nach dem Dunkelwerden gezeigt werden. Die Aussicht, womöglich zwei Stunden meines kostbaren und niemals ausreichenden Nachtschlafes zu verlieren, schien mir ein zu großes Opfer zu sein. Ich beschloss daher, mir die Angelegenheit noch einmal zu überlegen. Vorerst musste aber das übliche Abendprogramm absolviert werden. Zum Waschen gingen wir als erstes an den einzigen Brunnen, der in der nordwestlichen Ecke des Lagers stand. Da wir uns aus hygienischen Gründen nicht gleich beim Brunnen waschen durften, ging dies solcherart vonstatten, dass wir uns in einiger Entfernung gegenseitig das Wasser aus dem Essgeschirr in die Hände gießen mussten. Diese „Katzenwäsche" war nicht viel mehr als ein symbolischer Akt, reichte das bisschen Wasser doch niemals aus, um Staub und Schweiß eines langen Arbeitstages auch nur annähernd zu beseitigen. Aber zumindest als kleine Erfrischung konnte dieses sogenannte Waschen durchgehen. Das Löffeln der anschließend ausgegebenen Suppe war auch schnell erledigt, jeder reinigte noch hurtig sein Essgeschirr, und schon erklang die Talanga, die uns zur Zählung auf den Appellplatz rief.

Zwischenzeitlich hatten der Fahrer des Kinowagens und sein Gehilfe ihre Apparatur aufgebaut. Da wir uns im äußersten Osten des Landes befanden, wurde es recht bald dunkel und man rief uns zur Vorführung. Es war schon vorher betont worden, dass nur die arbeitenden Häftlinge, quasi als Belohnung, den angekündigten sowjetischen Film „Zboară cocorii" („Die Kraniche fliegen") sehen dürften. Den Kranken und sonstigen Arbeitsunfähigen war dies nicht gestattet. Nach neun filmlosen Jahren reizte mich die Aussicht, den Streifen zu sehen, und ich war auch neugierig auf die sicher vorhandene politische Aussage des Films. Da ich aber ziemlich müde war, setzte ich mich auf einen Platz, von welchem aus ich später ohne großes Aufsehen verduften würde können. Der Hof zwischen den Barackenreihen füllte sich schnell mit Zuschauern, und schon begann die Vorstellung. Ich blieb etwa eine halbe Stunde und verdrückte mich sodann in die Baracke, die ich ohne Umstände erreichte, denn auch der diensthabende Wärter war unter den Zuschauern. Ich war so müde, dass ich gar nicht aufwachte, als die restlichen Gefangenen später aufs Zimmer kamen.

Am nächsten Tag dann meinte Harry, dass es mir leidtun könne, den Film nicht vollständig gesehen zu haben, denn er war seiner Meinung nach wirklich gut und er sei auch nicht politisch gewesen. Letztere Aussage nahm ich erstaunt und etwas ungläubig zur Kenntnis. Ein sowjetischer Film ohne politische Propaganda war für mich gar nicht vorstellbar. Für Werner Knall, der zusammen mit einigen anderen aus dem Krankenrevier illegal beim Filmgucken war, sollte – wie ich später mitbekam – noch ein Nachspiel folgen, weil die „Sünder" auf dem Rückweg dem Unteroffizier Moga, dem üblen Schreihals, in die Arme liefen. Der kleine Moga, der nur etwa 160 Zentimeter maß, war eigentlich nicht als Schläger bekannt und hielt ihnen auch nur eine Standpauke; da er sich jedoch offensichtlich von Werner nicht ernst genommen fühlte, holte er doch zu einer Ohrfeige aus. Vielleicht verleiteten ihn hierzu auch seine Komplexe, war doch Werner mit seinen 192 Zentimeter um einiges größer. So groß jedenfalls, dass Moga ihn gar nicht richtig im Gesicht erreichte, als Werner sich auf die Fußspitzen stellte. Es muss für alle Anwesenden nicht leicht gewesen sein, sich das Lachen zu verkneifen, als der drollige Moga verzweifelt versuchte, den ihn um zwei Haupteslängen überragenden Gefangenen zu ohrfeigen. Er sah die Nutzlosigkeit des Unterfangens zumindest schnell ein und jagte die Häftlinge unter lauten Beschimpfungen davon.

Eine große Freude erlebten Harry und ich Ende August, als mit einer Gruppe neuer Häftlinge auch unser Kamerad Dietmar Brössner in Grind eintraf. Er kam aus dem Lagerkomplex Salcia, wo er die letzten beiden Jahre verbracht hatte, und machte einen für Lagerverhältnisse gesunden Eindruck. In Salcia, erzählte er, sei er bei Erdarbeiten eingesetzt gewesen, die nun beendet waren, weshalb seine Gruppe hierher verlegt worden war. Ich hatte Dietmar schon seit 1956 nicht mehr gesehen, als man uns aus Baia Sprie wegbrachte, und Harry war ihm sogar schon seit 1953 nicht mehr begegnet. Später sollten wir auch noch Fredi hier im Lager begrüßen dürfen. Er kam mit einer Gruppe, von welcher es hieß, sie bestünde ausschließlich aus Alten und Kranken. Auch unser Kamerad wurde vorerst als arbeitsunfähig eingestuft, obwohl sich seine Tuberkuloseerkrankung durch die Behandlung mit Streptomyzin schon erheblich gebessert hatte. Später, als er sich weiter erholt hatte, schafften wir es, ihn für unsere Brigade zu „verpflichten". Zu den Siebenbürgern, die in jener Zeit neu ins Lager kamen, gehörte Günther Adolf Oberth, ein Bekannter der Knall-Brüder. Er war der Neffe des bekannten Raumfahrtgelehrten Hermann Oberth.

Etwa Ende September desselben Jahres kam die Kino-Karawane erneut, diesmal mit einem rumänischen Film im Gepäck. Zwischenzeitlich waren die Arbeitstage zwar kürzer und nicht mehr so erschöpfend wie in den ersten Wochen, ich beschloss aber trotzdem, mich wie schon beim letzten Mal noch vor dem Vorstellungsende davonzumachen. Diesmal klappte es jedoch nicht, denn ich wurde im Zimmer vom Unteroffizier Pocora erwischt und – wenigstens ohne zusätzliche Strafe – zum Appellplatz zurückgejagt. Dabei hatte ich freilich noch Glück, denn der bisweilen sehr böswillige Pocora konnte auch anders. Mein Bekannter Georg Hollosch zum Beispiel bekam einmal ein Paket von daheim, und da es kurz vor Weihnachten war, packte er ein paar Süßigkeiten in ein Taschentuch und brachte sie seinem Freund Rolf Wagner, der in der Baracke der Arbeitsunfähigen untergebracht war. Pocora tauchte plötzlich auf, als Georg die bescheidene Gabe überreichen wollte, entriss ihm fluchend das Päckchen, warf es zu Boden und stampfte es in den Sand. Es war noch ein Wunder, dass die beiden „Übeltäter“ ohne weitere Strafe davonkamen.

Eines von den wenigen schönen Erlebnissen, die ich mit der Haftzeit verbinde und bis heute nicht vergessen habe, trug sich zu, nachdem wir wie schon des Öfteren zu einem Sondereinsatz im Weingarten abkommandiert waren. Wir hatten dort ebenfalls Unkraut zu jäten, und neben uns war die Brigade eingesetzt, zu der auch Klaus und sein zwischenzeitlich wieder gesundeter Bruder Werner sowie Erich Bergel gehörten. Wir wussten es so einzurichten, dass wir nebeneinander arbeiteten und uns dabei auch noch unterhalten konnten. Bei dieser Gelegenheit fanden wir etliche Champignons, die wir natürlich mitnahmen. Klaus meinte, er müsse nur noch einige Zutaten aus der Küche besorgen, dann könnte er aus den Pilzen ein leckeres Paprikasch zubereiten. Die meisten Häftlinge im Delta aßen damals die Pilze an Ort und Stelle roh. Ich hatte es auch einige Male versucht, fand sie aber nicht besonders schmackhaft und wollte darüber hinaus meinem Magen nicht allzu viel zumuten. Diesmal aber konnte auch ich mich für das Projekt begeistern. Nach dem Abendessen und dem Appell, als die Baracken noch einige Zeit offen standen, traf ich mich mit Klaus und Erich an der Gulaschkanone hinter der Küche. Das Feuer brannte noch, und Klaus hatte wie versprochen Öl, Zwiebeln und Paprika „organisiert“. Wir wuschen und zerkleinerten die Pilze und Erich schuf in wenigen Minuten ein für dortige Verhältnisse hervorragendes Essen. Es war freilich nicht viel, aber es schmeckte köstlich. Wir mussten noch lange an dieses lukullische Mahl zurückdenken.

Ähnliche Glücksfälle waren es regelmäßig auch, wenn wir bei der Feldarbeit auf Speisezwiebeln oder – wie ich einmal beim Hacken des Maises – auf reife Tomaten stießen. Ich war mit unseren Beuteln vorausgeeilt, um diese abzulegen, und fand dabei zwischen den Maispflanzen etwa 80 walnussgroße, überwiegend reife Tomaten. Schnell packte ich die Beute in unsere Taschen und war gerade fertig, als Harry, der schon rätselte, wo ich geblieben sein könnte, ankam. Seine Freude über meinen Fund war groß, ebenso wie bei den anderen Freunden, die wir später beim Mittagessen oder abends im Lager mit den köstlichen Tomaten überraschen konnten. Unvergessen auch das Erlebnis, als ich später einmal bei der Arbeit im Maisfeld eine geradezu gigantische Wassermelone – ohnehin mein Lieblingsobst – fand. Wir waren damals im Spätherbst noch einmal aufs Feld hinausgejagt worden, weil die Maisernte dringend zu Ende gebracht werden musste, und da stolperte ich buchstäblich über die köstliche Frucht. Weil sie viel zu groß zum Mitnehmen war, beschlossen wir, sie an Ort und Stelle aufzuessen. In Ermangelung eines Messers oder zumindest meines Löffels mit angeschliffenem Stiel, und nachdem Eile geboten war, zerschlug ich die Melone auf meinem Knie und verteilte die Stücke. Das süße, saftige Fleisch der Melone vermischt mit der Erde von unseren Händen schmeckte köstlich, und wir lachten und freuten uns wie die Kinder.

Ab Mitte September fanden wir beim Ernteeinsatz Verwendung, hauptsächlich in den riesigen Maisfeldern. Die Kolben mussten gebrochen, von den Blättern befreit und körbeweise zu den Traktoren gebracht werden, die von zivilen Arbeitern gefahren wurden. Zum Schälen der Kolben hatten wir uns, dem Rat der in diesen Dingen erfahrenen Bauern folgend, zugespitzte Holzwerkzeuge ungefähr von der Größe eines Bleistifts angefertigt. Diese trugen wir an einer Schnur um das Handgelenk und konnten mit ihnen vergleichsweise leicht die Kolbenblätter aufreißen und entfernen. Andere uns folgende Häftlinge schnitten derweilen die zurückgebliebenen Maisstengel und bündelten diese dann. Parallel zu dieser Arbeit erfolgte auf den anderen Feldern die Ernte der Sonnenblumen. Dabei wurden die Blüten mit Sicheln von den Stängeln geschnitten.

Ein weiterer kurzer Arbeitseinsatz in dem Weingarten beim Letea-Wald ebenfalls in jener Zeit blieb mir vor allem wegen eines Vorfalls in Erinnerung, welcher sich in der Mittagspause abspielte. Während ich auf einer dicken Baumwurzel sitzend meine Suppe aus dem Essgeschirr löffelte, blickte ich als einziger unserer Gruppe zu den Soldaten hinüber. Diese saßen ebenfalls beim Essen, und nur einer schob etwa 50 Meter von mir entfernt stehend Wache. Da sah ich, wie der einzeln stehende Soldat plötzlich seine Kalaschnikow von der Schulter nahm, durchlud und auf sich richtete. Ich konnte gerade noch erschrocken „Mensch!“ ausrufen, als es auch schon knallte. Der Soldat drehte die Waffe wieder nach vorne, wankte noch zwei, drei Schritte und schoss dabei mehrmals in die Erde. Dann stürzte er mit dem Sturmgewehr nach vorne gerichtet zu Boden. Ein starkes Beben ging durch seinen Leib, er streckte sich einmal und blieb dann ruhig liegen. Während ein Unteroffizier zu dem Liegenden lief, brach die Hölle los. Die Alarmpfeife ertönte und die Soldaten brüllten sich widersprechende Befehle. Während einer rief, wir sollten uns alle auf den Boden legen, und dabei wild mit seiner Waffe fuchtelte, befahl ein anderer uns, sofort anzutreten. Als wir mit den halb vollen Essnäpfen in der Hand uns zu sammeln begannen, brauste auch schon eine Fahrzeugkolonne mit den Offizieren aus dem Lager heran. Ein Feldwebel unserer Eskorte lief ihnen entgegen und machte Meldung.

Den Wortlaut der Meldung konnten wir zwar nicht hören, aber offensichtlich verursachte diese große Aufregung. Jedenfalls wurde sofort der Abmarsch für alle Häftlinge befohlen, und wir mussten den Weg ins Lager in einer hektischen Eile fast im Laufschritt zurücklegen. Dann wurden wir sofort in die Baracken eingeschlossen, und zwar für die nächsten zwei Tage. Nur die diensthabenden Gefangenen durften in dieser Zeit die Zimmer kurz verlassen. Am dritten Tag endlich wurde die Barackentür geöffnet, und der gewöhnliche Lageralltag kehrte wieder ein. Später erfuhren wir, dass Liebeskummer ursächlich für die Selbsttötung des Soldaten war.

Meliorationsarbeiten 1961

Seit Jahren wurden im gesamten Deltagebiet umfangreiche Meliorationsarbeiten durchgeführt, die darauf abzielten, durch Entwässerungsgräben langfristig den Grundwasserspiegel zu senken. Die entsprechenden Geländevermessungen wurden von zivilen Technikern durchgeführt, die sich häufig von Häftlingen unterstützen ließen. Aus unserem Bekanntenkreis waren vor allem Dietmar und Werner bei der Vermessung eingesetzt, weshalb sie auch den besten Überblick über das verzweigte Kanalsystem hatten. Wenn die landwirtschaftliche Tätigkeit beendet war, arbeiteten wir in der Regel alle an den Entwässerungskanälen. Der Verlauf der künftigen Kanäle war durch in den Boden gerammte Pflöcke markiert, auf denen auch die an diesem Platz vorgesehene Tiefe des Kanals vermerkt war. Diese Angaben mussten genau beachtet werden, um später das Gefälle zu haben, das den Wasserabfluss gewährleistete.

Die von uns geforderte Arbeitsleistung war in Form von ausgehobenen Kubikmetern zu erbringen, wobei das Soll erwartungsgemäß nur schwer zu erreichen war. Erleichternd wirkte sich immerhin aus, dass es praktisch keine Steine im Boden gab und dieser ausschließlich aus von der Donau angeschwemmten und abgelagerten Sand- und Lehmschichten bestand. An den Stellen, wo die nummerierten Vermessungspflöcke gestanden hatten, mussten wir „martori" („Zeugen") genannte Erdsäulen stehen lassen, anhand derer zu sehen war, wo die Erdoberfläche vor der Grabung gelegen hatte. Die Messungen und Berechnungen der Arbeitsleistung boten freilich einen nie endenden Konfliktstoff zwischen den Häftlingen einerseits und den Aufsehern andererseits. Besonders die Brigadiers hatten eine Menge Druck von „oben", aber auch von den ihnen unterstellten Leuten auszuhalten. Die Lösung dieses vorprogrammierten Dauerkonfliktes hing vom Geschick und vom Charakter des jeweiligen Zimmerchefs ab. Was uns anging, hatten wir das Glück, dass unser Brigadier spätestens seit dem Anpfiff, den er von Harry kassiert hatte, im Umgang mit den Leuten sehr vorsichtig geworden war. Herr Fodor meinte sogar, dass unser Chef seit dem erwähnten Vorfall ein „anderer Mensch" geworden sei.

Am schwierigsten erwiesen sich die Grabungsarbeiten in Abschnitten, in denen das Schilf noch wucherte und die oberste Erdschicht von den Schilfwurzeln durchwachsen und verfilzt war. Diese Stellen mussten unter großem Kraftaufwand mit Pickeln und Hacken bearbeitet werden. Manche Häftlinge aßen regelmäßig die Wurzelknollen dieser Schilfpflanzen. Wir versuchten es auch, ließen es aber bald bleiben. Sie schmeckten zwar nicht schlecht, waren aber sehr holzig und daher schwer zu zerkauen. Ob sie überhaupt einen Nährwert hatten, kann bezweifelt werden. Was das Experimentieren mit Essbarem anging, war ich aufgrund diverser unschöner Erfahrungen ohnehin vorsichtig.

Bereits seit ich in Grind angekommen war und die dortigen hygienischen Bedingungen gesehen hatte, machte ich mir Sorgen um meine Gesundheit. Ich hatte schon als Heranwachsender eine Anfälligkeit für Darminfektionen, insbesondere seit ich 1942 eine langwierige Gelbsucht hatte durchstehen müssen. Wie befürchtet begannen sich, nachdem schon im Mai sommerliche Temperaturen herrschten, die Magen- und Darmerkrankungen im Lager sprunghaft zu verbreiten. Die Bedingungen waren dabei für die Krankheitserreger wie geschaffen. Wegen der schweren Arbeit auf den Feldern tranken alle Leute sehr viel und das Wasser war, wie schon geschildert, von einer katastrophalen Qualität. Wenn es ins Lager gekarrt wurde, konnte man davon ausgehen, dass es einigermaßen keimfrei, da mit großen Mengen Chlor behandelt war. Es wurde durch die chemische Behandlung nicht unbedingt magenverträglich und schmeckte auch scheußlich, aber immerhin. Das Trinkwasser hingegen, das man uns aufs Feld brachte und vorher kaum desinfizierte, dürfte so ziemlich alle Krankheitserreger dieser Welt enthalten haben.

Im Lager kam als wahrer Tummelplatz für entsprechende Erreger die dort in der südwestlichen Ecke befindliche Latrine dazu. Es handelte sich um einen einfachen Graben im sandigen Untergrund mit einem etwa zehn Meter langen und zwei Meter breiten hölzernen Überbau. Genauer gesagt: zwei langen, parallel verlaufenden Balken, auf welchen jeweils zehn Bretter als Sitzplätze genagelt waren. So konnten bis zu 20 Leute gleichzeitig ihre Notdurft verrichten. Die geschilderte Einrichtung hatte kein Dach und auch keinerlei Umfriedung. Der Graben wurde nie entleert, sein Inhalt versickerte zum Teil im Sand des Untergrundes oder wurde in getrocknetem Zustand sozusagen vom Winde verweht. In der Zeit der epidemieartigen Durchfallerkrankungen waren die Sitzbretter oft verschmutzt. Einzige Abhilfe brachte von Zeit zu Zeit der Regen. Wir, die wir in der Landwirtschaft arbeiteten, trachteten, unser „Geschäft" so weit wie möglich auf den Feldern zu erledigen. Aber die vielen Kranken und Arbeitsunfähigen, die im Lager blieben, waren zwangsläufig auf diese Latrine angewiesen.

Ich hatte fast jeden Sommer ein- bis zweimal eine Darminfektion. Diese begann gewöhnlich mit Bauchschmerzen, Übelkeit, Fieber und Durchfall. Arg wurde es, wenn Blut im Stuhl war. Wenn ich Fieber bekam, hatte der Arzt wenigstens die Möglichkeit, mich krankzuschreiben. Ansonsten verabreichte er mir Medikamente, die die Schmerzen linderten und das Fieber senkten. Was mir wirklich half, war eine Hungerkur und tierische Kohle, die ich mir selbst präparierte, nachdem mir Dr. Ionescu einen entsprechenden Tipp gegeben hatte. Dazu besorgte ich mir aus der Küche Knochen, die schon gekocht und ohne Fleischreste waren, zerkleinerte diese und verkohlte sie in einem Blechgefäß auf dem offenen Feuer der gewesenen Schmiede. Dann zerklopfte und zerrieb ich die verkohlten Stücke, so fein ich konnte, bevor ich sie mit etwas Flüssigkeit zu mir nahm. Ein anderes, häufig angewandtes Mittel war eine aus Eichenrinde gekochte Art Tee. Der Sud, der entstand, wenn man die Rinde kochte, enthielt Tannine (Gerbsäure) und entfaltete bei manchen tatsächlich eine heilende Wirkung. Die Baumrinde wurde ganz gezielt im Letea-Wald für das Lager gesammelt, weil der Securitate-Arzt Dr. Daghie dies angeregt und genehmigt hatte. Mir allerdings half der Eichenrindentee nicht.

Wenn die große Sommerhitze zu Ende war und die Leute weniger Wasser tranken, flaute der epidemische Charakter der Krankheit ab. Vermutlich war das Wasser in der kühleren Jahreszeit auch weniger ansteckend. Im Winter litt niemand an den geschilderten Infektionen. Für mich waren die Krankheitsphasen ein gewaltiges Problem, denn nach einer solchen Krise dauerte es regelmäßig einige Wochen, bis ich vollständig erholt war. Später erwuchs mir aus den immer wiederkehrenden Krankheitsschüben sogar ein Dauerproblem, und ich vertrug gewisse Speisen wie etwa die Bohnensuppe überhaupt nicht mehr, was besonders ärgerlich war, weil es sich hierbei um eines der seltenen sowohl schmackhaften als auch nahrhaften Gerichte handelte, die uns vorgesetzt wurden. Auch die gekochten Dörrkartoffeln, die häufig ausgegeben wurden, vertrug ich mit der Zeit nicht mehr. Die schlimmste Krise dieser Art erlebte ich im Sommer 1961, als fast ein Drittel der Leute krankgeschrieben waren. Es gab keine Medikamente mehr, und vor der Latrine bildeten sich Menschenschlangen. Ich hatte mehr als zwei Wochen lang Blut im Stuhl und fühlte mich hundeelend. Heilung brachte einmal mehr die selbst präparierte Kohle.

Es gab aber im Lager noch viel schlimmere Krankheiten, was uns, da wir die Betroffenen nicht dauernd vor Augen hatten, weniger gegenwärtig war. Insbesondere Tb-Patienten lagen zuhauf in der für Schwerkranke vorgesehenen Baracke. Die beiden Ärzte, das muss erwähnt sein, taten zwar ihr Möglichstes, um die Lage der Todgeweihten etwas zu verbessern, aber mangels entsprechender Medikamente waren auch sie weitgehend hilflos. Die Verpflegung dieser nicht arbeitsfähigen Häftlinge war unter aller Kritik. Für die Tb-Kranken stand nicht einmal Milch zur Verfügung. Nach ihrem Tod wurden die meisten auf Anordnung des Securitate-Arztes Dr. Daghie seziert, es wurde ein Bericht verfasst und der Verstorbene anschließend auf dem Friedhof von Şfiştovka, der anliegenden Gemeinde, verscharrt. Im Schnitt verstarb damals in diesem Zimmer jede Woche ein Mensch. Die Angehörigen erhielten eine amtliche Mitteilung, allerdings erst nach Ablauf der Strafe des Verstorbenen.

Das Revier der Schwerkranken, das ich einmal betreten hatte, hinterließ bei mir einen bleibenden Eindruck. Der Raum, der wohl einmal weiß getüncht gewesen sein dürfte, war jetzt schmutzig grau und von mehreren kleinen Fenstern nur dürftig beleuchtet. Auf dunkelgrau gestrichenen Eisenbetten lagen verschmutzte Strohsäcke, fleckige Bettlacken, Kissen und dunkle, graubraune Wolldecken. In einer Ecke des Zimmers war ein Schaff mit Trinkwasser und in der anderen ein Abortkübel mit Deckel. Auch ein Tisch ohne Stühle stand noch im Raum. Der aus Lehm gebaute Ofen war jetzt im November noch nicht beheizt. Fast alle Kranken lagen in ihren Betten, die meisten mit der bis unters Kinn hochgezogenen Decke. Ab und zu hörte man ein trockenes Husten. Ich sah einen Kranken unter sein Bett greifen. Er hob die dort stehende Flasche und spuckte seinen Auswurf hinein. Zwischen den Betten standen kleine Regale, aus Kistenbrettern gezimmert, darauf eine Blechkanne mit Resten des schwarzen Suds, den man hier Kaffee nannte. In ein Tuch geschlagen trocknete ein Stück Brot vor sich hin. Der Besitzer wartete auf Appetit, um es zu verzehren. Auf dem unteren Bord des Regals standen die Essgeschirre der Kranken. Die Luft im Raum war schlecht, sehr schlecht sogar. Ein Kranker verließ mit sichtlicher Mühe sein Bett und schlurfte zum Abortkübel. Für die Kleinigkeit, die er zu erledigen hatte, war der Kraftaufwand zu groß, bis zur Latrine im Hof zu gehen. Hin und zurück wären es mehr als 100 Meter gewesen. Ich hatte genug gesehen und beeilte mich, wieder hinauszukommen.

Etwa Ende März 1961 wurde eine neue Gruppe von 100 bis 120 Leuten nach Grind verlegt. Wie wir nach und nach erfuhren, handelte es sich ausschließlich um Bauern aus der Region Oltenien, die sich geweigert hatten, der landwirtschaftlichen Genossenschaft beizutreten. Zu jener Zeit hatte die Partei beschlossen, das für sie leidige Problem der letzten Kollektivierungsverweigerer durch eine entsprechende Großaktion endgültig zu beseitigen. Hierzu wurden alle Bauern, die ihrer örtlichen Genossenschaft noch nicht beigetreten waren, in die Gemeindehäuser bestellt, und redegewandte Parteigenossen bemühten sich, sie ein letztes Mal „im Guten" zu überzeugen. Wenn dies nicht half, wurden die Bauern bedroht und teilweise auch geschlagen. Anschließend setzte man ihnen eine letzte Frist zum Einlenken, nach deren erfolglosem Ablauf die Männer von der Miliz verhaftet und an die Securitate überstellt wurden.

Es wurde ihnen zur Kenntnis gebracht, dass sie auf unbestimmte Zeit in „administrative Haft" genommen würden. Das Instrument der sogenannten „administrativen Haft" war bereits 1948 von der kommunistischen Regierung beschlossen worden. Es bedeutete, dass man Leute, auch ohne dass diese von einem Gericht verurteilt worden wären, festsetzen konnte, und zwar bis zu 72 Monate lang. Das Unglaubliche daran war, dass man nach Ablauf der sechs Jahre eine erneute „administrative Haft" von wiederum bis zu 72 Monaten verhängen konnte. Ich habe später einen ehemaligen Legionär getroffen, der bereits in der Zeit Antonescus aus politischen Gründen verurteilt worden war. Trotz des Regimewechsels 1944 blieb er in Haft und wurde, nachdem seine eigentliche Haftstrafe abgelaufen war, als „Administrativer" festgehalten. Diese „administrative Haft" wurde ihm dann insgesamt dreimal für jeweils 72 Monate verlängert. Anfang der Sechzigerjahre gab es im Zentrallager Periprava etwa 400 Leute, die dort als „Administrative" festgehalten wurden.

Aus den oltenischen Kollektivierungsverweigerern, die bei uns angekommen waren, wurden zwei geschlossene Arbeitsbrigaden gebildet. Sie mussten unter den gleichen miserablen Bedingungen wie wir leben und arbeiten und unterschieden sich äußerlich von uns nur dadurch, dass sie statt der gestreiften Häftlingskluft Kleidung aus blauem Drillich zu tragen hatten. Aus welchen Gründen auch immer trachtete die Verwaltung, die „Oltener" von den restlichen Häftlingen getrennt zu halten, was sich langfristig natürlich als nicht umsetzbar erweisen sollte, insbesondere nachdem langsam, aber doch erkennbar, eine neue Liberalisierungswelle einsetzte. Später ging man dazu über, den „Verweigerern" abends und an den Sonntagen Vorträge über die Vorzüge der landwirtschaftlichen Produktionsgenossenschaft zu halten. Die Propagandatexte kamen fertig getippt nach Grind und wurden dann den Männern im Beisein eines politischen Offiziers vorgelesen und „erläutert".

Im Sommer 1961, als Harry und ich erneut Entwässerungsgräben aushoben, gehörten wir zu einer fast ausschließlich aus Ungarn bestehenden Gruppe. Wir hatten die Leute über Alexander Krebs, einen gemeinsamen Freund, kennengelernt und uns auf Anhieb prächtig mit ihnen verstanden. Die körperlich freilich auch nicht leichte Arbeit an den Gräben hatte immerhin den Vorteil, dass man nicht wie etwa beim Maishacken in lockerer Reihe nebeneinanderher laufen musste, sondern auch mal in Gruppen zusammenstand und sich daher besser unterhalten konnte. Prominentester Gefangener der Gruppe war János Varro, angehender Professor an der Universität von Klausenburg. Geboren am 21. November 1927 in Vècs/Siebenbürgen (Brâncovenești), lernte er schon als Jugendlicher den literarisch interessierten Baron János Kemeny kennen und wurde von diesem beeinflusst und gefördert. Diese Unterstützung sollte seinen weiteren Lebensweg prägen. Er studierte an der philologischen Fakultät in Klausenburg und schrieb 1955 seine Dissertation über die moderne ungarische Literatur Siebenbürgens. Während einer Studienreise durch Ungarn wurde er wie etliche andere Magyaren, die ich später in der Haft kennenlernen sollte, von der dortigen politischen Entwicklung, die nachher in den großen Aufstand münden sollte, überrascht und von ihren revolutionären Ideen „angesteckt".

Am 13. Oktober kehrte er nach Klausenburg zurück und verbreitete die Nachricht, dass man im Nachbarland schon bald eine einschneidende Änderung der Politik zu erwarten habe. Der anschließende Aufstand bewegte die ungarische Lehrerschaft und vor allem die Studentenschaft verständlicherweise sehr. Nicht wenige erklärten sich offen – viel zu offen – solidarisch mit den Zielen der Revolutionäre. Es folgte die große Verhaftungswelle, zu deren Opfern auch János gehören sollte, der in der Universität festgenommen und später zu einer Haftstrafe von 16 Jahren verurteilt wurde. Über Gherla und die Lager in Balta Brăilei und Stoieneşti kam er 1961 schwer krank nach Grind.

Im Krankenzimmer in Grind lag János zusammen mit dem Häftling Franz Csorna auf dem Zimmer. Beide waren in einem sehr kritischen Zustand, und obwohl die Lagerärzte Dr. Ionescu und Dr. Szánto alles taten, um sie zu retten, schien ihre Lage hoffnungslos. In jenen Tagen wurde János heimlich von Lajos Eröss, dem Domherrn von Karlsburg (Alba Julia), besucht. Der alte Herr sollte demnächst entlassen werden und wollte noch schnell die Gelegenheit nutzen, den Kranken Mut zuzusprechen und sie zu ermuntern, nicht aufzugeben. Er brachte ihnen ein Stück Brot seiner eigenen Ration und sprach mit ihnen ein Gebet, bevor er ging.

Einige Tage später, es war der zweite Weihnachtsfeiertag, fühlte sich János tatsächlich schon besser, aber mit Franz, seinem Zimmergenossen, ging es zu Ende. Er erwachte abends noch einmal und sagte zu János gewandt: „Herr Professor, ich habe eine Bitte. Bringen Sie mir eine Scheibe Braten." „Das würde ich ja gerne, Franz", antwortete János, „aber woher denn? Wir sind doch in Haft." Franz sagte: „Das weiß ich. Aber bitten Sie den Kommandanten. Er wird Ihnen erlauben, ins Dorf zu gehen und mir das Fleisch zu bringen. Es wird mich retten." János wandte sich ab, um seine Tränen zu verbergen. Er zog seinem Kameraden die Decke über die Schulter und sagte: „Versuch zu schlafen, Franz. Ich wecke dich dann, wenn ich ein Stück Fleisch gefunden habe." Franz versuchte noch, seine Hand zu küssen, aber János eilte nach draußen in den Vorraum und überlegte fieberhaft, was er für den Jungen tun könnte. Nach einigen Minuten trat dann Dr. Szánto mit den Worten zu ihm: „Du kannst wieder hereinkommen, Franz ist gestorben."

Während unserer gemeinsamen Arbeit sprachen wir oft über Literatur. Jànos hatte sich als Sprachwissenschaftler früher intensiv mit den Zusammenhängen und Gemeinsamkeiten des Ungarischen und des Finnischen, der finnougrischen Sprachen, beschäftigt und hielt einmal vor einer Gruppe ehemaliger Studenten einen längeren Vortrag über das Volksepos der Finnen, das „Kalevala", mit seinem Held Väinämöinen. Auch über die Verbindung der Sage zum Nibelungenlied sprach er, und so ergab es sich, dass mir wieder einmal die Aufgabe zufiel, meinerseits die Geschichte von Siegfried, vom Drachen Fafnir und vom Untergang der Burgunder an König Etzels Hof vorzutragen. Alles in ungarischer Sprache. Da wir nur in den Pausen und wenn kein störender Aufseher zugegen war sprechen konnten, dauerte es zwei Tage, bis ich meine Erzählung beendet hatte. Jedenfalls hatten wir bei den Zuhörern beide ziemlichen Erfolg und waren auch angetan von der Erzählkunst des jeweils anderen, weshalb wir uns gegenseitig die Spitznamen Väinämöinen und Siegfried verpassten. Wir riefen uns noch Jahre später gegenseitig mit diesen „Kriegsnamen".

Die „Intelbrig"

Eines Tages wurde eine Anordnung des Innenministeriums in Grind bekannt gegeben, wonach eine sogenannte Intellektuellen-Brigade aufgestellt werden sollte. Wir, die „Alten", rätselten natürlich gleich, welche Teufelei sich hinter dem neuen Befehl verbergen mochte. Viele befürchteten, dass die ganze Aktion auf eine Diskriminierung der geschulten Häftlinge abzielte. Andere wiederum meinten, die ganze Angelegenheit müsse nicht besonders ernst genommen werden, weil sie – wie so vieles andere in diesem System – schon bald wieder „im Sande verlaufen" werde. Im Übrigen, sagten sie, dürfte ja ein Blick in die Akte jedes Häftlings genügen, um herauszufinden, über welche Schulbildung er verfüge. Professor Tanovicianu meinte nur lakonisch, er werde sich bei den Intellektuellen eintragen lassen, denn er hätte schon die Arbeit im Bergwerk überlebt und er werde vermutlich auch jetzt überleben, egal was man uns in der neuen Brigade zumuten werde.

Wie auch immer, die Verwaltung machte sich daran, die Vorgabe umzusetzen, allerdings ohne großen Aufwand. Der Begriff „Intellektueller" wurde dabei höchst großzügig ausgelegt. Einige Wenige wurden tatsächlich anhand ihrer Akten als Intellektuelle identifiziert und der zu bildenden Brigade zugewiesen, ansonsten aber waren die Zimmerchefs aufgerufen, ihre Männer zu befragen. Also erklärte ein jeder nach Gutdünken, ob er ein „Geschulter" oder ein „weniger Geschulter" sei. So geschah es, dass manche aus Angst, in Zukunft Nachteile zu haben, ihre Bildung verschwiegen, während wiederum andere, die gar keine höhere Bildung hatten, aber noch etwas zu lernen hofften, sich in die Intellektuellen-Liste eintragen ließen. Zur letzteren Gruppe gehörten insbesondere viele ehemalige Schüler und Studenten.

Ein anderer, von der Verwaltung wahrscheinlich gar nicht bedachter Grund, sich zur neuen Brigade zu melden, war die Nationalität der Häftlinge. Die meisten Deutschen etwa sahen darin die Möglichkeit, längerfristig mit den Landsleuten zusammenzubleiben, was in dieser Lage grundsätzlich sinnvoll war, weil man sich gegenseitig helfen konnte, insbesondere falls noch schwerere Zeiten kommen sollten. So trugen sich ziemlich viele Deutsche als Intellektuelle ein. Aufgrund der nationalen Zugehörigkeit der Häftlinge hatten sich ohnehin schon längst Freundeskreise gebildet. So gab es die Gruppe der Ungarn, der Deutschen und natürlich der Rumänen, wobei letztere sich dank ihrer großen Zahl und Vielfalt in etliche Untergruppen aufteilten. So gab es die Gruppe der Banater, der Siebenbürger, der Moldauer oder jener aus der Walachei. Die neue Brigade wurde unter der laufenden Nummer 6 geführt und erhielt als Brigadier den Buchhalter Iuliu Nacu zugewiesen. Diese Anordnung traf seltsamerweise ein Häftling, und zwar der „Chefbrigadier" Rosu, orthodoxer Pfarrer und eine recht zwielichtige Person. Wie üblich sollte sich auch die neue Einheit aus fünf Gruppen zu je 12 Mann zusammensetzen. Zum Chef der Gruppe 5 wurde ich gewählt.

Parallel zur Aufstellung der neuen „Intelbrig" wurden auch aus der großen Gruppe der arbeitsunfähigen Häftlinge die Intellektuellen und die, die sich als solche meldeten, gesondert zusammengefasst. Es sollten dort solch prominente Persönlichkeiten wie der Jurist Dr. Hans Bruckner aus Hermannstadt oder der Baron Stefan Banfy aus Klausenburg integriert werden. Auch unsere Freunde Rolf Wagner und Georg Hollosch waren dabei. Letzteren hatte man verurteilt, weil er nach dem Zusammenbruch der Front 1944 versprengten deutschen Soldaten geholfen hatte. Was die medizinische Betreuung der in der Regel versehrten Arbeitsunfähigen anging, hatten sie das Glück, die Mediziner Dr. Cornateanu, ehemaliger Chefarzt des Krankenhauses Constanța, und Dr. Agapie, einen Bukarester Chirurgen, als Mithäftlinge in ihren Reihen zu wissen.

Als klares Indiz für eine mögliche neue Liberalisierung konnte die uns gegen Ende des Sommers 1961 überraschend gemachte Mitteilung gewertet werden, dass für die arbeitenden Häftlinge ein Klubraum mit Bücherei und der Möglichkeit, Schach zu spielen, vorgesehen sei. Diese Nachricht freute uns natürlich, wenngleich sie uns auch nicht unbedingt „vom Stuhl riss". Dietmar und ich hatten Ähnliches ja schon seinerzeit im Bergwerk von Baia Sprie gesehen. Das Vorhaben wurde ungewöhnlich schnell umgesetzt, und wir erhielten sogar noch einen Volleyballplatz sowie eine beim Appellplatz aufgebaute Vitrine, in welcher diverse Artikel aus der Parteizeitung aushingen. Was mich anging, so freute mich die Aussicht auf Bücher mehr als die Möglichkeit, Sport zu treiben, denn mein Bedarf an körperlicher Betätigung war durch die Feldarbeit vollständig gedeckt.

Bei den Büchern handelte es sich hauptsächlich um schöngeistige Literatur, Romane und Novellen, aber auch Sachbücher über Kunst. Ich erinnere mich zum Beispiel an einen Katalog mit Reproduktionen der Dresdner Gemäldegalerie, deren Bilder 1955 von den Sowjets an die DDR zurückgegeben worden waren. Wegen der leider viel zu geringen Zahl an Büchern musste man sich auf eine Warteliste eintragen und konnte, wenn man an der Reihe war, das entsprechende Buch nur für wenige Stunden behalten. Selbst in der Nacht, etwa beim Zapfenstreich, und später, um Mitternacht, erfolgten die Buchübergaben, sodass das Buch bis zum Morgengrauen ununterbrochen in Gebrauch war. Das Wecken der vorgemerkten Leser besorgte die Nachtwache. Vertretbar waren diese nächtlichen Sonderschichten allerdings nur, weil zwischenzeitlich der gesamte Arbeitsablauf etwas leichter geworden war als in den furchtbaren ersten Monaten. Trotz dieser umständlichen und beschwerlichen Handhabung gab es immer genug Leseinteressierte. Die Leute wollten auch deswegen nicht zu lange mit dem Lesen eines Buches zuwarten, weil sie damit rechneten, dass die Vergünstigung eines Tages wieder rückgängig gemacht werden könnte. Den etwa 60 Seiten umfassenden Bericht über den Flug der sowjetischen Raumsonde Lunik 3 am 7. Oktober 1959, mit welchem es gelang, den Mond zu umrunden und erstmals dessen Rückseite zu fotografieren, las ich während der zweieinhalb Stunden dauernden mittleren Nachtwache. Da es die von mir bevorzugten technisch-wissenschaftlichen Büchern leider nur in geringer Zahl gab, las ich gelegentlich auch schöngeistige Literatur, etwa Novellen von Turgenjew oder Gorki. Dass neben den rumänischen vor allem die russischen Autoren in der Lagerbibliothek vertreten waren, versteht sich von selbst.

An der neuen Wandzeitung beim Appellplatz war erwartungsgemäß wenig Lesenswertes zu finden. Es wurden hauptsächlich wirtschaftliche oder wissenschaftliche Erfolge des Regimes oder die eines kommunistischen „Bruderstaates“ herausgestellt, wobei der Wahrheitsgehalt der Mitteilungen von uns nicht nachgeprüft werden konnte. Auch Sportnachrichten wurden ab und an bekannt gegeben. Bei Sondermeldungen wie etwa der ersten Erdumrundung durch den sowjetischen Kosmonauten Gagarin am 12. April 1961 wurden wir sogar noch am Abend des gleichen Tages auf dem Appellplatz „zusammengetrommelt“. Der Lagerkommandant höchstpersönlich verlas damals die „Siegesnachricht“ und hob anschließend noch zu einem Lobgesang der „alles überragenden sowjetischen Wissenschaft und Technik“ an. Viele Leute im Lager nahmen diese Erfolgsnachricht deprimiert zur Kenntnis oder zweifelten sie an. Man fragte sich, wie es sein könne, dass die Sowjets auf dem Gebiet der Raumfahrt offensichtlich fortschrittlicher seien als die USA.

Wenn es eine negative Nachricht aus der westlichen Welt zu vermelden gab, teilte man uns dies natürlich mit unverhohlener Genugtuung ebenfalls mit. Einen besonderen Höhepunkt dieser Art erlebten wir am 22. November 1963, als wir noch spätabends von der Talanga zum Appellplatz bestellt wurden, um von dem dort ungeduldig auf uns wartenden Politoffizier mit sichtlichem Genuss mitgeteilt zu bekommen, dass der Präsident der Vereinigten Staaten erschossen worden sei. Für uns, die „Politischen", die mehrheitlich in der westlichen Welt den positiven Gegenentwurf zum verhassten Kommunismus sahen, war dies eine bestürzende Nachricht. Manche begannen, an der „heilen" westlichen Welt zu zweifeln, was natürlich ganz im Sinne des Systems war. Über das Fiasko der von den USA unterstützten kubanischen Gegenrevolutionäre, die beim Versuch, Fidel Castro zu stürzen, grandios gescheitert waren, lag die ganze Zeit über eine Broschüre in der Bücherei aus.

Im Klub war ferner – wie schon seinerzeit in Baia Sprie – das Schachspiel eine von den Häftlingen sehr gerne praktizierte Feizeitbeschäftigung. Es gab auffallend viele gute Spieler im Lager, die später in richtigen Turnieren gegeneinander antraten. Aus unserem Kameradenkreis war Fredi der passionierteste Spieler. Durch die ganzen Maßnahmen im Rahmen der zwischenzeitlich klar erkennbaren neuen Liberalisierung, die Gründung des Klubs und der Bücherei oder der sogenannten Intellektuellenbrigade, wurde das geistige Leben im Lager insgesamt angeregt. Dies umso mehr, als die Leute zwischenzeitlich bei der Arbeit nicht mehr ganz so unmenschlich behandelt wurden wie zu der Zeit unserer Ankunft. Man hatte jetzt abends wieder Kraft und Muße, um etwa mit den sehr rührigen Knall-Brüdern oder mit Dr. Theil über Bücher zu diskutieren oder Gedichte auswendig zu lernen und zu rezitieren.

Neben dem Sprachenlernen (Englisch) wurde das Sammeln und Auswendiglernen von deutschen Gedichten in jener Zeit ein richtiges Hobby für mich. Anfangs schrieb ich Gedichte auf, an die ich mich noch selbst – teilweise nur bruchstückhaft – erinnerte. Später ging ich dann dazu über, gezielt Leute anzusprechen und diese nach Gedichten zu fragen. Auch diese schrieb ich auf und ergänzte meine Sammlung. Ich traf sogar auf Rumänen, die mir deutsche Gedichte vortragen konnten. In den folgenden drei Jahren schaffte ich es, eine Sammlung von etwa 100 Gedichten zusammenzustellen, in welcher so ziemlich alle namhaften deutschen Dichter von Schiller und Goethe über Rilke, Uhland, Hölderlin bis hin zu Meschendörfer und Carossa vertreten waren. Die

Sammlung war mein ganzer Stolz, und ich bekam es irgendwie hin, sie später aus der Haft und schließlich nach Deutschland zu schmuggeln. Gleiches gelang mir übrigens mit etlichen selbst „gebastelten" Wörterbüchern, die ich auch unbeschadet durch sämtliche Filzungen zu bringen verstand.

Dies war umso beachtlicher, als es nach wie vor alle paar Wochen Durchsuchungen unserer Habseligkeiten gab, sowohl in unserer Anwesenheit als auch in unserer Abwesenheit. Gefunden wurde in der Regel nichts, dafür waren wir zwischenzeitlich viel zu gewieft, aber ärgerlich waren die schikanösen Maßnahmen allemal, erst recht, wenn einem der kärgliche Besitz wieder einmal mutwillig kaputt gemacht wurde. Erfolgte das Filzen in unserem Beisein, konnte man versuchen, die Wärter durch Finten abzulenken und auszutricksen. Dies klappte zuweilen ganz gut, da es sich bei den Caralii in der Regel um recht schlichte Gemüter handelte. Wenn durchsucht werden sollte, wurden wir häufig mit unseren Habseligkeiten in den Hof hinter der Klubbaracke befohlen. Dort mussten wir mit gehörigem Abstand zu den Nebenleuten Aufstellung nehmen und unsere Decken mit den darauf liegenden persönlichen Dingen vor uns ausbreiten. Zeitgleich durchwühlten andere Caralii unser Zimmer.

Ähnlich sorgfältig wie meine Gedichte musste ich auch meine handschriftlich verfasste englische Wörtersammlung vor dem wachsamen Auge der Wärter verbergen. Die Vokabelhefte für fast alle wesentlichen europäischen Sprachen waren übrigens noch bei etlichen anderen Häftlingen im Umlauf, wobei Englisch natürlich die meist gelernte Sprache war. Als der fleißigste und auch begabteste Lehrer sowohl für Englisch als auch für Französisch stach Dr. Theil hervor, der in den Zwanzigerjahren in Liège studiert hatte und beide Sprachen bestens beherrschte. Wenn er sich mit Prof. Tanovicianu französisch unterhielt, konnten wir anderen nur andächtig daneben sitzen. Ich selbst versuchte mich auch als Lehrer, indem ich dem ehemaligen Studenten Valentin Rusu, der zum „Baghiu-Lot" gehörte, half, seine rudimentären Deutschkenntnisse zu vertiefen. Anfangs diktierte und besprach ich mit ihm nur kurze Texte, doch eines Tages wagten wir uns an die Geschichte von Robinson Crusoe heran, die ich damals noch gut und in vielen Einzelheiten kannte. Das lange Diktat ergab am Ende über 80 eng beschriebene Heftseiten.

Eine wertvolle Ergänzung sollte unsere Sammlung an Wörterbüchern erfahren, als sich herumsprach, dass ein junger Ungar ins Lager gekommen war, der bei seiner Verhaftung diverse Unterlagen zum Englischlernen dabeigehabt hatte, darunter ein englisch-ungarisches Wörterbuch.

Diese Dinge hatte man ihm freilich abgenommen, wir wussten aber, dass sie in der Baracke liegen mussten, in der die zivilen Sachen der Häftlinge untergebracht waren, und wir hatten einen „guten Draht“ zu Karoly Kiss, einem weiteren Ungarn, der in der Lagerverwaltung mithalf und Zugang zu der außerhalb des eigentlichen Gefangenenlagers liegenden Baracke hatte. Karoly schaffte es, das Wörterbuch und mehrere Hefte mit englischen Übungstexten an sich zu nehmen und ins Lager zu schmuggeln. Das wertvolle Wörterbuch wurde in drei Teile geteilt, und etliche Freunde, darunter Fredi, Harry, Alexander, János und auch ich machten uns daran, es ins Rumänische zu übersetzen. Alle diese Unterlagen sollten sich in den nächsten Jahren einer großen Beliebtheit erfreuen und waren bei vielen Häftlingen in Gebrauch. Aus Sicherheitsgründen wurde unser „Schatz“ an didaktischem Material grundsätzlich nur abends nach der Zählung, wenn keine Durchsuchung mehr zu erwarten war, hervorgeholt; sonst war es verpackt in einem langen Leinwandsack in einem Hohlraum der Barackenwand. Dieses Versteck sollte nie entdeckt werden.

Wie sinnlos es war, die Gedanken an einen Fluchtversuch aus Periprava zu verschwenden, zeigte das Beispiel eines Häftlings, von dem es in jenen Tagen hieß, er sei von einem Bac, einem Wohnschiff, geflohen. Der junge Mann, der naiverweise gehofft hatte, die Sümpfe überwinden zu können, war schon nach drei Tagen von seinen Häschern wieder eingefangen worden, wobei er noch Glück hatte, dass man ihn gefunden und in völlig erschöpftem Zustand mittels eines Bootes aus dem Sumpf geholt hatte. Davor war er etwa 60 Stunden durch Wasser und Schlamm gewatet und dabei von unzähligen Blutegeln geschröpft worden. Gegen die unbarmherzig brennende Sonne versuchte er sich, nachdem er seine Mütze verloren hatte, mehr schlecht als recht mit einem Büschel Wasserpflanzen, die er sich auf den Kopf legte, zu schützen. Nachts fielen dann die dichten Mückenschwärme über ihn her, die das Blut saugten, das die Egel übriggelassen hatten. Wie er später einem Häftling erzählte, war er durch den dauernden Aufenthalt im Wasser und im Schlamm völlig unterkühlt und hatte am Ende nur noch den Wunsch, irgendwo im Trockenen schlafen zu können. Das war ihm nach seiner Gefangennahme freilich auch nicht vergönnt, denn er wurde, als er nach Grind kam, schlimm misshandelt und anschließend in den Karzer gesperrt. Am nächsten Tag wurde er dann mit Ketten an Händen und Füssen zum Hauptlager getrieben. Es hieß, er werde wegen seines Fluchtversuches zusätzlich verurteilt werden.

Im September erfolgte ganz still und ohne Aufsehen die plötzliche Entlassung der oltenischen Kollektivierungsverweigerer, die als „Adminstrative" hier festgehalten worden waren. Die für uns und wahrscheinlich auch für sie ziemlich unerwartete Amnestie wurde von den verbliebenen Häftlingen natürlich gleich als schmaler „Silberstreif am Horizont" gewertet. Wie weit die Liberalisierung jedoch nur ging und wo ihre Grenzen waren, das konnte unser Kamerad Werner Knall damals innerhalb kürzester Frist am eigenen Leibe spüren. Dabei machte er die leidvolle Erfahrung, dass die Verwaltung, wenn sie es als notwendig erachtete, immer noch rücksichtslos zuschlagen konnte. Er war tagsüber schon seit Längerem mit einer Vermessungsgruppe um den Topografen Secarescu unterwegs, um das Gelände für noch anzulegende Entwässerungskanäle vorzubereiten. Einmal lagerte die Gruppe direkt am Schilfmattenzaun eines Bauernhofes beim Ort Şfistovca. Diese Zäune waren charakteristisch für die von den Lipovenern, einer im Delta beheimateten russischen Minderheit, bewohnten Dörfer. Plötzlich öffnete sich eine Tür im Gartenzaun, und eine unglaublich dicke Chasaika (Hausfrau) trat mit einem großen Korb voller Trauben heraus und kam schnurstracks auf die Häftlinge zu. Der Korporal wollte sie anfangs verscheuchen, aber die resolute Lipovenerin zeigte sich unbeeindruckt und nannte ihn sogar einen herzlosen Dummkopf, worauf der junge Wachsoldat „einknickte" und die Übergabe der Trauben gestattete. Er bestand natürlich darauf, dass keine Trauben ins Lager mitgenommen werden dürften, saß aber ansonsten einträchtig mit den Gefangenen zusammen, und alle schlugen sich die Bäuche mit den süßen Früchten voll.

Später kam Werner mit seiner Gruppe zu den „Saivanen", wo Strafgefangene damit beschäftigt waren, die Stallungen wintergerecht herzurichten. Diesen Gefangenen war es im Gegensatz zu den politischen Gefangenen gestattet, Zeitungen zu lesen, weshalb sie auch über einen Vorrat an alten Zeitungen als Klopapierersatz verfügten. Werner und seine Kameraden, die wie wir alle ununterbrochen „hungrig" nach neuen Nachrichten waren, durchforsteten, wenn kein Aufseher in unmittelbarer Nähe war, diese Zeitungen, um gegebenenfalls etwas Wichtiges zu finden und ins Lager zu schmuggeln. Besonders die vierte Seite, auf der die außenpolitischen Nachrichten gedruckt waren, konnte interessant sein.

An jenem Tag aber richtete sich Werners Aufmerksamkeit vor allem auf einen Mann, der mit einer Gruppe Zivilisten dort arbeitete und deren Brigadier er vermutlich war. Er hatte den Fremden rumänisch sprechen hören, allerdings mit dem unverwechselbaren Akzent der Siebenbürger

Sachsen. Werner wartete eine günstige Gelegenheit ab, als kein Dritter in der Nähe war, und sagte sodann laut, sodass der andere es hören konnte: „Ich bin ein Sachse. Was gibt es Neues?“ Der Mann stutzte überrascht, sagte aber dann: „Geh hinter die Scheune.“ Werner suchte den Korporal auf und bat um Erlaubnis, sich „in die Büsche schlagen“ zu dürfen, wobei er in Richtung der Scheune wies und sich, nachdem es gestattet worden war, auch nach dort aufmachte. Der Fremde erschien alsbald auch, stellte sich als Kartmann vor, und sie unterhielten sich kurz. Weil Werner konkret nach politischen Nachrichten gefragt hatte, erwähnte der Mann eine Berlin-Krise zwischen den Ost- und Westmächten und dass es wahrscheinlich bald Krieg gäbe.

Zwischenzeitlich musste der Korporal Verdacht geschöpft haben, denn er kam angeschlichen und erkannte aus einiger Entfernung, dass die beiden miteinander sprachen. Die Ertappten sahen den Korporal ebenfalls, unterbrachen ihr Gespräch und Kartmann ging auch sogleich weiter. Werner hatte freilich nicht die Möglichkeit, sich so ohne Weiteres aus dem Staub zu machen. Er wurde von seinem Bewacher zur Rede gestellt und sollte erklären, worüber er mit dem Zivilisten gesprochen hatte und in welcher Sprache. Werner behauptete, mit dem Mann Rumänisch gesprochen zu haben, und dass er lediglich gefragt habe, was genau an den Ställen gemacht werde. Offensichtlich schaffte er es jedoch nicht, den Aufseher zu überzeugen, denn dieser meldete den Vorfall, als sie abends an der Lagerpforte ankamen. Unser Kamerad musste beim Tor zurückbleiben, und alsbald kamen der Lagerkommandant Hauptmann Copilu sowie der Politoffizier Hauptmann Chiru, die sich der Sache annahmen. Werner blieb bei seiner bereits gegenüber dem Korporal geäußerten Version des „Tathergangs“, selbst nachdem die Verhörmethoden verschärft wurden und zu den anfänglichen Drohungen und Beschimpfungen auch handfeste Prügel hinzukam. Die beiden Hauptleute waren jedoch nicht umzustimmen, sondern vielmehr von seiner Schuld überzeugt, und ließen ihn an Ort und Stelle in Ketten schlagen und anschließend in den Isolator sperren. Diese Strafzelle diente, genau wie seinerzeit in der Zarca, zugleich auch als Totenkammer.

Es folgte das übliche Zermürbungsprogramm mit dem Essen, das nur an jedem dritten Tag ausgegeben wurde, und dem warmen Wasser als Nahrungsersatz. Um ihm auch ja keine Möglichkeit zu lassen, sich tagsüber auszuruhen, wurde der gestampfte Boden in der Zelle täglich mit reichlich Wasser begossen. Für die Nacht erhielt er als Schlafunterlage eine alte Brettertür. Trotzdem blieb Werner auch in den weiteren Verhören bei seiner ursprünglichen Aussage. Was seinen Gesprächspartner von den „Saivanen“ anging, so flüsterte Sergeant Pocora ihm einmal geheimnisvoll zu: „Der zittert auch, dass er eingesperrt wird.“ Ansonsten aber hörte Werner nie wieder etwas von dem geheimnisvollen Kartmann. Wenn es einen Prozess gegeben hätte, wäre Werner sicher als Zeuge geladen worden. Dies war aber nicht der Fall.

Wir, die anderen aus Werners Kameradenkreis, waren derweilen in Sorge um seine Gesundheit, weil damit zu rechnen war, dass die verschärften Haftbedingungen sein Tb-Leiden wieder zum Ausbruch bringen könnten. Um dem entgegenzuwirken, beschlossen wir, ihn mit eingeschmuggelten Lebensmittelrationen zu unterstützen. Mit Hilfe der anderen Freunde und weil ich schon in der Vergangenheit Gelegenheit gehabt hatte, in derlei Dingen Erfahrung zu sammeln, gelang es mir tatsächlich, ihn während der Zeit seiner Isolationshaft mehrmals zu versorgen.

Die günstigste Ausgangslage für entsprechende Aktionen bot sich regelmäßig, wenn wir gegen 21 Uhr aus dem Klub zu unserer Baracke zurückgingen. Das taten wir in jener Zeit täglich, weil wir nach dem Abendessen an einer vom Architekten Vintilă Savulescu durchgeführten Schulung für das Bauhandwerk teilnahmen. Einige befreundete Ungarn hatten uns den Tipp gegeben, weil sie meinten, dass es, falls wir mal vor die Wahl gestellt werden sollten, auf dem Bau leichter sei als in der Landwirtschaft oder bei Erdarbeiten. Auch der lebenserfahrene Dr. Theil hatte sich für die Teilnahme an der Schulung ausgesprochen. Er meinte, dass es gut sein könne, dass es uns nach der Haftentlassung infolge eines angeordneten Zwangsaufenthalts irgendwohin im Land verschlagen würde. Wenn wir dann allein in der Fremde gezwungen seien, unser Brot zu verdienen, wären wir vielleicht froh, einen Qualifizierungsnachweis vorzeigen zu können. Dies klang einleuchtend, und davon abgesehen waren wir ohnehin gerne dabei, wenn sich die Gelegenheit bot, das alte Schulwissen wieder etwas aufzufrischen. Also meldeten wir aus unserem Freundeskreis uns geschlossen an.

Jedenfalls war nach Unterrichtsende, wenn es schon dunkel war und die „Schüler“ durch den Hof zu ihren verschiedenen Baracken liefen, die Lage für eine Hilfsaktion am günstigsten. Harry und ein paar ungarische Freunde standen Schmiere und verdeckten zugleich einem eventuell aus Richtung des Tores kommendem Wärter die Sicht, während ich mit einem flachen Brotpaket in der Hand meinen Startplatz bezog. Wenn die Luft rein war, das heißt der an der Lagerecke stehende Posten nicht guckte, rief mir Nae Marinescu sein „Dăi drumu!“ („Los geht's!“) zu, und ich sprintete hinüber zum Isolator. Sobald ich in den Schatten der Bude eintauchte, rief ich Werner leise an und schob ihm gleichzeitig das Paket unter der Tür durch. Um im Ernstfall zumindest aus einiger Entfernung nicht so leicht identifiziert werden zu können, hatte ich mir eine viel zu große Jacke ausgeborgt und eine ebenfalls geliehene Wollmütze tief ins Gesicht gezogen. Alles lief glatt. Am achten Straftag dann wurde Werner plötzlich sang- und klanglos aus der Strafzelle entlassen und durfte sogar zurück in unsere Baracke. Eine ebenso unerwartete wie erfreuliche Wendung in der für ihn so kritischen Affäre.

Die „Chambord“

Ende September erhielt Brigadier Nacu den Auftrag, ab dem 1. Oktober eine Gruppe von 21 Leuten für das Beladen eines Schiffes zu stellen. Wie immer, wenn Sondereinsätze anstanden, fragte er zuerst nach Freiwilligen und sicherte uns zugleich zu, die Männer gegebenenfalls auszuwechseln, falls sich die Arbeit als zu schwer erweisen sollte. Mit dieser Zusicherung und weil die etwas andere Tätigkeit interessant zu werden versprach, meldeten sich so ziemlich alle Männer aus unserem deutsch-ungarischen Freundeskreis und auch noch etliche Rumänen.

Am frühen Morgen des 1. Oktober zog sodann unsere von einem Korporal und drei Soldaten bewachte Gruppe zur etwa sieben Kilometer entfernten Anlegestelle direkt gegenüber der sowjetischen Stadt Vîlkov. Dort lag die „Chambord“, ein unter französischer Flagge fahrender schwarzer Lastkahn, vor Anker. János kannte das Schiff noch aus seiner Zeit im Lager Stoenesti und wusste zu berichten, dass es sich um ein ursprünglich österreichisches Schiff handelte, welches nach dem Ersten Weltkrieg als Reparationszahlung an Frankreich ausgeliefert worden war. Tatsächlich fanden wir später eine an die Bordwand genietete Bronzeplatte mit dem Namen der Wiener Werft und dem Jahr des Stapellaufs: 1908. Nicolae, der Steuermann des Kahns, war ein gemütlicher, wohlgenährter Mittfünfziger, der grade beim Putzen und Ausnehmen seiner offensichtlich über Nacht gefangenen Fische war, als wir eintrafen. Wenn wir später die zahllosen Mäuse, die zwischen den Transportgütern am Kai herumhopsten, ins Wasser warfen, freute er sich und meinte, dass dadurch „seine“ Fische groß und dick würden. Tatsächlich sollten die auffallend vielen Mäuse, die man in jenem Jahr auch auf den Feldern sah, uns veranlassen, 1961 zum Jahr der Mäuse zu erklären. Das vorangegangene Jahr, jenes unserer Ankunft im Delta, war hingegen das Jahr der Stechmücken. Später sollten noch die Jahre der Heuschrecken (1962) und der Bremsen (1964) hinzukommen.

Die Wachsoldaten bezogen ihre Posten, der Steuermann wies uns kurz ein, und schon konnten wir damit beginnen, die in der Nähe des Ufers gelagerten Säcke voller Maiskörner aufs Schiff zu schleppen. Das Balancieren eines etwa 50 Kilogramm schweren Sackes über eine gerade einmal 25 Zentimeter schmale Planke sollte am Anfang für uns „Landratten" zu einer echten Herausforderung werden. Wir gewöhnten uns aber schnell ein und kletterten schon bald an Bord, als wenn wir noch nie etwas anderes gemacht hätten. An Deck musste der Mais direkt durch eine offene Luke in den Laderaum geleert werden. Als schwerer als der eigentliche Transport der Säcke sollte sich deren Hochhieven erweisen. Das war eine richtige Knochenarbeit, und nur János, der selbst noch in der Haft über einen ausgesprochen athletischen Körperbau verfügte, konnte die schwere Last ohne Hilfestellung schultern. Glücklicherweise verluden wir die Säcke mit Mais und Sonnenblumenkernen schneller, als diese angeliefert wurden, und konnten daher immer wieder Pausen einlegen. Dadurch waren die etwa zehn Stunden, die wir täglich schufteten, erträglich, und am Ende fühlten wir uns sogar besser in Form als anfangs. Selbst der schon ältere Dr. Theil arbeitete sich gut ein. Einige wenige, allerdings nicht aus unserem unmittelbaren Freundeskreis, gaben zwischendrin mal auf, doch war es Nacu ohne Weiteres möglich, neue Freiwillige zu finden. Ungefähr alle fünf Tage, wenn die „Chambord" voll beladen war, wurde sie abends in den Hafen gefahren und zumeist noch während der Nacht entladen. Am nächsten Morgen, wenn wir anmarschiert kamen, war Nicolae mit dem Lastkahn dann wieder zur Stelle.

Das Mittagessen, zu dessen Verzehr uns neuerdings eine ganze Stunde zugebilligt wurde, brachte täglich ein Lipovener mit einer Kutsche vorbei. Nach der schweißtreibenden Arbeit wurde uns gestattet, uns vor dem Rückmarsch ins Lager am flachen Donauufer gründlich zu waschen. Da das Verhältnis zu den uns begleitenden Soldaten zwischenzeitlich ganz entspannt war, wagten wir eines Tages zu fragen, ob wir ein bisschen zwischen Ufer und Schiff hin und her schwimmen dürften. Der Korporal gestattete es, und ab da wurde das mittägliche und abendliche Planschen in der Donau zu einem festen Ritual, das wir selbst dann noch beibehielten, als es auf den Winter zuging. Es war wunderbar. Selbst noch am 1. Dezember, als entlang des Ufers bereits eine ganz dünne Eisschicht zu sehen war, wagten sich Dr. Theil, János und ich noch einmal in das jetzt frostige Wasser.

Auch die Soldaten ließen sich für das nasse Vergnügen begeistern und badeten schon bald mit uns zusammen, damit freilich gegen sämtliche

Vorschriften verstoßend. Zumeist blieb nur einer am Ufer, allerdings weniger, um uns zu bewachen, als vielmehr, um Ausschau nach möglichen Offizieren zu halten. Trotz dieser Vorsichtsmaßnahme wäre die Sache einmal beinahe schiefgegangen, weil sich plötzlich, just als sich drei der vier Soldaten im Wasser befanden, ein Leutnant nährte. Ich sah ihn und gab dem vierten, am Ufer stehenden Wachmann ein Zeichen, indem ich mit zwei Fingern die Schulterklappen, das Zeichen für „Offizier", andeutete und in die entsprechende Richtung wies. Ich sah aber auch, dass die drei gerade flussabwärts schwimmenden Soldaten kaum mehr rechtzeitig zu ihren abgelegten Uniformen und Waffen zurückkehren würden. Daher schnappte ich mir die Ausrüstung einschließlich der drei Maschinenpistolen (!) und rannte damit den nunmehr eilig aus dem Wasser steigenden Soldaten entgegen. Das zwischen mir und dem nahenden Offizier stehende Schilf behinderte dabei glücklicherweise dessen Sicht. Es klappte: Die drei waren gerade fertig angekleidet, als der Offizier eintraf. Der Korporal bedankte sich anschließend überschwänglich für die „Rettung aus höchster Not" und wollte mir ein Päckchen Zigaretten schenken. Spätestens ab da standen wir nun in besten Beziehungen zu unseren Bewachern, denen klar geworden sein dürfte, dass wir nicht die „bösen Buben" waren, vor denen man sie gewarnt hatte. Nachdem die Soldaten herausbekommen hatten, dass wir, wenn sie nicht in unmittelbarer Nähe waren, heimlich sangen, forderten sie uns nun sogar auf, auch in ihrer Anwesenheit mit dem Gesang fortzufahren. Das ließen wir uns natürlich nicht zweimal sagen und schmetterten unsere Wander- und Soldatenlieder aus voller Brust. Den jungen Soldaten schien es offensichtlich zu gefallen, auch wenn sie den Text nicht verstanden.

Wenn die angelieferten Säcke mit Sonnenblumenkernen gefüllt waren, war dies Anlass zu besonderer Freude, nicht nur weil sie dann um einiges leichter waren, sondern auch, weil wir uns nach Herzenslust an den nahrhaften Kernen bedienen konnten. Erst recht, als wir etwas später bereits vollständig geschälte Kerne zum Beladen erhielten. Selbst für die Kameraden im Lager konnten wir unsere Taschen füllen. Es dürfte hauptsächlich an diesem zusätzlichen „Kraftfutter" gelegen haben, dass sich unser aller Körpergewicht trotz der harten Arbeit allmählich wieder normalisierte. Ich wog, das sagte die Waage auf dem Schiff, wieder so viel wie seinerzeit in Baia Sprie.

Mit der nächsten schönen Überraschung wartete der alte Steuermann auf, der mir eines Vormittags sagte, dass hinter seiner Kabine für jeden von uns ein Päckchen bereitliege. Wir sollten diese einzeln holen gehen und auf der Stelle aufessen. Auch das Papier sollten wir keinesfalls mitnehmen. Ich verständigte die anderen und ging dann an die entsprechende Stelle, wo ich auf einem Brett aufgereiht 21 in Papier eingewickelte Päckchen vorfand. Der gute Nicolae hatte tatsächlich für jeden von uns ein Stück gebratenen Fisch und eine dicke Scheibe Brot zurückgelegt. Im Laderaum, ungestört von den Wachen, vertilgte ich genüsslich die köstlichen Gaben. Alle anderen Kameraden handhabten es ebenso. Das Papier sammelte ich wie geheißen ein und legte es zurück auf das Brett. Nicolae überraschte uns nach etwa einer Woche sogar noch einmal in gleicher Weise, indem er jedem von uns ein Stück Schweinebraten und Brot schenkte. Es war wieder ein Festtag für uns, und auch diesmal ging alles glatt. Der alte Seebär hatte uns offensichtlich ins Herz geschlossen. Er erzählte uns, wo er überall schon gewesen war, dass er vor dem Krieg die halbe Welt bereist habe. Sein Sohn, sagte er, sei auch Seemann gewesen und hätte die Gelegenheit genutzt, sich abzusetzen. Er habe sich in Australien niedergelassen.

Eines Tages erschienen am jenseitigen Ufer des Donauarmes, auf der sowjetischen Seite, einige Leute, die bis ans Ufer kamen und zu rufen und zu winken begannen. Es waren Häftlinge, anscheinend augenblicklich ohne Aufsicht. Was wir verstehen konnten, war das Wort „Brati“ („Brüder“). Diese Begegnung, die einzige dieser Art, von der ich je gehört hatte, war für uns sehr aufregend. Wir sprachen noch lange über die fremden Häftlinge und rätselten, ob es vielleicht auch politische Gefangene, also Leidensgenossen waren. Irgendwie fühlten wir uns solidarisch mit den Männern, die drüben im Nachbarland genau wie wir hier im Gulag gelandet waren.

Eine Aufregung ganz anderer Art wurde uns zuteilt, als wir eines Morgens zur Anlegestelle kamen und den zivilen Brigadier im Gespräch mit einer jungen Frau sahen. Nicolae winkte mich herbei und machte uns bekannt. Er deutete auf mich und sagte ihr „Tovarăşul“ („der Genosse“), dann zögerte er einen Augenblick und sagte „domnul“ („der Herr“), dann zögerte er noch einmal, vermutlich, weil er meinen Nachnamen nicht wusste, und nannte mich sodann „Fritzi“. Ich sei, meinte er, der Chef unserer Arbeitsgruppe. Mir sagte er, dass die Genossin Elvira von heute an das Beladen des Schiffes überwachen werde. Wir standen nicht so nahe beieinander, dass sie mir die Hand hätte reichen können, vielleicht wusste sie auch, dass dies gar nicht erlaubt war. Ich sah mir Elvira vielleicht zu auffällig und vermutlich etwas verunsichert an. Immerhin hatte ich seit zehn Jahren fast keine Gelegenheit gehabt, mit einer Frau zu sprechen, erst recht nicht mit einer solch jungen. Den anderen Kameraden ging es ähnlich. Der Einzige, der von ihrer Anwesenheit nicht erbaut schien, war der alte Nicolae. Ich vermute, dass er sich bei den kleinen Geschäftemachereien, die er ganz nebenbei betrieb, durch sie gestört fühlte. Für uns aber war es fortan immer eine wunderbare Sache, morgens bei der Ankunft von ihr freundlich begrüßt zu werden. Man hatte wieder Stoff zum Träumen. So unerwartet, wie Elvira zu uns gestoßen war, verschwand sie eines Tages leider wieder.

In der zweiten Novemberhälfte war das Wetter immer noch schön, morgens war es aber schon empfindlich kalt. Wir hatten Winterbekleidung bekommen. Die alten khakifarbenen Militärhosen und -jacken waren allerdings an vielen Stellen schon so abgenutzt, dass die Wattefüllung verloren gegangen war. Am besten waren noch die gefütterten Mützen mit Pelzimitation und Ohrenklappen. Neu war, dass man auf der Kleidung hinten und vorne „CR“ aufgepinselt hatte, was für „Contrarevolutionar“ („Konterrevolutionär“) stand. Mit dieser unserer offiziellen Bezeichnung im kommunistischen Rumänien vermied man die Benennung „politischer Gefangener“.

Ohne besondere Vorkommnisse gingen unsere letzten Tage an der Anlegestelle zu Ende. Nicolae bedankte sich für unsere Arbeit und wir uns bei ihm für seine Freundschaft. Er hatte Tränen in den Augen, als er uns alles Gute wünschte und ganz leise „… und Freiheit!“ hinzufügte. Mit gemischten Gefühlen marschierten wir an diesem 2. Dezember 1961, einem Sonnabend, zurück ins Lager. Es war uns bewusst, dass eine gute Zeit unserer Haft vorüber war.

Noch Anfang Dezember kam eine kleinere Gruppe neuer Häftlinge aus Gherla nach Grind. Der einzige Deutsche unter ihnen war der junge Banater Hans Braun, der wegen versuchtem illegalen Grenzübertritt eine Haftstrafe von zwei Jahren erhalten hatte. Die vergleichsweise kleine Strafe überraschte und gab wieder einmal Anlass zu Diskussionen und zu Hoffnung. Vor Kurzem noch wäre dieser Straftatbestand mit einer mindestens vierjährigen Haft geahndet worden. Im Spätsommer des nächsten Jahres, kurz bevor seine Strafe ablief, suchte mich Hans auf und bot mir an, einen Kassiber zu meinen Eltern mitzunehmen. Dieses Angebot überraschte mich, weil wir davor nicht viel miteinander zu tun gehabt hatten und diese Aktion für ihn natürlich mit einem beträchtlichen Risiko verbunden war. Er ließ aber nicht locker und meinte, dass er auf jeden Fall meine Eltern aufsuchen und von mir berichten werde. Also gab ich nach und schrieb einen kurzen und – vorsorglich – belanglosen Brief, den er im Futter seines privaten Schuhes verbarg. Der junge Mann hielt sein Versprechen. Er besuchte meine Eltern und berichtete ihnen ausführlich über mich und unser Leben in Grind. Als ich 1964 zu Hause ankam, fand ich den Brief bei meinen Eltern.

Bauarbeiten

Im April 1962 gelang es unserem immer auf sein gutes Prestige bedachten Brigadier, einen weiteren Sonderauftrag für einen Teil der Männer zu ergattern. Und zwar sollten wir bei den Winterquartieren der Schafe, den Saivanen, eingesetzt werden. Die fünfte, die deutsche Gruppe, war natürlich geschlossen dabei, dazu noch etliche Ungarn wie Professor Varro und Alexander Krebs. Dr. Apostol wollte es sich als Tierarzt ebenfalls nicht nehmen lassen, mitzumachen.

Saivane sind eine besondere Art der Winterunterkunft für Weidevieh, deren Bauweise den spezifischen rauen Witterungsbedingungen im äußersten Osten des Landes angepasst ist. Sowohl an der Nord- als auch an der West- und Ostseite sind die Außenwände des hufeisenförmigen Baus nicht sichtbar, weil das steile Schilfdach bis zum Boden reicht. Lediglich an der den Winterstürmen weniger ausgesetzten Südseite ist die etwa anderthalb Meter hohe Wand zu sehen. Dort befinden sich auch die Türen und Fenster. Ungefähr 200 Schafe oder Ziegen konnten in einer solchen Saivane überwintern.

Die Tiere wurden hier auch von Häftlingen, ausschließlich Straftätern, betreut. Deren Behausung, gleich bei den Stallungen gelegen, war noch um einiges primitiver als unsere Baracken im Lager. Das Essen wurde den Männern aus dem Hauptlager geliefert. Unsere Aufgabe war es, die Saivanen vom Dung zu säubern und die Winterschäden am Gebäude zu beseitigen. Tonnen von Dung mussten mittels Schubkarren oder Tragen ins Freie befördern werden. Es war trotzdem keine schwere Arbeit, man lud auf, soviel man tragen oder auf dem Karren schieben konnte. Die aus Lehmziegeln gebauten Mauern wurden, wo sie beschädigt waren, mit einer Mischung aus weichem Lehm und Stroh ausgebessert. Besonders Harry und ich widmeten uns dieser Tätigkeit.

Das Mittagessen, das man uns in jener Zeit aus dem Lager brachte, war zwar hinsichtlich des Geschmacks eintönig wie immer, ansonsten aber sehr nahrhaft und ausgesprochen fleischlastig, genauer gesagt: pferdefleischlastig. Dies hing, wie wir erfahren hatten, mit dem damals einsetzenden großen Pferdesterben im Land zusammen. Die Partei, die ja bekanntlich immer recht hatte, hatte eine großflächige Motorisierung der Landwirtschaft geplant und in diesem Zusammenhang beschlossen, die dereinst überflüssigen Pferde schon mal auszumerzen. Die Tatsache freilich, dass die als Zugtiere benötigten Pferde schneller ausgerottet waren als die Ausstattung mit entsprechenden Motorfahrzeugen umgesetzt werden konnte, sollte noch zu manchem Engpass in der Landwirtschaft führen und ein bezeichnendes Bild von den planerischen Qualitäten der ruhmreichen Partei des Proletariats abgeben. Kurz und gut, die Pferde wurden an die zahllosen Häftlinge im Land „verfüttert". Die täglichen Fleischrationen jener Zeit waren so groß, dass wir mit dem Essen gar nicht hinterherkamen, was während der bisherigen Haft wahrlich nicht oft vorgekommen war.

In diesem Zusammenhang erinnere ich mich, wie ich einem brettmageren Kater, der um die Saivane herumschlich, einen dicken Fleischbrocken zuwarf. Das Tier stürzte sich mit Heißhunger darauf. In diesem Augenblick kam noch eine Katze herbeigesprungen, die ebenso völlig ausgemergelt war. Als der Kater sie erblickte, trat er sofort zurück und ließ ihr den Vortritt. Dass dem Kater instinktiv die Erhaltung der eigenen Art wichtiger zu sein schien als die Sicherung des eigenen Überlebens, beeindruckte mich. Aber nicht nur Katzen, sondern auch eine seltsame, uns unbekannte Rasse von Zuchtrindern forderte während der Tage bei den Saivanen unsere Aufmerksamkeit. Zivilarbeiter einer Staatsfarm waren dabei, die zahlreichen Kühe und Kälber mit Erkennungsmarken zu versehen. Später kamen noch zwei Zuchtbullen hinzu. Besonders die Székler unter uns, die ja mehrheitlich vom Lande stammten, bestaunten die fremdartigen Tiere, und auch der Tierarzt Dr. Apostol konnte sich nicht sattsehen. Später kriegten wir mit, dass es sich um eine Kreuzung zwischen südamerikanischen Rindern und nordamerikanischen Büffeln handelte. Man wollte versuchen, die aus den USA importierten Tiere hier im Delta zu züchten.

Im Herbst 1962 wurden wir vorübergehend zu Bauarbeiten herangezogen, und zwar all jene, die seinerzeit den Baulehrgang bei Ingenieur Savulescu besucht hatten. Ein ziviler Ingenieur leitete anfangs die Arbeiten, bis etwas später, als ein neues großes Gebäude errichtet werden sollte, Harry zum „Bauleiter" befördert wurde. Mein Freund hatte gezögert, weil ihm die Verantwortung zu groß schien, doch die Ungarn bestürmten ihn geradezu und redeten ihm alle Bedenken aus. Etliche von ihnen waren gelernte Maurer, und sie waren überzeugt, die geplanten Stallungen und das Haus ohne die Anwesenheit des Architekten hinzubekommen. Vor allem aber waren sie der Meinung, dass es für uns Häftlinge angenehmer sei, wenn wir unter uns blieben.

Zu Baubeginn marschierten wir, unseren neuen „Bauleiter" an der Spitze, zur zukünftigen Baustelle, um dort von einem Ingenieur kurz eingewiesen zu werden. Anschließend konnten wir sofort loslegen. Während die meisten beim Ausheben der Gräben für die Grundmauern beschäftigt waren, begann ich, aus den mir gebrachten Akazienbaumstämmen Balken zu fertigen. Ich hatte mich nämlich bei dem Lehrgang für die Zimmermannslaufbahn entschieden, nachdem mich die Tätigkeit der Zimmerleute schon seinerzeit im Bergwerk interessiert und beeindruckt hatte. In unserem Kameradenkreis war Dietmar Stahlbetonbauer geworden, alle anderen hatten sich für den Beruf des Maurers entschieden. Als alleiniger Zimmermann wartete eine Menge Arbeit auf mich. Das ganze Gebälk und die Sparren sollten in Handarbeit erstellt werden. Lediglich die Latten wurden fertig angeliefert.

Während die Gräben ausgehoben und später die Mauern des Hauptgebäudes langsam hochgezogen wurden, streiften ununterbrochen die von den Straftätern gehüteten Schafherden durch die Gegend. Harry kam mit einem dieser Hirten ins Gespräch, und der Mann, ein Banater Rumäne, erzählte ihm, weshalb er hier war. Er hatte sturzbetrunken aus Eifersucht seine Frau erschießen wollen und dabei versehentlich sein Kind tödlich getroffen. Für die Tat, die als Totschlag ausgelegt worden war, erhielt er eine Freiheitsstrafe von 15 Jahren. Einen Teil davon hatte er im Gefängnis abgesessen und den Rest sollte er nun als „halbfreier Hirte“ verbüßen. Er durfte ein vorgegebenes Gebiet nicht verlassen und musste sich alle drei Tage bei einem Feldwebel melden.

Seine Geschichte klang glaubhaft. Auf politische Nachrichten irgendwelcher Art angesprochen zeigte er sich zurückhaltend. Dafür hatten wir Verständnis, denn es wäre fatal für ihn gewesen, wenn man ihm jetzt auch noch die Begünstigung von politischen Häftlingen hätte vorwerfen können. Er besuchte uns fortan des Öfteren, und als wir uns schon etwas besser kannten, kamen wir mit ihm dahingehend „ins Geschäft“, dass er von uns diverse Baumaterialien wie Zement, Kalk oder Eisendraht erhielt und uns im Gegenzug mit frischen Lebensmitteln versorgte. Der Tauschhandel funktionierte reibungslos, und so waren wir in jener Zeit bestens mit Käse, Trauben, Äpfeln und anderem frischen Obst versorgt. Das von uns erhaltene Baumaterial verschacherte er preisgünstig an die Lipovener. Es war dies eines dieser Geschäfte, wie sie im dauernd vom Mangel bestimmten sozialistischen Alltag gang und gäbe waren, sowohl inner- als auch außerhalb des Gulags.

Da auch das Wetter mitspielte, kamen wir mit unseren Bauarbeiten gut voran, erst recht nachdem mir noch zwei Székler, beide erfahrene Zimmerleute, zur Seite gestellt worden waren. Leichte Probleme taten sich lediglich gegen Ende der Arbeiten auf, als das fast fertige Gebäude mit Schilf gedeckt werden sollte. Diese Art des Dachdeckens war selbst den Ungarn, die sonst fast alles konnten, fremd. Nach einer kurzen Einweisung durch den Ingenieur klappte aber auch die Schilfdachfertigung, besonders Klaus und Fredi sollten sich noch als richtig talentiert in dieser Kunstfertigkeit erweisen. Die vorbeikommenden Lipovener jedenfalls waren voll des Lobes ob der akkuraten Arbeit und fragten ernsthaft nach, ob wir auch bei ihnen im Dorf einige Dächer bauen könnten. Dies wurde von der Lagerverwaltung aber abgelehnt.

Die Lipovener, in deren Heimat sich der Lagerkomplex Periprava befand, blieben uns als ein ebenso gutmütiges wie gelegentlich chaotisches Völkchen in Erinnerung. Da gab es die Erlebnisse mit den fleißigen, regelmäßig etwas beleibten Bäuerinnen, deren wunderschöner mehrstimmiger russischer Gesang während der Feldarbeit uns zutiefst beeindruckte, aber auch jene unvergessliche Szene, als wir an einem orthodoxen Pfingstmontag auf einem Traktoranhänger sitzend durch eines ihrer Dörfer fuhren. Der Feiertag musste zünftig gefeiert worden sein, denn als unser Gefährt an der „Cooperativa“ vorbeituckerte, erblickten wir eine unüberschaubare Zahl von „Alkoholleichen“, die zwischen den teils umgestürzten Tischen und Stühlen im knöcheltiefen Schlamm lagen. Eine ältere, ganz besonders dicke Frau mit zerzausten, schmuddeligen Haaren lachte uns an und winkte uns mit ihrer freien Hand zu. In der anderen Hand hielt sie die noch halb gefüllte Wodkaflasche. Sie war aber die Einzige, die noch saß, alle anderen – immerhin etwa fünfzig Personen beiderlei Geschlechts – lagen reglos im Schlamm. Nüchtern schienen in diesem kleinen Dorf allenfalls die ärmlich gekleideten Kinder zu sein, die uns neugierig hinterherschauten.

Meliorationsarbeiten, Dezember 1962

Im Dezember 1962 wurden wir erneut brigadeweise zum Anlegen von Entwässerungskanälen eingesetzt. Wenn keine störenden Wachen zugegen waren, liefen die „Sprachschüler“ unserer Gruppe bei der Arbeit neben und hinter Dr. Theil, dem Lehrer, her und wiederholten die von diesem auf Englisch vorgesprochenen Sätze. Um uns die schwere Arbeit zu erleichtern, ersannen Harry und János in jener Zeit einen raffinierten Trick. Und zwar manipulierten sie die sogenannten Martori („Zeugen“), also die Vermessungspunkte, auf denen vorgegeben war, wie tief an der entsprechenden Stelle gegraben werden sollte. Diese Martori hatten nach beendeter Grabung als Erdsäulen stehen zu bleiben, eben als „Zeugen“ für die geleistete Arbeit. Indem Harry und János nun den Rasen auf der

Spitze der Erdsäule abhoben, den Martor mittels Erde um einige Zentimeter vergrößerten und sodann den Rasen vorsichtig wieder aufsetzten, ersparten sie uns etliche Kubikmeter anstrengender Grabungsleistung. Obgleich dies natürlich ein klarer Fall von Betrug war, kann ich nicht behaupten, dass auch nur einer von uns sich anschließend mit Gewissensbissen gequält hätte.

Mit fortschreitendem Winter wurde die Arbeit aber trotz aller Tricks immer schwerer und das vorgegebene Soll war kaum noch zu erfüllen. An jedem neuen Morgen fanden wir das Erdreich etwas tiefer gefroren vor und mussten zur kräftezehrenden Spitzhacke greifen. Nacu, unser Brigadier, musste sich, nachdem wir immer weiter hinter dem Soll zurückblieben, harsche Kritik gefallen lassen, und man drohte, uns keine Postkarten für Pakete mehr auszuhändigen. Glücklicherweise wurden auch die Tage immer kürzer, weshalb wir nicht wie einmal kurzzeitig vorgesehen länger draußen bleiben mussten. Wir verließen ohnehin das Lager jetzt schon im Dunkeln und kehrten auch erst nach Einbruch der Dunkelheit wieder zurück.

Erschwerend kam zwischenzeitlich noch die Kälte hinzu. Solange man arbeitete, ging es noch an, da waren wir sogar besser dran als die Wachsoldaten, die ununterbrochen herumtänzelten, um sich zu erwärmen, aber wenn man in der Mittagspause seine Suppe löffeln sollte, wurde es schnell unangenehm. Eine windgeschützte Stelle war weit und breit nicht zu sehen. Unsere sogenannte Winterbekleidung war in einem erbärmlichen Zustand. Da Handschuhe überhaupt nicht ausgegeben wurden, behalfen wir uns, indem wir etwa aus Socken oder Tüchern Ersatz bastelten.

Als dann gegen Ende Dezember der „Crivăţ" einsetzte, der für den Osten Rumäniens typische Nordostwind, wurde es richtige mörderisch. Das Thermometer zeigte etwa 15 Grad unter null an, und der Boden war einen halben Meter tief gefroren. Schaufeln und Spaten zerbrachen reihenweise. Als ein Soldat sah, wie einem Häftling die Schaufel zerbrach, vermutlich, weil das Stahlblech in der Kälte spröde geworden war, meinte er ernsthaft, wir sollten ruhig sämtliche Arbeitsgeräte ruinieren, dann könnten wir alle, Wachen und Gefangene, am nächsten Tag im Lager bleiben. Am Nachmittag dieses Tages muss es allerdings bis zur Lagerleitung durchgedrungen sein, dass kein Weiterarbeiten mehr möglich war, und man beorderte uns schon früh zurück. Dem Brigadier wurde mitgeteilt, dass wir am nächsten Tag nicht zur Grabung müssten, sondern Brennmaterial für unsere Öfen suchen sollten. Das hörte sich alles gut und vernünftig an. Die Ernüchterung folgte freilich auf dem Fuß, als wir feststellten, dass das uns zugebilligte „Brennmaterial“ aus vertrockneten Disteln und ähnlichem Gestrüpp bestand, welches wir auf einer Wiese einsammeln durften. Man konnte das vertrocknete Unkraut zwar verheizen, aber der Brennwert tendierte gegen null. Vermutlich hätte man einen ganzen Berg davon verbrennen müssen, um unsere Baracke warm zu bekommen. Positiv an der nun einsetzenden langen Winterpause war, dass wir diese zum intensiven Lernen nutzen konnten. Erst Ende März 1963 sollte das Wetter Arbeiten im Freien wieder möglich machen.

Talentiertester Erzähler an den langen Winterabenden war in unserer Gruppe Werner Knall, der gerne von seinen früheren Berg- und Schiabenteuern in den Karpaten berichtete, durch den wir aber auch viel über das Leben der Siebenbürger Sachsen erfuhren. Das Wandern als Sport war bei Werners Landsleuten schon im 19. Jahrhundert populär geworden. Der immer schon rege Austausch zwischen den Sachsen in Siebenbürgen und dem Deutschen Reich, insbesondere was die Studentenschaft und das Bildungsbürgertum anging, hatte dazu geführt, dass man schon bald versuchte, Einrichtungen wie den Deutschen Alpenverein zu kopieren. Es wurde ein Karpatenverein gegründet, Bergrouten wurden erschlossen und Unterkünfte gebaut. Die Siebenbürger Sachsen schufen eine Infrastruktur, die vom Karpatenbogen bis nach Westen in die Banater Berge reichte. Am Ende des Zweiten Weltkrieges kam der Wanderbetrieb dann völlig zum Erliegen.

Ein Neuaufbau scheiterte unter anderem daran, dass die Südkarpaten in den ersten Jahren nach dem Krieg von etlichen antikommunistischen Widerstandgruppen als Rückzugsgebiet genutzt wurden, worauf die Securitate, die über Jahre hinweg Jagd auf die Waldbrüder machte, ganze Abschnitte zum Sperrgebiet erklärte. Erst nachdem alle Gruppen wie etwa jene um den Obersten Gheorghe Arsenescu oder von Toma Arnautoiu vernichtet waren, wurden die Hochgebirgszonen allmählich für den Tourismus freigegeben. Davor war es auch oft vorgekommen, dass unbeteiligte Personen zwischen die Fronten gerieten oder Opfer der großflächigen Straf- und Säuberungsaktionen der Miliz und der Securitate wurden. So erging es zum Beispiel den Eheleuten Johann und Rosa Schob, die die Curmătura-Hütte bewirtschafteten und einmal im Jahre 1947, ohne es zu ahnen, Verfolgte der Geheimpolizei beherbergten. Sie wurden festgenommen, gefoltert und anschließend zu hohen Haftstrafen verurteilt, die sie in verschiedenen Gefängnissen absitzen mussten. Erst 1964, im Zuge der großen Begnadigung aller „Politischen“, kamen sie frei, der Mann starb jedoch schon kurze Zeit später an den Folgen der langen Haft.

Auch über die sonstigen kulturellen Leistungen der Deutschen in Siebenbürgen konnte uns Klaus viel Beeindruckendes berichten. Ich war zwar in 1951 mit der Sportschule für einen ganzen Monat in der Schulerau auf einem Schilehrgang gewesen und hatte bei dieser Gelegenheit zusammen mit Fredi, Jakob, Egon und Emmerich auch die Sehenswürdigkeiten Kronstadts, darunter die Schwarze Kirche, besucht, wusste ansonsten aber wenig darüber, was unsere klugen und fleißigen Landsleute im Laufe der vergangenen 800 Jahre erlebt und geschaffen hatten. Auch sie waren, wie es Adam Müller-Gutenbrunn nannte, eine „Insel im weiten Völkermeer", die sich acht Jahrhunderte lang gegen alle Schwierigkeiten und Gefahren behauptete. Wir ahnten damals noch nicht, dass dieser zähe deutsche Volksstamm, der vorher alle Türkenkriege und Tatarenstürme überstanden hatte, in wenigen Jahrzehnten wie Flugsand verweht sein würde.

Im Laufe dieses Winters machte sich eine weitere spürbare Entspannung im Verhältnis zwischen Gefangenen und Verwaltung beziehungsweise Wachpersonal bemerkbar. Wir wurden nur noch selten grundlos schikaniert, und es waren auch nicht mehr sofortige harte Sanktionen zu befürchten, wenn wir es wagten, irgendwelche willkürlichen Bestimmungen nicht zu befolgen. So durften wir zum Beispiel laut Lagerverordnung tagsüber nicht auf unseren Betten liegen, schon gar nicht auf den oberen Betten, sondern nur sitzen. Da es aber schon seit Längerem diesbezüglich keinen Ärger mehr gegeben hatte, taten wir es dennoch, und so passierte es, dass eines schönen Tages, als Sergeant Moga plötzlich das Zimmer betrat, fast die Hälfte der Männer schlief.

Beim Eintreten eines Wachmannes hätte nun, zumindest laut Verordnung, einer laut „Drepţi!" („Stillgestanden!") rufen müssen, worauf alle Anwesenden aufspringen und Haltung anzunehmen gehabt hätten. Es tat sich aber nichts dergleichen. Selbst Nacu, unser obrigkeitshöriger Brigadier, befand es nicht für nötig, etwas zu veranlassen. Moga musste dieses Ignorieren seiner Person erst mal den Atem verschlagen haben, denn er schwieg konsterniert. Als er sich dann aber nach einigen Sekunden wieder „gefangen" hatte und selbst laut und mit zunehmend verzweifelter Stimme: „Drepţi! Drepţi!" rief und sich immer noch nichts tat, blieb er buchstäblich mit offenem Mund vor uns stehen. Nacu, der keine Zuspitzung der Lage wollte, sagte halblaut: „Herr Sergeant, lassen Sie die Leute in Ruhe, sie wollen sich ja nur etwas erholen." Moga brauchte ganz augenscheinlich etwas Zeit, um die Lage zu begreifen, und sagte vorerst nichts, drehte sich dann aber um und verließ zerknirscht das Zimmer, während er voller Bitterkeit murmelte: „Măi, ce de bandiţi!" („Oh, diese

Banditen!“) Nachdem er die Türe zugeknallt hatte, erschallte ein vielstimmiges Gelächter im Zimmer. Allerdings muss ich zugeben, dass wir ein solches Verhalten bei etlichen anderen Wärtern nicht gewagt hätten – auch zum damaligen Zeitpunkt nicht.

Im gleichen Maße, wie bedingt durch die Entspannung der Druck auf die Häftlinge nachließ, wurde es für jene, bei denen es sich nachgewiesener- oder zumindest vermutetermaßen um Spitzel handelte, gefährlicher. So wurde ich eines Sonntagnachmittags im Herbst, als ich lesend in der Baracke lag, von lautem Geschrei nach draußen gelockt. Der Lärm übertönte sogar die Rufe vom Sportplatz, wo sich um diese Zeit die meisten Häftlinge, auch fast alle meine Kameraden, als Zuschauer oder Mitspieler eines Volleyballspieles aufhielten.

Im Hof stand eine heftig diskutierende Menschengruppe um einen verwirrt dreinblickenden älteren Mann. Einer war gerade dabei, dem Alten Blut aus dem Gesicht zu wischen. Als ich mich dazugesellte, bekam ich mit, dass der Mann, der schon immer beim Interior (Innendienst) beschäftigt worden war, laut eigener Aussage gerade dabei gewesen sei, eine Aufstellung der Kleiderbestände für den Chefbrigadier Rosu zu fertigen. Er habe hierzu in einer durch ein Lattengitter abgegrenzten Ecke des Klubraumes, wo sich ein für den Chefbrigadier und seine Mitarbeiter reservierter Tisch samt Stuhl befand, gesessen. Der Alte war offensichtlich vor Erregung immer noch ziemlich durcheinander. Wir brauchten einige Zeit, um aus dem wirren Zeug, das der Mann von sich gab, herauszuhören, dass er plötzlich von einem gewaltigen Faustschlag getroffen und in die Ecke geschleudert worden war. Die wenigen anderen Häftlinge, die sich in dem Clubraum befunden hatten, sagten, sie hätten nur gesehen, wie ein vermummter Mann, der ansonsten die allgemein übliche gestreifte Häftlingskleidung trug, den Raum schnell verlassen hätte. Sie hätten den Täter auch nicht verfolgt, sondern sich erst mal um den am Boden liegenden Verletzten gekümmert. Die Papiere, an denen der Alte geschrieben hatte, waren von dem geheimnisvollen Vermummten offensichtlich mitgenommen worden.

Inzwischen war auch der zwielichtige Chefbrigadier Rosu, von uns spöttisch nur „Popa Rosu“ (Roter Pfarrer) genannt, aufgetaucht und zeigte sich hell empört. Ein solcher Banditenstreich, rief er, sei in einem Lager für Konterrevolutionäre inakzeptabel. Als die meisten Anwesenden jedoch wenig Bereitschaft zeigten, sich ähnlich zu empören, sondern viel mehr damit begannen, sich wieder zu zerstreuen, lief „Popa Rosu“ zeternd zum Tor und meldete den Vorfall. Tatsächlich kamen ein Feldwebel und zwei Unteroffiziere ins Lager und begannen, intensiv nach dem „Attentäter" zu fahnden. Alle, die sich zum fraglichen Zeitpunkt im Klubraum oder in seiner Nähe befunden hatten, wurden befragt, aber keiner wollte den Gesuchten erkannt haben. Die Ermittlungen verliefen im Sande. Es deutete alles darauf hin, dass die Aktion gut durchgeplant gewesen war, und es war unter den Häftlingen auch bald allgemein bekannt, dass sie einem „turnător" („Spitzel") gegolten hatte. Ja selbst der Inhalt der auf mysteriöse Weise verschwundenen Papiere sprach sich herum. Es handelte sich mitnichten um harmlose Auflistungen von Kleidungsstücken, sondern viel mehr um Berichte über Mithäftlinge, die zum Teil als gefährliche „faschistische" Elemente geschildert wurden. Der verprügelte Alte schien durch dieses Erlebnis nachhaltig beeindruckt, denn er „kündigte" seine Stelle als Sekretär des Chefbrigadiers und meldete sich zur Feldarbeit. Für die anderen Häftlinge blieb die Aktion folgenlos. Es wurde keine, wie vor Kurzem noch üblich, Kollektivstrafe verhängt. Später erfuhr ich den Namen des geheimnisvollen „Attentäters", den ich vom Sehen kannte. Er war ein junger Rumäne, der erst vor Kurzem nach Grind gekommen war und der einen sehr ruhigen, ernsthaften Eindruck machte. Er soll vor seiner Haft Boxer gewesen sein.

Da es auch unserer glorreichen Lagerleitung irgendwann klar wurde, dass wir nicht ausschließlich mit vertrocknetem Unkraut heizen konnten, wurden wir zweimal in den Letea-Wald zum Holzholen befohlen. Diese Tätigkeit wurde als „freiwillige Arbeit" gewertet, weshalb es an den entsprechenden Tagen keine „Produktionskost", also die den arbeitenden Häftlingen vorbehaltene bessere Verpflegung und auch nicht die 150 Gramm Zusatzbrot gab. Trotzdem übernahmen wir den Transport bereitwillig, war er ja unmittelbar zu unserem Vorteil. Die Tatsache, dass starker Frost herrschte, war kein Nachteil, sondern machte den Weg – es waren rund sechs Kilometer vom Lager zum Wald – sogar besser begehbar als etwa bei Regen und Schlamm. Kurz vor dem Ziel war auf die Schlaumeier zu achten, die sich regelmäßig vordrängten, um sich möglichst kleine, leicht zu tragende Scheite des bereits fertig gesägten und gespaltenen Holzes zu sichern. Etwa zehn Tage vor Weihnachten musste der letzte Holztransport im „alten" Jahr durchgeführt werden.

Bei einem dieser Holztransporte wurden die Häftlinge einer anderen Brigade von dem Feldwebel, der das Begleitkommando anführte, gezwungen, unnötigerweise einen zugefrorenen Teich zu passieren. Dabei brachen etliche Männer ein und mussten ins Lager zurückkehren. Da das Überqueren des Teiches unnötig gewesen war und es sich offensichtlich um eine Schikane des Feldwebels gehandelt hatte, erklärten die

Häftlinge am nächsten Morgen, als sie wieder zum Holzholen antreten sollten, den Streik. Es kam zu Verhandlungen mit der Verwaltung, die nach ein paar Tagen mit der überraschenden Zusage des Kommandanten endeten, dass das Wachpersonal zukünftig auf ähnlich schikanöse Maßnahmen verzichten werde. Es war mehr als ein Achtungserfolg für die Häftlinge und ein weiteres Indiz für das sich anbahnende Tauwetter.

Weil es witterungsbedingt nunmehr kaum noch Arbeit für uns gab, erlebten wir eine für Haftbedingungen erholsame Zeit. In der Baracke wurde viel gesungen. Nachdem uns das gemeinsame Singen von Burschen- oder Soldatenliedern schon früher viel Freude bereitet hatte, gründeten wir unter der Leitung von Klaus Knall einen Chor, mit welchem wir zu Weihnachten ein kleines Konzert in der Baracke planten. Zusätzlich hatte uns Dr. Ionescu gebeten, auch auf dem Krankenrevier für die dort liegenden Häftlinge ein paar Lieder zu singen. Die täglichen Chorproben waren in jener Zeit ein festes, unvergessliches Ritual für uns. Ebenso unvergesslich wie der Anblick Klaus', wenn er vor seiner umgedrehten, mit einem bestickten Tuch bedeckten leeren Marmeladenkiste saß und komponierte. Das Strickmuster des Tuches symbolisierte die Linierung der Partitur, auf welcher er die kleinen Kartons mit den daraufgemalten Notensymbolen hin und her schob.

Für mich wurde die weihnachtliche Vorfreude allerdings dadurch getrübt, dass ich mich seit einigen Tagen unwohl fühlte und starke Rückenschmerzen hatte. Selbst die Behandlung durch Klaus, dem der Ruf vorauseilte, ein hervorragender Masseur zu sein, brachte keine Linderung. Als ich dann noch zu husten begann und hohes Fieber bekam, ohne dass sonstige auf eine Erkältung hindeutende Symptome vorhanden gewesen wären, wurde ich von Dr. Ionescu umgehend in das für den Fall von Epidemien vorgesehene Quarantänezimmer eingewiesen. In diesem mit 20 Betten ausgestatteten Raum verbrachte ich die nächsten Tage mutterseelenallein. Besuch zu empfangen war nicht erlaubt. Draußen herrschte strenger Winter, obgleich kaum Schnee zu sehen war, da dieser vom heulenden Crivăţ sofort verweht wurde. Geheizt wurde in meinem Zimmer nicht. Bald konnten mich meine Freunde selbst durch das Fenster nicht mehr sehen, weil das Kondenswasser meines Atems an den Scheiben gefroren war. An der nach draußen gehenden Wand hatte sich teilweise eine fingerdicke Eisschicht gebildet.

Dass es noch schlimmer kommen konnte, zeigte freilich das Beispiel eines Häftlings, der just in jenen Tagen nur mit Hemd und Hose bekleidet am Appellplatz an den Mast gefesselt wurde. Dort stand er dann stundenlang schlotternd in der Kälte. Er war vom Hauptlager hergebracht worden, und es hieß, er würde jetzt als Strafe für einen unternommenen Fluchtversuch von Lager zu Lager geführt und zum Zwecke der Abschreckung überall an den Pranger gestellt werden. Ich erfuhr erst später nach meiner Entlassung aus der Quarantäne von dem Vorfall.

Auch zu Weihnachten durfte mich niemand besuchen. Nur der Arzt und sein Sanitäter kamen an mein Bett, während ich tagelang mit hohem Fieber darniederlag. Am Weihnachtsabend bekam ich kaum mit, wie der Chor unter Klaus' Leitung im Nachbarzimmer für die Kranken sang. Diese Tage gehörten zu den deprimierendsten Zeiten meiner Haft. Da nach wie vor unklar war, was mir fehlte und ob ich womöglich ansteckend war, kam nicht einmal der Diensthabende zur Zählung bis ans Bett, sondern begenügte sich damit, mich aus sicherer Entfernung gesehen zu haben. Erst mit Beginn des neuen Jahres besserte sich mein Gesundheitszustand allmählich und es wurde auch klar, dass ich an keiner ansteckenden Krankheit litt. Dr. Ionescu, der sich die ganze Zeit über vorbildlich um mich gekümmert hatte und aufrichtig bemüht war, Medikamente zu organisieren, diagnostizierte eine schwere Rippenfellentzündung. Die Quarantäne wurde daraufhin aufgehoben und ich wurde in das reguläre Krankenzimmer verlegt, wo ich noch eine gute Woche blieb. Auch als ich bereits wieder im Zimmer unserer Brigade wohnte, war ich vorerst noch von den draußen anfallenden Arbeiten wie Schneeschippen oder Holzholen enthoben. Ich nutzte diese erholsame Zeit hauptsächlich, um mich dem Englischlernen zu widmen. Von Stefan Bugarschi, einem Theologiestudenten, der zu jener Zeit ebenfalls tagsüber auf dem Zimmer war, lernte ich gleichzeitig ein paar Brocken Serbisch. Auch mit Vali, meinem „Deutschschüler", konnte ich intensiver als sonst üben.

Im Krankenzimmer und ausführlicher nach der Entlassung zu meiner Brigade erfuhr ich durch die Kameraden dann auch die wichtigen Neuigkeiten der letzten Wochen. Es fing damit an, dass man sich von Seiten der Verwaltung am Weihnachtsabend auffallend anständig gezeigt hatte. Man „vergaß", abends die Barackentüren zu schließen, und gewährte den Leuten so die Möglichkeit, wesentlich länger als sonst Freunde in anderen Gebäuden zu besuchen und mit diesen im bescheidenen Rahmen zu feiern. Auch unser Chor nutzte diese plötzliche Freizügigkeit und sang in mehreren Baracken. Das ganze Lager „atmete" Entspannung in vorher nie gekanntem Maße. Das ließ Gutes für das neue Jahr hoffen.

Eine geradezu sensationelle Nachricht traf dann kurz vor Neujahr ein, als nämlich zehn Leuten mitgeteilt wurde, dass sie aufgrund eines neuen Erlasses mit sofortiger Wirkung aus der Haft entlassen seien. Von unserem Freundeskreis gehörten Klaus Knall und sein Stiefbruder Dietmar Schmidt zu den Glücklichen. Der unerwartete Schritt in die Freiheit sollte sich in der Folge aber schwieriger gestalten als angenommen. Durch den harten Winter war nämlich der gesamte Schiffsverkehr auf dem Kilijaarm der Donau eingestellt worden. Daher wurde beschlossen, dass die Gruppe der Begnadigten zusammen mit einigen Männern, deren Strafe abgelaufen war, darunter auch Berti Hoffmann, versuchen sollte, über die zugefrorenen Sümpfe in die Freiheit zu marschieren. Als „Pfadfinder" wurde der Gruppe ein Unteroffizier mitgegeben.

Man verabschiedete sich von den Männern, als diese morgens loszogen, sah sie allerdings bereits am Spätnachmittag desselben Tages wieder, als sie von Kopf bis Fuß nass und verdreckt todmüde wieder ins Lager wankten. Zerknirscht teilten sie mit, dass das Eis nicht gehalten hatte und sie immer wieder in Schlamm und Wasser eingebrochen waren. Trotz der Kälte war das Eis offensichtlich noch nicht dick genug. In den folgenden Tagen versuchten sie den „Ausbruch" noch mehrmals, mussten aber regelmäßig unverrichteter Dinge zurückkehren. Die Moral der anfangs in euphorischer Stimmung losgezogenen Leute näherte sich dem Nullpunkt. Dann endlich, nach etwa einer Woche, setzte stärkerer Frost ein, der dem Eis den nötigen Halt gab und den Männern den Weg in die Freiheit ermöglichte.

Schafbad

Im März 1963 endete unser Baulehrgang mit einer mündlichen Prüfung. Als Prüfer waren drei zivile Ingenieure angereist, und es war auch ein Hauptmann der Securitate zugegen. Wir bestanden alle mehr oder weniger glorreich und man zeigte uns unsere Zeugnisse und die Bescheinigung der durchgeführten Qualifikation, von denen es hieß, sie kämen zu unseren Akten und würden uns dann bei der Entlassung ausgehändigt werden. Als es dann später tatsächlich zur Entlassung aus der Haft kam, wurden die entsprechenden Nachweise allerdings nicht mehr erwähnt. Offensichtlich hatte man es sich beim Innenministerium – warum auch immer – zwischenzeitlich anders überlegt.

Noch war es aber nicht so weit, ernsthaft über eine Haftentlassung nachzudenken. Vorerst sollten wir, Harry und ich, die eben erst geprüften Kenntnisse als Baufachleute bei der Erledigung einer Sonderaufgabe beweisen. Es ging darum, die mit Ziegeln gepflasterten Wege zwischen den Häusern der Lagerbediensteten zu befestigen. Die Steine sollten ausgerichtet und die Fugen mit Bitumen ausgegossen werden. Wir bekamen zwei große Blöcke mit Bitumen und auch einen Kessel, in dem das Pech geschmolzen werden sollte. Feuerholz gab es keines, sondern nur die Anweisung, wir sollten um die Siedlung herum Holz sammeln. Allerdings machte uns der Wärter, der uns eingewiesen hatte, darauf aufmerksam, dass wir ein bestimmtes Areal keinesfalls verlassen dürften, weil sonst die Lagerwachen sofort von ihren Waffen Gebrauch machen würden.

Der Wärter verließ uns, und wir begannen mit unserer höchst rudimentären Ausstattung die Arbeit. Harry ging daran, aus Ziegeln einen Unterbau für den Kessel zu errichten, während ich Holz sammelte. Als das Feuer dann brannte, wechselten wir uns beim Beaufsichtigen des Kessels und beim Sammeln von immer weiterem Brennholz ab. Das Schmelzen des Bitumens sollte sich als viel langwieriger erweisen als angenommen, aber Zeitmangel war ja nicht unser Hauptproblem. Das Mittagessen konnte ich in diesen Tagen direkt am Lagertor abholen. Es gab zumeist Bohnen und immer noch reichlich Pferdefleisch. Leider vertrug ich die Bohnen, die früher mein Leibgericht waren, seit einer Ruhrerkrankung nicht mehr so richtig, weshalb ich meine Portion für gewöhnlich an Harry abtrat und im Gegenzug ein Extrastück Pferdefleisch erhielt.

Mit der Zeit bekamen wir die nötige Übung für unsere Arbeit, und so kam, nachdem wir alle Steine zurechtgerückt und die Fugen sauber ausgegossen hatten, am Ende ein vorzeigbares Ergebnis zustande. Dass wir diesen vergleichsweise kleinen Arbeitseinsatz allerdings in guter Erinnerung behielten, hing hauptsächlich mit einem unerwarteten „Nebenprodukt" unserer Tätigkeit zusammen, nämlich mit etwa 20 Eiern, die ich während des Holzsammelns im Gestrüpp gefunden hatte. Ich war durch eine gackernde Henne auf das Gebüsch aufmerksam geworden und fand, als ich dieses näher untersuchte, meine Vermutung bestätigt: Es gab da tatsächlich ein Nest voller frischer Eier. Für uns war dies ein Leckerbissen sondergleichen, hatten wir frische Eier doch schon seit Jahren nicht mehr gesehen.

Ich nahm die Eier mit zu unserer Baustelle, und wir warfen zwei davon sofort zum Kochen in unseren Pechkessel. Sie schmeckten herrlich. Die restliche Beute wollten wir aber nicht so „auf die Schnelle" vertilgen, sondern nach Möglichkeit mit den Kameraden teilen. Deshalb organisierte ich bei meinem nächsten Rundgang um Holz im Lager ein Paar lange Strümpfe, in die wir die Eier einzeln verpackten. Und zwar banden wir die Strümpfe nach jedem einzelnen Ei mit einem Faden ab, sodass sie nicht aneinanderschlagen konnten. Anschließend hängte ich je einen Strumpf in meine beiden Hosenröhren. Die wattierten Hosen waren so groß und unförmig, dass man, solange ich stand oder ging, die „Schmuggelware" nicht entdecken konnte. Auf diese Weise schaffte ich sämtliche Eier unbeschadet ins Lager und konnte sie abends stolz den anderen Freunden präsentieren.

Bei der anschließenden Besprechung über die günstigste Art der Zubereitung hatte Werner die zündende Idee, die Eier mit Zucker anzurühren. Zucker konnten alle beisteuern, da er zu den Lebensmitteln gehörte, die klassischerweise in den Paketen von daheim enthalten waren. Alle stimmten zu, und Werner, der eine Schüssel aus der Küche ausgeborgt hatte, durfte sich als Konditor beweisen. Er rührte eine vorzügliche Creme an, die zu den besten der seltenen kulinarischen Höhepunkte während der ganzen Gefängniszeit gehörte. Fazit: „Pech" zu haben muss nicht unbedingt Unglück nach sich ziehen!

Gleich im Anschluss an die Arbeiten zur Ausbesserung der Wege erhielt Harry, wieder als „Bauleiter", den Auftrag, in der Nähe des Letea-Waldes ein „Schafbad" zu errichten, also eine Anlage, in der die Schafe gewaschen und desinfiziert werden sollten. Zum Bautrupp, der aus elf Mann bestand, gehörten Fredi, Werner, ich und noch einige Rumänen und Ungarn. Am ersten Arbeitstag wurden wir zusammen mit den uns begleitenden Wachsoldaten in einem Traktoranhänger in die Nähe des Lagers Periprava-Zentrum gefahren, wo wir aus einem Depot die nötigen Baumaterialien mitnehmen sollten. Verwalter des Depots war der zusammen mit Werner im sogenannten Prejba-Prozess verurteilte Ingenieur Horst Zimmermann aus Kronstadt. Werner hatte wegen der anwesenden Wachen nicht die Möglichkeit, ausführlich mit Horst zu sprechen, doch während er sich rumänisch die verschiedenen Materialien und Gerätschaften, die bereits für uns vorbereitet waren, von ihm zeigen und erklären ließ, flüsterte dieser ihm auf Deutsch zu: „Ihr kommt demnächst auch zu uns ins Lager!" Für längere Erklärungen bot sich keine Gelegenheit, und so packten wir die Werkzeuge, die Zementsäcke sowie eine riesige Mörtelkiste in unseren Anhänger und fuhren weiter.

Während wir in flottem Tempo westwärts fuhren, konnte Werner die von Horst erhaltene Neuigkeit an uns weitergeben. Die Wachsoldaten störten nicht, denn die hatten sich vorne um den Fahrer herum an den Traktor geklammert und beachteten uns nicht. Als sensationell empfanden wir die Nachricht von unserer bevorstehenden Verlegung freilich nicht, sondern vielmehr nur als Bestätigung diverser Latrinenparolen, die schon seit Wochen Entsprechendes angedeutet hatten. Beunruhigen konnte uns, die alten Hasen, die voraussichtliche Veränderung ohnehin nicht mehr; dazu hatten wir schon zu viel erlebt in den zurückliegenden zehn Jahren. Daher beendeten wir auch bald das Thema und stimmten ein frohes Lied an, das zu der flotten Fahrt durch die malerische Landschaft passte.

Nach etwa drei bis vier Kilometer erreichten wir unsere neue Baustelle. Sie lag an einem breiten Fluss, in welchem allerdings keinerlei Strömung zu erkennen war. Daher vermuteten wir, dass es sich um einen toten Flussarm der Donau handeln müsse. Abgesehen von einem geradezu gigantischen Baum mit einer kugelrunden Krone und einem mächtigen Stamm und einigen wilden Obstbäumen und Weidenbüschen, in deren Schatten wir unser Lager errichteten, gab es auf unserer Uferseite keinen Baumbewuchs. Das gesamte jenseitige Ufer hingegen war von einem dichten Laubwald bedeckt. Tibi Kacso, Fachmann in diesen Fragen, machte uns auf die beeindruckenden Sumpfeichen aufmerksam, die es hier gab. Das üppig vorhandene Unterholz verlieh dem Ganzen Urwaldcharakter. Zwischen dem von uns gewählten Lagerplatz und dem Ufer markierten eingeschlagene Pflöcke die Abmessungen des von uns zu errichtenden Baus. Dann mussten wir hurtig die mitgebrachten Gerätschaften abladen, weil der Traktorfahrer unter Hinweis auf die sich schnell nähernden dunklen Wolken, von denen er meinte, sie brächten ein schweres Unwetter, zurückfahren wollte. Als alles abgeladen war, brauste er davon, uns noch zurufend, dass er versuchen werde, unser Mittagessen pünktlich zu bringen.

Die Arbeit war vorerst nur zweitrangig, vielmehr beschäftigte uns die Frage, was wir in Hinblick auf das sich tatsächlich schnell nähernde Unwetter tun sollten. Ein Unterschlupf war weit und breit nicht zu sehen. Was den riesigen Baum anging, den einer als Möglichkeit zum Unterstellen vorgeschlagen hatte, sage Tibi nur trocken: „Ja, das ist der günstigste Platz – um von einem Blitz erschlagen zu werden!“ Als sich dann zu den Blitzen und Donnerschlägen die ersten dicken Regentropfen hinzugesellten, krochen wir kurzerhand unter die mitgebrachte Mörtelkiste. Die Tatsache, dass sie so überdimensional war, hatte uns kurz vorher, als wir sie aufladen mussten, noch fluchen lassen; nun waren wir froh, dass wir alle darunter passten. Selbst die drei Soldaten, die noch unschlüssig bei den Weiden gestanden hatten, bis einer von uns sie herbeiwinkte, fanden noch Platz.

Während gewaltige Donnerschläge im Sekundentakt alles erbeben ließen, mussten wir unsere Kiste von innen festhalten, weil der orkanartige Wind diese sonst mitzureißen drohte. Vor dem prasselnden Regen allerdings waren wir gut geschützt. Und während wir uns schon zu freuen begannen, dass der „Trick" mit der Mörtelkiste so gut funktionierte, folgte ein neuer Donnerschlag, der alles Bisherige überbot. So muss sich der Weltuntergang anhören, schoss mir durch den Kopf. Sie ging aber diesmal nicht unter, die Welt, und auch das Unwetter flaute langsam ab, sodass wir schon bald von unter unserer Kiste hervorkriechen konnten. Trotz unseres Behelfsdaches waren wir alle ziemlich nass und verdreckt, das war es aber nicht, was uns schaudern ließ. Vielmehr guckten wir ungläubig und fassungslos zu dem riesigen Baum von vorhin, beziehungsweise zu dem Platz, wo er vor dem Unwetter noch gestanden hatte. So etwas hatte keiner von uns je zuvor gesehen: Der mächtige Donnerschlag von vorhin rührte offensichtlich von dem Blitz her, der den Baumriesen getroffen hatte. Von dem mächtigen Stamm ragte nur noch ein kümmerlicher Stumpf aus dem Boden. Die Äste, von denen manche einen halben Meter dick waren, lagen in großem Umkreis herum. Selbst mit einem Zentner Dynamit hätte man ein solches Ergebnis nicht erzielen können. Wenn wir daran dachten, dass wir kurz erwogen hatten, uns bei dem großen Baum unterzustellen, wurde uns ganz flau in der Magengegend.

Als sich das erste Staunen gelegt hatte, gingen wir daran, unsere schmutzigen Kleider im Wasser zu säubern und anschließend zum Trocknen auf einer Sandbank auszubreiten. Durch die niederbrennende Sonne wurde es für diese Jahreszeit schnell ungewöhnlich warm. Die drei Soldaten taten es uns gleich. Dass wir sie beim Unwetter in „unserer" Kiste beherbergt hatten, sollte sich als vorteilhaft erweisen, weil es unser gegenseitiges Verhältnis nachhaltig entkrampfte, abgesehen davon, dass es ohnehin nicht mehr so streng zuging wie früher. Bald darauf tauchte auch der Traktorfahrer mit unserem Mittagessen auf. Mit ihm kam ein Ingenieur, der mit Harry die Pläne und Zeichnungen des geplanten Bauwerks besprach. Nach dem Mittagessen begannen wir dann gemächlich mit dem Ausheben der Gräben, in die ein Teil der Anlage versenkt werden sollte. Die uns vom Ingenieur mitgeteilte Bauzeit war großzügig bemessen worden, weshalb übermäßige Hektik nicht angebracht schien. Um 18 Uhr befahlen die Soldaten Feierabend, und wir marschierten nach Grind zurück.

Im Lager hörten wir als erstes von einem Unfall, der am Morgen vorgefallen war. Der offensichtlich angetrunkene Traktorfahrer war mit überhöhter Geschwindigkeit in eine Kurve gefahren, und dabei war der Anhänger, auf dem die Häftlinge saßen, umgekippt. Es hatte etliche Verletzte gegeben, darunter auch den Philosophieprofessor Neagoe Giurumia aus unserer Brigade. Es sei, hieß es, ein Wunder, dass keine Toten zu beklagen seien, nachdem es sich bei den Häftlingen größtenteils um eigentlich arbeitsunfähige, ältere und gebrechliche Männer gehandelt habe. Zusammen mit Werner und Harry schlich ich mich noch am selben Abend zum Krankenrevier, um nach unserem Bekannten zu sehen. Glücklicherweise war er noch glimpflich davongekommen und hatte nur das Schlüsselbein und den Arm gebrochen. Jedenfalls war er schon wieder gut gelaunt und freute sich, uns zu sehen. Dr. Ionescu meinte, dass alles wieder in Ordnung kommen werde.

In den nächsten Tagen marschierten wir jeden Morgen pünktlich wieder zu unserer Baustelle, auf welcher wir bis zum Abend arbeiteten. Zwischenzeitlich war es auch offiziell geworden, dass unser Umzug in das Lager Periprava-Zentrum bevorstand. Daher überlegten wir mit Hochdruck, wie wir mit unseren wertvollen Aufzeichnungen verfahren sollten. Unsere Wörterhefte, Gedichte und sonstigen Notizen wollten wir ungern zurücklassen, andererseits war davon auszugehen, dass man uns im Zuge der Verlegung mindestens einmal gründlich filzen würde. Werner machte den Vorschlag, die Unterlagen schon vorher hinauszuschmuggeln und irgendwie seinem Freund Horst Zimmermann zukommen zu lassen. Das klang machbar, und daher nahmen wir den Beutel mit den Dokumenten bei der nächsten Gelegenheit, als wir mit dem Traktor wieder Baumaterial im Zentrum abholen sollten, mit. Ich erklärte mich bereit, die Übergabe vorzunehmen, wohl wissend, dass ich im Falle des „Auffliegens" mit einer empfindlichen Strafe zu rechnen hatte, ganz abgesehen davon, dass die Unterlagen, an denen wir alle wirklich sehr hingen, dann verloren wären. Werner versprach, ein geeignetes Ablenkungsmanöver zu organisieren.

Als wir beim Depot angekommen waren, stieg ich zusammen mit Fredi und Miron Stoica ab und wir gingen zu Horst, der uns schon erwartete. Den Beutel hatte ich mir um die Schulter gehängt, so wie wir es auch sonst mit den Taschen handhabten, in denen wir unser Vesper mit auf die Baustelle nahmen. Ich begann, Horst aufzuzählen, was wir alles benötigten, als oben auf dem Anhänger ein fingierter Streit ausbrach. Tibi und Pista, die beiden Ungarn, beschimpften sich laut, und auch Popa ging fluchend dazwischen. Es hörte sich alles sehr „echt" an, und die anwesenden Wachen mussten denken, dass sich die Häftlinge gleich gegenseitig umbringen würden. In diesem Augenblick rief Werner auf Sächsisch zu Horst rüber, er solle den Beutel von mir übernehmen. Der angerufene „schaltete" schnell, griff nach dem Beutel und trat zwei Schritte zurück in den Lagerraum. Die Wachen, die sich nur auf den vermeintlichen Streit konzentriert hatten, bemerkten von der Übergabe der Unterlagen überhaupt nichts. Kurz darauf, nachdem die Soldaten energisch zur Ruhe aufgerufen hatten, flaute der „Streit" auch schon wieder ab, und wir erhielten von Horst, der wieder nach draußen gekommen war, die erbetenen Sachen. Später lachten wir noch oft im Kameradenkreis wegen dieser Aktion und freuten uns wie Kinder, denen ein besonders guter Streich gelungen war.

Die etwa zwei Wochen, die wir benötigten, um das „Schafbad" zu errichten, waren ein sehr angenehmer Abschnitt der Haft und erinnerten fast ein wenig an Urlaub. Man hatte uns genügend Zeit eingeräumt, um mit der Größe unserer Gruppe die Aufgabe gut bewältigen zu können. Daher blieb viel Freizeit, die wir abwechselnd zu nutzen wussten. Popa, der schon am zweiten Tag eine Angelschnur mitgebracht hatte, fing etliche Fische und brachte es etwas später sogar fertig, in der Lagerküche eine Art Fangnetz zu organisieren. Er wurde von der Arbeit freigestellt und konnte sich fortan ausschließlich dem Fischfang widmen. Mittags wurde die beachtliche Beute gebraten und verzehrt. Mir wurde die Aufgabe des Ausnehmens, Putzens und Zubereitens der Fische übertragen, womit ich mehrere Stunden täglich ausgelastet war. Die gutmütigen Soldaten, mit denen wir unsere Fische teilten, worauf sie sich im Gegenzug mit Extraportionen Speck und Paprika revanchierten, gewährten uns alle Freiheiten. Sie erlaubten uns, nachmittags abwechselnd zu baden, und sprangen auch selbst häufig ins kühle Nass. Immer wenn Leute beim Schwimmen waren, musste ein Häftling auf einem Baum sitzend Ausschau nach möglichen ungebetenen Besuchern halten. Auf der weiten, ebenen Fläche im Vorfeld unserer Baustelle waren etwaige Kontrolleure schon von Weitem zu erkennen.

Ebenfalls während der angenehmen Tage fern des Lagers hatte Harry die unglückliche Idee, eine Sammlung seiner eigenen Gedichte hier an Ort und Stelle zu verstecken. Und zwar steckte er die Dokumente in eine Flasche, die er anschließend wasserdicht verschloss und in der Nähe eines markanten Baumes vergrub. Wir rechneten damals allen Ernstes damit, dass das kommunistische Regime sich höchstens noch einige Jahre halten würde. Anschließend, nach dem erwarteten Umsturz und unserer Befreiung, hoffte Harry, diesen geistigen Schatz bergen zu können. Nun, das Haftende sollten wir tatsächlich bald erleben, aber das Regime war damals noch lange nicht „am Ende". Da während der Ceaușescu-Ära auch Reisen ins Delta nicht ohne Weiteres umzusetzen waren, konnte die Flasche nicht mehr geborgen werden. Nur jene wenigen Gedichte, die Harry nach der Haftentlassung im Gedächtnis behalten und dann aufgeschrieben hatte, konnte er auf diesem Wege für die Nachwelt retten.

Als wir am Abend des letzten Arbeitstages ins Lager zurückkehrten und die vielen Häftlinge sahen, die in Gruppen zusammenstanden und sich lebhaft unterhielten, ahnten wir gleich, dass wieder eine größere Änderung bevorstand. Und tatsächlich war kurz davor durchgesickert, dass schon am nächsten Tag unser aller Verlegung in das Lager Zentrum erfolgen würde. Nun, das kam nicht überraschend, und wir hatten uns ja schon damit abgefunden beziehungsweise uns sogar vorbereitet. Trotzdem rätselten wir über den Grund dieses Umzugs. Zur auswärtigen Arbeit würden wir auch dort wieder müssen. Das stand außer Frage. Wozu also dieser Aufwand? Am nächsten Morgen, dem 28. April 1963, erschien der Kommandant zum Morgenappell und befahl uns in kurzen Worten, unsere persönliche Habe in Decken zu packen und mit dieser sodann vor der jeweiligen Schlafbaracke anzutreten. Wir taten, wie uns geheißen, und schon bald verließen wir brigadeweise das Lager Grind.

Periprava-Zentrum

Nach bereits einer guten Stunde hielten wir vor dem Tor des Zentrallagers. Unter den Offizieren, die uns mit forschendem Blick musterten, erkannte ich auch die „Monstervisage" Goicius, des Kommandanten. Unwillkürlich musste ich an die harte Zeit in Gherla denken, als alle vor diesem unberechenbaren Psychopathen zitterten. Das Lager hier war offensichtlich viel dichter bebaut als in Grind und durch ein Netz aus Drahtzäunen, die man mithilfe von Schilfmatten zusätzlich undurchsichtig gemacht hatte, in verschiedene Bereiche unterteilt. Jener Bereich des Lagergeländes, in den unsere Brigaden eingewiesen wurden, hatte eine quadratische Form und war höchstens einen halben Hektar groß. Umgeben von Baracken, die ohne Zwischenraum aneinandergebaut waren, befand sich in der Mitte eine freie Fläche von etwa 40 mal 30 Meter. Auf Vorschlag Nacus richteten wir uns in der Baracke genauso ein wie vorher in Grind und verteilten auch die Betten in derselben Reihenfolge.

Bereits am ersten Nachmittag tauchte ein Feldwebel der Verwaltung auf, der uns wissen ließ, dass er für den Lagerinnendienst diverse Handwerker und sonstige Fachkräfte bräuchte, zum Beispiel einen Schlosser, einen Dreher oder einen Stallmeister. Als wir dies vernahmen, wurden wir sofort hellhörig, denn unsere bisherige Hafterfahrung hatte uns gelehrt, dass derlei Sonderstellungen in der Regel vorteilhafter waren als die eigentlichen den Häftlingen zugedachten Tätigkeiten. Daher trat ich sofort vor, als ich das Stichwort „Schlosser“ hörte. Unterstützt wurde meine Bewerbung durch den Häftling Nicolae Birescu, einen Bekannten aus Gherla, der den Feldwebel begleitet hatte und der gleich feststellte, ich sei der richtige Mann für den zu wartenden Dieselmotor in der Tischlerei. Damit war ich praktisch eingestellt. Harry und Fredi, die ebenfalls vorgetreten waren, wurden gleich anschließend als Schlosser und Dreher angeheuert. Als Hans Zakel sich als Spengler meldete und ebenfalls angenommen wurde, war dies nicht weiter verwunderlich, als aber noch der Stallmeister gesucht wurde und plötzlich unser Werner Knall vortrat, da waren wir alle sprachlos. Wir kannten ja die Lebensgeschichte unseres Kameraden aus vielen Erzählungen, und von Pferden war da nie die Rede gewesen. Werner schien aber keine Bedenken zu haben und antwortete dem Feldwebel, der wissen wollte, ob er vom Fach sei, in selbstsicherem Ton: „Jawohl, ich kenne Pferde seit meiner Kindheit.“ Dem Wachmann reichte diese Zusicherung offensichtlich, und er antwortete: „Gut, du übernimmst den Stall.“ Als letzter „Spezialist“ wurde Edwin Qualles, ein Siebenbürger Sachse, übernommen, und zwar nachdem er sich als „Gärtner und Glaser“ vorgestellt hatte. Diese Kombination erschien dem Feldwebel von Vorteil, weil es um die Pflege der Gärtnerei ging, zu welcher auch ein Glashaus gehörte.

Als wir wieder unter uns waren, fragten wir als erstes Werner, ob er sich die Sache mit dem Stall auch gut überlegt habe. „Glaubst du wirklich, dass das gut geht?“, fragte Fredi. Werner aber, nach wie vor die personifizierte Selbstsicherheit, beruhigte ihn und fügte hinzu: „Und wenn ich einmal nicht weiterweiß, gibt es ja genügend Bauern im Lager, die ich fragen kann.“ Tatsächlich sollten wir in den nächsten Wochen Gelegenheit bekommen, bewundernd festzustellen, welch großartiger Stallmeister an Werner verloren gegangen war. Jeder, der zusah, wenn er im Hof seine Pferde bestieg und die kurze Strecke zum Stall ritt, musste von seinem Können überzeugt sein. Die originellste Beschäftigung in unserem Freundeskreis blieb aber Dietmar vorbehalten, der als Gehilfe eines Biologen die Gegend durchstreifte, insbesondere den Letea-Wald. Die zwei hatten die Aufgabe, nach seltenen oder unbekannten Pflanzen und Tieren Ausschau zu halten. Dabei verzeichneten sie auch tatsächlich Erfolge und fanden unter anderem einige bis dato unbekannte Insektenvarianten, die sie präparierten und zur Akademie der Wissenschaften nach Bukarest schickten. Aufsehen erregte eine von ihnen gefundene Albino-Krähe, die sie in Eis packten und anschließend ebenfalls zu Forschungszwecken in die Hauptstadt bringen ließen.

Am nächsten Tag nach der Zählung wurden wir, die neu ernannten „Spezialisten", vom Feldwebel abgeholt und in das Areal gebracht, wo sich die Lagerwerkstätten befanden. Es gab da das Elektrizitätswerk, dessen Leiter unser Bekannter Horst Zimmermann war, die Garage, die Schlosserei und die Schreinerei mit dem Dieselmotor, den ich zukünftig warten sollte. Ebenfalls hier waren das kleine Gewächshaus, in dem Edwin als Gärtner arbeiten sollte, und der Stall mit den zwei Pferden, deren Pflege fürderhin dem „Stallmeister" Werner oblag.

Als ich den Dieselmotor gesehen hatte, durch den die in der Schreinerei genutzten Maschinen betrieben wurden, bekam ich ernste Bedenken, ob ich der Aufgabe gewachsen sei, aber Nicolae Birescu beruhigte mich und sicherte mir zu, dass er Erfahrung mit Dieselmotoren habe und mich unterstützen könne. Außerdem, meinte er, sei auch unser Freund Nae Marinescu drüben im E-Werk, und der würde, sollte es einmal Probleme geben, ganz sicher auch helfen. Meinen Vorgänger in der neuen Werkstatt, einen etwa 40 Jahre alten Ingenieur, konnte ich leider nur kurz sprechen, weil er gleich weitermusste. Er rief mir noch zu, ich solle nicht vergessen, die Tomaten im Hof zu pflegen, um sie später ernten zu können. Der Mann schien ein sehr ordentlicher Zeitgenosse und guter Handwerker zu sein, denn die Werkstatt, die ich nun übernahm, war in tadelloser Ordnung.

„Mein" Dieselmotor stand mitten im Raum, sodass man von jeder Seite an ihn herankonnte. Eine Antriebsachse des Motors führte durch die Wand in die Schreinerwerkstatt, wo alle Maschinen – es waren ausnahmslos veraltete Modelle – durch diese Transmission betrieben wurden. Am Nachmittag kam dann Nicolae, um mir das Starten des Dieselmotors zu zeigen. Bei dem „antiken" Modell musste der Zylinderkopf mittels einer Lötlampe vorgewärmt werden. Ich zündete also die mit Benzin betriebene Lampe an und ließ sie einige Minuten warmlaufen, bis sie richtig zu fauchen begann und eine bläuliche Flamme ausspie. Dann erhitzte ich genau nach Nicolaes Anweisung einen aus dem Zylinderkopf des Motors herausragenden Schraubenkopf, bis dieser rot glühte. Das war notwendig, um das in komprimiertem Zustand im Zylinder befindliche Dieselöl zu entzünden. Als am schwierigsten erwies es sich aber, das Schwungrad des Motors mit viel Kraft und noch mehr Geschick solcherart zu drehen, dass im Zylinder die nötige Kompression entstand. Nach dem ersten Zündungsknall lief der Motor dann aus eigener Kraft und ich konnte die Lötlampe abstellen. An den beträchtlichen Lärm, den der laufende Dieselmotor verursachte, sollte ich mich schnell gewöhnen.

Was ich an meinem neuen Arbeitsplatz sofort mit Freuden zu Kenntnis nahm, war das Vorhandensein eines eigenen Waschbeckens mit fließendem – und, wenn der Motor lief, sogar warmem – Wasser und eines schönen, alten, gemauerten Sparherds mit einer gegossenen Herdplatte. Es würde also in der kalten Jahreszeit die Möglichkeit geben, zu heizen und vielleicht sogar zu kochen. Durch mein Werkstattfenster konnte ich zu einem an der Ecke des Lagerzaunes befindlichen Wachturm blicken. Dahinter befand sich eine freie Wiese, die als Hubschrauberlandeplatz genutzt wurde. Hier sollte ich in den kommenden Wochen immer wieder Securitate-Offiziere kommen und gehen sehen. Die Hubschrauber wurden besonders im Winter gerne genutzt, wenn der Schiffsverkehr auf der Donau infolge des Frostes zum Erliegen gekommen war. Welche Probleme und Gefahren durch das winterliche Eis auf der Donau entstehen konnten, wurde augenscheinlich am Beispiel eines sowjetischen Passagier-Schnelltransporters, der seit dem Frühjahr 1962 auf dem Kilijaarm unterwegs war. Es handelte sich um eine Art Flügelboot, das ausgesprochen schnittig und elegant aussah. Allerdings hatte es, wie wir später erfuhren, keinen Kiel, weshalb Fahrten bei einer auch nur dünnen Eisschicht nicht zulässig waren. Im Winter war das moderne Schnellboot daher nicht zu sehen und tauchte erst im März des Jahres 1963 wieder auf. Und dann, nachdem ein verspäteter Kälteeinbruch eines Nachts stellenweise eine dünne Eisschicht hinterlassen hatte, passierte das Unglück: Der Kapitän, der das Boot mit Höchstfahrt steuerte, übersah die Eisfläche, die auch noch kurz vor einer Flussbiegung lag, und das unkontrollierbar gewordene Boot raste gegen das Ufer und die dort noch vom Winter übrig gebliebenen Eisschollen und kenterte. Angeblich soll es etliche Tote gegeben haben, wobei natürlich eine offizielle Mitteilung – jedenfalls bei uns – nicht erfolgte. Im Sommer konnten Häftlinge aus unserem Lager, die am gegenüberliegenden Ufer arbeiteten, zugucken, wie die Russen dabei waren, das Wrack der „Raketa“ zu bergen. Der Rumpf des Bootes schien keinen großen Schaden genommen zu haben, lediglich die Kabine war bei dem Aufprall zertrümmert worden. Nach dem folgenschweren Unfall schienen die Sowjets das Projekt wieder fallengelassen zu haben, jedenfalls sahen wir während unserer restlichen Zeit im Delta keine Boote ähnlichen Typs mehr.

Wir waren noch nicht lange im Zentrum angekommen, als wir eines Abends feststellten, dass man in unserem Lagerbereich in dem durch die Baracken gebildeten Hof eine Kinoleinwand aufgebaut hatte. Selbst improvisierte Bänke aus Bohlen, die man auf übereinandergetürmte Ziegel gelegt hatte, waren vorhanden. Diesmal freute ich mich auf die Aussicht, einen Film zu sehen, denn meine jetzige Arbeit war nicht mehr annähernd vergleichbar mit der Plackerei in den ersten Monaten in Grind. Daher war es auch ohne Weiteres vertretbar, ein paar Nachtstunden für eine Kinovorführung zu opfern. Der Streifen, eine ungarische Produktion, hieß „Bogáncs" („Klette") und schien von einem Hund zu handeln, jedenfalls war ein solcher auf dem Plakat abgebildet. Als es endlich dunkel wurde und die ungeduldig erwartete Vorführung begann, waren wir geschlossen anwesend. Der Film, der tatsächlich von einem Hirtenhund handelte, enttäuschte uns nicht. Selbst die meisten Rumänen lobten ihn, und diejenigen, die Ahnung vom Schäferleben hatten, meinten, dass das Leben der Hirten realistisch dargestellt worden sei. Später habe ich hier auch den ungarischen Spielfilm „Valahol Európában" („Irgendwo in Europa") gesehen. Ich kannte ihn bereits, denn er war kurz nach dem Krieg in Temeschburg in den Kinos gelaufen. Dennoch freute ich mich, den Film noch einmal zu sehen, diesmal mit den Augen des Erwachsenen und geprägt von dem zwischenzeitlich Erlebten. Die Handlung zeigte eine der typischen Kinderbanden, die damals als Landstreicher in dem vom Kriege verwüsteten Europa umherstreunten, bettelnd, stehlend und raubend. Sogar ein DEFA-Krimi wurde uns einmal vorgeführt. Für uns war das der erste deutschsprachige Film seit der Kriegszeit und daher ein besonderes Erlebnis.

Mindestens die Hälfte der Arbeit Harrys als neuer Lagerschlosser resultierte aus privaten, also illegalen Aufträgen aller möglichen Dienstgrade. Diese ganz alltägliche und zwischenzeitlich auf allen Ebenen akzeptierte Form der Korruption war keine Besonderheit Peripravas, sondern vielmehr gang und gäbe im Gulag, ja sogar im gesamten sozialistischen System. Ab und an, wenn ein Verantwortlicher es „zu bunt" getrieben hatte oder, was wahrscheinlicher war, er sich aus anderen Gründen unbeliebt gemacht hatte, schlug das System gnadenlos zu, und es gab einen Prozess wegen „Veruntreuung des Volksvermögens". Aber nachhaltig bekämpfen ließ sich die Korruption damit nicht. Sie blieb ein Charakteristikum dieses Wirtschaftssystems bis zu dessen Untergang, den sie nicht unerheblich mitverursacht haben dürfte.

Seinen heikelsten Fall hatte Harry zu lösen, als er den Auftrag erhielt, den im Büro des Kommandanten befindlichen Eisenschrank zu öffnen, weil der Schlüssel verloren gegangen war. Dabei sollte, wie Goiciu betonte, der Schrank nicht beschädigt werden. Was die Sache gefährlich machte, war die unberechenbare Persönlichkeit Goicius, der, wie wir ja schon aus Gherla wussten, zu fast allem fähig war, wenn er in Rage geriet. Weil er nicht sofort eine Lösung fand, beschloss Harry nach ausdrücklicher Genehmigung durch Goiciu, sich mit einem „Fachmann“ für Einbrüche zu beraten, der nebenan bei den Straftätern einsaß. Diese Besprechung erbrachte allerdings auch keinen brauchbaren Tipp.

Daraufhin beschloss Harry, das Schloss vorsichtig abzumontieren und zu ersetzen. Mit Glück und viel Mühe gelang ihm die Arbeit, ohne dass der Schrank beschädigt wurde. Er funktionierte hinterher wieder tadellos, und der Satz Goicus „Mă, al dracului de bandit, a deschis dulapul fără să-l spargă!“ („Teufel auch, der Bandit hat den Schrank geöffnet, ohne ihn aufzubrechen!“) musste als höchstes Lob gewertet werden. Übrigens wurde der alte Schlüssel einige Tage später wieder aufgefunden. Goiciu hatte diesen höchstwahrscheinlich im Suff verloren. Die Schwäche des Kommandanten für den Alkohol, die dazu führte, dass er täglich spätestens ab der Mittagszeit mehr oder weniger „dicht“ war, sollte noch Ursache für so manchen Sondereinsatz Harrys sein, etwa nachdem Goiciu den Schlüssel zu seiner Bürotür verlegt hatte und diese daher geöffnet werden musste.

Denkwürdig war für uns diese Angelegenheit auch deshalb, weil Harry, als er sich auf dem Weg zu den Straftätern befand, an einem abgesonderten Bereich vorbeikam, in welchem sich etwa hundert ehemalige Legionäre befanden. Man hielt sie hier völlig isoliert von den anderen Häftlingen. Harry wurde auf sie aufmerksam, als er plötzlich von jenseits des durch Schilfmatten abgeschirmten Zauns angerufen wurde. Der Mann auf der anderen Seite war sein alter Freund Nelu Păunescu, jener Mann, bei welchem er 1952 in Gherla das Handwerk des Werkzeugmachers gelernt hatte. Harry tat so, als müsse er einen Stein aus seinem Schuh holen, und blieb stehen, um mit ihm zu sprechen. Nelu meinte, dass er gesund sei und es ihm den Umständen entsprechend gut ginge. Harry berichtete ihm ebenfalls in knappen Worten von uns, bevor sie das Gespräch beenden mussten, weil sich auf Nelus Seite irgendeine Störung – vermutlich ein aufgetauchter Wärter – ergeben hatte. Leider sollte sich später keine Möglichkeit mehr ergeben, mit diesem hervorragenden Menschen und Kameraden sprechen zu können.

Zu Beginn meiner Tätigkeit lagen in unserer Schreinerei noch haufenweise Arbeiten, die von den Vorgängern übernommen worden waren und nun so schnell wie möglich erledigt werden sollten. Es handelte sich fast durchweg um Möbelgarnituren, und das Holz dazu, hauptsächlich hochwertige Eiche, war im Letea-Wald geschlagen worden. Für wen diese Möbel gefertigt wurden oder unter welchen Umständen das Holz zu uns gelangt war, wurde uns Häftlingen natürlich nicht gesagt, doch waren wir schon lange genug dabei, um zumindest zu ahnen, dass nicht alles mit rechten Dingen zuging. Dies war für mich auch der Grund, die Empfehlung meines Vorgängers zu befolgen und die Laufzeiten des Dieselmotors und dessen Treibstoffverbrauch ganz genau zu dokumentieren. Ich notierte sogar stichwortartig, wann welche Arbeiten erledigt worden waren. Die Erfahrung, die ich seinerzeit in Gherla gemacht hatte, als man mich für einen zerbrochenen Schleifstein hatte haftbar machen wollen, hatte mich vorsichtig werden lassen, wenn es um materielle Werte in meinem Einflussbereich ging. Diese Absicherung sollte sich später noch als äußerst vorteilhaft erweisen.

Nach etwa einem Monat auf der neuen Arbeitsstelle teilte mir Nacu mit, dass ich einen jungen Mann als Gehilfen zugeteilt bekäme. Es sei dies auf Empfehlung Dr. Ionescus beschlossen worden, weil der Junge etwas krank sei und daher möglichst nur leichte Arbeiten verrichten sollte. Einen zweiten Mann neben mir zu wissen, fand ich grundsätzlich gut, denn ich war bislang, wenn der Motor lief, gebunden und verließ dann selbst für nur kurze Zeit sehr ungern meine Werkstatt. Der junge Mann, der mir kurz darauf auch vorgestellt wurde, hieß Laczi (Laszlo) Török und kam aus Großwardein (rumänisch Oradea, ungarisch Nagyvárad). Mit seiner Haftstrafe von 15 Jahren gehörte er zu den Hauptangeklagten eines Lots ungarischer Gymnasiasten, die kurz vor dem Abitur festgenommen worden waren. Laczi war ungefähr so groß wie ich, aber um einiges schlanker. Sein ebenmäßiges Gesicht blickte zumeist ernst drein. Er sollte sich als ein intelligenter und braver Junge erweisen. Von handwerklichen Dingen hatte er zwar keine Ahnung, gab sich aber große Mühe, jeden Auftrag zu meiner Zufriedenheit zu erledigen. Wir unterhielten uns, wenn wir allein waren, in der Regel auf Ungarisch.

Der Fall von Laczis Gruppe war das typische Beispiel einer jener chauvinistischen Maßnahmen, die vom politischen System in regelmäßigen Abständen gegen ethnische Minderheiten eingeleitet wurden. Nach der Niederschlagung des Aufstands in Ungarn zum Beispiel wurde von der Securitate zum großen Schlag gegen die ungarische Volksgruppe im Lande ausgeholt. Innerhalb kürzester Zeit wurde in fast jeder größeren Stadt eine angebliche Organisation „entlarvt“ und vor Gericht gestellt. Diese sogenannten Organisationen, die in den Landesteilen mit einem erheblichen Anteil an Nichtrumänen plötzlich gefunden wurden, konnten ganz harmlose Freundeskreise sein, die sich über die Schule oder dem Sport zusammengefunden hatten und die manchmal schon seit Jahren nicht mehr bestanden. Die Beweise, mittels derer man sie überführte, waren an den Haaren herbeigezogen, und jedem einigermaßen objektiven Beobachter konnte der chauvinistische Charakter der Verfahren nicht verborgen bleiben. Aber es halft natürlich alles nichts: In der wild geifernden Presse wurden sie als nationalistische und faschistoide Banden gebrandmarkt, denen man gerade noch rechtzeitig hatte das Handwerk legen können. Entsprechend fielen dann auch die Strafen aus.

In Klausenburg, wo auch viele Ungarn lebten, gab es zwei Prozesse dieser Art gegen Gymnasiasten und gegen Studenten der Bolayi-Universität. Anhand der Art und Weise, wie diese Aktionen propagandistisch aufbereitet wurden, war nicht zu verkennen, dass es sich um Einschüchterungsmaßnahmen gegen die magyarische Minderheit handelte. Dass, wenn auch in kleinerem Maßstab, schon lange vor dem Ungarnaufstand ähnliche Repressalien üblich waren, hatte ich bereits in den Bergwerken mitbekommen, als ich dort mit zahlreichen jungen Ungarn zusammen einsaß. Es war dieselbe Vorgehensweise wie bei den berüchtigten Prozessen gegen die deutsche Minderheit in Siebenbürgen, von denen wir hauptsächlich durch Werner Knall gehört hatten. Aber auch in Temeschburg wurde zu jener Zeit eine aus 14 Personen bestehende Gruppe mit den Angeklagten Dr. Hans Reb und Dr. Hans Weresch an der Spitze zu insgesamt 114 Jahren Haft verurteilt. Hans Kirschlager, der Leiter einer zwölfköpfigen Blaskapelle aus Sächsisch Regen, wurde mit seinen Musikanten zu insgesamt 170 Jahren Haft wegen „staatsfeindlicher Handlungen“ verurteilt. Charakteristisch für die erwähnten Einschüchterungsmaßnahmen war, dass man trachtete, vor allem die Intellektuellen oder angehenden Intellektuellen der jeweiligen Volksgruppe unter Druck zu setzen. Schriftsteller und Pfarrer zum Beispiel konnten als besonders exponierte Berufsgruppen gelten.

Nachdem wir bereits einige Wochen im Lager Zentrum waren, sprach sich herum, dass es sich bei unseren Nachfolgern in Grind um Straftäter handelte, und zwar ausschließlich um „schwere Jungs“, die durchweg zu lebenslänglichen oder zumindest sehr hohen Haftstrafen verurteilt waren. Es sollten sich etliche Mörder und Totschläger unter ihnen befinden. Und was wir auch mit einer gewissen Genugtuung zur Kenntnis nahmen, war, dass die Wachen mit den Neuen vom ersten Tag an größte Probleme hatten. Disziplin und Arbeitsmoral müssen – so hörte man – bei den neuen Häftlingen praktisch überhaupt nicht vorhanden gewesen sein. Selbst wenn die Wärter nicht mehr von dem Schlag waren wie noch vor Jahren, so gab es doch etliche unter ihnen, denen wir die neue Erfahrung mit den Schwerkriminellen durchaus gönnten.

An meinem neuen Arbeitsplatz blieb mir noch genügend Zeit, um mich – wie mir von meinem Vorgänger aufgetragen – um das kleine Gemüsebeet vor meiner Werkstatt zu kümmern. Die Tomaten waren zu stattlichen Pflanzen herangewachsen und trugen zu meiner Freude reichlich Früchte, die bereits zu reifen begannen. An den Salatpflanzen, die ebenfalls prächtig gediehen waren, bediente ich mich bereits ab und an.

Einen Leckerbissen ganz besonderer Art wussten wir uns im Herbst 1963 zu erjagen. Und zwar waren uns schon seit Längerem die Krammetsvögel (Wacholderdrosseln) aufgefallen, die in Scharen von Hunderten an diversen Stellen des Lagers einfielen, bevorzugt in der Nähe von Werners Stall. Um sie zu fangen, bastelte ich zusammen mit Edwin ein Fangnetz, bestehend aus einem Stück Maschendrahtzaun, den ich in einen Holzrahmen von etwa zwei mal zwei Metern Größe spannte. Die ersten Fangversuche unternahm ich in einem Bereich des Hofes, der von außen nicht eingesehen werden konnte. Dort streute ich ein paar Brösel Turtoi auf den Boden und stellte mein Fangnetz auf. Der große Erfolg blieb mir bei den ersten Jagdversuchen noch versagt. Es waren am Ende des Tages nur drei Krammetsvögel und ein Spatz, die ich als Beute vorweisen konnte. Ein paar Tage später, am Sonntag, sah es schon besser aus, denn es zappelten um die 40 Vögel im Netz. Wir nahmen sie aus und Edwin organisierte von der Küche, zu der er einen guten Draht hatte, etliche Zutaten, die Werner und Laczi benötigten, um ein vorzügliches Paprikasch zu kreieren. Es sollte ein wahrer Festschmaus werden, an dem alle unsere näheren Freunde teilnahmen. So etwas Herrliches hatte ich schon seit Jahren nicht mehr gegessen.

Noch größeres Jagdglück sollte mir genau eine Woche danach, am folgenden Sonntag, beschieden sein, als ich insgesamt um die 90 Vögel fing. Zusammen mit Laczi war ich mehrere Stunden beschäftigt, um die Tiere auszunehmen. Es folgte ein erneuter, noch größerer Festschmaus, und zusätzlich konnten wir noch etliche Vögel an diverse Freunde und Bekannte verschenken. Es sollte zugleich aber auch schon der letzte große Fang gewesen sein, denn genauso wie die Krammetsvögel aus heiterem Himmel aufgetaucht waren, verschwanden sie von einem Tag auf den anderen wieder spurlos. Entschädigt wurde ich durch ein „Jagderlebnis" anderer Art, als ich kurz darauf in meinem Tomatenbeet eine Schlange entdeckte und, da ich sie sofort als harmlose Ringelnatter identifizierte, beherzt zugriff. Auch dieses Tier, etwa anderthalb Meter lang, sollte in gebratener Form noch am gleichen Abend einen kleinen Leckerbissen abgeben.

Zum Lagerkomplex Periprava gehörten in der Zeit von 1960 bis 1964 insgesamt sieben einzelne Lagereinheiten, in welchen bis zu 7000 Häftlinge gleichzeitig einsaßen. Da die Baracken für die Unterbringung teilweise nicht ausreichten, wurden Gefangene auch auf Wohnschiffen, sogenannten Bacs, untergebracht. Die Gefangenen setzten sich aus den „Politischen“ und den Straftätern zusammen sowie aus den bereits erwähnten „Administrativen“, also denjenigen, die festgehalten wurden, ohne gerichtlich verurteilt zu sein. Hinzu kamen die „Halbfreien“, die in der Regel den Hauptanteil ihrer Strafe bereits abgesessen hatten und nunmehr außerhalb der Lager etwa als Hirten tätig waren. Auch Frauen waren in Periprava inhaftiert, allerdings sahen wir diese nur selten und dann von Weitem.

Eines Abends, als wir von den Werkstätten zu den Baracken zurückkehrten, hörten wir von etwa einem Dutzend Häftlingen, die mit schweren Ketten zu Fuß aus Grind gekommen waren. Sie sahen, wie man uns sagte, entsprechend mitgenommen aus. Vermutlich hatte man diese barbarische Maßnahme ergriffen, um die Widerspenstigen mürbe zu machen. Das passte zumindest zu den bisherigen Nachrichten, die wir über die Zustände in Grind gehört hatten. Die Schwerkriminellen ließen sich auch durch Karzerstrafe, Ketten und körperliche Züchtigung nicht bändigen. Hinzu kam ihre notorische Unlust, auf den Feldern zu arbeiten.

Zur Unbeherrschtheit der Straftäter dürfte nicht unerheblich beigetragen haben, dass viele von ihnen schon lange lueskrank (syphilitisch) und dementsprechend psychisch schwer angeschlagen waren. Die Syphilis konnte zu jener Zeit in den Lagern medikamentös nicht geheilt werden, doch zumindest konnte die Ansteckungsfähigkeit der Betroffenen unterbunden werden. Das war insbesondere bei den Straftätern wichtig, da es bei diesen häufig zu gleichgeschlechtlichem Sexualverkehr kam. Bei den politischen Häftlingen ist mir während meiner vier Jahre im Donaudelta ein einziger Fall dieser Art Beziehung zwischen zwei Männern, es handelte sich um einen orthodoxen Priester und einen Mönch, zu Ohren gekommen. Es mag noch andere mit entsprechenden Neigungen gegeben haben, sie wurden jedoch nicht bekannt. Es gab ohnehin nur sehr selten Momente, in denen zwei Menschen irgendwo allein waren.

Die Nachrichten über die üblen Zustände in Grind sickerten fast ausschließlich über Soldaten ein, die von dort zu uns ins Zentrum versetzt wurden. Auffallend war, dass diese, wenn sie erst einmal ihre Erfahrungen mit den Schwerkriminellen hinter sich hatten, uns gegenüber wesentlich freundlicher auftraten als früher. Von einem der Soldaten erfuhren wir, dass die in Ketten gelegten Männer, die man hierhergebracht hatte, in Grind versucht hätten, über die Frauen der Bediensteten herzufallen. Sie sollen, als sie auf dem Weg zur Feldarbeit an den Frauen vorbeikamen, buchstäblich von Raserei ergriffen worden sein und sich anfänglich weder von den Soldaten noch von den Hunden einschüchtern haben lassen. Man hätte sie nur durch den massiven Einsatz von Gewalt zur Räson bringen können.

Ganz offensichtlich schaffte man es auch hier im Zentrum nicht, die isoliert untergebrachten wilden Gesellen in den Griff zu bekommen, weshalb es niemanden verwunderte, als es eines Morgens hieß, einer von ihnen sei „auf der Flucht erschossen“ worden. Dass ein Häftling mit schweren Ketten an den Füßen, der angeblich zu fliehen versucht hatte, aus einer Entfernung von etwa zehn Metern erschossen worden war, klang natürlich von vornherein verdächtig und gab Raum für Spekulationen. Ich bekam die näheren Umstände des Vorfalles durch Zufall mit, als ich kurz darauf auf dem Weg zu Harrys Werkstatt an dem abgegrenzten Bereich der Männer vorbeikam. Durch das charakteristische Rasseln und die Schleifgeräusche der Kettenträger aufmerksam geworden, wagte ich, nachdem auf meiner Seite des mit Schilfmatten bedeckten Zaunes niemand war, stehen zu bleiben und zwischen zwei Matten hindurchzuschauen.

Im Hof stand Kommandant Goiciu mit mehreren Offizieren und mit einem Zivilisten, einem großen, massigen Mann, der sich dauernd den Schweiß von der Stirn wischte. Vor ihnen standen aufgereiht die Häftlinge, nach wie vor mit den schweren Ketten an Armen und Füssen und mit total verschwollenen und blutüberströmten Gesichtern. Dem Aussehen nach waren sie schwer misshandelt worden. Etwas abseits lag ein größeres, in eine Decke gewickeltes Paket. Von Goicius Schimpfen und Poltern – er drohte, alle erschießen zu lassen – bekam ich nicht mehr viel mit, weil sich plötzlich ein Posten näherte und ich weiterlaufen musste.

Etwas später begab ich mich auf den Rückweg, und da die Luft wieder rein war, blieb ich erneut stehen und guckte in den Hof. Die Häftlinge waren verschwunden. Vermutlich hatte man sie wieder in die Strafzelle hineingetrieben. Im Hof standen nur noch die Offiziere und der Zivilist, der zwischenzeitlich einen grünen Kittel übergestreift hatte und dabei war, einem Toten, der auf einer Gummimatte lag, den Bauch aufzuschlitzen. Jetzt erst begriff ich, dass sich vorhin in dem „Paket“ der erschossene Häftling befunden hatte. Ich konnte gut mithören, was der Gerichtsmediziner dem neben ihm stehenden Sanitätsunteroffizier diktierte. Ausführlich ging er auf den Verlauf der drei Schusskanäle ein. Offensichtlich war der Mann einmal getroffen worden, während er stand und noch zweimal, als er schon lag. Darauf deuteten die beiden fast parallel verlaufenden Schusskanäle hin, die beginnend von der Schulter quer durch den ganzen Leib verliefen. Es war gut zu vernehmen, als der

Arzt sich zu Goiciu wendete und sagte: „Stimmen Sie mir zu, wenn ich sage, dass der Mann zweimal getroffen wurde, als er bereits am Boden lag?“ Goiciu, der etwas im Hintergrund stand, antwortete: „Möglich. Vielleicht hat der Bandit sich auf den Boden gelegt, um Deckung zu nehmen.“ Es begann ein heftiger Wortwechsel zwischen dem Kommandanten und dem Mediziner, der seinen Standpunkt am Ende mit den Worten zusammenfasste: „Für mich ist es absolut klar, dass der erste Schuss den Mann von vorne getroffen hat und dass die anderen beiden Treffer einschlugen, als er bereits wehrlos am Boden lag.“

Kurz darauf verließ ich meinen Beobachtungsposten wieder und ging weiter zur Baracke. Ich erzählte einigen vertrauenswürdigen Freunden von dem Gehörten, bat sie jedoch, keinesfalls weiterzusagen, von wem sie die Nachricht über diesen offensichtlichen Mord gehört hatten. Ich legte keinen Wert darauf, dass sich womöglich bis hinauf zu Goiciu herumsprach, dass ich Zeuge des Gesprächs zwischen ihm und dem Gerichtsmediziner geworden war. Unter uns Gefangenen galt es später als gesicherte Erkenntnis, dass man den Häftling erschossen hatte, um die anderen renitenten Straftäter durch dieses Exempel zu beeindrucken.

Inspektion

Es war in der Karwoche, als ich von meiner Werkstatt aus beobachten konnte, wie wieder einmal ein Hubschrauber zur Landung ansetzte, dem anschließend drei Offiziere entstiegen und schnurgerade in Richtung des Verwaltungsgebäudes gingen. Die drei mit dicken Aktentaschen „bewaffneten“ Männer schienen unangemeldet gekommen zu sein, denn das sonst übliche Empfangskomitee war diesmal nirgendwo zu sehen. Der Hubschrauber war sofort wieder gestartet und weggeflogen.

Ich hatte vorerst aber keine Zeit, mir länger über den Grund des seltsamen Besuches Gedanken zu machen, denn in unserer Tischlerei wurde schon seit Tagen fast ununterbrochen gearbeitet, und entsprechend viel hatte ich mit der Wartung meines Dieselmotors zu tun. Da die Arbeit bis spät in die Nacht ging und es nach 22 Uhr nicht mehr erlaubt war, in den Barackenbereich hinüberzugehen, hatte ich mir eine Schlafstelle in der Werkstatt eingerichtet. Ich brachte es fertig, neben dem laut brummenden Motor zu dösen und sofort wieder wach zu sein, wenn dieser „unrund“ lief. Dann war höchste Eile geboten, denn wenn der Motor ausfiel, standen sämtliche Maschinen still. Außerdem nutzte ich die ruhigeren Abendstunden auch, um die tagsüber gemachten Notizen über die Laufzeit des Motors und die Art der von den Tischlern erledigten Arbeit in mein Register zu übertragen. Wie sinnvoll das war, sollte ich schneller als gedacht erfahren.

Ich wurde erst wieder an den Besuch der Offiziere erinnert, als etwas später der Hubschrauber erneut zur Landung ansetzte und diesem weitere drei Uniformierte entstiegen. Die Anwesenheit von insgesamt sechs höherrangigen Offizieren im Lager, die offensichtlich allesamt unangekündigt eingefallen waren, schien mir nun doch außergewöhnlich seltsam. Ebenso erging es etlichen anderen „Innendienstlern“, denen zudem auch aufgefallen war, dass etliche Wärter hektisch und mit besorgtem Gesichtsausdruck durchs Lager geeilt waren. Vorerst passierte aber nichts Erschütterndes.

Am zweiten Tag dann erschien der Chef der Handwerkergruppe und befahl die sofortige Einstellung aller bislang so dringenden Arbeiten an den Möbelgarnituren. Damit tauchte bei uns erstmalig die Vermutung auf, dass die unangekündigte Inspektion etwas mit unserer Schreinerei zu tun haben könnte, und als kurze Zeit darauf noch der Vorarbeiter Birescu zu einem Verhör fortgebracht wurde, erhärtete dies unseren Verdacht. Später mussten noch zwei Schreiner nachfolgen, die ebenfalls nicht in die Werkstatt zurückkehrten. Wir anderen blieben untätig an unseren Arbeitsplätzen und durften erst gegen Abend in unsere Wohnbaracken gehen.

Hier sahen wir dann auch Birescu und die anderen beiden wieder, die uns erzählten, dass sie den ganzen Tag lang über die Arbeiten in der Schreinerei befragt worden waren. Birescu meinte, ich würde bestimmt auch noch verhört werden. Am nächsten Tag war ich daher nicht überrascht, als ein Hauptmann auftauchte und begann, mich ausführlich über die bisherige Arbeit in der Schreinerei zu befragen. Nun bewährte sich mein akribisch geführtes Register, in welchem ich sämtliche Aufträge eingetragen hatte, die wir seit meiner Ankunft im Zentrum erledigt hatten. Nur die „Kunden“ der einzelnen Bestellungen konnte ich nicht benennen, weil mir die nicht mitgeteilt worden waren. Diese hatten die Ermittler, wie ich später erfuhr, aber schon vom Vorarbeiter genannt bekommen. Dieser hatte sie gekannt, weil sie mit ihm regelmäßig die Sonderwünsche im Zusammenhang mit den Bestellungen besprochen hatten. Bei einer einzigen Möbelbestellung war mir seinerzeit der Auftraggeber durch Zufall bekannt geworden, was ich dann auch in meinen Unterlagen vermerkt hatte. Es handelte sich um eine Arbeit, die Kommandant Goiciu höchstpersönlich in Auftrag gegeben hatte. Da mittlerweile klar war, dass offensichtlich gegen die gesamte Führungsriege des Lagers ermittelt wurde, war es mir ein Vergnügen, meine Unterlagen zur Verfügung zu stellen, insbesondere, da ich dabei vor allem dem kriminellen Psychopathen Goiciu eines auswischen konnte. Vergnügt war augenscheinlich aber auch der ermittelnde Offizier, der jedes neue Beweisstück mit sichtlicher Genugtuung zur Kenntnis nahm. Mein Register nahm der Hauptmann mit, versicherte mir beim Abschied aber gut gelaunt: „Du kriegst ein neues Heft, damit du weitermachen kannst."

Am Ende sollten die Ermittlungen ergeben, dass sämtliche Mitarbeiter der Lagerverwaltung sich und ihre Verwandten und Freunde mit neuen Möbeln ausgestattet hatten. Auch kam heraus, dass zum Teil hochwertige Edelhölzer verarbeitet worden waren, die man illegal im Naturreservat der Akademie geschlagen hatte. Schlussendlich stand fest, dass in Periprava auch außerhalb der Schreinerei in großem Stil getrickst und geschummelt worden war. Mehrere tausend Liter Wein aus einem experimentellen Weingarten, der angeblich noch nichts gebracht hatte, waren verschoben worden, ebenso wie hunderte Kilogramm hochwertigen Kleesamens, die man im Umfeld von Periprava versuchsweise gepflanzt hatte. Und auch viele der Pferde, die an die Häftlinge hätten „verfüttert" werden sollen, waren „unter der Hand" lebend verkauft worden. Pikant bei der Geschichte war vor allem die Haupttäterschaft Goicius, des Patenkindes des amtierenden Regierungschefs und Generalsekretärs der Partei Gheorghe Gheorghiu-Dej.

Wieder in Grind

Völlig überrascht wurden wir am 6. April 1964 von der uns beim Morgenappell bekannt gegebenen Nachricht, dass wir sofort unser Gepäck für eine Verlegung vorbereiten sollten. Diese plötzliche Verlegung, die uns, wie kurz darauf durchsickerte, wieder nach Grind zurückführen sollte, war für etliche meiner Kameraden vom Interior sehr ärgerlich, weil sie persönliche Dinge in den Werkstätten deponiert hatten, die sie jetzt nicht mehr abholen konnten. So verloren Harry und Werner einen erheblichen Teil ihrer Fremdsprachenaufzeichnungen. Auch meine Serbisch-Notizen waren weg, ich tröstete mich aber damit, dass zumindest meine deutsche Gedichtsammlung noch in der Baracke und damit in Reichweite war.

Schon kurz darauf verließen wir zu Fuß das Lager Periprava-Zentrum in Richtung Grind, welches wir nach etwa einer Stunde erreichten. Die Straftäter waren verschwunden. Man hatte offensichtlich eingesehen, dass sie zumindest hier nicht in den Griff zu kriegen waren. Die Spuren ihrer Anwesenheit waren allerdings nicht zu übersehen. Der Lagerhof war mit Unrat übersäht, viele Barackenscheiben waren eingeschlagen und die Fensterflügel herausgerissen. Allenthalben Spuren willkürlicher Zerstörung. In den Stuben sah es noch schlimmer aus: Abgeschlagener Putz, zerbrochene Betten, demolierte Öfen und Türflügel, die nicht mehr schlossen, rundeten hier das Bild der Zerstörung ab. Die Freude über unsere „Heimkehr" hielt sich in Grenzen.

Nach der Zählung auf dem Appellplatz trat Nacu vor und bat, uns, die „Intelbrig", in unser ehemaliges Zimmer einzuquartieren. Dies wurde genehmigt, und so konnte auch ich mit Dietmar, Harry und Fredi sowie all den anderen rumänischen und ungarischen Freunden zusammenbleiben. Lediglich der schon etwas betagtere Professor Giurumia wurde, da er fortan im Innendienst Verwendung finden sollte, zu seinem und unserem Bedauern anderweitig untergebracht. An seiner statt kam Willi Schöllhorn in die Brigade, ein talentierter Musiker, der uns als Ein-Mann-Orchester noch viel Freude bereiten sollte.

Da von den vormals 700 Häftlingen, die 1961 in Grind einsaßen, jetzt nur noch etwa 400 zurückgekehrt waren, blieben etliche Baracken unbelegt. Noch am gleichen Tag begannen wir, das Lager wiederherzurichten. Es war abzusehen, dass es einige Tage dauern würde, bis die gröbsten Schäden beseitigt waren. Die Schreiner unter der Führung von Birescu begannen, die Fenster und Türen wieder zu reparieren, während Edwin Qualles alle Hände voll zu tun hatte, um die zerschlagenen Scheiben zu ersetzen. Harry, Fredi, Werner und ich betätigten uns als Maurer und besserten die Wände aus. Nur Dietmar wurde von der Aufräumarbeit enthoben, weil er wieder den Biologen in das Naturreservat begleiten musste. Diese Aufträge für die Akademie besaßen immer absolute Priorität. Ich selbst habe das Letea-Naturreservat, von welchem Dietmar immerzu schwärmte, nur einmal gesehen, als ich etwas später zusammen mit Günther Oberth und Csaba Csiki zum Besenreisigsammeln dorthin befohlen wurde. Wir marschierten in Begleitung eines Feldwebels in den Wald und verbrachten einen angenehmen Arbeitstag. Trotz meiner nur mäßigen Kenntnisse der Pflanzenwelt war ich doch beeindruckt ob der Vielfalt und Schönheit der angetroffenen Flora.

Etwa nach einer Woche waren die zu Wohnzwecken benötigten Baracken wieder in Ordnung gebracht. Ebenso der Klub, der wieder in dem ehemals hierfür genutzten Raum untergebracht war. Es hieß, die Häftlinge würden ab dem kommenden Montag erneut zur Feldarbeit eingesetzt werden. Eine Ausnahme galt für Fredi, der dringend als Dreher im Zentrum benötigt wurde und der daher täglich von einem Soldaten dort hin- und wieder zurückeskortiert werden sollte. Er wurde dabei äußerst streng beaufsichtigt und hatte daher keine Gelegenheit, mit den im anderen Lager verbliebenen Häftlingen, insbesondere mit den Legionären und anderen „Administrativen", zu sprechen. Aus diesem Grunde bekam er anfangs gar nicht mit, was sich am Morgen des 30. April im Zentrum Sensationelles ereignet hatte.

An diesem Tag waren nämlich die Häftlinge zu einer Filzung in den Hof befohlen worden. Als sie angetreten waren, erschien der Nachfolger Gocius und teilte ihnen mit, dass sie, die Administrativen, aufgrund eines neuen Erlasses mit wenigen Ausnahmen begnadigt seien und umgehend entlassen würden. Anschließend wurden den völlig fassungslosen Männern, die zum Teil seit 20 Jahren einsaßen, die Entlassungsscheine ausgehändigt. Tragischerweise hatte diese freudige Nachricht für etliche der gesundheitlich angeschlagenen Menschen verheerende Folgen. Sie erlitten Kreislaufzusammenbrüche, und es gab drei tödliche Herzanfälle. Die ganze Entlassungsaktion erfolgte unter chaotischen Umständen innerhalb von wenigen Stunden. Zu den Glücklichen, die das Delta noch am selben Tag per Schiff verlassen durften, gehörte auch unser Freund Nelu Paunescu. Die Nachricht, die auch bei uns in Grind einschlug wie eine Bombe, überbrachte uns János, der sie seinerseits von einem Székler Wachsoldaten erfahren hatte. Dadurch, dass wir schon länger keine Neuzugänge mehr im Lager hatten, war uns nicht bekannt, dass seit einiger Zeit überall im Lande ähnliche Häftlingsentlassungen erfolgt waren.

Nähere Details über die sensationelle Begnadigung der „Administrativen" erfuhren einige unserer Kameraden von dem Sergeanten Moga, den sie bald darauf bei der Feldarbeit antrafen. Sie dachten, nicht recht zu sehen, als Moga, der schon immer ein vergleichsweise gutmütiger und redseliger Caraliu war, plötzlich als Schäfer daherkam. Er sei, sagte er, nach der großen Gefangenenentlassung nicht mehr benötigt worden und arbeite daher jetzt als Hirte. Das sei, wie er scherzhaft sagte, auch besser so, denn seine Schafe seien viel folgsamer als wir Häftlinge. Er sei froh, uns los zu sein.

Von Moga erfuhren die Männer, dass nur zwei der „Administrativen" nicht entlassen worden waren. Einer von ihnen war der Altkommunist Emil Angheliu, mit dem ich 1958 in Gherla in einer Zelle gesessen hatte. Seinetwegen soll einige Tage nach der Entlassung extra eine Delegation aus Bukarest angereist sein, die, abgeschirmt von der restlichen Lagerverwaltung, mehrere Stunden mit Angheliu verhandelte, wobei es offensichtlich zu keiner Verständigung kam. Es soll, meinte Moga, sogar zu einem Eklat gekommen sein, denn die Herren aus Bukarest waren ziemlich erbost. Am nächsten Tag konnte das Gespräch nicht wieder aufgenommen werden, weil Angheliu – so die offizielle Version – sich in der Nacht die Pulsadern aufgeschnitten hatte und verblutet war. In Unteroffizierskreisen allerdings machte schon bald ein Gerücht die Runde, wonach Angheliu in seiner Zelle erschlagen worden sei. Wenn man bedenkt, wie mit anderen hochrangigen „Abweichlern" wie etwa Lucretiu Patrascanu, Stefan Foris oder Remus Kofler umgegangen worden war, so klang dieser von Moga geäußerte Verdacht im höchsten Maße glaubwürdig.

Just in jener aufregenden Zeit, etwa um den 20. Mai herum, kam Horst in unser Zimmer und fragte Harry und mich, ob wir Lust hätten, im Zentrum bei der Montage einer elektrischen Kühleinrichtung zu helfen. Es handelte sich, sagte er, um Geräte, die aus der DDR stammten. Das klang alles nach einer interessanten und daher willkommenen Abwechslung, und so sagten wir umgehend zu. Am nächsten Tag marschierten wir drei zusammen mit Fredi, der diesen Weg täglich lief, und einem Unteroffizier nach Periprava-Zentrum.

Im Lager brachte uns der verantwortliche Feldwebel gleich zu dem Raum, in dem die Aggregate lagerten. Von Horst wollte er wissen, ob wir gut Deutsch sprächen, denn die ganzen Gerätschaften kämen aus Ostdeutschland, und entsprechend sei auch die Gebrauchsanweisung verfasst. Horst sagte in selbstsicherem Ton, das sei alles kein Problem, wir könnten sogar „Ostdeutsch" lesen. Der Feldwebel merkte nicht, dass Horst ihn gefoppt hatte, gab sich mit der Auskunft jedoch zufrieden und ging von dannen. Wir machten uns derweilen an die Aufgabe, die uns in den zwei folgenden Wochen beschäftigen sollte. Es machte Spaß, die komplexe technische Anlage kennenzulernen, zumal man uns in Ruhe arbeiten ließ und nicht drängelte. Während der Arbeit waren wir eingeschlossen und durften nur in der Mittagszeit unter Bewachung zur Latrine. Das Essen brachte man uns an unseren Arbeitsplatz. Leider konnten wir die Kühlanlage nicht vollständig fertigstellen, weil ein wichtiges elektronisches Relais fehlte, welches erst noch bestellt werden musste.

An einem der letzten Arbeitstage im Zentrum erzählte uns Fredi beim abendlichen Rückmarsch von seinem interessanten Gespräch mit einem Feldwebel. Dieser war bei ihm vorbeigekommen, weil er etwas von ihm an der Drehbank fertigen lassen wollte, und hatte sich dabei auch nach seiner Strafe erkundigt. Er habe sich recht betroffen gezeigt, als er von den 18 Jahren Haft hörte. Er versuchte, Fredi zu trösten, und sagte, es werde sich schon sehr bald vieles ändern. Häftlinge mit kleinen Strafen würden entlassen werden und gegen andere Gefangene würde man für eine bestimmte Zeit einen „domiciliu obligatoriu" verhängen. Ein solcher Zwangsaufenthalt in irgendeinem Landesteil sei nicht schlimm, man wäre quasi ein „Halbfreier“ und könnte schon richtig Geld verdienen. Und irgendwann würde man dann vollständig amnestiert werden. Diese Nachricht ließ uns natürlich aufhorchen. Einerseits passte sie gut zur Entwicklung in den letzten Monaten, welche durchaus Anlass zu vorsichtigem Optimismus gab, andererseits konnte es durchaus sein, dass der Feldwebel Fredi nur gewogen stimmen wollte, um seine bestellte Arbeit schneller zu bekommen. Wir debattierten lange über das Für und Wider.

Die überraschende Freilassung der Männer aus dem Hauptlager hatte vorerst für uns nur insofern Auswirkungen, als wir nun auch Aufgaben übernehmen mussten, für welche dort keine Arbeitskräfte mehr vorhanden waren, wie etwa die Betreuung einer Versuchspflanzung für eine neue Kartoffelsorte in der Nähe des Dorfes Rosetti. Zu diesem Zweck wurde eine Sonderbrigade unter der Führung des Agronomen Tibi Kacso gebildet, der sich wiederum die nötigen Mitarbeiter zusammensuchte, und zwar bevorzugt seine ungarischen Landsleute. So kam auch János Varro zu dieser Gruppe, war allerdings nur wenige Tage einsatzfähig, weil ihn dann ein schwerer Bandscheibenvorfall ans Bett fesselte.

Die völlig chaotischen Verhältnisse, die kurz vor der großen Amnestie im gesamten Gulag herrschten, führten jedoch dazu, dass die Ungarn der Landwirtschaftsbrigade zusammen mit etwa einem Dutzend weiterer Häftlinge überraschend nach Bukarest-Jilava verlegt wurden. Es sollte sich später herausstellen, dass dies mit dem durch die bereits erfolgten Entlassungen hervorgerufenen empfindlichen Arbeitskräftemangel in der dortigen Haftanstalt zusammenhing. So gab es in Jilava wohl niemanden mehr, der in der Anstaltsgärtnerei hätte arbeiten können. Darüber hinaus wusste man in der Verwaltung der einzelnen Lager offensichtlich noch nicht, wie weit die begonnene Amnestie gehen würde und wer noch alles kurz vor der Freilassung stand.

Der wegen seiner Rückenschmerzen immer noch krankgeschriebene János jedenfalls wurde am 23. Mai zusammen mit Arpi, mit Professor Zoltan Nemet und den anderen Gefangenen per Schiff und Eisenbahn eiligst verlegt und – soweit sie arbeitsfähig waren – sofort in der Gärtnerei eingesetzt. János musste in ein Krankenzimmer, in welchem außer ihm fast nur unheilbar Kranke lagen, darunter etliche schwere Fälle von Syphilis und Tbc. Einen Monat später, am 23. Juni, rief Arpi, als er an der Krankenstation vorbeikam, János zu, dass Professor Nemet entlassen worden sei, und schon am Tag darauf tauchte auch Arpi nicht mehr auf. János wollte verzweifeln, weil er dachte, er wäre wegen seines Aufenthalts auf der Krankenstation möglicherweise „vergessen“ worden. Er sah die Gefahr, dass die Entlassungswelle ebenso unerwartet, wie sie begonnen hatte, auch wieder enden könnte und er dann womöglich wegen dieses dummen Zufalls im Gulag bleiben müsse. Aber diesmal sollte ihn das Glück nicht im Stich lassen: Am 28. Juni durfte auch er den Zug in Richtung Siebenbürgen besteigen und war am nächsten Tag daheim.

Ende in Grind

Bei uns, den in Grind Verbliebenen, hatte sich die gesamte Atmosphäre gewaltig gewandelt. Die üblen Aufseher wie Gainaru oder Pocora waren verschwunden, und die jetzt bei uns eingesetzten Soldaten bemühten sich um ein fast freundschaftliches Verhältnis. Ohne Scheu suchten sie das private Gespräch mit uns, versuchten, uns aufzumuntern, und betonten immer wieder, dass es nun nicht mehr lange dauern könne, bis wir alle entlassen würden. Sie verteilten großzügig Zigaretten, erkundigten sich nach der Höhe unserer Strafen oder nach dem Grund unserer Verurteilung. Gelegentlich zeigten sie sich sogar verwundert darüber, mit welch hohen Strafen vergleichsweise geringfügige Vergehen geahndet worden waren. Äußerungen dieser Art wären früher undenkbar gewesen. Wie schnell wir arbeiteten, war nun auch nicht mehr so wichtig. Abgesehen davon war die Arbeit auf den Feldern, zu welcher wir in diesen Tagen eingesetzt waren, längst nicht mehr so anstrengend wie anfangs. Der Boden war durch die Pflege besser geworden, die früher überall vorhandenen Wurzeln, die in mühevoller Arbeit hatten ausgehackt werden müssen, gab es nicht mehr und auch das sonstige Unkraut hielt sich in Grenzen. Da sich parallel zu dieser Entspannung auch die Verpflegung wesentlich gebessert hatte, kamen wir uns manchmal gar nicht mehr wie Häftlinge vor, sondern eher wie bezahlte Landarbeiter.

Dazu, dass es den meisten Gefangenen – zumal den Kranken – jetzt körperlich besser ging, hatten neben den veränderten Haftbedingungen maßgeblich die vielen Pakete beigetragen, die zwischenzeitlich regelmäßig ankamen. Dr. Ionescu, der Lagerarzt, bat schon seit Längerem Häftlinge, die kurz vor der Entlassung standen, ihre zurückbleibenden Kameraden nicht zu vergessen, und trug ihnen auf, diesen bestimmte Medikamente und Vitaminpräparate zu schicken. Das taten diese dann auch in der Regel, und so enthielten viele Pakete auch wertvolle Stärkungsmittel.

Aber auch diese hoffnungsfrohe Zeit sollte nicht ganz ohne Schicksalsschläge und traurige Nachrichten vorübergehen. So hörten wir eines Abends nach der Rückkehr von der Feldarbeit, dass ein orthodoxer Priester, dem kurz vorher mitgeteilt worden war, dass seine Frau sich von ihm geschieden habe, Selbstmord begangen hatte. Dr. Ionescu hatte den am Boden zerstörten Mann krankgeschrieben, und als der dann allein in der Baracke saß, nutzte er die Gelegenheit, sich mittels seines Gürtels zu erhängen. Betroffen und verstört sahen wir den Toten durch das offene Fenster. Man hatte ihn hängen lassen und wartete auf die Obduktion durch den MAI-Arzt Dr. Daghie. Der Priester sollte der letzte verstorbene Häftling im Lager Grind sein.

Wenige Tage später wurde Horst Zimmermann, der als Elektriker für das ganze Lager zuständig war, noch spätabends wegen eines Stromausfalls zu den Wohnbaracken der Soldaten gerufen. Horst kontrollierte den Sicherungskasten und stellte fest, dass eine Sicherungspatrone gelockert worden war. Noch während er den Kasten prüfte, kam ein Soldat herbei und flüsterte ihm zu, dass er den Kurzschluss vorgetäuscht habe. Er wolle ihm, flüsterte er weiter, eine wichtige Mitteilung machen, und zwar habe vor einer Stunde der Staats- und Parteichef Gheorghe Gheorghiu-Dej in einer Rede vor dem Zentralkomitee erklärt, dass es bis zum 23. August dieses Jahres keine politischen Häftlinge in der Volksrepublik mehr geben werde. Horst war ob dieser Nachricht wie vom Donner gerührt. Als er sich verabschiedete, kündigte der Soldat für den nächsten Abend einen weiteren Stromausfall an. Er werde Horst dann zum Beweis die unglaubliche Neuigkeit in der morgigen Zeitung zeigen.

Horst eilte anschließend sofort zurück in die Baracke und berichtete von der ihm zugetragenen Nachricht, die bei uns verständlicherweise einschlug wie eine Bombe. Wir waren schon zu lange dabei und hatten schon viel zu viele Enttäuschungen erlebt, als dass wir auf Anhieb jede hoffnungsfrohe Kunde sofort geglaubt hätten, aber diesmal hörte es sich doch realistisch an. Und vor allem fügte es sich so gut in das Bild, das sich schon seit Monaten abzuzeichnen begann. Sollte es wirklich wahr sein und wir nach mehr als einem Jahrzehnt frei werden? Es dauerte lange, bis wir in dieser Nacht zum Schlafen kamen. Am nächsten Morgen gaben wir die Nachricht – ohne die Quelle zu nennen – vorsichtig weiter, und gegen Abend dürfte es keinen mehr im Lager gegeben haben, der sie nicht erfahren hatte. Viele Leute blieben jedoch skeptisch.

Ungeduldig warteten wir, die wenigen Eingeweihten, auf den nächsten Abend. Kurz nach 21 Uhr hieß es dann tatsächlich: „Elektriker zum Tor!“ Horst ging los und kam schneller als am Vortag schon bald zu uns zurück. Alles sei, sagte er, wie versprochen gelaufen, und er zog einen kleinen Zeitungsausschnitt mit der Rede Gheorghiu-Dejs aus der

Tasche. Eine nur kurze, aber umso gewichtigere Rede, die bestätigte, was der Soldat am Vorabend gesagt hatte. Auch diesmal gaben wir die Nachricht vorsichtig weiter, was ausreichte, um bis zum nächsten Abend für ihre flächendeckende Verbreitung im Lager zu sorgen. Am zweiten Tag war die Zahl der Skeptiker schon etwas geringer, was damit zusammenhing, dass parallel zu der von uns verbreiteten Nachricht auch Dr. Ionescu von einem Mann der Verwaltung erfahren hatte, dass bald viele Häftlinge entlassen würden.

Die Tatsache, dass Nachrichten dieser Art zwischenzeitlich so schnell bis zu den Häftlingen durchsickerten, war an sich schon ein untrügliches Zeichen, dass die früher unerbittliche Entschlossenheit aufseiten der Verwaltung gewaltig geschwunden war. Uns konnte das nur recht sein. Immer häufiger wurden wir von Soldaten angesprochen, die uns zu trösten versuchten, etwa nach dem Motto: „Kopf hoch, die Partei hat euch nicht vergessen. Vielleicht werdet ihr schon bald alle entlassen." Wir bekamen mit, dass man das Wachpersonal und die Soldaten ganz offiziell angewiesen hatte, mit uns anständig umzugehen; man habe ihnen erklärt, dass wir an sich keine schlechten Menschen seien, sondern nur die Opfer einer falschen Erziehung. Es waren wirklich vollkommen neue Töne, die man plötzlich vernahm!

Trotz der großen Ereignisse, die ihre Schatten schon vorauswarfen, mussten wir – wenn auch unter geänderten Bedingungen – nach wie vor zur Feldarbeit ausrücken. Es muss um den 10. Juni 1964 gewesen sein, als wir eines Vormittags beim schweißtreibenden Hacken des Bodens eine sich schnell nähernde Staubfahne erblickten. Es handelte sich um ein halbes Dutzend Militärfahrzeuge, die über einen Feldweg heranbrausten und in der Nähe unseres Maisfeldes hielten. Den Fahrzeugen entstiegen etwa zehn Offiziere des Innenministeriums – vom Leutnant bis zum Major waren alle Dienstgrade vertreten –, die sich verteilten und zu den verschiedenen Häftlingsgruppen gingen. Den geschniegelten, wohlgenährten und glatt rasierten Großstadttypen in ihren gepflegten Uniformen war anzumerken, dass sie sich bislang hauptsächlich im Ministerium herumgetrieben hatten und weniger in den Lagern und Gefängnissen. Am auffälligsten aber war die aufgesetzt wirkende Freundlichkeit, mit der sie uns ihr „Guten Tag!" entgegenriefen.

Als ein Oberleutnant direkt vor mir stehen blieb, grüßte ich vorschriftsmäßig: „Să trăiţi, domnule locotenent major!" („Leben Sie hoch, Herr Oberleutnant!"), und nannte meinen Namen. Der Offizier lobte daraufhin unseren Fleiß und wollte wissen, wie es mit der Arbeit so laufe, das Ganze in einem Tonfall, als ob wir schon immer gute Freunde wären. Ich antwortete mit ein paar Allgemeinplätzen wie etwa „Ja, wir schaffen nach Kräften“ und „Wir helfen uns gegenseitig, damit auch die älteren und schwächeren Männer ihr Plansoll erfüllen können. Schließlich muss die Arbeit ja gemacht werden“. Wie zum Beweis, dass die aufdringliche Freundlichkeit nur die Umsetzung einer entsprechenden Anordnung war, unterbrach er mich und fragte in etwas strengerem Ton nach meinem Vergehen, nach der erhaltenen Strafe und danach, wie lange ich schon in Haft sei. Als ich alles aufgezählt hatte, stellte er in gleichsam väterlich-strengem Tonfall fest, dass es schon kriminelle Handlungen waren, die ich da begangen hatte, worauf ich erwiderte: „Mag sein, aber ich wurde unter anderem wegen meines Protestes gegen die Bărăgăn-Verschleppung verurteilt, und genau diese wurde ja fünf Jahre später von der Regierung als ungerechte Maßnahme bezeichnet, und die Verschleppten wurden wieder nach Hause entlassen. Ich aber bin auf meinen 25 Jahren sitzen geblieben.“ Als er meinte: „Ja, 25 Jahre Haft sind eine sehr hohe Strafe“, setzte ich noch einen drauf und antwortete betont lässig, so als ob es mich nicht berühren würde: „Diese Strafe ist in unserer Brigade nichts Besonderes. Früher war man halt ‚freigiebiger‘ mit der Vergabe der Strafjahre.“ Offensichtlich hatte er nun endgültig keine Lust mehr, das Gespräch länger als unbedingt notwendig mit mir fortzuführen, überging daher meine Bemerkung und begann, den ihm vorgegebenen Text herunterzuleiern: Wir sollten fleißig arbeiten und diszipliniert bleiben, denn die Partei habe uns nicht vergessen und es könnte sein, dass wir schon bald entlassen würden. Dann bekämen auch wir die Chance, am Aufbau des Sozialismus mitzuwirken. Er lächelte erleichtert, vermutlich weil es ihm so gut gelungen war, mir die bevorstehende große Wende im Strafvollzug anzukündigen und damit die ihm von der Partei gestellte Aufgabe zu erfüllen. Er nickte mir gönnerhaft zu und ging von dannen.

Als er sich entfernt hatte, versammelten sich die in der Nähe arbeitenden Kameraden um mich und begannen, heftig über diesen seltsamen Besuch zu debattieren. Es stellte sich heraus, dass die anderen Offiziere, die alle mit einzelnen Häftlingen gesprochen hatten, sinngemäß überall das Gleiche erzählt hatten. Es schien sich wirklich etwas anzubahnen, davon waren zwischenzeitlich sogar die notorischen Schwarzseher überzeugt. Allerdings befürchteten wir, dass möglicherweise wieder nur einzelne Kategorien von Häftlingen in den Genuss der Amnestie kommen könnten, so wie seinerzeit, als die „Administrativen“ von jetzt auf nachher entlassen wurden. Aber wenn wir schon nicht amnestiert würden, so wäre es schon ein Erfolg, wenn es zumindest zu einer Strafherabsetzung käme. Es blieb spannend.

Die Kommission

Als wir am 21. Juni 1964 vom Feld zurückkamen, sahen wir schon von Weitem die beim Lagertor geparkten Militärfahrzeuge. Um das Tor herum drängten sich die Gefangenen, die uns aufgeregt entgegenriefen: „Die Kommission ist da!" Aus dem Durcheinander der Mitteilungen war zu entnehmen, dass bereits am Vormittag eine große Anzahl von Securitate-Offizieren angekommen war. Es handelte sich um Vertreter der Staatspolizei aus sämtlichen 14 Landesregionen, die die Entlassung der politischen Häftlinge abwickeln sollten. Da es für die vielen Offiziere und ihren Tross nicht genügend Arbeitsräume gab, waren sofort alle Leute vom Innendienst dazu abkommandiert worden, außerhalb des Lagers Holzverschläge aufzubauen, die als provisorische Büros dienen sollten.

Wir, die wir von der Arbeit kamen, hatten gerade noch Zeit, uns zu waschen, dann wurden wir auch schon zum Appell gerufen. Die Zählung verlief in der gewohnten Art, nur schneller, und als danach das Abendessen ausgegeben wurde, hielt man uns an, eilig zu essen, weil wir bald wieder nach draußen sollten. Tatsächlich wurden wir nach nur etwa zehn Minuten wieder zum Appellplatz befohlen, wo wir brigadeweise anzutreten hatten. Dann begann einer der externen Offiziere, Namen von Häftlingen zu verlesen. Die Aufgerufenen hatten im Laufschritt zum Lagertor zu eilen.

Soweit ich dies beurteilen konnte, gab es für die genannten Leute keine übereinstimmenden Kriterien. Die über 70 Männer, die nun zum Tor hinausschritten, hatten ganz unterschiedlich hohe Strafen, und es differierte auch der Grund ihrer Verurteilung. Wir anderen wurden in unsere Baracken geschickt, wo sofort die heftigsten Diskussionen entbrannten. Fast alle meinten, dass es nicht sein könne, dass man Häftlinge mit hohen Haftstrafen ebenso behandeln würde wie jene mit Strafen von unter fünf Jahren. Und doch schien es so vorgesehen zu sein, denn auf der geheimnisvollen Liste waren beide Häftlingsgruppen vertreten gewesen. Manche vermuteten, dass jene mit den geringen Strafen sofort entlassen würden, während die anderen nur eine Minderung der Haftzeit zu erwarten hätten. Ans Schlafen dachte an diesem Abend niemand, es wäre ohnehin nicht möglich gewesen, dazu waren wir alle viel zu aufgeregt. Dann plötzlich meldete einer, dass gerade ein Dutzend der vorhin aufgerufenen Häftlinge in Begleitung zweier Unteroffiziere zurück ins Lager gebracht worden seien. Man habe sie, abgeschirmt von den restlichen Gefangenen, in eine der leer stehenden Baracken gesperrt. Auch zwei weitere Gruppen, die im Laufe der nächsten halben Stunde zurückgeleitet wurden, kamen in dieselbe Baracke. Trotzdem gelang es nicht, ein Durchsickern von Nachrichten vollständig zu verhindern, denn die Abgeschotteten wollten zur Latrine, und bei dieser Gelegenheit schaffte es einer trotz der Bewachung, einigen Häftlingen zuzuflüstern, dass ausnahmslos alle 70 Mann begnadigt worden seien und schon am nächsten Tag entlassen würden. Die Nachricht verbreitete sich binnen kürzester Frist wie ein Lauffeuer im gesamten Lager. Hintergrund der versuchten, aber missglückten Nachrichtensperre dürfte gewesen sein, dass man ein Chaos befürchtete, wenn alle auf einmal von der verkündeten Amnestie erfahren hätten.

Es blieb uns aber keine Zeit, diese neueste Kunde ausführlich zu bereden, denn gegen 22 Uhr wurden wir wieder alle zurück zum Appellplatz befohlen. Wieder wurden Namen verlesen, diesmal auch jener von Dietmar, wie üblich in nur schwer zu verstehender verstümmelter Form. Aber das störte ihn nun, da er zusammen mit etwa 30 weiteren Männern zum Tor hinauseilte, sicher kaum.

Wir anderen sollten wieder in die Baracken, wo die Warterei und die aufgeregten Diskussionen in kleinen Gruppen weitergingen. Als sich um Mitternacht herum die Tür öffnete und Dietmar in Begleitung eines Unteroffiziers erschien, waren wir alle noch hellwach. Entsprechend schnell „schalteten" wir, und Liviu und Nacu verwickelten den Unteroffizier in ein Gespräch, sodass dieser Dietmar, der seine Privatsachen holen sollte, aus den Augen verlor. Dies war die Gelegenheit für Harry und mich, schnell ein paar Worte auf Deutsch mit Dietmar zu wechseln und ihn vor allem zu bitten, unsere Eltern zu informieren. Dietmar – bestens gelaunt – versprach, natürlich alles auftragsgemäß zu erledigen, fügte aber hinzu, dass wir dies sicher bald selbst daheim erzählen könnten. Der für die Region Timişoara (Temeschburg) zuständige Securitate-Major, der ihm seine bedingungslose Entlassung mitgeteilt hatte, verfügte nämlich noch über weitere lange Namenslisten mit Begnadigten. Das waren natürlich großartige Nachrichten, und erfreulich war auch, dass von dem von vielen befürchteten „domiciliu obligatoriu" (Zwangsaufenthalt) bislang nirgendwo ein Wort gefallen war. Viel mehr konnten wir nicht mit Dietmar sprechen, denn sein „Aufpasser" war nicht mehr bereit, sich weiter mit Plaudereien hinhalten zu lassen, und drängte zum Aufbruch. Wir verabschiedeten uns von unserem Kameraden.

Weitere Ereignisse blieben in jener Nacht aus, obwohl wir noch stundenlang sprungbereit in unserer Baracke saßen. Es ging aber erst am nächsten Tag nach dem Morgenappell weiter, als wieder etwa 40 Leute, darunter Harry, aufgerufen wurden. Bis zu diesem Zeitpunkt war ungefähr 150 Männern ihre Entlassung mitgeteilt worden, das waren etwa 30 Prozent der Häftlinge in Grind. Etwas später sah ich, wie Harry und der immer noch im Lager anwesende Dietmar zusammen mit anderen Begnadigten eifrig dabei waren, ihre privaten Kleider in Ordnung zu bringen. Man hatte ihnen zu diesem Zweck ein paar Tische aus dem Club, einen Waschzuber und einige Kleiderbürsten zur Verfügung gestellt. Von den Soldaten wurde ihnen sogar ein Bügeleisen leihweise überlassen. Als ich die Kameraden später erstmals nach über zwölf Jahren wieder zivil gekleidet sah, schienen sie mir unheimlich fremd. Die Hosen und Jacken waren natürlich in einem beklagenswerten Zustand. Man sah ihnen – wie uns übrigens auch – die jahrelange Odyssee durch irgendwelche Gefängnisse und Lager überdeutlich an. Allen Entlassenen wurde eine Fahrkarte für die bevorstehende Schifffahrt und anschließend für die Bahnreise bis zu ihrem Wohnort kostenlos ausgehändigt. Eventuelle Zuschläge für den Schnellzug mussten die Leute allerdings selbst bezahlen, sofern sie über Geld verfügten.

Im Laufe des Tages wurden wir noch mehrmals zum Appellplatz bestellt, und jedes Mal wurden die Namen weiterer Häftlinge verlesen. Obwohl wir wieder bis spät in die Nacht bangten und hofften, waren wir, Fredi und ich, immer noch nicht unter den Glücklichen, dafür aber Alexander Krebs aus Klausenburg und Professor Tanovicianu, einer der prominentesten Häftlinge des Lagers. Mittlerweile hatte man aufgehört, den Kontakt zwischen Entlassenen und den Zurückbleibenden unbedingt unterbinden zu wollen, wahrscheinlich weil man die Nutzlosigkeit des Unterfangens eingesehen hatte. Es war mir daher möglich, einige Worte mit Dietmar und Harry zu wechseln. Auch Professor Tanovicianu konnte ich bei dieser Gelegenheit noch einmal sprechen. Der alte Mann hatte Tränen in den Augen, als er mich umarmte und auch mir „Libertate“, Freiheit wünschte. Wir verabschiedeten uns mit „Noroc bun!“, dem alten Bergmannsgruß.

Zwischen zwei Terminen auf dem Appellplatz wurde ich von Nae alias Otto aufgesucht, der wissen wollte, ob ich – falls ich doch nicht entlassen würde – bereit wäre, mit ihm im E-Werk des Lagers zu arbeiten. Sein bisheriger Kollege, Ingenieur Alexandru Constantinescu, war am Vorabend seine Entlassung in die Freiheit mitgeteilt worden. Dieses Angebot, welches ich vor wenigen Wochen noch begeistert angenommen hätte, bestürzte mich zugegebenermaßen etwas, denn es zwang mich, über eine Möglichkeit nachzudenken, die ich in den letzten zwei Tagen zu verdrängen versucht hatte. Die Tatsache, dass mich Nae fairerweise darauf aufmerksam machte, dass ich als Mitarbeiter des E-Werkes womöglich als unabkömmlich gelten könnte – schließlich musste ja weiterhin für Strom im Lager gesorgt werden – und dies meine Entlassung zusätzlich hinausschieben könnte, machte mir die Entscheidung auch nicht leichter. Trotz aller Bedenken sagte ich nach kurzem Überlegen zu, vielleicht wegen Nae, den ich immer als großartigen Menschen gekannt hatte. Wenn ich schon dazu verdammt sein sollte, hierzubleiben, dann wenigstens zusammen mit einem absolut zuverlässigen Kameraden. Mir war nämlich aufgefallen, dass unter all den bisher Entlassenen kein „sef des lot" (Gruppenführer) war, eine Häftlingskategorie, zu der auch ich gezählt wurde. Es war möglich, dass für uns besondere Anweisungen galten.

Ich konnte gleich meine Sachen abholen und in die Baracke der Innendienstler umziehen. Dann zeigte mir Nae die Dieselmotoren, die wir fortan warten sollten. Es war eine Aufgabe, die ich mir grundsätzlich zutraute, denn die hiesigen Motoren waren jenem Motor in der Tischlerei des Zentrallagers ähnlich. Trotzdem ließ ich mir gleich mal von Nae einige Details erklären, denn es konnte ja genauso gut der Fall eintreten, dass er entlassen würde und ich dann von jetzt auf nachher hier allein die Verantwortung übernehmen müsste. Die nächsten Stunden verbrachte ich – wenn wir nicht gerade wieder zum Appellplatz gerufen wurden – damit, die Motoren zu studieren. Dabei rauchte ich fast ununterbrochen, um meine strapazierten Nerven etwas zu beruhigen. Es waren tausend Dinge, die mir durch den Kopf gingen, und zumeist keine erfreulichen. Je länger ich grübelte, umso wahrscheinlicher erschien es mir, dass die „Sef-de-lot-Sache" nun meine Entlassung verhindern würde. Ganz abgesehen davon wusste auch ich, dass es für die Securitate nach wie vor genügend Möglichkeiten gab, missliebige Personen loszuwerden. Jene Fälle, in denen Häftlingen schon kurz nach ihrer Entlassung Opfer eines tödlichen „Unfalls" geworden waren, hatten sich bis zu uns herumgesprochen. Und die Möglichkeit, am Ende zu einer ganz kleinen Gruppe von zurückgelassenen Häftlingen zu gehören, stimmte mich auch nicht sehr hoffnungsfroh. Schließlich wusste ich nur zu gut, wie es Emil Angheliu ergangen war, als er nach der Entlassung der „Administrativen" im Lager Zentrum zurückgeblieben war.

Gegen 22 Uhr dachte ich schon, der Tag wäre hinsichtlich etwaiger Entlassungen gelaufen, und versuchte, zwischenzeitlich todmüde, etwas Schlaf zu finden, als die Talanga uns wieder nach draußen rief. Ich schlüpfte in meine Schuhe, lief zum Appellplatz und stellte mich neben Fredi und Werner. Während der Offizier begann, Namen von einer Liste vorzulesen, blickte ich gedankenverloren auf die sichtlich zusammengeschrumpften Häftlingsbrigaden. Dann fiel mein Name. Ich hörte es genau, aber es war so irreal, dass ich es nicht gleich begreifen konnte. „Hörst du nicht?", zischten die beiden Kameraden mir gleichzeitig zu und stießen mich an. Doch, ich hörte sehr wohl, ich begriff bloß nicht. Dann endlich, nach einer gefühlten Ewigkeit, schaffte ich es, den Arm zu heben und „Present" („Anwesend") zu rufen. Ich reichte Werner und Fredi noch schnell die Hand und ging zu den „Auserwählten", die sich vor dem Tor versammelten. Man führte uns hinaus, wo ein fremder Leutnant jedem die Nummer der Bretterbude nannte, bei welcher er sich zu melden hatte. Mich schickte er zur Nummer 14, dem letzten der improvisierten Büroräume. Dort angekommen klopfte ich an die Tür, und als ich die Aufforderung „Intră!" („Herein!") vernahm, öffnete ich diese. Im Büro saß ein Major der Staatspolizei, so ungefähr 40 Jahre alt.

Er fragte mich nach meinen Daten, verglich diese mit den Angaben in seiner Akte und las mir sodann eine Kurzfassung des Dekretes vor, aufgrund dessen ich begnadigt worden war. All dies in sachlich-nüchternem Tonfall. Dann schob er mir einen kleinen Papierbogen zu, mit der Aufforderung, hinter meinem Namen zu unterschreiben. Auf diesem mickrigen Papierfetzen stand „Entlassen aus der Formation 0830 Periprava entsprechend dem Erlass Nr. 310/1964", und darunter waren etwa zehn Namen von Häftlingen aufgelistet. Mehrere der Männer, die ich alle nicht näher kannte, hatten bereits unterzeichnet. Ich unterschrieb und wurde noch darüber belehrt, dass ich mich einen Tag nach meiner Ankunft in Temeschburg bei ihm, dem Securitate-Major, zu melden hätte. Ferner wurde ich davon in Kenntnis gesetzt, dass es uns, den Entlassenen, streng verboten sei, irgendjemandem zu erzählen, wo und mit wem wir in Haft gewesen waren. Bei einem Verstoß drohe uns eine erneute Verurteilung. Das klang glaubwürdig.

Es folgte, diesmal in strengerem Tonfall, eine Moralpredigt wegen der „Dummheiten", die ich seinerzeit mit meinen Freunden begangen hatte. Die Rede schloss mit der Bemerkung: „Eigentlich habt ihr es nicht verdient, freigelassen zu werden, aber die Partei gewährt euch jetzt trotzdem diese Chance." Nach diesem Schlusswort hellte sich wie per Knopfdruck sein Gesichtsausdruck auf, und er versuchte offenbar sogar zu lächeln, was von mir freilich nur als unsympathisches Grinsen empfunden wurde. Ob ich Raucher sei, wollte er wissen, und als ich bejahte, zog er ein goldfarbenes Etui hervor und bot mir eine Zigarette an. Worauf ich, unbedacht und nach der Aufregung der letzten Tage mit den Nerven am Ende, nichts Besseres zu antworten wusste als: „Danke, ich rauche lieber meine Zigaretten." Die Reaktion des Majors war die erwartbare. Zornesrot schrie er mich an: „Mă refuzi? Lasă, că ne întâlnim la Timişoara!" („Du weist mich zurück? Warte nur, wir sehen uns noch in Temeschburg!") Als er sein „Ieşi afară!" („Raus mit dir!") brüllte, konnte ich nur noch ein leises „Să trăiţi" stammeln und sah zu, dass ich zur Tür kam. Draußen vor der Baracke wurde mir erst klar, welch einen bösen Fehler ich begangen hatte. Diese völlig sinnlose Brüskierung des Securisten war das Dümmste, was ich hatte tun können. Ich hätte mich ohrfeigen können, aber nun war es nicht mehr zu ändern, es war mir einfach so „rausgerutscht". Ich konnte jetzt nur noch hoffen, dass meine Unbesonnenheit keine schlimmen Folgen haben würde.

Ich ging zurück ins Lager und zur Baracke der Entlassenen, wo Dietmar und Harry sich gerade marschbereit machten. Da Harry wusste, dass ich in meinem Privatgepäck über keine Zivilhose mehr verfügte, überließ er mir seine Ersatzhose. Sie war zwar etwas kurz, aber zumindest nicht zerrissen, und ich passte mit meinen 59 Kilogramm gut hinein. Ich war nach den 13 Jahren allenfalls noch wegen der Höhe meiner Strafe ein „schwerer Junge". Dann blickte ich den etwa 80 Häftlingen hinterher, die nun zum Tor hinausmarschierten. Seltsamerweise wurden sie nicht einmal gefilzt. Als sich das Tor hinter dem letzten wieder schloss, ging ich in die Baracke zurück und versuchte todmüde, den verlorenen Schlaf der letzten Nächte etwas nachzuholen. Es wollte aber auch jetzt nicht richtig gelingen: In dem Zimmer war die ganze Nacht ein ständiges Kommen und Gehen, die Leute redeten miteinander, trafen Absprachen, schmiedeten Pläne. Dazu wurde pausenlos von fast allen geraucht, man hätte die Luft schneiden können.

Entsprechend gerädert trottete ich am nächsten Morgen vor die Isolierbaracke zum Appell und nahm den Frühstücksmaisbrei, den letzten, den ich in Grind bekommen sollte, in Empfang. Anschließend ging es zum Gepäckmagazin, um die deponierten Privatsachen zu übernehmen. Karoly, der mutige ungarische Junge, der uns seinerzeit das englische Wörterbuch und die anderen Unterlagen zugespielt hatte, übergab mir den Papiersack mit meiner kümmerlichen Habe. Die meisten der Kleider, die ich noch 1951 während der Untersuchungshaft oder später von daheim bekommen hatte, waren zwischenzeitlich kaputt. Glücklicherweise verfügte ich noch über ein Paar brauchbarer Schuhe. Diese zusammen mit der Hose, die ich von Harry geliehen hatte, und ein buntes Sommerhemd mussten für die Fahrt nach Temeschburg reichen. Zwischen den anderen Haftentlassenen fiel ich mit meinem ärmlichen Aufzug sowieso nicht auf. Viele waren noch schlimmer dran, trugen notdürftig geflickte oder zerschlissene Kleider. Vorzeigbar war an uns allenfalls unsere tiefbraune Gesichtsfarbe. Wenn wir nicht so ausgemergelt dahergekommen wären, hätte man uns für Urlauber halten können.

Auch unsere Wertsachen wurden uns ausgehändigt. Meine schöne silberne Armbanduhr, das Geschenk von Onkel Barth, war leider nicht mehr dabei. Vermutlich war sie schon beim ersten Aufenthalt in Gherla geklaut worden, als man Straftäter mit der Verwahrung unserer Privatsachen betraut hatte. Dafür wurden mir 409 Lei von meinem Sparkonto ausbezahlt. Es war der Rest des einst großen Guthabens, über welches ich nach der Arbeit in den Bergwerken verfügt hatte. Ich besah mir die neuen, mir noch unbekannten Geldscheine lange. Sie waren während unserer Haftzeit im Zuge der Währungsreform in Umlauf gekommen. Während ich noch gedankenverloren eine Banknote betrachtete, kamen Günther Oberth und Edwin Qualles freudestrahlend vorbei. Sie hatten kurz vorher ebenfalls ihre Entlassung mitgeteilt bekommen.

Nachdem alle Formalitäten erledigt waren, wurden wir rasiert. Die Haare zu schneiden erübrigte sich, denn die durften während der Haftzeit sowieso höchstens zwei Zentimeter lang sein. Der restliche Tag wurde nur noch durch das Ausgeben des Mittag- und des Abendessens unterbrochen, ansonsten hatten wir genügend Zeit, nachzudenken, mit Freunden zu sprechen und uns von den Unglücklichen zu verabschieden, die noch keine Nachricht von ihrer Entlassung erhalten hatten. Dazu gehörte Nae-Otto Marinescu, der jetzt wieder auf der Suche nach einem Partner für die Arbeit beim E-Werk war. Auch Werner und Fredi hatten noch nichts gehört. Ich versprach Fredi, als er mich abends nach der Arbeit noch einmal besuchte, zu seinen Eltern zu gehen und ihnen zu berichten. Wir hofften zwar alle noch, dass auch die anderen Kameraden in den nächsten Stunden entlassen würden, aber leider sollte Fredi zu einer Gruppe von fast 50 Mann gehören, die man noch wochenlang zurückhielt. Und zwar wahrscheinlich nur, weil er im Zentrum weiter als Dreher benötigt wurde. Er sollte das Lager erst am 28. Juli 1964 verlassen dürfen.

Die Entlassung

Am Abend wurde jedem von uns ein halbes Kilo Brot und ein Stück Speck als Reiseproviant ausgehändigt. Auch Dr. Ionescu kam vorbei und erkundigte sich, ob jemand krank sei und Hilfe brauche. Die benötigten wir nicht, aber wir nutzten die Gelegenheit, uns bei ihm zu bedanken. Er hatte in den zurückliegenden Jahren trotz der widrigen Umstände immer alles getan, um uns zu helfen und uns bestmöglich zu behandeln.

Kurz nach 23 Uhr mussten wir mit unserem Gepäck am Tor antreten. Es erschien ein unbewaffneter Unteroffizier, der bislang mit der Lebensmittelversorgung des Lagers betraut gewesen war und den wir alle als gutmütigen Menschen kennengelernt hatten. Es schien ihn aufrichtig zu freuen, dass er uns jetzt bei unseren ersten Schritten in die Freiheit begleiten durfte, und er betonte, dass er nicht hier sei, um uns zu bewachen. Er müsse uns nur den Weg zur Anlegestelle zeigen, den wir ohne Hilfe – zumal bei Nacht – sonst verfehlen könnten.

Wir nahmen unsere Kleidersäcke und Koffer auf und wurden noch einmal – zum letzen Mal – gezählt. Dann öffnete sich für uns das große Lagertor. Als wir hinausmarschierten, musste ich an die zurückliegende Zeit denken. Über vier Jahre hatte ich hier im Donaudelta verbracht. Ich verband mit diesem Ort am östlichen Ende Rumäniens viele schlechte, aber auch manch schöne Erinnerungen. Und ich hatte hier auch, wie schon in vorangegangenen Haftstationen, eine großartige Kameradschaft erlebt.

Bevor wir an einer hohen Schilfreihe abbogen, trat ich aus der Kolonne, blieb stehen und schaute in den vom Mond erhellten Lagerhof zurück. An den Barackenfenstern waren da und dort Gestalten, die uns zuwinkten. Ich dankte Gott, dass ich diesen Augenblick erleben durfte, und wünschte denen, die dort noch hinter dem Stacheldrahtzaun waren, dass sie uns bald folgen könnten. Das „Hai, domnule!" („Kommen Sie schon, Herr!") des Unteroffiziers riss mich aus meinen Gedanken und mahnte mich zur Eile. Es war das erste Mal, dass ich von einem Wärter mit „domnule" angesprochen worden war.

Wir mussten erst die etwa fünf Kilometer bis zum Hauptlager gehen. Trotz der vorgerückten Stunde war das kein Problem, denn der hell leuchtende Mond sorgte für gute Sicht. Vom Zentrum aus waren dann noch ungefähr drei weitere Kilometer über einen schlammigen, von hohem Schilf gesäumten Trampelpfad bis zur Anlegestelle zu bewältigen. Diese letzte Wegstrecke war besonders für die Älteren unter uns beschwerlich, und wir mussten einigen beim Tragen ihres Gepäcks helfen. Im Schatten des Schilfrohrs trat mancher in ein Schlammloch und geriet ins Straucheln.

Nach zwei Stunden war die Anlegestelle am Ufer des Kilijaarms endlich erreicht und wir ließen uns erschöpft nieder. Bald schon hörte man den einen oder anderen der am Boden liegenden Männer laut schnarchen. Die aufregenden letzten Tage waren an keinem von uns spurlos vorübergegangen. Ich gesellte mich zu einer Gruppe von Häftlingen, die sich um den Unteroffizier geschart hatten und sich mit diesem unterhielten. Der Mann erwähnte schon zum wiederholten Male, dass er nicht als unser Bewacher mitgekommen sei, sondern nur, um uns über die schwierige Wegstrecke zu führen. Er plauderte ganz ungezwungen mit uns und wünschte jedem eine gute Heimfahrt und für die Zukunft viel Glück. Später, als das Schiff ankam, überreichte er dem Kapitän die Sammelfahrkarte für unsere Gruppe. Die Fahrscheine für die anschließende Bahnfahrt waren jedem einzeln ausgehändigt worden.

Als sich in der Morgendämmerung endlich das Schiff näherte, stellten wir entsetzt fest, dass das Deck schon vollständig mit Passagieren überfüllt war. Es war kein einziger Quadratmeter an Bord frei. Nachdem das Schiff am Kai festgemacht hatte, erschien der Kapitän und forderte die verwegen aussehenden Gestalten per Megafon auf, auch uns Platz zu machen. Die Antwort der Leute, es handelte sich offensichtlich um ebenfalls begnadigte Straftäter, war nur ein wildes Gejohle. Da stieg „unser" Unteroffizier an Bord und forderte den Kapitän auf, die „hoţii" (Diebe) unter Deck zu treiben, damit für die „domni" (Herren) – er meinte uns – Platz an Deck frei werde. Das veranlasste der Kapitän dann auch mithilfe etlicher Matrosen und Hafenbediensteter, darunter einige besonders breitschultrige Lipovener, die innerhalb von Minuten für ein freies Deck sorgten. Anschließend konnten wir und mit uns etwa ein Dutzend Zivilfahrgäste an Bord gehen. Trotzdem war das Gedränge so groß, dass wir nur abwechselnd auf unserem Gepäck sitzen konnten, die meisten mussten stehen. Als das Schiff ablegte und zügig flussaufwärts fuhr, stand der Unteroffizier am Kai und winkte uns noch lange hinterher.

Da es hell geworden war, konnten wir während der Fahrt in Ruhe die Landschaft betrachten, besonders die sowjetische Seite, in deren Nähe die Fahrrinne vorbeiführte. Während mehrerer Stunden war keine einzige Niederlassung oder auch nur ein einzelnes Haus zu erblicken. Es schien in dieser Gegend überhaupt keine Zivilisten zu geben. Lediglich eine Handvoll Soldaten, vermutlich Grenzer, standen einmal am Ufer. Dafür wurde das Ufer auf vielen Kilometern Länge offensichtlich als Schrottplatz genutzt. Es gab unzählige Schiffswracks, teils an Land, teils noch halb im Wasser liegend. Dazu die traurigen Überreste von hunderten Lkw, Traktoren und anderen Landwirtschaftsmaschinen. Gegen 7 Uhr erreichten wir Tulcea und gingen als freie Menschen – daran mussten wir uns erst noch gewöhnen – von Bord.

Zusammen mit einer kleinen Gruppe junger Ungarn begab ich mich zum nahen Bahnhof. Als wir erfuhren, dass unser Zug erst in ein paar Stunden fahren würde, beschlossen wir, uns noch ein wenig umzugucken, und kamen so an einem Laden mit der verlockenden Aufschrift „Alimentara“ (Lebensmittel) vorbei. Ich wollte sofort hinein und überredete auch meine Begleiter, die noch zögerten, da sie über kein Geld verfügten. Im Laden fiel mein erster Blick auf das große Regal voller herrlicher Brote. Da gab es kein Halten mehr. Ich kaufte sofort drei Laibe für uns, dazu Ölsardinen, zwei Zitronen und ein paar Flaschen Limonade. Dann setzten wir uns mit unseren Reichtümern an den nahen Kai und begannen, mit Blick auf die Donau genussvoll zu essen. Das Brot schnitten wir mit dem angeschliffenen Löffelstiel, den ich vorsichtshalber – man konnte ja nie wissen – mitgenommen hatte. Es war ein unbeschreibliches Gefühl, vom eigenen Brot essen zu können, und mir kamen Goethes Worte in den Sinn: „Wer nie sein Brot mit Tränen aß, wer nie die kummervollen Nächte / auf seinem Bette weinend saß, der kennt euch nicht, ihr himmlischen Mächte ...“. Diese Mahlzeit mit Brot, Ölsardinen und Limonade hat sicher keiner von uns je vergessen.

Danach begaben wir uns wieder zum Bahnhof, von wo wir gegen 11 Uhr vorerst in Richtung Constanța weiterfuhren, um dann später, noch bevor wir die alte Hafenstadt erreicht hatten, an den Zug Constanța-Bukarest angekoppelt zu werden. In dem neu zusammengestellten Zug war das Gedränge groß, und da für uns keine Sitzplätze reserviert waren, mussten wir zwischen den Bankreihen stehen. Der überwiegende Teil der anderen Fahrgäste waren Urlauber, die vom Schwarzen Meer zurückkehrten. Von einem dieser Urlauber wurde ich angesprochen, als ich mich mit meinen Begleitern in ungarischer Sprache unterhielt. Er selbst gehörte, wie sich herausstellte, zu einer kleinen Gruppe Ungarn aus Temeschburg, die auf der Rückreise waren. Vermutlich war es unser sonderlicher Aufzug, der sie auf uns hatte aufmerksam werden lassen. Mit unseren kurz geschorenen Haaren und der abenteuerlich anmutenden Kleidung waren wir auffälliger, als es uns recht war.

Da mir auf die Schnelle keine Ausrede einfiel, ich aber auch gar keine Lust verspürte, den Leuten etwas vorzumachen, erklärte ich freiweg, dass wir politische Gefangene waren, die man freigelassen hatte. Als die ungarischen Urlauber dies hörten, war das „Hallo“ groß, zumal sie uns alle, mich eingeschlossen, für Landsleute hielten. Von allen Seiten wurden uns Süßigkeiten, Obst und sogar alkoholische Getränke gereicht.

Meine jungen Kameraden ließen sich nicht lange bitten und langten kräftig zu, ich hingegen musste auf meinen empfindlich gewordenen Magen Rücksicht nehmen und beschränkte mich darauf, ein wenig von dem trockenen Gebäck zu essen. Natürlich waren die freundlichen Urlauber auch sehr wissbegierig und wollten Genaueres über unsere Vergangenheit erfahren, ich bat jedoch um Verständnis dafür, dass wir nicht allzu viel zu diesem Thema plaudern wollten, weil uns dies bei Strafe untersagt worden sei. Das leuchtete jedem ein, und so verbrachten wir die restliche Zeit bis Bukarest mit eher belanglosen Gesprächen, allerdings in sehr freundschaftlicher Atmosphäre. Kurz bevor wir in den Bahnhof einfuhren, bedankte ich mich auch im Namen meiner jungen Begleiter für die Anteilnahme und Freundlichkeit der uns fremden Menschen.

Als unser Zug gegen 18 Uhr im Nordbahnhof der Hauptstadt hielt, stellten wir verwundert und zugleich etwas erschrocken fest, dass offensichtlich Tausende von Menschen auf diesen Zug warteten. Wir wurden, kaum dass wir mit unseren Gepäcksäcken ausgestiegen waren, von einer unüberschaubaren Menschentraube umringt und mit Fragen geradezu bombardiert. Woher wir kämen und ob wir diesen oder jenen – man nannte uns Duzende von Namen – kennen würden, wollte man wissen. Die Freilassung der Häftlinge im Donaudelta musste sich herumgesprochen haben, und nun erwarteten die Menschen ihre Angehörigen und Freunde. Man nannte uns Namen, Urteile, Berufe, und man wollte vor allem wissen, ob die Betreffenden auch begnadigt worden seien. Mir lief es kalt den Rücken herunter, wenn ich an die Securitate-Agenten dachte, die mit hundertprozentiger Sicherheit in der Menschenmenge mit dabei waren. Wir wollten einerseits die Menschen, die um ihre Angehörigen bangten, nicht vor den Kopf stoßen, hatten andererseits nach dem, was hinter uns lag, aber auch einen gehörigen Respekt vor der Staatspolizei.

Was ich dem einen oder anderen zu sagen wagte, war, dass es noch nicht entlassene Häftlinge gab, dass aber begründete Hoffnung bestand, dass auch sie in nächster Zeit freigelassen würden. Die Leute erkundigten sich teilweise nach Lagern, von denen ich noch nie gehört hatte. Ich ahnte, dass die Welt des rumänischen Gulagsystems noch weit größer gewesen sein musste, als wir uns das hatten vorstellen können. Darauf deuteten auch die unzähligen Menschen hin, die allein hier am Nordbahnhof auf Angehörige warteten.

Wir gingen zum Fahrkartenschalter und kauften uns die Zusatzkarten für die Eilzüge. Meinen Kameraden steckte ich hierfür je zwei Lei zu. Die von der Lagerverwaltung ausgehändigten Fahrkarten galten nämlich nur für die langsamen Personenzüge, und verständlicherweise hatte keiner von uns Lust, mit dem Bummelzug durch das ganze Land zu reisen. Als wir später zurück in Richtung der Gleise gingen, waren die vielen wartenden Menschen immer noch da. Es musste zweifellos eine ganz schlechte Reklame für den rumänischen Staat sein, wenn jetzt augenscheinlich wurde, wie viele Häftlinge es gegeben hatte. Während des ganzen Trubels patrouillierten auf dem Bahnhofsgelände auch Grüppchen von uniformierten Milizleuten, die sich allerdings betont teilnahmslos gaben. Sie hatten wohl Befehl erhalten, sich nur im Notfall einzumischen. Umgekehrt schienen sich auch die vielen Zivilisten nicht groß um die Polizisten zu kümmern. Das war besonders auffällig für uns, die wir es gewohnt waren, im Dunstkreis eines Uniformierten grundsätzlich misstrauisch zu sein. Unwillkürlich drängte sich mir die Frage auf, ob die Sorglosigkeit der Menschen gegenüber den Sicherheitsorganen vielleicht ein erstes Indiz dafür sein könnte, dass den Machthabern langsam, aber sicher die Zügel entglitten. Ich verwarf den Gedanken aber sogleich und verbot mir, mir allzu große Hoffnungen hinsichtlich einer solchen Wende zu machen. Als ich mich bald darauf von meinen jungen Kameraden verabschiedete, ermahnte ich sie ebenfalls, mit Äußerungen, welche die Hoffnung auf einen politischen Wandel verrieten, sehr zurückhaltend zu sein. Sie sollten sich dessen bewusst sein, dass wir, die wir schon einmal als politische Gegner des Regimes aufgefallen waren, immer die ersten sein würden, die im Krisenfalle mit Repressionen zu rechnen hätten. Dann wünschten wir uns für das neue Leben in Freiheit gegenseitig noch alles Gute, und die Ungarn bestiegen den Zug, der sie in ihre Heimat nach Nordsiebenbürgen bringen sollte.

Ich schlenderte noch etwas über den Bahnhof, auf dem es zwischenzeitlich ruhiger geworden war, und bestieg dann kurz vor Mitternacht den Eilzug in Richtung Temeschburg. Mit etwas Glück fand ich einen guten Platz in der Ecke eines Abteils und setzte mich zum Schlafen auf meinen ärmlichen Gepäcksack. Nach der ganzen Aufregung der letzten Tage und mehreren fast schlaflosen Nächten gelang es mir diesmal auf Anhieb, tief und fest einzuschlafen. Ich wurde erst kurz vor Craiova wach, als es draußen schon taghell war. Der Zug war inzwischen vollgestopft mit Fahrgästen. Selbst auf den Korridoren standen die Leute. Ich hatte immer noch das Gefühl, von allen ganz genau gemustert zu werden, machte mir jetzt aber nichts mehr daraus. Als der Schaffner irgendwann zur Fahrscheinkontrolle erschien, fragte er mich, woher ich käme. Als ich „Aus dem Donaudelta" antwortete, nickte er verstehend und wünschte mir noch eine angenehme Fahrt und auch weiterhin alles Gute.

Die letzten Stunden im Zug verbrachte ich damit, Landschaft und Leute aufmerksam zu betrachten. Die Masse der Menschen war augenscheinlich immer noch arm, diesbezüglich hatte sich in den letzten 13 Jahren nichts geändert. Die Leute waren häufig in „Doc", eine Einheitskluft aus blauem Drillich, gekleidet, und jeder trug eine Tasche oder einen Korb bei sich. Diese Angewohnheit war, wie ich noch feststellen sollte, ein Charakteristikum der Menschen, die in der kommunistischen Mangelwirtschaft lebten. Man konnte nämlich, sobald man aus dem Haus ging, nie wissen, ob man nicht durch einen glücklichen Zufall auf eine begehrte Ware stieß, die es ansonsten nur selten und nur in geringen Mengen gab. Das konnten begehrte Lebensmittel wie Fleisch, Zucker oder Zitrusfrüchte sein, aber auch so banale Dinge wie Klopapier. Dann musste man schnell zugreifen, und es war deshalb ratsam, immer irgendein Trageutensil griffbereit zu haben. Am aussagekräftigsten aber fand ich während meiner Fahrt die verhärmten und desillusionierten Gesichter der meisten Menschen, die ich in den Bahnhöfen beobachten konnte.

Als wir durch Craiova fuhren, die Hauptstadt der Walachei, wurden Erinnerungen wach an den letzten Leichtathletikwettkampf, an dem ich teilgenommen hatte. Ich war bei diesem Wettstreit der beiden Provinzhauptstädte Temeschburg und Craiova gleich in mehreren Disziplinen angetreten und schnitt sehr erfolgreich ab. Soweit ich es aus dem Zug sehen konnte, gab es nirgendwo in der Stadt neue Wohnhäuser. Wenn etwas neuer erschien, dann war es in der Regel irgendein Industriebau. Am frühen Nachmittag erreichte unser Zug Orschowa an der Donau. Hier begann das Banat. In Herkulesbad, einem Kurort, standen rumänische Bäuerinnen und Kinder, die wie früher schon den Reisenden frische Kirschen zum Kauf anboten. Bei herrlichstem Sommerwetter stiegen Urlauber aus und ein. Dann ging es weiter, der Zug näherte sich der Banater Heide, meiner Heimat. Jetzt konnte ich es kaum noch erwarten, nach Hause zu kommen. Endlich, es mochte schon nahe 18 Uhr gewesen sein, fuhr unser Zug im Fabrikstädtler-Bahnhof ein.

Ich hatte Harry gebeten, meine Eltern wissen zu lassen, dass ich hier und nicht am Hauptbahnhof in der Josefstadt aussteigen würde, um etwaigen Beobachtern der Securitate ein Schnippchen zu schlagen. Als ich die Tür des Wagens öffnete, sah ich einige Schritte weiter meinen Vater stehen. Ich erschrak: Er war in den 13 Jahren meiner Abwesenheit unverhältnismäßig stark gealtert. Augenscheinlich hatte ihn die sorgenvolle Zeit sehr mitgenommen. Ich ließ mir aber nichts anmerken, als ich auf ihn zuging. Nach den ersten Worten der Begrüßung fragte ich, wie es der restlichen Familie gehe, und musste betrübt hören, dass meine Resch-Oma vor zwei Monaten gestorben war. Ihr sehnlichster Wunsch, mich noch einmal zu sehen, hatte sich nicht erfüllt. Dann bestiegen wir die Straßenbahn und fuhren bis zum Rathaus. Ich sah mir während der Fahrt aufmerksam die altbekannten Straßen und Plätze an. Es hatte sich nicht allzu viel verändert während meiner Abwesenheit. Während der Fahrt erzählte mir mein Vater, dass er damit gerechnet hatte, dass ich mit diesem Zug kommen würde, nachdem mich Harry am Vortag angekündigt hatte.

Als wir in unsere Straße einbogen, konnte ich schon von Weitem Mutter oben am Fenster sehen. Sie winkte mir zu und kam heruntergeeilt, um mich zu umarmen. In unserem Hof stand etwa ein halbes Hundert Menschen, die offensichtlich gekommen waren, um mich zu begrüßen. Ich war sprachlos ob der vielen Hände, die man mir entgegenstreckte. Die Mieter aus dem Haus waren da, Freunde der Familie, aber auch fremde Leute, die ich nicht kannte oder jedenfalls nicht gleich zuordnen konnte. Überwältigt von den Ereignissen konnte ich außer „Danke, danke" nichts sagen. Hinzu kam, dass ich viel zu vorsichtig, um nicht zu sagen misstrauisch geworden war und in jeder größeren Menschenansammlung Agenten der Staatspolizei befürchtete. Tatsächlich sagte mir mein Vater später, dass er anlässlich meiner Begrüßung einige Personen im Hof gesehen hatte, die auch er nicht kannte. Das mochten harmlose Leute gewesen sein, die nur zufällig anwesend waren, vielleicht, weil sie in der Handwerker-Genossenschaft im Erdgeschoss des Hauses zu tun hatten, das konnten aber freilich auch Spitzel gewesen sein. Jedenfalls schien mein Vater die Situation richtig einzuschätzen, denn er ergriff das Wort, bedankte sich in meinem Namen für die zahlreichen Freundschaftsbekundungen, bat aber auch um Verständnis, dass ich mich jetzt zurückziehen wolle. Die Leute, die allein auf den Verdacht hin, dass ich heute ankommen könnte, hier gewartet hatten, verabschiedeten sich, nickten mir noch freundlich zu und gingen ihrer Wege. Als ich zusammen mit meinen Eltern und der Tante Elsa die Treppen hinaufging, fragte ich mich, ob die Leute sich der Gefahr bewusst waren, der sie sich aussetzten, wenn sie offen Sympathie für mich bekundeten. Vermutlich nicht.

Als wir endlich in der Wohnung meiner Eltern saßen, versuchte ich, die trüben Gedanken zu verscheuchen. Meine Mutter hatte Reis mit Hühnerfleisch gekocht – mein Leibgericht. Beim Essen erzählte ich ein wenig von den Ereignissen der letzten Tage, ohne allzu ausführlich zu werden, denn dazu war ich nach der ganzen Aufregung viel zu ausgelaugt. Auch Vater fasste kurz das Wichtigste der zurückliegenden Jahre zusammen. Es gab wenig Erfreuliches zu berichten: Unsere Firma war zugrunde gegangen und mein Vater war auf seine alten Tage Arbeiter in einer Genossenschaft geworden. Auch unser großes Haus hatte man uns weggenommen. Meine Eltern waren jetzt Mieter in einer ihrer vormaligen Wohnungen. Mein Vater sagte wie um sich selbst zu trösten, dass sein Arbeitsplatz in der Genossenschaft gar nicht so schlecht sei. Es gäbe nette Kollegen, die ganz neugierig seien, mich kennenzulernen. Es wäre schön, meinte er, wenn ich dort auch einen Arbeitsplatz bekäme.

Am nächsten Vormittag ging ich nach einem kräftigen Frühstück mit meiner Mutter los, um mich neu einzukleiden. Bis zum Kleidergeschäft musste ich auf Schuhe und einen Anzug meines Vaters zurückgreifen. Auch ein Porträtbild machten wir bei dieser Gelegenheit beim Fotografen.

Danach hatte ich die ebenso lästige wie unangenehme Aufgabe, mich bei der Securitate zu melden. Ich begab mich auf die Sălăjan-Straße, wo die Staatspolizei zusammen mit der Miliz zwischenzeitlich in einem großen, imposanten Gebäude residierte. Nachdem ich meinen Entlassungsschein vorgezeigt hatte, wurde ich umgehend in das Büro jenes Majors geführt, der mich in Grind abgefertigt hatte. Da er schon wieder in seiner Dienststelle war, vermutete ich, dass er zumindest einen Teil der Strecke aus dem Donaudelta hierher per Flugzeug zurückgelegt hatte. Ich konnte mir jedenfalls schwerlich vorstellen, dass er die gleiche „Ochsentour“ hatte bewältigen müssen wie ich.

Weil er zivil gekleidet war, ersparte ich mir das militärische „Să trăiţi!“ und grüßte mit „Buna dimineata“ („Guten Morgen“). Er grüßte sehr förmlich und begann auch sofort, seinen Text abzuspulen: Ich solle mich nach Arbeit umgucken und vor allem keine politischen „Dummheiten“ mehr begehen. Außerdem sei ich für unbestimmte Zeit vom politischen Leben ausgeschlossen, hätte also kein Wahlrecht und dürfte auch keine militärische oder erzieherische Tätigkeit ausüben. Letztere Einschränkung war ärgerlich, denn damit kam auch eine Arbeit als Sportlehrer oder Trainer nicht in Betracht. Abschließend schärfte er mir noch einmal ein, dass es mir bei Strafe verboten sei, mit irgendjemandem über meine Haft zu sprechen. Dann musste ich auf einer Liste unterschreiben, auf welcher ich auch schon Harrys Namen erblickte. Er selbst vermerkte auf meinem Entlassungsschein, dass ich mich gemeldet hatte. Von den Zigaretten, die die ganze Zeit über auf seinem Schreibtisch lagen, bot er mir diesmal keine mehr an, verabschiedete mich aber immerhin per

Handschlag. Meine Ungeschicklichkeit, die er mir in Grind so übel genommen hatte, war diesmal nicht mehr angesprochen worden. Ich war unendlich erleichtert, als ich wieder draußen war.

Die Beschattung

Als mein Vater nachmittags von der Arbeit kam, berichtete er von der großen Anteilnahme und der Freude seiner Kollegen über meine Entlassung. Sie hofften alle, mich bald zu sehen. Zwei von ihnen, die Schwestern Anna und Annemarie Noheimer, sollte ich ganz überraschend noch am selben Abend kennenlernen. Die beiden sympathischen jungen Frauen wohnten in Überland, einer Gemeinde in der Nähe von Temeschburg, und waren auf dem Weg zu der Revue „Paris auf Eis", die nicht weit weg von uns auf dem Domplatz in einem Zirkuszelt gegeben wurde. Da sie mit meinen Eltern gut befreundet waren – sie hatten mit ihnen schon den Urlaub verbracht –, schauten sie vor der Veranstaltung noch kurz bei uns vorbei. Mit Annemarie, der Blonden der beiden Schwestern, verstand ich mich auf Anhieb sehr gut, und so kam es, dass wir vier Monate später heirateten.

Für den nächsten Tag, den 27. Juni, hatte ich mir die schwierige Aufgabe vorgenommen, die Familie Prack zu besuchen und Grüße von Fredi zu übermitteln. Seine Mutter und die Schwester waren zu Hause, und ich wurde erwartungsgemäß mit der Frage konfrontiert, wie es sein könne, dass Harry, ich und all die anderen begnadigt worden seien, Fredi aber nicht, obwohl zumindest Harry und ich seinerzeit zu höheren Haftstrafen verurteilt worden waren als er. Fredis Mutter zeigte sich befremdet und auch etwas vorwurfsvoll. Warum dies geschehen war, konnte ich nicht plausibel erklären. Dass hierfür lediglich der banale Umstand ursächlich war, dass man Fredi als Dreher und zur Wartung der Fahrzeuge im Lager noch brauchte, wurde uns erst ein paar Wochen später klar, als auch er endlich daheim war.

Im Anschluss an diesen Besuch fuhr ich weiter in die „Cooperativa Colortex", jene Genossenschaft, in welcher mein Vater und auch die beiden Noheimer-Mädels arbeiteten. Mein alter Herr führte mich durch den ganzen Betrieb, stellte mich vor, und ich wurde überall sehr freundlich begrüßt. Mein Vater schien in der Firma sehr beliebt zu sein, und dadurch hatte auch ich automatisch „einen Stein im Brett" bei seinen Kollegen.

Die nächsten Tage verbrachte ich mit diversen Behördengängen und Verwandtschaftsbesuchen. Unter anderem musste ich mich beim Militärkommissariat melden, wo man mir aufgrund meines Entlassungsscheins sofort einen Militärpass ausstellte, in welchem vermerkt war, dass ich nicht gedient hatte. Damit war die Sache erledigt. Meine große Befürchtung, dass man mich gleich auch noch den Wehrdienst würde ableisten lassen – das hätte mir gerade noch gefehlt –, erwies sich als unbegründet. Zur Miliz musste ich, um einen neuen Personalausweis zu erhalten. Dabei musste noch die Berichtigung meines Doppelnamens, den ich seinerzeit im Zusammenhang mit meiner „Adoption" erhalten hatte, amtlich vorgenommen werden. Übrigens erfuhr ich erst jetzt, dass Herr Boncea schon 1952 auf „Anraten" der Securitate die Adoption rückgängig gemacht hatte. Und langsam konnte ich auch daran denken, meine gesundheitlichen „Andenken" an die zurückliegenden Jahre so weit wie möglich zu beseitigen. Der Internist Dr. Kukuruz, ein Freund der Familie, hatte haufenweise Krankheitserreger in meinem Verdauungstrakt festgestellt, was die lästigen Darmprobleme erklärte, mit denen ich mich seit Jahren herumschlug. Durch den massiven Einsatz von Antibiotika wurde ich im Laufe des nächsten Jahres wieder „keimfrei" gemacht.

Endlich erfuhr ich nun auch, was sich seinerzeit parallel zu unserer Verhaftung bei uns daheim zugetragen hatte. Nachdem meine Eltern sich am 13. September 1951 mit Fredi und mir an der oberen Bega getroffen hatten, fuhren sie mit ihren Rädern wieder zurück nach Temeschburg. Zu Hause war nichts Verdächtiges zu erkennen. Erst nach 20 Uhr erschienen plötzlich Männer in Zivil, die nach mir fragten. Als meine Eltern erklärten, ich sei auf einem Ausflug und sie wüssten nicht, wo und mit wem, wurden beide auf der Stelle verhaftet. Man legte ihnen Handschellen an und mein Vater, der protestiert hatte, wurde übel beschimpft und bedroht. Dann durchsuchte man gründlich die Wohnung und auf der Suche nach mir auch die Wohnungen der Mieter im Haus. Weitere Verhaftungen wurden jedoch nicht vorgenommen.

Dann brachte man meine Eltern getrennt zum örtlichen Hauptquartier der Securitate, wo sie tagelang verhört wurden. Trotz der Drohungen, und obwohl mein Vater auch schlimm geschlagen und getreten wurde, blieben sie aber bei ihrer Aussage, wonach sie nichts über meinen Aufenthalt wüssten. Zwei Tage, nachdem wir verhaftet wurden, ließ man meine Eltern dann unter der Auflage frei, ihr Haus vorerst nicht verlassen zu dürfen. Erst nach Wochen, als sie sich wieder frei bewegen konnten, ging meine Mutter zu Harrys Mutter und erfuhr von dieser, dass auch ihr Sohn und auch Fredi verhaftet worden waren. Über Emmerich Hochstrassers Verhaftung erfuhren meine Eltern von dessen Mutter, die bei uns vorbeigekommen war. Bei den Pracks war es ähnlich gelaufen:

Fredis Vater und Loisi, seine Schwester, wurden ebenfalls festgenommen und anschließend verhört. Auch Herr Prack wurde dabei misshandelt, und man ließ sie erst frei, nachdem man uns erwischt hatte.

Ganz vorsichtig ging ich in jenen Tagen zusammen mit Harry auch daran, mich nach jenen Kameraden zu erkundigen, die schon vor uns heimgekommen waren. Edi, der am 10. September 1963 nach Absitzen seiner Strafe aus Aiud entlassen worden war, trafen wir in der Fabrikstadt. Er erfreute sich bester Gesundheit und war seit Kurzem verheiratet. Arbeit hatte er beim Meteorologischen Institut gefunden. Von Edi erfuhren wir den Wohnort Jakobs in der Elisabethstadt und suchten auch diesen auf. Ihn hatte man nach Ablauf seiner zehnjährigen Strafe am 21. September 1961 ebenfalls aus Aiud entlassen. Gesundheitlich ging es auch ihm gut, er arbeitete als Dreher. Über Andreas wusste Jakob zu berichten, dass er nach seiner Entlassung zu seinem Vater nach Hunedoara gezogen war und dort als Autoelektriker arbeitete. Er war zwar nach wie vor gehbehindert, aber trotzdem in der Lage, Motorrad zu fahren und sogar Schi zu laufen. Franzi war am 15. Januar 1963 aus Gherla entlassen worden, wohnte wieder in seinem Elternhaus und arbeitete als Elektrotechniker auf Industriebaustellen. Emmerich, der ebenfalls erst vor Kurzem entlassen worden war, besuchte mich daheim. Er arbeitete nun als technischer Zeichner. Grenzenlos erfreut und erleichtert waren wir, als Ende Juli auch Fredi als letzter unserer Gruppe endlich zu Hause eintraf. Zwei Tage später kam seine Jugendfreundin Inge Gräser zu ihm nach Temeschburg; sie heirateten bald danach.

Es schien sich langsam alles zum Guten zu wenden, nur die Tatsache, dass es mit einer Arbeitsstelle nicht klappen wollte, bedrückte mich mehr und mehr. Es sah bei den Vorstellungsgesprächen meist ganz gut aus, aber anschließend folgte doch regelmäßig eine Absage. Als ich bei der Guban-Fabrik vorsprach, musste ich dort eine Probearbeit bewältigen, die mir gut gelang. Jedenfalls bestätigten mir das sowohl der anwesende Meister der Instandhaltungsabteilung als auch ein Ingenieur. Trotzdem folgte einige Tage später die schriftliche Absage mit der seltsamen Begründung, es gäbe jetzt plötzlich keine freie Stelle mehr.

In dieser Situation spielte ich kurzzeitig mit dem Gedanken, in das Bergbaugebiet von Baia Mare zu ziehen. Ich wusste, dass ich dort ohne Weiteres eine Anstellung als Bergmann finden würde. Was mich hauptsächlich daran hinderte, diesen Plan umzusetzen, war meine zwischenzeitlich immer engere Freundschaft zu Marianne (Annemarie) Noheimer. Ich war häufig zu Gast bei ihr in Überland, wo sie zusammen mit ihrer Mutter Juliane und der Schwester Anna in einem kleinen Bauernhaus wohnte. Leopold, der Vater, hatte bei der Waffen-SS gedient und war 1944 in Jugoslawien gefallen. Die Mutter hatte man nach dem Umsturz zur Zwangsarbeit nach Russland verschleppt, wo sie beinahe umgekommen wäre. Ihre beiden Töchter hatte sie bei den Großeltern zurücklassen müssen. Nach einem Umweg über die deutsche Ostzone kam die Mutter illegal wieder in das Banat zurück, um die Töchter nach Deutschland zu holen, aber zwischenzeitlich waren die Grenzen solcherart gesichert, dass dies nicht mehr möglich war.

Und dann, Ende September, sollten sich endlich auch meine Sorgen wegen eines Arbeitsplatzes in Wohlgefallen auflösen. Auf der Straße sprach mich ein Mann an, den ich im ersten Augenblick gar nicht erkannte. Erst als er seinen Namen – Richard Teichner – nannte, erinnerte ich mich, ihn 1945 kennengelernt zu haben. Richard kam ohne lange Vorrede zum Wesentlichen: „Ich habe gehört, dass du freigelassen wurdest – das hat mich sehr gefreut – und dass du jetzt Arbeit suchst. Dein Freund Harry arbeitet bereits in dem Unternehmen, bei dem auch ich angestellt bin." Das war eine echte Überraschung, denn ich hatte Harry seit etwa einer Woche nicht gesprochen und wusste daher noch nicht, dass er Arbeit gefunden hatte. Auf die Frage, ob ich auch in der Handwerker-Genossenschaft „Timis" arbeiten wolle, antwortete ich hocherfreut: „Ja, natürlich!"

Am nächsten Tag sprach ich im Stadtteil Fratelia bei der „Timis" vor und wurde von Richard Teichner – er war dort als Ingenieur angestellt – sofort zum Präsidenten der Genossenschaft geführt. Statt der ebenso förmlichen wie letzten Endes erfolglosen Gespräche, wie ich sie in den letzten Wochen mehrmals erlebt hatte, folgte ein knapper Dialog zwischen Richard („Genosse Präsident, das ist der Genosse Resch, der ab sofort in der Werkstatt von Moraru arbeiten wird.") und Presedinte Eugen Ardeleanu („In Ordnung."), und die Angelegenheit war mit einem für mich höchst positiven Ergebnis beendet. Anschließend geleitete mich Richard zu meinem zukünftigen Arbeitsplatz, der von Moraru (früherer Name: Huber) geleiteten Werkstatt, in der Blasinstrumente hergestellt wurden. Ich kannte die Hubers ganz gut, sie hatten früher eine Reparaturwerkstatt für Musikinstrumente, die genauso wie unsere Firma von den neuen Machthabern zugrunde gerichtet worden war. Danach waren sie gezwungen, sich mit ihrer Werkstatt der neu gegründeten Handwerker-Genossenschaft anzuschließen.

Im Mai 1965 sprach sich herum, dass beim Hauptsitz der Polizei Formulare ausgegeben würden, um mit diesen die Aussiedelung nach Deutschland zu beantragen. Auch wir gesellten uns zu den Tausenden von Volksdeutschen, die in langen Schlangen anstanden, um diese legale Möglichkeit der Ausreise zu nutzen. Nach stundenlangem Anstehen ergatterten wir eines der begehrten Formulare, reichten dieses ausgefüllt wieder ein und erhielten – erwartungsgemäß – nach zwei Wochen eine Absage. Es sollte nicht die einzige bleiben, viele weitere folgten in den nächsten zwanzig Jahren. Es lief in der Regel nach dem gleichen Muster ab: stunden- oder gar tagelanges Anstehen, dubiose Typen, denen man Geld zuschieben musste, ohne dabei die geringste Gewähr zu haben, dass dieses auch sachdienlich verwendet würde, und anschließend die obligatorische Absage. Langfristig erwies sich hauptsächlich jene Methode als erfolgreich, bei welcher man Mittelsmännern hohe Devisenbeträge – es ging um etwa 10.000 Deutsche Mark pro Person – überreichte, um anschließend an die begehrten Reisepässe zu kommen. Einer dieser Mittelsmänner war zum Beispiel ein unter dem Namen „der Gärtner“ bekannt gewordener Rechtsanwalt aus Temeschburg. Das Geld konnte regelmäßig nur aufgebracht werden, indem man sich bei Verwandten und Freunden, die bereits im Westen waren, in entsprechender Höhe verschuldete. Dieser Menschenhandel war umso perfider, als – wie man Jahrzehnte später erfuhr – zu jener Zeit die bundesdeutsche Regierung für jeden „freigelassenen“ Volksdeutschen ohnehin bereits mehrere tausend Mark an den rumänischen Staat zahlte. Für uns, die Männer mit „politischer Vergangenheit“, kam diese Bestechungsmethode allerdings nicht in Betracht. Es wäre ein unkalkulierbares Risiko gewesen, wenn wir irgendeiner halbstaatlichen Stelle Devisen angeboten hätten, die man offiziell gar nicht besitzen durfte. Die Securitate hätte die Gelegenheit, uns dingfest zu machen, sicher nicht verstreichen lassen.

In all den folgenden Jahren im kommunistischen Rumänien war ich mir vollkommen im Klaren darüber, dass mich die Securitate nie wieder aus den Augen verlieren würde. Ich und ebenso alle anderen ehemaligen politischen Häftlinge gehörten zeitlebens einer Spezies an, die unter besonderer Beobachtung stand und sich daher weniger – noch weniger – erlauben konnte als alle anderen Bürger ohnehin schon. Diese Besonderheit habe ich nie vergessen und bei sämtlichen Gesprächen mit anderen berücksichtigt.

Meine Kameraden und ich sollten im Laufe der folgenden Jahre immer wieder merken, dass man uns nicht „vergessen“ hatte. Ein bezeichnendes Beispiel war der Vorfall im Zusammenhang mit der Beerdigung von Harrys Mutter. Frau Mildt war, schon als ihr Sohn entlassen wurde, unheilbar an Krebs erkrankt und starb bald darauf im Frühjahr 1966. Als Harrys Kameraden gehörten wir zu den vielen Trauergästen. Als der

Sarg zu Grabe getragen wurde, ergriffen wir, die Jüngeren, die zahlreichen Kränze. Während der Beerdigung machte Michael Belgrader, ein gemeinsamer Bekannter, im Auftrag Harrys etliche Fotos. Neben den Aufnahmen bei der Einsegnungshalle mit dem Pfarrer und den wichtigsten Trauergästen gab es auch einige Bilder, auf denen wir zu sehen waren, während wir jeweils zu zweit einen Kranz trugen. Dieser spontan formierte Trauerzug mit den Kränzen sollte später von der Securitate als „organisierte Demonstration" interpretiert werden. Vermutlich hatte man die Beerdigung observiert, weil auch die Verstorbene kurz nach dem Krieg als „Politische" verurteilt worden war.

Etwa ein Jahr nach der Beerdigung wurde Jakob Stein zu diesem „Vorfall" befragt. Er war zur Securitate bestellt und dort von einem Offizier vernommen worden. Dieser wollte wissen, welche Beziehung Jakob zu uns, seinen Kameraden, pflegte, und konfrontierte ihn auch gleich mit der Behauptung, dass aufgefallen sei, dass wir uns wieder organisierten. Jakob bestritt Letzteres natürlich und sagte, dass er zwar hin und wieder einen von uns besuchen würde, dass aber von einer neuerlichen Organisation keine Rede sein könne. Vielmehr seien wir alle nur bestrebt, uns eine neue Existenz aufzubauen. Daraufhin griff der Offizier in eine Schublade und holte eine Serie von Fotos hervor, die seinerzeit von Mik Belgrader bei der Beerdigung geknipst worden waren. Er zeigte auf die Bilder mit uns und den Kränzen und meinte, dass diese „Demonstration" doch auf ein neues Organisieren unsererseits hindeuten würde. Jakob versuchte daraufhin zu erklären, dass es sich lediglich um eine Geste der Anteilnahme gehandelt habe und das Tragen der Kränze vorher nicht abgesprochen war. Der Securist heuchelte Verständnis, warnte zugleich aber davor, Ähnliches zu wiederholen, denn dies könnte als Wiederbetätigung unserer verbrecherischen Organisation gewertet und entsprechend geahndet werden. Als wir anderen später von dem Verhör erfuhren, waren wir natürlich geschockt und beschlossen, fortan öffentliche und vor allem auffällige Zusammenkünfte zu vermeiden. Was die Bilder anging, vermuteten wir, dass beobachtet worden war, wohin Mik diese zum Entwickeln gebracht hatte. Im Fotogeschäft konnte die Securitate dann ohne Weiteres auf die Negative zugreifen.

Unter anderem, um nicht Gefahr zu laufen, in eine neuerliche „politische Geschichte" verwickelt zu werden, beschloss ich, mich in meiner Freizeit auf meine Familie zu konzentrieren und mir ansonsten interessante Hobbys zu suchen. So geriet ich anfangs an die Numismatik und etwas später an die Archäologie. Ich war fortan viel auf Grabungen unterwegs und verbrachte dort später fast jedes Sommerwochenende und meinen gesamten Jahresurlaub. Dabei kam mir und den Männern meines neuen Freundeskreises sehr zugute, dass die Gegend um Temeschburg, gerade was unser Interessengebiet, das Neolithikum, anging, sehr reichhaltig war. Als Hobbyarchäologen arbeiteten wir eng mit dem Temeschburger Museum zusammen und wurden von diesem während der größeren Grabungen im Sommer auch bezahlt. Als Nebeneffekt dieser Zusammenarbeit erhielt ich Einblick in die Tätigkeit des Museums und konnte dabei miterleben, wie im Laufe der Zeit auch diese Institution immer stärker von der Staatspolizei kontrolliert wurde. So tat zum Beispiel ab 1975 ein „assistierender" Securitate-Offizier Dienst im Museum, der überall Zutritt hatte und dessen einzige Aufgabe darin bestand, die Tätigkeit der Mitarbeiter auf ihre politische Korrektheit hin zu prüfen. Bezahlt wurde der Mann vom Museum, und zwar entsprechend der Gehaltsstufe eines wissenschaftlichen Mitarbeiters. Bis 1986, als ich das Land verließ, standen bereits vier Securisten, darunter ein Hauptmann, auf der Gehaltsliste des Museums, während gleichzeitig etwa 20 reguläre Planstellen unbesetzt blieben, weil für diese die Geldmittel fehlten. Ähnlich war die Lage auch in allen anderen Unternehmen. In der Genossenschaft, in der ich hauptberuflich arbeitete, kannte man mit der Zeit die Securisten, die ganz offiziell als solche dort angestellt waren. Obwohl auch die anderen Kameraden ähnlich verfuhren, also ein bewusstes „Abtauchen in das Privatleben" praktizierten, hörte die Beobachtung auch noch Jahre nach der Entlassung nicht auf. Und wenn man mal eine Zeit lang nichts Auffälliges bemerkte, dann vermutlich nur, weil der Beschatter geschickter als sonst zu Werke ging. Nach Möglichkeit informierten wir uns gegenseitig über verdächtige Beobachtungen aus unserem Umfeld.

Unabhängig von den Observierungen brachte sich die Staatspolizei gelegentlich auch ganz unverdeckt in Erinnerung. So wurde ich zum Beispiel einmal nach der Arbeit daheim von einem zivil gekleideten Mann erwartet, der sich als Hauptmann der Securitate vorstellte. Seinen Namen nannte er zwar, jedoch so undeutlich, dass ich ihn nicht verstehen konnte, ganz abgesehen davon, dass es wahrscheinlich ohnehin nicht sein richtiger Name war. Der Securist eröffnete das Gespräch mit der etwas albernen Erklärung, er habe uns mal besuchen wollen, um zu sehen, wie wir so wohnten und ob es uns gut ginge. Nachdem er abgelehnt hatte, ins Haus zu kommen, und meinte, wir sollten lieber an der frischen Luft bleiben, setzten wir uns zum Plaudern an einen Gartentisch. Auch bei diesem nun folgenden Gespräch ging es ausschließlich um Belanglosigkeiten – er wollte wissen, wie es bei der Arbeit so lief und ob ich mit den Kollegen gut klarkam –, bis er schlussendlich so ganz nebenbei sagte, dass ich am nächsten Tag um 9 Uhr zum Hauptquartier der Securitate kommen solle. Als ich daraufhin sagte, dass ich mich aber vorher an meinem Arbeitsplatz abmelden müsse, meinte er, dies sei nicht nötig, dort wisse man schon Bescheid.

Dass diese Vorladung schon einen Tag früher erfolgte, überraschte mich etwas. Ich vermutete aber, dass man sehen wollte, wie ich reagieren würde. Vermutlich wurde unsere Gasse überwacht und geguckt, ob ich sofort zu Harry oder einem anderen Kameraden fuhr. Am nächsten Morgen wurde ich bei der Securitate von dem Hauptmann empfangen, der mich tags zuvor aufgesucht hatte. Als er sich mit etwas theatralischer Geste eine ausländische Zigarette anzündete – ich hatte eine solche in höflichem Ton abgelehnt –, sah ich seinen Goldzahn blitzen und musste unwillkürlich an den „Dandy" denken, der mich damals 1951 verhört hatte. Wir plauderten über Belanglosigkeiten, bis sich die Tür wieder öffnete und ein Major das Büro betrat. Er war von großer, kräftiger Gestalt, seine zerschlagene Nase und das Bulldoggengesicht verrieten den ehemaligen Boxer. Auch er wusste sich so vorzustellen, dass ich den Namen nicht verstehen konnte. Nach einigen einleitenden, belanglosen Fragen sagte er mir, dass es eigentlich keinen bestimmten Anlass für meine Vorladung gab, sondern dass man nur mit mir habe sprechen wollen. Im Laufe des Gesprächs meinte ich, dass es doch das Beste wäre, wenn man unserer Familie die Ausreise nach Deutschland genehmigen würde. Hierzu sagte er, dass dies nicht in seiner Macht stehe, was ich ihm freilich nicht abnahm.

Dann, als ich schon hoffte, dass die Plauderei gleich beendet sein werde, überraschte er mich mit dem Vorwurf, dass ich religiöse Propaganda verbreitet hätte. Ich dachte, nicht recht zu hören, und bat ihn, mir dies zu erläutern, worauf er sagte, dass es um den Plattenspieler ginge, den ich letzten Winter einmal zur Arbeit mitgenommen hatte und auf dem ich dann auch das „Stille Nacht" abgespielt hätte. Über diese Art der Auslegung des Vorgangs war ich im ersten Augenblick sprachlos, wendete dann aber ein, dass es sich um ein Volkslied handele, welches in allen möglichen Ländern gespielt würde, auch in Rumänien. „Das Lied", sagte er, „ist nicht verboten, aber Sie haben es für religiöse Propaganda missbraucht." Er wollte das Thema aber ganz offensichtlich gar nicht vertiefen, sondern – das war meine anschließende Vermutung – es ging ihm nur darum, mir zu zeigen, dass dem „großen Bruder" nichts entging.

Mit vermutlich derselben Absicht fragte er mich, wie lange ich schon Professor Peter Kottler kenne und was ich mit diesem an der Silvesterfeier der Lenau-Schule gesprochen hätte, schließlich hätte ich mir ja einen Platz ihm gegenüber ausgesucht. Auch auf diese Frage war ich gar nicht gefasst gewesen und daher etwas perplex. Dann stellte ich klar, dass wir, meine Frau und ich, nur dort Platz genommen hatten, weil unsere Tischkarten dort standen, und Herrn Kottler hatte ich – das traf zu – vorher überhaupt nicht gekannt. Gesprochen hatte ich mit dem Herrn auch nur wenig, weil hierzu die Musik viel zu laut war. Ich hatte Professor Kottler seither auch nicht wiedergesehen. Mit weiteren Belanglosigkeiten hielt man mich noch bis gegen 13 Uhr fest, um mich mit den Worten „Sie hören von uns" zu verabschieden. Meine Freude über diese Ankündigung hielt sich in Grenzen.

An den Erkenntnissen, die sich für mich aus dem Verhör ergaben, empörte mich insbesondere, dass die Securitate offensichtlich auch bei vermeintlich ganz unverfänglichen Veranstaltungen wie der Silvesterfeier in der deutschen Lenau-Schule zugegen war. Es gab – und man legte Wert darauf, dass wir das wussten – keinen öffentlichen Bereich, der nicht kontrolliert wurde. Ein anderes Erlebnis, welches mir endgültig die Teilnahme an deutschsprachigen Veranstaltungen vergällen sollte, hatte ich Anfang der Achtzigerjahre. Es ging um eine von Stefan Heinz alias Hans Kehrer moderierte Freilichtveranstaltung in der Elisabethstadt, bei welcher Sketche, Tanz und Volksmusik auf dem Programm standen. Von der oberen Zuschauertribüne aus, wo Marianne und ich saßen, konnte ich kurz vor Beginn der Vorstellung mit ansehen, wie plötzlich mein „Freund" mit der Boxer-Visage auftauchte und mit mehreren Männern, die an verschiedenen Stellen unter den Zuschauern saßen, Blicke wechselte. Es war augenscheinlich, dass es sich um seine Mitarbeiter handelte. Es wurde die letzte Veranstaltung dieser Art, die ich besuchte: Ich wollte es mir einfach nicht mehr zumuten, die überall herumstreunenden Halunken sehen zu müssen.

Hauptsächlich, um meine Anspannung abzureagieren, fuhr ich nach dem Verhör noch in den Betrieb, wo ich auf den etwas erstaunt wirkenden Werkstattchef Uta traf. Anhand seiner Frage, wie es mir gehe und ob alles in Ordnung sei, konnte ich rückschließen, dass ihm bekannt war, in welcher Gesellschaft ich den Vormittag verbracht hatte. Als ich ihm sagte, dass alles gut sei und ich keine ernsten Probleme hätte, schien er aufrichtig erleichtert zu sein. Was mich im Nachhinein etwas wunderte, war die Tatsache, dass bei dem Verhör der Besuch von Fredi Prack und Herbert Winkler, die zwischenzeitlich in Westdeutschland lebten, nicht angesprochen wurde. Dass der Securitate dieser Besuch entgangen sein sollte, war kaum vorstellbar.

Andererseits kam es auch sonst trotz der allgegenwärtigen Überwachung zu vermutlichen Pannen. So zum Beispiel, als plötzlich sowohl Harry als auch ich in die „Arbeiterbrigade“ unseres Betriebes eingereiht wurden. Als diese Verbände 1968 auf Anweisung des Staatschefs Ceauşescu als Reaktion auf die Niederschlagung des Prager Frühlings durch die Truppen des Warschauer Paktes aufgestellt wurden, waren wir sicher, dass wir mit unserer Vergangenheit damit nie etwas zu tun haben würden. Und doch berief man uns einige Jahre später ein, verpasste uns eine Uniform und ließ uns bei den zweimal jährlich stattfindenden Geländeübungen mit dem leichten Maschinengewehr üben. Harry und ich rätselten gelegentlich darüber, ob diese Maßnahme die Folge eines Fehlers im System war oder womöglich ein Indiz für eine Entkrampfung des Verhältnisses zwischen System und uns, den ehemaligen Häftlingen.

Für Letzteres sprach, dass man nach dem Amtsantritt Ceauşescus eine ganz leichte Liberalisierung erkennen zu können glaubte und sich auch die allgemeinen Lebensbedingungen in den Siebzigerjahren zu bessern schienen. Wir verdienten ausreichend Geld und es gab auch noch genügend Waren zu kaufen. Für unsere Familie gab es zusätzlich Anlass zum Optimismus, nachdem zwischenzeitlich fast alle näheren Verwandten, meine Schwiegermutter eingeschlossen, in Deutschland lebten und wir daher hoffen konnten, in absehbarer Zeit auch ausreisen zu dürfen. Erst mit Beginn der Achtzigerjahre trat wieder eine schrittweise Verschlechterung der wirtschaftlichen Lage ein, die am Ende des Jahrzehntes im blutigen Sturz des Regimes gipfeln sollte. Parallel zur sozialistischen Mangelwirtschaft – Geld gab es immer noch, es wurde aber wegen des Fehlens eines brauchbaren Warenangebotes immer schwieriger, es sinnvoll auszugeben – verstärkte sich naturgemäß die Intensität der staatlichen Repression.

Kurz vor unserer Ausreise im Jahre 1986 musste ich mich ein letztes Mal bei einem mir bis dahin unbekannten Oberleutnant melden. Etwas lustlos begann er, den ihm aufgetragenen Text herunterzuleiern: dass ich mir keine allzu großen Hoffnungen machen solle, weil man in Deutschland längst nicht mehr so gut leben würde wie früher, dass ich in meinem Alter dort kaum eine Chance auf einen Arbeitsplatz hätte und dass ich mir bewusst sein sollte, dass ich in Rumänien trotz meiner kriminellen Vergangenheit unverdient gut gelebt hätte. Dann kam er zum Wesentlichen: Es sei mir untersagt, in der Bundesrepublik irgendwelche Details über meine Haftzeit preiszugeben. Er schloss mit der Warnung, dass der Arm der Securitate überallhin reiche – auch bis in den Westen

– und man geeignete Maßnahmen ergreifen würde, wenn ich entgegen seinem „Rat“ handeln würde.

In den letzten Wochen vor unserer Abreise tauchten insgesamt vier dubiose Gestalten auf, die mir Gold oder Devisen zum Kauf anboten. Es war vermutlich der letzte Versuch der Securitate, mich mit einer gesetzeswidrigen Tat „festzunageln“. Ich hätte verrückt sein müssen, mich unter den gegebenen Umständen auf ein solches Geschäft einzulassen. Ich war überzeugt, dass man bis zuletzt versuchen würde, meine nach US-amerikanischer Intervention genehmigte Ausreise zu sabotieren. Selbst als wir bereits mit dem Zug durch Ungarn fuhren, saß ich noch wie auf Nadeln, wusste ich doch von Fällen, in denen Aussiedler von der ungarischen Polizei von ihrer Familie getrennt, aus dem Zug geholt und nach Rumänien zurückgeschickt worden waren. Erst als wir die österreichische Grenze passiert hatten, atmete ich auf.

Mein Schweigen brach ich in Nürnberg, wo ich dem Nachrichtendienst drei Tage lang berichtete.